LES ROUTES DES VINS DE FRANCE

EDIGUIDES

LES AUTEURS :

Champagne :
ROGER POURTEAU

Alsace :
BERNARD BURTSCHY

Jura :
VALÉRIE DE LESCURE

Savoie :
ÉVELYNE LÉARD-VIBOUX

Bourgogne et Beaujolais :
HENRI ELWING

Vallée-du-Rhône :
JEAN-LUC RAUX

Provence :
JAMES HUET

Corse :
DIDIER BUREAU
ET OLIVIER POUSSIER

Languedoc et Roussillon :
MICHEL SMITH

Sud-Ouest et Bordeaux :
JEAN-PIERRE PEYROULOU

Cognac :
JEAN RADFORD

Val-de-Loire :
DIDIER BUREAU
ET OLIVIER POUSSIER

Relations Clientèle :
Daniel Benharros

Publicité-Promotion :
Michelle Paounov

Coordination de la Rédaction :
Isabelle Lenot

Secrétaire de Rédaction :
Fabien Perucca

Maquette, mise en page, photogravure :
Concepto-Reims

Impression :
Le Réveil de la Marne-Épernay

Les indications de marques et les adresses qui figurent dans les pages rédactionnelles de cet ouvrage sont données à titre d'indication, sans aucun but publicitaire.

Conformément à la jurisprudence constante, les erreurs ou omissions involontaires qui auraient pu subsister dans ce guide, malgré les soins et les contrôles de l'équipe de rédaction, ne sauraient engager la responsabilité des auteurs.

© ÉDIGUIDES 1996,
41, rue Notre-Dame-de-Lorette, 75009 Paris
Tél. : (1) 48 74 21 62 - fax : (1) 42 80 92 77

Le Vin sur INTERNET
PLACE DU VIN* : premier service global français.

Une base d'informations sur les grands pays producteurs de vin. **Un lieu de discussion** pour tous les passionnés du monde. **Un centre commercial** avec des produits et services de partenaires sélectionnés. Outre le vin lui-même, c'est le lieu de vente de tout son environnement :

livres, jeux, tourisme, abonnements à des revues... PLACE DU VIN vous propose : **un média de promotion** pour vos activités, **un espace de vente** pour vos produits, **un lieu d'observation** privilégié de vos clients et prospects.

 INTERNET : l'accès à des millions de prospects dans le monde entier.

Contact : Frédéric Iselin, Bacchus & Partners,
16/24, rue Cabanis, 75014 Paris - Tél : 53 62 50 00 - Fax : 53 62 50 01
http://www.aawine.com

* ALL ABOUT WINE

EDITORIAL

Voici la 7ᵉ édition du guide Les Routes des Vins de France, réalisée cette année par douze spécialistes qui ont sillonné plusieurs mois les chemins du vignoble hexagonal découpé, pour la circonstance, en seize régions viticoles. Armés d'un simple stylo et de leurs papilles en éveil, les « douze » ont parcouru des milliers de kilomètres, rencontré des dizaines de vignerons, puis dégusté des centaines de vins avant d'aboutir à l'ultime sélection. Mais, dans leur périple, ils ont également prêté attention à l'attrait touristique des régions qu'ils visitaient, puisque la vocation de ce guide est d'être un précieux auxiliaire pour les amateurs de balades vinicoles. Précédant donc les bonnes adresses et les coups de foudre (« coups de coeur ») de chaque région, vous trouverez une foule d'informations sur les hôtels et restaurants à découvrir, les sites touristiques à visiter, les festivités à ne pas manquer, les spécialités gastronomiques complices inséparables des vins locaux, bref, tout pour faciliter votre séjour initiatique. Voilà l'originalité de notre guide, qui n'est pas un ouvrage comme les autres.

Le message ? Être convivial avant toute chose. C'est pour cette raison que les « douze », chacun avec son tempérament, ses goûts et son professionnalisme, ont procédé à une libre sélection de vignerons. Avec pour seul critère la qualité des vins et l'accueil réservé aux visiteurs. Vous partirez ainsi, en Alsace sur les traces de Bernard Burtschy, un homme qui connaît cette région sur le bout de son verre à long pied. Roger Pourteau, lui, vous emmène en Champagne pour vous faire partager son amour immodéré du « vin blond ».
Parodiant Aragon, on pourrait dire que le vin est aussi l'avenir de la femme. Elles sont deux, en tout cas, à avoir sillonné pour vous les routes escarpées de la Savoie et du Jura. Évelyne Léard-Viboux est chez elle sur ce vignoble savoyard et il n'est pas un vigneron qu'elle ne connaisse. Quant à Valérie de Lescure, elle est allée sélectionner pour vous ces spécialités jurassiennes si souvent ignorées. Auteur d'un livre à succès sur le beaujolais, Henri Elwing était le plus qualifié pour parler du vin de Clochemerle, et c'est également lui qui a rendu visite à la Bourgogne, aussi compliquée à répertorier que l'interminable vignoble des Côtes-du-Rhône que Jean-Luc Raux a sillonné du nord au sud. Au-delà, c'est le fief de James Huet, dont le camp de base permanent est en Provence et qui sait mieux que personne chanter les louanges des vins des neuf appellations de la région. Autochtone, Michel Smith l'est aussi désormais, lui qui a abandonné le tumultueux Paris il y a plusieurs années pour aller humer les parfums catalans et apprécier de plus près les vins du Languedoc-Roussillon. On est ici à quelques encablures du Sud-Ouest où cohabitent une trentaine d'appellations parmi lesquelles Jean-Pierre Peyroulou a dû effectuer un choix difficile. Quittant le haut pays, il a atterri en Bordelais où la sélection n'était guère plus aisée. Aussi inséparables que les Dupont, nos deux sommeliers, Didier Bureau et Olivier Poussier, ont d'abord poussé une pointe en Corse dont ils adorent les vins avant de repartir à la découverte de leur cher Val-de-Loire. Enfin c'est un caviste passionné, Jean Radford, qui est allé au pays de la « liqueur des Dieux », où il reste toujours de bons cognacs quand les anges ont prélevé leur dîme, la fameuse « part des anges ».

Même si leurs goûts diffèrent, nos douze vignobles-trotters sont animés d'une passion commune : l'amour du bon vin. Suivez donc leurs conseils pour aller à la découverte des meilleurs vins de France. Rendez visite à ceux qui les élaborent, c'est le plus bel hommage que vous puissiez leur rendre, et ouvrez les yeux sur les merveilleux paysages de cette France que nous vous invitons à découvrir.

La Rédaction

COUPS DE COEUR
DES ROUTES DES VINS 96 :

Champagne

Champagne Palmer à Reims
Champagne Michel Gonet à Avize
Champagne Perrier-Jouët à Épernay

Alsace

Frédéric Mochel à Traenheim
Domaine Rolly-Gassmann à Rohrschwihr
Cave de Pfaffenheim à Pfaffenheim

Jura

Domaine Richard Delay à Gevingey

Savoie

Domaine Jean Perrier & Fils à Saint-André-les-Marches

Bourgogne

Christine et Didier Montchovet à Nantoux

Beaujolais

Cave des Vignerons de Liergues à Liergues

Rhône

Clos de l'Arbalestrier à Mauves

Provence

Cave les Fouleurs de Saint-Pons au Plan-de-la-Tour

Château du Seuil à Puyricard

Corse

Clos Culombu à Lumio

Languedoc

Campagne de Centeilles à Siran-Minervois
Domaine d'Aupilhac à Montpeyroux

Roussillon

Cellier de Trouillas à Trouillas

Sud-Ouest

Domaine Charles Hours à Monein
Domaine Patrick Ducournau à Maumusson
Château Tour des Gendres à Ribagnac

Bordelais

Château Roc de Cambes à Saint-Laurent-des-Combes
Château Biston Brillette à Moulis-en-Médoc
Château Haut-Bailly à Léognan
Château Belair à Saint-Émilion
Cru Barrejats à Pujols-sur-Ciron
Château Branaire Ducru à Saint-Julien-Beychevelle

Cognac

Léopold Gourmel à La Couture

Val-de-Loire

Domaine Huet à Vouvray
Domaine de la Louvetrie à La Haye-Fouassière
Domaine Henry Pellé à Morogues
Domaine de la Charrière à La Charte-sur-le-Loir

CARTE DES APPELLATIONS

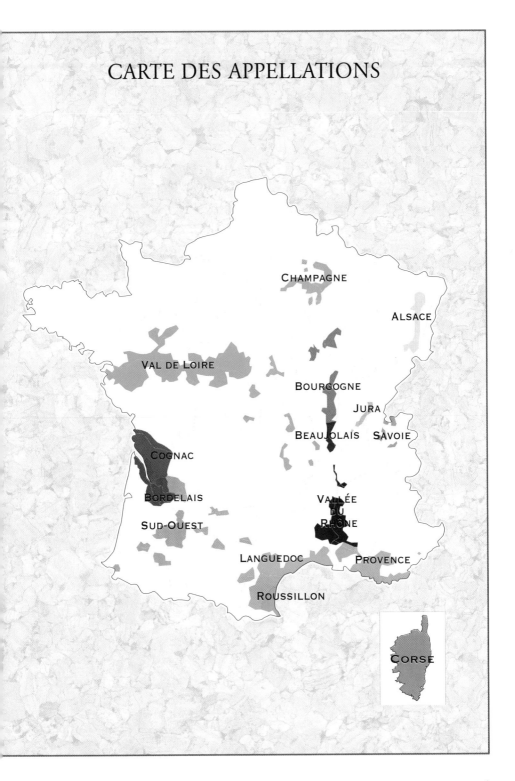

CHAMPAGNE

ALSACE

VAL DE LOIRE

BOURGOGNE

JURA

BEAUJOLAIS   SAVOIE

COGNAC

BORDELAIS

VALLÉE
DU
RHÔNE

SUD-OUEST

LANGUEDOC

PROVENCE

ROUSSILLON

CORSE

UN GRAND MERCI...
pour le prêt de leurs photos à :

ROUTE DU BEAUJOLAIS :
UIVB
Patrick Perche
Le Hameau du Vin de Georges Duboeuf

ROUTE DU VAL-DE-LOIRE :
CIVTL
Gilles Dauzac
CIVTL
Éphémère Tours
CIVN
Michel Frappier
Isabelle Simonnet
CIVAS
C. Watier

ROUTE DU SUD-OUEST :
Association pour la Promotion
des Vins du Sud-Ouest
Phototèque Maison Vigouroux

ROUTE DU BORDELAIS :
CIVB
Philippe Roy
Guilhem Ducleon
P. Cronenberger
Burdin SA
D. Machet

ROUTE DE LA PROVENCE :
François Novel pour les Apiculteurs de Provence
CIVCP
F. Millo
Domaine Réal-Martin
Domaine de Saint-Ser
Var Matin
Frantz Chavaroche

ROUTE DE L'ALSACE :
Coll. CIVA Colmar
Zvardon
P. Bouard
Moya

ROUTE DU COGNAC :
Phototèque BNIC
B. Verrax
T. Blay

ROUTE DE LA SAVOIE :
CIV Savoie
Claude Marandon

ROUTE DU LANGUEDOC :
CIVL
Syndicat du Cru Fitou
Syndicat du Cru Minervois
P. Cartier

ROUTE DE LA VALLÉE DU RHÔNE :
CIVCRVR
A. Gas
Studio Pirana

ROUTE DU JURA :
Phototèque Henri Maire
CIG Comté de Poligny

ROUTE DE LA BOURGOGNE :
B.I.V.B
J.P Muzard
T. Gaudillère

ROUTE DE LA CHAMPAGNE :
Phototèque Champagne Mumm
Heidsieck Monopole
Saver Glass

ROUTE DU ROUSSILLON :
Domaine La Tour Vieille
Jean-Marie Goyhenex
GIP Roussillon
Gauthier Fleury

LÉGENDES

MODE D'EMPLOI
DU GUIDE

Les régions viticoles ont été traitées en suivant le sens des aiguilles d'une montre en partant de la Champagne, l'Alsace, le Jura, la Savoie, la Bourgogne, le Beaujolais, la vallée du Rhône septentrionale puis méridionale, la Provence, la Corse, le Languedoc, le Roussillon, le Sud-Ouest, le Bordelais, le Cognac, pour finir par le Val-de-Loire. Chaque région débute par l'édito du journaliste suivi d'un carnet de voyages avec une foule d'adresses pratiques, et enfin de la sélection des domaines.

Au-dessus du nom du domaine s'inscrit celui du vin principal produit par le domaine sauf pour l'Alsace, la Champagne et le Cognac où l'appellation couvre l'ensemble de la région : le nom du vin ou de l'alcool est alors remplacé par le nom de la commune où est installée la propriété.

Propriétaire-vigneron : élabore et commercialise des vins issus exclusivement de son domaine.

Propriétaire-négociant : élabore et commercialise des vins issus de son domaine mais achète aussi, soit des vins finis, soit des moûts ou des raisins qu'il vinifie pour revendre sous sa propre étiquette.

Négociant : achète des vins, parfois des moûts ou des raisins qu'il vinifie pour revendre sous son étiquette.

Cave coopérative ou groupement de vignerons : élabore et commercialise les vins de ses adhérents.

Enfin, chaque journaliste décerne un ou plusieurs « **coups de coeur** » pour sa région. Il récompense un domaine non seulement pour la qualité de ses vins mais aussi pour l'accueil et l'impression qui lui reste après chaque visite. Le journaliste consacre donc, dans ce cas, une pleine page de rédactionnel.

GLOSSAIRE

Acidité : il faut qu'elle soit présente mais sans excès. C'est elle qui contribue à l'équilibre du vin et lui apportant fraîcheur et nervosité, surtout pour les vins blancs. C'est elle aussi qui fait la structure d'un vin rouge, lui permettant un bon vieillissement. Attention : trop forte elle devient un défaut, insuffisante le vin est mou.

Aligoté : cépage blanc de Bourgogne donnant le « Bourgogne Aligoté » qui se boit jeune.

Ambré : en vieillissant ou en s'oxydant prématurément, les vins blancs prennent parfois une couleur ambrée.

Ampélographie : science des cépages.

Ample : se dit d'un vin harmonieux et long.

Animal : ensemble des odeurs du monde animal : musc, venaison, cuir, etc., fréquentes dans les vins rouges vieux.

AOC : appellation d'origine contrôlée. Système réglementaire garantissant l'authenticité d'un vin issu d'un terroir donné. C'est l'Institut national des appellations d'origine qui fixe les règles des AOC.

Arôme : arôme devrait être réservé aux sensations olfactives perçues en bouche, mais fréquemment le mot désigne aussi les odeurs en général.

Assemblage : mélange de plusieurs vins pour obtenir un lot unique. Il fait appel à des vins de même origine. C'est une notion noble qui n'a rien de comparable avec le coupage qui, lui, a une connotation péjorative.

Astringence : caractère un peu âpre et rude en bouche souvent présent dans de jeunes vins rouges riches en tanin et ayant besoin de s'arrondir.

Ban des vendanges : date autorisant le début des vendanges.

Barrique : fût bordelais de 225 l ayant servi à déterminer le « tonneau » (unité de mesure correspondant à 4 barriques). La capacité de la barrique varie selon les régions : 228 l pour la région nantaise et en Bourgogne, 232 l en Touraine et en Anjou. Les barriques utilisées pour l'élevage des vins peuvent être neuves ou avinées. On parle ainsi de barrique de un, deux, trois vins ou plus selon qu'elles ont déjà contenu une, deux, trois récoltes ou plus. Selon leur âge, elles vont plus ou moins marquer le vin en lui transmettant des notes aromatiques de vanille (données par le chêne) et de grillé (données par la chauffe des douelles au moment du façonnage du fût). Le rôle de la barrique est de polir les tanins du vin et de favoriser son évolution par la lente oxydation ménagée par le grain poreux du bois et l'interstice entre les douelles (douves du tonneau).

Bâtonnage : remise en suspension des lies dans le vin blanc en cours d'élevage par agitation au moyen d'un bâton. Opération effectuée surtout en fût mais parfois en cuve. Elle donne du gras ; on dit que les lies « nourrissent » le vin. Traditionnellement bourguignonne, cette technique est pratiquée aujourd'hui dans tous les vignobles.

Biodynamie : ne pas confondre avec la culture biologique. Pour les producteurs biodynamiques, il ne suffit pas seulement de s'intéresser au rapport entre le sol et la plante (le développement des végétaux résulte de flux d'énergies chimiques, solaires et cosmiques émis par les planètes et les astres) mais également d'accorder une grande attention au calendrier des planètes.

Biologique : les vignerons qui pratiquent ce type de culture refusent les engrais chimiques, pesticides et désherbants, leur préférant des produits à base de sels minéraux, d'extraits de plante, de soufre et de cuivre. Ils ne prêtent surtout pas la même influence au calendrier des planètes.

Botrytis : champignon entraînant la pourriture des raisins. Généralement très néfaste, il peut sous certaines conditions climatiques produire une concentration des raisin qui est à la base de l'élaboration des vins blancs liquoreux.

Bouquet : caractères odorants se percevant au nez lorsque l'on flaire le vin dans le verre puis dans la bouche sous le nom d'arômes. On parle aujourd'hui plus directement de « nez ».

Brut : vin effervescent comportant très peu de sucre ; « brut zéro » correspond à l'absence totale de sucre.

Cépage : nom de la variété en matière de vignes.

Chapeau : épaisseur du marc (ensemble des rafles et peaux de raisins) dans une cuve en fermentation.

Chaptalisation : opération réglementaire qui consiste à additionner du sucre dans la vendange afin d'obtenir un bon équilibre du vin par l'augmentation de la richesse en alcool lorsque cette dernière est trop faible.

Chardonnay : cépage bourguignon blanc également cultivé dans d'autres régions, en particulier la Champagne et la Franche-Comté. Il donne des vins fins et une bonne aptitude au vieillissement.

Cinsault (ou cinsaut) : cépage noir du vignoble méditerranéen donnant des vins très fruités.

Clavelin : bouteille d'une contenance de 60 cl, réservée aux vins du Jura.

Clone : ensemble de pieds de vignes issus d'un pied unique par multiplication (bouturage ou greffage).

Clos : très usité dans certaines régions pour désigner les vignes entourées de murs (Clos de Vougeot), ce terme a souvent pris un usage plus large désignant parfois les exploitations elles-mêmes.

Collage : opération de clarification réalisée avec un produit (blanc d'œuf, colle de poisson) se coagulant dans le vin et entraînant dans sa chute les particules restées en suspension.

Coulure : non-transformation de la fleur en fruit due à une mauvaise fécondation s'expliquant par des raisons diverses (climatiques, physiologiques, etc.)

Crémant : champagne ou vin effervescent de « petite mousse », c'est-à-dire comportant moins de gaz carbonique en solution.

Cru : terme dont le sens varie selon les régions mais contenant partout l'idée d'identification d'un vin à un lieu défini de production.

Cuvaison : période durant laquelle, après la vendange en rouge, les matières solides restent en contact avec le jus en fermentation dans la cuve. Sa longueur détermine la coloration et la force tannique du vin.

Débourbage : opération qui consiste sur les vins blancs à séparer le moût des bourbes (les matières en suspension) avant de le faire fermenter.

Décanter : transvaser un vin de sa bouteille dans une carafe pour lui permettre de se rééquilibrer ou d'abandonner son dépôt.

Dégorgement : dans la méthode champenoise, élimination du dépôt de levures formé lors de la seconde fermentation en bouteille. On ajoute alors la liqueur de dosage, plus ou moins sucrée.

Dépôt : particules solides contenues dans le vin, notamment dans les vins vieux où il est enlevé par la décantation juste avant la dégustation.

Dosage : apport de sucre sous forme de « liqueur de tirage » à un vin champagnisé, après le dégorgement.

Doux : s'appliquant à des vins sucrés.

Échelle des crus : système complexe de classement des communes de Champagne en fonction de la valeur des raisins qui y sont produits.

Égrappage (ou éraflage) : séparation facultative de la rafle des grappes d'avec les baies pour éviter l'apport des tanins contenus dans la rafle.

Élevage : ensemble des opérations destinées à préparer les vins au vieillissement jusqu'à la mise en bouteilles.

Empyreumatique : qualificatif d'une série d'odeurs rappelant le brûlé, le cuit ou la fumée.

Équilibré : désigne un vin dans lequel l'acidité et le moelleux (ainsi que le tanin pour les rouges) s'équilibrent bien.

Fermé : s'applique à un vin de qualité encore jeune et n'ayant pas acquis un bouquet très prononcé, qui nécessite donc d'être attendu.

Fermentation : processus permettant au jus de raisin de devenir du vin grâce à l'action des levures transformant le sucre en alcool.

Fermentation malolactique (« malo » dans le jargon du vin) : transformation de l'acide malique en acide lactique et en gaz carbonique, dont l'effet est de rendre le vin moins acide.

Foudre : tonneau de grande capacité (200 à 300 hl).

Foulage : opération d'écrasement des raisins avant la mise en fermentation du jus. Elle s'effectue à la machine ou au pied, méthode artisanale mais douce.

Garde : potentiel de vieillissement d'un vin.

Jéroboam : grande bouteille (flacon) contenant l'équivalent de 4 bouteilles.

Levures : champignon microscopique provoquant la fermentation alcoolique. Chaque espèce de levure « personnalise » la transformation du sucre en alcool et produit des arômes différents.

Lies : dépôt qui se forme au fond des cuves ou des tonneaux. On les élimine par soutirage. Leur présence est bénéfique tout au long de l'élevage du vin en le nourrissant.

Liquoreux : vins blancs riches en sucre, obtenus à partir de raisin sur lesquels s'est développée la pourriture noble.

Macération : contact du moût avec les parties solides du raisin pendant la cuvaison.

Magnum : bouteille correspondant à deux bouteilles ordinaires.

Malique : l'acide malique est abondant dans le fruit vert et lui donne du mordant. Il disparaît en partie pendant la fermentation malolactique et se décompose sous l'action des bactéries, ce qui fait baisser l'acidité du vin.

Marc : matières solides (rafles, peaux, pépins) qui forment le chapeau dans la cuve et subsistent après le pressurage.

Méthode champenoise (ou traditionnelle) : méthode de l'élaboration du champagne et de quelques autres effervescents. Il s'agit d'une double fermentation. Après la fermentation alcoolique, le vin (on le dit alors « tranquille ») est mis en bouteille avec un ajout de sucre et de levures : une seconde fermentation va alors se produire en dégageant du gaz carbonique qui restera en suspension dans le vin mais se transformera en mousse à l'ouverture. Les Champenois ayant combattu l'utilisation de cette mention par les autres régions, son synonyme est « méthode traditionnelle ».

Mildiou : maladie provoquée par un champignon qui attaque les organes verts de la vigne.

Millésime : année de récolte d'un vin.

Mousseux : vins effervescents rentrant dans les catégories des vins de table et des V.Q.P.R.D. (vin de qualité produit dans une région déterminée).

Moût : désigne le liquide sucré extrait du raisin.

Mutage : opération consistant à arrêter la fermentation alcoolique du moût par l'adjonction d'alcool vinique neutre. Une partie du sucre naturel du raisin n'est donc pas transformé en alcool et le vin sera liquoreux.

Nabuchodonosor : bouteille géante équivalent à 20 bouteilles ordinaires.

Négociant éleveur : dans les grandes régions d'appellation, négociant ne se contentant pas d'acheter et de revendre mais, à partir de vins très jeunes, réalisant toutes les opérations jusqu'à la mise en bouteilles.

Négociant manipulant : terme champenois désignant le négociant qui achète des vendanges pour élaborer lui-même un vin de champagne.

Nez : ensemble des impressions perçues par le nez.

Nouveau : se dit d'un vin des dernières vendanges.

Œnologie : science étudiant le vin.

Organoleptique : désigne des qualités ou propriétés perçues lors de la dégustation, telles la couleur, l'odeur ou le goût.

Ouillage : opération consistant à rajouter régulièrement du vin dans chaque barrique pour les maintenir pleines et éviter le contact du vin avec l'air.

Oxydation : résultat de l'action de l'oxygène de l'air sur le vin ; excessive, elle se traduit par une modification de la couleur et du bouquet.

Pétillant : désigne un vin dont la mousse est moins forte que celle des vins mousseux.

Pièce : nom du tonneau bourguignon (228 l mais aussi 216 l dans le Mâconnais et 214 l dans le Beaujolais).

Pierre à fusil : se dit du goût d'un vin dont l'arôme évoque l'odeur du silex venant de produire des étincelles.

Pigeage : opération qui consiste à enfoncer régulièrement le chapeau de marc dans la cuve pour homogénéiser le liquide qui l'imprègne et à noyer les germes qui pourraient se développer en surface.

Pourriture noble : nom du botrytis quand il donne des vins liquoreux.

Pressurage : opération consistant à presser le marc de raisin pour extraire le jus ou le vin.

Rafle : désigne dans la grappe le petit branchage supportant les grains de raisin et qui, lors d'une vendange non éraflée, apporte une certaine astringence au vin.

Ratafia : vin de liqueur élaboré par mélange de marc et de jus de raisin en Champagne et en Bourgogne.

Récoltant manipulant : en Champagne, viticulteur élaborant lui-même son champagne.

Remuage : dans la méthode champenoise, opération visant à amener les dépôts de levure contre le bouchon pour pouvoir l'expulser au dégorgement. Peut se faire manuellement sur des « pupitres de remuage » ou automatiquement sur des machines.

Rendement : quantité de vin produit sur 1 ha de vigne. Chaque AOC a un rendement maximum fixé par l'Inao.

Robe : terme employé pour désigner la couleur d'un vin et son aspect extérieur.

Rôti : caractère spécifique donné par la pourriture noble aux vins liquoreux. Cela se traduit par des arômes de fruits confits.

Saignée (rosé de saignée) : vin rosé tiré d'une cuve de raisin noir au bout d'un court temps de macération.

Salmanazar : bouteille géante contenant l'équivalent de 12 bouteilles ordinaires.

SGN : sélection de grains nobles. Spécialité alsacienne qui obéit aux mêmes normes que les vendanges tardives (VT) mais avec une teneur en sucre plus élevée dans les moûts.

Soutirage : opération consistant à transvaser un vin d'un fût dans un autre pour en séparer la lie.

Taille : coupe des sarments pour régulariser et équilibrer la croissance de la vigne afin de contrôler la productivité.

Tanins : substance se trouvant dans le raisin (peau et pépins) et qui apporte au vin sa capacité de longue conservation et certaines de ses propriétés gustatives. S'y ajoutent également ceux venus de la rafle et ceux transmis par le bois des fûts.

Tannique : se dit d'un vin laissant apparaître une note d'astringence due à sa richesse en tanins.

Terroir : terme générique dans le monde du vin qui englobe le sol, l'exposition, les conditions climatiques et le travail ancestral de l'homme sur un lieu défini.

Thermorégulation : technique permettant de contrôler et de maîtriser la température des cuves pendant la fermentation.

Tranquille : désigne un vin non effervescent.

Tri(e) : au sens large, le tri est l'opération essentielle de la vendange pour écarter, dès la vigne ou à la cave, les raisins pourris.

VDQS : vin délimité de qualité supérieure. Vin de qualité produit dans une région et selon une réglementation précises.

Végétal : se dit d'un bouquet ou des arômes d'un vin rappelant l'herbe ou la végétation.

Vendange tardive (VT) : spécialité alsacienne (avec la sélection de grains nobles). Les conditions climatiques permettent la surmaturité par passerillage éventuellement accompagné de botrytis. On cueille alors, bien après la vendange normale, des raisins présentant un niveau élevé de concentration, voire de botrytisation partielle (VT) ou complète (SGN). Seuls les cépages riesling, muscat, gewurz et pinot gris peuvent entrer dans cette catégorie.

Vendange verte : opération qui consiste, avant la vendange (généralement en été), à couper les grappes qui ne parviendront pas à maturité, qui sont abîmées ou pour soulager la charge des ceps. Cela a pour effet de limiter les rendements.

Vieilles vignes : mention qui apparaît souvent sur les étiquettes et surtout dans le Val-de-Loire qui ne répond à aucune réglementation précise. Cela dit, il est vrai que la qualité des vins progresse avec l'âge des vignes car leurs racines plongent plus profond dans le sol.

Vin de cépage : vin de pays obtenu à partir d'un seul cépage et qui en fait mention sur son étiquette.

Vin de liqueur (VDL) : appellation contrôlée. Vin doux ne correspondant pas aux normes réglementaires des VDN, ou vin obtenu par mélange de vin et d'alcool (pineau des Charentes).

Vin de pays : vin appartenant au groupe des vins de table mais dont on peut mentionner sur l'étiquette la région d'origine.

Vin doux naturel (VDN) : conditions très strictes de production, de richesse et d'élaboration.

AVIS AU LECTEUR

NUMÉROTATION FRANCE TÉLÉCOM

Attention, à partir du 18 octobre 1996, tous les numéros de téléphone en France passent de 8 à 10 chiffres. Le 16 disparaît.

En Ile-de-France : ajoutez le 01 en tête des numéros actuels à 8 chiffres qui sont précédés du (1).
Exemple : (1) 53 56 96 00 devient 01 53 56 96 00

Faites précéder de :	Le numéro à 8 chiffres commençant par :	Faites précéder de :	Le numéro à 8 chiffres commençant par :	Faites précéder de :	Le numéro à 8 chiffres commençant par :
01	30	01	43	01	49
01	34	01	44	01	53
01	39	01	45	01	55
01	40	01	46	01	60
01	41	01	47	01	64
01	42	01	48	01	69

En province : ajoutez 2 chiffres - soit le 02, le 03, le 04 ou le 05 - en tête du numérs à 8 chiffres.
Exemple : 31 03 02 00 devient 02 31 03 02 00

Faites précéder de :	Le numéro à 8 chiffres commençant par :	Faites précéder de :	Le numéro à 8 chiffres commençant par :	Faites précéder de :	Le numéro à 8 chiffres commençant par :
03	20	02	48	04	76
03	21	05	49	04	77
03	22	04	50	04	78
03	23	02	51	04	79
03	24	05	53	03	80
03	25	02	54	03	81
03	26	05	55	03	82
03	27	05	56	03	83
03	28	05	57	03	84
03	29	05	58	03	85
02	31	05	59	03	86
02	32	03	60	03	87
02	33	05	61	03	88
05	34	05	62	03	89
02	35	05	63	04	90
02	37	05	65	04	91
02	38	04	66	04	92
02	39	04	67	04	93
02	40	04	68	04	94
02	41	04	69	04	95
04	42	04	70	02	96
02	43	04	71	02	97
03	44	04	72	02	98
05	45	04	73	02	99
05	46	04	74		
02	47	04	75		

TABLEAU DES MILLESIMES

	Champagne	Alsace	Côtes de Nuits	Côtes de Beaune	Bourgogne Blanc	Beaujolais	Jura (b)	Savoie	Vallée du Rhône Septentrionale Rouge	Vallée du Rhône Méridionale Rouge	Vallée du Rhône Blanc	Provence, crus de la Méditerranée
1970	* 17	* 15	* 13	* 13	* 15	* 15	* 13	* 13	** 17	* 15	* 17	* 14
1971	** 16	*** 18	** 17	** 16	* 17	* 15	* 17	* 18	** 15	* 14	* 14	* 13
1972		* 9	* 16	* 15	* 15	* 11	* 12	* 10	* 15	* 14	* 11	* 10
1973	*** 17	** 16	** 12	** 12	* 16	* 15	* 15	* 16	* 14	* 13	* 13	* 13
1974		** 14	* 13	* 11	* 13	* 10	* 12	* 10	* 12	* 12	* 11	* 11
1975	*** 18	** 15	* 8	* 8	* 12	* 11	* 16	* 17	* 13	* 10	* 10	* 12
1976	** 16	*** 18	** 15	** 15	** 17	** 16	** 17	** 18	** 16	** 14	** 16	** 17
1977		* 13	* 9	* 10	* 13	* 9	* 11	* 11	* 13	* 13	* 9	* 10
1978	*** 16	** 16	*** 18	*** 18	*** 18	** 19	** 17	* 18	*** 19	*** 18	** 19	** 17
1979	*** 16	*** 16	** 15	** 16	** 17	* 14	** 17	* 16	** 16	** 17	** 16	* 13
1980	* 14	* 13	* 16	* 15	* 14	* 11	* 14	* 12	* 15	* 16	* 13	* 14
1981	*** 16	*** 17	* 13	* 13	** 16	* 15	* 15	* 16	** 14	** 14	** 13	* 15
1982	** 16	** 15	** 16	** 14	** 17	* 14	* 14	* 12	** 13	** 13	* 12	** 18
1983	*** 15	**** 19	** 18	** 18	*** 16	** 18	** 18	* 17	*** 18	*** 15	*** 17	** 16
1984		* 13	* 13	* 13	* 14	* 13	* 12	* 12	* 13	* 13	* 11	* 13
1985	**** 18	**** 18	*** 17	*** 17	**** 17	** 19	** 16	** 18	**** 17	**** 16	*** 15	*** 19
1986	** 14	** 13	** 15	** 14	*** 17	* 12	** 15	** 16	*** 16	** 14	** 13	** 16
1987	** 13	** 15	* 13	* 13	** 15	* 10	* 13	* 13	* 13	* 12	* 14	* 13 c
1988	**** 16	**** 17	**** 18	**** 18	**** 18	*** 18	*** 18	*** 17	**** 18	**** 18	*** 17	*** 17
1989	*** 18	***** 19	**** 19	**** 19	**** 19	*** 17	*** 18	*** 19	**** 17	**** 17	**** 17	**** 16
1990	**** 19	***** 18	***** 19	***** 19	***** 18	**** 16	*** 17	*** 17	***** 19	**** 19	**** 19	**** 18
1991		*** 12	*** 14	*** 14	*** 13	*** 15	** 13	*** 15	**** 16	** 13	*** 15	*** 14
1992		*** 13	*** 13	*** 14	***** 18	** 11	** 12	*** 13	*** 12	** 12	*** 14	** 12
1993	*****13a	*** 13	***** 17	***** 16	**** 15	*** 12	** 12	*** 12	*** 12	*** 13	*** 13	*** 13
1994		**** 15	*** 13	*** 13	*** 14	*** 13	** 11	*** 12	*** 14	*** 14	*** 13	*** 13
1995	*****15a	***** 14	***** 17	***** 17	***** 18	**** 16	**** 15	**** 16	***** 18	***** 17	***** 17	**** 16
température de service	9-10°	10-11°	16-17°	15-16°	12-14°	14-15°	14-15°	11-12°	17-18°	16-17°	12-14	15-16°

(a) : vins non commercialisés en 1996   (b) : Sauf les vins jaunes, dont la garde exceptionnelle dépasse le siècle

Notes : 19 : année exceptionnelle
17-18 : Excellente année
15-16 : Très bonne année
12-14 : Bonne année
10-11 : Année moyenne
8-9 : Petite année

* : devrait être bu
** : à boire. Vieillissant
*** : à boire. Dans sa pleinitude
**** : A garder. Peut être dégusté aujourd'hui
***** : A garder. Difficile à déguster aujourd'hui

Languedoc Roussillon	Sud-Ouest	Médoc	Pessac - Léognan Graves	Bordeaux blanc Doux, Liquoreux	Bordeaux blanc sec	Saint Emilion	Pomerol	Anjou, Touraine blanc, Muscadet	Loire moelleux	Loire rouge	Pouilly, Sancerre Vins du centre	
* 14	* 18	*** 18	*** 18	*** 17	* 18	*** 18	*** 18	* 15	** 15	* 15	* 14	1970
* 14	* 17	** 16	** 16	*** 18	* 17	** 16	** 16	* 16	*** 15	** 16	** 18	1971
* 14	* 11	* 10	* 10	* 12	* 10	* 10	* 10	* 10		* 10	* 9	1972
* 13	* 13	* 13	* 10	** 13	* 14	* 13	* 13	* 15	* 12	* 15	* 17	1973
* 13	* 13	* 14	* 14	* 11	* 13	* 14	* 14	* 10		* 11	* 14	1974
* 14	* 17	*** 17	*** 17	**** 17	** 17	*** 17	*** 17	* 15	** 16	** 15	** 17	1975
** 15	** 16	** 15	** 13	*** 18	** 16	** 15	** 15	** 18	*** 18	*** 18	*** 19	1976
*10	* 11	* 10	* 12	* 10	* 14	* 10	* 10	* 11		* 10	* 12	1977
** 14	** 17	** 17	** 19	*** 17	*** 17	** 17	** 17	** 17	** 15	** 17	** 18	1978
* 12	* 16	** 16	** 16	*** 14	** 16	** 16	** 16	* 15	*** 15	* 15	** 16	1979
* 9	* 12	* 13	* 13	** 12	* 16	** 13	** 13	* 13	* 12	* 13	* 15	1980
* 12	* 14	** 16	** 14	*** 16	** 17	** 16	** 16	* 16	** 15	* 15	** 17	1981
** 18	** 17	**** 19	**** 19	** 14	** 15	**** 19	**** 19	** 15	** 18	*** 18	** 14	1982
* 14	*** 18	*** 17	*** 17	**** 18	*** 16	*** 17	*** 17	** 16	*** 17	** 17	*** 14	1983
*11	* 12	* 14	* 13	* 13	* 12	* 13	* 13	* 14	* 12	* 12	* 13	1984
** 18	*** 17	**** 17	**** 18	*** 16	** 15	**** 17	**** 17	** 17	*** 19	*** 18	*** 17	1985
* 15	** 15	*****19	***** 18	**** 19	** 16	*** 17	*** 17	* 14	** 18	** 16	** 16	1986
* 13	* 16	** 14	** 16	* 13	* 17	* 16	* 16	* 13	* 15	* 13	* 12	1987
*** 17	**** 18	***** 19	***** 19	**** 18	**** 19	*** 17	*** 17	*** 17	**** 18	*** 17	*** 18	1988
*** 19	**** 19	**** 18	**** 18	**** 19	**** 18	**** 18	**** 19	*** 19	***** 19	**** 19	**** 19	1989
**** 17	**** 18	***** 17	***** 15	***** 19	**** 18	***** 18	***** 18	**** 18	***** 19	***** 18	**** 17	1990
**** 16	*** 14	*** 12	*** 13	*** 14	*** 15	*** 13	*** 14	*** 12	** 12	** 11	* 10	1991
*** 12	*** 12	*** 12	*** 12	*** 13	** 12	*** 14	*** 13	*** 11	*** 11	** 12	*** 11	1992
**** 14	*** 14	**** 15	**** 15	*** 14	*** 11	**** 15	***** 14	**** 13	**** 13	**** 15	*** 16	1993
*** 14	****15d	*** 14	*** 13	*** 13	**** 11	**** 13	**** 13	*** 14	**** 14	*** 13	*** 12	1994
***** 18	***** 17	***** 17	***** 18	***** 18	***** 16	***** 17	***** 18	***** 17	***** 17	***** 18	**** 18	1995
15-16°	16-17°	17-18°	16-17°	8-9°	10-11°	16-17°	16-17°	10-11°	9-10°	14-15°	10-11°	température de service

(**c**) : Grand millésime à Bandol (**d**) : Grand millésime à Madiran

Cette cotation des millésimes a été conçue par Didier Bureau, chef sommelier au Méridien Paris-Etoile et Olivier Poussier, sommelier chez Lenôtre. Elle est le résultat de plusieurs années de dégustation professionnelle. Chaque note correspond à une moyenne pour l'ensemble de la région, quelques exceptions pouvant toujours infirmer la règle. L'absence de note signifie qu'en raison d'une mauvaise récolte aucune maison de Champagne n'a millésimé ses vins et que très peu de propriétaires ont élaboré des moelleux en Loire.

La revue du
Champagne

Découvrez le monde du **Champagne** deux fois par an.

LES ROUTES DES VINS
DE CHAMPAGNE

ROGER POURTEAU

ÉDITO

La grande affaire cette année, en Champagne, sera la célébration du 1500e anniversaire du baptême de Clovis. Point encore de « vin à bulles » en cet an de grâce 496, mais le futur saint Rémi qui donna l'onction au roi des Francs possédait lui-même des vignes autour de Durocortorum (Reims). Pourtant, c'est avec un mélange d'huile d'olive et d'un baume de résine aromatique que fut oint l'époux de la reine Clotilde. Toujours pas de champagne lorsque s'ouvrit en 1027, avec Henri Ier, la longue série des sacres rémois. Le vin dont on s'abreuvait en ces fastueuses circonstances devait ressembler à ce « vin de rivière » chanté par un fabliau du Moyen Âge assurant que pour « qui en boit, c'est droite santé ». C'était au temps où le vin blanc de la vallée de la Marne portait encore le joli nom de « vin de France », au même titre que ceux d'Argenteuil et de Suresnes. Le pape Urbain II, qui prêcha la deuxième croisade et dont la statue monumentale domine aujourd'hui le village de Châtillon-sur-Marne où sa famille possédait un vignoble, ne connut pas davantage l'expression « vin de Champagne ». Pas plus d'ailleurs que Léon X, son collègue en papauté qui posséda un pressoir à Aÿ où se pressèrent aussi, dans l'ordre chronologique, Charles Quint, Charles IX, François Ier et Henri IV qui, tous, eurent un faible pour le nectar agéen. À tel point, d'ailleurs, qu'un jour où l'ambassadeur d'Espagne l'assourdissait en débitant la longue litanie des titres de son maître, le « Vert Galant » impatienté lui dit qu'il était lui-même « Sire d'Aÿ et de Gonesse, c'est-à-dire des meilleures vignes et des plus fertiles guérets ». Le paradoxe, c'est que le vin, né sur le sol ingrat de la Champagne, adopta sa véritable identité sous le règne d'Henri de Navarre qui fut l'un des deux seuls rois à ne pas être sacrés à Reims en huit siècles de rituels pèlerinages (une trentaine au total).

Mais « vin de Champagne » ne signifiait pas encore « vin à l'écume pétillante », comme le qualifia Voltaire en 1736. Né à la fin du XVIIe siècle (la querelle à propos du rôle de Dom Pérignon ne trouvera pas place dans ce court préambule), le champagne que nous vénérons abreuva sans doute son premier gosier royal lors du sacre de Louis XV. La révolution étant passée entre-temps, on a davantage de certitude en ce qui concerne la présence du « vin blond » aux cérémonies du sacre de Napoléon Ier, qui n'eut pas lieu à Reims mais à Notre-Dame-de-Paris. Dans la cité rémoise Bonaparte était venu en 1803, avec Joséphine, et ils résidèrent à l'hôtel Ponsardin. L'Empereur y revint en 1814, durant la bataille de France, et logea une nouvelle fois dans la famille de la Veuve Clicquot.

Il aima autant, dit-on, le champagne que le chambertin, mais dans la plupart des cours d'Europe la mode, tout au long du XIXe siècle, fut au « vin à bulles ». Avant de se démocratiser, il se politisera même, puisque grâce au « vin civilisateur des coteaux » Talleyrand s'est vanté avoir obtenu de bons résultats au Congrès de Vienne. Bonne fille, la République ne pouvait pas faire moins pour la gloire du champagne et, en 1891, elle envoya le président Sadi Carnot parcourir à la lueur des chandelles, dans une calèche tirée par quatre chevaux blancs, les caves de la maison Mercier. Aujourd'hui, la Champagne est hospitalière à tous ; allez-y, elle vous attend à caves ouvertes.

R. Pourteau

CARNET DE VOYAGE

LES BONS RESTAURANTS DU VIGNOBLE

La Champagne-Ardenne est loin d'être une région gastronomiquement sinistrée. Si la célébrité d'une table se mesure à l'aune des étoiles chichement attribuées par le Michelin, alors la Champagne n'est pas mal placée au hit-parade du guide phare. Sortant des restaurants battus, nous avons voulu, pour notre part, mettre en vedette les établissements situés au cœur du vignoble. Ceux qui privilégient les recettes et produits du terroir, ceux dont la carte des champagnes dépasse parfois (en qualité et en quantité) la carte des plus célèbres « trois étoiles » de France. Notre sélection de bonnes tables champenoises est une invitation à faire halte au cœur du vignoble lors de vos visites en Champagne.

"**E**n Champagne, notre idée de la perfection, c'est prolonger ce que la nature a de meilleur par ce que l'homme sait faire de mieux."

Dominique Foulon. Chef de cave. Epernay. Septembre 1995.

BRUT IMPÉRIAL
MOËT & CHANDON
CHAMPAGNE
12% Vol   ÉPERNAY ★ FRANCE   75 cl

De la nature à l'œuvre

DUVAL-LEROY
CHAMPAGNE

AVENUE DE BAMMENTAL - B.P.37 - 51130 VERTUS - FRANCE
- TÉL. 26 52 10 75 - FAX 26 52 12 93 - FAX EXPORT 26 57 54 01 -

L'ABUS D'ALCOOL EST DANGEREUX POUR LA SANTÉ, CONSOMMEZ AVEC MODÉRATION.

CÔTE-DES-BLANCS

Vertus

Le Thibault IV : possibilité d'opter pour un « forfait éva-sion », avec une nuit à l'hôtel et deux repas au cours desquels on découvrira le feuilleté champenois, la cuisse de canard au vertus rouge et le foie gras au ratafia (690 F par personne, petit déjeuner compris). Un confortable Logis de France avec menus à 100 F, 130 F et 195 F et, sur la carte des vins, le rouge local de Vertus élaboré par Duval-Leroy (220 F). L'hôtel comporte 17 chambres de 195 à 250 F. M. Lépissier, 2, place de la République, 51130 Vertus, tél. : 26 52 01 24.

Hostellerie de la Reine Blanche : les escargots de Champagne à la crème d'ail, le filet de sandre aux len-tilles roses de Reims et la pomme de ris de veau braisé au vin de Champagne figurent parmi les nombreuses spé-cialités régionales de cet élégant établissement où l'on propose des menus à 135, 195 et 295 F. Une soixantaine de références sur la carte des champagnes, qui comporte une « sélection Krug » à prix raisonnables et une belle collection de millésimés, dont un De Castellane 1969. Hôtel d'excellent confort (28 chambres de 395 à 495 F) ouvert tous les jours et toute l'année ; piscine chauffée couverte, sauna et salle de remise en forme. 18, avenue Louis-Lenoir, 51130 Vertus, tél. : 26 52 20 76.

Bergères-les-Vertus

Hostellerie du Mont-Aimé : pour 900 F par per-sonne (boissons non comprises), Annie et Jean Sciancalepore proposent une formule de week-end « Découverte de la Champagne » avec deux nuits d'hô-tel, deux petits déjeuners-buffets, deux repas dont un gas-tronomique, un panier pique-nique et une visite organi-sée chez un viticulteur. Parmi les spécialités gastrono-miques régionales : les gambas rôties aux lentillons roses de Champagne, la piccata de filets de veau à la champenoise et le feuilleté de maroilles. Menus à 150, 230 et 280 F. Impressionnante carte des champagnes classée par villages (Bergères, Vertus, Mesnil, Oger, Avize, Cramant, Aÿ, Épernay, Tours-sur-Marne, Bouzy et Reims), et comportant près de 90 références. 30 chambres donnant sur les terrasses et sur le jardin (de 250 à 400 F). Piscine et jardin. 4-6, rue des Vertus, 51130 Bergères-les-Vertus, tél. : 26 52 21 31.

Le Mesnil-sur-Oger

Le Mesnil : la cave de Claude Jaillant, avec ses 8500 bouteilles et ses 450 crus, est une pure merveille. D'autant que les champagnes y occupent une place pri-vilégiée avec plus d'une centaine de références et une superbe collection de millésimés (dont un Salon 1976 en magnum). À l'apéritif, la flûte de champagne est à 36 F. Côté solide, la cassolette d'escargots est au champagne, et les lentillons rosés de Reims accompagnent aussi bien la fricassée de langue d'agneau fumée que le filet de carpe. Parmi les desserts, un gâteau aux biscuits roses de la région, avec une crème anglaise. Menus à 145, 165, 220, 250, 280 et 335 F (c'est le menu-dégustation dans lequel chaque plat a son vin). Possibilité d'organiser l'apéritif chez un viticulteur. Fermé les lundi soir et mercredi. 2, rue Pasteur, 51190 Le Mesnil-sur-Oger, tél. : 26 57 95 57.

Champillon

Royal-Champagne : son confort, son raffinement, sa table réputée et sa vue imprenable sur le vignoble justi-fient amplement la présence de cette belle maison dans la chaîne des Relais & Châteaux. Sous la houlette d'Alain Guichaoua, le chef Christophe Blot a trouvé le ton juste pour élaborer les plats qui conviennent aux multiples champagnes qui composent la cave du « Royal ». Menus : 185, 260, 320 et 400 F ; carte : entre 400 et 450 F. L'hôtel comprend 29 chambres (de 600 à 1300 F) et 3 appartements (1500 à 1800 F) extrêmement confor-tables. Ouvert tous les jours et toute l'année. Alain Guichaoua, route du Vignoble, Bellevue, 51160 Champillon, tél. : 26 52 87 11.

MONTAGNE DE REIMS

Monchenot

Le Grand Cerf : un authentique restaurant à la cam-pagne, à mi-chemin entre Reims et Épernay, doté d'une belle salle à manger-véranda avec vue panoramique sur la verdure environnante. Sans doute l'une des plus belles cartes de champagnes de la région, avec plus de 200 réfé-rences soigneusement classées par catégories s'ouvrant sur les bruts non dosés et des prix défiant toute concur-rence : de 184 à 796 F (pour un vieux flacon de 1961). La cuisine est à la fois classique et imaginative : marbré de foie gras aux cèpes, pied de cochon farci aux ris de veau et champignons, filet de bœuf au Bouzy, etc. Menus à 165, 180, 255, 356 et 410 F. Fermé les dimanche soir et mercredi. B. et D. Giraudeau, F. et A. Guichaoua, N51, 51500 Montchenot, tél. : 26 97 60 07.

Ville-en-Tardenois

Auberge du Postillon : dans ce village de moins de 350 habitants, doté d'une belle église du XIIe siècle, cette accueillante auberge campagnarde fait partie des Tables régionales de Champagne et met en avant les produits du cru, ainsi que des champagnes de vignerons. En vedette également, le bouzy rouge de Barancourt. Menus à 85, 150 et 210 F. Fermé les mardi soir et mercredi. G. et B. Bienvenot, 3, rue Charles-de-Gaulle, 51170 Ville-en-Tardenois, tél. : 26 61 83 67.

Champigny-sur-Vesle

La Garenne : installé tout près de l'ancien circuit automobile de Reims-Gueux, ce restaurant a été hissé au niveau des meilleurs établissements de la région par un ancien de chez Boyer, Laurent Laplaige. Carte courte mais riche, avec un menu de la mer et un menu surprise (387 F chacun). À découvrir : le gratiné de porcelet aux cèpes et la noix de ris de veau au champagne. Près de 120 références de vins blonds, avec une solide représentation des cuvées de prestige. Menus de 250 à 450 F. Fermé les dimanche soir et lundi. Corinne et Laurent Laplaige, Route de Soissons, 51370 Champigny-sur-Vesle, tél. : 26 08 26 62.

Ambonnay

Auberge Saint-Vincent : une petite hostellerie de campagne avec une dizaine de chambres accueillantes (de 300 à 370 F) et, en salle à manger, une cuisine très champenoise, avec en particulier la fameuse matelote sparnacienne. Menus : de 90 à 300 F ; carte : 320 F. Fermé les dimanche soir et lundi. Jean-Claude Pelletier, 1, rue Saint-Vincent, 51150 Ambonnay, tél. : 26 57 01 98.

REIMS ET SES ENVIRONS

Les Crayères : sévèrement critiqué par le Guide Gault-Millau, qui l'a injustement dégradé dans son édition 1996, le restaurant de Gérard Boyer est toujours la table phare de la Champagne. Peu sensibles à un jugement venu de Paris, les patrons des grandes maisons restent fidèles aux « Crayères » où ils traitent leurs hôtes de marque. On a tout dit sur la cuisine du maître des lieux et sur la qualité de l'accueil incarné par son épouse, Élyane. C'est aussi le lieu qui abrite, sans doute, la plus belle cave de champagnes existant en France, et c'est l'endroit où l'on sait le mieux marier les mets et le « vin des sacres ». Menus : de 450 à 600 F ; carte : de 700 à 800 F. 16 chambres (990 à 1940 F) et 3 appartements. Fermé les lundi et mardi midi. Gérard et Élyane Boyer, 64, bd Henri-Vasnier, 51100 Reims, tél. : 26 82 80 80.

Le Drouet : c'est l'événement gastronomique rémois, car ce nouveau restaurant, installé en plein centre-ville et tenu par Jean-Pierre Maillot (précédemment au « Florence ») a tout de suite connu un grand succès. L'homme est un bon professionnel apprécié de tous les gourmets de la région, mais il bénéficie pour cette nouvelle étape de sa carrière d'un cadre magnifique : au rez-de-chaussée une salle à manger qui ouvre sur un jardin ; à la belle saison une terrasse avec vue sur la place Drouet-d'Erlon et, au premier étage, des salons particuliers qui offrent, eux aussi, une vue imprenable. En cuisine, où officie Philippe Martinez, on a opté pour une savoureuse simplicité avec un menu-carte à 170 F qui offre la possibilité de choisir entre une douzaine d'entrées (ah, les œufs brouillés à la compote d'oignons !), une quinzaine de plats (dont un pied de porc au jus poivré) et une dizaine de desserts. Plus les suggestions du jour. Il existe également un menu à 120 F qui peut être ramené à 90 F en supprimant l'entrée ou le dessert. Très belle carte des vins, avec une quarantaine de références de champagnes (les bruts à 195 F et les cuvées de prestige à 420 F). Jean-Pierre Maillot, 96, place Drouet-d'Erlon, 51100 Reims, tél. : 26 88 56 39.

Orphée : C'est le nom du restaurant gastronomique de l'hôtel « Liberté », rebaptisé « Quality Hôtel » et toujours situé au bord du canal de la Marne. Cuisine très classique, avec notamment une poêlée d'escargots aux cèpes frais et jambon. Menus à 98, 155, 198 et 410 F. Carte de champagnes très éclectique (avec une soixantaine de références). Fermé les samedi midi et dimanche. Raymond Serrano, 37, bd Paul-Doumer, tél. : 26 40 52 61.

Au Petit Comptoir : il vaut mieux réserver sa table dans ce bistrot sympathique, au décor à l'ancienne, assidûment fréquenté par les gourmets rémois qui ont pris goût à la galette d'andouille du val d'Ajol, au gratin de merlu bonne femme ou à la potée champenoise à la queue de cochon. Les champagnes sont à prix doux (de 184 à 490 F pour la plus chère des cuvées de prestige). Carte : 200-250 F. Fermé les samedi midi et dimanche. Fabrice Maillot, 17, rue de Mars, 51100 Reims, tél. : 26 40 58 58.

Le Vigneron : on ne va pas à Lourdes sans faire un pèlerinage à la grotte de Bernadette Soubirous. De la même façon, on ne saurait passer à Reims sans aller se recueillir chez Hervé Liégent. Ici se trouve, en effet, le vrai temple du champagne avec ses affiches vénérables et la plus fabuleuse collection de vieux flacons qu'il soit possible de rassembler dans une même cave. Moustachu à souhait et chaleureux avec les amateurs, le maître des lieux possède des trésors introuvables dans les maisons les mieux achalandées. La cuisine est rustique et roborative. Menus de 195 à 265 F ; carte : 250 F. Fermé les samedi midi et dimanche. Hervé Liégent, place Paul-Jamot, 51100 Reims, tél. : 26 47 00 71.

Le Boulingrin : à proximité du marché, c'est « la » brasserie rémoise par excellence, avec des plats de circonstance. Menus : 100 et 140 F. 48, rue de Mars, 51100 Reims, tél. : 26 40 96 22

Tinqueux

L'Assiette champenoise : installée au château de la Muire, une magnifique bâtisse entourée d'un parc et située à quelques minutes seulement du centre de Reims, l'Assiette Champenoise fait partie des meilleures tables de la région. On vient ici pour la belle cuisine classique de Jean-Pierre Lallement, issue des produits de la meilleure qualité, mais aussi pour le cadre et le service raffinés de cette maison qui incite au repos et à la détente. Le cadre est luxueux et la bâtisse, dont une tour d'angle s'orne d'une façade à colombage, abrite une soixantaine de chambres (505 à 770 F). Le restaurant propose des menus à 150 F (au déjeuner), 320, 460 et 495 F. Carte : environ 500 F. Piscine couverte et sauna. Ouvert tous les jours et toute l'année. Jean-Pierre et Colette Lallement. 40, av. Paul-Vaillant-Couturier, 51430 Tinqueux, tél. : 26 84 64 64.

ÉPERNAY ET SES ENVIRONS

Les Berceaux : cet hôtel-restaurant, qui a pignon sur rue depuis plus de cent ans dans la vieille ruelle des Berceaux et dont l'origine remonte au xvᵉ siècle, dispose d'une table de premier choix. Le chef, Bruno Coelle, cuisine aussi bien la fricassée de homard au champagne que la blanquette de lotte au coteaux champenois rouge ou le filet de bœuf flambé au marc de champagne. La carte des vins comporte plus d'une centaine de références de champagnes (grandes marques et vignerons). Menus : 90, 140, 190, 240 et 360 F ; carte : 350 F ; wine-bar avec restauration et dégustation de vin au verre. 29 chambres (325 à 440 F). Week-ends découverte : 2 nuits, 2 dîners et visites (870 à 980 F par personne). 13, rue des Berceaux, 51200 Épernay, tél. : 26 55 28 84.

Chez Pierrot : un lieu de rendez-vous incontournable pour les Sparnaciens intra muros et ceux des environs que Françoise Trouillard accueille toujours avec une égale bonne humeur. Pendant que Pierre, son mari, s'active devant ses fourneaux pour mitonner le filet de truite saumonée au champagne ou les côtes d'agneau grillées, ail en chemise. Beau choix de champagnes (une quarantaine de références) avec une bouteille de la semaine à 170 F. Carte : 200 F. Fermé les samedi midi et dimanche. Françoise et Pierre Trouillard, 16, rue de la Fauvette, 51200 Épernay, tél. : 26 55 16 93.

Le Petit Comptoir : comme celui de Reims, ce bistrot a fait la conquête de tous les amateurs de bonne chère. Le chef prépare, entre autres, la salade de flageolets au haddock et au saumon fumé, ainsi que la paupiette de tête de veau Marengo. Champagnes à prix unique (184 F). Menus de 125 à 200 F ; forfait à 200 F (repas plus une demi-bouteille de champagne) ; forfait week-end à 850 F. Ouvert du mardi au dimanche midi. 3, rue du Docteur-Rousseau, 51200 Épernay, tél. : 26 51 53 53.

Vinay

La Briqueterie : encore un endroit où l'on a toutes les chances de côtoyer quelques célébrités champenoises venues se restaurer dans un cadre apaisant et verdoyant, avec les chères vignes omniprésentes. La cuisine de Christophe Bernard témoigne de la méticulosité du chef et de sa volonté d'utiliser au mieux les produits de qualité. Très grand choix de champagnes. Menus de 130 à 410 F ; carte : 450 F. L'hôtel comporte 40 chambres (de 600 à 880 F) ; piscine couverte et chauffée, sauna et hélistation. Christel Trouillard, 4, route de Sézanne, 51200 Vinay, tél. : 26 59 99 99.

VALLÉE DE LA MARNE

Igny-Comblizy

Château du Ru Jacquier : à quelques kilomètres de Dormans, un établissement Chambres & Tables d'hôtes aménagé dans un très beau château du XVIIIe entouré de verdure. Six chambres confortablement aménagées (380 à 410 F, petits déjeuners compris). Dîner sur réservation avec, en particulier, un délicieux coq au champagne (150 F, boisson non comprise). M. et Mme Granger, 51700 Igny-Comblizy, tél. : 26 57 10 84.

Cumières

Le Caveau : à quelques encablures d'Épernay, une table authentiquement champenoise où l'on déguste les spécialités du pays arrosées prioritairement avec le rouge de Cumières. Le restaurant est taillé à même la craie et l'on est accueilli par des serveurs et des serveuses en tenue de vignerons. À partir de 100 F. J.-C. Rambach, 51480 Cumières, tél. : 26 54 83 23.

VIGNOBLE DE L'AISNE

Château-Thierry

Auberge Jean de La Fontaine : les murs de la salle à manger racontent les fables du héros castelthéodoricien, né ici il y a tout juste 301 ans. Laurent Montoriol, le chef de cuisine, prépare entre autres de la tête de veau poêlée croustillante avec un jus corsé et de l'andouillette de pied de cochon légèrement truffée. Menus à 160 (il change toutes les semaines), 200 et 350 F. À la carte, toutes les entrées sont à 65 F, les plats à 88 F et les desserts à 39 F. Une trentaine de références de champagnes, avec un grand choix de demi-bouteilles. Fermé les dimanche soir et lundi. Eugène Corbin, 10, rue des Filoirs, 02400 Château-Thierry, tél. : 23 83 63 89.

Courcelles-sur-Vesle

Château de Courcelles : Ce Relais & Châteaux est installé dans une somptueuse bâtisse du XVIIe siècle nichée dans un grand parc verdoyant, avec piscine de plein air chauffée, sauna, tennis, plan d'eau et hélisurface. Les spécialités culinaires du chef sont le saumon fumé au château et sa crème au raifort, les rissoles de foie gras chaud à la croque au sel, le filet de turbot sauce champagne et la bressole de pintade au ris de veau et endives braisées. Carte : 400-450 F ; menus : 190, 220 et 350 F. Une cinquantaine de champagnes de grandes marques à la carte, parmi lesquels de nombreux millésimés. 11 chambres (500-850 F) et 1 appartement. Frédéric Nouhaud (directeur), 8, rue du Château, 02220 Courcelles-sur-Vesle, tél. : 23 74 06 41.

Fère-en-Tardenois

Château de Fère : cette hostellerie de grand standing est installé à côté des ruines du château où vécurent six générations de Montmorency qui pratiquèrent le culte de l'hospitalité sur la route du couronnement. Une tradition perpétuée dans cet établissement hautement confortable où la cuisine de Christophe Turquier sait retenir les visiteurs : gâteau croustillant de langoustines aux saveurs de Siam, homard breton en minestrone et cœur de pigeonneau rôti au jus truffé. Menus à 180 (du lundi au vendredi), 290 et 480 F. Carte : 500 F. Le sommelier, Frédéric Pagneux, veille sur 20 000 bouteilles qui dorment dans les souterrains du château. Très belle carte de champagnes classés par marque (une trentaine) et comportant plus de 100 références ; le sommelier met à l'honneur un certain nombre de grandes cuvées proposées entre 600 et 750 F. 18 chambres (850 à 1200 F) et 6 appartements (1150 à 1950 F). Jo-Andréa Finck (directrice), route de Fismes, 02130 Fère-en-Tardenois, tél. : 23 82 21 13.

Champagne Pommery.
Dieu que la vie de tous les jours est jolie !

Nul doute qu'en écrivant ces mots, Alain de Polignac, œnologue de la Maison Pommery, avait à l'esprit le Champagne bien-sûr, et les roses. Ces roses qui paraissent d'autant plus belles lorsqu'on sait que leur seule présence aux pieds des plants de vigne, constitue un témoin naturel contre les maux pouvant affecter la vendange future.

L'ABUS D'ALCOOL EST DANGEREUX POUR LA SANTÉ. CONSOMMER AVEC MODÉRATION.

Ses terroirs,
    AVIZE, AŸ, DIZY, HAUTVILLERS, SILLERY…

Une vinification
    fermentation et élevage en foudres de chêne.

Un vieillissement,
    conservation sur lies de 3 à 20 ans.

3 choix pour un style…

CHAMPAGNE

JACQUESSON & FILS

68, RUE DU COLONEL FABIEN 51350 DIZY
TÉL. 26 55 68 11 - FAX 26 51 06 25

CHÂLONS ET SES ENVIRONS

L'Épine

Aux Armes de Champagne : derrière les fenêtres de la salle à manger de ce restaurant réputé dans toute la région, on découvre l'autre célébrité du lieu, l'extraordinaire basilique Notre-Dame que Paul Claudel comparaît à « un brasier ardent » et à « un buisson de roses épanouies ». Ce magnifique décor a sans doute inspiré le chef, Patrick Michelon, dont le répertoire est particulièrement imaginatif : croustade de caille au chèvre frais de l'Argonne, Saint-Jacques rôties sur une salade de mâche et de betteraves rouges « comme en Champagne pouilleuse », civet de lièvre lié au sang, etc. La carte des champagnes (plus d'une centaine de références) est élégamment présentée et propose même des jéroboams. Menus à 110, 195, 210, 290 et 480 F. Carte : 450 F environ. Fermé les dimanche soir et lundi (de novembre à mars). 35 chambres (380-780 F). Tennis, minigolf, potager du propriétaire et marché aux vins richement pourvu. Jean-Paul et Denise Pérardel, 51460 L'Épine, tél. : 26 69 30 30.

Sept-Saulx

Hôtel du Cheval Blanc : l'ancêtre de cet élégant établissement, situé à proximité de la route touristique Bruxelles-Dijon, date de 1810 et plusieurs générations successives de la même famille ont été constamment à sa tête. Bernard et Michèle Robert l'ont parfaitement modernisé : 20 chambres joliment conçues (340-800 F) et résidence au bord de la rivière (600-980 F). Parc, tennis, minigolf. Forfait week-end : 1450 F par personne. La cuisine est résolument classique : écrevisses à la nage au vin de Champagne, chateaubriand et ses navets au foie gras, etc. Plus de 50 références de champagnes à prix très modérés. Menus : 180, 280, 360 F ; carte : environ 450 F. Michèle et Bernard Robert, Armelle et Fabien Abdalalim, 2, rue du Moulin, 51400 Sept-Saulx, tél. : 26 03 97 09.

Châlons-en-Champagne

Hôtel d'Angleterre : c'est la grande table de la capitale de la Marne et l'une des meilleures de toute la région. Chef-propriétaire, Jacky Michel est un cuisinier de talent qui pratique avec élégance la cuisine rustique (ah, le pigeon fermier farci au ris de veau et rôti à la broche…). Les champagnes de Joseph Perrier et de Laurent-Perrier sont en vedette. Menus de 150 à 400 F ; carte : 450 F. 18 chambres (de 400 à 490 F). Fermé les samedi après midi et dimanche. Jacky Michel, 19, place Mgr-Tissier, 51000 Châlons-en-Champagne, tél. : 26 68 21 51.

DANS L'AUBE

Troyes

Le Clos Juillet : une étoile au Michelin a récompensé, en 1996, les efforts et le talent de cet ancien élève de Girardet installé, depuis peu, dans une étonnante maison en forme de villa cossue. L'intérieur est accueillant et la cuisine est une alliance réussie entre les "classiques" inspirés par les produits régionaux (l'andouillette au champagne et la dorade aux vapeurs de cidre d'Othe) et les créations gourmandes (langoustines au jus de coques, couscous de homard). Les champagnes de l'Aube et le rosé des Riceys sont à l'honneur. Carte : 350 F ; menus : 110 F, 155 F, 194 F et 260 F. Fermé dimanche soir et lundi. Philippe et Clotilde Colin, 22 Bd du 14 Juillet. 10000 Troyes. tél : 25 73 31 32

La Table Gourmande : c'est le restaurant gastronomique de l'Hôtel de la Poste (28 chambres de 450 à 580 F). Bien sûr l'andouillette de Troyes au chaudin, foie gras et ris de veau, servie avec une purée parfumée aux truffes, joue les vedettes, mais la carte comporte maintes créations, comme les filets de soles poêlés au cidre de la forêt d'Othe. Menus : 120, 170 F (« Saveurs ») et 240 F (« Gourmand »). Carte : 320 F. Parmi les champagnes, la Veuve Devaux occupe la place de choix. Ouvert tous les jours. 35, rue Émile-Zola, 10000 Troyes, BP 113, tél. : 25 73 05 05.

Et encore : le « **Bourgogne** » (40, rue du Général-de-Gaulle, tél. : 25 73 02 67) pour la vraie cuisine du marché ; le « **Valentino** » (11, cours de la Rencontre, tél. : 25 73 14 14) avec le poisson en vedette ; le « **Royal Hôtel** » (22, bd Carnot, tél. : 25 73 19 99) et son agneau accompagné d'un gâteau de pommes de terre au chaource.

Bréviandes

Le Pan de Bois : à quelques minutes du centre de Troyes, cette hostellerie aux murs à colombages est un havre de repos et de gastronomie. 30 chambres confortables (237 à 274 F) et un restaurant où l'on sait préparer les toutes simples grillades au feu de bois mais aussi le pied de porc grillé, l'andouillette de Troyes « tourne-broche » et la gamme des fromages régionaux. Le champagne Senez est à l'honneur. Menus : 85 et 160 F carte : 250 F. Claude Vadrot, 35, av. du Général-Leclerc, 10450 Bréviandes, tél. : 25 75 02 31.

Sainte-Maure

Auberge de Sainte-Maure : à proximité de Troyes, par la D78, une auberge nichée dans un décor verdoyant (forêt, rivière et étang) où l'on peut apprécier une cuisine recherchée, qui surprend en un tel lieu. Menus : 100, 150 et 200 F ; carte : autour de 300 F. Fermé les dimanche soir et lundi. Gérard Martin, 10150 Sainte-Maure, tél. : 25 76 90 41.

Bar-sur-Seine

Le Parc de Villeneuve : une nouvelle grande table dans l'Aube depuis que Bruno Caironi, un ancien de chez Ducasse, à Monaco, s'est installé dans ce manoir du XVIIe siècle situé en bordure de Seine, au cœur du vignoble aubois. Une partie hôtelière est actuellement à l'étude, dont s'occupera son frère Christophe. La cuisine, qui fait appel aux meilleurs produits, prend une tournure rustique avec les légumes d'hiver cuisinés en cocotte au lard paysan et pommes de terre croustillantes, ou la pièce d'agneau de Corrèze piquée d'ail confit. Menus : 165 et 300 F ; carte : 350 F. Belle série de champagnes millésimés. Fermé le mercredi. Bruno Caironi, Hameau de Villeneuve (N71), 10110 Bar-sur-Seine, tél. : 25 29 16 80.

Dolancourt

Moulin du Landion : la roue du vieux moulin est toujours là pour authentifier le nom de cette auberge proche de Bar-sur-Aube. Cuisine de terroir avec la terrine de lapin au marc de champagne, les filets de truite du vivier et les ravioles au fromage de chaource. Menus : 99, 155, 230 et 310 F. Seize chambres (330-350 F). Paul Bajolle, 10200 Dolancourt, tél. : 25 27 92 17.

GASTRONOMIE

La région Champagne-Ardenne propose de multiples spécialités gastronomiques qu'il serait dommage de ne pas découvrir.

— Boudin blanc de Rethel (Ardennes) réalisé à partir de viandes fraîches de porc hachée : M. Duhem, 9, rue Colbert, à Rethel.

— Biscuit rose de Reims : croquant, aromatisé à la vanille et recouvert de sucre glace. Autres spécialités gourmandes : les nonnettes, les croquignoles de Reims, les chocolats à la cerise de Dormans, les bonbons de Châlons (maud naud), etc. Fossier, 25, cours Langlet, à Reims.

— Jambon de Reims : noix de jambon entourée de gras, salée, cuite dans un bouillon aromatisé, puis épicée et couverte de chapelure. « Au Cochon sans rancune », 105, rue de Vesle, à Reims.

— Pied de porc à la Sainte-Menehould : le plat qui fit rater à Louis XVI sa fuite à Varennes. Auberge du Soleil d'Or, à Sainte-Menehould.

— Bouchons de champagne : des bouchons de chocolat au marc de champagne. « La Petite Friande », 15, cours J.-B. Langlet, à Reims.

— Choucroute au champagne : selon les procédés de fermentation naturelle et de fabrication traditionnelle. Demandez celle d'André Laurent, à Blignicourt, 10500 Brienne-le-Château, tél. : 25 92 16 06.

— Moutarde au champagne : on la trouve dans toutes les bonnes épiceries d'Épernay.

— Andouillette de Troyes : boyaux et estomacs de porc coupés en lamelles puis « embossés » sous boyau. Gilbert Lemelle, ZI Pont-Sainte-Marie, à Troyes, tél. : 25 80 01 24.

— Fromages régionaux : le chaource, (fromage de vache produit à Chaource, dans l'Aube) ; le riceys cendré (petit fromage de vache passé dans la cendre de sarments, au village des Riceys, dans l'Aube) ; abbaye d'Igny (fromage de vache de la Marne) ; carré de l'Est (fromage de vache industriel à pâte molle fabriqué partiellement dans la Marne) ; cendré de Châlons (fromage de vache affiné en pots de grès, dans la cendre de peuplier ou de hêtre) ; maurupt (fromage de vache à consommer sur place, fabriqué dans la Marne) ; langres (fromage de vache à pâte molle fabriqué en Haute-Marne) ; petit chaumont (un cousin du Langres) ; rocroi ou cendré des Ardennes (fromage de vache à croûte cendrée de fabrication fermière) ; maroilles (fromage de vache fabriqué en Thiérache, donc en partie dans l'Aisne) ; à signaler également le chaptonnais, un fromage fermier fabriqué et affiné à l'ancienne, qui se consomme nature, râpé ou en raclette (La Ferme des Chapton, GAEC Malataverne, 51120 La Villeneuve-les-Charleville, à 6 km de Sézanne). Crémeries : à Épernay, « Les délices de la ferme », 19, rue Saint-Thibault ; à Reims, « La Cave aux fromages », 12, place du Forum.

— À signaler encore : les terrines d'Épernay ; les chocolats à la cerise de Dormans ; la truffe de Haute-Marne ; l'andouillette de Sézanne ; le cidre du pays d'Othe (dans l'Aube) ; la brioche au chaource ; les haricots de Soissons ; la lentille rose de Reims, etc.

COUCHER
CHEZ LE VIGNERON

Cette formule est moins répandue en Champagne que dans la plupart des autres régions viticoles. Voici néanmoins quelques adresses tirées, le plus souvent, du célèbre guide de Michel Smith, *Vacances et week-ends à la ferme*, aux Éditions Balland.

Vertus

René Charageat : au hameau de La Madeleine, à 2 km du bourg, Huguette et René disposent de deux chambres d'hôtes (250 F la nuit pour deux personnes avec petits déjeuners). On peut dîner à la table familiale pour goûter le poulet au champagne. La Madeleine, 51130 Vertus, tél. : 26 52 11 29.

Sézanne

Jacques Pinard : trois chambres, avec salle d'eau et wc privés, chez ce vigneron-élaborateur qui possède un vignoble d'une quinzaine d'hectares. 240 F la nuit (avec petits déjeuners) pour deux personnes. 29, rue Gaston-Laylatte, 51120 Sézanne, tél. : 26 80 58 81.

Moussy

Mme Houdard : ce gîte rural de très grand confort dispose de trois chambres à deux lits aménagées dans l'une des ailes de cette demeure champenoise du XVIIIe situèe à 5 km d'Épernay. Séjour-cheminée, cuisine indépendante, jardin clos et barbecue. De 2500 à 2800 F la semaine pendant l'été, 2000 F le reste de l'année ; 1200 F le week-end (draps et petits déjeuners compris) 2, rue de la République, 51530 Moussy, tél. : 26 68 56 47.

Œuilly

Jean-Mary et Micheline Tarlant : au cœur de la vallée de la Marne et à une douzaine de kilomètres d'É- pernay, ces viticulteurs implantés ici depuis trois siècles disposent de quatre chambres pour deux ou trois personnes, avec douche, lavabo et wc indépendants (250 F la nuit pour deux, petits déjeuners compris). 51200 Œuilly, tél. : 26 58 30 60.

Mailly-Champagne

Irène et Jacques Chance : trois chambres à l'ancienne au premier étage de la maison de ce viticulteur de la montagne de Reims. Salle d'eau et wc privés (280 F la nuit pour deux personnes). 18, rue Carnot, 51500 Mailly-Champagne, tél. : 26 49 44 93.

Saint-Martin-d'Ablois

Christian Dambron : trois chambres, avec salle d'eau et wc privés, dans la maison de construction récente de ce couple de viticulteurs qui élabore un champagne à son nom (250 F la nuit pour deux personnes, petits déjeuners compris). 51530 Saint-Martin-d'Ablois, tél. : 26 59 95 16.

Villeneuve-Renneville

Château de Renneville : M. et Mme Collard, viticulteurs dans la Côte-des-Blancs, accueillent dans trois chambres confortables et pratiquent la formule de la demi-pension (250 F par personne). 51530 Villeneuve-Renneville, tél. : 26 52 12 91.

Connigis

Pierre Leclère : entre autres activités agricoles, Jeanine et Pierre exploitent 2,5 ha de vignes dont les raisins vont à la coopérative de Château-Thierry. Quatre grandes chambres avec vue sur le vignoble (200 F la nuit pour un couple, petits déjeuners compris). Dîner à la table familiale (70 F) où l'on peut déguster la potée champenoise. Ferme du Château, 02330 Connigis, tél. : 23 71 90 51.

La Chapelle-Monthodon

Christian Douard : polyculteurs, Marie-Christine et Christian livrent à la célèbre coopérative de Chouilly le produit de la vendange de leurs 3,5 ha de vignes. Dans leur ferme, ils ont aménagé cinq chambres d'hôtes avec salle d'eau et wc privés (de 190 à 310 F pour un couple, petits déjeuners compris). Dîner à la table familiale (70 F), arrosé du champagne de la propriété. 2, Hameau de Chézy, 02330 La Chapelle-Monthodon, tél. : 23 82 47 66.

DÉCOUVRIR LA CHAMPAGNE

Pas touristique, la Champagne ? Les sceptiques devraient bien vite renoncer aux lieux communs et aux fausses impressions avant d'aller s'enquérir auprès des comités départementaux de tourisme de la Marne, de l'Aube et de l'Aisne des possibilités de découverte de la région, dont le vignoble (30 000 ha) a fait la réputation. C'est ainsi que plus de 600 km de routes ont été soigneusement balisés pour faire découvrir aux visiteurs non seulement la vigne et les viticulteurs champenois (plus d'une soixantaine d'entre eux ont été sélectionnés sur les différents itinéraires pour vous ouvrir leurs portes), mais également toutes les richesses culturelles, historiques et architecturales de la Champagne. Les comités de tourisme ont ainsi défini sept itinéraires dont les panneaux sont reconnaissables aux couleurs différentes utilisées pour chacun d'eux. Il va de soi que les comités, aussi bien que les offices de tourisme de la région, sont à la disposition des visiteurs pour leur fournir toute la documentation concernant ces circuits dont voici un bref aperçu :

Massif de Saint-Thierry (panneaux de couleur bleu) : un itinéraire de 70 km au nord de Reims, avec départ et retour dans la cité des sacres. À visiter, entre autres, le village et le monastère de Saint-Thierry, le cloître d'Hermonville et le site de Gueux dont l'autodrome accueillait jadis les « 12 heures de Reims ».

Montagne de Reims (panneaux de couleur jaune) : 70 km de vagabondage viticole entre Reims et Épernay, les deux capitales rivales du « vin à bulles ». C'est d'abord la découverte de la fameuse « Montagne », fief des raisins noirs et de ses hauts lieux, avec arrêt obligatoire au mont Sinaï (285 m) et à son observatoire. Haltes également à Tours-sur-Marne et à Bouzy.

Vallée de la Marne (panneaux bleu ciel) : un circuit de 90 km, avec départ et retour à Épernay, en passant par Hautvillers (où se perpétue le souvenir de Dom Pérignon), Châtillon-sur-Marne dominé par la statue géante (33 m) du pape Urbain II, Dormans et le château de Boursault édifié par la veuve Clicquot.

Vallée de la Marne (panneaux bleu foncé) : 120 km à travers vignobles et forêts, départ et retour à Dormans, par Château-Thierry où naquit Jean de La Fontaine, Crouttes-sur-Marne aux limites du vignoble de l'Aisne et la vallée du Surmelin.

Côte des Blancs-Coteaux du Sézannais (panneaux de couleur verte) : 100 km, avec départ d'Épernay pour traverser le vignoble voué au chardonnay (par Chouilly, Cramant, Avize, Oger, Le Mesnil, Vertus etc.). Puis c'est la randonnée à travers les coteaux du Sézannais, par Sézanne, bien sûr, jusqu'à Villenauxe-la-Grande (céramiques et faïences) au pied de la côte d'Île-de-France.

Côte des Bar-Circuit du Barséquanais (panneaux de couleur rouge) : c'est le premier des deux circuits (130 km) à travers le vignoble aubois. Départ et retour à Bar-sur-Seine par Celles-sur-Ource, Neuville-sur-Seine, la statue de Notre-Dame-des-Vignes et les trois villages des Riceys avec leur fameux rosé.

Côte des Bar-circuit du pays baralbin (panneaux de couleur rouge) : 90 km avec départ et arrivée à Bar-sur-Aube par le plateau du Blu et les Cristalleries royales de Champagne, à Blayel. Une seconde option (110 km en tout) vous emmène à Colombey-les-Deux-Églises depuis Lignol-le-Château. À 3 km du village cher au général de Gaulle, il faut s'arrêter à Argentolles (Haute-Marne) où l'Union des producteurs de deux communes élabore le champagne sans doute le plus à l'Est de l'appellation.

Une journée en Champagne

Sur le thème « Du vigneron à la maison de champagne », J.-P. Husson (à Aÿ) et H. Germain (à Rilly) proposent un agréable circuit-découverte d'une journée. Il commence en fin de matinée à Aÿ, où Mme Husson accueille les visiteurs qui font connaissance avec ses champagnes avant de passer à table pour un déjeuner typiquement champenois : méli-mélo printanier, potée champenoise à l'ancienne, fromages de la région et gourmandise d'Aÿ, le tout accompagné des champagnes du vigneron. L'aprèsmidi, découverte du vignoble sur le trajet Aÿ-Rilly, à travers la montagne de Reims. À l'arrivée au château de Rilly, visite des caves de la maison Germain (à 41 m sous terre) et dégustation. Prix de la journée : 180 F. Réservations au 26 50 17 17, fax : 26 49 52 52.

OÙ VOUS RENSEIGNER ?

Comité départemental de tourisme de la Marne : 2 bis, bd Vaubécourt, 51000 Châlons-en-Champagne, tél. : 26 68 37 52, fax : 26 68 46 45. À la disposition des touristes : une carte avec les principaux sites illustrés, des brochures sur « La Route touristique du champagne » et les visites de caves, sur huit circuits à travers la Marne (« Promenade en Champagne »), le guide de la randonnée en Champagne (« Ballades champenoises »), celui des manifestations (« La Marne en fête ») et ceux des campings, des Logis & Gîtes de France, des chambres d'hôtes, etc.

Comité départemental de tourisme de l'Aube : 34, quai Dampierre, 10000 Troyes, tél. : 25 42 50 91, fax : 25 42 50 88.

Comité départemental de tourisme de l'Aisne : 1, rue Saint-Martin, BP 116, 02005 Laon Cedex, tél. : 23 26 70 00.

Office de tourisme de Reims : 2, rue Guillaume-Machault, 51100 Reims, tél. : 26 47 25 69.

Office de tourisme d'Épernay : 7, av. de Champagne, 51200 Épernay, tél. : 26 55 33 00.

Office de tourisme de Châlons : 3, quai des Arts, 51000 Châlons-en-Champagne, tél. : 26 65 17 89.

Office de tourisme de Sézanne : place de la République, 51120 Sézanne, tél. : 26 80 51 43.

Office de tourisme de Dormans : rue du Pont, 51700 Dormans, tél. : 26 58 21 45

Office de tourisme de Châtillon-sur-Marne : 11, rue de l'Église, 51700 Châtillon-sur-Marne, tél. : 26 58 34 66

Office de tourisme de Bar-sur-Aube : place de l'Hôtel-de-Ville, 10200 Bar-sur-Aube, tél. : 25 27 24 25.

Office de tourisme de Bar-sur-Seine : 154, Grande-Rue de la Résistance, 10110 Bar-sur-Seine, tél. : 25 29 94 43.

Office de tourisme des Riceys (ouvert toute la saison) : rue du Pont, 10340 Ricey-Haut, tél. : 25 29 15 38.

Office de tourisme de Château-Thierry : 11, rue Vallée, 02400 Château-Thierry, tél. : 23 83 10 14.

À VISITER

Épernay

Musée municipal : c'est à la fois le musée du vin de Champagne et celui de l'archéologie régionale. Ouvert du 1er mars au 30 novembre, tous les jours (sauf mardi et jours fériés) de 10 à 12 h et de 14 à 18 h. Entrée payante. 13, av. de Champagne, 51200 Épernay, tél. : 26 51 90 31.

Leclerc-Briant : cette maison de champagne organise pour les amateurs une descente de cave en rappel (à 30 m de profondeur) avec l'aide d'un guide du spéléoclub local. Une coupe de champagne est offerte à l'arrivée. 67, rue Chaude-Ruelle, 51200 Épernay, tél. : 26 54 45 33.

Œuilly

La Maison champenoise : cette véritable maison de vigneron, qui date de 1642, est un écomusée qui restitue la vie des viticulteurs à la fin du siècle dernier. Tous les vignerons du village se sont mobilisés autour d'Alain Littière — dont la grand-mère vécut dans cette bâtisse aujourd'hui restaurée — pour animer cette action touristique appelée à s'étendre et qui s'enrichit déjà de la visite d'une école « comme en 1900 ». Ouvert du 1er mai au 15 octobre. Visite payante. Cours des Maillets, 51480 Œuilly, tél. : 26 58 01 32.

Oger

Musée du mariage : c'est le champagne Henry de Vaugency qui a créé ce musée restituant la vie de famille depuis les épousailles au cours de la période allant de 1820 à 1920. À la fin de la visite, on déguste la « tisane des noces », autrement dit du ratafia de champagne. l, rue d'Avize, 51190 Oger, tél. : 26 57 50 15.

Le Mesnil-sur-Oger

Musée de la Vigne et du Vin : le champagne Launois a obtenu le Bouchon d'Or 1995 pour la création de ce musée qui rassemble une extraordinaire collection d'outils liés au travail de la vigne et du champagne, y compris des pressoirs datant des XVIᵉ et XVIIᵉ siècles. Ouvert de 8 à 12 h et de 14 à 19 h (en semaine) ; le dimanche sur rendez-vous. 3, av. de la République, 51190 Le Mesnil-sur-Oger, tél. : 26 57 50 15

Hautvillers

Abbaye : on y a reconstitué le cellier de Dom Pérignon dont le personnage en cire est la vedette de la scène. C'est au siège de Moët & Chandon, à Épernay, que l'on peut obtenir le privilège de visiter (sur rendez-vous) ce haut lieu de l'histoire du champagne.

Aÿ

Musée du vin : l'histoire de la Champagne et du champagne révélée aux visiteurs qui découvrent également les origines lointaines du vin d'Aÿ. Ouvert de 9 à 12 h et de 14 à 17 h 30, sauf les lundi et vendredi. 2, rue R. Sondag, 51160 Aÿ, tél. : 26 55 16 90.

Pierry

Le Château : dans cette localité de la côte des Blancs, où vécut l'écrivain Jacques Cazotte, auteur du *Diable amoureux*, le château, qui date de la seconde moitié du XVIIIᵉ siècle, est utilisé désormais pour des manifestations à la gloire du champagne. Bruno Gobillard y a ouvert, avec l'accord de plusieurs grandes marques, une Maison du Millésime où l'on peut déguster des champagnes ayant entre 5 et 25 ans d'âge. Un salon est également utilisé pour des déjeuners d'affaires ou des dîners de gala, et une grande salle de 250 m², aménagée sous un étonnant assemblage de poutres, sert à l'organisation de conférences, séminaires et cocktails. Le Château de Pierry,

BP 1, 51530 Pierry, tél. : 26 54 05 11 ou 26 54 99 10, fax : 26 54 46 03.

Verzenay

Le Moulin (photo d'ouverture de notre région) : dans la montagne de Reims et juste avant le village de Verzenay, ce moulin à vent construit au début du XIXᵉ siècle est perché au sommet d'une butte nommée mont Bœuf. Il a été restauré au lendemain de la Seconde Guerre mondiale et il est, aujourd'hui, la propriété de Heidsieck-Monopole et de Mumm.

Dans l'Aube

Cristalleries Royales de Champagne : installées à Bayel depuis 1300, non loin de Bar-sur-Aube, Clairvaux et Colombey-les-Deux-Églises, elles se visitent avec le concours de l'Office de Tourisme. Tous les jours (sauf dimanche, jours fériés et pendant les congés) à 9 h 30 et 11 h ; le samedi, seulement à 9 h 30. Accueil : 2, rue Belle-Verrière, 10310 Bayel, tél. : 25 92 42 68. Prix de la visite : 20 F. Il existe également, dans la localité, un écomusée du cristal (de 9 à 12 h et de 14 à 17 h chaque jour ; de 14 à 17 h le dimanche). Prix visite : 30 F.

Maison de la Vigne, à Essoyes : aux confins du vignoble aubois, dans la vallée de l'Ource, ce village propose de visiter sa Maison de la Vigne (vente et dégustation de champagnes ; organisation de visites de caves). De Pâques à la Toussaint, de 15 à 18 h, les samedi, dimanche et jours fériés. Du 1ᵉʳ juillet au 15 septembre, tous les jours. L'Association Renoir organise également une évocation de la vie du peintre et une visite de son atelier. 9, place de la Mairie, 10360 Essoyes, tél. : 25 29 64 64.

Maison de l'outil et de la pensée ouvrière, à Troyes : la plus formidable et la plus complète maison de l'outil que l'on puisse imaginer. Installée dans un hôtel de style Renaissance, elle est l'œuvre de l'Association ouvrière des compagnons du devoir. Entrée : 30 F. Ouvert toute l'année de 9 à 12 h et de 14 à 18 h. 7, rue de la Trinité, 10000 Troyes, tél. : 25 73 28 26.

MANIFESTATIONS

Saint-Vincent : le 22 janvier dans tous les villages (le samedi le plus proche de cette date) puis, le dernier dimanche de janvier, fête à Épernay sous l'égide de la Confrérie de Saint-Vincent de la ville. Fin janvier, fête de la Confrérie Saint-Paul Saint-Vincent des vignerons du Barsuraubois, à Colombé-le-Sec (Aube).

Foires : à Reims, la Foire de Printemps se déroule traditionnellement au cours de la dernière semaine de mai. À Troyes, la Foire de Champagne se tient début juin, alors qu'à Bar-sur-Aube est organisée une Foire aux Bulles (au cours du dernier week-end de septembre). Dans les Ardennes voisines, une Foire aux boudins se déroule (fin septembre) à Fumay, alors qu'une Foire aux fromages se tient à Rocroi à la mi-juin. Ce sont aussi les fromages qui sont à l'honneur à Chaource (Aube) en octobre, mais à Prez-sous-Lafranche (Haute-Marne) c'est la sardine que l'on honore curieusement à la Pentecôte.

Cuchery : dans ce village, situé à 15 km au N-O d'Épernay, la Route du champagne en Fête est une manifestation qui se déroule fin juillet.

La Fête des vendanges du massif de Saint-Thierry a lieu fin septembre, début octobre, à Pouillon, à une douzaine de kilomètres au nord de Reims.

Le Rallye international des vendanges en Champagne est organisé pendant trois jours, à Reims, à la mi-septembre.

La Fête et foire de la vigne de Charly-sur-Marne, dans l'Aisne, se déroule au cours de la 2e quinzaine de septembre.

Le VITEFF : ce salon des techniques champenoises (VITEFF signifie « viticulture effervescente ») se tient chaque année, au début du mois de juin, à Épernay où il rassemble plusieurs centaines d'exposants.

VISITER AUTREMENT

La Champagne, nous l'avons vu, peut se visiter en voiture grâce aux itinéraires balisés, mais il y a bien d'autres façons originales de découvrir cette région.

À pied : il existe plusieurs circuits pédestres dans le vignoble, comme celui qui consiste à faire le tour de la montagne de Reims. Les itinéraires sont signalés. Se renseigner auprès des Offices de tourisme ou au siège du Parc régional de la montagne de Reims qui édite un intéressant topo-guide. Maison du Parc, 51480 Pourcy, tél. : 26 59 44 44.

Au fil de l'eau : il y a deux possibilités d'effectuer des croisières sur la Marne. D'une part en empruntant le bateau avec roues à aubes de « Champagne Vallée » (départ et retour à Cumières, place du Kiosque, tél. : 26 54 49 51). Le parcours, qui dure 1 h 30, comporte le passage d'une écluse (environ 50 F par personne). Deux promenades par jour (sauf le lundi) du 1er mai au 30 septembre (à 15 h 30 et 17 h). Pour les groupes, les croisières continuent en octobre. D'autre part, Le Coche d'Eau (départ au pont de la Marne, à Épernay) propose des trajets de 2 h (d'avril à octobre, un départ tous les jours à 16 h ; prix : 60 F). Organisation de croisières d'une journée pour des groupes. Renseignements au 26 72 68 27.

Vu du ciel : Balades en montgolfières au-dessus du vignoble, soit avec « Champagne Air Show » (15 bis, place Saint-Nicaise, 51100 Reims, tél. : 26 82 59 60) qui organise, sur rendez-vous, des vols d'avril à fin octobre ; soit avec « Club Tonus » (36, rue Léo-Lagrange, à Reims, tél. : 26 82 80 04) dont les vols ont lieu, eux aussi, aux mêmes dates. Dans l'Aube, c'est « A.C. Promotion » (10430 Rosières, tél. : 25 75 36 80) qui organise trois types de promenades en montgolfière (de 500 à 1600 F). Possibilité également de survol du vignoble en hélicoptère : par « Héli Champagne » (aérodrome de Reims-Prunay, tél. : 26 49 13 42) ou par « T.A.B. » (à Coligny, 51130 Val-des-Marais, tél. : 26 52 18 49), dans le Sézannais.

En train : il s'agit du petit train touristique d'Épernay qui, pendant une heure, fait visiter la ville et ses environs, avec départ toutes les heures, place de la République, du 1er mai au 31 octobre (Sparnabus, 30, place des Arcades, tél. : 26 55 55 50).

CONNAÎTRE
LE CHAMPAGNE

Voici un certain nombre de données statistiques et des explications concernant les principaux termes utilisés en Champagne, qui vous permettront de mieux comprendre cette région viticole.

Vignoble : il couvre une superficie d'un peu plus de 30 000 ha et s'étend sur cinq départements : la Marne (qui concentre la plus large part de ce vignoble avec plus de 22 000 ha), l'Aube (5600 ha), l'Aisne (près de 2000 ha), la Haute-Marne et la Seine-et-Marne (une vingtaine d'hectares).

Cépages : ils sont au nombre de trois. Le pinot noir représente 37,5 % de l'encépagement, le pinot meunier 35,5 % et le chardonnay 27 %.

Production : elle représente l'équivalent de 240 à 250 millions de bouteilles par an, dont plus de 80 % sont élaborées par le négoce.

Consommation : la France représente plus des deux tiers du marché du champagne (160 millions de bouteilles en un an), alors qu'à l'étranger les principaux pays consommateurs sont l'Allemagne, la Grande-Bretagne, les États-Unis, la Suisse et l'Italie. À l'export, la part de marché des grandes marques dépasse 66 %, les autres négociants représentent plus de 26 % le reste (7,5 %) se répartissant entre coopératives et récoltants.

Vignerons : ils sont environ 15 500 qui possèdent 90 % du vignoble champenois (soit 27 000 ha). Un tiers seulement d'entre eux (5060) élaborent et commercialisent un champagne à leur nom. Les autres vendent leurs raisins au négoce ou les livrent à des coopératives.

Brut sans année : c'est le type de champagne le plus répandu (environ 85 % de la production). Héritier du « vin nature », imaginé par Pommery à la fin du siècle dernier pour donner satisfaction aux consommateurs anglais, c'est un champagne peu dosé (moins de 15 g de sucre par litre). Il résulte généralement de l'assemblage de deux ou trois cépages, de plusieurs crus et de plusieurs vendanges.

Brut millésimé : il a les mêmes caractéristiques que le précédent, sauf qu'il ne peut être issu que d'une seule vendange (les meilleures années) et il doit vieillir au moins trois ans en cave.

Blanc de blancs : c'est le nom donné au champagne résultant de la vinification des seuls raisins blancs de chardonnay. Il peut être ou non millésimé.

Blanc de noirs : ils sont peu nombreux à élaborer ce type de vin effervescent provenant de la vinification du pinot noir ou du pinot meunier, parfois des deux assemblés. Il peut être millésimé.

Cuvée de prestige : c'est le champagne haut de gamme des grandes marques mais aussi celui d'élaborateurs de plus en plus nombreux. Issue, en principe, des meilleurs vignobles de la maison, la cuvée de prestige (ou cuvée spéciale) fait l'objet d'un habillage particulier, elle est présentée dans un flacon inhabituel et doit être soumise à un vieillissement prolongé.

Rosé : la production de ce champagne ne dépasse pas 2 à 3 %, mais il a ses amateurs. Il s'agit, généralement, du brut maison que l'on « colore » avant la prise de mousse en ajoutant un certain pourcentage de vin rouge de champagne. Il peut être millésimé. Il existe aussi quelques rosés issus d'une vinification directe, ce sont des rosés « de saignée ».

Demi-sec : c'est le champagne de dessert dosé entre 33 et 50 g de sucre par litre. On en produit encore une petite quantité pour satisfaire la demande de certains marchés étrangers. Plus confidentiels encore : le sec (17 à 35 g/l de sucre) et le doux (plus de 50 g par litre).

Non dosé : certaines maisons produisent, en très petit volume, un champagne qui ne reçoit aucune liqueur de dosage après le dégorgement. On l'appelle ultra-brut, brut intégral, brut zéro, brut sauvage, etc.

Coteaux champenois : c'était l'ancêtre du champagne avant que l'on ne s'avise que les vins de cette région pouvaient devenir effervescents. L'AOC coteaux champenois concerne des vins tranquilles, surtout rouges (Bouzy, Cumières, Ambonnay, Aÿ, etc.) mais également blancs et rosés (celui du village des Riceys, dans l'Aube, est une célébrité).

Échelle des crus : les 294 communes productrices de champagne ont été classées selon un système hiérarchique unique en France : la valeur marchande du raisin, elle-même fondée sur la qualité du terroir. Les communes à 100 %, ou « grands crus » sont au nombre de 17 seulement : elles couvrent plus de 4000 ha. Les « premiers crus » sont issus de 40 communes classées entre 90 et 99 % (plus de 5000 ha). Toutes les autres communes (237) sont classées entre 80 et 90 % et n'ont droit qu'à l'appellation générique « champagne ».

Élaborateurs : pour connaître l'origine du champagne que l'on achète, il faut se référer aux deux lettres qui, sur l'étiquette, précisent le statut de celui qui commercialise.

N.M. : c'est le négociant-manipulant (la famille du négoce dans son ensemble, grandes marques comprises) qui possède, parfois, des vignobles et qui s'approvisionne auprès des vignerons, mais qui, en tout état de cause, élabore lui-même son champagne. C.M. : coopérative de manipulation, autrement dit il s'agit d'un groupement de vignerons qui élabore et commercialise un champagne à son nom, indépendamment de la partie de sa production qu'il vend, parfois, au négoce. R.M. : ce sont les vignerons (récoltants-manipulants) qui élaborent un champagne avec tout ou partie de leur récolte. M.A. : la marque d'acheteur concerne les champagnes dont le nom n'est pas celui de l'élaborateur mais celui du distributeur.

À LIRE

— *Le Guide du Patrimoine de Champagne-Ardenne* (Éditions Hachette)
— *Si l'on parlait d'Épernay et de sa région* et *Si l'on parlait de Reims et de sa région* (Édiguides)
— *Le Livre d'Or du Champagne*, par François Bonal (Éditions du Grand-Pont)
— *Le Grand Livre du Champagne*, par Gert V. Paczensky (Solar)
— *Champagne*, par Serena Sutcliffe (Flammarion)
— *Voyage en Champagne*, par Jean-Paul Kauffmann.
— *Merveilles de Champagne*, par Jacques-Louis Delpal (Éditions de la Martinière)
— *Madame Pommery*, par le prince Alain de Polignac (Stock) ; *Ruinart*, par Patrick de Gmeline (Stock) ; *Veuve Clicquot, la Grande Dame de la Champagne*, par Frédérique Crestin-Billet (Glénat) ; *Deutz*, par N. de Rabaudy et J. Bonnet (Éditions 2M) ; *Charles Heidsieck*, par E. Glatre et J. Roubinet ; *Henri et Rémy Krug, l'art du champagne* (Robert Laffont) ; *Champagne Mumm*, par F. Bonal (Arthaud) ; *Histoire d'un grand vin de Champagne : Bollinger*, par Cyril Ray (Tallandier).
— *Dom Pérignon, vérité, légende*, par François Bonal (Dominique Guéniot Éditeur).
— *La Revue du Champagne*, semestriel, Édiguides, 41, rue Notre-Dame-de-Lorette, 75009 Paris.

CENTRES D'INFORMATION

Comité Interprofessionnel du Vin de Champagne (CIVC) : 5, rue Henri-Martin, BP 135, 51204 Épernay Cedex, tél. : 26 54 47 20, fax : 26 55 19 79. Ouvert du lundi au vendredi, de 8 à 12 h et de 13 h 30 à 18 h. Cet organisme, coprésidé par un représentant du négoce et par un représentant des vignerons, édite de multiples documents sur le champagne et il dispose d'un service d'informations sur minitel (3616 code CIVC)

Syndicat Général des Vignerons de Champagne 44, av. Jean-Jaurès, 51200 Épernay, tél. : 26 59 55 00, fax : 26 54 97 27. Regroupe tous les vignerons champenois, qu'ils soient élaborateurs ou seulement récoltants. Édite un journal à leur intention. Informations professionnelles sur minitel (3616 code SCV, 0,99 F la mn).

Syndicat des Grandes Marques-Union des Maisons de Champagne : 1, rue Marie-Stuart, 51100 Reims, tél. : 26 47 26 89, fax : 26 47 48 44. Cet organisme, qui réunit les représentants des grandes marques et ceux de l'ensemble du négoce, édite plusieurs brochures consacrées aux visites des grandes maisons de champagne. Informations sur minitel (3616 code UMCH, 0,99 F la mn).

Ordre des Coteaux de Champagne : résidence Talleyrand, 39, rue de Talleyrand, 51100 Reims, tél. : 26 40 16 68, fax : 26 40 14 66. Créée en 1956 (mais on retrouve trace de son existence dès le XVIIe siècle), l'Ordre représente l'ensemble de la Champagne en France et à l'étranger. Il compte plusieurs milliers de membres.

Ordre du Tablier Blanc : fondée récemment par Jacques Vazart, viticulteur à Chouilly, cette nouvelle confrérie ressuscite la tradition du tablier blanc porté pendant les vendanges par le chef d'équipe dans les vignes et par les hommes du pressoir et de la cuverie. Jacques Vazart, 6, rue des Partelaines, 51530 Chouilly, tél. : 26 55 40 04.

Échevins de Bouzy : créée en 1979, cette confrérie est toute à la gloire des vins rouges de Bouzy. S'adresser à Benoît Paillard, 2, rue du XXe siècle, 51150 Bouzy, tél. : 26 57 08 04.

Confrérie de l'ouillage, à Rilly-la-Montagne. S'adresser à M. Champs, Champagne Vilmart & Cie. 51500 Rilly, tél. : 26 03 40 01.

Confrérie des Vignerons du Sézannais. M. Duquay, 51120 Sézanne, tél. : 26 80 60 73

LES À-CÔTÉS DU CHAMPAGNE

Le champagne n'est pas solitaire sur son aire d'appellation d'origine. On y élabore aussi des vins non effervescents (ou vins tranquilles) regroupés, depuis 1974 (date d'obtention de l'AOC), sous le nom de coteaux champenois. Ils sont majoritairement rouges et originaires, le plus souvent, de Bouzy, Aÿ, Cumières, Vertus, Ludes, Sillery, etc. Certains d'entre eux peuvent vieillir plusieurs années. Il existe également des coteaux champenois blancs, mais la production est encore plus confidentielle. Quant au rosé, il est essentiellement élaboré dans les trois villages des Riceys, dans l'Aube, et il bénéficie d'une AOC à part. La Champagne élabore aussi du ratafia, autrement dit du moût de raisin muté à l'alcool (comme le pineau des Charentes, le floc de Gascogne ou le macvin du Jura). Bu essentiellement à l'apéritif ou comme vin de dessert, son degré alcoolique atteint 18°. Il existe également un marc et une fine de Champagne. Le premier est issu de la distillation des marcs (les résidus solides extraits du pressoir), alors que la seconde est obtenue par la distillation du vin lui-même, généralement les vins de dégorgement et excédentaires. Dans plus de 95 % des cas, ces trois produits annexes (ratafia, marc et fine) sont élaborés, pour le compte des marques et des récoltants, par la distillerie Goyard, à Aÿ.

L'ACCUEIL DANS LES GRANDES MAISONS

Nous avons rassemblé dans cette rubrique un certain nombre de grandes maisons champenoises dont nous avons déjà parlé dans de précédentes éditions de notre guide mais qui ne figurent pas, cette année, parmi les 40 adresses sélectionnées. Comme ce sont des marques incontournables, pour les consommateurs comme pour les nombreux visiteurs de la Champagne, nous avons pris le parti de vous les présenter de façon originale. En indiquant, d'abord, les nouveautés proposées par la marque et en précisant ensuite le contenu et les conditions des visites organisées par chaque maison. Celles-ci sont en effet la principale attraction de la région, et elles restent le meilleur moyen de faire connaissance avec le « vin des sacres ».

Épernay

MOËT & CHANDON

Le point : beaucoup de nouveautés dans la première des grandes maisons (20 millions de bouteilles par an, dont 8 sur 10 sont vendues à l'étranger). Le Dom Pérignon, mythique cuvée de prestige dont le premier millésime remonte à 1921, est passé au 1988, l'une des meilleures cuvées du siècle en Champagne. On peut laisser vieillir ce vin au nez de brioche, de noisette et de moka. Dans la foulée, le rare Dom Pérignon rosé est passé au 1985, un millésime qui va ravir les amateurs de ce vin délicat aux arômes de petits fruits rouges très mûrs. Pour fêter l'avènement de l'an 2000, on a tiré et réservé (une première) 1993 jéroboams de Dom Pérignon 1993 qui sont proposés à la vente par souscription (12 500 F l'unité) et qui seront à la disposition des acheteurs à la veille de l'an 1999. Enfin, la marque a enrichi sa gamme d'un brut 1er cru (139,50 F) issu à parts égales des trois cépages champenois et qui trouvera sa place entre le brut impérial (120 F) et le brut millésimé (150 F).

L'accueil : les caves (il en existe 28 km) constituent le pôle d'intérêt de la visite de 45 mn effectuée sous la houlette d'une équipe d'hôtesses extrêmement compétentes. Dégustation en fin de parcours. Toute l'année, du lundi au vendredi ; les week-ends et les jours fériés, seulement entre les 1er avril et 31 octobre. Horaires : de 9 h 30 à 11 h 30 et de 14 h à 16 h 45 (15 h 45 les dimanche et fêtes). Réception de groupes ; langues pratiquées : anglais, allemand, italien, espagnol, russe, polonais, néerlandais et portugais.

Président : Jean-Marie Laborde
20, av. de Champagne, 51200 Épernay
Tél. : 26 54 71 11, fax : 26 54 84 23

MERCIER

Le point : membre du groupe LVMH, la maison née en 1858 commercialise en France plus de 80 % de sa production (3,7 millions de cols). À côté du brut, du brut millésimé 1988 (99 F) et du rosé, elle propose une autre bouteille beaucoup moins connue : le demi-sec (y compris en version rosé) revenu à la mode (85 F) et dont Mercier est le plus gros producteur (900 000 bouteilles). Nouveau chef de caves : Alain Parenthoën, dans la maison depuis 1965.

L'accueil : l'un des plus spectaculaires qui soit, avec 200 000 visiteurs par an auxquels on propose (pour 20 F) une visite d'1 h comprenant : la découverte du foudre géant (contenance : 215 000 bouteilles) d'Eugène Mercier, qui trône dans le hall de l'Espace ; la projection d'un film sur l'histoire de la maison ; une descente dans les caves, à 30 m de profondeur, par un ascenseur aux parois vitrées qui permettent de visionner des effets spéciaux ; la visite commentée d'une partie des 18 km de caves à bord d'un petit train ultra-moderne, et la dégustation d'une flûte de champagne. Depuis peu, la visite s'est enrichie d'une dégustation de différentes qualités de champagnes associée à des mets et d'un passage par les cuveries avec dégustation commentée. Possibilité de visiter le musée des vieux pressoirs. Ouvert du lundi au samedi, de 9 h 30 à 11 h 30 et de 14 h à 16 h 30 ; les dimanche et jours fériés de 9 h 30 à 11 h 30 et de 14 h à 17 h 30 ; fermeture les mardi et mercredi en décembre, janvier et février. Langues pratiquées : anglais, allemand, italien, espagnol, néerlandais. Groupes : sur rendez-vous de préférence.

Président : Jean-Marie Laborde
68-70, av. de Champagne, 51200 Épernay
Tél. : 26 54 75 26, fax : 26 55 12 63

DE CASTELLANE

Le point : fondée en 1895 par le vicomte Florens de Castellane, la maison (qui fait désormais partie de la galaxie Laurent-Perrier) a donc eu 100 ans l'an dernier. La marque à la croix rouge de Saint-André a fêté l'événement en lançant une collection de plaques de muselet reprenant dix des plus belles affiches spécialement conçues pour De Castellane (de 1950 à 1991) par des artistes réputés. Depuis 1994, la marque est distribuée par Sovedi-France.

L'accueil : encore une visite haut de gamme (payante) qui peut durer deux bonnes heures si l'on se met en tête de vouloir tout découvrir dans cette maison, laquelle est en quelque sorte la vigie d'Épernay avec sa tour haute de 60 m (237 marches) construite au début du siècle par l'architecte Marius Toudoire, le père de la gare de Lyon à Paris. On visite également le Musée de la tradition champenoise, le Musée champenois de l'imprimerie, la salle des Étiquettes et ses 7000 casiers de bois, les caves situées à 40 m de profondeur (elles sont longues de 10 km) ; la collection d'affiches – dont celles de l'illustre Cappiello – ainsi que le remarquable Jardin des Papillons. Ouvert tous les jours, y compris les dimanche et jours fériés (du 1er mai à fin octobre) de 10 h 30 à 12 h et de 14 à 18 h. Langues pratiquées : anglais et allemand. Réception de groupes.

Président : Hervé Augustin
57, rue de Verdun, 51200 Épernay
Tél. : 26 55 15 33, fax : 26 54 24 81

BESSERAT DE BELLEFON

Le point : fondée en 1843 et rachetée en 1991 par le groupe Marne & Champagne de Gaston Burtin (décédé l'an dernier), la marque (célèbre pour ses cuvées des moines en blanc et en rosé) a désormais pignon sur rue sur la prestigieuse avenue de Champagne. Dans un manoir magnifiquement restauré, en effet, on a ouvert un « Espace Millésime Club » où sont commercialisés tous les produits de la maison : les champagnes Alfred Rothschild & Cie, Gauthier, Giesler, Pol Gessner, Lanson et Besserat de Bellefon, ainsi que les portos, vodkas, gins et whiskies diffusés par le groupe.

L'accueil : l'Espace, ouvert aux heures habituelles, loue trois caveaux – les « Dionysos », « Vallée de la Marne » et « Trois cépages » – qui peuvent accueillir jusqu'à 240 personnes.

Présidente : Marie-Laurence Mora
19, av. de Champagne, 51200 Épernay
Tél. : 26 78 52 30, fax : 26 78 52 31

POL ROGER

Le point : dans cette belle maison familiale, dont 60 % des 1,2 million de bouteilles produites chaque année sont commercialisées à l'étranger, la grande nouveauté aura été, en 1995, l'arrivée sur le marché français de la fameuse cuvée Winston Churchill (350 F). Dans un premier temps elle avait été créée pour le marché anglais, puis d'autres pays européens avaient fait sa connaissance, avant que les amateurs hexagonaux de champagnes vineux ne la découvrent enfin. L'an dernier, toutes les cuvées millésimées sont passées au 1988, une vendange de rêve : le brut 88 (171 F), le rosé brut (193 F), le blanc de chardonnay (199 F) et la réserve spéciale PR (236 F). Pol Roger parraine, depuis 1985, le Trophée de la meilleure carte des vins de l'année, organisé par l'Association française des journalistes du vin. Dernier lauréat en date : Alain Dutournier (le Carré des Feuillants, à Paris).

L'accueil : visite de caves, uniquement sur rendez-vous, du lundi au vendredi, de 8 à 12 h et de 14 à 17 h. Fermé les en août et jours fériés. Groupes : sur rendez-vous également. Langue pratiquée : anglais.

Président : Christian de Billy
1, rue Henri-Lelarge, 51200 Épernay
Tél. : 26 55 41 95, fax : 26 55 25 70

Reims
VEUVE-CLICQUOT

Le point : ça bouge chez la Veuve depuis l'arrivée de Philippe Pascal, le nouveau et dynamique président mis en place par le groupe LVMH. En 1995, la maison fondée en 1772 a beaucoup fait parler d'elle. D'abord, en lançant le « Rich Réserve 1988 », (240 F) un champagne dosé à 35 g/l, qui n'est pas tout à fait un demi-sec mais qui peut être considéré comme un authentique champagne gastronomique digne d'accompagner, par exemple, le foie gras, une volaille aux fruits et des fromages bleus. Puis l'état-major de la marque a également pris une décision spectaculaire en mettant sous clé 150 000 bouteilles de brut réserve 1988 et le même volume de rosé réserve 1985. Depuis le 17 novembre dernier, ces flacons poursuivent leur vieillissement dans une cave spéciale, et ils seront parcimonieusement commercialisés jusqu'en l'an 2000 à une clientèle d'amateurs. C'est parce que ces millésimes – qui comptent parmi les meilleurs du siècle – allaient devenir introuvables que l'on a choisi de constituer ce stock.

L'accueil : on peut visiter une part des 24 km de caves, s'intéresser (en vidéo) à la vie et à l'œuvre de Nicole Clicquot-Ponsardin, découvrir le musée d'outils de vignerons et jeter un œil intéressé sur l'atelier d'habillage manuel des bouteilles de Grande Dame, mais uniquement sur rendez-vous et en prévenant 48 h à l'avance. Du lundi au samedi (de 10 à 17 h) et seulement du 1er avril au 31 octobre. Pour les groupes, les dégustations sont payantes. Langues pratiquées : anglais, allemand, italien, espagnol et japonais.

Président : Philippe Pascal
1, place des Droits-de-l'Homme, 51100 Reims
Tél. : 26 89 54 41, fax : 26 40 60 17

K R U G

Le point : que dire de la maison fondée en 1843, sinon que les 500 000 bouteilles de ce champagne pas comme les autres sont toujours aussi convoitées par les amateurs inconditionnels qui se recrutent dans le monde entier (85 % des ventes ont lieu à l'étranger). Pour les « Kruguistes » attentionnés, 1995 aura été l'année où l'on a ravivé les couleurs qui rehaussent leur cher flacon. À l'instar du torero, il revêt désormais une sorte d' « habit de lumière ». Autre événement : la sortie du cinquième millésime de « Clos du Mesnil » (le 1985), ce blanc de blancs monocru issu d'un vignoble ceint de murs de 1,85 ha. Pour la première fois, on a embouteillé 281 magnums de ce précieux nectar, dont la production est inférieure à 15 000 bouteilles.

L'accueil : les visites sont privées et uniquement sur rendez-vous convenus à l'avance (les jours ouvrables). Une vision inoubliable pour ceux qui ont la chance d'effectuer ce pèlerinage : les petits fûts de chêne de 205 l qui servent à la vinification et que l'on entretient dans un petit atelier annexe.

Direction : Henri et Rémi Krug

5, rue Coquebert, 51100 Reims
Tél. : 26 84 44 20, fax : 26 84 44 49

P O M M E R Y

Le point : la maison fondée en 1856, qui possède l'un des plus beaux vignobles de la Champagne (300 ha, avec une classification moyenne à 99 %) et qui commercialise près de 6,5 millions de bouteilles par an, a rendu hommage l'an dernier au « Pommery Nature 1874 », qui fut le premier vin brut de l'histoire champenoise puisque, à cette époque, c'étaient surtout les doux qui avaient la cote. à cette occasion, la marque a donc mis sur le marché des magnums de bruts millésimés 1979 et 1980 dégorgés « à la volée » et non dosés (1300 F). Pommery a également changé la couleur des cartonnages individuels de chacune de ses bouteilles de base : bleu pour le brut royal (115 F), vert pour le brut millésimé 1989 (145 F) et rose pour le brut rosé (145 F) dont le prince Alain de Polignac dit qu'il « aime le servir le soir lorsque les lumières sont plus douces ».

L'accueil : il faut descendre un escalier monumental de 116 marches pour accéder aux 18 km de caves et aux 120 crayères gallo-romaines qui constituent l'un des plus beaux ensembles souterrains de toute la Champagne. La visite (gratuite), qui dure plus d'une heure, comprend également la découverte des bâtiments de style victorien et, en particulier, celle du grand hall d'entrée qui recèle une grande quantité de documents passionnants. Ouvert tous les jours (y compris samedi, dimanche et fêtes) du 15 mars au 31 octobre et de 10 h à 17 h 30. Du 1er novembre au 14 mars (sauf week-ends et jours fériés) de 10 à 12 h et de 14 à 17 h

Président : Jean-Marie Lefèvre
5, place du Général-Gouraud, 51100 Reims
Tél. : 26 61 62 55 (accueil) et 26 61 62 63, fax : 26 61 63 98

P I P E R - H E I D S I E C K

Le point : « Dans la famille Heidsieck (ils sont trois) je voudrais Piper, le champagne du cinéma. » C'était le favori de Marilyn Monroe mais celui aussi de nombreuses autres stars du grand écran. Présent dans la plupart des festivals, le Piper-Heidsieck a aussi figuré dans plusieurs films. Les fans de la marque ont un faible pour le brut sauvage millésimé et très peu dosé, ainsi que pour le rare millésimé, une cuvée spéciale qui fait la part belle au chardonnay.

L'accueil : une visite très « hollywoodienne », surtout depuis que le train électrique a été remplacé par des nacelles automatisées pouvant accueillir six personnes chacune. Elles évoluent au milieu des galeries et des caves où l'on a reconstitué, dans un décor quasi cinématographique, toutes les scènes relatives au travail de la vigne et du vin. Très spectaculaire. La visite est payante (20 F dégustation comprise). Ouvert toute l'année et tous les jours (sauf les mardi et mercredi du 1er décembre au 28 février) de 9 h à 11 h 45 et de 14 h à 17 h 15. Langues pratiquées : anglais, allemand, italien, espagnol et japonais.

Président : Jean-Pierre Giraud
51, bd Henri-Vasnier, 51100 Reims
Tél. : 26 84 43 44, fax : 26 84 43 49

RUINART

Le point : La plus ancienne maison de champagne (1729) raconte sa saga dans un livre publié l'an dernier chez Stock et, à cette occasion, elle a ouvert toutes ses archives ainsi que celles de la famille Ruinart. Parmi ses millésimés, la marque, vouée au culte du chardonnay, commercialise actuellement le « R » de Ruinart 90, le Dom Ruinart blanc de blancs 1988 et le superbe Dom Ruinart rosé 1986.

L'accueil : Les caves, que visitent chaque année les concurrents du Trophée Ruinart du Meilleur jeune sommelier de France, sont ouvertes au public mais exclusivement sur rendez-vous convenus à l'avance. Le temps fort de la visite (gratuite) est la découverte des crayères gallo-romaines, qui comptent parmi les plus belles de la ville des sacres. À découvrir également, la maquette minutieusement reconstituée de la construction pyramidale des caves. Dégustation gratuite et vente sur place. Ouvert du lundi au vendredi, de 9 h à 11 h 30 et de 14 h 30 à 17 h 30. Pas de réception de groupes. Langues pratiquées : anglais, allemand, espagnol.

Président : Roland de Calonne
4, rue des Crayères, 51100 Reims
Tél. : 26 85 40 29, fax : 26 82 88 43

TAITTINGER

Le point : très recherchées, les bouteilles de « Taittinger Collection » décorées par des artistes contemporains de renom (100 000 exemplaires par tirage). Deux de ces « œuvres » sont épuisées, celles de Vasarely et d'Arman, sorties en 1983 et 1985. En revanche, on peut encore trouver la bouteille décorée par André Masson, qui contient du brut 82 ; celle de Vieira da Silva, avec du brut 83 ; le flacon peint par Roy Lichtenstein (du brut 85) ; celui de Hans Hartung, rempli de brut 86 et, enfin, la bouteille peinte par le Japonais Toshimitsu Imai, qui renferme le précieux millésime 1988. C'est aussi l'année de l'actuelle version des Comtes de Champagne, la cuvée de prestige blanc de blancs de la maison, toujours bien placée au hit-parade des grandes cuvées champenoises.

L'accueil : creusées sous la butte Saint-Nicaise, les caves sont une pure merveille. Elles s'enrichissent des vestiges du sous-sol de l'abbaye, en particulier l'escalier taillé dans la pierre qui donnait accès aux bâtiments ecclésiastiques ainsi que les voûtes en ogive. Projection vidéo. Visite payante, tous les jours du 1er mars au 30 novembre (de 9 h 30 à 12 h et de 14 h à 18 h 30 en semaine ; de 9 à 11 h et de 14 à 17 h, samedi, dimanche et jours fériés). Du 1er décembre au 28 février, fermé les week-ends et fêtes. Langues pratiquées : anglais et allemand.

Président : Claude Taittinger
9, place Saint-Nicaise, 51100 Reims
Tél. : 26 85 45 35, fax : 26 85 44 39

MUMM

Le point : propriété, depuis 1969, du puissant groupe canadien Seagram, la marque fondée au début du siècle dernier par Peter-Arnold de Mumm a été rendue célèbre par sa cuvée cordon rouge, dont le ruban qui barre l'étiquette en diagonale est, depuis 1876, une référence à la Légion d'honneur créée en 1802 par Napoléon Ier. L'autre caractéristique de la maison, c'est la multiplicité des cuvées spéciales : grand cordon, grand cordon rosé, René Lalou (millésimée) et Mumm de Cramant, un monocru 100 % chardonnay.

L'accueil : la visite (payante) des caves est pédestre et dure environ 1 h. Elle est assortie de commentaires sur l'élaboration du champagne et précédée de la projection d'un film vidéo. Passage dans le musée des instruments du vin et dégustation. Du 1er mars au 31 octobre, ouvert tous les jours (de 9 à 11 h et de 14 à 17 h). Hors saison, mêmes horaires mais seulement du lundi au vendredi (week-ends et jours fériés, ouvert l'après-midi). Langues pratiquées : anglais, allemand, italien, espagnol.

Président : Hubert Millet
34, rue du Champ-de-Mars, 51100 Reims
Tél. : 26 49 59 69, fax : 26 40 46 13

LANSON

Le point : les Anglais ont un faible pour ce champagne dont 55 % de la production (5,6 millions de bouteilles) sont exportés. L'an dernier, le jeune vinificateur de la maison, Vincent Malherbe, a été promu « Winemaker in sparkling wines », par la revue britannique *Wine Magazine*. Quelque temps auparavant, c'est la noble cuvée 1988 (la cuvée de prestige de la marque) qui avait conquis, à Londres, le titre de meilleur champagne 88 décerné par The International Wine and Spirit. Le blanc de blancs, actuellement millésimé 1989, a lui aussi obtenu une distinction. La marque appartient, depuis 1991, au groupe Marne & Champagne.

L'accueil : la visite (gratuite) d'une partie des caves (7 km au total) n'est possible que sur rendez-vous et seulement les jours ouvrables (de 9 à 10 h 30 et de 14 à 17 h). Dégustation gratuite. Langues pratiquées : anglais et allemand (pas plus de dix personnes à la fois).

Président : François-Xavier Mora
12, bd Lundy, 51100 Reims
Tél. : 26 78 50 50, fax : 26 78 50 99

CHARLES HEIDSIECK

Le point : propriété depuis 1985 (comme Piper-Heidsieck) du groupe Rémy Associés, la marque garde son indépendance et, surtout, sa typicité orientée vers le haut de gamme grâce au savoir-faire de Daniel Thibault, l'un des meilleurs vinificateurs champenois, qui a fait du brut maison l'un des modèles du genre. L'autre star de la marque est le blanc des millénaires (actuellement millésimé 1985), une cuvée de prestige entièrement issue du chardonnay et dont c'est la seconde version seulement. Charles Heidsieck exporte 70 % de ses 2,5 millions de bouteilles.

L'accueil : on peut visiter, sur rendez-vous, les très

belles crayères de la maison, dont une a la forme d'une bouteille de champagne. Du lundi au jeudi, de 10 h à 11 h 30 et de 14 à 16 h (fermé en août). Dégustations gratuites. Langues pratiquées : anglais, allemand et italien.

Président : Jean-Pierre Giraud
4, bd Henri-Vasnier, 51100 Reims
Tél. : 26 84 43 50, fax : 26 84 43 86

LOUIS ROEDERER

Le point : créée il y a juste 220 ans, cette maison authentiquement familiale (elles se font rares) commercialise une gamme de neuf champagnes différents, mais le plus célèbre d'entre eux reste la cuvée cristal « inventée » en 1876 pour les besoins personnels du tsar Alexandre II. Le 1988, actuellement commercialisé, est le 28e millésime proposé au grand public, alors que dorment dans les caves 2000 mathusalems (équivalents de 8 bouteilles) de 1990 destinés à être bus pour célébrer l'avènement du troisième millénaire. Il existe également un cristal rosé.

L'accueil : les caves, qui abritent notamment un superbe alignement de foudres en bois, ne se visitent que sur rendez-vous et sur recommandation. Les jours ouvrables de 10 h à 10 h 30 et de 14 à 16 h (fermé les jours fériés, en août et du 25 décembre au 1er janvier). Dégustation gratuite. Langue pratiquée : anglais.

Président : Jean-Claude Rouzaud
21, bd Lundy, 51100 Reims
Tél. : 26 40 42 11, fax : 26 47 66 51

HENRIOT

Le point : sortie en 1994 du groupe LVMH auquel elle était intégrée depuis 1987, la maison Henriot fondée en 1808 sous le nom de « Veuve Henriot Aîné » fait désormais cavalier seul sous la houlette de Joseph Henriot, le chantre des marques familiales vouées, selon lui, à élaborer des champagnes de qualité. C'est le cas, notamment, de la cuvée de prestige maison rebaptisée cuvée des enchanteleurs (précédemment cuvée Baccarat), un vin très fortement marqué par le chardonnay (55 %) et actuellement millésimé 1985. Joseph Henriot a beaucoup fait parler de lui en 1995 en rachetant la maison de négoce bourguignonne Bouchard père & fils.

L'accueil : les 5 km de caves sont truffés de très belles crayères, mais les visites ne sont possibles que sur rendez-vous et seulement les jours ouvrables. Les groupes ne sont pas acceptés. Langues pratiquées : anglais et allemand.

Président : Joseph Henriot
3, place des Droits-de-l'Homme, 51100 Reims
Tél. : 26 89 53 00, fax : 26 89 53 10

Mareuil-sur-Aÿ

BILLECART-SALMON

Le point : cette petite maison (500 000 bouteilles) est demeurée entièrement familiale depuis sa création, en 1818. Ses bouteilles s'ornent d'une étiquette sur laquelle figure le blason d'un lointain ancêtre qui, en 1615, fut conseiller au Parlement du roi de France à Châlons. La cuvée spéciale porte le nom du fondateur de la marque, Nicolas-François Billecart : c'est un brut avec 60 % de pinots noirs de la grande montagne de Reims (190 F).

L'accueil : visite des caves, y compris par des groupes, tous les jours de la semaine de 9 à 12 h et de 14 à 18 h (samedi et dimanche sur rendez-vous), mais seulement de mai à septembre. Dégustations gratuites (payantes pour les groupes). Langues pratiquées : anglais et espagnol.

Président : François-Roland Billecart
40, rue Carnot, 51160 Mareuil-sur-Aÿ
Tél. : 26 52 60 22 fax : 26 52 64 88

PHILIPPONNAT

Le point : fondée en 1910, la maison est, depuis 1987, la propriété du groupe bordelais Marie-Brizard, dirigé par Paul Glotin. Les bâtiments, auxquels on accède par une belle cour pavée, ont été restaurés avec goût et sur la façade de l'un d'entre eux on a adjoint la mention clos des Goisses au nom de la marque. Car ce champagne d'exception, issu d'un clos de 5,5 ha, est la superstar de la maison qui en élabore de 15 000 à 20 000 flacons les meilleures années, c'est-à-dire 29 fois depuis 1936 (on en était au 1986 et le 1988 vient de sortir). Autre belle bouteille : le grand blanc 1989 (205 F), un pur chardonnay qui tient le rôle de cuvée de prestige.

L'accueil : 3 km de caves aménagés avec beaucoup de soin et dont une partie se visite, mais uniquement sur rendez-vous. Toute l'année, du lundi au vendredi, de 9 à 12 h et de 14 à 18 h ; les week-ends seulement de mai à septembre. Il faut aussi aller contempler le vignoble du clos des Goisses sur les bords de Marne. Dégustations gra-

tuites (payantes pour les groupes). Langue pratiquée : anglais.

Directeur général : Paul Couvreur
13, rue du Pont, 51160 Mareuil-sur-Aÿ
Tél. : 26 52 60 43, fax : 26 52 61 49

Aÿ-Champagne

BOLLINGER

Le point : nous sommes ici chez un très grand de la Champagne qui tire sa fierté de la possession d'un vignoble de 144 ha couvrant 70 % de ses besoins, du respect rigoureux d'une charte d'éthique et de qualité et de l'existence d'un style maison qui fait que les produits de la gamme sont reconnaissables entre tous. Qu'il s'agisse du spécial cuvée (le brut avec 60 % de pinot noir), du grande année 1988 et du grande année rosé 1985, du D. 1982 (le 14e millésime des « récemment dégorgés »), des rares vieilles vignes françaises 1988 (2000 à 3000 bouteilles seulement) ou du tout aussi confidentiel coteaux champenois rouge de la côte aux Enfants 1990. L'an dernier, la grande année millésimée a été, encore une fois, au cœur de l'action du dernier James Bond, Goldeneye.

L'accueil : prendre rendez-vous une bonne semaine à l'avance pour avoir la chance de visiter l'ensemble des installations de la maison et jeter un coup d'œil au clos historique des vignes préphylloxériques. Du lundi au vendredi, de 9 à 12 h et de 14 à 18 h. Dégustations payantes. Langues pratiquées : anglais, allemand et espagnol.

Président : Ghislain de Montgolfier
16, rue Jules-Lobet, 51160 Aÿ
Tél. : 26 53 33 68, fax : 26 54 85 59

DEUTZ

Le point : depuis 1993, Louis Roederer est majoritaire dans cette maison fondée en 1838, mais elle est toujours dirigée par André Lallier, le plus récent des descendants de la famille Deutz, à la tête de la marque depuis 1972. Un vignoble d'une trentaine d'hectares, un million de bouteilles par an, Deutz vend majoritairement en France (plus de 60 %). En 1994, création d'un nouveau brut, baptisé « brut classic », un assemblage à parts presque égales des trois cépages champenois (130 F).

L'accueil : un hall a été récemment aménagé pour recevoir les visiteurs. Une partie des caves (3 km) sont visitables du lundi au vendredi, de 9 à 11 h et de 14 à 17 h. Réception de groupes. Langue pratiquée : anglais.

Président : André Lallier
16, rue Jeanson, 51160 Aÿ-Champagne
Tél. : 26 55 15 11, fax : 26 54 01 21

GOSSET

Le point : une nouvelle cuvée de prestige est née l'an dernier dans la plus ancienne maison de vins de la Champagne, à laquelle Béatrice Cointreau a donné le nom de « cuvée Célébris ». Millésimée 1988, elle est issue de neuf grands crus classés à 100 % et composée pour deux tiers de chardonnay et pour un tiers de pinot noir (390 F). L'arrivée de cette nouvelle venue dans la maison reprise en 1994 par la famille Renaud-Cointreau (Cognac Frapin) n'a pas nui à la réputation des deux autres super-bouteilles de la marque dont la production annuelle est d'un demi-million de flacons : il s'agit du grand millésime 1985 et du grand millésime rosé 1988. Gosset a également créé, l'an dernier, un coteaux champenois pur chardonnay. La maison a également initié un trophée destiné à récompenser les meilleures cartes de champagnes dans les restaurants. Premiers lauréats : le Louis XV à Monaco et Ledoyen à Paris.

L'accueil : la maison possède de belles caves à l'aplomb de l'emplacement où François Ier avait fait construire son pressoir. Les visites ont lieu sur rendez-vous, du lundi au vendredi. Réception de groupes. Langue pratiquée : anglais.

Présidente : Béatrice Cointreau
69, rue Jules-Blondeau, 51160 Aÿ-Champagne
Tél. : 26 55 14 18, fax : 26 51 55 88

Vertus

DUVAL-LEROY

Le point : la dynamique maison familiale, fondée en 1857, a encore accru son patrimoine puisque, après l'acquisition l'an dernier de 7 ha de vignes, la superficie du vignoble a été portée à 140 ha. Avec 5,5 millions de bouteilles par an (ce qui place la maison au 9e rang de la hiérarchie champenoise), Duval-Leroy poursuit intelligemment son expansion. Ses principales cuvées (fleur de Champagne, cuvée des Roys) collectionnent les récompenses, et pour la première fois le blanc de blancs, qui symbolise le culte de la marque pour le chardonnay, a été millésimé avec le 1990 (120 F). Roger Duval, l'ancien président de la maison, est décédé l'an dernier.

L'accueil : il a lieu dans les nouvelles installations inaugurées en 1991, que l'on fait visiter avec beaucoup de compétence. Du lundi au vendredi, de 9 à 12 h et de 14 à 18 h, mais il vaut mieux prendre rendez-vous. Réception de groupes ; dégustations gratuites ou payantes selon le type de visite. Langues pratiquées : anglais et allemand.

Présidente : Carol Duval
69, av. de Bammental, 51130 Vertus
Tél. : 26 52 10 75, fax : 26 52 12 93

Tours-sur-Marne

LAURENT-PERRIER

Le point : avec une production annuelle proche de 6 millions de bouteilles, c'est la locomotive du groupe, dont la branche champagne comprend aussi De Castellane, Delamotte, Salon et Joseph Perrier. Pour la seconde fois depuis sa création, la cuvée de prestige grand siècle vient d'être millésimée, alors que c'était par tradition un assemblage des vendanges de trois années. Après le 1985, il y a donc depuis peu un 1988 qui est, lui aussi, « exceptionnellement millésimé ». La décision a été prise : à chaque vendange exceptionnelle correspondra désormais un grand siècle millésimé (le suivant sera le 1990). Au début de l'année, on a également commercialisé le brut vintage 1990. Des changements sont intervenus, il y a quelques mois, à la direction de la maison. Jean-François Bauer a été nommé président-directeur général, Bernard de Nonancourt restant président du directoire de la société holding, François Philippoteaux assumant le rôle de président du conseil de surveillance.

L'accueil : pour visiter les très belles caves de Tours-sur-Marne, à une douzaine de kilomètres d'Épernay, il faut prendre rendez-vous. Ouvert du lundi au vendredi, de 9 à 11 h et de 14 à 16 h. Pas de groupes ; dégustations gratuites. Langues pratiquées : anglais, allemand et espagnol.

Président-directeur général : Jean-François Bauer
Président du directoire : Bernard de Nonancourt
51150 Tours-sur-Marne
Tél. : 26 58 91 22, fax : 26 58 77 29

Dizy

JACQUESSON & FILS

69, av. de Paris, 51000 Châlons-en-Champagne
Tél. 26 68 29 51, fax : 26 70 57 16

Le point : cette petite maison familiale (300 000 bouteilles), qui possède un joli vignoble de 33 ha et s'enorgueillit d'avoir abreuvé Napoléon Ier en 1810, sait prendre de spectaculaires décisions. Elle commercialisait déjà des vieux millésimes conservés sur pointes et dégorgés à la demande (ah, le 1975 !). Aujourd'hui, voilà que les frères Chiquet prennent l'initiative de suspendre la commercialisation de leur cuvée « signature 1988 » pour la remplacer par le 1989. Somptueux, le 88 avait trop de succès et l'on risquait de se trouver prématurément en rupture de stock. Ce qui eût été dommage en raison des potentialités de vieillissement de ce millésime.

L'accueil : on peut visiter les caves (à 3 km d'Épernay) et contempler les foudres et les fûts toujours en service. Mais il faut prendre rendez-vous ; du lundi au vendredi, de 8 à 12 h et de 13 h 30 à 17 h 30. Dégustations gratuites. Langues pratiquées : anglais et allemand.

Propriétaires : Jean-Hervé et Laurent Chiquet
68, rue du Colonel-Fabien, 51530 Dizy
Tél. : 26 55 68 11, fax : 26 51 06 25

Châlons-en-Champagne

JOSEPH PERRIER

Le point : c'est la seule grande marque implantée à Châlons-sur-Marne, récemment rebaptisée Châlons-en-Champagne, ce qui répond au vœu déjà lointain exprimé par Henri III, qui avait voulu faire de cette cité « la principale ville de Champagne ». La maison existe depuis 1825 et elle possède un magnifique vignoble, en particulier à Cumières où prospère le pinot noir dont est issu l'un des meilleurs coteaux champenois rouges de l'appellation. Le brut millésimé, baptisé cuvée royale, est passé au 1989, alors que la cuvée Joséphine (la bouteille de prestige) en est encore au 1985. En 1995, Joseph Perrier (600 000 bouteilles) a ouvert son capital à Laurent-Perrier, mais la maison a conservé son caractère familial.

L'accueil : on peut visiter, sur rendez-vous, les 3 km de caves creusées, au niveau de la cour, sous la colline à laquelle sont adossés les bâtiments de la maison. De 9 à 11 h et de 14 h 30 à 16 h. Langue pratiquée : anglais.

Président : Jean-Claude Fourmon

LE CLUB DES VITICULTEURS CHAMPENOIS

Fondée en 1972, cette association regroupe une quarantaine de vignerons-élaborateurs, originaires des meilleurs crus de Champagne. Ils ont le privilège de pouvoir créer – mais seulement les meilleures années millésimées – une cuvée baptisée « Spécial Club » qui n'est commercialisée qu'après plus de trois années de vieillissement dans un flacon original inspiré de formes anciennes. Tous les membres du Club utilisent la même bouteille gravée ainsi qu'une étiquette standard (seul change le nom du producteur). Mais avant d'accéder à cet honneur, les adhérents (lesquels n'utilisent que la récolte de leur domaine et élaborent entièrement le produit) doivent se soumettre à une série de tests de qualité, parmi lesquels deux dégustations anonymes (une juste après l'assemblage et l'autre à l'issue du temps de vieillissement) effectuées par un jury de professionnels. Ces bouteilles sont très recherchées par les amateurs de bons champagnes.

CHAMPAGNE

300 VILLAGES
3000 VIGNERONS
VOUS ACCUEILLENT EN CHAMPAGNE

Un terroir authentique à découvrir

SYNDICAT GÉNÉRAL DES VIGNERONS DE LA CHAMPAGNE - 44, av. Jean-Jaurès - ÉPERNAY - Tél. 26.59.55.00

10 BOUTEILLES POUR LE CHAMPAGNE

Le champagne est, en France, le vin qui s'offre la plus grande diversité de contenants. D'un peu plus de 18 cl pour la plus petite à 15 l pour la plus grande, la gamme des bouteilles utilisées ne compte pas moins de dix modèles différents. Les flacons les plus importants sont élaborés en petite quantité et, généralement, sur commande. Aussi vaut-il mieux se renseigner auprès de la marque choisie pour savoir si elle conditionne tel ou tel contenant. Certaines maisons réalisent, sur demande, des habillages personnalisés. Voici les formats des principaux contenants :

Quart : il contient 18,75 cl ou 20 cl, selon les cas, et il est surtout servi dans les avions ; les bouteilles sont le plus souvent fermées par une capsule.

Demie : d'une contenance de 37,5 cl, elle est très appréciée en restauration, mais de nombreuses maisons la commercialisent aussi auprès des particuliers.

Bouteille : c'est le flacon le plus classique qui contient, on le sait, 0,75 cl. Il existait, autrefois, une bouteille de 0,60 cl, baptisée « médium ».

Magnum : il contient l'équivalent de deux bouteilles, soit 1,5 l. Le nom est tiré de l'adjectif latin magnus qui signifie « grand ». C'est en Angleterre (en 1788) que le mot magnum désigna pour la première fois une « grosse bouteille ».

Jéroboam : c'est un double magnum, autrement dit l'équivalent de quatre bouteilles (3 l). Du nom du fondateur et premier souverain du royaume d'Israël, neuf siècles avant J.-C.

Réhoboam : ce contenant, peu employé, correspond à six bouteilles (4,5 l).

Mathusalem : cette bouteille, qui emprunte son nom au patriarche biblique dont on dit qu'il aurait vécu 969 ans, contient l'équivalent de huit flacons classiques (6 l).

Salmanazar : il contient 12 bouteilles (9 l) et doit son nom à cinq rois d'Assyrie dont le plus célèbre fut Salmanazar III, qui vécut de 858 à 823 avant J.-C.

Balthazar : tout le monde connaît le nom imaginaire de l'un des rois mages, mais beaucoup moins celui d'un régent de Babylone. Contenance : 16 bouteilles, soit 12 l.

Nabuchodonosor : c'est le plus grand conditionnement en matière de vin de champagne (20 bouteilles, soit 15 l). Son nom est celui d'un roi de Babylone (le n° 2) qui, six siècles avant J.-C. fit de cette ville la métropole du monde oriental.

Traduite en nombre de verres, la contenance de ces bouteilles (selon les normes champenoises !) donnerait : 6 flûtes pour une bouteille, 12 pour un magnum, 24 pour un jéroboam, 48 pour un mathusalem, 72 pour un salmanazar, 96 pour un balthazar et 120 pour un nabuchodonosor. Mais il s'agit de grandes flûtes pleines à ras bord !

LE MIRACLE DE LA CRAIE

Épernay a bien raison de fêter la craie chaque année au mois de juin. D'abord baptisée Festival de la Craie, cette manifestation est devenue le Carrefour de la Craie mais a toujours pour objet de célébrer le précieux calcaire d'origine marine, apparu à la fin de l'Ère secondaire, durant une période géologique que l'on appela crétacé. Heureux miracle que celui qui dota le sous-sol champenois d'une épaisse veine de craie dont la présence a favorisé l'essor de la vigne, et par voie de conséquence celui du champagne dans le vignoble le plus septentrional de France. L'épaisseur de ce sous-sol crayeux peut aller jusqu'à 200 m et la craie porte ici deux noms : sur les coteaux les plus raides, là où se trouvent les meilleurs vignobles, c'est la bélemnite ; plus bas, en plaine et sur les coteaux les plus doux, c'est le micraster.

Entre autres influences sur la vigne, la craie a celle de réfléchir les rayons du soleil sur le raisin et de garder une bonne dose de chaleur pour les moments plus frais de la journée. Mais ce précieux calcaire est aussi utilisé par les Champenois pour favoriser la prise de mousse et le vieillissement de leur vin. Des centaines de millions de bouteilles dorment en effet dans des galeries creusées dans la craie, à une profondeur qui varie entre 10 et 50 m et où la température reste constamment entre 8 et 12°. Il en existe environ 300 km, concentrées dans la région de Reims et d'Épernay, auxquelles s'ajoutent les fameuses crayères de l'époque gallo-romaine, des puits très profonds qui servaient à l'extraction des pierres utilisées pour la construction des villes. Transformées en caves, certaines de ces crayères ont été classées monuments historiques. D'autres furent creusées à partir de la fin du XVIIe siècle.

Dans cette région, à partir du 18 octobre 1996, vous devez faire précéder les numéros de téléphone de vos correspondants de : 03

Photos : Bruno Dujardin

CHAMPAGNE VEUVE CLICQUOT

REIMS - FRANCE

COMTE DE LANTAGE

NÉGOCIANT-MANIPULANT

———— LE DOMAINE ————

Alain Mandois, diplômé d'HEC, et Michèle, son épouse, initiée à l'Institut national de marketing, héritent d'une lignée de viticulteurs champenois dont on retrouve trace au milieu du siècle dernier. Ils furent récoltants-manipulants au début des années 30 avant d'entrer dans la famille du négoce en 1987, date à laquelle Alain et Michèle créèrent la marque Comte de Lantage, du nom de celui qui posséda à Pierry le relais de chasse aujourd'hui propriété des Mandois. La maison (150 000 bouteilles) possède des vignes dans la côte des Blancs et le Sézannais.

———— LES CHAMPAGNES ————

Les quatre flacons de la gamme sont habillés de façon fort originale, inhabituelle en Champagne. À côté du brut sans année (78 F), un assemblage des trois cépages vif et fin, on élabore trois premiers crus dont un brut (90 F) avec 60 % de chardonnay de la côte des Blancs qui en font un vin ample et élégant. Le blanc de blancs 1990 (99 F), un assemblage de grands et de premiers crus, est digne de rivaliser avec les meilleurs. Le rosé (90 F) peut accompagner tout un repas, alors que le vieux marc (90 F) est élaboré directement par la maison, chose rare en Champagne.

———— L'ACCUEIL ————

Particulièrement chaleureux et didactique dans la cave et la cuverie récemment acquises à Cerseuil. Tous les jours, de 9 à 12 h et de 14 à 17 h (en semaine) et le week-end sur rendez-vous, de même que les groupes (de 25 à 50 personnes). Organisation de journées complètes de visites de la région (il existe un catalogue). Pour s'y rendre, prendre depuis Épernay (20 km) par la N3 et la D423 après Mareuil-le-Port.

PROPRIÉTAIRES :
ALAIN ET MICHÈLE MANDOIS
20, RUE DE LA CHAPELLE,
51700 CERSEUIL
TÉL. : 26 51 11 39 - FAX : 26 51 11 41

BOUZY

GEORGES VESSELLE

NÉGOCIANT-MANIPULANT

AVIZE

DE SAINT-GALL

COOPÉRATIVE DE MANIPULATION

LE DOMAINE

Les Vesselle, à Bouzy, c'est une affaire de prénoms. Rien d'étonnant à cela quand on sait que ce nom figurait déjà sur les registres paroissiaux du XVIᵉ siècle. Alors laboureurs, aujourd'hui ils sont tous « dans le champagne ». Georges compris, qui fut longtemps maire de la célèbre commune et 20 ans administrateur du GCEV Mumm vignobles & recherches. Propriétaire, dans ce cru à 100 %, de 17,5 ha de vignes qu'il exploite avec deux de ses fils, Éric et Bruno, il a acquis le statut de négociant en 1988. Ses champagnes (130 000 bouteilles) et son fameux bouzy rouge (30 000 flacons) sont très appréciés par la grande restauration.

LES CHAMPAGNES

Très marqués par le pinot noir (90 %) qui leur confère puissance et vinosité, l'élégance nécessaire étant fournie par 10 % de chardonnay. À côté du brut sans année (99,50 F) et d'un brut millésimé 1988 (112 F) aux arômes très fruités, un brut non dosé est élaboré les meilleures années seulement (115 F). Baptisé brut zéro 1988, il ravira les amateurs de vin pour tout le repas. L'habillage de la cuvée Juline (147 F) résulte d'un concours organisé à l'École des Beaux-Arts. Quant au bouzy rouge, millésimé (103 F) ou non (82,50 F), c'est ce qu'on fait de mieux dans le genre.

L'ACCUEIL

À 18 m de profondeur, visite des caves creusées à main d'homme dans la craie et réception au caveau (de 8 à 12 h et de 14 à 17 h). Dégustation gratuite, et groupes acceptés. Langues pratiquées : français et anglais. Pour s'y rendre depuis Reims (20 km), prendre par la D9 et la D34, à partir de Louvois. La maison est au centre du village.

PROPRIÉTAIRE :
GEORGES VESSELLE
16, RUE DES POSTES, 51150 BOUZY
TÉL. : 26 57 00 15 - FAX : 26 57 09 20

LE DOMAINE

Créée en 1966, Union Champagne regroupe 11 coopératives et 1860 vignerons, propriétaires de 1200 ha de vignes situées à 95 % dans des secteurs classés grands crus, soit 40 % du prestigieux vignoble de la côte des Blancs. Sa capacité annuelle est de 10 millions de bouteilles. L'essentiel de son activité consiste à fournir en vins clairs les plus grandes maisons de négoce et les coopératives adhérentes. Union Champagne élabore également un million de bouteilles sous sa propre marque, à laquelle elle a donné le nom de Saint-Gall.

LES CHAMPAGNES

La star est la cuvée opale, un 100 % chardonnay issu des meilleurs crus (157 F) et millésimé 1985. Un excellent rapport qualité-prix pour ce « vieux » champagne à la belle rondeur en bouche et aux arômes de viennoiserie. Le blanc de blancs premier cru sans année (97 F), très vif, est à boire à l'apéritif ; l'extra brut 1ᵉʳ cru (100 % chardonnay), qui n'a pas reçu de liqueur de dosage, s'appréciera sur les huîtres (99 F) ; le rosé 1ᵉʳ cru est un blanc de blancs coloré au bouzy rouge (100 F), au goût de griottes ; à signaler également un blanc de blancs millésimé 1990 (113 F).

L'ACCUEIL

Au siège de la coop, doté d'un outil de production très performant. Projection d'un audiovisuel, visite des cuverie, caves et chaîne d'habillage. Sur rendez-vous, du lundi au vendredi, de 9 à 12 h et de 14 h à 16 h 30. Groupes acceptés. Dégustation-vente. Langues pratiquées : français et anglais. Pour s'y rendre depuis Épernay (12 km), prendre par la D51 puis par la D40 et la D10.

PRÉSIDENT : **JEAN VIARD**
7, BD PASTEUR, BP 19,
51190 AVIZE
TÉL. : 26 57 94 22 - FAX : 26 57 57 98

DE VENOGE

NÉGOCIANT-MANIPULANT

NICOLAS FEUILLATTE

COOPÉRATIVE DE MANIPULATION

LE DOMAINE

C'est une rivière (la Venoge) coulant près de Vevey, en Suisse, qui a donné son nom à cette maison fondée en 1837 par un citoyen helvète. Moins de 30 ans plus tard, son fils « inventera » le célèbre cordon bleu, le non moins réputé champagne des princes, logé dans une bouteille en forme de carafe, et l'élégant rosé princesse, toujours commercialisés de nos jours. Depuis 1985, la marque appartient à la Cie de navigation mixte, qui a modernisé les installations et amélioré la qualité. Elle possède 20 ha de vignes.

LES CHAMPAGNES

Au dos des 1,7 million de bouteilles vendues chaque année, on colle désormais une contre-étiquette qui permet d'identifier précisément le champagne et atteste la rigueur de son élaboration. Le champagne des princes (250 F), passé du millésime 1985 au 1989, est un blanc de blancs de crus à 100 %, ample et long en bouche, avec un nez très floral. Dans un genre radicalement opposé, le blanc de noirs 1990, issu d'une quinzaine de crus, est un bon compagnon pour les viandes rouges (140 F). À signaler également un fin blanc de blancs 1990 (150 F), un brut 1989 dominé par les pinots (150 F) et le célèbre cordon bleu (120 F) au nez de brioche.

L'ACCUEIL

Accessibles depuis la cour d'honneur, 6 km de caves parmi les plus belles de la région. La visite commentée d'1 h s'effectue tous les jours du 1er mai au 31 octobre, à 10, 14, 15 et 16 h, le reste du temps sur rendez-vous. Réception de groupes. Langues pratiquées : anglais, allemand et italien. La maison est située sur les « Champs-Élysées » d'Épernay.

LE DOMAINE

Créé il y a 25 ans par l'homme d'affaires qui lui a donné son nom, son essor date de 1986, grâce à l'association avec le Centre viticole de la Champagne qui regroupe 85 coopératives, 4000 vignerons et élabore 12 millions de bouteilles. Cette union régionale – la plus importante – fournissait en effet des moyens techniques, un savoir-faire et une dynamique commerciale qui ont permis de hisser Nicolas Feuillatte (1 million de cols) à un niveau de qualité couronné, depuis quelque temps, par de multiples récompenses.

LES CHAMPAGNES

Tous des premiers crus en raison de l'origine des cépages utilisés, avec un pourcentage élevé de chardonnay qui leur confère finesse et distinction. Pour la première fois, cette année, le blanc de blancs aux arômes de fruits secs (104 F) est millésimé (1991). Même chose pour le rosé, dominé par les noirs (90 % de pinots), qui arbore le millésime 1989 (101 F). La star ? La cuvée palmes d'or, millésimée 1988 et présentée dans un superbe flacon (250 F), connue dans le monde entier où Feuillatte effectue 40 % de ses ventes. Un vin d'une belle élégance, au nez de fruits blancs. Le brut réserve particulière (101 F) et le brut millésimé 1990 (136 F) complètent la gamme.

L'ACCUEIL

Visites et dégustations payantes (15 F). Tous les jours du 1er avril au 31 octobre, à 10, 14 et 16 h ; du lundi au vendredi, ainsi que le samedi (sur rendez-vous), aux mêmes heures du 1er novembre au 31 mars. Réception de groupes. Langues pratiquées : français et anglais. Pour s'y rendre : prendre depuis Épernay (6 km) par la D3.

PRÉSIDENT : **J-J VERNET**
DIRECTEUR GÉNÉRAL : **E. GAUTIER**
30, AV. DE CHAMPAGNE, 51200 ÉPERNAY
TÉL. : 26 53 34 26 - FAX : 26 53 34 35

PRÉSIDENT : **ALAIN ROBERT**
DIRECTEUR GÉNÉRAL : **J-M POTTIEZ**
BP 210, 51206 CHOUILLY
TÉL. : 26 59 55 60 - FAX : 26 59 55 80

BOUCHÉ
PÈRE & FILS

NÉGOCIANT-MANIPULANT

DELAMOTTE

NÉGOCIANT-MANIPULANT

LE DOMAINE

Cette maison d'importance moyenne (800 000 cols), cinquantenaire en 1995, possède un vignoble de 35 ha dans la Marne répartis dans 10 crus (dont 4 à 100 %). Restée familiale, elle dispose de moyens techniques très modernes, dont une cuverie inox de 10 000 hl. Les vins vieillissent dans de belles caves voûtées avant d'être commercialisés mi en France, mi à l'étranger.

LES CHAMPAGNES

Le brut sans année (78 F) et le brut millésimé 1988 (95 F), comportant des pourcentages importants de raisins blancs (50 et 45 %), ont été élaborés avec le plus grand soin. Le premier, bien équilibré, doté d'une grande fraîcheur et d'arômes briochés, comprend entre 20 et 30 % de vins de réserve. Le second, nerveux et puissant, avec une très belle longueur en bouche, est un assemblage de crus à 100 % pour les trois cépages. Le blanc de blancs (81 F), issu de Chouilly et Tauxières, s'avère d'une extrême finesse avec des arômes de paille séchée. La cuvée de prestige, logée dans une élégante bouteille givrée (116 F), est un assemblage grand standing des vendanges 1988, 1989 et 1990 ; elle se compose de 50 % de chardonnay et de 25 % de chacun des pinots, tous issus de très vieilles vignes de grands crus. Une remarquable réussite. Un rosé (91 F), ainsi que des coteaux champenois rouge (71 F) et le blanc (63 F) complètent la gamme.

L'ACCUEIL

Visite et dégustation gratuites tous les jours de la semaine, de 8 h à 17 h 30, ainsi que le dimanche matin (sur R-V). Groupes acceptés. Langues pratiquées : français et anglais. Pour s'y rendre, prendre depuis Épernay (4 km) par la D51.

LE DOMAINE

Cette petite maison (300 000 bouteilles/an) est l'une des plus anciennes de la région, puisqu'elle a été fondée en 1760. Depuis 1948 elle appartient à la famille de Nonancourt (Laurent-Perrier), et elle est « jumelée » avec le rare mais prestigieux champagne Salon dans la mesure où les deux marques sont chapeautées par le même directeur général. Champagne favori des grandes brasseries politico-littéraires de la capitale, Delamotte est issu d'un vignoble de 5 ha et d'achats auprès d'une trentaine de vignerons rigoureusement sélectionnés.

LES CHAMPAGNES

Dans ce village où le chardonnay est à son apogée, on cultive l'art du blanc de blancs reconnaissable à son nez très floral. Chez Delamotte, avec un millésimé 1985 (131 F) appelé à cohabiter, au milieu de cette année, avec un remarquable 1990. Chez Salon, le monocru 1982 va laisser progressivement la place au 1983 (430 F) qui ne déparera pas la réputation de sa trentaine de prédécesseurs. Delamotte élabore également un tout chardonnay sans année (113 F) et sa cuvée de prestige, baptisée Nicolas-Louis Delamotte, du nom du fondateur de la marque, est elle aussi un blanc de blancs (185 F le 1983). Excellent brut avec 50 % de pinots (99,50 F).

L'ACCUEIL

On peut visiter successivement Salon et Delamotte, mais seulement sur rendez-vous et aux heures de bureau (de 8 à 12 h et de 14 à 18 h). Groupes : 15 personnes maximum. Langues pratiquées : anglais, allemand et espagnol. Pas de dégustation, mais vente sur place. Pour s'y rendre, prendre depuis Épernay (15 km) par la D51 puis les D40 et D10.

PRÉSIDENT : **JOSÉ BOUCHÉ**
10, RUE CHARLES-DE-GAULLE,
51130 PIERRY
TÉL. : 26 54 12 44 - FAX : 26 55 07 02

D.G : **BERTRAND DE FLEURIAN**
7, RUE DE LA BRÈCHE-D'OGER
51190 LE MESNIL-SUR-OGER
TÉL. : 26 57 51 65 - FAX : 26 57 79 29

E. BARNAUT

RÉCOLTANT-MANIPULANT

LE DOMAINE

Aux Barnaut, fondateurs de la marque en 1874, succédèrent les Secondé, leurs descendants, dont Philippe (diplôme national d'œnologie en poche) représente aujourd'hui la 5e génération. Il dispose à Bouzy d'un vignoble de 12,5 ha qui comporte (ô surprise) un tiers de chardonnay à côté du pinot noir. Également 2 ha en vallée de la Marne dont la récolte n'est pas, pour l'heure, commercialisée. Sur les 60 à 70 000 bouteilles annuelles, 55 % sont expédiés dans une dizaine de pays dont le Japon.

LES CHAMPAGNES

Philippe Secondé est un adepte de la fermentation malolactique, qui donne de la souplesse aux vins et qui assurent leur vieillissement en toute sécurité. Il pratique également l'assemblage « perpétuel » (hormis les millésimés) qui garantit le style maison.

Le brut grande réserve (85 F), au nez d'agrumes et à la puissante attaque en bouche, incarne parfaitement cette typicité. Avec 90 % de pinot noir, l'extra brut (non dosé) est un assemblage de très grandes cuvées réservé aux amateurs du champagne pour lui-même (91 F). Le bouzy 1990, à la belle teinte grenat et au nez herbacé, est un modèle du genre (85 F) qui supportera de vieillir. Le corpulent brut rosé (91 F) fera merveille sur tout un repas, alors que la cuvée douceur (85 F) est un sec à boire sur les desserts.

L'ACCUEIL

On ne peut plus charmant. Laurette et Philippe reçoivent tous les jours (mais prévenir est préférable) de 9 à 12 h 30 et de 14 h 30 à 19 h. Les groupes (jusqu'à 25 personnes) sont bienvenus. Pour s'y rendre, prendre d'Épernay (21 km) par la D3 et, à Athis, par la D19.

PROPRIÉTAIRE :
PHILIPPE SECONDÉ
2, RUE GAMBETTA, 51150 BOUZY
TÉL. : 26 57 01 54 - FAX : 26 57 09 97

BOIZEL

NÉGOCIANT-MANIPULANT

F. BONNET

NÉGOCIANT-MANIPULANT

—— LE DOMAINE ——

Les caves, creusées dans la craie du mont Bernon, recèlent encore quelques vénérables flacons de 1834, date de la création de la marque par Auguste et Julie Boizel. Représentante de la 5ᵉ génération, Evelyne Roques-Boizel a succédé à sa mère en 1984, dans la plus pure tradition de ces Champenoises qui ont toujours joué un rôle de premier plan dans l'histoire du champagne. La maison, qui commercialise près de 3 millions de bouteilles, n'a jamais eu de vignoble : elle fait son marché dans une cinquantaine de crus.

—— LES CHAMPAGNES ——

La grande diversité d'approvisionnement favorise une rigoureuse sélection à l'heure des assemblages et donne naissance à des vins d'une grande complexité. Les pinots sont dominateurs dans quatre des cinq cuvées de la gamme, dont le brut réserve (99 F) est le prototype avec sa robustesse et sa solide charpente. Le grand vintage 1988 laisse la place au 1989 (140 F) : la présence légèrement supérieure du chardonnay (35 %) lui vaut fraîcheur, finesse et élégance. Coup de cœur pour le brut rosé (90 % de pinots) auquel on a donné la couleur qui convient : rose saumon avec des reflets mordorés. Baptisée joyau de France, la cuvée de prestige 1988 (188 F) est le champagne idéal pour tout un repas.

—— L'ACCUEIL ——

Sur R-V on se fera un plaisir de vous faire visiter les lieux, dont le caveau des vieux millésimes, de 9 à 12 h et de 14 h à 17 h 30. Petits groupes acceptés. Langues pratiquées : anglais et allemand. La maison est située derrière la plus belle artère d'Épernay, l'avenue de Champagne.

—— LE DOMAINE ——

Fondée en 1922 par Ferdinand Bonnet et son fils Fernand, maîtres greffeurs diplômés, cette maison (700 000 bouteilles dont les trois-quarts vendues à l'étranger) était autrefois sise à Oger, où elle possédait 10 ha de vignes. Rachetée en 1988 par Rémy-Cointreau (Charles Heidsieck et Piper-Heidsieck), elle a déménagé ses caves et ses bureaux à Reims en 1995, où elle bénéficie du savoir-faire de deux œnologues expérimentées, Cécile Rivault et Myriam Jacqueminet.

—— LES CHAMPAGNES ——

En raison de son implantation dans la côte des Blancs, la maison s'était, bien sûr, spécialisée dans le 100 % chardonnay, dont l'actuel blanc de blancs (103 F) aux arômes de coings est le digne descendant. En revanche, ce sont les pinots (80 %) qui dominent et imposent leur rondeur à la toute nouvelle cuvée baptisée princesse de France (89 F), en souvenir du surnom de princesse que Ferdinand Bonnet donnait à son épouse Eugénie il y a plus de 70 ans. Le brut héritage (89 F), au goût de fruits confits est un champagne d'apéritif, alors que le "brut par F. Bonnet" (135 F), vineux et charpenté est fait pour escorter tout un repas. On peut avoir une faiblesse pour le millésimé 1989 (109 F) qui doit sa formidable amplitude en bouche à la présence de deux tiers de pinot noir. Un champagne pour amateurs avertis. Le rosé (98 F) embaume les petits fruits rouges.

—— L'ACCUEIL ——

Malheureusement, aucune visite des installations n'est prévue, même s'il est possible d'acheter sur place. Sinon, le champagne F. Bonnet est vendu par correspondance, ainsi que dans les grands magasins, les épiceries fines et chez les cavistes.

PRÉSIDENTE :
EVELYNE ROQUES-BOIZEL
14, RUE DE BERNON, 51200 ÉPERNAY
TÉL. : 26 55 21 51 - FAX : 26 54 31 83

DIRECTEUR :
STÉPHANE LEFEBVRE
12, ALLÉE DU VIGNOBLE, 51100 REIMS
TÉL. : 26 84 44 15 - FAX : 26 84 44 19

GERMAIN

NÉGOCIANT-MANIPULANT

LE DOMAINE

En 1998 sera fêté le siècle de la maison, dirigée par Henri-Antoine Germain puis par son fils Henri-Louis, ex-président du glorieux Stade de Reims. C'est lui qui, il y a une cinquantaine d'années, a racheté Binet. Aujourd'hui ces marques cohabitent au sein d'une entité baptisée « Génération Champagne » qui assure également la diffusion du champagne J.-P. Husson, à Aÿ, la gestion d'un centre viticole à Cerseuil, et possède en propre un vignoble de 50 ha.

LES CHAMPAGNES

Les Français consomment 85 % des 1,25 million de bouteilles commercialisées l'an. Une gamme de champagnes « comme les aimait le président », souligne Régis Desbleds. C'est évidemment le cas de la fameuse cuvée président, un brut de qualité issu à parts égales du chardonnay et du pinot noir, logé dans une élégante bouteille trapue (148 F). L'originalité du brut 1er cru, puissant et long en bouche (118 F), est d'être originaire de villages classés entre 90 et 100 %. L'imposante présence des pinots fait du brut sans année (111 F) et du millésimé (133 F) des champagnes vineux et racés buvables à toute heure du jour.

L'ACCUEIL

La visite du lundi au vendredi (aux heures de bureau) des 6 km de caves en ogives revêt des allures de pèlerinage, tant la silhouette massive du président hante les lieux. Mieux vaut prendre rendez-vous, y compris pour les groupes (jusqu'à 50 personnes). Langues pratiquées : anglais et allemand. Pour s'y rendre, prendre depuis Reims (une dizaine de kilomètres), la sortie Cormontreuil sur l'autoroute A4, puis la D9 et la D409.

D. GÉNÉRAL : **RÉGIS DESBLEDS**
CHÂTEAU DE RILLY,
51500 RILLY-LA-MONTAGNE
TÉL. : 26 03 40 19 - FAX : 26 03 43 11

BRICOUT

NÉGOCIANT-MANIPULANT

LE DOMAINE

Autrefois c'étaient les tables princières d'Europe qui appréciaient le champagne de MM. Bricout et Koch, dont les maisons avaient uni leurs destinées à la fin du siècle dernier. Aujourd'hui, la grande restauration et les cavistes ont un faible pour les bouteilles élaborées au château d'Avize, l'un des meilleurs crus de blancs reconnu comme tel dès 1911. Propriété depuis 1979 du groupe allemand Racke, Bricout figure parmi les dix plus grandes marques avec 4 millions de bouteilles l'an, dont 70 % commercialisées en France.

LES CHAMPAGNES

La gamme est de qualité, il est vrai, avec des approvisionnements privilégiés auprès de 170 vignerons. Autre « plus » : la conservation des vins de réserve en fûts de chêne. Il en résulte des assemblages très sophistiqués avec, par exemple, la présence de 60 crus dans le brut réserve (90 F); un champagne-vérité conçu à partir de 40 % de chardonnay, 35 % de pinot noir et, proportion inhabituelle, 25 % de meunier. Le brut prestige (99 F) est davantage tourné vers les blancs, mais nous avons eu un coup de cœur pour le millésimé 1986 (110 F) au nez de noisettes et d'amandes. La cuvée Arthur Bricout (149 F) est un assemblage de crus à 100 % qui résistera au temps et mérite de prendre place parmi les cuvées spéciales les plus réussies.

L'ACCUEIL

La visite des belles caves est fort bien organisée, de 9 à 12 h et de 14 à 17 h. Réception de groupes, les langues pratiquées étant l'anglais et l'allemand. Dégustation gratuite. Pour s'y rendre, à une dizaine de kilomètres d'Épernay prendre par les D51 et D10.

DIRECTEUR GÉNÉRAL :
ANDRÉAS KUPFERBERG
ANCIEN CHÂTEAU D'AVIZE, 51190 AVIZE
TÉL. : 26 53 30 00 - FAX : 26 57 59 26

PALMER

COOPÉRATIVE DE MANIPULATION

_____ LE DOMAINE _____

C'est le nom d'un cru classé de Margaux, mais c'est aussi celui de la marque de champagne créée, voilà presque un demi-siècle, par un groupement très élitiste de sept producteurs, tous implantés dans des villages à 100 % de la côte des Blancs et de la montagne de Reims. Ces pionniers sont à l'origine du fameux style Palmer apprécié dans le monde entier, où sont vendues presque six sur dix des 200 000 bouteilles commercialisées chaque année. Le succès appelant le succès, la Société de producteurs des grands terroirs de la Champagne a par la suite ouvert plus largement ses portes, mais ne furent jamais admis que des vignerons propriétaires de crus huppés. Ils sont désormais 170 qui exploitent plus de 300 ha, situés majoritairement dans les premiers et les grands crus de la montagne de Reims. La moitié des chardonnays vient de Villers-Marmery et de Trépail, alors que les pinots noirs sont majoritairement issus de Verzenay et de Mailly-Champagne. Depuis 1959, Palmer a pignon sur rue dans la ville des sacres où la société a fait édifier, 30 ans plus tard, un superbe bâtiment aux lignes futuristes qui consacre le mariage de la pierre, du verre et de l'acier. Cette belle création architecturale était le point d'orgue de la modernisation de l'entreprise qui avait commencé par la construction d'une cuverie modèle, équipée en particulier, d'un pressoir Coquard de 8 000 kilos, dont il n'existait à l'époque qu'un prototype.

_____ LES CHAMPAGNES _____

La technique et l'innovation au service de la qualité, voilà le leitmotiv de la maison et de son directeur général Jean-Claude Colson. La gamme des champagnes élaborés témoigne d'ailleurs de cette volonté. Qu'il s'agisse du brut sans année (98 F), mi-blancs, mi-noirs, fruité et charnu, ou de la cuvée de prestige (180 F), un assemblage à parts égales de chardonnay et de pinot noir, tous sont issus de grands crus. Baptisée « Amazone de Palmer », cette élégante cuvée aux arômes très floraux est un hommage rendu aux femmes qui ont marqué l'histoire de la Champagne et qui furent, elles aussi, des amazones. La grande originalité de Palmer est la commercialisation de millésimes anciens magnifiquement conservés. À côté du 1985 (140 F) figure un somptueux 1982 (160 F) que l'on boira volontiers pour lui-même, en dehors des repas, et un étonnant 1979 au remarquable rapport qualité-prix (205 F). La gamme comprend également un blanc de blancs millésimé (133 F) et un rosé rubis (120 F).

_____ L'ACCUEIL _____

Professionnel et chaleureux, avec visite des 2,5 km de caves mi-gothiques, mi-romanes, réparties sur trois niveaux. Seulement sur rendez-vous. Groupes acceptés. Langues pratiquées : anglais, allemand et néerlandais. Remise de 10 % pour les achats sur place.

DIRECTEUR GÉNÉRAL :
JEAN-CLAUDE COLSON
67, RUE JACQUART, 51100 REIMS
TÉL. : 26 07 35 07 - FAX : 26 07 45 24

YVES COUVREUR

RÉCOLTANT-MANIPULANT

LE DOMAINE

C'est l'un des représentants de ces jeunes vignerons qui secouent le cocotier dans ce bourg cossu situé au pied du mont Joli. Âgé d'à peine plus de 30 ans, Yves Couvreur représente la 6ᵉ génération d'une très ancienne famille de viticulteurs ; il exploite 7 ha et 16 ares dans cette grande montagne de Reims où la vigne fait bon ménage avec la forêt. Les étiquettes de ses bouteilles surprendront : elles sortent délibérément des sentiers battus en prenant pour thème une sorte d'éphèbe à la grappe de raisin qui se décline en couleurs différentes.

LES CHAMPAGNES

Là encore, Yves Couvreur a toutes les audaces. « Audace » est d'ailleurs le nom qu'il a donné à l'une de ses cuvées, issue à 100 % de vieilles vignes de chardonnay. Son millésime 1989 (88 F), très frais

et très aromatique, avec des notes d'agrumes légèrement citronnées, est une belle réussite ; on l'appréciera principalement à l'apéritif. Sans souci de la contradiction, ce viticulteur nous propose ensuite un brut dominé par les noirs (85 % de pinots), puissant, charpenté, apte à affronter les plats les plus roboratifs (70 F), et un délicat blanc de blancs (74 F) dont le charme séduira les palais féminins. La production de cette petite maison est de 25 000 bouteilles.

L'ACCUEIL

Tout à fait chaleureux, et à la propriété, mais mieux vaut prendre rendez-vous pour visiter les caves, la cuverie et le pressoir. Dégustation possible. Vente sur place et par correspondance. Pour s'y rendre, à une quinzaine de kilomètres de Reims prendre par la N51 et la D26 qui longe la montagne de Reims.

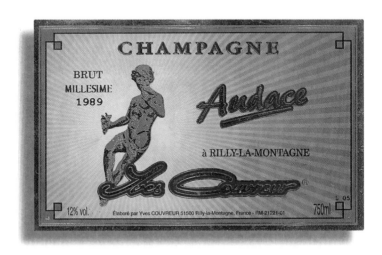

PROPRIÉTAIRE : **YVES COUVREUR**
2, RUE DE L'ÉGALITÉ,
51500 RILLY-LA-MONTAGNE
TÉL. : 26 03 47 04 - FAX : 26 03 49 17

VILMART
PÈRE & FILS

RÉCOLTANT-MANIPULANT

RAYMOND
BOULARD

NÉGOCIANT-MANIPULANT

LE DOMAINE

Encore un jeune loup de Rilly, descendant lui aussi de viticulteurs du cru (1890) dont la famille s'est, depuis, scindée en deux branches. Franck Vilmart (35 ans) est à la tête de la maison, alors que Vilmart & Cie est une autre marque. Notre ami Henri Elwing a conté, dans *La Revue du Champagne*, comment cet homme éclectique menait de pair l'élaboration de ses 40 000 bouteilles annuelles et sa passion pour la musique (il trouve encore le temps d'animer deux orchestres).

LES CHAMPAGNES

Assez morcelé, ce vignoble de 8 ha et 30 ares offre de belles possibilités d'assemblages avec 30 % de chardonnay, 30 % de pinot noir et 40 % de meunier. Franck Vilmart joue d'ailleurs de cette partition avec virtuosité pour élaborer des cuvées d'une grande franchise... et d'une belle musicalité. Issue d'une vinification séparée des cépages (à dominante pinot noir : 60 %), le brut grande réserve (76 F) s'apparente davantage à une symphonie solidement conçue et digne de retenir l'attention pendant tout un repas. Avec le brut 1989 (80 % de chardonnay), il s'agit plutôt de musique de chambre, ce festival d'arômes délicats méritant d'escorter les mets les plus raffinés (95 F).

L'ACCUEIL

À la maison, où s'effectuent 10 % des ventes, Franck Vilmart ayant par ailleurs une grosse clientèle de particuliers et de collectivités (70 % de ses acheteurs). Visites et dégustations tous les jours mais seulement sur rendez-vous. Pour y aller, prendre depuis Épernay par la N51 qui traverse la montagne de Reims puis, à Montchenot, tourner à droite vers Rilly et Verzenay.

PROPRIÉTAIRE : **FRANCK VILMART**
10, RUE MARCEL-CHANSON,
51500 RILLY-LA-MONTAGNE
TÉL. : 26 03 41 57 - FAX : 26 03 40 78

LE DOMAINE

C'est une petite maison familiale créée par Raymond Boulard, qui a aujourd'hui passé la main à ses enfants (Francis, Hélène et Dominique), est le descendant d'une famille vigneronne installée depuis 1792 dans cette commune située à l'extrémité ouest de la montagne de Reims et où l'on compte près d'une quarantaine de propriétaires-récoltants. Les Boulard disposent d'un vignoble de près de 10 ha réparti sur sept crus et élaborent 70 000 bouteilles d'un champagne très apprécié à l'étranger.

LES CHAMPAGNES

La gamme ne comporte pas moins de six cuvées différentes, parmi lesquelles un remarquable grand cru carte noire de Mailly-Champagne (80 F) élaboré en cuve de petit volume et auquel la présence de 90 % de pinot noir confère ampleur, rondeur et puissance pour être consommé sur une goûteuse volaille grillée. L'expression des sept crus maison est magnifiée dans le brut 1989, aux arômes de torréfaction. Cet assemblage équilibré de 30 % de chardonnay, 30 % de pinot noir et 40 % de meunier a une belle couleur dorée (86,50 F). À signaler également, un brut réserve long en bouche (79 F), un blanc de blancs issu de vieilles vignes (80 F), une fraîche cuvée tradition (88 F) et une cuvée « l'année de la comète » 1986 qu'il est temps de boire (99,50 F).

L'ACCUEIL

Visites et dégustations gratuites, mais sur rendez-vous. Pour les passionnés, l'accueil peut être personnalisé. Pour s'y rendre, effectuez donc un circuit touristique en partant d'Épernay : longer la Marne, prendre par la D1 jusqu'aux abords de Chatillon puis remonter par les D23 et 24.

PROPRIÉTAIRES : **FAMILLE BOULARD**
1 À 4, RUE DU TAMBOUR,
51480 LA NEUVILLE-AUX-LARRIS
TÉL. : 26 58 12 08 - FAX : 26 58 13 02

BARON-FUENTÉ

NÉGOCIANT-MANIPULANT

_____ LE DOMAINE _____

Dans cette commune comptant parmi les plus viticoles de l'Aisne (300 ha et près d'une cinquantaine d'élaborateurs), Gabriel et Dolorès Baron (née Fuenté) ont adopté – depuis plus de trois ans – le statut de négociant en complétant leurs approvisionnements par des achats de raisins (ils sont propriétaires de 18 ha). Connue depuis trois siècles dans cette charmante bourgade où se tient chaque année, en septembre, une grande Foire de la Vigne, les Baron commercialisent désormais 200 000 bouteilles avec l'aide de leurs deux enfants.

_____ LES CHAMPAGNES _____

Une gamme multiforme de cuvées, majoritairement caractérisées par un assemblage intelligent des trois cépages. Le prototype, c'est la cuvée prestige qui les réunit à parts égales pour obtenir un vin très floral avec une belle longueur en bouche (87 F).

Davantage marqués par la présence du chardonnay, les millésimes 1990 (80 F) et 1991 (78 F) offrent un surplus de finesse et se révèlent très flatteurs. Excellent rapport qualité-prix pour les deux bruts de base, la grande réserve (67 F) et le tradition (63 F) qui mettent en valeur le pinot meunier des coteaux voisins entrant dans ces bouteilles dans la proportion de 60 à 70 %.

_____ L'ACCUEIL _____

La famille vous attend de pied ferme tous les jours de la semaine (de 9 à 12 h et de 14 à 18 h), ainsi que le dimanche, mais sur rendez-vous. Les groupes sont acceptés (jusqu'à 25 personnes). Pour s'y rendre, depuis Paris, sortir de l'autoroute A4 à La Ferté-sous-Jouarre puis emprunter la pittoresque route des bords de Marne (D402) jalonnée de points de vue magnifiques.

PROPRIÉTAIRE :
FAMILLE BARON-FUENTÉ
21, AV. FERNAND-DROUET,
02310 CHARLY-SUR-MARNE
TÉL. : 23 82 01 97- FAX : 23 82 12 00

BOUZY

HUBERT DAUVERGNE

RÉCOLTANT-MANIPULANT

LE DOMAINE

6 ha et 30 ares de vignes à Bouzy : un véritable trésor pour Hubert et Éliane Dauvergne, représentant la 4e génération d'une famille de vignerons locaux. Le pinot noir est donc à l'honneur, mais l'encépagement comporte aussi 13 % de chardonnay (presque un record dans ce prestigieux cru de noirs), ce qui permet d'affiner certaines cuvées. Ce qui n'est pas le cas pour la rareté maison : un étonnant bouzy blanc tranquille, issu à 100 % de pinot noir vinifié en blanc.

LES CHAMPAGNES

En revanche, la cuvée Privilège brut (75 F) s'offre la coquetterie d'atténuer la puissance de son pinot noir avec 20 % de chardonnay, rendant plus flatteur ce champagne vineux au goût très prononcé de terroir. Des raisins blancs, on en retrouve également dans la cuvée saphir, élevée pendant cinq ans dans les caves de la maison, ainsi que dans le rosé (50 %). Pour les amateurs de sensations fortes et de vins hauts en saveurs, vive la cuvée fine fleur, logée dans une bouteille sérigraphiée à l'emblème de la marguerite (90 F). C'est un 100 % pinot noir solidement charpenté, avec un nez d'amandes grillées et une insistante présence en bouche. Sans compter un excellent bouzy rouge, cela va de soi…

L'ACCUEIL

À la bonne franquette, dans les bureaux de la maison qui commercialise 35 000 bouteilles. Tous les jours, sauf le dimanche après-midi, et de préférence sur rendez-vous. Petits groupes acceptés. Dégustations sur place. Pour s'y rendre, prendre depuis Épernay (16 km) emprunter la D201 jusqu'à Aÿ, puis la D1 jusqu'à Tours-sur-Marne et à gauche la D19 jusqu'à Bouzy.

PROPRIÉTAIRES : **H. ET É. DAUVERGNE**
33, RUE DE TOURS-SUR-MARNE,
51150 BOUZY
TÉL. : 26 57 00 56 - FAX : 26 57 81 60

A. MARGAINE

RÉCOLTANT-MANIPULANT

LE DOMAINE

À Villers-Marmery comme à Trépail (deux crus à 95 %), où sont implantés les 7 ha du vignoble des Margaine, c'est le chardonnay qui fait la loi. Des îlots de raisins noirs subsistent cependant dans ces deux villages où les descendants de l'ancien cafetier de Villers disposent ainsi de 10 % de pinot noir, ce qui les dispense de l'exercice toujours difficile du mono-cépage intégral. Arnaud (la petite trentaine) et son père Bernard sont à la tête de cette affaire familiale qui commercialise 60 000 bouteilles l'an.

LES CHAMPAGNES

Le brut, baptisé cuvée traditionnelle (71 F), est le reflet exact du vignoble-maison, avec 91 % de chardonnay et 9 % de pinot noir. Ce 1er cru au nez très floral, à la bouche fraîche et charpentée, tout en rondeur et en vivacité, est un assemblage de quatre années : du 1992 majoritaire (62 %), du 1991 (19 %), et à parts égales du 1988 et du 1990. Le blanc de blancs 1989 (113 F), issu du seul chardonnay de Villers et qui n'a pas fait sa fermentation malolactique, se présente dans la célèbre bouteille Club champenoise. Il le mérite, étant particulièrement réussi. Un vin très charmeur.

L'ACCUEIL

Très intime, dans la belle maison familiale où l'on reçoit du lundi au samedi, de 8 à 12 h et de 14 à 18 h (le dimanche sur rendez-vous. Groupes acceptés. Dégustation et vente sur place. Pour s'y rendre, entreprendre depuis la cité des sacres une agréable promenade touristique au nord de la montagne de Reims par la N51 et la D26 (Rilly, Mailly, Verzenay, Verzy, etc.).

PROPRIÉTAIRE : **FAMILLE MARGAINE**
3, AV. DE CHAMPAGNE,
51380 VILLERS-MARMERY
TÉL. : 26 97 92 13 - FAX : 26 97 97 45

CUMIÈRES

RENÉ GEOFFROY

RÉCOLTANT-MANIPULANT

LE DOMAINE

Alors qu'à Cumières l'encépagement est plutôt diversifié (la moitié en pinot noir, un tiers en meunier et le reste en chardonnay), la vedette locale doit tout aux rouges qui font l'un des meilleurs coteaux champenois de l'appellation. Les Geoffroy, qui eurent ici des aïeux au début du XVIIᵉ siècle et possèdent un vignoble de 13 ha, cultivent cette originalité en réservant 10 % de leur production (soit 10 000 bouteilles) à un somptueux cumières rouge au nez de griottes qu'ils conseillent de boire sur « un pigeonneau en robe de chambre » : il est issu de vieilles vignes à faible rendement et passe dix mois en fûts (71 F).

LES CHAMPAGNES

Rassurez-vous, les Geoffroy font aussi du « vin à bulles » et les quatre bouteilles de la gamme, très typées, présentent une belle homogénéité. Une constante : tous ces champagnes sont extrêmement parfumés, que ce soit le brut cuvée de réserve (75 F) dominé par les noirs, la cuvée sélectionnée (86 F) élevée en foudres de chêne (avec un tiers de chardonnay) ou la cuvée prestige (99 F) aux arômes d'abricots séchés. Les amateurs de rosé auront un faible pour l'exceptionnel rosé de saignée (79 F) au nez de petits fruits rouges, issu à 100 % du pinot noir. Du beau travail.

L'ACCUEIL

Très convivial, à la propriété où l'on organise aussi des dégustations, mais tout cela sur rendez-vous. Les Geoffroy, qui exportent le quart de leurs 100 000 bouteilles, vendent beaucoup par correspondance. Pour s'y rendre c'est très simple : Cumières étant dans la « banlieue » d'Épernay, prendre la D1 qui suit les méandres de la Marne.

PROPRIÉTAIRE :
RENÉ ET J. BAPTISTE GEOFFROY
150, RUE DU BOIS-DES-JOTS,
51480 CUMIÈRES
TÉL. : 26 55 32 31 - FAX : 26 54 66 50

CHOUILLY

VAZART-COQUART & Fils

RÉCOLTANT-MANIPULANT

LE DOMAINE

Il y a plus de deux siècles que cette famille implantée dans ce cru de la côte des Blancs possède un lopin de pinot noir (40 ares) qui lui sert à colorer son rosé et à élaborer un rare chouilly rouge. Jacques Vazart (le rénovateur de l'Ordre du tablier blanc) et son fils Jean-Pierre sont les descendants de Camille qui, en 1910, possédait à Chouilly une entreprise de pressurage. L'étiquette des champagnes maison s'orne d'un écusson qui met à l'honneur les fameuses oies retrouvées sur un vitrail de l'église du XIe siècle.

LES CHAMPAGNES

Pas étonnant, dans ces conditions, que les Vazart aient eu l'idée originale d'élaborer un spécial foie gras (110 F) unique en Champagne dont ils ne révèlent pas le secret de fabrication. On sait seulement que c'est un pur chardonnay issu de très vieux champagnes et dosé comme un sec. Un festival d'arômes dominé par la cire d'abeilles et les fruits confits. Le brut réserve est un blanc de blancs (72 F) comprenant 40 % de vins de réserve et doté d'une belle finesse. Le grand bouquet 1989 est lui aussi un 100 % chardonnay (90 F) longuement vieilli en caves : fraîcheur et longueur en bouche, c'est le symbole du travail méticuleux des Vazart.

L'ACCUEIL

Réception très chaleureuse suivie d'une dégustation, mais sur rendez-vous, de 9 à 12 h et de 14 à 18 h. La famille organise également des repas au champagne pour des groupes de 20 à 50 personnes : ce n'est pas très courant en Champagne. Pour s'y rendre : c'est à 7 km au sud-est d'Épernay par la D3 et au centre de la cité des Chouillats.

PROPRIÉTAIRES :
JACQUES ET JEAN-PIERRE VAZART
6, RUE DES PARTELAINES,
51530 CHOUILLY
TÉL. : 26 54 50 58 - FAX : 26 55 15 94

HOSTOMME & FILS

NÉGOCIANT-MANIPULANT

J. DUMANGIN FILS

RÉCOLTANT-MANIPULANT

―――― LE DOMAINE ――――

De mémoire d'Hostomme, cela fait plusieurs siècles qu'une famille du nom cultive la vigne en Champagne. Seules les quatre dernières générations ont vinifié et commercialisé le vin de leur production. Les Hostomme actuels ont adopté – pour habiller leurs 120 000 bouteilles – le sigle « MH », le statut de négociants et exploitent un vignoble de 10 ha, dont 7 en chardonnay et 3 en pinots noir et meunier. Leurs champagnes sont très appréciés dans les pays de la Communauté européenne où ils exportent 40 % de leur production annuelle.

―――― LES CHAMPAGNES ――――

Une large palette de produits avec pas moins de six bouteilles différentes à des prix tout à fait raisonnables. Les bruts de base sont d'une part un étonnant blanc de noirs (70 F), mousseux à souhait, qui assemble des pinots noir et meunier de deux années, issus de Chouilly, Fleury-la-Rivière et Chavenay ; et, d'autre part, un blanc de blancs, frais et vif (74 F) auquel on préférera un autre pur chardonnay de Chouilly (79 F), baptisé grande réserve brut. Le troisième blanc de blancs maison, millésimé 1989 (94 F), est ce qui se fait de mieux avec les raisins blancs de ce cru à 100 %. On les retrouve aussi dans la cuvée harmonie (108 F), rendue très aromatique par l'apport de pinot noir de Chouilly (30 %).

―――― L'ACCUEIL ――――

Visite et dégustation gratuites, du lundi au samedi de 9 à 12 h et de 14 à 17 h 30. Possibilité d'effectuer un circuit-découverte dans le vignoble de Chouilly, mais mieux vaut prendre rendez-vous. Pour s'y rendre : au sud-est d'Épernay, prendre par la D3 (direction Châlons).

―――― LE DOMAINE ――――

Dans ce village très viticole de la montagne de Reims, qui compte plus d'une soixantaine d'élaborateurs, ce sont les moines de l'ancienne abbaye qui, dès le xiie siècle, s'intéressèrent à la vigne. Les Dumangin, eux, comptent déjà un viticulteur dans la commune en 1650 (Firmin), et c'est l'ancêtre (Hippolyte) de l'actuel propriétaire (Jacky) qui fut le premier à commercialiser du champagne en 1851. Le vignoble de 5 ha 20 ares est complanté à parts à peu près égales en chardonnay et en meunier, le pinot noir occupant un peu plus d'1 ha.

―――― LES CHAMPAGNES ――――

Récompensée par une médaille d'or au concours d'Épernay 1995, la cuvée grande réserve (84 F) est un assemblage de deux années dans lequel dominent les noirs. Un champagne très vineux, puissant et long en bouche, avec une attaque élégante et une couleur jaune or ; autant de caractéristiques que l'on retrouve dans le brut 1990 (110 F), même s'il fait une place plus large au chardonnay (54 %), ce qui donne davantage de vivacité à cette cuvée qu'il est préférable de laisser vieillir un peu. Excellent rosé (86 F) très typé lui aussi, à la belle teinte saumonée et au nez de fruits rouges, pour un apéritif original.

―――― L'ACCUEIL ――――

La famille est toujours disponible pour accueillir amicalement et leur faire déguster le champagne maison : de 9 à 19 h en semaine, de 9 à 12 h le samedi et sur rendez-vous le reste du temps. Ne pas quitter le village des Chignotains, qui doit son nom à une roseraie, sans visiter la belle église du xvie. Pour s'y rendre : à une douzaine de kilomètres au sud de Reims par la D9 et la D233.

PROPRIÉTAIRE :
FAMILLE HOSTOMME
5, RUE DE L'ALLÉE, 51530 CHOUILLY
TÉL. : 26 55 40 79 - FAX : 26 55 08 55

PROPRIÉTAIRE : **JACKY DUMANGIN**
3, RUE DE RILLY,
51500 CHIGNY-LES-ROSES
TÉL. : 26 03 46 34 - FAX : 25 03 45 61

BONNET-PONSON
CHAMERY
RÉCOLTANT-MANIPULANT

FRANK BONVILLE
AVIZE
RÉCOLTANT-MANIPULANT

LE DOMAINE

Ce joli village champenois est situé en lisière du parc régional de la montagne de Reims, constitué par 20 000 ha de forêt qui laissent toute sa place à la vigne, dans un secteur où cohabitent les trois cépages champenois. Représentant la 5ᵉ génération d'une famille de vignerons installée depuis 1862, Thierry et Marianne Bonnet exploitent 10 ha d'un vignoble divisé en trois parts égales.

LES CHAMPAGNES

Une répartition que l'on retrouve dans le brut 1991 (76 F), dont une part des vins (15 %) est passée en fûts. Une pratique peu répandue de nos jours, mais qui contribue pourtant à donner de la charpente au champagne, tel que l'aiment les amateurs. Étendue à la cuvée spéciale 1988 (88 F), qui sera bientôt remplacée par le 1989, cette manière discrète de faire appel au vieux complice des vins donne des résultats encore plus spectaculaires. Cet assemblage de 80 % de chardonnay et de 20 % de pinot noir est une parfaite réussite, avec une très belle longueur en bouche et des arômes classiques de grillé. La cuvée Aristote (80 % de noirs) est moins typée, mais plus fruitée que les précédentes.

L'ACCUEIL

On est visiblement heureux de recevoir des visiteurs dans cette petite maison où l'on est disponible tous les jours de la semaine (de 9 à 12 h et de 14 à 19 h), ainsi que le dimanche sur rendez-vous. Dégustation gratuite. Ne repartez pas sans avoir visité l'église classée du XIIᵉ siècle. Pour s'y rendre depuis Reims (une vingtaine de kilomètres), prendre par la N51 puis la D22 (à Champfleury) et, enfin, la D26.

PROPRIÉTAIRE :
THIERRY BONNET
20, RUE DU SOURD, 51500 CHAMERY
TÉL. : 26 97 65 40 - FAX : 26 97 67 11

LE DOMAINE

Gilles Bonville, représentant de la troisième génération de cette famille de viticulteurs, est un avisé Avizois. Il a en effet déniché un agent qui vend en Allemagne 20 % d'une production relativement importante puisqu'il commercialise, chaque année, environ 140 000 bouteilles. Pas étonnant quand on sait que les Bonville exploitent, dans ce secteur prestigieux de la côte des Blancs, un précieux vignoble de 19 ha, entièrement planté en chardonnay haut de gamme.

LES CHAMPAGNES

Ici on est donc condamné à ne faire que du blanc de blancs, et l'on ne s'en prive pas. Le brut sélection (74 F) est un 100 % chardonnay élaboré en cuves inox. C'est un assemblage de deux années, particulièrement souple en bouche et riche d'une mousse vive et persistante. Au nez, les arômes de poire et de fleurs blanches dominent. Le brut réserve 1988 (82 F), aux senteurs de pain d'épices et d'agrumes, a obtenu dans sa catégorie une médaille de bronze au Concours général. Sa belle tenue en bouche lui permet d'ambitionner des accompagnements hautement gastronomiques (crustacés et poissons élégamment cuisinés, volailles truffées et lapin en gibelotte).

L'ACCUEIL

À la propriété, où sont organisées dégustations et ventes sur place. Du lundi au samedi, on reçoit de 8 à 12 h et de 14 à 17 h. Le dimanche, de 10 à 12 h. Pour s'y rendre prendre la D10, bien sûr, qui prend naissance sur la D51, au sud d'Épernay. Profitez-en pour aller visiter la « montagne » d'Avize qui culmine à près de 250 m.

PROPRIÉTAIRE :
FAMILLE BONVILLE
9, RUE PASTEUR, 51190 AVIZE
TÉL. : 26 57 52 30 - FAX : 26 57 59 90

GUY MICHEL

RÉCOLTANT-MANIPULANT

LE DOMAINE

Dans ce village près d'Épernay, les Michel sont vignerons depuis bientôt un siècle et demi. Aujourd'hui, ils exploitent un vignoble de 20 ha dont l'encépagement est à l'image des coteaux environnants où coexistent les trois cépages champenois. Sous son nom la famille ne commercialise que 30 000 bouteilles par an, soit à la propriété, soit par correspondance.

LES CHAMPAGNES

Le brut sans année (75 F) a été médaillé d'or l'an dernier, au Concours général de Paris. C'est un assemblage des trois cépages de deux années dans lequel domine le chardonnay (55 %). Avec son nez de confiture de prune et une belle persistance en bouche, il est destiné à escorter un plat de grande cuisine, tel que l'escalope à la crème ou les ris de veau (c'est le choix des Michel). Le brut 1989 (mi-blanc, mi-noirs) ne fait pas de fermentation malolactique : bulles fines, très beurré en bouche, avec un nez légèrement épicé (95 F), c'est un bon partenaire pour le poisson. Le blanc de blancs 1er cru est parfaitement typé ; lui non plus n'a pas fait sa malo, mais il est encore un peu jeune pour être apprécié à sa juste valeur et accompagner tout un repas (80 F).

L'ACCUEIL

Très chaleureux, dans les locaux de la maison. Les visiteurs sont accueillis toute la semaine, de 9 à 19 h, ainsi que le week-end, mais sur R-V. Pour s'y rendre : Pierry est à 4 km au sud d'Épernay (par la D51) et en bordure de la forêt sparnacienne truffée d'étangs, à découvrir en marchant.

PROPRIÉTAIRE : **FAMILLE GUY MICHEL**
54, RUE LÉON-BOURGEOIS,
51530 PIERRY
TÉL. : 26 54 03 17 - FAX : 26 58 15 84

HENRI GOUTORBE

RÉCOLTANT-MANIPULANT

LE DOMAINE

Pépiniéristes depuis le début du siècle, il était naturel que les Goutorbe s'intéressent un jour de plus près au champagne. De la première étape que constitue le choix des jeunes plants, ils sont donc passés à l'élaboration annuelle de 100 000 bouteilles de vin blond, dont 40 % sont vendues à l'étranger. Henri, le père, et René, le fils, ont développé depuis une vingtaine d'années un vignoble de 20 ha, implanté dans la grande vallée de la Marne et astucieusement réparti entre le pinot noir (67 %) et le chardonnay (30 %), plus un zeste de meunier (3 %).

LES CHAMPAGNES

Ces proportions sont d'ailleur rigoureusement respectées dans deux des trois cuvées que nous avons dégustées, ce qui donne une belle continuité à ces champagnes, remarquables pour leur finesse, leur délicatesse, leur rondeur, leur équilibre et leur faculté à conserver un fruité de bon aloi. C'est le cas de la cuvée traditionnelle (75 F), un brut dominé par la récolte 1991, et de la cuvée prestige (84 F), un autre brut sans année, au nez de miel et d'épices. Un assemblage de 70 % de pinot noir et de 30 % de chardonnay (tous issus d'Aÿ) millésimé 1989 a eu l'honneur d'être agréé pour le célèbre spécial club (116 F).

L'ACCUEIL

Pour que la visite se déroule dans les meilleures conditions, prévenir par téléphone. Du lundi au samedi, réception et dégustation de 9 à 12 h et de 14 à 17 h. Pour s'y rendre : Aÿ est à 3 km d'Épernay, par la D201. Dans cette petite ville de plus de 4000 habitants, n'oubliez pas de visiter le pressoir d'Henri IV.

PROPRIÉTAIRE : **FAMILLE GOUTORBE**
9 BIS, RUE JEANSON,
51160 AŸ-CHAMPAGNE
TÉL. : 26 55 21 70 - FAX : 26 54 85 11

AVIZE

DE SOUSA & FILS

RÉCOLTANT-MANIPULANT

LE DOMAINE

Erick de Sousa et son épouse Michelle sont depuis dix ans à la tête d'une exploitation familiale dont ils représentent la 3ᵉ génération. Ils exploitent un vignoble de près de 5,5 ha, et aux grands crus de blancs d'Avize, Cramant et Oger sont venus s'ajouter des pinots noir et meunier d'Épernay représentant 40 % de l'encépagement. Ils n'ont rien changé à leur façon de faire, stricte, rigoureuse et respectueuse d'habitudes ancestrales, en particulier l'emploi d'engrais biologiques dans ses vignes et le passage au froid dans ses cuves pour lutter contre les précipitations tartriques.

LES CHAMPAGNES

Alors que le brut réserve (88 F) est toujours un blanc de blancs grand cru, plein de finesse et riche en arômes, issu d'un vignoble haut de gamme (32 ans de moyenne d'âge pour les trois quarts de ces vignes de la côte des Blancs), le brut tradition (79 F) comporte maintenant 20 % de pinot noir. Cet assemblage des années 1992-1993 dans lequel le chardonnay continue d'imposer sa loi a reçu une médaille de bronze au Concours mondial 1995. Quant au brut millésimé 1992 (110 F), c'est un blanc de blancs souple et parfumé (gelée de coings) à ranger parmi les meilleurs. Très bon rosé (88 F) avec 8 % de pinot noir.

L'ACCUEIL

Accueillant, dans cette maison collectionnant les récompenses (22 médailles en 4 ans). Sur R-V tous les jours de la semaine dans une belle salle de réception au plafond garni de poutres et autour d'une solide table campagnarde. Pour s'y rendre, prendre depuis Épernay (10 km) par les D51 et D10. Superbe vue sur la côte des Blancs.

PROPRIÉTAIRE : **ERICK DE SOUSA**
12, PLACE LÉON-BOURGEOIS,
51190 AVIZE
TÉL. : 26 57 53 29 - FAX : 26 52 30 64

DRAPPIER

NÉGOCIANT-MANIPULANT

LE DOMAINE

Les Drappier d'aujourd'hui doivent leur nom à un marchand drapier établi à Reims au début du XVIIe siècle. Depuis quelques années, ils possèdent de belles caves dans la cité des sacres où ils font vieillir des champagnes millésimés, mais leur berceau est à Urville, aux confins de l'Aube et de la Haute-Marne, où ils sont installés depuis 1808 dans l'ancien presbytère de l'abbaye de Clairvaux. Ils exploitent 35 ha de vignes sur les coteaux voisins et achètent des raisins dans les grands crus pour élaborer 650 000 bouteilles de champagne exportées à 60 %.

LES CHAMPAGNES

Le brut, baptisé carte d'or (79,50 F) est un hymne au pinot noir (90 %) ; comme l'ensemble de la gamme, il est dosé avec une liqueur vieillie en fûts de chêne. Puissant et charpenté, il a des arômes de fruits rouges et plaira aux amateurs de champagnes de caractère. La grande sendrée 1985 (du nom d'une colline voisine) est une cuvée de prestige (55 % pinot noir) qui comblera d'aise les fans du « goût anglais ». Cette bouteille numérotée (118 F) fait partie du gotha des grandes réussites champenoises. Le blanc de blancs (89,50 F), étonnant en cette région, est frais et floral.

L'ACCUEIL

La visite est passionnante, avec la découverte des caveaux creusés au XIIe siècle par les moines de Clairvaux. Du lundi au samedi de préférence sur R-V de 8 à 12 h et de 14 à 18 h. Dégustation et vente sur place. Réception de groupes. Langues pratiquées : anglais et allemand. Pour s'y rendre : depuis Troyes par la N19 jusqu'à Bar-sur-Aube, ensuite prendre la D4 ; c'est à 15 km de Colombey-les-Deux-Églises.

CHAMPAGNE DRAPPIER *Grande Sendrée*
CETTE BOUTEILLE DE TÊTE DE CUVÉE A ÉTÉ TIRÉE A 52647 EXEMPLAIRES
BOUTEILLE N° 52545 BRUT
1989

PROPRIÉTAIRES :
ANDRÉ ET MICHEL DRAPPIER
GRANDE RUE, 10200 URVILLE
TÉL. : 25 27 40 15 - FAX : 25 27 41 19
À REIMS : 11, RUE GOÏOT,
TÉL. : 26 05 13 01

MARCEL VÉZIEN & FILS

RÉCOLTANT-MANIPULANT

———— LE DOMAINE ————

Cette petite maison familiale est implantée dans l'un des plus dynamiques villages viticoles du département (une cinquantaine d'élaborateurs produisent près de deux millions de bouteilles). Pour leur part, les Vézien exploitent environ 14 ha (dont 11 en pinot noir) sur les coteaux de Celles-sur-Ource, ainsi qu'à Landreville et dans le célèbre village des Riceys. C'est Marcel, le père, qui en 1958 a décidé de franchir le pas en faisant un champagne à son nom. Bien lui en a pris car, aujourd'hui, la maison dirigée par son fils Jean-Pierre produit plus de 100 000 bouteilles.

———— LES CHAMPAGNES ————

La gamme s'est enrichie, depuis peu, de deux nouveaux venus : un blanc de blancs d'une belle finesse (76 F), ce qui est presque une gageure dans cette région de noirs, et un brut baptisé cuvée Armand Vézien (90 F), créé en hommage à l'ancêtre qui fut l'un des pionniers de la viticulture dans ce village. Avec 70 % de pinot noir, c'est un champagne de caractère comme le sont, d'ailleurs, le brut blancs de noirs (67,50 F) et le brut sélection (79,50 F) affiné par 20 % de chardonnay. Excellent rosé 100 % pinot noir au nez de framboise (77,50 F) et originale cuvée de prestige Eagle II (81,50 F) à la gloire des trois aérostiers américains qui ont traversé l'Atlantique.

———— L'ACCUEIL ————

Professionnel et convivial dans la salle de dégustation et de vente. Visite des installations de 9 à 12 h et de 14 à 18 h (le week-end sur R-V). Les Vézien organisent aussi des visites du vignoble en minibus (départs à partir de 14 h). Pour s'y rendre : à Troyes prendre la N71 (direction Dijon) et, après Bar-sur-Seine, emprunter la D67, à gauche.

PROPRIÉTAIRE : **FAMILLE VÉZIEN**
68, GRANDE RUE,
10110 CELLES-SUR-OURCE
TÉL. : 25 38 50 22 - FAX : 25 38 56 09

FALLET DART

RÉCOLTANT-MANIPULANT

———— LE DOMAINE ————

Avec un peu plus de 2000 ha en production, l'Aisne sait tenir son rang dans la hiérarchie champenoise. Grâce à des viticulteurs comme les Fallet Dart qui œuvrent dans ce vignoble depuis le début du XVIIᵉ siècle. Ils savent mettre à profit le microclimat qui règne sur la région et qui favorise indistinctement la bonne maturité des trois cépages du cru. Avec leurs 12 ha de vignes, répartis en 23 parcelles, les Fallet Dart utilisent au maximum ces conditions particulières.

———— LES CHAMPAGNES ————

Leurs vins trustent, d'ailleurs, les récompenses dans les divers concours organisés chaque année, ce qui témoigne de leur qualité. Il existe une très grande homogénéité entre les diverses cuvées, parmi lesquelles la grande sélection (75,50 F), au nez de fruits blancs, est un assemblage dans lequel dominent les noirs (75 %). Il a été primé à Épernay, alors que le rosé (78 F) l'était à Paris : ce 100 % pinots a effectué un passage en fûts anciens. Coup de cœur pour la cuvée de réserve (72 F), charnue et briochée avec un apport majoritaire de meunier (60 %). Le brut 1990 (89 F) doit sa fraîcheur, son charme et sa finesse à la présence dans l'assemblage de 60 % de chardonnay.

———— L'ACCUEIL ————

On reçoit très volontiers les visiteurs dans cette maison où 70 % des ventes (90 000 bouteilles) s'effectuent à la propriété, soit sur place, soit par correspondance. Réception et dégustations du lundi au samedi, de 9 à 12 h et de 14 à 18 h 30. Pour s'y rendre : depuis Paris, sortir de l'autoroute A4 à la Ferté-sous-Jouarre ; dans cette ville, emprunter la D402 qui suit les méandres de la Marne. Superbes points de vue autour de Charly.

PROPRIÉTAIRE :
FAMILLE FALLET DART
2, RUE DES CLOS-DU-MONT-DRACHY,
02310 CHARLY-SUR-MARNE
TÉL. : 23 82 01 73 - FAX : 23 82 19 15

PIERRE GIMONNET
& FILS

RÉCOLTANT-MANIPULANT

LE DOMAINE

C'est l'une de ces familles champenoises qui font honneur à la catégorie des propriétaires-récoltants. La qualité est constamment au rendez-vous et les diverses cuvées conçues selon un schéma rigoureux. Elles sont faiblement dosées (de 6 à 8 g au maximum), ce qui ravit les amateurs de champagnes au plus près de la nature. Le vignoble (26 ha) est entièrement planté en chardonnay de premiers et de grands crus (Cuis, Cramant et Chouilly).

LES CHAMPAGNES

Un hymne aux raisins blancs conçu en cinq couplets. Avec, d'abord un Cuis premier cru, issu à 95 % de vins de l'année 1991 : il est corsé, rond et charnu avec des arômes de fruits secs. Dans un autre registre, la cuvée ffleuron 1989 et sa version 1990 sont des assemblages, la première de Cuis et Cramant, la seconde de Chouilly, Cramant et Cuis. À l'heure actuelle, on a un faible pour le 89 qui conjugue les arômes de miel, gelée de coings et fleurs blanches. Sa vinosité et sa charpente justifient le nom de brut gastronome 1992 donné à une cuvée qui assemble à parts à peu près égales les trois crus maison. Quant au spécial club 1989, il mérite l'honneur qui lui a été fait de figurer parmi cette élite. Prix : une gamme complète de 85 F à 120 F.

L'ACCUEIL

Toujours chaleureux, qu'il s'agisse du père ou de l'un des deux fils. Visites et dégustations du lundi au vendredi de 8 à 12 h et de 14 à 18 h ; le samedi, sur rendez-vous. Petits groupes acceptés. Langue pratiquée : anglais. Pour s'y rendre : à 8 km au sud d'Épernay, prendre par les D51 et 40.

PROPRIÉTAIRE : **FAMILLE GIMONNET**
1, RUE DE LA RÉPUBLIQUE,
51530 CUIS
TÉL. : 26 59 78 70 - FAX : 26 59 79 84

CUIS

DE BLÉMOND

COOPÉRATIVE DE MANIPULATION

LE DOMAINE

La Coopérative vinicole de Cuis créée en 1946 ne compte qu'une centaine d'adhérents et exploite un vignoble de 37 ha situé dans l'un des meilleurs secteurs de la côte des Blancs, puisque le cru est classé à 95 %. Une partie de la récolte (40 000 bouteilles) est commercialisée sous le nom de champagne de Blémond, le reste étant livré au négoce ou servant à élaborer des champagnes propriétaires.

LES CHAMPAGNES

Avec trois cuvées seulement la coopérative fait preuve d'une grande modestie en matière de diversité de la gamme, mais la qualité est au rendez-vous avec une contre-étiquette qui est la photo du vignoble. La vedette est un blanc de blancs 1988 (84 F), remarquable pour sa finesse, avec un nez de beurre et d'amande, ainsi qu'une belle présence en bouche où dominent les notes citronnées. La cuvée prestige sans année (90 F) et la cuvée prestige 1988 (98 F) intè-grent l'une et l'autre 40 % de pinot noir fournis par des adhérents qui ne sont pas propriétaires à Cuis, où ce cépage représente à peine 1 % de la production. Cette présence donne davantage de corps et de puissance à ces deux cuvées, en particulier à la millésimée qui a toutes les qualités d'un champagne gastronomique.

L'ACCUEIL

Dans ce village, situé au sud d'Épernay, il faut absolument visiter l'église Saint-Nicaise (XIIe-XIIIe siècles) dont le chœur est une pure merveille, avant de se rendre à la cave où l'on reçoit tous les jours de la semaine, de 8 à 12 h et de 14 à 18 h ; le week-end sur rendez-vous. Visites possibles de groupes (langues parlées : allemand, anglais, italien). Pour s'y rendre : prendre depuis Épernay par la D51 et la D40 à partir de Pierry.

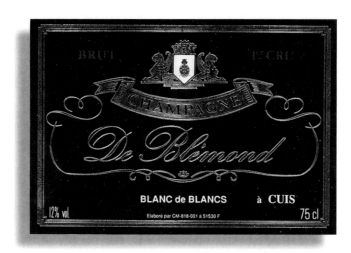

PRÉSIDENT :
CHRISTIAN DELIÈGE
ROUTE DE CRAMANT, 51530 CUIS
TÉL. : 26 59 78 30 - FAX : 26 59 76 02

LARMANDIER
BERNIER

RÉCOLTANT-MANIPULANT

LE DOMAINE

Plus d'une centaine de propriétaires récoltants dans ce pittoresque village de la côte des Blancs où naquit, il y a tout juste 650 ans, le poète Eustache Deschamps. Les Larmandier font partie des vieilles familles de cette cité. Mme Larmandier et son fils Pierre exploitent un vignoble de plus de 10 ha, dont 9 sont plantés en chardonnay, mais pas seulement à Vertus (leur îlot de pinot noir), car ils ont aussi des vignes à Cramant et à Chouilly. Leurs champagnes sont très appréciés à l'étranger où ils exportent 45 % des 85 000 bouteilles commercialisées chaque année.

LES CHAMPAGNES

La qualité des vins élaborés, qui effectuent tous leur fermentation malolactique, justifie cet engouement que l'on partage volontiers. À commencer par le brut tradition (81,50 F), au nez de pamplemousse et doté d'une belle finesse. C'est un assemblage de chardon-nay (80 %) et de pinot noir, avec 30 % de vins de réserve. Une rareté : un monocru de Cramant millésimé 1990 (99,50 F), à la couleur dorée, un vin ample et rond, à la mousse abondante et fine. Le nec plus ultra en matière de blanc de blancs. Autre curiosité : un cocktail par tiers de blancs de Vertus, de Chouilly et de Cramant, logé dans la bouteille Club et millésimé 1989 (117 F). Du grand art.

L'ACCUEIL

Très discret et fort sympathique dans la petite salle aménagée à cet effet. Tous les jours (sauf le dimanche après-midi) de 9 à 12 h et de 14 à 19 h, de préférence sur rendez-vous. Pour s'y rendre d'Épernay (à une vingtaine de kilomètres), prendre par la D51, puis la D10 et D9 qui traversent tous les villages de la côte des Blancs.

PROPRIÉTAIRE :
FAMILLE LARMANDIER-BERNIER
43, RUE DU 28-AOÛT, 51130 VERTUS
TÉL. : 26 52 13 24 - FAX : 26 52 21 00

ŒUILLY

TARLANT

RÉCOLTANT-MANIPULANT ET VIGNERON

LE DOMAINE

La saga des Tarlant commence en 1687, dans l'Aisne, où officia le premier vigneron de cette famille champenoise qui, à partir 1780, fit souche à Œuilly. On raconte même que le représentant de la 6e génération, Louis-Honoré-Roch, est né derrière un rocher de la forêt de Festigny, alors que ses parents fuyaient les cosaques. Les Tarlant d'aujourd'hui, Jean-Mary et Micheline exploitent un vignoble de 13 ha répartis sur cinq crus.

LES CHAMPAGNES

Jean-Mary a assimilé et mis en pratique toutes les techniques modernes pour élaborer une gamme diversifiée dont le point d'orgue est la désormais célèbre cuvée Louis vinifiée en fûts de chêne neufs de grain fin (136 F), un sacré pari mais une belle réussite aromatique. Le talent des Tarlant s'exerce aussi sur toutes les autres cuvées, qu'il s'agisse du brut

réserve (84 F) ou du brut tradition (94 F), un champion dans la catégorie des champagnes gastronomiques. Quant aux cuvées spéciales, elles se disputent la palme de l'élégance : une seconde cuvée Louis non passée en fûts (125 F), un brut 1989 (104 F) et un rosé de prestige 1988 (105 F) comme l'aiment les amateurs.

L'ACCUEIL

Difficile de faire mieux. Visite des belles installations de la maison et dégustation de plusieurs champagnes pour 15 F, du lundi au samedi à heures fixes (10 h 30, 14 h 30, 15 h 30 et 16 h 30), le dimanche sur R-V. Groupes jusqu'à 50 personnes ; langue pratiquée : anglais. Pour s'y rendre : à une quinzaine de kilomètres d'Épernay, prendre par la N3 ; une petite route monte à Œuilly juste avant Port-à-Binson.

PROPRIÉTAIRE :
JEAN-MARY ET MICHELINE TARLANT
51480 ŒUILLY
TÉL. : 26 58 30 60 - FAX : 26 58 37 31

AVIZE

MICHEL GONET

RÉCOLTANT-MANIPULANT

LE DOMAINE

Le portrait d'un ancêtre aux favoris grisonnants, sanglé dans son costume trois-pièces en bon drap d'autrefois, témoigne de la légitimité de cette vieille famille de viticulteurs, qui en est aujourd'hui à la sixième génération (depuis 1802). Charles, qui fut le premier à commercialiser son champagne au lendemain de la Première Guerre, serait fier de l'œuvre accomplie par Michel dont plus de 65 % de la production (environ 300 000 bouteilles) sont commercialisés à l'étranger. La qualité des produits et le dynamisme de cette famille (deux fils et une fille) sont à la base de cette réussite qui s'est concrétisée en 1961 lorsque Michel Gonet, à la surprise générale, quitta le berceau familial du Mesnil, où il se sentait trop à l'étroit, pour aller à Avize. Derrière une belle demeure nichée dans un parc de verdure, il a aménagé des installations très modernes, dont un cellier à deux niveaux (jusqu'à moins 12 m) et fait l'acquisition d'un pressoir pneumatique qui est l'un des rares à être totalement circulaire. Le vignoble (40 ha, dont 7 en grands crus) fait la place la plus large au chardonnay (80 %). Il est réparti sur six terroirs : Avize, Le Mesnil, Oger, Vindey (au sud de Sézanne), Montgueux (près de Troyes) et Fravaux (dans la région de Bar-sur-Aube). Michel Gonet est également propriétaire d'un vaste domaine en Bordelais, le château Lesparre, où ses fils produisent des vins rouges et blancs.

LES CHAMPAGNES

À Avize, Michel Gonet est aux commandes avec sa fille et son gendre. Ils élaborent une gamme très marquée par la présence du chardonnay, celui d'Avize apportant un « plus » indéniable. Le blanc de blancs est la spécialité de la maison, mais on aurait tort d'ignorer le brut réserve (73 F), avec 20 % de pinot noir, un champagne médaillé d'or au Concours général 1995 surprenant par sa puissance et sa finesse qui témoignent des soins attentifs apportés à la vinification. Le blanc de blancs grand cru, existe en version sans année (82 F) et en version millésimée 1989 (92 F). Tous les deux sont vifs et aromatiques (tilleul et brioche), mais le 89 étonne car il avait la tâche difficile de succéder à un 88 éblouissant. Il existe aussi un 1985 présenté en bouteille Club (110 F) qui comblera d'aise les amateurs de vieux champagnes. Le brut rosé (82 F) est à base de pinot noir. Michel Gonet a également récupéré la marque Marquis de Sade qu'il élaborait, avant 1989, pour le compte d'un Hollandais. C'est un blanc de blancs essentiellement commercialisé à l'export.

L'ACCUEIL

À la fois professionnel et convivial, dans les nouvelles installations de la maison : tous les jours, sur rendez-vous, de 8 à 12 h et de 13 h 30 à 18 h. Groupes acceptés (jusqu'à 50 personnes) ; langues pratiquées : anglais, allemand et espagnol. C'est à 10 km au sud d'Épernay.

PROPRIÉTAIRE :
HERVÉ GOUDARD
83340 FLASSANS-SUR-ISSOLE
TÉL : 94 69 74 60 - FAX : 94 69 80 29

HUBERT PAULET

RÉCOLTANT-MANIPULANT

LE DOMAINE

Rilly-la-Montagne, dont plus d'un tiers du territoire est consacré à la vigne, est aussi l'un des plus anciens villages viticoles champenois. C'est ici, au pied de la montagne de Reims et de la forêt où vagabondent chevreuils et sangliers, que la famille Paulet est installée depuis un siècle. D'abord vignerons, comme l'ancêtre Edmond, ces hommes de la terre ont ensuite commercialisé leur champagne à partir de 1920. Pour cela, les diverses générations se sont transmises un vignoble de 8 ha planté pour un tiers en chardonnay et, pour le reste, en pinots noir et meunier.

LES CHAMPAGNES

C'est cet équilibre salutaire qui est respecté pour l'élaboration des deux principales bouteilles. Les Paulet pressurent chez eux, grâce à un pressoir tradi-tionnel de 4000 kg et seules les premières cuvées entrent dans la composition des assemblages. Le brut carte d'or 1er cru (78 F) est parfaitement bien équilibré, avec de la mâche et une belle longueur en bouche. Issu d'une année de vendanges exceptionnelles, le brut 1990 (86 F) a de la puissance à revendre, mais son fruité est très présent. C'est un vin qui accompagnera de belle façon un plat de coquilles Saint-Jacques. Les Paulet commercialisent également un brut 1985 en magnum (178 F).

L'ACCUEIL

Très familial et très cordial, au domicile et tous les jours de la semaine, samedi et dimanche compris. Il est préférable de prendre rendez-vous. Pour s'y rendre : à une dizaine de kilomètres au sud de Reims, par la N51 et la D26.

CHAMPAGNE

Hubert Paulet

Rilly la Montagne

(Marne)

BRUT 1985

1ER CRU

750 ml 12% Vol.

PRODUCE OF FRANCE
ÉLABORÉ PAR PIERRE PAULET - 51500 RILLY LA MONTAGNE - FRANCE

RM-23927-01

PROPRIÉTAIRES :
PIERRE ET MICHELLE PAULET
55-58, RUE DE CHIGNY,
51500 RILLY-LA-MONTAGNE
TÉL. : 26 03 40 68 - FAX : 26 03 48 63

ÉPERNAY

PERRIER-JOUËT

NÉGOCIANT-MANIPULANT

LE DOMAINE

Né la même année que le roi de Rome (1811), Perrier-Jouët a effectué, dès cette époque, une OPA sur les gosiers britanniques, y compris au temps de l'austère reine Victoria. C'est même pour satisfaire le fameux « goût anglais » que Charles Perrier élabora, à partir de 1854, l'ancêtre des bruts et les premières cuvées millésimées. C'est aussi à cette période que le descendant de Pierre-Nicolas Perrier et d'Adèle Jouët comprit que la tradition et la qualité passaient par l'acquisition d'un vignoble de choix, condition n° 1 pour assurer la pérennité d'une grande marque. En trente ans, de 1840 à 1870, fut ainsi constitué l'essentiel du vignoble de la maison qui, aujourd'hui, couvre 108 ha. C'est l'un des plus beaux de toute la Champagne, avec de solides assises sur les meilleurs coteaux de Cramant, pour les blancs, et à Mailly, pour les noirs, mais aussi à Avize, Verzenay, Aÿ, Dizy, etc. Propriété depuis 1959 de G. HG Mumm et, par conséquent, membre du groupe Seagram depuis 1970, Perrier-Jouët fait partie depuis 10 ans des trois ou quatre maisons qui ont connu le plus fort développement (2,8 millions de bouteilles dont 80 % à l'export). D'importants travaux ont été réalisés récemment pour augmenter la capacité de la cuverie.

LES CHAMPAGNES

Il y a un langage Perrier-Jouët qui n'est pas tout à fait celui qu'on utilise ailleurs. Hervé Deschamps, le jeune chef de caves, tout comme Pierre Ernst et Thierry Budin, est davantage enclin à magnifier l'origine des crus entrant dans les assemblages qu'à insister sur le proportion de raisins blancs et noirs. Ainsi en est-il du Grand brut (114 F), né du mariage de 40 crus prestigieux, ce qui, aux yeux de ses géniteurs, est plus déterminant que la présence de 22 % de chardonnay. Ce champagne a un style et comme toutes les cuvées de la gamme, il se caractérise par son élégance, sa finesse et une étonnante longueur en bouche. C'est le cas aussi de la version millésimé 1989 (135 F). Dans sa bouteille à l'ancienne, le Blason de France (139 F) est parfaitement structuré et très vineux avec des saveurs de pain brioché. Existe également en rosé (151 F). La star maison, c'est la cuvée Belle Époque, commercialisée depuis 1969 dans la célèbre bouteille sertie d'anémones du maître verrier Gallée redécouverte en 1965. Le contenu égale le contenant ; c'est le chardonnay de Cramant (40 %) qui donne sa typicité au tout récent millésime 1989 (264 F), puissant, élégant, au nez floral, avec des touches bien fruitées. Très belle version rosée (283 F).

L'ACCUEIL

Du nouveau avec l'aménagement d'une nouvelle salle dans laquelle est présentée, en cinq parties, l'historiographie de Perrier-Jouët. Visite des caves (9 km) et des installations suivie d'une dégustation mais uniquement sur R-V. Du lundi au vendredi de 9 h à 11 h 30 et de 13 h 30 à 16 h. Groupes jusque 30 personnes. Langues étrangères pratiquées : anglais et allemand.

PRÉSIDENT: **PIERRE ERNST**

D. G. ADJOINT : **THIERRY BUDIN**

26, AV. DE CHAMPAGNE,

51200 ÉPERNAY

TÉL. : 26 53 38 00 - FAX : 26 54 54 55

AYALA

NÉGOCIANT-MANIPULANT

LE DOMAINE

C'est au mariage de la nièce du vicomte de Mareuil avec le fils d'un diplomate colombien, Edmond de Ayala, que l'on doit la naissance de cette maison au milieu du siècle dernier, grâce au vignoble et au château d'Aÿ apportés en dot. Aujourd'hui sous la houlette des Ducellier père et fils (actionnaires largement majoritaires), la marque a conservé son caractère familial et possède 25 ha de vignes, principalement à Mareuil-sur-Aÿ. Les 900 000 bouteilles commercialisées chaque année se répartissent équitablement entre les marchés français et étrangers.

LES CHAMPAGNES

Ils sont marqués par la présence massive des noirs, y compris le brut rosé (110 F) au bouquet de fruits rouges, issu à 100 % de pinots de Mareuil. Le brut millésimé 1989 en compte 80 %, ce qui fait de lui un champagne vineux et long en bouche (130 F). Le brut sans année se montre plus accueillant avec le chardonnay (un tiers), mais les pinots suffisamment présents ajoutent la charpente à l'élégance (95 F). Baptisée grande cuvée, la bouteille de prestige est de création récente (1982) ; le millésime actuel (1988) est somptueux (entre 230 et 300 F). La maison élabore également un blanc de blancs millésimé.

L'ACCUEIL

Au château d'Aÿ, incendié en 1911 et reconstruit en 1913. À 18 m de profondeur, il existe 4 km de caves taillées dans la craie. Visites gratuites les jours ouvrables, de 9 à 11 h et de 14 à 17 h (sur R-V de préférence). Les groupes sont admis jusqu'à 20-25 personnes. Dégustation. Langues pratiquées : français et anglais. Pour s'y rendre : d'Épernay à Aÿ (4 km) par la D201.

PRÉSIDENCE :
JEAN-MICHEL ET ALAIN DUCELLIER
2, BD DU NORD, 51160 AŸ-CHAMPAGNE
TÉL. : 26 55 15 44 - FAX : 26 51 09 04

TROUILLARD

NÉGOCIANT-MANIPULANT

───── LE DOMAINE ─────

Voilà une maison authentiquement familiale, fondée à la fin du siècle dernier par Lucien Trouillard, qui lui a consacré toute sa vie de labeur et de savoir-faire. Elle est aujourd'hui dirigée par un descendant du fondateur, Bertrand Trouillard. La marque possède toujours son vignoble d'origine (15 ha), situé dans la côte des Blancs, la montagne de Reims et la région des Riceys, qui couvre la moitié de ses besoins. Elle élabore 240 000 bouteilles.

───── LES CHAMPAGNES ─────

Des vins très bouquetés, avec des arômes bien développés, dus à une vinification à basse température. Baptisé cuvée diamant, le brut sans année (94 F) logé dans une bouteille transparente est un assemblage d'une vingtaine de crus (avec 40 à 45 % de chardonnay) : une extrême légèreté, des reflets verts dans la robe or pâle, des arômes de pomme et de pain grillé. La grande réserve 1988, très marquée par les pinots noirs (65 à 70 %), est élaborée à partir de grands crus : ample et puissant (117 F). La bouteille de prestige, baptisée comme il se doit cuvée du Fondateur (149,55 F), est un blanc de blancs issu de grands crus : un champagne fin et élégant. À signaler encore : extra-sélection brut (88 F) et un rosé 100 % pinot noir (98,90 F).

───── L'ACCUEIL ─────

Visite des caves tous les jours, de préférence sur rendez-vous. Remise de 5 % pour tout achat effectué sur place. Les groupes sont acceptés. Pour s'y rendre : la maison est située dans la partie urbaine de la D51.

PRÉSIDENT :
BERTRAND TROUILLARD
2, AV. FOCH, 51200 ÉPERNAY
TÉL. : 26 55 37 55 - FAX : 26 55 46 33

✎ NOTES
DE VOYAGE

Dans cette région, à partir du 18 octobre 1996, vous devez faire précéder les numéros de téléphone de vos correspondants de : 03

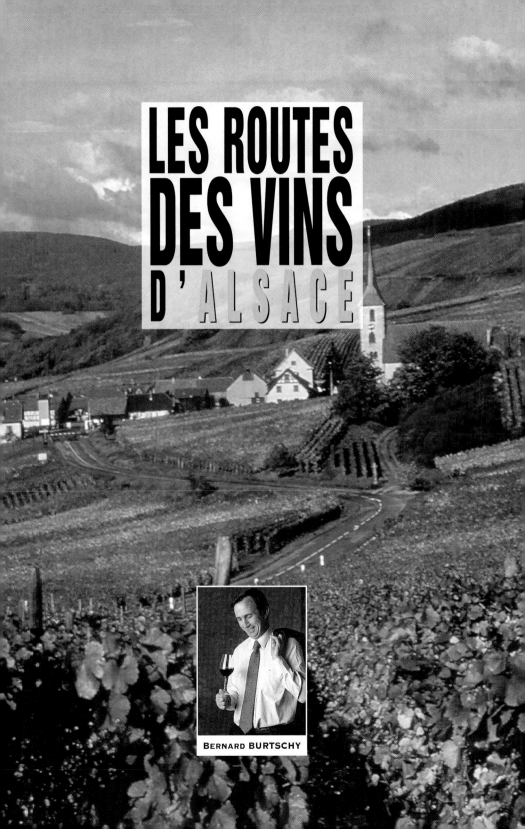

LES ROUTES
DES VINS
D'ALSACE

BERNARD BURTSCHY

ÉDITO

Comment est-il possible d'élaborer du vin, et de surcroît de grands vins, dans une région aussi « nordique » que l'Alsace ? S'il fait froid, et parfois très froid l'hiver en Alsace, l'inverse se produit l'été car il fait chaud, même très chaud. Et c'est en été que la vigne a besoin de soleil et de chaleur. Ce n'est pas un hasard si Colmar est la ville la plus sèche de France (avec Perpignan) grâce aux Vosges qui forment une efficace barrière climatique contre les pluies venant de l'Atlantique. Cela suffit-il pour faire un grand vin ? Assurément non, car il faut aussi des terres favorables pour la vigne, ce que l'on appelle les « terroirs ». L'effondrement, il y a quarante-cinq millions d'années, de la clef de voûte d'un massif reliant les Vosges à la forêt Noire a donné lieu à une complexité géographique invraisemblable sur le rebord des Vosges. Le vignoble est situé sur ces collines sous-vosgiennes. Exposés sud, sud-est, plus rarement sud-ouest, les terroirs alsaciens sont de grande qualité, mais d'une complexité infinie. À côté, les terroirs bourguignons paraissent simples. Bref, les terroirs sont beaucoup trop nombreux, car il est difficile de proposer au consommateur tant de vins différents aux noms des cépages qui sont les noms des raisins qui produisent le vin. Une bonne dizaine de cépages sont utilisés afin de mieux coller aux particularités des terroirs (riesling, gewurztraminer, sylvaner, etc.) ; on y produit pour l'essentiel des vins blancs généralement secs, mais il existe une petite production (7 %) de rosés ou

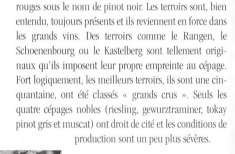

rouges sous le nom de pinot noir. Les terroirs sont, bien entendu, toujours présents et ils reviennent en force dans les grands vins. Des terroirs comme le Rangen, le Schoenenbourg ou le Kastelberg sont tellement originaux qu'ils imposent leur propre empreinte au cépage. Fort logiquement, les meilleurs terroirs, ils sont une cinquantaine, ont été classés « grands crus ». Seuls les quatre cépages nobles (riesling, gewurztraminer, tokay pinot gris et muscat) ont droit de cité et les conditions de production sont un peu plus sévères.

Dans les années exceptionnelles, le raisin atteint de telles concentrations de sucre qu'il devient difficile, voire impossible, d'élaborer des vins secs. Deux mentions ont été créées spécialement pour ces vins, les vendanges tardives et les sélections de grains nobles. Exclusivement issus des cépages nobles, les raisins doivent être récoltés en surmaturité pour les vendanges tardives et par tris successifs de grains atteints par la pourriture noble pour les sélections de grains nobles. Le contrôle est rigoureux à tous les stades et toute chaptalisation est interdite. Ces vins rares, d'une qualité exceptionnelle, sont forcément coûteux.

Sous l'appellation « crémant d'Alsace », une partie de la production est transformée en vins « à bulles » selon la méthode champenoise. La production du crémant s'est exactement calquée, sur le plan législatif, sur celle du Champagne, sauf les cépages issus de la région. La sévérité des règles de production a permis une grande percée à travers l'Europe. Avec de tels atouts tant climatologiques que géologiques, l'Alsace devrait figurer au firmament mondial des grands vins. C'était le cas au XVIe siècle. Ce ne l'est plus en raison de l'histoire compliquée de la province fort convoitée et terre d'invasion depuis des siècles en raison de ces atouts justement. Avec la sérénité de la paix, l'histoire des grands vins s'est remise en marche en Alsace.

B. Burtschy

Maintenant, quand on vous demandera d'épeler Gueberschwihr ou Mittelbergheim, vous serez certainement un peu moins perdu.

L'Alsace compte 118 communes viticoles, 7500 vignerons et 7 cépages. La terre, le ciel, les traditions et le savoir-faire des hommes donnent aux Vins d'Alsace leur diversité et leur âme.

Gueberschwihr

Zellenberg

Katzenthal

Guebwiller

Walbach

Turckheim

Husseren-les-Châteaux

Thann

Niedermorschwihr

Eguisheim

Kientzheim

Wettolsheim

Ingersheim

Kaysersberg

Riquewihr

Ammerschwihr

Beblenheim

Sigolsheim

Bennwihr

Mittelwihr

Hunawihr

Rosheim

Orschwihr

St-Hippolyte

Rodern

Ribeauvillé

Bergheim

Scherwiller

Blienschwiller

Dambach-la-Ville

Andlau

Mittelbergheim

Itterswiller

Boersch

Orschwiller

LES VINS D'ALSACE

Les grands vins ont toujours quelque chose à raconter.

3614 VINALSA

Civa / Photos : Civa, Zvardon, Parenti, Office du Tourisme de Rosheim, Pirith.

L'ABUS D'ALCOOL EST DANGEREUX POUR LA SANTÉ, CONSOMMEZ AVEC MODÉRATION.

"LE VIN, C'EST D'ABORD UNE PASSION!"

LOUIS ROLLY-GASSMANN

ROLLY-GASSMANN

Vigneron Récoltant

1 et 2, rue de l'Eglise - 68590 Rorschwihr

Tél. 89 73 63 28 - Fax 89 73 33 06

CARNET DE VOYAGE
HÔTELS ET
RESTAURANTS
DE BONNE CAVE

Pays du vin, l'Alsace est aussi la région du bien-manger et de l'accueil. Partie intégrante de la culture alsacienne, la gastronomie est la seconde nature des alsaciens. De toutes les régions de France, l'Alsace est probablement celle qui concentre le plus d'établissements gastronomiques. C'est vrai pour les grandes tables réputées, mais aussi pour les plus modestes établissements, les bistrots qu'on appelle les « winstubs », qui servent une variété invraisemblable de plats, dans des proportions fort généreuses, car on ne « chipote » pas avec la nourriture, le sujet est trop sérieux. Ne sont cités dans ce guide que les restaurants où le vin est à l'honneur.

LES TABLES DE PRESTIGE

Auberge de l'Ill : Jean-Pierre, Marc et Paul Haeberlin, rue de Collonges-au-Mont-d'Or, 68970 Illhaeusern. Tél. : 89 71 83 23, fax : 89 71 82 83. Fermé les lundi (sauf midi en saison), mardi et en février. Menus de 500 (midi en semaine) à 700 F. Carte 800 F. Venez en avance pour profiter du cadre idyllique, charmant et reposant au bord de l'Ill. Cuisine de très grande classe et carte des vins somptueuse conseillée en orfèvre par Serge Dubs, meilleur sommelier du monde. Les vins étant à un prix particulièrement raisonnable pour un établissement de cette classe, faites-vous plaisir avec les plus grands vins et associez les plats en conséquence.

Buereheisel : Antoine Westermann, 4, place de l'Orangerie, 67000 Strasbourg. Tél. : 88 61 62 24, fax : 88 61 32 00. Fermé les mardi, mercredi, mi-août et fin décembre. Menus : de 300 (midi semaine) à 600 F. Carte 700 F. Dans le cadre reposant de l'Orangerie, grand parc proche du Parlement européen. La cuisine à la fois simple et complexe privilégie la finesse en réinventant la tradition à partir des produits régionaux. La cave n'a pas un choix immense, ce qui n'est pas un mal car les vins sont remarquablement choisis et s'associent bien à la cuisine.

Le Crocodile : Émile Jung, 10, rue de l'Outre, 67000 Strasbourg. Tél. : 88 32 13 02, fax : 88 75 72 01. Fermé les dimanche et lundi, fin décembre et fin juillet. Menus : de 300 (midi semaine) à 400 F. Carte 700 F. Une cuisine classique, de haut niveau élaborée de main de maître par Émile Jung, de surcroît très fin connaisseur des vins. La carte des vins, parlons-en. Gérée et présentée par Gilbert Mestrallet, c'est une des plus belles de France à des prix très raisonnables. Très grand service. Jetez-vous dans la gueule du crocodile !

Strasbourg

La bonne ville de Strasbourg est située en dehors de la route des vins (qui ne passe pas très loin), mais elle est incontournable.

LES BONNES TABLES

La Cambuse : 1, rue des Dentelles. Tél. : 88 22 10 22. Cuisine légère tournée vers les produits de la mer. Cave très bien choisie.

Au Gourmet sans Chiqué : 15, rue Sainte-Barbe. Tél. : 88 32 04 07. Une cuisine légère pleine d'inventions, jolis vins d'Alsace.
La Vieille Enseigne : 9, rue des Tonneliers. Tél. : 88 32 58 50. Une cuisine de tradition, un excellent accueil, de très bons vins.

LES WINSTUBS

Le Clou : 3, rue du Chaudron. Tél. : 88 32 11 54. Incontournable dans le genre avec plats traditionnels et bons vins en pichet.

Le Saint-Sépulcre : 15, rue des Orfèvres. Tél. : 88 32 39 97. Ne vous laissez pas impressionner par l'accueil bougon. Excellente cuisine du genre winstub.

HÔTELS

Monopole-Métropole : 16, rue Kuhn. Tél. : 88 32 11 94. Hôtel fonctionnel, pratique, à deux pas de la gare.

Hôtel Gutenberg : 31, rue des Serruriers. Tél. : 88 32 17 15. À deux pas de la cathédrale, un hôtel de charme et confortable.

Hôtel Le Moulin : 3, impasse du Moulin, La Wantzenau. Tél. : 88 59 22 22. Un peu excentré, mais calme et lumineux.

Marlenheim

Le Cerf : 30, rue du Général-de-Gaulle. Tél. : 88 87 73 73. Au début de la route du vin, une grande table réputée dans un beau cadre.

Dahlenheim

Au Tilleul : 55, rue Principale. Tél. : 88 50 66 23. Des tartes flambées superbes. Uniquement les vendredi, samedi et dimanche soir.

Soultz-les-Bains

Le Biblenhof : tél. 88 38 21 09. Chambres d'hôtes et excellente table d'hôte.

Wolxheim

La Maison Rose : 33, rue Principale. Tél. : 88 38 18 54. Des chambres d'hôtes calmes, spacieuses, de bon rapport qualité-prix (220 F).

Molsheim

Diana : 14, rue Sainte-Odile. Façade austère, mais chambres gaies. Cuisine fraîche, belle carte des vins d'Alsace et du Bordelais, ce qui n'est guère étonnant quand on connaît l'origine des propriétaires. Testez l'annexe du restaurant où on sert les plats régionaux à des prix doux.

Ottrott

Le Beau Site : place de l'Église. Tél. : 88 95 80 61. Chambres confortables. Cuisine méditerranéenne.

Barr

Au Château d'Andlau : 113, vallée de Saint-Ulrich, route de Sainte-Odile. Calme et pas très cher.

Heiligenstein

Relais du Klevener : 51, rue Principale. Tél. : 88 08 05 98. Un hôtel avec une belle vue. Cuisine très honnête.

Andlau

Le Bœuf Rouge : 6, rue du Dr-Stoltz. Tél. : 88 08 96 26. Cuisine de tradition, vins d'Andlau.

Le Relais de la Poste : 1, rue des Forgerons. Tél. : 88 08 95 91. Bonne winstub avec des vins intéressants.

Itterswiller

Hôtel Faller : 2, route du Vin. Tél. : 88 85 50 24. Hôtel pas très cher et coquet.

Sélestat

Abbaye La Pommeraie : 8, av. du Maréchal-Foch. Tél. : 88 92 07 84. Vastes chambres luxueuses aménagées dans une ancienne abbaye cistercienne. Bonne cuisine classique et winstub.

Kintzheim

Auberge Saint-Martin : 80, rue de la Liberté. Tél. : 88 82 04 78. Très bonne winstub.

Bergheim

Chez Norbert : 9, Grande-Rue. Tél. : 89 73 60 65. Dans une demeure médiévale, un bon restaurant, une carte des vins époustouflante. Quelques chambres bien restaurées.

Ribeauvillé

Zum Pfifferhüs : 14, Grande-Rue. Tél. : 89 73 62 28. Une winstub chaleureuse, une bonne cuisine et des vins bien choisis. Attention, c'est souvent complet, et pour cause.

Riquewihr

Le Sarment d'Or : 4, rue du Cerf. Tél. : 88 47 99 23. Belle cuisine. En saison, prenez les gibiers. Carte des vins bien sélectionnée. Hôtel charmant.

Hôtel du Schoenenbourg : rue du Schoenenbourg. Au pied du célèbre coteau, hôtel moderne et confortable. Cuisine imaginative et vins de Riquewihr.

Kientzheim

Hôtel d'Alspach : 2-4, rue Foch. Tél. : 89 78 29 73.

LES CÉPAGES

Les vins d'Alsace sont connus par leurs cépages. Quatre cépages sont considérés comme nobles. Le riesling, le grand cépage de l'Alsace, donne un vin nerveux, racé, droit. Le gewurztraminer, exceptionnellement aromatique, est le grand cépage d'initiation. Le pinot gris, souvent dénommé tokay-pinot gris, le plus bourguignon des cépages alsaciens, est corsé et capiteux. Le muscat, décliné en muscat d'Alsace et ottonel, donne un vin léger, fruité, croquant. Un seul cépage est autorisé en rouge, le pinot noir qui est le grand cépage de la Bourgogne. Il fournit soit des vins rosés, soit des vins rouges aux arômes de cerise et de kirsch. Deux autres cépages fournissent des vins intéressants. Le pinot blanc, qui existe en deux variétés (pinot blanc vrai et auxerrois), donne un vin souple, facile à boire. Le sylvaner, assez simple, est incisif et frais.

Températures de dégustation
Crémant : 5 à 8°
Sylvaner, pinot noir en rosé : 7 à 9°
Riesling, muscat, tokay, gewurztraminer : 8 à 10°
Grands crus : 9 à 11°
Vendanges tardives et grains nobles : 10 à 12°
Pinot noir en rouge : 12 à 16°

Accords mets-vins
Apéritif : muscat
Charcuterie : sylvaner, pinot blanc
Choucroute : riesling
Coquillages : riesling
Foie gras : tokay
Mets exotiques : gewurztraminer
Munster : gewurztraminer
Poissons : riesling
Volaille : riesling

Les grands crus
Le décret de 1992 désigne 50 lieux-dits qui ont été classés en grand cru. Ces lieux-dits, désignés en tant que tels depuis plusieurs siècles, ont été délimités en fonction de leur homogénéité géologique, de leur exposition et de leur microclimat. Pour prétendre à l'appellation grand cru, des règles complémentaires de production ont été ajoutées. Seuls peuvent être utilisés les quatre cépages nobles. Le degré minimum est plus élevé que l'appellation Alsace et les rendements moindres. Les grands crus représentent 4 % de l'appellation, soit à peu près cinq millions de bouteilles.

LES DISTILLATEURS

L'Alsace n'est pas seulement connue pour ses vins mais aussi pour ses eaux-de-vie de fruit dont il existe de très nombreuses variétés.

Bas-Rhin

Jean-Claude Hoeffler : 11, rue de Lampertsloch, 67250 Lobsann. Tél. : 88 80 45 79, fax : 88 80 59 14.

Marie Françoise Hubrecht : 6, rue Kuhnenbach, 67220 Maisonsgoutte. Tél. : 88 57 17 79.

Joseph Bertrand : 3, rue du Maréchal-Leclerc, 67350 Uberach. Tél. : 88 07 70 83, fax : 88 72 22 05.

Massenez : Zone Industrielle, 67220 Dieffenbach-au-Val. Tél. : 88 85 62 86, fax : 88 85 69 00.

Meyblum : 11, rue Erlenbach, 67220 Albé. Tél. : 88 57 12 71, fax : 89 57 26 56.

Nussbaumer : 23, Grand-Rue, 67220 Steige. Tél. : 88 57 16 53, fax : 88 57 05 79.

Haut-Rhin

Ribeauvillé

Jean-Paul Metté : 9, rue des Tanneurs, 68150 Ribeauvillé. Tél. : 89 73 65 88, fax : 89 73 30 11. Le plus grand de tous, le plus fou aussi (d'eaux-de-vie, bien sûr !).

Windholtz Marcel et Michel : 31A, av. du Général-de-Gaulle, 68150 Ribeauvillé. Tél. : 89 73 66 64, fax : 89 73 37 82. De très beaux marcs de raisins.

Jean-Paul Gisselbrecht : 32 Grand-Rue et 6, rue Friedrich, 68150 Ribeauvillé. Tél. : 89 73 64 36 ou 30 51, fax : 89 73 31 74.

Lapoutroie

Gilbert Miclo : 311, La Gayire, 68650 Lapoutroie. Tél. : 89 47 50 16, fax : 89 47 21 03.

René de Miscault : 98A, rue du Général-Dufieux, 68650 Lapoutroie. Tél. : 89 47 50 26, fax : 89 47 22 24

.Mittelwihr
Théo Preiss (Jacques Bresch) : 8, rue du Château, 68630 Mittelwihr. Tél. : 89 47 96 53, fax : 89 47 89 22.

Hôtel de charme installé dans un ancien couvent.

Kaysersberg

Le Chambard : 9-13, rue du Général-de-Gaulle. Tél. : 89 47 35 03. Cuisine de grand style, superbe carte des vins.

Ammerschwihr

Les Armes de France : 1, Grand-Rue. Tél. : 89 47 10 12. Une des grandes tables d'Alsace et même de France.

Colmar

Le Fer Rouge : Patrick Fulgraf, 52, Grande Rue. Tél. : 89 41 37 24. Cuisine inspirée, beaux vins choisis par le chef lui-même.

Winstub Brenner : 1, rue de Turenne. Tél. : 89 41 42 33. Cuisine de marché et fidélité à la tradition. Bonne ambiance.

Da Alberto : 24, rue des Marchands. Tél. : 89 23 37 89. Excellente cuisine italienne et une juste carte des vins franco-italiens.

Wettolsheim

Auberge du Père Floranc : 9, rue Herzog. Tél. : 89 80 79 14. Cuisine de terroir et belle carte des vins d'Alsace.

Hôtel au soleil : 20, rue Sainte Gertrude. Tél. : 89 80 62 66. Un hôtel calme à prix très doux.

Rouffach

À la ville de Lyon : 1, rue Poincaré. Tél. : 89 49 62 49. Philippe Bohrer, chef talentueux, élabore une très grande cuisine. Belle carte des vins.

Château d'Isenbourg : Tél. : 89 49 63 53. Relais & Châteaux avec une vue superbe, des chambres luxueuses et une cuisine sage mais de qualité. Carte des vins assez fabuleuse. Prix en conséquence.

Westhalten

Auberge du Cheval Blanc : 20, rue de Rouffach. Tél. : 89 47 01 16. Une affaire de famille avec une cuisine de bon aloi, bien élaborée.

LES MANIFESTATIONS

De très nombreuses fêtes se déroulent en Alsace, à toute époque de l'année. Vous trouverez ci-dessous la liste des plus importantes. Pour plus de précisions, consultez l'office de tourisme.

Mai
Foire des vins et fromages bio à Rouffach
Juin
Wettolsheim : fête du vin
Juillet
Fêtes des Guinguettes d'Europe à Husseren-les-Châteaux
Nuit des grands crus à Eguisheim
Fête de l'Ami Fritz à Hunawihr
Août
Fête médiévale à Gueberschwihr
Mariage de l'ami Fritz à Marlenheim
Fête du Kaefferkopf à Ammerschwihr
Septembre
Fête des Ménétriers à Ribeauvillé
Décembre
Nombreux marchés de Noël

CENTRES D'INFORMATION

Centre d'information des vins d'Alsace : Maison des vins, 12, av. de la Foire-aux-Vins, BP 7, 68012 Colmar. Tél. : 89 20 16 20, fax : 89 20 16 30. Tout sur les vins d'Alsace.

Syndicat des vignerons récoltants d'Alsace : BP 1541, 68015 Colmar. Tél. : 89 41 97 41. Édite une bonne revue sur les vins d'Alsace, Format raisin.

Maison régionale du tourisme d'Alsace : 6, av. de la Marseillaise, 67000 Strasbourg. Tél. : 88 52 17 01. Très bien documentés, ils sont d'excellent conseil.

PROMENADES AU FIL DE L'EAU

Locaboat Plaisance. Pour visiter la région en bateau au départ de Lutzelbourg, tél. : 87 25 37 07.

INFO-CIVA

VINS D'ALSACE 1995 : UN MILLÉSIME CONTRASTÉ

Les vignerons alsaciens ont dû cette année jongler avec le temps anormalement pluvieux en septembre et préserver la qualité en opérant, dans de nombreuses parcelles, un tri minutieux de la vendange. Les raisins cueillis dans les deux dernières décades d'octobre ont, en revanche, bénéficié d'un temps splendide qui leur a permis d'atteindre de très belles richesses en sucres tout en conservant une harmonieuse acidité. Globalement, c'est donc une récolte contrastée qui a pu être rentrée cette année en Alsace tant au plan des qualités – assez souvent hétérogènes – qu'au plan des quantités en sensible réduction par rapport aux prévisions et fort disparates du Nord au Sud. Les meilleures réussites auront été constatées cette année dans les rieslings qui affichent une maturité exceptionnelle et dans les pinots notamment. Quelques vendanges tardives et sélections de grains nobles sont venues compléter les meilleures cuvées de ce millésime.

Concernant le tourisme, la Maison des Vins d'Alsace de Colmar a édité un guide très complet de tourisme sur la Route des Vins d'Alsace. Destiné à mieux faire connaître toutes les richesses de la Route des Vins, ce guide présente un commentaire très complet sur le patrimoine des villages et villes de notre vignoble ainsi que de nombreuses informations sur les sentiers viticoles, les vendanges en Alsace, les vins et leurs talents gastronomiques. Une carte panoramique en couleurs et des illustrations choisies complètent ces textes pour prouver l'extraordinaire spectacle qu'offre notre région : l'Alsace. Ce dépliant est disponible dans la plupart des lieux d'accueil des touristes, chez les vignerons et au **Comité Interprofessionnel des Vins d'Alsace (CIVA)**, *Maison des Vins, 12, av. de la Foire-aux-Vins à Colmar, tél. : 89 20 16 20.*

COUPS DE CŒUR DES TROIS DERNIÈRES ANNÉES :

1993
Domaine Kreydenweiss à Andlau
Domaine Rolly-Gassmann à Rorschwihr
Maison Josmeyer à Wintzenheim

1994
Domaine Ostertag à Epfig
Maison F. E. Trimbach
Domaine Barmès-Buecher à Wettolsheim

1995
Domaine A. & R. Gresser à Andlau
Domaine Marcel Deiss à Bergheim
Domaine Albert Mann à Wettolsheim

Dans cette région, à partir du 18 octobre 1996, vous devez faire précéder les numéros de téléphone de vos correspondants de : 03

Cave de Pfaffenheim,
l'Aristocratie
des Vins d'Alsace.

*Reflets d'ambre, parfums riches et concentrés de figue,
de miel, d'abricot... le Gewurztraminer Grande Réserve
Cuvée Bacchus 1992 est un "vin d'exception".*

Pour découvrir les vins de la cave la plus médaillée
d'Alsace et recevoir la Lettre de la Cave,
adressez votre carte de visite à : Cave de Pfaffenheim
5, rue du chai - 68250 PFAFFENHEIM - France
ou appelez le (33) 89 78 08 08 et fax (33) 89 49 71 65

Les Vignerons de Pfaffenheim Gueberschwihr

IDAHO - 33 89 64 38 39

FRÉDÉRIC MOCHEL

PROPRIÉTAIRE-VIGNERON

LE DOMAINE

Une surface d'environ 9 ha, dont plus de la moitié est située sur le grand cru altenberg de Bergbieten. Remarquablement exposé sud-est, idéal pour la longueur de l'ensoleillement, ce lieu-dit est réputé depuis un petit millier d'années. Si le domaine Mochel n'a pas tout à fait cette pérennité, sa réputation n'en est pas moins grande, puisque le domaine existe depuis 1669. Géré depuis presque trente ans par le discret et affable Frédéric Mochel, « plus alsacien que lui tu meurs », le domaine produit des vins tout en délicatesse et en longueur sauf, bien entendu, le muscat et plus étonnamment le riesling qui prennent une exubérance et une complexité étonnantes. L'encépagement du domaine fait la part belle au riesling (25 %) et au gewurztraminer (20 %), les autres cépages représentant chacun environ 10 % de la production.

LES VINS

La grande spécialité de la maison est le riesling. Il prend toute son ampleur sur l'altenberg de Bergbieten avec un 93 (55,40 F) particulièrement persistant. La cuvée Henriette 93 (63,90 F), issue d'une vigne âgée de plus de 40 ans, possède encore plus de puissance. Ces deux vins, et en particulier la cuvée Henriette, ont une intensité d'arômes et de fruits qu'on associe rarement à ce cépage et feraient plutôt penser au gewurztraminer. Mais les grands rieslings possèdent cette carrure et ils se définissent par leur vivacité et leur franchise. Ils atteignent leur plénitude au bout de quelques années de garde. Les 94 (au même prix que les 93) sont encore un cran au-dessus et méritent d'être attendus encore un peu plus longtemps, mais leur charme immédiat rendra cette attente pénible. Cruel dilemme… Consolez-vous avec le muscat altenberg 94 (66,30 F), à la fois fin et de grande longueur qui est un des plus beaux d'Alsace. Le domaine en produisant hélas fort peu, a quelque mal à répondre à la demande enthousiaste. Les gewurztraminers de l'Altenberg, par leur finesse et leur discrétion, représentent l'exacte antithèse du riesling et du muscat. Emmenez le 93 (55,40 F) à table sur une cuisine légèrement safranée et il réconciliera les effarouchés de ces arômes dominateurs et souvent simplets qu'on rencontre si fréquemment. En dehors de ces remarquables grands crus, n'hésitez pas à franchir le pas en testant les cépages plus modestes. Le sylvaner est toujours bien réussi. Après un 93 tout en franchise, lui succède un 94 (23,70 F) dans le même style. Le klevner de Traenheim (32 F), autre nom du pinot blanc, s'accordera aisément et sans façon avec les plats de charcuterie.

L'ACCUEIL

En traversant la porte cochère, la cour pavée est entourée d'une belle maison avec le caveau de dégustation à gauche. Avant de pénétrer dans ce temple du vin, jetez un coup d'œil au pressoir du XVIIe siècle. Le caveau est tenu avec beaucoup de gentillesse et de compétence par Mme Mochel, aux talents reconnus de dégustation puisqu'elle a passé brillamment les épreuves du diplôme de dégustatrice. Du lundi au samedi de 8 à 12 h et de 13 h 30 à 18 h. Groupes jusqu'à 25 personnes. Langue pratiquée : allemand. CB. À l'ouest de Strasbourg, en prenant la N4 puis la D422 à Marlenheim. La cave est au centre du village, après la mairie.

PROPRIÉTAIRE :
FRÉDÉRIC MOCHEL
67310 TRAENHEIM
TÉL. : 88 50 38 67 - FAX : 88 50 56 19

EARL
ROLAND SCHMITT

PROPRIÉTAIRE-VIGNERON

_____ LE DOMAINE _____

Aux commandes de ce vignoble d'un peu plus de 8 ha se trouve une Napolitaine passionnée et exigeante que les hasards du destin ont amenée à s'occuper de ces vins tout en finesse et en délicatesse. Les vins, issus du réchauffement des terres marneuses et froides par des cailloux dolomitiques en surface, masquent sous une apparence pâle et austère un grand tempérament.

_____ LES VINS _____

Le riesling règne en maître sur les coteaux et dans les cœurs. À tout seigneur tout honneur, ceux du grand cru altenberg, et en particulier les vieilles vignes de 93 (65 F) et de 94 (55 F), sont d'une profondeur et d'un gras qui demandent quelques années pour s'exprimer. L'altenberg 94 (47 F), cuvée « normale », au fruit bien marqué par une belle palette aromatique, évolue un peu plus vite et sera à boire d'ici un an ou deux. S'il n'en possède pas tout à fait la complexité des grands crus, le riesling glintzberg vieilles vignes 94 (36 F), au nez délicatement mentholé, est d'une fraîcheur très appétissante. Le gewurztraminer altenberg 93 (58 F) se révèle riche et son avenir est radieux. Il reste quelques bouteilles d'une jolie vendange tardive 92 (120 F) et surtout d'une exceptionnelle sélection de grains nobles 90 qui vaut très largement son prix (150 F en 50 cl).

_____ L'ACCUEIL _____

Accueil très attentif durant la semaine dans le nouveau caveau par Anne-Marie Schmitt. Prenez rendez-vous. Groupes jusqu'à 15 personnes. Langue italienne, bien évidemment. CB. Accès par la D422, le caveau est situé au centre du village, près d'un grand virage.

PROPRIÉTAIRE : **ANNE-MARIE SCHMITT**
35, RUE DES VOSGES
67310 BERGBIETEN
TÉL. : 88 38 20 72 - FAX : 88 38 75 84

DOMAINE
GÉRARD NEUMEYER

PROPRIÉTAIRE-VIGNERON

_____ LE DOMAINE _____

La maison ne paye pas de mine. Et pourtant, ne vous fiez pas aux apparences. La vaste cave ressemble à son animateur, Gérard Neumeyer, infatigable promoteur des vins de sa commune : méthodique, rationnelle et fonctionnelle. L'ordre n'a qu'un seul objectif, la recherche de la qualité, et on sait prendre des risques quand il le faut.

_____ LES VINS _____

Longs et élégants. Grâce à une augmentation constante et régulière de la qualité, les millésimes récents possèdent encore plus de gras et d'épaisseur. À cet égard, la réussite des 94 est exceptionnelle et marque une nouvelle étape dans la progression. Il ne faudra en aucun cas les rater. Les plus grands vins proviennent des 3 ha du grand cru du Bruderthal, joli coteau bien exposé et bien drainé qui atteint de fort belles maturités pour ceux qui savent patienter. Ce que le domaine n'hésite pas à faire, particulièrement en 94 où tous les vins frisent la vendange tardive. Le riesling bruderthal 94 (61 F) entre tout à fait dans ce cas de figure avec une impressionnante matière première. Le gewurztraminer (71 F) et le tokay pinot gris bruderthal 94 (89 F), au sucre résiduel important, sont marqués par une belle surmaturité. Quelques années de patience leur feront aussi le plus grand bien, même si le fruit de leur jeunesse est éclatant. Goûtez aussi le pinot blanc 94 (27,10 F), de belle facture avec une fraîcheur guillerette.

_____ L'ACCUEIL _____

En venant du nord par la D422, peu après l'entrée du village, ne suivez pas la route principale mais allez tout droit. Accueil au salon. CB. Du lundi au samedi de 9 à 18 h.

PROPRIÉTAIRE : **GÉRARD NEUMEYER**
29, RUE ETTORE-BUGATTI
67120 MOLSHEIM
TÉL. : 88 38 12 45 - FAX : 88 38 11 27

BERNARD WEBER

PROPRIÉTAIRE-VIGNERON

────── LE DOMAINE ──────

Philosophe à ses heures, Bernard Weber est entré en vin comme d'autres en religion, avec détermination et lucidité. Son engagement dans le domaine, essentiellement situé dans le grand cru Bruderthal, est total. Quand la passion vous tient…

────── LES VINS ──────

Dans leur prime jeunesse, ils traversent une phase de fruit qui ne dure guère plus d'une année. Ils se referment ensuite et il faut savoir les attendre. Faites preuve de vigilance et remarquez la concentration et la pureté aromatique. Après une période de léthargie variable mais rarement inférieure à deux ou trois ans, les vins émergent avec force. Cette phase de fermeture est la conséquence directe du terroir, qui ne se livre pas facilement aux impatients. Les 93, actuellement en vente, sont déjà dans leur phase de fermeture. Le riesling Bruderthal 95 (50 F) en est l'exemple, mais son évolution future ne présente aucun risque. En attendant goûtez le 91 (40 F) qui s'ouvre. Le gewurztraminer 93 (45 F), est un peu plus ouvert, cépage oblige, le 91 (55 F) commence à s'exprimer. Reste, pour les impatients un muscat Bruderthal 93 (50 F) au nez délicatement ouvert et un sylvaner 94 (25 F) de bon aloi. Mais gardez quelques bouteilles et buvez-les dans quelques années.

────── L'ACCUEIL ──────

Situé à l'entrée du village, en venant du nord, l'accueil s'effectue dans le caveau contigu à la cave. Très attentif et passionnant, toujours sur le qui-vive, Bernard Weber vous expliquera longuement les subtilités de ses crus et vous fera partager sa passion et son exigence sans concession.

PROPRIÉTAIRE :
DOMAINE BERNARD WEBER
49, ROUTE DE SAVERNE
67120 MOLSHEIM
TÉL. : 88 38 52 67 - FAX : 88 38 58 81

PIERRE HERING

PROPRIÉTAIRE-VIGNERON

────── LE DOMAINE ──────

Le contraste est étonnant entre la ville si riante et l'oppression du grand terroir du Kirchberg qui la surplombe. Étonnante aussi est l'alliance entre la rigueur froide et sévère des vins dans leur jeunesse et la chaleur communicative de la famille gardienne du temple de ce grand terroir.

────── LES VINS ──────

Le domaine Hering possède deux joyaux, le clos Gaensbroennel, en partie enclavé dans le grand cru Kirchberg, et le clos de la Folie Marco dont il est le fermier de la ville de Barr. Ce dernier clos fournit d'ailleurs un sylvaner 94 étonnant (25,50 F), tout en finesse et en élégance. Le gewurztraminer Gaensbroennel 91 (36 F) délicatement épicé et réglissé, aborde sa phase de maturité tandis que celui du Kirchberg 92 (57 F), marqué par la surmaturité et le poivre blanc, est encore en devenir. Comme on peut s'y attendre, le riesling Kirchberg 93 (42 F) est dans sa phase de fermeture mais la bouche est bien structurée, de grande longueur, avec un final impressionnant. Le tokay 93 du Kirchberg (42 F) est puissant, riche, avec une fin de bouche très fine, signe d'un terroir calcaire. Notez que tous ces vins sont d'un très bon rapport qualité-prix.

────── L'ACCUEIL ──────

Le domaine est situé en plein centre de Barr, dans une très belle maison ancienne. Suivez les pancartes du musée de la Folie Marco. Les premiers moments de l'accueil sont réservés, comme il sied en Alsace, mais que ce soit Monsieur, Madame ou le fils de famille, l'accueil est attentif et très compétent. Du lundi au samedi, dimanche sur rendez-vous. Groupes jusqu'à 30 personnes. Langue allemande.

PROPRIÉTAIRE : **PIERRE HERING**
6, RUE DU DR-SULTZER
67140 BARR
TÉL. : 88 08 90 07 - FAX : 88 08 08 54

ANDRÉ & RÉMY GRESSER

PROPRIÉTAIRE-VIGNERON

LE DOMAINE

Pour l'avocat passionné qu'est Rémy Gresser, vin, domaine, vignoble, tout est occasion de plaidoirie. À l'occasion imprécateur, il n'hésite pas à mettre au service de ses vins sa prodigieuse faculté d'analyse. Autant dire que les 10 ha sont scrutés au millimètre, avec une obsession, le terroir, qu'il n'hésite pas à mettre en avant sur l'étiquette, précédant le sacro-saint cépage.

LES VINS

Ce n'est pas ici que sont vendus les vins du dernier millésime, au pied de la cuve, à peine la vinification terminée. Rien ne presse. Au contraire, vous trouverez encore des 90 et des 91 comme ce Wiebelsberg riesling 91 (45 F) déjà très ouvert, à moins que vous ne préfériez le Moenchberg plus nerveux et plus rond. Le Wiebelsberg riesling se décline aussi dans le grand millésime 90 (58 F), très concentré, et en vieilles vignes (125 F), qui donnera un vin d'anthologie dans une dizaine d'années. Le tokay Brandhof 93 (41 F) possède beaucoup de puissance et une belle vivacité. Les gewurztraminers possèdent la finesse propre aux terroirs d'Andlau avec, comme il se doit, un andlau gewurztraminer 93 (60 F) déjà prêt à boire. Enfin sont à signaler d'originaux pinots blancs, intitulés Brandhof klevner 93 (40 F), qui poussent sur des schistes qui leur communiquent un surcroît de finesse.

L'ACCUEIL

Situé en plein centre d'Andlau, derrière la poste, le caveau rempli d'objets anciens est très chaleureux. Rémy Gresser vous donnera force commentaires et détails sur chaque vin. Groupes jusqu'à 50 personnes. Langues allemande et anglaise.

PROPRIÉTAIRES :
A. ET R. GRESSER
2, RUE DE L'ÉCOLE, 67140 ANDLAU
TÉL. : 88 08 95 88 - FAX : 88 08 55 99

MARC KREYDENWEISS

PROPRIÉTAIRE-VIGNERON

LE DOMAINE

Adepte de la biodynamie, Marc Kreydenweiss aime les vins francs et naturels exprimant leur terroir. Du coup, il adopte une démarche méticuleuse à tous les stades du vin, de la vigne à la commercialisation. Les vins ont une netteté, une longueur et une pureté qui étonnent.

LES VINS

Le Kastelberg riesling 93 (92 F), racé, minéral, tranchant, est le représentant le plus éminent de cette ligne pure et dure. Ce vin mérite une garde de plusieurs années. Le Wiebelsberg riesling 93 (75 F), d'un premier abord plus gracieux, possède une finale complexe sur la pêche et la mangue qui le rend plus accessible jeune. S'il faut forcer le trait, buvez le wiebelsberg et gardez le Kastelberg. L'autre spécialité de la maison est le clos Val-d'Éléon (62 F le 92), assemblage de 70 % de riesling et de 30 % de pinot gris. Malgré la jeunesse des vignes, le vin est élégant et possède la minéralité de son terroir, la rondeur du pinot gris masquant l'austérité du riesling qui lui apporte la longueur et la structure. Dans les essais d'assemblage des cépages, celui-ci est un des plus réussis, et il gagnera en complexité et en longueur au fur et à mesure que les vignes vieillissent. Dans la série des vendanges tardives, il faut signaler un wiebelsberg riesling 89 VT (125 F), à l'excellent rapport qualité-prix, ainsi que le Kritt gewurztraminer 90 VT (115 F) parfaitement bien typé.

L'ACCUEIL

Cherchez l'église, dans le centre, le domaine est en face. Accueil dans la boutique, sur rendez-vous. Possibilité de gîte rural. Groupes jusqu'à 15 personnes. Langues allemande et anglaise.

PROPRIÉTAIRE :
MARC KREYDENWEISS
12, RUE DEHARBE, 67140 ANDLAU
TÉL. : 88 08 95 83 - FAX : 88 08 41 16

DOMAINE DES MARRONNIERS

PROPRIÉTAIRE-VIGNERON

_____ LE DOMAINE _____

Guy Wach est un artiste qui cisèle ses vins comme ses œuvres. Point de dilettantisme, mais une foi inébranlable à transcender les cépages alsaciens (même les plus modestes) et à élever ses deux grands crus, le kastelberg et le moenchberg, dans les cimes grâce à une étonnante intuition associée à une grande modestie, ce qui ne gâche rien.

_____ LES VINS _____

Débutez par les cépages modestes qui sont toujours exceptionnellement réussis, à commencer par le sylvaner. Le sylvaner 94 (26 F), très mûr, sans la moindre trace végétale, est une réussite incontestable. Il est issu d'une vieille vigne, même si ici, on ne se sent pas obligé de le préciser. Le klevner 94 (27 F) est aussi très estimable. Dans les grands crus, le cœur balance entre le riesling Moenchberg 93 (50 F) et le riesling Kastelberg 93 (52 F), le Moenchberg étant plus ample et plus ouvert et le Kastelberg plus fin et plus secret. Le gewurztraminer vieilles vignes 94 (60 F) est marqué par une évidente surmaturité et une pointe de botrytis. Très expressif, il explosera à l'apéritif. Enfin, le riesling Kastelberg 92 vendanges tardives (120 F), concentré et structuré, absolument superbe, gomme le millésime de faible réputation. Un vin qui sauve l'honneur de l'Alsace. Notez l'exceptionnel rapport qualité-prix sur l'ensemble de la gamme.

_____ L'ACCUEIL _____

Au centre d'Andlau, repérez la rivière. La cave est fléchée. Accueil fonctionnel et confortable dans le caveau. Du lundi au samedi, de 9 à 14 h et de 14 h 30 à 19 h. Groupes jusqu'à 15 personnes. Langue allemande.

PROPRIÉTAIRE : **GUY WACH**
5, RUE DE LA COMMANDERIE
67140 ANDLAU
TÉL. : 88 08 93 20 - FAX : 88 08 45 59

DOMAINE OSTERTAG

PROPRIÉTAIRE-VIGNERON

_____ LE DOMAINE _____

Médiatique, André Ostertag ? C'est entendu… Mais ce n'est pas péché à notre époque d'autant qu'il est indispensable de sortir de son isolement, à Epfig peut-être un peu plus qu'ailleurs. Énervant ? C'est certain car avec son ouverture au monde et son âme de poète, il sort du ronron de la viticulture alsacienne avec ses essais iconoclastes comme la vinification en bois et les mélanges de cépages. Avec des matières concentrées et un réel savoir-faire, André Ostertag peut se le permettre car, pour élaborer de grands vins, il faut les deux.

_____ LES VINS _____

À la hauteur du personnage. Certes les hauts et les bas existent, car personne ne se joue impunément du millésime. Dans les vins de soif ou de « fruit », selon sa dénomination, goûtez le sylvaner qui est un vrai de vrai. Les vins de garde sont dominés par un riesling Moenchberg vieilles vignes (environ 90 F le 94) qui joue dans la cour des grands et talonnés par le riesling Heisenberg, le 94 étant marqué par un peu de sucre résiduel. Dans les gewurztraminers 94 de vendanges tardives, vous avez le choix entre un aérien epfig, tout en délicatesse, et un Fronholz gras et puissant. Les pinots gris, marqués dans leur jeunesse par le bois neuf, sont amples. Le SGN 94 sera exceptionnel.

_____ L'ACCUEIL _____

Passionné, si vous arrivez à mettre la main sur André Ostertag. Ce qui est possible à condition de prendre rendez-vous. Groupes jusqu'à 15 personnes. Langues allemande et anglaise. En venant de Barr, à 6 km, prenez à droite au rond-point à l'entrée du village. Faites 2 km, la cave est à gauche.

PROPRIÉTAIRE :
ANDRÉ OSTERTAG
87, RUE FINKWILLER, 67680 EPFIG
TÉL. : 88 85 51 34 - FAX : 88 85 58 95

PIERRE ARNOLD

PROPRIÉTAIRE-VIGNERON

CHARLES KOEHLY

PROPRIÉTAIRE-VIGNERON

LE DOMAINE

Le domaine de 7 ha, dont 0,5 sur le grand cru Frankstein, est exploité par un jeune couple formé pendant six ans en bourgogne au domaine Voarick. Plein d'allant et d'enthousiasme, réduisant les rendements et perfectionnant la vinification, ils réussissent à s'imposer par la seule qualité de leurs vins, avec une très belle homogénéité de toute la gamme.

LES VINS

Le pinot blanc auxerrois 94 (23,50 F), déjà épanoui, possède bien la rondeur caractéristique du cépage et une élégance certaine. C'est un vin facile à boire, très plastique, qu'on associera aisément à table. Dans le krankstein, les Arnold établissent lentement et sûrement, sans tapage, l'étalon du grand cru. Hélas, ils n'en possèdent qu'une infime partie. Le riesling Frankstein 93 (44 F), marqué par le coing et par la menthe, bien structuré, montre les possibilités du terroir. La bouche est concentrée avec un joli fruit en finale. Le 94 qui lui succédera est en finesse et en élégance, avec un peu plus de longueur. Le gewurztraminer Frankstein 94 (49 F) est encore fermé au nez. La bouche est marquée par une pointe de surmaturité, un beau fruit et une matière concentrée. C'est une réussite.

L'ACCUEIL

Sur la route des vins, traversez la ville. Près de la porte monumentale, en allant vers Scherwiller, prenez une petite rue montante sur la droite (le domaine est fléché, mais le panneau est peu visible en venant du nord). Accueil passionné sur rendez-vous soit par Pierre, soit par Suzanne Arnold. Les deux sont hyper-compétents. Groupes jusqu'à 40 personnes. Langues allemande et anglaise.

PROPRIÉTAIRE : **PIERRE ARNOLD**
16, RUE DE LA PAIX
67650 DAMBACH-LA-VILLE
TÉL. : 88 92 41 70 - FAX : 88 92 62 95

LE DOMAINE

Président du conseil interprofessionnel, Christian Koehly s'était beaucoup battu pour faire évoluer la viticulture alsacienne malgré d'énormes résistances. C'était un très grand président, quelque peu incompris mais c'est (hélas) classique. Maintenant replié sur son domaine, il y met toute son énergie. Il vient d'ailleurs de construire une nouvelle cave, plus pratique et plus fonctionnelle.

LES VINS

Débutez par un pinot blanc 94 (28 F) issu d'un terroir granitique, bien marqué par la structure du pinot d'Alsace, très pur. Abordez ensuite les grands crus avec un riesling Altenberg de Bergheim 93 (60 F), à la robe pâle et au nez complexe. La bouche est puissante et structurée. Sur le même terroir, le gewurztraminer 94 (env. 60 F), parfaitement équilibré malgré sa puissance alcoolique, épicé, est très complexe. Le 93, un brin moins complexe, est marqué par la concentration par passerillage. Préférez le 93 pour sa force et le 94 pour le plaisir. En vendanges tardives dans le grand millésime 89, le riesling altenberg VT 89 (135 F) associant finesse et puissance, est un très grand vin. Le gewurztraminer altenberg VT 89 (135 F), à l'équilibre parfait, possède une finale superbe. Dans un registre un peu plus modeste, il faut souligner la réussite du gewurztraminer Saint-Hippolyte 94 (env. 40 F) à la bouche épicée (poivre blanc) qui honore le nom « gewurz ».

L'ACCUEIL

Par la route des vins, à 1 km de Saint-Hippolyte, indiqué par un panneau, le domaine est situé en plein milieu du village de Rodern, à droite. Accueil simple dans la cave, tous les jours de 9 à 12 h et de 14 à 19 h. CB. Langues allemande et anglaise.

PROPRIÉTAIRE : **CHRISTIAN KOEHLY**
36, RUE DU PINOT-NOIR
68590 RODERN
TÉL. : 89 73 00 61 - FAX : 89 73 05 38

ROLLY-GASSMAN

PROPRIÉTAIRE-VIGNERON

LE DOMAINE

Avec 25 ha, le domaine figure parmi les plus grands domaines d'Alsace en superficie comme en qualité. En effectuant une séparation rigoureuse des terroirs et une sélection drastique des cuvées, le domaine propose plusieurs niveaux de qualité pour chaque cépage. Dans les millésimes où la nature est généreuse, les vins sont riches, puissants, presque excessifs dans leur jeunesse. Seul le temps permet d'apaiser ces vins fougueux. Dans la succession des récents millésimes où la nature a été plus chiche, le domaine a démontré son savoir-faire en élaborant une belle série de vins qui étonnent par leur précision.

LES VINS

Près de 45 références sur la carte des vins ! Les millésimes s'étagent de 94 à 88 car à chaque fois que, dans un cépage, la qualité monte d'un cran, le vin est proposé avec une année de plus de vieillissement. Ce stockage est un véritable service rendu au consommateur. Il administre aussi la preuve incontestable d'une excellente connaissance de la maturité de ses propres vins ainsi qu'une bonne dose de confiance dans leurs évolutions. Si ce service est proposé, parfois au prix fort, par le négoce, on le trouve rarement chez le producteur. Félicitations ! Dans la belle série des rieslings, on retiendra le riesling réserve millésime 92 (55 F) au nez expressif et à la bouche riche, concentrée. Le riesling Silberberg 91 (55 F) est très marqué, avec des arômes nets, par la silice de son terroir d'origine. Le 90 (63 F) est encore plus riche et concentré, mais terroité toujours aussi fortement en finale. Le Kappelweg 92 (61 F), issu du marno-calcaire, au nez de

pêche de vigne est plus rond. Supérieur à nombre de grands crus, le Pflaenzerreben 89 (65 F), sur le muschelkalk, est riche, long, opulent avec un grand volume. Si vous souhaitez comprendre l'influence du terroir sur le riesling, commencez par cette éblouissante démonstration. La démonstration serait toute aussi patente sur le gewurztraminer. Dans la série, extrayons le gewurztraminer Oberer Weingarten 89 (81,50 F) dont la bouche est élégante, fine, d'une grande longueur. Le tarif de ce vin est à un prix d'ami, profitez-en. Parmi les tokays pinots gris, autre série éblouissante et tout aussi homogène, soulignons les mérites de la réserve millésime 93 (61 F) dont le nez annonce des raisins mûrs et la bouche confirme avec éclat le fruit et la grande richesse. Parmi les autres classiques, il faudrait aussi parler du muscat Moenchreben 93 qui, avec ses deux tiers d'ottonel, est fin et long malgré le léger sucre résiduel. Le pinot noir réserve millésime 93 (51 F) est marqué par la maturité des tanins, ce qui est rarement le cas en Alsace et par la concentration, ce qui est encore plus rare. Si vous voulez voir ce que donne un vrai pinot noir d'Alsace à maturité, prenez le pinot noir réserve Rolly Gassmann 88 (90 F). La bouche est très aromatique, les tanins sont fondus et la prise de bois encore perceptible augmente l'intensité.

L'ACCUEIL

La route des vins traverse le village. Au feu, dirigez-vous vers l'église, la cave est juste derrière. L'accueil est attentif, généreux avec un festival de bouteilles. Vous pouvez tout goûter. Du lundi au samedi, de 8 à 19 h. Groupes jusqu'à 20 personnes. Langue allemande.

FAMILLE ROLLY GASSMANN
2, RUE DE L'ÉGLISE
68590 RORSCHWIHR
TÉL. : 89 73 63 28 - FAX : 89 73 33 06

JEAN-MARTIN SPIELMANN

PROPRIÉTAIRE-VIGNERON

_____ LE DOMAINE _____

Après avoir bourlingué dans les « wineries » califor-
niennes et australiennes, Sylvie Spielmann a regagné
les pénates familiaux en 88. Redonnant un coup de
jeune au domaine, très active dans la viticulture
alsacienne, elle a sorti de l'oubli l'original et minuscule terroir du Kanzlerberg.

_____ LES VINS _____

Il ne faut pas se focaliser uniquement sur ce grand
cru. Le simple pinot d'Alsace (27 F le 92) au nez de
noisette et à la bouche fraîche est une bonne introduction aux vins du domaine. Il est évidemment difficile d'ignorer le fameux riesling Kanzlerberg (49 F
le 93), lequel permet de bien comprendre l'importance du gypse qui communique ce goût d'anis si
original et si enjôleur. Récolté en vendanges tardives
(135 F le 89), le terroir affine une matière première
exceptionnelle en lui apportant la minéralité. Ces
deux vins s'améliorent au vieillissement. Le tokay
pinot gris (40 F le 93) est bien équilibré et garde une
fin de bouche fraîche, ce qui n'était pas du tout évi-
dent dans ce millésime. Les gewurztraminers (49 F
le 93) sont récoltés sur l'Altenberg de Bergheim,
autre grand cru réputé, qui lui communique le
caractère épicé et surtout un corps à la fois imposant
et fin. Il reste quelques flacons d'une somptueuse
sélection de grains nobles 90 (190 F les 50 cl),
franche et voluptueuse.

_____ L'ACCUEIL _____

À Bergheim, prenez la route de Thannenkirch. La
cave est à droite à 1 km. Accueil confortable, simple
et compétent dans le salon. Du lundi au vendredi de
8 à 12 h et de 14 à 18 h. CB. Jusqu'à 30 personnes.
Langues anglaise et allemande.

PROPRIÉTAIRE : **SYLVIE SPIELMANN**
2, ROUTE DE THANNENKIRCH
68750 BERGHEIM
TÉL. : 89 73 35 95 - FAX : 89 73 22 49

DOMAINE MARCEL DEISS

PROPRIÉTAIRE-VIGNERON

_____ LE DOMAINE _____

Le plus grand vin possible ! Telle pourrait être la
devise du bouillonnant, tempétueux et malicieux
Jean-Michel Deiss. Aucun obstacle n'est insurmon-
table dans la recherche de cet absolu. Faut-il creuser
autour de chaque cep pour que les racines plongent
et expriment mieux le terroir ? Il creusera. Et il
atteint des maturités, des concentrations peu cou-
rantes dans les vins de France.

_____ LES VINS _____

Tous passionnants. Le moindre des sylvaners (le 93 à
33 F) prend ici des allures de grand vin et le pinot
blanc (le 93 à 47 F), aux arômes délicatement noisettés, fait la pige aux bons meursaults, à la moitié du
prix. Les rieslings sur le calcaire du Grasberg (88 F le
93) ou sur les marnes du Burg (92 F le 92) possèdent
une expression peu commune de leurs terroirs. Les
grands crus atteignent des sommets avec l'Altenberg
de Bergheim (119 F le 92) et le sompteux schoenenbourg (120 F le 92). Le gewurztraminer atteint sa perfection sur l'Altenberg de Bergheim (135 F le 93). Si
les prix paraissent chers, l'impression est fausse car il
s'agit de concentrations de vendanges tardives. Quant
aux vendanges tardives vendues à pleine maturité,
leur rapport qualité-prix est exceptionnel. Jetez-vous
sur le burg VT 89 que ce soit en gewurztraminer
(150 F) ou en riesling (162 F). Par six bouteilles, on
vous offre en prime la caisse de bois.

_____ L'ACCUEIL _____

Sur la route des vins, près de la sortie de Bergheim
vers Ribeauvillé. Accueil prévenant et multilingue de
Clarisse Deiss qui vous fera tout goûter. Du lundi au
samedi, de 8 à 12 h et de 14 à 18 h. CB. Groupes jusqu'à 15 personnes. Langues allemande et anglaise.

PROPRIÉTAIRE :
MARCEL ET CLARISSE DEISS
15, ROUTE DU VIN, 68750 BERGHEIM
TÉL. : 89 73 63 37 - FAX : 89 73 32 67

CAVE DE RIBEAUVILLÉ

CAVE COOPÉRATIVE

───── **LE DOMAINE** ─────

Plus vieille coopérative de France, la cave de Ribeauvillé en est aussi une des plus petites par le nombre d'adhérents. Ce qui ne l'empêche pas de cumuler un patrimoine de vignes assez exceptionnel en étant représentée sur un grand nombre de grands crus environnants.

───── **LES VINS** ─────

L'originalité de la cave est le clos du Zahnacker, mélange de trois cépages nobles (riesling, gewurztraminer, tokay pinot gris) qui sont complantés dans le clos. Ancienne vigne seigneuriale, le clos est resté complanté comme autrefois. Le 90 (60 F) bien équilibré, long, vieillira parfaitement. Le 91 (61 F), un peu plus structuré et un peu moins long est aussi digne de porter ce nom prestigieux. Parmi les grands crus, les rieslings de l'Osterberg et du Kirchberg ressortent avec régularité. Le riesling du Kirchberg (le 93 à 61 F) est bien structuré. L'osterberg (61 F le 93) est un peu plus riche et un peu plus puissant. La comparaison entre les deux rieslings est très instructive. Si vous en avez l'occasion, servez-les simultanément à table, la discussion démarrera d'elle-même. Dans les gewurztraminers, goûtez le gloeckelberg, toujours puissant et plaisant. Dans les tokays pinots gris, testez le Sonnenglanz, léger en millésime moyen (63 F le 92), mais prenant du corps dans les millésimes favorables (le 94 sera en vente à l'automne à 65 F environ).

───── **L'ACCUEIL** ─────

La cave est visible au grand rond-point, en regardant du côté opposé à la vieille ville. Accueil sympathique dans des locaux récemment rénovés. Ouvert tous les jours de 9 à 12 h et de 14 à 18 h. CB. Groupes jusqu'à 50 personnes. Langues : allemand et anglais.

DIRECTEUR :

JEAN-MARIE LANG

2, ROUTE DE COLMAR

68150 RIBEAUVILLÉ

TÉL. : 89 73 61 80 - FAX : 89 73 31 21

ANDRÉ KIENTZLER

PROPRIÉTAIRE-VIGNERON

LE DOMAINE

Si le slogan de la « force tranquille » n'avait été galvaudé, il s'appliquerait parfaitement aux vins d'André Kientzler. Ils cachent leur force sous une apparente placidité, tout comme le champion cycliste se joue des difficultés avec une insolente décontraction. Mais avec le talent, une seule recette permet de gagner, le travail et encore le travail.

LES VINS

Pour se réconforter de tels efforts, goûtez le simple chasselas 94 (25 F) qui, avec sa fraîcheur et sa pureté, vous remettra d'aplomb. Dans le genre un peu plus rond mais sans lourdeur, tentez l'auxerrois K (le 94 à 55 F), K pour Kirchberg qui est une mention interdite. Un petit verre de muscat kirchberg (le 93 à 65 F) vous réveillera complètement par sa race et sa complexité. Le riesling Geisberg 93 (95 F) possède une race et une matière étonnantes. André Kientzler a préféré réintégrer la vendange tardive pour ne pas l'appauvrir ce qui est louable. S'il n'en possède pas tout à fait la race, le riesling Osterberg 93 (75 F) s'ouvrira plus vite. Parce que pour le Geisberg, il faudra être patient. Le gewurztraminer réserve particulière 94 (62 F) est très représentatif de la réussite de ce cépage dans le millésime. Ne le ratez pas. Il reste quelques bouteilles du fabuleux riesling Geisberg VT 89 (160 F). L'équilibre est parfait et son évolution est garantie dans les dix prochaines années. Mais il est aussi parfait à boire maintenant…

L'ACCUEIL

Le domaine est situé dans les vignes à la sortie de Ribeauvillé, direction Bergheim. Excellent accueil du lundi au samedi de 9 à 12 h et de 14 à 18 h. De préférence, prenez rendez-vous.

PROPRIÉTAIRE : **ANDRÉ KIENTZLER**
50, ROUTE DE BERGHEIM
68159 RIBEAUVILLÉ
TÉL. : 89 73 67 10 - FAX : 89 73 35 81

TRIMBACH FRÈRES

NÉGOCIANT

LE DOMAINE

Propriétaires de 22 ha et négociants avec l'âme d'un propriétaire, la maison de négoce Trimbach est un modèle de rectitude avec des vins droits, sans concessions et un souci de perfection qui l'honore. Implantée sur les meilleurs terroirs de Ribeauvillé et de Hunawihr, la maison produit des vins sérieux, lents à se faire, mais avec quelle classe !

LES VINS

Les décorations ne s'affichent pas plus sur les poitrines que les terroirs sur les étiquettes. Telle semble être la devise de la maison. Cette coquetterie n'est pas injustifiée avec un solide patrimoine de marques et que la délimitation des terroirs a été quelque peu laxiste. Ainsi, le riesling Frédéric-Émile, un des joyaux de la maison, est issu du geisberg et de l'osterberg, tous deux grands crus. Mais motus et bouche cousue. Stockez pour demain le superbe 90 (116 F) et buvez le 81 (98 F). On pourrait en dire du gewurztraminer Seigneurs de Ribeaupierre. Essayez de vous procurer quelques bouteilles du mythique clos Sainte-Hune (le 86 à 183 F), d'une pureté et d'une longueur sans équivalent en riesling. Dans les cépages moins prestigieux, goûtez le pinot blanc 94 (42 F), particulièrement désaltérant. Vous pouvez faire vos emplettes en confiance car l'ensemble de la gamme des vins est sans faiblesse.

L'ACCUEIL

En arrivant de Bergheim, à l'entrée de Ribeauvillé, au pied du coteau. La maison est aisément reconnaissable par sa surprenante tour à colombages. Caveau de vente ouvert du lundi au samedi, de 9 à 12 h et de 14 à 18 h. Groupes jusqu'à 20 personnes. Langues allemande et anglaise.

PROPRIÉTAIRES : **TRIMBACH FRÈRES**
15, ROUTE DE BERGHEIM
68150 BERGHEIM
TÉL. : 89 73 60 30 - FAX : 89 73 89 04

HUGEL

NÉGOCIANT

LE DOMAINE

Une incontestable réputation internationale et un quasi-inconnu dans sa région d'origine. Une solide implantation de trois siècles et demi, 27 ha en nom propre et une action continue en Alsace pour la promotion de la qualité. Les Hugel intimident, peut-être parce qu'ils jouent dans la cour des grands. Alors, venez goûter !

LES VINS

Hors de superbes vendanges tardives et sélection de grains nobles, la gamme est structurée à trois niveaux avec l'appellation Alsace, les tradition et jubilé. Le modeste gentil 94 (41 F), en assemblage de cépages, est dans le genre une réussite et un modèle : il accompagne sans rechigner n'importe quel mets. Le riesling tradition 90 (75 F) est dans le même cas avec beaucoup plus de finesse. Dans la gamme jubilé, véritable haut de gamme de la maison, quatre millésimes sont proposés à la vente. Tant qu'à faire, parmi les deux rieslings, optez pour le jubilé 88 (100 F), bien structuré et long, dont l'apogée est proche. Le pinot noir jubilé 93 (113 F) n'a pas à « rougir » du beau nom de cépage qu'il porte. Vendanges tardives et sélections de grains nobles font la grande spécialité de la maison. Parce qu'ils n'ont guère d'équivalents, jetez votre dévolu sur les tokays pinots gris, en particulier l'opulent 89 (260 F), sans oublier un 88 tout en finesse (190 F).

L'ACCUEIL

Les Hugel sont situés en plein milieu du vieux village de Riquewihr. L'accueil s'effectue dans le caveau au milieu de la Grand-Rue, de 9 à 12 h et de 14 à 18 h. Pour plus de sûreté, prenez rendez-vous.

PROPRIÉTAIRES :
HUGEL & FILS
68340 RIQUEWIHR
TÉL. : 89 47 92 15 - FAX : 89 40 00 10

FRANÇOIS LEHMANN

PROPRIÉTAIRE-VIGNERON

LE DOMAINE

Le petit domaine de 3 ha est géré par le discret François Lehmann. La discrétion n'interdit pas une grande liberté de penser et ne posséder qu'un petit domaine permet de « bichonner » chaque cep et suivre pas à pas l'évolution de chaque cuve. Habiter hors les murs évite d'avoir à subir la pression touristique et normalisatrice qui est si fatale à de nombreux domaines de la ville.

LES VINS

Si les vins sont à prix doux, la qualité est impeccable dans toutes les cuvées. Le pinot blanc 94 (28 F) possède de une belle matière bien concentrée. C'est un vin facile à boire, de bonne longueur. Le muscat 94 (32 F) est d'une fraîcheur de bon aloi. Le riesling Schoenenbourg 92 (52 F), issu d'une petite parcelle de vieilles vignes, est particulièrement bien typé. La vendange tardive 89 (140 F) est carrément somptueuse et fait honneur à ce beau terroir qui, malgré l'évidente concentration, lui conserve l'acidité qui lui donne tant de fraîcheur. Ce cru est merveilleux, mais la parcelle est hélas bien petite. Goûtez impérativement le gewurztraminer 94 (31 F) au fruit bien dessiné, sans aucune vulgarité. Il reste quelques bouteilles du gewurztraminer vendange tardive 89 (140 F), très concentré et riche dont il faut boire la bouteille jusqu'à la dernière goutte. François Lehmann gagne à être connu, même si sa modestie en souffre !

L'ACCUEIL

Le domaine est situé sur la gauche entre le rond-point et la porte de la vieille ville. Prenez rendez-vous. Accueil très chaleureux dans la petite cave. Groupes jusqu'à 15 personnes. Langues allemande et anglaise.

PROPRIÉTAIRE : **FRANÇOIS LEHMANN**
12, AV. JACQUES-PREISS
68340 RIQUEWIHR
TÉL. : 89 47 95 16 - FAX : 89 47 87 93

MITTNACHT KLACK

PROPRIÉTAIRE-VIGNERON

LE DOMAINE

Le domaine de 9 ha, dont 3 sur les grands crus, est géré avec compétence et efficacité par le discret et efficace Jean qui fait le vin et la dynamique Annie qui s'occupe de la partie commerciale. Les tâches de chacun sont parfaitement bien définies pour le meilleur du vin.

LES VINS

Une impressionnante collection de grands terroirs, une vinification minutieuse, une bonne politique de stockage permettent de trouver largement son bonheur. Dans les rieslings, le clos Saint-Ulrich 94 (45 F) impressionne par sa concentration et le Muhlforst 93 (46 F) talonne la vendange tardive.

Le caractère minéral, typique des vins du secteur, apparaît dans le Muhlforst 90 (46 F). Le Rosacker 93 (50 F), marqué par les fleurs blanches et le schoenenbourg 93 (50 F), une élégante lame d'acier, se hissent parmi les meilleurs grands crus du millésime. En toute rigueur, il faudrait garder le schoenenbourg quelques années en cave. Dans les gewurztraminers, le Sporen 93 (50 F) est riche et bien structuré. Le vieillissement fera apparaître sa race incontestable. Le 89 (65 F), encore plus riche, commence à être à point. Dans le festival des vendanges tardives, citons parmi tant d'autres le riesling 90 VT (100 F) qui ira loin. Notez qu'il est encore possible d'acheter ici des 88, 89 et 90, à des prix doux, doux. À bon entendeur...

L'ACCUEIL

Devant la porte monumentale, contournez la vieille ville par la gauche et grimpez jusqu'au panneau indiquant le domaine à gauche. Superbe accueil compétent. CB. Du lundi au samedi, de 9 à 12 h et de 13 h 30 à 19 h. Groupes jusqu'à 20 personnes. Langue allemande.

PROPRIÉTAIRE :
FAMILLE MITTNACHT-KLACK
8, RUE DES TUILERIES
68340 RIQUEWIHR
TÉL. : 89 47 92 54 - FAX : 89 47 89 50

DOMAINE PAUL BLANCK

PROPRIÉTAIRE-VIGNERON

────────── LE DOMAINE ──────────

Un tandem de choc pour diriger ce domaine réputé avec Frédéric Blanck, le vinificateur scrupuleux, et son cousin Philippe, porte-parole globe-trotters. Les 23 ha, dont 8 sur les grands crus, ne sont pas de trop pour apporter des réponses aux questions que posent tous ces terroirs.

────────── LES VINS ──────────

Fins, longs, austères dans leur jeunesse. Ils ne révèlent leur pleine potentialité qu'après plusieurs années. Dès le sylvaner vieilles vignes 94 (30 F), il y a de quoi être séduit par la matière et l'acidité fine, caractères que l'on retrouve sur tous les vins. Le riesling Schlossberg 94 (70 F) est le digne successeur d'une longue lignée qui a fait ses preuves. Décliné en version vieilles vignes (le 91 à 85 F), il prend encore plus de dimension, mais il faut patienter encore plus longtemps pour son apogée. Autre grand classique, le tokay Furstentum (le 91 à 120 F), est à chaque fois au niveau d'une vendange tardive, ce qui lui permet de révéler un très joli fruit. Le gewurztraminer est corseté par le Furstentum, ce qui le rend particulièrement élégant, les vieilles vignes lui apportant la complexité (le 92 à 75 F). Les vendanges tardives sont des « grandes choses » avec, en particulier, un éblouissant gewurztraminer Furstentum VT 89 (150 F). Tous ces vins ont une belle allure grâce à la vinification pointue de Frédéric Blanck, vinificateur de génie encore méconnu.

────────── L'ACCUEIL ──────────

Rendez-vous au centre du village, près de l'Église. Attention, allez bien chez Paul Blanck. Excellent accueil efficace. Du lundi au samedi de 10 à 12 h et de 14 à 18 h. CB. Groupes jusqu'à 25 personnes. Langues allemande et anglaise.

PROPRIÉTAIRE :
DOMAINE PAUL BLANCK
32, GRAND-RUE, 68240 KIENTZHEIM
TÉL. : 89 78 23 56 - FAX : 89 47 16 45

DOMAINE WEINBACH

PROPRIÉTAIRE-VIGNERON

────────── LE DOMAINE ──────────

Grande dame de l'Alsace, Colette Faller, assistée de ses deux filles, se voue corps et âme au domaine. L'œil à tout, toujours aux aguets, elle vit par et pour les vins. Dans un univers fait de petits détails qui s'accumulent, il advient ce qu'il doit advenir. Chaque bouteille est un concentré de plaisirs.

────────── LES VINS ──────────

Ils s'expriment sans détours, mais non sans atours. Le terroir et la vinification se conjuguent pour que la générosité de ces vins déborde des bouteilles dès leur prime jeunesse. Inutile de se torturer l'esprit pour savoir quand boire ces merveilles. Tout de suite ! Ce qui n'exclue nullement la garde. Le sylvaner 95 est structuré et généreux. Même si Mme Faller n'aime pas qu'on publie ses tarifs (ils sont disponibles sur demande), c'est une véritable affaire et une belle initiation aux vins du domaine. La gamme des rieslings Schlossberg et Sainte-Catherine 94 est remarquable Elle est ponctuée par un Schlossberg Sainte-Catherine 94 d'anthologie (ananas, melon), riche, à l'équilibre souverain. Le gewurztraminer cuvée Laurence 94 et l'altenbourg cuvée Laurence 94 explosent de fruit avec des niveaux de vendanges tardives. Ce sont deux réussites particulières. Pour la gloire, il reste quelques vendanges tardives et sélections de grains nobles dont on peut imaginer la grandeur quand on voit le niveau général des vins. Tout est bon chez Mme Faller ! Et les 95 sont grandioses.

────────── L'ACCUEIL ──────────

Après Kientzheim, le domaine est situé à gauche, juste avant Kaysersberg. Excellent accueil dans un beau salon alsacien, sur rendez-vous. Langues allemande et anglaise.

PROPRIÉTAIRE :
MME FALLER ET SES FILLES
25, ROUTE DU VIN, 68240 KAYSERSBERG
TÉL. : 89 47 13 21 - FAX : 89 47 38 18

DOMAINE
ERNEST BURN
PROPRIÉTAIRE-VIGNERON

LE DOMAINE

Passent les modes, les deux frères Burn continuent dans la discrétion la mise en valeur des vins du Goldert avec une obsession, être à la hauteur de ce superbe terroir. Avec 9 ha dont 7 sur le grand cru, ils ont les moyens de leur ambition. Grâce à un travail modèle dans la vigne et une vinification minutieuse, ils en tirent des vins exemplaires.

LES VINS

Certes, il y a le grand cru. Mais vous auriez tort d'ignorer les autres vins. Le riesling 94 (27 F), aux raisins mûrs, fournit une bouteille du dimanche à un prix modique. Le pinot blanc 94 (24 F) se hausse du col et damerait le pion à bien des tokays. Dans le clos Saint-Imer, tous les vins prennent un surcroît de finesse, en particulier le tokay pinot gris 94

(45 F). Dans la cuvée de La Chapelle, le gewurztraminer 93 (70 F) est d'une longueur et d'une finesse inattendue, tout comme le longiligne tokay 93 (65 F). Vendanges tardives et sélection de grains nobles atteignent des sommets avec un tokay VT 92 (120 F) de toute beauté et un rarissime muscat SGN 89 (250 F) qui exprime l'incroyable concentration de goût de ce cépage. Bravo sur toute la ligne !

L'ACCUEIL

Allez au centre de Gueberschwihr et arrêtez-vous sur la place de l'église. Face à la mairie, prenez la rue-couloir à gauche. Le domaine est à droite, signalé par une magnifique enseigne. Admirez la belle maison. Accueil du lundi au samedi de 9 à 12 h et de 14 à 18 h. Groupes jusqu'à 10 personnes. Langues allemande et anglaise.

PROPRIÉTAIRE :
JOSEPH ET FRANCIS BURN
14, RUE BASSE
68420 GUEBERSCHWIHR
TÉL. : 89 49 20 68 - FAX : 89 49 28 56

DOMAINE ZIND-HUMBRECHT

PROPRIÉTAIRE-VIGNERON

ALBERT MANN

PROPRIÉTAIRE-VIGNERON

―――― LE DOMAINE ――――

Faut-il encore présenter ce domaine de réputation mondiale ? Saluons le précurseur des grands terroirs, le magicien de la pourriture noble et le savoir-faire hors pair du vinificateur. Du haut de leurs 40 ha, Léonard et Olivier Humbrecht déclinent grands terroirs et sélections d'anthologie.

―――― LES VINS ――――

Fortes concentrations avec de belles matières et une acidité fine, tel est le facteur commun de tous les vins du domaine. Un bel exemple est fourni par le pinot d'Alsace 94 (env. 45 F), marqué par les arômes de beurre et de noisette fraîche, ce qui en fait un vin riche, voluptueux. Dans les rieslings, le Brand 94 (env. 120 F) est long, fin et puissant avec un nez très expressif. Ce vin est taillé pour la garde. Le rare riesling rangen 94, au nez sauvage et la bouche marquée par son terroir d'exception, possède une matière colossale. Dans les gewurztraminers, ne ratez surtout pas le wintzenheim 94 (env. 65 F), composé à part égales de vieilles vignes et de hengst. Le nez est superbe et la bouche moelleuse. Le clos Windsbuhl 94, de grande classe, bien structuré, vieillira bien. Le tokay pinot gris du Rangen 93 et le clos Jebsal sont à leur habitude fabuleusement concentrés, sans parler des exceptionnelles vendanges tardives et sélection de grains nobles.

―――― L'ACCUEIL ――――

En venant de Colmar, peu avant l'entrée de Turckheim, la cave-cathédrale est sur la gauche, dans les vignes. Accueil très pédagogique sur les terroirs dans le caveau de dégustation, à la large baie vitrée. Du lundi au samedi de 9 à 12 h et de 14 à 19 h. CB. Groupes jusqu'à 10 personnes. Langues allemande et anglaise.

―――― LE DOMAINE ――――

Après avoir donné un coup de jeune à la cave quelque peu endormie d'Albert Mann et une phase d'amélioration des concentrations, les deux frères Barthelmé continuent de progresser en affinant les expressions de leurs terroirs. Avec 15 ha répartis sur une centaine de parcelles, dont 4 ha sur cinq grands crus, ils peuvent donner toute leur mesure.

―――― LES VINS ――――

Même le sylvaner 94 (27,50 F) est passé « à la casserole » qui consiste à prendre le maximum de risques. Avec ses arômes iodés, sa bouche mûre marquée par un fruit intense, la recherche de la surmaturité est évidente. Bientôt un sylvaner vendanges tardives ? Pour le riesling, c'est fait avec un superbe Pfleck VT 94 (95 F les 50 cl), terroir qui n'arrête pas de surprendre. Nez marqué par le pamplemousse, équilibre mosellan en bouche avec des sucres résiduels apparents, il faudra l'attendre un peu. Exceptionnel aussi le gewurztraminer Steingrubler 94 (61 F) avec un superbe fruit en bouche, beaucoup de richesse et une grande longueur. Décliné en vendanges tardives (95 F les 50 cl pour le 94), la bouche est très concentrée avec beaucoup de sucres résiduels. Un vin qui talonne les sélections de grains nobles. Le tokay Hengst 94 (130 F) est dans une phase de fermeture, mais il est pur, riche, élégant. Sa race éclatera dans quelques années.

―――― L'ACCUEIL ――――

La maison familiale est située au près du centre, dans le virage allant vers la N83. Accueil chaleureux dans le caveau rustique. Du lundi au samedi de 8 à 12 h et de 13 à 18 h. CB. Groupes jusqu'à 30 personnes. Langues allemande, anglaise et espagnole.

PROPRIÉTAIRES :
LÉONARD ET OLIVIER HUMBRECHT
2, ROUTE DE COLMAR
68230 TURCKHEIM
TÉL. : 89 27 02 05 - FAX : 89 27 22 58

PROPRIÉTAIRE : **GAEC A. MANN**
13, RUE DU CHÂTEAU
68290 WETTOLSHEIM
TÉL. : 89 80 62 00 - FAX : 89 80 34 23

DOMAINE BARMÈS-BUECHER

PROPRIÉTAIRE-VIGNERON

KUENTZ-BAS

NÉGOCIANT

———— LE DOMAINE ————

Depuis qu'il a repris le domaine familial il y a une douzaine d'années, François Barmès a considérablement progressé en restant fidèle au style qui a fait son succès. Les vins qu'il produit sont généreux, épanouis, aromatiques, assez tendres. Avec une quinzaine d'hectares répartis sur une dizaine de communes, il s'attache à préserver le style de chaque terroir, ce qui n'est pas une mince affaire avec une quarantaine de vinifications.

———— LES VINS ————

En 94, François Barmès a suprêmement réussi les gewurztraminers. Le Herrenweg 94 (39 F) est riche avec un très joli fruit. Le Wintzenheim 94 (44 F), situé juste au-dessus du Hengst, est structuré, très typé par le cépage. Quant au Rosenberg 94 (51 F) qui vient d'une belle vigne en coteau, délicatement épicé, il est harmonieux et concentré. Bref, les trois gewurztraminers sont de haute tenue. Les grands crus de 1994 ne sont pas encore en vente. Dans les grands millésimes, il produit de superbes vendanges tardives et sélection de grains nobles dont certaines sont encore disponibles. Régalez-vous avec le riesling Hengst VT 89 (132 F les 50 cl), complexe, ouvert, à la belle expression aromatique. Le 90 du même nom et au même prix est actuellement fermé, mais il dépassera à terme le 89.

———— L'ACCUEIL ————

Remonter le village de Wettolsheim et, juste avant l'église, prenez à droite. Accueil enthousiaste autour du bar d'un petit caveau par le couple Barmès-Buecher. Du lundi au samedi de 9 à 12 h et de 14 à 19 h. Prendre rendez-vous. CB. Langues allemande et anglaise.

———— LE DOMAINE ————

Animée par Christian Bas et Jacques Weber, la vénérable maison Kuentz-Bas, deux siècles d'existence quand même, possède quelques belles parcelles de vignes dans deux grands crus, l'Eichberg et le Pfersigberg. La maison de négoce est gérée comme la propriété, avec rigueur.

———— LES VINS ————

La gamme s'étage entre tradition, réserve personnelle, grands crus et cuvées tardives. Dans la gamme tradition, aux prix très compétitifs, le pinot blanc 94 (28 F), remarquablement vinifié, se caractérise par l'alliance entre la rondeur et une pointe de vivacité. Achetez-le comme vin « à tout faire », il saura tenir son rang dans n'importe quelle circonstance. Le tokay pinot gris réserve personnelle 94 (52 F), particulièrement réussi, est long et bien concentré. Il reste quelques bouteilles du gewurztraminer réserve personnelle Sigillée 90 (68 F), un vin puissant, onctueux, représentatif de son millésime qu'il ne faudrait pas laisser passer. La gamme des grands crus est dominée par un riesling Pfersigberg 93 (70 F), bien structuré, racé, qu'il faudrait attendre quelques années. Enfin, cassez votre tirelire pour acquérir quelques bouteilles du fabuleux gewurztraminer Pfersigberg sélection de grains nobles 89, riche, gras, qu'il faut boire pour le plaisir avec des amis.

———— L'ACCUEIL ————

Grimpez à Husseren-les-Châteaux, village haut perché, la maison Kuentz-Bas est sur la route principale. Accueil chaleureux dans le caveau de dégustation rénové où sont exposés divers objets anciens. Ouvert du lundi au samedi, de 9 à 12 h et de 14 à 18 h. CB, Diners, AE. Groupes jusqu'à 25 personnes. Langues allemande et anglaise.

PROPRIÉTAIRE : **FRANÇOIS BARMÈS**
30, RUE SAINTE-GERTRUDE
68920 WETTOLSHEIM
TÉL. : 89 80 62 92 - FAX : 89 79 30 80

PROPRIÉTAIRE : **KUENTZ-BAS**
14, ROUTE DU VIN, BP 7
68420 HUSSEREN-LES-CHÂTEAUX
TÉL. : 89 49 30 24 - FAX : 89 49 23 39

VIGNOBLE ANDRÉ SCHERER

PROPRIÉTAIRE-VIGNERON

──────── LE DOMAINE ────────

Propriétaire avec 7 ha dont 1,5 en grand cru (Eichberg et Pfersigberg), André Scherer et son fils Christophe ont parallèlement développé une activité de négoce avec la même rigueur et le même sérieux. Petit à petit Christophe prend en main le destin de la maison, avec détermination et application. Bonne chance !

──────── LES VINS ────────

Caractérisés par leur pureté et leur finesse. Dans les rieslings, le Kleinbreit 94 (50 F) structuré, fin, est un bon représentant du cépage. Le Pfersigberg 94 (59 F) est plus concentré, plus long, plus complexe. Idéalement, il faudrait le boire dans trois ou quatre ans. Le tokay pinot gris, vendange de la Saint-Martin 94 (46 F), est marqué par la richesse et la maturité du raisin. Facile à boire, il séduira ceux qui aiment les vins sans aspérité. À servir sur une viande blanche avec une sauce légèrement caramélisée. Le gewurztraminer est un autre cheval de bataille de la maison. Le gewurztraminer Eichberg 93 (62 F) est plein, concentré et persistant. Le même en 94 (62 F) lui est encore supérieur car plus riche, mais il faudra deux années de plus pour qu'il s'équilibre. Le gewurztraminer eichberg VT 90 (110 F) possède un fruit étonnant et une persistance peu commune. Son prix est très raisonnable, comme tous les vins de la maison.

──────── L'ACCUEIL ────────

En venant d'Eguisheim, le domaine, situé en plein centre du village, est fléché à droite de la route des vins. Accueil dans un joli caveau. Du lundi au samedi de 9 à 12 h et de 14 à 18 h. Groupes jusqu'à 25 personnes. CB. Langues allemande et anglaise.

PROPRIÉTAIRE :
ANDRÉ ET CHRISTOPHE SCHERER
12, ROUTE DU VIN
68420 HUSSEREN-LES-CHÂTEAUX
TÉL. : 89 49 30 33 - FAX : 89 49 27 48

GÉRARD SCHUELLER

PROPRIÉTAIRE-VIGNERON

──────── LE DOMAINE ────────

Avec enthousiasme et abnégation, le domaine poursuit consciencieusement sa route. Gérard et Bruno Schueller produisent de très grands vins, ils en sont conscients, ce n'est pas une raison de le crier sur tous les toits. Ces grands vins ne sont-ils pas reconnus à leur juste valeur ? Peu importe. L'amour du travail bien fait est l'unique récompense.

──────── LES VINS ────────

Tous sont étonnamment concentrés, car les matières premières sont exceptionnelles. Elles s'expliquent par une culture totale du sol, sans engrais ni pesticides (mais on ne le crie pas non plus sur les toits), des petits rendements, une vinification lente, un élevage sur lies fines comme dans les meilleurs domaines du monde. Tout cela dans un petit village, dans la plus totale discrétion. Le sylvaner 94 (23 F), le pinot blanc (27 F), le riesling cuvée particulière (33 F) sont, chacun dans leur type, parfaitement définis. Le riesling pfersigberg 93 (65 F), de bonne longueur, commence à s'ouvrir mais est encore loin de son potentiel. Le gewurztraminer Bildstoecklé 93 (62 F), équilibré, profond, fin est une grande réussite. Quant au tokay sélection de grains nobles 89 (175 F les 50 cl), tentez d'en obtenir quelques bouteilles. Grandiose, d'une concentration et d'une puissance phénoménales, il ira très loin. Cette adresse est à conseiller à ses meilleurs amis.

──────── L'ACCUEIL ────────

Dans le village, quittez la route des vins pour aller à hauteur de l'église. La cave n'est pas indiquée, repérez le début de la rue. Accueil attentif à la cave, au milieu des fûts. Sur rendez-vous. Groupes de 15 personnes. Langue allemande et italienne.

PROPRIÉTAIRE :
GÉRARD ET BRUNO SCHUELLER
1, RUE DES TROIS-CHÂTEAUX
68420 HUSSEREN-LES-CHÂTEAUX
TÉL. : 89 49 31 54 - FAX : 89 49 36 63

ANDRÉ HARTMANN

PROPRIÉTAIRE-VIGNERON

_____ LE DOMAINE _____

Joliment situé sur les hauteurs, Voeglinshoffen allie le charme et le calme des villages situés à l'écart des grands axes. « Si nous ne nous faisons pas connaître par la qualité et la notoriété, personne ne passera nous voir », souligne Jean-Philippe Hartmann. Heureusement qu'il existe des producteurs de sa trempe, passionnés et organisateurs dans l'âme.

_____ LES VINS _____

Tous laissent la bouche fraîche, ce qui est bien agréable à table. Centrez-vous sur le millésime 94, il est exceptionnellement réussi. Le riesling armoirie 94 (38,50 F) est encore fermé, mais la matière est concentrée et il possède un gros potentiel. Le tokay armoirie 94 (49,50 F) issu du Hatschbourg soulève l'enthousiasme avec un nez superbe, un fruit bien défini et la légère pointe d'amertume spécifique à ce terroir qui dis-

paraîtra dans trois ans. Le gewurztraminer armoirie 94 (49,50 F) lui aussi très concentré et fermé, mérite une garde raisonnable. Dans cinq ans, il surprendra tout le monde. Les vendanges tardives sont de toute beauté car la fraîcheur leur sied à merveille. Achetez le riesling 90 VT (115 F), très fin et distingué, le tokay VT 89 (135 F) riche et bien botrytisé. Le gewurztraminer VT 89 (135 F), très harmonieux, équilibré, parfait, sera le compagnon idéal d'une tarte au citron. Voegtlinshoffen vaut bien le voyage !

_____ L'ACCUEIL _____

Après Husseren-les-Châteaux, continuez la route des vins. La cave est située au centre du village (attention, il existe deux Hartmann contigus, repérez le prénom). Accueil passionné. Du lundi au samedi de 9 à 12 h et de 14 h 30 à 19 h. Groupes jusqu'à 20 personnes. Langue allemande.

ANDRÉ HARTMANN

ALSACE GRAND CRU
APPELLATION ALSACE GRAND CRU CONTRÔLÉE

Gewurztraminer
1994

14,5% vol   750 ml

GRAND CRU HATSCHBOURG

MIS EN BOUTEILLE A LA PROPRIÉTÉ PAR ANDRÉ HARTMANN
VIGNERON-RÉCOLTANT A 68420 VŒGTLINSHOFFEN (HT-RHIN)

Armoirie Hartmann

L 9471   PRODUCE OF FRANCE

PROPRIÉTAIRE : **J-P HARTMANN**
11, RUE ROGER-FRÉMEAUX
68420 VOEGTLINSHOFFEN
TÉL. : 89 49 38 34 - FAX : 89 49 26 18

CAVE VINICOLE DE PFAFFENHEIM

GROUPEMENT DE VIGNERONS

―――――― LE DOMAINE ――――――

Même dans les rêves les plus fous, vous ne pourriez pas imaginer le degré de sélection, de soin et d'organisation de cette cave. À toute interrogation sur l'absence de tel ou tel matériel récent, le maître de chai Michel Kueny répond invariablement : « Quel est le plus qualitatif ? » Si le matériel ne sert qu'à se simplifier la vie, il n'a aucun intérêt. Toute cette foule de détails est axée uniquement sur l'amélioration de la qualité et Michel Kueny, masqué derrière sa bonhomie, est impitoyable. Au directeur Alex Heinrich d'imaginer ensuite les circuits de commercialisation et il y parvient très bien. Et pourtant, deux millions de bouteilles sont à commercialiser chaque année. Aucune cave coopérative de France et de Navarre, aucune, n'approche ce niveau de qualité et d'organisation.

―――――― LES VINS ――――――

Pas de compromis sur la qualité ! Ce concept se décline sur l'ensemble de la gamme, y compris sur la carte des vins elle-même. Voilà une carte qui comprend pas moins d'une centaine de références et qui est un modèle de clarté, tout en étant belle. C'est une performance en soi. Le sylvaner cuvée Lancelot 94 (31 F), à l'attaque florale et à la fin de bouche fruitée est très fin, sans la moindre trace de verdeur. C'est un vin de « dépannage » qu'il faut avoir chez soi en cas d'urgence tout comme le pinot blanc Schneckenberg 93 (35 F), frais et ample, car ils se comportent bien dans toutes les occasions. Si vous voulez tromper votre monde, servez en carafe fraîche le pinot blanc cuvée chevalier grande réserve 94 (50 F).

On vous félicitera pour ce très grand meursault ! Le succès est garanti. Sans tromper personne et pour le plaisir, servez le riesling Steinert 89 (69 F) sur un poisson en sauce. Avec un nez complexe très expressif, une bouche élégante, longue, le vin est à point. Félicitons la cave de stocker pour le consommateur de telles bouteilles. Consommateurs sans cave ou impatients, précipitez-vous ! Pour les amateurs de gewurztraminer et aussi pour ceux qui ne le sont pas, goûtez le gewurztraminer Goldert 93 (65 F). Avec ses arômes de poivre et de cannelle, le vin d'une finesse inouïe est remarquable de complexité. L'association avec un curry est inoubliable. Testez aussi le tokay VT cuvée Sainte-Catherine 92 (139 F). Avec son nez de bouillon blanc et sa large palette aromatique en bouche, le vin impressionne par sa puissance. Par pure gourmandise, le gewurztraminer SGN 89 (200 F) est à la fois riche et structuré. Bien marqué par le botrytis, il laisse la bouche fraîche avec le fruit du gewurztraminer bien net en finale. Buvez-le à petites lampées et vous verrez que la vie est belle…

―――――― L'ACCUEIL ――――――

La cave est largement indiquée à partir de la N83 et bien fléchée. Accueil très bien organisé dans le caveau de dégustation. Ouvert du lundi au samedi de 8 à 12 h et de 14 à 18 h (journée continue en saison de 8 à 19 h). Le dimanche, ouverture à 10 h. Conseils personnalisés par un sommelier. Groupes jusqu'à 50 personnes. Depuis de nouveaux travaux, groupes et dégustateurs individuels sont séparés. CB. Langues allemande et anglaise.

DIRECTEUR : **ALEX HEINRICH**
MAÎTRE DE CHAI : **MICHEL KUENY**
5, RUE DU CHAI, BP 33
68250 PFAFFENHEIM
TÉL. : 89 78 08 08 - FAX : 89 49 71 65

DOMAINE
RENÉ MURÉ

PROPRIÉTAIRE-VIGNERON

──────── LE DOMAINE ────────

Terroir original sur le plan géologique, particulière-ment bien exposé, le clos Saint-Landelin est un joyau. René Muré qui en possède les 16 ha sur les 21 de son domaine, en est bien conscient. Piloter une telle Ferrari n'est pas une chose aisée. Mais le pilote en saisit toutes les subtilités et il en tire des vins admirables.

──────── LES VINS ────────

Les 94 sont très réussis, plusieurs cépages n'existant que dans leur version vendanges tardives ou sélection de grains nobles. Le sylvaner 94 du clos (40 F) est de nouveau une réussite. Nez de citron et de pêche, bouche grasse marquée par la pourriture noble, le clos anoblit ce cépage. Il reste un peu de sucre rési-duel qui disparaîtra. Le pinot blanc du clos 94 (71 F) subit le même « lifting » et s'apparente plus à un tokay. Le riesling du clos 94 (71 F), marqué par les agrumes et la pourriture noble, est structuré par une acidité mûre. C'est une affaire. Dans les vendanges tardives, le tokay 92 (163 F) est étonnamment réus-si. Il reste du riesling sélection de grains nobles 91 (255 F) et un gewurztraminer SGN 90 (260 F), tous les deux étant extraordinaires.

──────── L'ACCUEIL ────────

Sur la N83, prendre la sortie Soultzmatt et prendre tout de suite à droite après l'échangeur. Accueil atten-tionné dans un beau caveau. Jetez un coup d'œil sur le pressoir du XIIIᵉ siècle. Du lundi au samedi de 9 à 12 h et de 14 à 17 h. Groupes jusqu'à 20 personnes. Langues allemande, anglaise et espagnole.

> PROPRIÉTAIRE :
> **CLOS SAINT-LANDELIN**
> ROUTE DU VIN, 68250 ROUFFACH
> TÉL. : 89 78 58 00 - FAX : 89 78 58 01

COOPÉRATIVE
DE WESTHALTEN

GROUPEMENT DE VIGNERONS

──────── LE DOMAINE ────────

« C'est un petit bout de bonne femme, mais quelle énergie ! Du coup, je travaille mes vignes. » Voilà les propos tenus par un coopérateur rencontré par hasard, dans ses vignes justement. Il parlait de l'œ-nologue, Évelyne Bléger, qui a redonné un coup de sang neuf à une coopérative qui en manquait cruel-lement.

──────── LES VINS ────────

Sélection de parcelles, distinction de plusieurs niveaux de qualité, le vent de la qualité souffle fort sur les coopérateurs qui avaient pris leurs aises. Éve-lyne Bléger a commencé par individualiser les cuvées. Un délicieux sylvaner vieilles vignes 94 (33,70 F) est ainsi apparu. Bien concentré et de bonne longueur, c'est une réussite. Ne ratez pas le gewurztraminer vieilles vignes 93 (44,90 F), qui fait honneur au cépage avec des arômes et un fruit bien nets. Il commence à s'ouvrir. Les cuvées classiques ont été épurées. Le célèbre pinot blanc Strangenberg 94 (34,50 F) a repris toute sa concentration et est délicieux à boire. Le crémant cuvée Mme Sans-Gêne tradition 93 (42 F), constitué d'un pinot blanc à l'état pur, a repris tout son éclat. Servez-le à toutes vos fêtes. Le gewurztraminer vendanges tardives 93 (136,40 F) est marqué par une belle surmaturité et est bien équilibré. Bravo, Évelyne, continuez : vous avez sauvé l'honneur de la cave !

──────── L'ACCUEIL ────────

Peu avant Soultzmatt, la cave est située à droite. Bon accueil dans le caveau. Tous les jours de 9 h 30 à 12 h et de 14 h 30 à 18 h. CB. Groupes jusqu'à 30 personnes. Langue allemande et anglaise.

> DIRECTEUR :
> **HENRI DELARBRE**
> 52, ROUTE DE SOULTZMATT
> 68250 WESTHALTEN
> TÉL. : 89 78 09 09 - FAX : 89 47 63 77

LÉON BOESCH
PROPRIÉTAIRE-VIGNERON

LE DOMAINE

Dans le petit domaine familial de 10 ha dont 2,5 ha sur le Zinnkoepflé, Gérard Boesch, formé à Avize, grâce à une grande technicité et un bon savoir-faire, fait partie de cette nouvelle génération de producteurs, enracinés dans leur terroir, qui hissent l'Alsace à un haut niveau.

LES VINS

La formation à Avize a laissé des traces. Le crémant 93 (42 F) est fruité, fin et bien équilibré. C'est un modèle. Le pinot blanc 94 (27,50 F) est remarquable avec un nez fruité bien dessiné (pain d'épices) et une bouche croquante. Le gewurztraminer 94 (38 F) possède une attaque complexe et une bouche bien marquée par le cépage en étant dominé par la rose. Croquer un bouquet de fleurs est bien agréable. Le gewurztraminer Zinnkoepflé 94 (61 F) est plus fermé, ce qui est normal à ce stade. Bien structuré, concentré, il apparaîtra avec éclat dans quelques années. Le gewurztraminer vendange tardive 92 (125 F) a la bouche marquée par le confit (mirabelle). Le vin est souple, sans aucune agression avec une belle palette en finale. Vin idéal à boire à cinq heures, entre amis, il représente bien le domaine fait de sérieux, de charme et d'équilibre.

L'ACCUEIL

La cave est au centre du village, dans une, rue perpendiculaire à gauche, bien signalée par un panneau. Excellent accueil dans le chaud et sympathique caveau. Un deuxième, plus facile à trouver, est en construction à l'entrèe du village. Du lundi au samedi, de 8 à 12 h et de 14 à 18 h, sur rendez-vous. CB. Groupes jusqu'à 20 personnes. Langues allemande et anglaise.

> PROPRIÉTAIRE : **GÉRARD BOESCH**
> 4, RUE DU BOIS
> 68570 SOULTZMATT
> TÉL. : 89 47 01 83 - FAX : 89 47 64 95

SEPPI LANDMANN
PROPRIÉTAIRE-VIGNERON

LE DOMAINE

Barbu, bon vivant et joyeux drille, animateur infatigable du grand cru Zinnkoepflé, il est difficile de ne pas rencontrer Seppi Landmann lors des manifestations vinicoles. Prenant vite conscience qu'il n'est pas possible d'élaborer de grands vins sans prendre de risques, il les prend tous, en particulier pour élaborer de somptueux grains nobles et vendanges tardives. Pluie, neige, rien ne saurait résister à son enthousiasme dévastateur. Ce qui ne saurait empêcher une analyse froide et rationnelle du monde du vin et une exceptionnelle ouverture aux vins des autres vignobles.

LES VINS

À la hauteur du personnage, avec d'abord les rieslings et gewurztraminers du Zinnkoepflé à qui il a donné les lettres de noblesse. Le mieux est d'acquérir ces vins en primeurs (49,50 F pour le grand cru, 99 F pour les VT et 198 F pour les SGN). Au regard de la régularité de la production, le risque est faible et Seppi ne vous laissera pas au bord du chemin. Moins connu, le crémant est exceptionnel (42 F, 46 F le non dosé, 150 F le magnum de 86) et tiendra tête, sans problème, aux vins issus de vignobles prestigieux. N'oubliez pas les cuvées classiques, en particulier le sylvaner qui est d'une qualité régulière lorsqu'il ne fait pas des frasques avec la célèbre cuvée Hors-la-Loi.

L'ACCUEIL

Accès par Rouffach, au centre de Soultzmatt. Accueil très personnalisé dans le petit caveau avec un festival de bouteilles. On n'hésitera pas à déboucher de vieux millésimes pour montrer que le Zinnkoepflé peut et doit vieillir. Du lundi au samedi, de 9 à 12 h et de 14 à 18 h. Langue : allemand.

> PROPRIÉTAIRE : **SEPPI LANDMANN**
> 20, RUE DE LA VALLÉE
> 68570 SOULTZMATT
> TÉL. : 89 47 09 33 - FAX : 89 47 06 99

LUCIEN ALBRECHT

PROPRIÉTAIRE-VIGNERON

———— LE DOMAINE ————

Viticulteur dynamique, Jean Albrecht mène son domaine avec sérieux et brio. Ouvert, accueillant, avec un côté jeune cadre dynamique, de surcroît élu maire de son village, il se doit de montrer la voie. C'est un exemple à suivre.

———— LES VINS ————

Le pinot blanc Les Tilleuls 94 (28,50 F), issu du Bollenberg, est riche et fruité. C'est un vin à servir à toute heure du jour et de la nuit. Ayez-en une bonne réserve. Le riesling pfingstberg 93 (67 F) est sérieux, encore fermé, mais il est concentré, avec du volume. Il ne faut pas le consommer avant trois ans. Les tokays pinots gris forment une des grandes spécialités de la maison. Le tokay du Pfingstberg 93 (67 F) est gras et nerveux, parfaitement bien équilibré. Il ne faudrait pas oublier le tokay vieilles vignes 94 (56 F), parfaitement concentré et dense, qui fera une jolie bouteille. Tous les gewurztraminers sont impeccablement réussis en 94, à commencer par la réserve (36,50 F) qui exprime, sans façon mais avec grâce, son cépage. La cuvée Martine Albrecht (46 F) est plus concentrée et plus longue. Laissez impérativement une place pour le gewurztraminer vendanges tardives 91 (135 F) et le sélection de grains nobles 90 (275 F). Le climat chaud du sud est très favorable à ce type de vins.

———— L'ACCUEIL ————

La cave est au centre du village, dans une, rue perpendiculaire à gauche, bien signalée par un panneau. Excellent accueil dans le caveau datant de 1620. Du lundi au samedi, de 8 à 12 h et de 14 à 18 h, sur rendez-vous. CB. Groupes jusqu'à 50 personnes. Langues allemande et anglaise.

PROPRIÉTAIRE : **JEAN ALBRECHT**
9, GRAND'RUE
68500 ORSCHWIHR
TÉL. : 89 76 95 18 - FAX : 89 76 20 22

DOMAINES SCHLUMBERGER

PROPRIÉTAIRE-VIGNERON

———— LE DOMAINE ————

Avec 140 ha, c'est le plus grand domaine d'Alsace d'un seul tenant. La moitié en est située sur les trois grands crus Kitterlé, Searing et Kessler. Culture en terrasses et limitation de la production permettent de produire des vins longs, racés, qui vieillissent bien.

———— LES VINS ————

Le pinot blanc 94 (44,50 F) est vinifié dans le style classique, désaltérant qui a fait et qui continue de faire le succès de cette cuvée. Dans les cuvées dites sélectionnées, le riesling Prince des Abbés 93 (50, 50 F) est bien concentré avec une belle matière. Les trois grands crus classés sont présentés dans le millésime 91, bien réussi au domaine. Le riesling saering 91 (72 F) est à peine ouvert, mais on devine sa grande classe. Le riesling kitterlé 91 (89,50), nettement plus racé, mérite aussi plus de temps de garde. Il ne révélera tout son potentiel que dans cinq ans. Le gewurztraminer kessler 91 (95 F) est riche, puissant, d'une très grande concentration. C'est une très belle bouteille. Dans les vendanges tardives, la cuvée Christine Schlumberger 90 est riche, parfaitement équilibrée, puissante, avec une belle liqueur. Il faudrait beaucoup de superlatifs pour décrire la cuvée Anne 89 (286 F), une sélection de grains nobles fine, élégante, fortement marquée par la pourriture noble.

———— L'ACCUEIL ————

Traversez Guebwiller, le domaine est ensuite bien fléché. Ne manquez pas le musée de la vigne. Beau caveau de dégustation. Du lundi au samedi, de 8 à 12 h et de 14 à 18 h. CB. Groupes jusqu'à 50 personnes. Langues allemande et anglaise.

PROPRIÉTAIRE :
DOMAINES SCHLUMBERGER
100, RUE THÉODORE-DECK
68500 GUEBWILLER
TÉL. : 89 74 27 00 - FAX : 89 74 85 75

JEAN-PIERRE DIRLER

PROPRIÉTAIRE-VIGNERON

LE DOMAINE

De petite taille (7,4 ha) mais de grande notoriété, il est animé par Jean-Pierre et Marthe Dirler, des perfectionnistes toujours à la recherche d'une possible amélioration. Le domaine possède des terroirs très divers avec de belles parcelles sur les trois grands crus searing, kessler et spiegel.

LES VINS

La cuvée vieilles vignes du sylvaner 94 (33 F) est bien réussie avec de belles notes minérales. Les rieslings sont toujours verticaux, assez longs à se faire. Le riesling saering 94 (62 F), dans une phase de fermeture, persistant, possède un corps insoupçonné. Il gagnera à vieillir. Le muscat est une des grandes spécialités de la maison avec un muscat Spiegel 94 (52 F), fin, élégant et long en bouche. Le tokay pinot gris du Schwarzberg 94 (60 F) est, à son habitude,

ample et riche, très typé avec ses arômes fumés et grillés. Dans l'impressionnante collection des gewurztraminers, on retiendra le gewurztraminer Saering 93 (60 F), riche et corsé qui plaira aux amateurs de vins puissants. Le même en Spiegel 93 (67 F) est plus fin, plus élégant. On le boira à l'apéritif. Dans les vendanges tardives, jetez votre dévolu sur le gewurztraminer VT 90 (100 F), fin, complexe et pratiquement sec. C'est un grand gewurz de table.

L'ACCUEIL

La cave est situé en plein centre de Bergholtz. Excellent accueil dans joli caveau lambrissé récemment rénové. Du lundi au samedi, de 8 à 12 h et de 14 à 18 h, sur rendez-vous. CB. Groupes jusqu'à 20 personnes. Langues allemande et anglaise.

Alsace Grand Cru
APPELLATION ALSACE GRAND CRU CONTRÔLÉE

DIRLER

PRODUCE OF FRANCE

Grand Cru Saering
Riesling 1994

Mis en bouteille à la propriété
12% vol. DIRLER, VITICULTEUR A 68500 BERGHOLTZ - FRANCE 750 ml
L 84360

PROPRIÉTAIRE : **JEAN-PIERRE DIRLER**
13, RUE D'ISSENHEIM
68500 BERGHOLTZ
TÉL. : 89 76 91 00 - FAX : 89 76 85 97

LES ROUTES
DES VINS
DE JURA

VALÉRIE DE LESCURE

EDITO

DES TRÉSORS SECRETS ET MÉCONNUS

Vin jaune, vin de paille, plousard, trousseau, macvin… voilà des noms qui pour certains sont douces mélodies aux oreilles, qui fleurent bon la noix, les épices, le miel, la cire d'abeille ou bien les petits fruits rouges, qui font chatoyer les ors, les ambres, les rubis ou les roses pâles dans leurs mémoires. Des noms qui n'appartiennent qu'au Jura et qui pour les initiés évoquent des trésors de saveurs inoubliables et combien originales. Mais hélas, ces trésors sont encore bien méconnus du grand public ! Il est vrai qu'il est bien modeste, le vignoble jurassien : 1650 ha seulement ! Pourtant il mérite l'attention par la beauté de ses paysages, avec ses vignes grimpant les coteaux en quête du soleil ou s'adossant aux flancs du Revermont pour se protéger du froid, avec ses charmants villages aux toits bien pentus et ses vignerons accueillants, toujours prêts à déboucher un de leurs flacons pour l'étranger de passage. Si ce dernier prend son temps, il ne sera pas déçu par les découvertes qu'il fera. Le Jura a une gamme très large de vins grâce à ses 5 cépages : les blancs comme le chardonnay ou melon d'Arbois, le savagnin qui voudrait dire sauvage, et pour les rouges le pinot, le trousseau et le poulsard qui à l'origine s'appelait plousard. Élevés séparément, ils accompagnent de leur nom l'appellation où ils sont nés. Mais ils peuvent aussi se marier entre eux et ainsi jouer sur une gamme gustative plus large. Le plus original est le savagnin, lequel donne naissance à ce vin jaune qui défie depuis des lustres la science œnologique. Récolté tardivement, souvent après la Toussaint, le vin est mis en vieillissement dans des fûts en bois pendant 6 ans et 3 mois au minimum, sans ouillage (c'est-à-dire sans rajout pour compenser l'évaporation qui se produit au cours des mois). Là une lente métamorphose va se produire sous l'action d'un voile de levure qui couvre petit à petit la surface du vin, pour le protéger contre l'oxydation et lui donner son goût typique de noix et de froment appelé « goût de jaune ». Le mystère est grand et complexe, car tout savagnin élevé ainsi ne donnera pas à coup sûr un vin jaune. C'est à chaque fois un pari que prend le vigneron, mais dans le meilleur des cas il pourra le mettre en « clavelin », bouteille de forme trapue de 62 cl qui correspond exactement à ce qui reste d'un litre de vin après 6 ans d'élevage. Puis il le proposera à sa clientèle d'initiés qui saura être suffisamment sage pour attendre 10, 15 ou 20 ans avant d'oser découvrir le mystérieux nectar que renferme sa bouteille.

Moins capricieux mais aussi délicat est le vin de paille, réalisé à partir de raisins très sains disposés dans des cagettes (autrefois sur de la paille) ou suspendus au plafond où ils vont se déshydrater jusqu'à obtenir une concentration maximum de sucres. C'est en général en janvier ou février qu'ils seront pressés pour être ensuite gardés 2 ans en tonneau. De faible rendement, ces vins rares et liquoreux ne sont vendus qu'en demi-bouteille.

Le macvin est une autre curiosité jurassienne à base de moût de raisins muté au marc du Jura puis vieilli en fût de chêne au moins 18 mois.

Alors, modeste le Jura ? D'apparence seulement, car il regorge de vrais trésors qu'on ne saurait tarder à aller découvrir pour s'enrichir un peu à notre tour.

V. de Lescure

HÔTELS ET RESTAURANTS DE BONNE CAVE

Dole

Les Templiers : 35, Grande-Rue, tél. : 84 82 78 78. Fermé le lundi (sauf au dîner en saison et le dimanche soir). Des menus (de 85 F à 250 F) qui se partagent entre la cuisine traditionnelle et des « plats de création ». Les deux directions sont bonnes. Belle carte des vins, en particulier sur le Jura.

Germigney

Auberge paysanne du Val-d'Amour : tél. : 84 37 60 83. Ouvert tous les jours en juillet et août et tous les week-ends hors saison, fermeture annuelle de décembre à mars. Un petite auberge située dans le nord de l'appellation, à deux pas d'Arc-et-Senans, offrant une cuisine familiale et traditionnelle avec deux menus à 70 et 120 F. Petite carte des vins mais correcte.

Salins-les-Bains

Hôtel des Deux Forts : place du Vigneron, tél. : 84 37 93 75. Fermeture annuelle du 15 novembre au 15 décembre. Un hôtel modeste pour routard du vignoble, mais avec une vue imprenable sur les merveilleux anciens bâtiments des Salines. Chambres de 120 F à 260 F. Cuisine familiale (de 92 à 190 F) servie sur la terrasse en face des Salines.

Andelot-en-Montagne

Hôtel Bourgeois : tél. : 84 51 43 77. Fermeture annuelle du 15 novembre au 15 décembre. Un hôtel simple (chambres de 170 F à 210 F), mais accueillant, confortable et surtout situé au pied de la magnifique forêt de Joux considérée comme une des plus belles pépinières de France. À environ une vingtaine de kilomètres d'Arbois, par la D467 et la D107. Cuisine régionale à partir de 65 F.

Arbois

Hôtel de Paris : 9, rue de l'Hôtel-de-Ville, tél. : 84 66 05 67. On a le choix entre des chambres confortables et modernes situées juste au-dessus du restaurant, ou celles de l'annexe – dans un ancien presbytère – qui donnent sur un charmant petit jardin que fleurissent les roses de Monsieur Jeunet père. Très beaux petits déjeuners. De 320 à 580 F.

Hôtel des Messageries : 2, rue de Courcelles, tél. : 84 66 15 45. Une belle maison ancienne d'Arbois, ancien relais de postes, avec un escalier tout en bois et un salon début de siècle au charme un peu suranné. Les chambres y sont simples mais confortables et l'accueil chaleureux.

Jean-Paul Jeunet : 9, rue de l'Hôtel-de-Ville, tél. : 84 66 05 67. Fermé les mardi et mercredi midi, ainsi qu'en décembre et janvier. Menus de 160 F (le midi) à 450 F.

Décor chaleureux de bois. L'adresse gastronomique du Jura avec un accent particulier mis sur les textures et les arômes venus de plantes sauvages, de racines et d'écorce. Et un grand Bravo à toute l'équipe du guide les Routes des Vins de France pour cette deuxième étoile du Michelin !!! 600 références de vins à la carte, dont 200 du Jura.

La Cuisance : 62, place de Faramand, tél. : 84 37 40 74. Fermé les mardi soir et mercredi soir. Menus à 70 et 100 F. Un restaurant sans prétention où l'on peut goûter honnêtement à quelques bons plats typiques du Jura dans une ambiance bon enfant. Vue agréable sur la Cuisance et ses ponts depuis la grande salle.

Pupillin

Le Grapiot : rue Bagier, tél. : 84 66 23 25. Fermé le dimanche soir et le lundi sauf l'été et du 15 janvier au 15 février. Une cuisine perfectionniste où la tradition domine tout en flirtant un peu avec l'innovation. Les menus changent tous les 15 jours, excepté la carte des desserts – tous maison – de façon à satisfaire une clientèle d'habitués. La carte des vins fait une bonne place à ceux de l'appellation pupillin. 4 menus de 100 à 220 F.

Poligny

Domaine de la Vallée Heureuse : route de Genève, tél. : 84 37 12 13. Au bord de la Glantine, où les truites fraient toujours, un ancien moulin à eau du XVIIIe siècle a été confortablement aménagé en hôtel avec 10 chambres, dont celle aménagée dans l'ancien four à pain : un véritable palais lilliputien. Chambres de 400 à 550 F.

Moulin de la Vallée Heureuse : tél. : 84 37 12 13. Fermé les mercredi et jeudi midi, excepté pendant les vacances scolaires. Restaurant de l'hôtel précité présentant une cuisine plaisante, variant avec les saisons mais restant attachée aux plats de la région. Menus à 135, 220 et 420 F, plus un à 95 F pour le déjeuner. Une belle carte des vins avec environ 50 étiquettes du Jura bien choisies.

Passenans

Domaine touristique du Revermont : route de Saint-Lothain, tél. : 84 44 61 02. Fermeture annuelle du 24 décembre au 1er mars. Au pied du vignoble, un hôtel moderne offrant jardin, piscine et le calme de la campagne (Relais du Silence). Chambres de 300 à 380 F. Le restaurant propose une bonne cuisine bourgeoise avec des spécialités locales. Menus de 100 à 440 F. Bonne carte de vins privilégiant ceux de la région.

Baume-les-Messieurs

Restaurant des Grottes : tél. : 84 44 61 59. Dans un site admirable, tout au bout de la reculée, au pied de la cascade, un restaurant modeste (menus de 68 à 160 F) avec une carte des vins simple mais correcte. Fermé en soirée les dimanches et jours fériés.

Abbaye de Baume-les-Messieurs : 39210 Baume, tél. : 84 44 64 47. Dans les anciens bâtiments abbatiaux, où logeaient les nobles chanoines, ont été aménagées 3 vastes chambres d'hôtes (50 à 60 m2) à 280 F. Une petite restauration est proposée dans la salle capitulaire, à base d'assiettes de produits locaux et de vin servi au verre, à partir de 35 F.

Lons-le-Saunier

Auberge de Chavannes : À Courlans, sur la N78, tél. : 84 47 05 52. Fermé les dimanche soir, lundi, et en février. Menus : 160, 250 et 320 F. Des produits de grande qualité, souvent puisés dans le registre rustique, mais le résultat bat tous les records de légèreté. Côtés vins, 13 juras d'exception et 6 grands vins jaunes dans de vieux millésimes. Bon choix dans les autres régions.

Géruge (près de Lons)

La Grange Rouge : tél. : 84 47 00 44. Une ferme auberge parfaite. Chambres à partir de 200 F. Repas remarquables à 95 F (70 F si on loge sur place !). Ouvert du mercredi au dimanche midi.

CENTRES D'INFORMATION

Documentation, cartes, liste de producteurs à la disposition du public :
Comité interprofessionnel des vins du Jura : av. du 44e-Régiment d'Infanterie, 39106 Lons-le-Saunier, tél. : 84 24 21 07.

Comité départemental du tourisme : 8, av. du 44e-RI, 39016 Lons-le-Saunier, tél. : 84 24 57 70.

Syndicat d'initiative : 1, rue Louis-Pasteur, 39570 Lons-le-Saunier, tél. : 84 24 65 01.

Office du tourisme d'Arbois : Hôtel de Ville, 39600 Arbois, tél. : 84 37 47 37.

Syndicat d'initiative de Poligny : rue Victor-Hugo, 39800 Poligny, tél. : 84 37 24 21.

À lire et à voir : *"Découvrir les vins du Jura "* de Jean-Pierre Pidoux aux éditions Cabedita. *Vins, vignes, vignobles du Jura* de Bruno, Christian et Éric de Brisis, aux éditions Cêtre, et chez ce même éditeur *L'Espagnol,* roman de Bernard Clavel, pour ses magnifiques pages sur le vin jaune et prenant place à Château-Chalon, sans oublier *Vin jaune, le miracle du temps,* vidéo éditée par le Musée des techniques et cultures franc-comtoises (tél. : 84 37 94 90).

À VISITER

Arbois

Musée de la vigne et du vin de Franche-Comté : château Pécault, rue des Fossés, 39600 Arbois, tél. : 84 66 26 14. Ouvert tous les jours de février à novembre de 10 h à 12 h et de 14 h à 18 h, sauf le mardi. Magnifiquement restauré, ce château dont la plus ancienne partie date du XIIIe siècle, situé au cœur de la ville mais néanmoins serti de vignes, sert de nouveau cadre – intérieur comme extérieur – au musée de la vigne. Une très belle mise en scène d'outils dans des vitrines extérieures présente de façon pédagogique la culture de la vigne. On y trouvera aussi une belle collection d'objets liés au vin. Possibilité de visite guidée et de dégustation-initiation aux vins du Jura.

Maison de Pasteur : 83, rue de Courcelles, tél. : 84 66 11 72. Ouvert du 15 février au 31 décembre, le matin et l'après-midi, excepté le jeudi. 1995, année du bicentenaire de la mort de Louis Pasteur, a été l'occasion de réouvrir la maison natale du célèbre savant. Une promenade émouvante dans un lieu qui vit grandir Pasteur et où certaines de ses recherches sur les fermentations furent menées à bien.

Baume-les-Messieurs

Musée de l'artisanat jurassien : visites du 10 juillet au 15 septembre de 10 h 30 à 12 h 30 et de 15 à 18 h. Une salle consacrée à la tonnellerie présente un atelier reconstitué.

Champlitte (Haute-Saône)

Musée des arts et traditions populaires : visites de 9 à 12 h et de 14 à 17 h (18 h en été) sauf le mardi. Une section viticole présente une collection de 12 pressoirs – dont celui des évêques de Langres – daté de 1680, ainsi qu'un atelier de tonnellerie et un autre de distillation.

Lods (Doubs)

Musée de la vigne et du vin : visites du 1er juillet au 15 septembre de 10 à 12 h et de 14 à 18 h sauf le mardi. Dans une maison vigneronne du XVIe siècle, une intéressante collection d'outils viticoles.

Nans-Sous-Sainte-Anne (Doubs)

Belles caves voûtées : visites en juillet, août et septembre de 9 à 12 h et de 14 à 18 h sauf le mardi. En avril, mai et juin, les dimanches et jours fériés de 14 à 18 h. Toute la machinerie, les outils et la production d'une taillanderie (fabrication d'outils tranchants). Collection de houes vigneronnes.

"ET SI LE COMTÉ M'ÉTAIT CONTÉ…"

Historiquement, il faut attendre la seconde moitié du XIIIe siècle pour voir apparaître le mot fructerie, fruitière où l'on fabrique déjà le vachelin ou fromage à grande forme. Aujourd'hui, près de 200 fruitières vous offrent la possibilité de savourer chaque jour ce superbe fromage : le comté. Comme pour les grands vins, la loi française a fait du comté une A.O.C. Elle lui délimite un terroir, le massif jurassien, au climat rigoureux, aux douces prairies riches en flore naturelle où paissent les vaches de race montbéliarde, seule race autorisée pour la fabrication du comté. C'est un fromage naturel, travaillé en lait cru (il faut 500 litres de lait pour faire un seul comté), affiné pendant plusieurs mois et prêt enfin à la consommation. Aucune meule ne peut être commercialisée en AOC comté sans porter en talon l'une ou l'autre des deux bandes de marquages : verte (meule dont la note est supérieure ou égale à 15/20) ou rouge (meule dont la note est comprise entre 12 et 15/20). Ce marquage est apposé le jour de l'expédition. Et la meule dont la note est inférieure à 12 est éliminé de l'AOC comté. Selon le goût, on peut préférer les comtés "fruités légers ou très affinés". C'est l'un des rares fromages qui s'accompagnent très bien des vins blancs (vins jaunes, pupillin et tous les vins du Jura en règle générale !) et si vous prenez l'apéritif avec un vin de paille servi avec des noix et quelques raisins... vous êtes au paradis !

Pour tout renseignement, Comité Interprofessionnel du Comté, avenue de la Résistance, 39801 Poligny, tél. : 84 37 23 51. Vous obtiendrez une foule de renseignements sur ce fromage et quelques précieuses recettes !

LES APPELLATIONS
DU JURA

Avec leurs cinq cépages très originaux, les vins du Jura offrent une large et originale palette de saveurs et de couleurs que l'on trouve dans trois de ses quatre appellations qui sont : arbois, l'étoile et côtes-du-jura. La quatrième, plus élitiste dans ses vins puisque seul le prestigieux vin jaune porte son nom, n'est autre que château-chalon, berceau du vin jaune selon la légende. En effet, ce serait dans ce charmant village juché en haut d'un éperon rocheux que les dames abbesses fondatrices de la cité auraient acclimaté et cultivé le savagnin ramené par elles de Hongrie. Aujourd'hui château-chalon s'étend sur 50 ha et est exploité par une douzaine de viticulteurs. À peine plus grande est l'appellation voisine l'Étoile, du nom de son village, qui compte 80 ha et englobe 2 autres communes. Là sont produits uniquement des blancs à base de savagnin et de chardonnay, y compris d'agréables crémants. Mais la capitale du vignoble jurassien reste Arbois, qui fut en 1936 l'une des trois premières AOC reconnues par la législation française. Son nom viendrait de deux mots celtes, « ar » et « bos », pour « terre fertile ».

Elle couvre aujourd'hui 800 ha au nord du vignoble jurassien et englobe 6 villages, dont celui de Pupillin où les vins peuvent porter la mention Arbois-Pupillin. Là tous les cépages sont cultivés, rouges comme blancs, et particulièrement le savagnin grâce à la présence de propices marnes bleues. Les côtes-du-jura, qui regroupent une soixantaine de villages répartis du nord au sud du Revermont sur près de 700 ha, offrent aussi toute la gamme des vins du Jura : on y trouve des rouges, des blancs en plus grande quantité et souvent des effervescents devenus AOC crémant depuis octobre 1995.

Le Jura compte encore une sixième appellation avec le macvin, complétant ainsi la gamme de ses spécialités originales. Rangé dans la catégorie des vins mutés, il est élaboré à partir de deux tiers de moût de raisins (plus souvent de blancs que de rouges) auquel on additionne du marc du Jura vieilli au moins 18 mois en fût de chêne. Sans nul doute, le Jura offre un des patrimoines viticoles les plus riches de France qui mérite d'être reconnu tant pour sa qualité que pour son originalité. Goûter le plousard, le trousseau et surtout le vin jaune est définitivement une expérience gustative que tout vrai amateur de vin devrait avoir le plaisir de vivre un jour.

Le vin jaune à table

Le vin jaune est un vin d'exception tant par sa genèse que par son profil aromatique et gustatif. Il n'est pas de ces vins « faciles » qui s'accommodent de tout et que tous adoptent. Bien au contraire, ce vin s'avoue souvent déconcertant lorsqu'il est abordé pour la première fois. Plus que pour d'autres vins, il faut prendre du temps pour le comprendre et un minimum de mise en scène pour le rendre loquace.

Heureusement, la gastronomie jurassienne n'est ni à court d'idées ni à court de trésors pour sortir de son mutisme son précieux vin jaune. Ainsi, pour débuter la conversation, le comté – grande spécialité fromagère du Jura – accompagné de pain et de noix est un parfait faire-valoir tout comme un sympathique et goûteux apéritif souvent apprécié par les Jurassiens eux-mêmes. C'est un mariage classique où les partenaires s'assemblent car se ressemblent (même notes de froment et de noix), sans pour autant tomber dans l'ennui car, bonne pâte, le comté se laisse cuisiner avec bonne grâce pour devenir croûte, soufflé, fondue, etc. Suite à ces préliminaires, la rencontre peut avoir lieu avec les grands classiques de la gastronomie jurassienne tels que le coq au vin jaune et aux morilles, le boudin de truite au vin jaune, les écrevisses ou autres cuisses de grenouilles à la jurassienne.

De manière générale, disons que le vin jaune accompagne fort bien les volailles, viandes blanches et poissons d'eau douce, surtout lorsqu'ils sont cuisinés à la crème et bien sûr au vin jaune : quelques cuillerées

de ce dernier et voilà une sauce transformée, sublimée !
Les champignons mais surtout les morilles sont une des
valeurs sûres dans la gamme des accords avec le vin
jaune, renforcée lorsque ce dernier a quelques années de
bouteille et présente ces mêmes notes caractéristiques de
morille au nez et en bouche. Il existe aussi des mariages
plus audacieux, celui avec le foie gras ou, plus exotiques,
celui avec la cuisine épicée avec une préférence pour
celle au curry. Récemment, un sommelier amoureux du
vin jaune l'a même recommandé sur le canard laqué !
Alors, s'il ne se sert pas avec n'importe quoi, ce qui est le
propre des grands vins, le vin jaune sait tout de même
bien se tenir à table. Et pour trouver les bons accords, le
meilleur moyen est encore de se laisser guider par son
inspiration un verre de vin jaune à la main. (Ne pas
oublier qu'une bouteille ouverte de vin jaune peut se garder plusieurs jours sans s'altérer.)

Pour en savoir plus :
La cuisine au vin jaune par Betty Nevers, disponible au
château Pécauld, tél. : 84 66 26 14.

*Recettes d'hier et d'aujourd'hui, histoire et gastrono-
mie du vin jaune* par Ferdinand Woutaz, édité par
Henri Maire, disponible au caveau des Deux Tonneaux à
Arbois.

Les recettes de la table franc-comtoise par André Jeunet
et Ginette Hell-Girod aux éditions Cêtre.

LES COUPS DE CŒUR DES 3 PRÉCÉDENTES ÉDITIONS

1993
– Domaine Jacques Puffeney, à Montigny-les-Arsures
1994
– Domaine Jean Macle, à Château-Chalon
1995
– Domaine Frédéric Lornet, à Montigny-les-Arsures

✎ NOTES DE VOYAGE

*Dans cette région, à partir du 18
octobre 1996, vous devez faire précéder les numéros de téléphone de
vos correspondants de : 03*

CÔTES-DU-JURA

CHÂTEAU D'ARLAY

PROPRIÉTAIRE-VIGNERON

——— LE DOMAINE ———

S'il est un lieu pour plonger dans la mémoire du Jura, c'est bien celui-ci. Là, du haut des remparts, on contemple aussi bien les vignes que les siècles au travers l'histoire de ses propriétaires qui habitent toujours le château du XVIIIᵉ siècle. Les sols sont calcaires et le pinot occupe la moitié du domaine de 26,5 ha, le savagnin un quart.

——— LES VINS ———

La dégustation débutera par l'original rosé dit corail, issu des 5 cépages, comme ce 92 vif et frais (41 F). Puis vient le pinot qui est « la » spécialité : le 92 (41 F), un vin tendre à boire sur le fruit, ou la réserve du château (54 F), un assemblage des 86, 88 et 90 tout en chair et en rondeur. Le blanc 92 (55 F) se distingue par un joli nez de coing et de poire. Ensuite on s'attardera sur les vins jaunes qui se déclinent en plusieurs millésimes de 85 à 89, en particulier le 88 (169 F) où la puissance s'allie à la finesse avec des jolies notes d'épices, puis les savoureux vins de paille comme le 89 (148 F) sur les fruits secs, le miel et l'encaustique, ou le 90 (138 F) très bois exotique et clou de girofle. À noter l'habillage original et séculaire de toutes les bouteilles qui les rend reconnaissables au simple coup d'œil.

——— L'ACCUEIL ———

Visite guidée du château, des caves et du parc – avec sa collection de rapaces – d'avril à septembre tous les jours sauf dimanche matin. Entrée payante. Groupes : jusqu'à 50 personnes. Anglais pratiqué. CB. En venant d'Arbois par la N83, à 18 km après Poligny. Le château est à gauche à l'entrée d'Arlay.

PROPRIÉTAIRE :
SARL D'EXPLOITATION DES DOMAINES D'ARLAY
39140 BLETTERANS
TÉL. : 84 85 04 22 - FAX : 84 48 17 96

CÔTES-DU-JURA

DOMAINE XAVIER REVERCHON

PROPRIÉTAIRE-VITICULTEUR

——— LE DOMAINE ———

Le type même de l'exploitation jurassienne avec sa taille moyenne de 6 ha, son exposition au sud pour les marnes et à l'ouest pour les terrains plus complexes mêlant marnes et éboulis calcaires.

——— LES VINS ———

La spécificité de X. Reverchon est d'être l'un des premiers viticulteurs à avoir vinifié séparément les parcelles afin d'accentuer leur typicité. Ainsi en côtes-du-jura blanc la cuvée Saint-Savin, 100 % chardonnay comme ce 94 (37 F) au nez de miel et de cire, à la bouche encore serrée sur l'acidité mais au gras prometteur. Les vins rouges égrappés, foulés mais aussi pigés donnent des vins de caractère, tel ce poulsard (94 F) à la mâche importante. Des 2 millésimes disponibles en vin jaune, on préférera le 86 (160 F) concentré et complexe au 87 (140 F), au caractère plus austère. Le vin de paille 92 (100 F) joue sur une belle palette aromatique allant de l'orange au chocolat amer en passant par le grillé. Ici le macvin (72 F) se décline en 2 couleurs : en blanc, gourmand avec son nez de pamplemousse et de fruits exotiques, et en rouge plus structuré, avec de belles notes d'épices et de griotte.

——— L'ACCUEIL ———

Disponible et disert, du lundi au samedi de 8 à 12 h et de 13 h 30 à 19 h. Groupes jusqu'à 50 sur rendez-vous. Langues : anglais et allemand. En venant d'Arbois, prendre la direction de Lons dans le centre de Poligny ; la cave est sur la gauche avec le nom sur la façade.

PROPRIÉTAIRE :
EARL DE CHANTEMERLE
2, RUE DU CLOS, 39800 POLIGNY
TÉL. : 84 37 02 58

DOMAINE
GRAND FRÈRES

PROPRIÉTAIRE-VIGNERON

DOMAINE
LUC & SYLVIE BOILLEY

PROPRIÉTAIRES-VIGNERONS

LE DOMAINE

Ils sont trois, les frères Grand, propriétaires de ce jeune domaine comprenant 20 ha plantés seulement depuis 1976. L'un s'occupe de la vigne, l'autre de la cave et le dernier du commercial. Les vignes (dont 11 ha en chardonnay et 4 en savagnin), bénéficient d'une exposition sud-ouest avec des sous-sols de type marneux aux couleurs variées.

LES VINS

Des différents côtes-du-jura rouges, on distinguera surtout le trousseau 92 (44 F) pour son très beau nez à la fois sauvage et très marmelade de fruits rouges, sa bouche ronde, épanouie, et son bel équilibre. Ensuite viennent les blancs, avec une préférence pour le Tradition 90 (58 F) où l'on devine un cœur de savagnin par ses notes de noisette, de miel et de cire magnifiquement enveloppé par un chardonnay gras et opulent. Le savagnin pur 89 (80 F) ne sera à boire que vers l'an 2000 tant sa chair est aujourd'hui serrée, dense, mais sa fraîcheur et sa structure sont de bons présages. Le vin jaune 87 (148 F) se caractérise par son élégance et le vin de paille 92 (100 F) par ses nuances aromatiques complexes de cire, de raisins secs, de réglisse et de café. À noter un agréable crémant brut (39 F), fin et très floral au nez.

L'ACCUEIL

Lothain Grand vous recevra avec une bonne humeur communicative dans le caveau tous les jours sauf les week-ends de janvier et de février. CB. Sortir de Poligny en direction de Lons. Au bout de 5 km prendre sur la gauche la D57 en direction de Passenans. La cave est indiquée à la sortie du village sur la gauche.

LE DOMAINE

Installés dans la partie la plus septentrionale du vignoble jurassien, près des anciennes salines royales d'Arc-et-Senans, Luc et Sylvie Boilley sont les derniers viticulteurs du village de Chissey-sur-Loue. Pourtant ni l'un ni l'autre ne sont nés au pied d'un cep, d'où peut-être ce questionnement permanent face aux vins. Une dizaine d'hectares, exclusivement en côtes-du-jura, dispersés sur plusieurs communes dont celle d'Arlay.

LES VINS

Pour leurs vins blancs, les Boilley sont plus à la recherche du fruit et de la fraîcheur que du goût de jaune, ainsi ce savagnin 92 (56 F) très aromatique avec ses notes de miel, de coing, de fleurs blanches, de verveine, d'épices, et sa légère minéralité. Le puissant vin jaune 86 (150 F) a vu un peu de bois neuf, bien présent par cette touche vanillée et toastée mais sans dominer les arômes de noix fraîche, de seigle et de curry. Le poulsard 93 (38 F), vinifié en rosé, présente un nez volubile et puissant, presque de gâteau et une bouche ronde et réglissée. Le trousseau 94 (36 F) est un vin très marqué par les fruits rouges (cerise) ayant une bonne structure. Le vin de paille 91 (100 F) dévoile des arômes de poire, de cédrat confit, de verveine et une bouche légèrement kirschée.

L'ACCUEIL

Sympathique et disert. Tous les jours de 9 à 12 h, l'après-midi sur rendez-vous. Langues pratiquées : anglais, allemand. CB. Prendre de Dole à Arc-et-Senans (D7), et dans Chissey la route de Mouchard. La cave est à gauche.

PROPRIÉTAIRE :
DOMAINE GRAND FRÈRES
ROUTE DE FRONTENAY, 39230 PASSENANS
TÉL. : 84 85 28 88 - FAX : 84 44 67 47

PROPRIÉTAIRES :
LUC ET SYLVIE BOILLEY
39380 CHISSEY-SUR-LOUE
TÉL. : 84 37 64 43 - FAX : 84 37 71 21

DOMAINE
MICHEL GENELETTI
PROPRIÉTAIRE-VIGNERON

―――――― LE DOMAINE ――――――

C'est la présence de fossiles en forme d'étoiles que l'on trouve dans le sol qui a donné son nom à ce village. Le domaine de Michel Geneletti compte aujourd'hui 11 ha de vignes, dont 85 % en blanc, qu'il exploite à plein temps depuis 1982. Celles-ci sont réparties sur les différentes collines de l'appellation, en particulier sur celle du Genetet.

―――――― LES VINS ――――――

Les vins blancs se caractérisent par leur finesse et leur capacité au vieillissement. Pour preuve ce superbe Étoile 93 (37 F), assemblage de chardonnay (80 %) et de savagnin élevés déjà assemblés et sous voile pendant 2 ans, tout en fraîcheur, en longueur et gras en bouche, avec une belle acidité dessinant bien une finale sur les agrumes. Le 100 % savagnin 89 (65 F), parfaite initiation au goût de jaune, offre déjà ces subtils arômes de noix fraîches, de froment avec un agréable mordant. Prêt pour aborder les vins jaunes, on se laissera séduire par le 86 (149 F) dernière mise (9 ans en barrique), à la fois floral et très typé froment, remarquable par sa finesse, son côté dentelle. Le 88 (150 F) encore tout en jeunesse laisse présager un bel avenir, grâce à un très bel équilibre et une très belle palette aromatique. Le vin de paille 92 (93 F), issu uniquement de chardonnay et de savagnin, étonnera par sa robe très claire et ses notes de cire d'abeille.

―――――― L'ACCUEIL ――――――

À la bonne franquette, dans un coin de la cave. Tous les jours de 8 à 12 h et de 14 à 19 h, de préférence sur rendez-vous. Accueil des groupes assuré jusqu'à 40 pers. Dans le centre du village, suivre les panneaux.

―――――――――――――――――――
PROPRIÉTAIRE :
MICHEL GENELETTI
RUE DE L'ÉGLISE, 39570 L'ÉTOILE
TÉL. : 84 47 46 25
―――――――――――――――――――

DOMAINE
JEAN BERTHET-BONDET
PROPRIÉTAIRE-VIGNERON

―――――― LE DOMAINE ――――――

Jean Berthet-Bondet est un jeune viticulteur passionné. Cet ancien ingénieur agronome spécialisé dans l'élevage qui a décidé de retourner au pays s'est formé auprès de Jean Macle et travaille depuis 1985 sur sa propre exploitation. Aujourd'hui celle-ci compte 7,5 ha dont 4 en savagnin, 3 en chardonnay et 0,5 en rouge.

―――――― LES VINS ――――――

Le côte-du-jura chardonnay 92 (40 F) est un bel exemple de ce que peut donner ce cépage bourguignon dans le Jura lorsqu'il est élevé en fût neuf avec ouillage : riche, gras avec une bonne vivacité et très aromatique au nez. Dans la cuvée tradition 92 (46 F), les 25 % de savagnin typent discrètement la bouche où l'on retrouve toute la rondeur du chardonnay. Le pur savagnin 89 (75 F) enchante par sa robe dorée aux reflets verts et ses notes de pommes très mûres et de noix. Mais notre préférence est pour le château-chalon 88 (160 F) au nez fin, élégant et très complexe (curry, poivre, menthe et bien sûr froment et noix), à la bouche bien dessinée et très concentrée. À goûter le macvin 90 (75 F), pour ses fruits frais et sa rondeur, et le vin de paille 92 (105 F), pas très ample mais avec d'agréables notes de noisette et de miel de châtaignier.

―――――― L'ACCUEIL ――――――

Dans la cave de vieillissement sise dans le roc, les samedi, dimanche et jours fériés de 9 à 19 h ou sur rendez-vous. Groupes : jusqu'à 30 personnes. Langue pratiquée : anglais. En haut de Château-Chalon, la cave est fléchée.

―――――――――――――――――――
PROPRIÉTAIRE :
JEAN BERTHET-BONDET
39210 CHÂTEAU-CHALON
TÉL. : 84 44 60 48 - FAX : 84 44 61 13
―――――――――――――――――――

CHÂTEAU-CHALON

DOMAINE JEAN MACLE
PROPRIÉTAIRE VITICULTEUR

LE DOMAINE

Jean Macle est un vigneron fier de son appellation et de son village qu'il se donne à cœur de restaurer, les vieilles pierres autant que le vignoble. Pour preuve ces pentes escarpées situées sous le village, abandonnées pendant des années aux broussailles, qu'il a réhabilité en y plantant du savagnin. Du haut de ce charmant bourg médiéval, on peut contempler son domaine de 14 ha dont 4 en château-chalon.

LES VINS

Ni poulsard, ni trousseau. Savagnin et chardonnay règnent ici en maître et dans la plus pure tradition. Les vins jaunes peuvent rester jusqu'à 8 ans en fût, ce qui augmente leur potentiel aromatique. Le plus jeune, le 89 (170 F) est un vin surprenant par sa puissance aromatique où froment, foin et bois exotique se mêlent à des notes de noix fraîches mais l'équilibre, la droiture et la fraîcheur laissent présager le grand millésime. Il faudra savoir l'attendre 15 ans au minimum. Le 88 (170 F), plus flatteur en bouche, est tout en suavité et rondeur, avec des notes de noix et de café en finale. Le côtes-de-jura 93 (45 F), 80 % de chardonnay et 20 % de savagnin, offre une bouche gourmande, grasse, d'épices et de verveine, avec une légère touche de noix en finale.

L'ACCUEIL

Chaleureux et sympathique. Tous les jours, sur rendez-vous. Depuis Arbois prendre par la N83 et 18 km à gauche en direction de Voiteur puis de Château-Chalon. La cave est dans le centre du village.

1989
Château Chalon
Appellation contrôlée

Vin de Garde

Jean MACLE
Vigneron à CHATEAU-CHALON - Jura - France

13% vol   Mis en bouteille à la propriété   62 cl.

PROPRIÉTAIRE : **JEAN MACLE**
RUE DE LA ROCHE,
39210 CHÂTEAU-CHALON
TÉL. : 84 85 21 85- FAX : 84 85 27 38

HENRI MAIRE

PROPRIÉTAIRE · VINIFICATEUR · ELEVEUR

LE DOMAINE

S'il est un seul nom associé aux vins du Jura et connu du grand public, c'est celui d'Henri Maire. Propriétaire de 300 ha de vignes mais aussi vinificateur et éleveur, il achète la vendange de 330 vignerons, soit l'équivalent de 400 ha, qui ajoutée à la production de ses propres Domaines, lui permet de commercialiser 50 % des vins du Jura.

LES VINS

Plus de 300 références proposés sur le catalogue de vente, dont le fameux vin fou ! On s'intéressera tout particulièrement aux vins des propriétés comme le corail du domaine du Sorbief 94 (42 F par 12), tendre et fruité, avec 10 %

de trousseau qui se devine dans une touche de framboise, ou le rosé coralin du domaine de La Croix d'Argis 94 (41 F par 12), vif et séduisant, très griotte. Le rouge 94 (41 F par 12) du même domaine est très marqué par le pinot (70 %), avec ses petits fruits rouges. Celui du domaine de Montfort est à l'image de son millésime 92 médaille d'or (70 F) : il a du caractère, du corps et de jolis arômes rôtis au nez. La gamme des vins jaunes est infinie et joue sur toutes les appellations. Le château-chalon 82 (180 F par 12) est particulièrement fin et élégant, avec beaucoup de complexité aromatique : noix, épices, vanille, mais aussi orange et un peu de menthol. Le vin de paille côtes-du-jura La Vignière (116 F par 12), assemblage de plusieurs millésimes, est un vin de couleur ambre, riche, très concentré, au nez d'abricot sec et d'agrumes, tout en gelée de coing et de groseille en bouche.

L'ACCUEIL

À Arbois, sur la place principale, au caveau Les Deux Tonneaux. L'été d'avril à octobre inclus de 8 h 30 à 19 h (20 h en juillet-août), l'hiver de 9 h 30 à 12 h et de 14 à 17 h 30.

ROUGE VERMEIL

Jadis, avec la coutume du bail, vignes étaient souvent balisées vinetiers, quelques petits Croix d'Argis, avec ses dans la verdure, pendant des Siècles

à complant, les limites entre les de Croix. Le long des Chemins reposoirs tel celui de la pierres moussues fondues contemplèrent les travaux Vignerons

ARBOIS
APPELLATION ARBOIS CONTRÔLÉE

DOMAINE DE LA
CROIX D'ARGIS

ÉLEVÉ ET MIS EN BOUTEILLES PAR
HENRI MAIRE   75 cl ℮
12,5 % Vol.
HENRI MAIRE, AU CHÂTEAU MONTFORT, ARBOIS (JURA) FRANCE

PROPRIÉTAIRE : **HENRI MAIRE**
LES DEUX TONNEAUX
PLACE DE LA LIBERTÉ
RUE DE L'HÔTEL-DE-VILLE
39600 ARBOIS
TÉL. : 84 66 15 27 - FAX : 84 66 22 87

DOMAINE JACQUES PUFFENEY

PROPRIÉTAIRE-VIGNERON

_____ LE DOMAINE _____

6 ha de vignes d'une moyenne d'age de 50 ans, dispersées sur les différents plateaux entourant le charmant village de Montigny-les-Arsures, avec ces fameuses marnes feuilletées rouges qui sont le terrain de prédilection pour le savagnin.

_____ LES VINS _____

Jacques Puffeney vinifie ses vins lentement, avec soin, et n'hésite pas à laisser macérer longuement les rouges avant le pressurage. Des 2 millésimes qu'il propose les 94 séduiront d'emblée, prêts à boire, alors que les 93 plus fins et plus longs demanderont à être attendus. Le poulsard Les Loges 94 (40 F) a ici un caractère de vin rouge, avec de la mâche et un joli fruit (cerise sauvage). Le trousseau Les Bérengères 94 (50 F) est un vrai vin de plaisir à l'étoffe bien nourrie, très mûre, sentant bon la cerise noire et le noyau. Le chardonnay est élevé en volume avec ouillage pour lui préserver ses arômes frais comme ce 94 (40 F) gras et très floral (acacia), avec du miel et une légère touche d'anis. Le savagnin bien que mineur (35 %) dessine avec finesse la bouche de cet arbois 92 (47 F), mais c'est non assemblé dans la cuvée arbois 92 (60 F) qu'il exprime pleinement sa pureté tout en dentelle et sa richesse aromatique (gelée de pomme, champignon, noix fraîche). Le vin jaune 86 (160 F), resté 9 ans sous son voile, offre une bouche fine et longue avec beaucoup de fraîcheur.

_____ L'ACCUEIL _____

Simple et sympathique. Sur rendez-vous. Sortir d'Arbois en direction de Besançon et prendre après 2 km à droite sur Montigny. La cave se situe en haut du village sur la gauche.

PROPRIÉTAIRE : **JACQUES PUFFENEY**
MONTIGNY-LES-ARSURES
39600 ARBOIS
TÉL. : 84 66 10 89- FAX : 84 66 08 36

DOMAINE ANDRÉ & MIREILLE TISSOT

PROPRIÉTAIRES VIGNERONS

_____ LE DOMAINE _____

26 ha que se partagent les blancs et les rouges à égalité, sur quelques beaux terroirs dont Les Bruyères, avec ces marnes feuilletées bleues ou rouges qui font la typicité d'Arbois. Le domaine compte aussi quelques vignes en appellation côtes-du-jura.

_____ LES VINS _____

Les blancs assemblés ou pas ne copient pas le vin jaune. Bien au contraire le chardonnay est ici élevé à la bourguignonne, comme cet arbois 94 (39 F) vinifié à moitié en barrique, avec bâtonnage pour accentuer le gras du vin, ce qui lui donne une certaine exubérance de fruits exotiques. L'arbois 93 (43 F) est plus rectiligne, présentant un équilibre parfait avec ses 25 % de savagnin qui ira loin dans le temps. Le choix est large pour les vins rouges. On appréciera le poulsard Les Bruyères 94 (38 F) pour sa définition aromatique et sa vivacité, le trousseau 93 (43 F) pour son nez de griotte et de cassis avec une bouche bien assise sur l'acidité, l'arbois 94 cuvée Pasteur (52 F) pour ses tanins soyeux, bien mûrs. Le savagnin issu de terroirs à marnes bleues donne un vin jaune 88 (165 F) tout en puissance encore un peu massif en fin. On finira la dégustation par le vin de paille 92 (115F), riche en pâte de coing et en raisins secs.

_____ L'ACCUEIL _____

Très chaleureux et passionné. Du lundi au dimanche de 8 à 12 h et 14 à 19 h. Groupes : jusqu'à 50 personnes. Anglais pratiqué. CB. Quitter Arbois en direction de Besançon, et après 2 km prendre à droite en direction de Montigny. La cave est sur la gauche pas loin de l'église.

PROPRIÉTAIRES :
ANDRÉ ET MIREILLE TISSOT
MONTIGNY-LES-ARSURES
39600 ARBOIS
TÉL. : 84 66 08 27 - FAX : 84 66 25 08

ARBOIS

DOMAINE DANIEL DUGOIS

PROPRIÉTAIRE-VIGNERON

———— LE DOMAINE ————

C'est en 1973 que Daniel Dugois s'est lancé avec sa femme Monique dans l'aventure viticole avec 2,5 ha de vignes. Aujourd'hui le domaine compte 6,25 ha sur la commune des Arsures, réputée pour ses marnes rouges avec graviers propices au trousseau. La qualité de leur travail leur valut de recevoir le 1er prix Émile-Rousseau.

———— LES VINS ————

Un soin attentif est apporté à la vinification et à l'élevage des vins : raisins égrappés, longue cuvaison (jusqu'à 1 mois), mise en bouteille sans collage avec une seule filtration et repos obligatoire de 6 mois avant la vente. Les vins sont de garde et nécessitent quelques années pour donner leur maximum. Ainsi un trousseau 88 encore jeune et plein de tendresse laisse deviner ce que sera le 94 (40 F), prometteur par son gras, son équilibre et sa finale épicée. Les chardonnays élevés en foudre de gros volume sont moelleux et équilibrés comme ce 93 (35 F), ou profonds et délicatement noisettés comme le 92 (38 F). À suivre la cuvée Aigrefin élevée en fût. Le vin jaune 87 (145 F) se distingue par sa pureté, sa netteté, ses arômes de noix et de froment présents sans être excessifs, laissant s'exprimer des notes de curry et une longueur tout en dentelle.

———— L'ACCUEIL ————

Enthousiaste et chaleureux, dans un caveau aménagé au milieu des foudres. Tous les jours sur rendez-vous. Sur la route de Besançon à Arbois, 4 km après Le Mouchard, prendre à gauche vers Les Arsures (CD105) puis à gauche à l'entrée du village. La cave est fléchée sur la droite.

PROPRIÉTAIRE : **DANIEL DUGOIS**
RUE DE LA MIRODE, LES ARSURES
39600 ARBOIS
TÉL. : 84 66 03 41

ARBOIS

DOMAINE MICHEL FAUDOT

PROPRIÉTAIRE-VIGNERON

———— LE DOMAINE ————

Viticulteur depuis 1984, la vocation de Michel Faudot, charpentier de formation, est la suite illogique d'une chute de toit ! Aujourd'hui il possède 7,4 ha mi-blanc mi-rouge plantés sur des sols très variés de marnes à graviers, de marnes grises ou vertes. Il est le seul à faire de la bouteille à Mesnay.

———— LES VINS ————

Les blancs sont vinifiés à part, comme les rouges, pendant de long mois dans des pièces de quelques vins, sans recherche ni de goût de jaune ni de boisé. Ainsi le chardonnay 93 (34 F) révèle-t-il toute sa personnalité jurassienne de vin vif, frais, aux notes de pomme et de grillé. Le savagnin 92 (65 F) avec sa belle robe dorée, remarquable par son équilibre et son élégance, charmera par son nez de coing et sa finale de noisette. Les rouges sont aussi bien élevés : le trousseau 93 (38 F) est un vin gourmand grâce à un fruit très présent (framboise, grenade, violette) et une bouche ronde bien assise sur l'acidité ; le poulsard 94 (32 F), plus rouge que rosé car issu de raisins très mûrs et de petits rendements, séduira par sa structure et son fruité. On remarquera le vin jaune 86 (160 F) pour son élégance, sa finesse, et le macvin (70 F) pour ses irrésistibles notes de fruits secs (abricot, raisins, amande, noix) se mariant à celles de l'eau-de-vie.

———— L'ACCUEIL ————

Sympathique et sans façons, dans une belle cave voûtée aux dimensions imposantes. Sur rendez-vous. À Arbois prendre la direction d'Andelot, à 1 km entrer dans Mesnay, la cave est dans la rue principale à gauche de l'église.

PROPRIÉTAIRE :
MICHEL FAUDOT
MESNAY, 39600 ARBOIS
TÉL. : 84 66 13 56 - FAX : 84 66 23 20

DOMAINE
PIERRE OVERNOY
PROPRIÉTAIRE-VIGNERON

──────── LE DOMAINE ────────

Amoureux de la nature et fort respectueux de celle-ci, Pierre Overnoy travaille ses 2 ha de vignes sans engrais chimique mais laboure ses terres afin de préserver au maximum les levures indigènes naturelles sur des raisins sains. Attention, ici on dit plousard et non poulsard !

──────── LES VINS ────────

Fidèle jusqu'au bout à sa philosophie, ni soufre, ni levures industrielles ne sont autorisés de séjour dans la cave de Pierre Overnoy. Le résultat est là : des vins non collés ni filtrés, de garde, éclatants de santé, d'équilibre, d'une richesse aromatique étonnante. Pour preuve le plousard 89 (44 F) : d'emblée on est frappé par la jeunesse de la robe, la pureté d'une chair dense, serrée mais ronde et délicieusement fruitée (petits fruits rouges sauvages). Le 92 (40 F), très griotte et discrètement réglissé avec déjà des tanins soyeux et gras, finit sur une pointe d'amertume agréable. En jaune l'arbois pupillin proposé est le 85 (152 F) – les plus jeunes dormant encore sous leur voile – plein de subtilité, d'un beau topaze et d'une palette aromatique infinie et délicate (grillé, écorce d'agrume confite, chocolat amer, torréfaction, champignon) non démentie par une bouche moelleuse tenue par l'acidité. La finale encore un peu monolithique rappelle que ce vin est aussi élevé pour les générations à venir.

──────── L'ACCUEIL ────────

Disert, passionné et passionnant. Sur rendez-vous de préférence. À Arbois, prendre la D246 à gauche de l'église, direction Pupillin. La cave est indiquée par une enseigne au centre de Pupillin.

Un souvenir mémorable dans une cave ? Un mauvais accueil ? Racontez-nous votre expérience, bonne ou mauvaise, en écrivant aux « Routes des Vins de France », Ediguides 41, rue Notre-Dame-de-Lorette 75009 Paris.

PROPRIÉTAIRE :
PIERRE OVERNOY
PUPILLIN, 39600 ARBOIS
TÉL. : 84 66 14 60

FRUITIÈRE
VINICOLE D'ARBOIS

GROUPEMENT DE VIGNERONS

──────── LE DOMAINE ────────

140 adhérents représentent en tout 220 ha dont 30 en savagnin et 25 en trousseau alimentent cette coopérative créée en 1906 et dont le nom symbolise les fruits de la terre et du travail.

──────── LES VINS ────────

On trouvera ici une large gamme de vins d'un bon niveau général de qualité, avec quelques millésimes très intéressants comme cet arbois trousseau 88 (68 F) suave et élégant, sentant bon la framboise et la réglisse, ou ce savagnin 90 cuvée Académie des

Sciences (81 F) élevé 4 à 5 ans sous voile, au nez de mirabelle et de poire, gras et tendre en bouche avec de légères notes de noix et de noisette en finale. En millésimes plus récents on notera en rouge le trousseau 94 (48 F), d'un beau rubis et de belle structure, en blancs le chardonnay 95 tête de cuvée (32 F), vinifié pour en faire un vin rond, facile et fruité, ou plus complexe l'arbois blanc 92 cuvée Béthanie, dont la bouche est discrètement typée par les 40 % de savagnin. Le vin jaune 88 (143 F), puissant aujourd'hui, nécessite encore un peu de temps pour révéler sa complexité, mais son équilibre et sa longueur sont de bon augure.

──────── L'ACCUEIL ────────

Deux caveaux à votre disposition : l'un situé sur la Grand'Place de la Liberté ; l'autre, près du champ de Mars au décor tout en bois rappelant celui d'un chalet. Tous les jours de 9 à 12 h et de 14 à 19 h. Possibilité de visiter la cave de vinification à Béthanie. Groupes : jusqu'à 150 personnes. Anglais. CB. À Arbois, sur la Grand-Place ou place du Champ-de-Mars, prendre en direction de Mesnay.

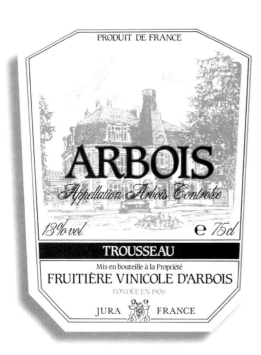

────────

DIRECTRICE COMMERCIALE :
MARTINE SEPREZ
VINIFICATEUR : JEAN-LOUIS GALMARD
2, RUE DES FOSSÉS, 39600 ARBOIS
TÉL. : 84 66 11 67 - FAX : 84 37 48 80

CÔTES-DU-JURA

DOMAINE
RICHARD DELAY

PROPRIÉTAIRE VIGNERON

LE DOMAINE

Troisième génération de viticulteurs sur ce petit domaine de 5,5 ha, ce vigneron, loin du circuit traditionnel touristico-viticole du Jura, mérite cependant l'attention. Sobre, efficace, soigneux sont les qualificatifs avec lesquels on peut définir Richard Delay. Les sols sont argilo-calcaires avec quelques marnes irisées pour les blancs, soit 2/3 de la surface avec 0,5 ha de savagnin et de calcaires durs pour les rouges.

LES VINS

Ils sont nets, précis, stylés et ne manquent pas de gourmandise. Pour s'en laisser convaincre il suffit de commencer la dégustation par la méthode traditionnelle brut (30 F), c'est une vraie surprise : de très fines bulles, un nez de fruits blancs, une bouche fine, fraîche, avec une légère amertume agréable en finale. Pour les blancs, Richard Delay assemble soigneusement ses fûts de chardonnay et de savagnin après élevage séparé pour donner ces cuvées qui portent le nom de ses ancêtres. Il y a la cuvée Paul Delay (le père) 92 (40 F) où le chardonnay (2/3) type bien la bouche, lui donnant ampleur et fraîcheur, mais où l'on devine les broderies discrètes du savagnin. Dans la cuvée Gustave (le grand-père) 92 (54 F), les deux cépages en parts égales donnent un vin bien dessiné, avec une bouche à la fois tendre et très structurée, un nez élégant aux notes de noisette, de beurre mais aussi d'épices et un léger « goût jaune ». Aussi intéressant est le pur chardonnay 93 (37 F), élevé sans ouillage, très raisins mûrs, fruits secs et noix, tenu par une bonne acidité. Les rouges sont rarement

assemblés, afin d'accentuer la typicité de chaque cépage. Le pinot 93 (28 F) élevé en fûts de chêne, à la belle robe rubis limpide, offre une bouche ronde, gourmande sur les épices et les petits fruits rouges s'asseyant sur des tanins fermes et déjà soyeux. C'est la framboise qui domine dans le trousseau 92 (42 F) encore très vif et qui nécessitera quelques années pour s'arrondir. Quant au poulsard 93 (épuisé), issu de vendange à petit rendement et égrappée, on aimera sa rondeur, son fumé, son goût de baies sauvages, son agréable astringence qui appelle les plats de salaisons. De vin jaune, Richard Delay ne propose que le 87 (140 F) encore austère, avec de la mâche mais un nez bien typé qu'il faudra savoir attendre. On patientera sans déplaisir avec le savoureux vin de paille 92 (85 F) très ambré, très aromatique (fruits confits, agrumes dont l'orange amère, café) et liquoreux à souhait. Les macvins existent en deux versions, le rubis (64 F) à base de pinot et élevé 2 ans en fût, marqué par des arômes de noyau et d'amande, ou la version en blanc (68 F), à base de chardonnay élevé 4 ans en fût, riche en agrumes (écorce d'orange, pamplemousse confits), rond et gourmand.

L'ACCUEIL

Au milieu de barriques, dans une belle cave voûtée restaurée sobrement mais avec goût, décorée de quelques outils agraires anciens. Sur rendez-vous. Groupes : jusqu'à 50 personnes. À la sortie de Lons-le-Saunier, suivre la route de Bourg (N83).
Après 5 km, prendre sur la gauche vers Gevingey, et passer le pont ,puis tout droit et sur la gauche. Accès pour les cars par le centre du village.

PROPRIÉTAIRE :
RICHARD DELAY
RUE DU CHÂTEAU, 39570 GEVINGEY
TÉL. : 84 47 46 78 - FAX : 84 43 26 75

 NOTES DE VOYAGE

Dans cette région, à partir du 18 octobre 1996, vous devez faire précéder les numéros de téléphone de vos correspondants de : 03

LES ROUTES
DES VINS
DE SAVOIE

EVELYNE LÉARD-VIBOUX

EDITO

Le vignoble de Savoie couvre 1800 ha : une petite surface pour une grande variété de vins. On ne trouve pas moins de 15 cépages, dont 3 spécifiques : l'altesse, la jacquère et la mondeuse. Les vins de cette région ont droit à 4 appellations : seyssel, crépy, roussette, et vin de savoie (qui englobe 17 crus dont les plus connus sont apremont, abymes, chignin, jongieux, chautagne, arbin et saint-jean-de-la-porte). Il s'agit surtout de petites exploitations (1200) et la plus grande partie des vignes se situe en Savoie, le reste en Haute-Savoie, dans l'Isère et l'Ain. À noter enfin que les vins blancs représentent 70 % de la production !

a favorisé le millerandage) et une fin d'été fraîche et pluvieuse, le millésime 95 semblait mal parti. Contre toute attente, trois semaines de très beau temps avec des nuits fraîches ont empêché la pourriture de se propager et achevé la maturité des cépages, heureusement tardifs. On aura donc en 95 peu de roussette de Marestel – le vignoble a été grêlé en juillet – mais de belles roussettes de Savoie pleines et fruitées ; des bergerons très francs, car tous les vignerons ont procédé à des tries successives en raison d'une maturité irrégulière ; des jacquères très équilibrées, avec une bonne vivacité et des arômes intenses ; et enfin des mondeuses riches en couleur, en arômes et tanins pour ceux qui auront eu la sagesse d'attendre la mi-octobre pour vendanger. Portez donc votre choix sur les 95 et également sur le 94 pour la roussette, la mondeuse et le bergeron (s'il en reste) !

E. LÉARD-VIBOUX

SAVOIE 95 : UN BEAU MILLÉSIME

Le millésime 94 ne restera pas gravé dans la mémoire des viticulteurs savoyards. Avec un été très sec les cépages tardifs avaient acquis une belle maturité, mais juste avant les vendanges la pluie et la chaleur ont répandu la pourriture. Les roussette et bergeron s'en sont remarquablement sortis, à la faveur de microclimats et de sols filtrants. À l'inverse, la jacquère et mondeuse ont plutôt souffert. Grâce à un tri sévère, les viticulteurs bien équipés ont fourni d'honorables cuvées donnant des vins plus légers au caractère moins accusé : peu de vivacité dans les abymes et les apre-

monts, peu de concentra-tion dans les mondeuses.

Avec un printemps froid (qui

INFO-CIVS LES VINS DE LA PROVINCE DE SAVOIE

En Savoie, la vigne est souvent discrète, blottie dans le fond des vallées ; elle n'éblouit pas comme les nombreux sommets avoisinants, mais la viticulture est la deuxième production agricole après les fromages comme le beaufort et le reblochon. La Savoie est une région très particulière quant à sa production de vins AOC. Bien que l'une des plus petites zones de production françaises, elle a su préserver son originalité et développer toutes ses appellations, très souvent issues d'une vingtaine de cépages différents et locaux comme l'altesse, la jacquère, le gringet pour le blanc et la mondeuse en rouge. Cette multitude de crus et de cépages est à l'image de la province où la difficulté des communications a entretenu un nombre important de cultures et de traditions différentes. Ce n'est que depuis la vogue touristique des sports d'hiver que les non-Savoyards ont pu découvrir les vins de la Savoie.

Aujourd'hui les vignerons de Savoie sont dynamiques, et une meilleure organisation de l'accueil se met en place pour vous permettre de découvrir à pied, en voiture ou à vélo les discrets caveaux nichés dans les hameaux.

Le Comité interprofessionnel des vins de Savoie est chargé de la gestion des quatre appellations d'origine contrôlée de la région ; il regroupe une douzaine de maisons de négoce spécialisées, les viticulteurs indépendants et les quatre caves coopératives de la zone d'appellation. Il met à votre disposition un certain nombre de brochures pour vous inviter et faciliter votre découverte des vins de la Savoie.

Comité interprofessionel des vins de Savoie : 3, rue du Château, 73000 Chambéry, tél : 79 33 44 16.

COUPS DE CŒUR DES TROIS PRÉCÉDENTES ÉDITIONS

1993 : Domaine Louis Magnin à Arbin
1994 : Domaine du Prieuré Saint-Christophe à Frétérive
1995 : Domaine Louis Magnin à Arbin

HÔTELS ET RESTAURANTS DE BONNE CAVE

EN HAUTE-SAVOIE

Annecy

L'Auberge de l'Éridan : 13, Vieille Route des Pensières, 74000 Annecy. Tél. : 50 60 24 00, fax : 50 60 23 63. Fermé le mercredi et du 10 au 31 janvier. Marc Veyrat ayant trouvé un cadre à sa mesure – beauté du lac et luxueuse maison de charme –, son génie peut s'exprimer. Une cuisine totalement originale qui ose marier les herbes les plus folles au rustique ou au précieux. Une carte des vins exceptionnelle avec des vins de Savoie judicieusement choisis par Bruno Bozzer, chef sommelier. Un moment rare. Menus de 495 à 950 F. Chambres de 1500 à 3500 F.

Évian

La Toque Royale : Casino d'Évian, quai de Blonay, 74500 Évian. Tél. : 50 75 03 78. Fermé le dimanche et du 5 au 27 janvier. C'est le restaurant gastronomique du Domaine du Club Royal. Une cuisine aux notes savoyardes et provençales qui respecte le goût des produits. Michel Jobart a su composer une carte des vins qui fait honneur à la Savoie. Menus de 160 à 550 F. À l'Hôtel Royal, chambres de palace de 640 à 2900 F.

EN SAVOIE

Aix-les-Bains

Le Manoir : 37, rue George-Ier, 73100 Aix-les-Bains. Tél. : 79 61 44 00, fax : 79 35 67 67. Fermé du 22 décembre au 2 janvier. En plein cœur d'Aix-les-Bains, ce Relais du Silence est une belle maison au charme britannique où tout, de l'accueil à la table, respire l'harmonie. Menus de 135 à 245 F. Chambres de 345 à 595 F.

Le Bourget-du-Lac

Hôtel Ombremont :
Restaurant Le Bateau Ivre : route du Tunnel, 73100 Aix-les-Bains. Tél. : 79 25 00 23, fax : 79 25 25 77, fermé de novembre à mai.

Restaurant La Grange à Sel (près de la plage) : tél. : 79 25 02 66, fax : 79 25 25 03, fermé de novembre à fin avril.

La famille Jacob divise pour mieux régner. Le père, Jean, dirige La Grange à Sel (anciennement Le Bateau Ivre) où il met tout son talent au service d'une cuisine à prix doux. Menus de 110 à 150 F. Jean-Pierre tient le gouvernail du Bateau Ivre à l'Hôtel Ombremont. Il a trouvé, sur la terrasse qui offre l'un des plus beaux panoramas du lac du Bourget, un lieu idéal pour rayonner l'été. Très beaux poissons du lac. Menus de 195 à 510 F. Chambres de 800 à 1700 F. En hiver, le Bateau Ivre est toujours amarré à Courchevel (fermé du 15 avril au 15 décembre).

Chambéry

Hôtel-restaurant Les Princes : 4, rue de Boigne, 73000 Chambéry. Tél. : 79 33 45 36, fax : 79 70 31 47, fermé le dimanche soir et du 9 au 16 juillet. Situé en plein cœur historique de Chambéry, entre les Éléphants et le château des ducs de Savoie. Alain Zorelle n'est pas chasseur de prime, mais chez lui vous en aurez toujours pour votre argent. Il nous montre qu'on peut être jeune, sympathique et avoir le goût du travail bien fait. Remarquable trio de foies gras. Beau choix de poissons du lac. Menus de 110 à 400 F. Chambres de 200 à 380 F.

Le Tonneau : 2, rue Saint-Antoine, 73000 Chambéry. Tél. : 79 33 78 26. Fermé les dimanche soir et lundi, et du 7 au 30 juillet. Un vrai restaurant de province, dans le bon sens du terme. Un cadre chaleureux et une cuisine classique parfaitement maîtrisée. Très beaux poissons du lac. Menus de 110 à 230 F.

Château de Candie : rue du Bois-de-Candie, 73000 Chambéry-le-Vieux. Tél. : 79 96 63 00, fax : 79 96 63 10. Un vieux château superbement restauré et richement meublé. Didier Lhostis veut faire partager sa passion du beau. Chambres de 650 à 2200 F. Bien sûr, on peut manger. Menus de 145 à 250 F.

L'Essentiel : Place de la Gare, 73000 Chambéry, tél. : 79 96 97 27, fax 79 96 17 78. Jean-Michel Bouvier joue la carte régionale et il gagne. Au gré des saisons, de la fricassée de caïon à l'omble chevalier, toute la Savoie y passe. Un très grand choix de vins de Savoie complète le tableau. Menus de 130 à 390 F.

Challes-les-Eaux

L'Hostellerie des Comtes de Challes : montée du Château, 73190 Challes-les-Eaux. Tél. : 79 25 81 79, fax : 79 72 83 83. Face au Granier, un château du xve siècle entièrement rénové, dans un parc aux arbres séculaires. Belle terrasse où l'on pourra goûter une cuisine faisant largement appel aux produits du terroir. Lieu de séjour idéal pour visiter le vignoble savoyard. Chambres vastes et bien aménagées de 400 à 800 F. Menus de 110 à 200 F.

Montmélian

Hostellerie des Cinq-Voûtes : RN6, 73800 Montmélian. Tél. : 79 84 05 78. Fermé du 15 au 30 septembre. Fermé les dimanche et mercredi soir. Dans le berceau de la mondeuse, le vieil et honorable établissement de la famille Boget a fait « pierre neuve ». Vous dégusterez une cuisine authentique dans un très beau cadre médiéval. Menus de 180 à 300 F.

Frontenex

La Tour de Pacoret : 73460 Frontenex. Tél. : 79 37 91 59, fax : 79 37 93 84. Un havre de paix dans la verdure sur les hauteurs entre Albertville et Montmélian. Menus de 120 à 220 F.

Coise

Château de La Tour-du-Puits : 73400 Coise. Tél. : 79 28 88 00, fax : 79 28 88 01. Raymond Prévot a eu le coup de foudre pour le château de La Tour-du-Puits et l'a magnifiquement rénové. Au cœur de la Combe de Savoie, vous pourrez apprécier une cuisine simple et franche et séjourner dans de belles chambres personnalisées. Menus de 98 à 195 F. Chambres de 650 à 850 F.

Albertville

Millon : 8 place de la Liberté, 73200 Albertville. Tél. : 79 32 25 15, fax : 79 32 25 36. Fermé les dimanche soir et lundi. La valeur sûre de la restauration savoyarde. Belle carte des vins à des prix attractifs. Menus de 150 à 500 F. Chambres de 450 à 600 F.

MANIFESTATIONS EN SAVOIE

Concours des vins de Savoie : il est organisé par le Comité interprofessionnel des vins de Savoie, à Aix-les-Bains, vers le 15 avril de chaque année.

Fête des vins : organisé à Chambéry le samedi le plus proche du 15 décembre.

La Saint-Vincent Tournante se fête le dimanche le plus proche du 22 Janvier.

CENTRES D'INFORMATION

CIVS (Comité Interprofessionnel des Vins de Savoie) : 3, rue du Château, 73000 Chambéry. Tél. : 79 33 44 16.

Office du tourisme de Savoie : 24, bd Colonne, 73000 Chambéry. Tél. : 79 33 42 47.

Office du tourisme de Haute-Savoie : 1, rue Jean-Jaurès, 74000 Annecy. Tél. : 50 45 00 33.

Syndicat des vins du Bugey : av. du 133ᵉ R.I., 01300 Belley. Tél. : 79 81 30 17.

✎ NOTES DE VOYAGE

Dans cette région, à partir du 18 octobre 1996, vous devez faire précéder les numéros de téléphone de vos correspondants de : 04

CHÂTEAU DE RIPAILLE

PROPRIÉTAIRE-VIGNERON

—— LE DOMAINE ——

Tout près de Thonon, au nord du lac Léman, le domaine de Ripaille – 21 ha plantés en chasselas sur des sols graveleux très filtrants – compte 60 % de vieilles vignes. Régisseur du domaine depuis 1985, Claude Guillerez a une véritable passion pour le chasselas, raisin sensible à la coulure et délicat à vinifier. Si toutes les vignes occupent le même plateau, les unes exposées en pleine bise mûrissent 10 jours plus tard que les autres abritées contre le mur. Chaque parcelle fait donc l'objet d'une cuvée distincte.

—— LES VINS ——

En 95, les chasselas ont été cueillis dorés. Goûtés à la cuve, les vins sentent ici l'amande et le citron, là l'aubépine, ailleurs la poire et l'ananas. Tous francs, bien structurés, élégants, pleins de promesses. Un millésime plus riche que le 94 où la pluie a dilué, voire pourri le raisin : une tuile pour Claude Guillerez qui n'aime que les vins propres. N'ont franchi le seuil du pressoir que les raisins triés sur le volet. Ainsi, le Ripaille 94 (33 F) est tout de même une belle réussite : un Ripaille très féminin au nez d'amande, d'acacia et de fleur d'abricot, gracile et long en bouche.

—— L'ACCUEIL ——

Chaleureux et courtois. Ouvert tous les jours, on accueille ici les groupes jusque 50 personnes. Après avoir dégusté, promenez-vous à la lisière de la forêt, au soleil couchant. C'est plein de chevreuils peu farouches. C'est magique… un véritable conte de fées ! Pour s'y rendre, depuis le centre de Thonon-les-Bains suivre la direction fléchée.

RESPONSABLE :
CLAUDE GUILLEREZ
74200 THONON-LES-BAINS
TÉL. : 50 71 75 12 - FAX : 50 71 72 55

DOMAINE PATRICK & DOMINIQUE BELLUARD

PROPRIÉTAIRES-VIGNERONS

—— LE DOMAINE ——

En Haute-Savoie, au cœur de la vallée de l'Arve, entre Genève et le Mont-Blanc, Patrick et Dominique Belluard exploitent un domaine de 10 ha planté à 95 % en gringet : un cépage local qui donne des vins blancs effervescents (60 %) et tranquilles (40 %) peu connus hors de la région.

—— LES VINS ——

Les Belluard sont de jeunes vignerons passionnés de gringet : ce raisin gris aux petits grains serrés possède à leurs yeux un grand potentiel d'arômes et de garde. Ah, si seulement ils avaient attendu pour vendanger en 95 ! « On a eu peur des premières pluies, on aurait pu gagner plus d'un degré… » Goûté à la cuve, l'ayze tranquille 95 (32 F) ne décevra pas : les arômes d'amande et de citron sont francs et intenses, la structure est vive et la matière ne manque pas. Il aura plus de caractère que le 94, fluet et léger. Quant aux ayzes effervescents (38 F), on appréciera les très fines bulles, les délicates senteurs de rose et la bouche minérale. Pour la première année, les frères Belluard ont vinifié une mondeuse (40 ares). Une toquade ? Pas du tout. Autrefois, le coteau de Chenevaz était couvert de mondeuse (80 ha). La robe est noire (étonnant pour de si jeunes vignes, troisièmes et quatrièmes feuilles), le nez sent la mûre sauvage et la bouche est tannique à souhait.

—— L'ACCUEIL ——

Dans un joli petit caveau. Jusque 30 personnes. Ouvert tous les jours. À partir d'Annecy, par l'A41 direction Genève, sortir à La Roche-sur-Foron direction Bonneville, puis Ayze. Le caveau est fléché.

PROPRIÉTAIRES :
PATRICK ET DOMINIQUE BELLUARD
LES CHENEVAZ, 74130 AYZE
TÉL. : 50 97 05 63 - FAX : 50 25 79 66

SAVOIE

ROUSSETTE DE SAVOIE

DOMAINE
CLAUDE MARANDON
PROPRIÉTAIRE-VIGNERON

LE DOMAINE

40 ares d'altesse plantés à Monterminod, sur des moraines glacières et dans un coteau très pentu (33 %). C'est la plus petite propriété viticole de la Savoie, mais non la moindre ! Claude Marandon travaille ses vignes au treuil et à la main. Pas d'engrais, pas de désherbants, peu de traitements : cet apôtre des faibles rendements (35 hl/ha) conseille de ne pas boire ses vins jeunes.

LES VINS

Les vins qu'il aime, ce sont des vins « protestants », secs, droits, de garde, boisés, qui ne donnent le meilleur qu'après 5 ou 6 ans. Somme toute des vins difficiles d'accès, d'abord peu flatteurs. Claude Marandon s'est plié – à regret – à la tradition locale. La roussette Anne de Chypre 95 (120 F) a délaissé son habillage de chêne pour se couvrir d'inox. Seule une petite partie d'altesse, nostalgie oblige, a trouvé refuge dans un fût aux fonds vitrifiés. Histoire de surveiller la lente descente de lies et de vous faire partager sa passion pour le royal breuvage. Royale, la cuvée Anne de Chypre 95 promet de l'être. Beaucoup de gras, bon degré naturel (11,8°) et une belle vivacité qui rehausse les arômes : coing, citronnelle, pêche de vigne et crème de riz. L'élégance même. Un grand regret : devoir mettre trop tôt ce beau millésime en bouteille. À garder avec soin !

L'ACCUEIL

Chaleureux dans son « sarto », cabane typique du vigneron savoyard. Sur R-V. De Chambéry, en direction d'Albertville, passer Challes-les-Eaux. À Saint-Jeoire-Prieuré, au feu rouge, prendre le chemin réservé aux riverains (par le sens interdit…) jusqu'à la cave, rue des Colombiers.

PROPRIÉTAIRE :
CLAUDE MARANDON
116, CHEMIN DES MOULINS,
73000 CHAMBÉRY - TÉL. : 79 33 13 65

ROUSSETTE DE MARESTEL

DOMAINE
EDMOND JACQUIN et Fils
PROPRIÉTAIRE-VIGNERON

LE DOMAINE

Un domaine de 17,5 ha réparti sur Billième et Jongieux, planté pour moitié en cépages blancs, jacquère et altesse, pour l'autre en cépages rouges, gamay, pinot et mondeuse. Depuis juin 95, Patrice Jacquin, 34 ans, est le nouveau maire de Jongieux : « Ça m'est tombé dessus, s'étonne-t-il encore… et la grêle aussi. » C'était le 10 juillet, et tout le coteau de Marestel a été touché. Homme de décision, il ne fera pas de roussette de Marestel cette année, par peur de décevoir.

LES VINS

Tant mieux pour le client qui pourra se procurer des roussettes de Savoie 95 (27 F) de belle origine, aux arômes de pêche blanche et d'agrumes, avec une belle matière et du mordant. Pour la première fois, on trouvera des roussettes du millésime précédent : la cuvée Ludovic 94 (30 F), florale, miellée et poivrée, est aujourd'hui une révélation. La roussette de Marestel 94 (37 F), au nez de cire et de pamplemousse, est très concentrée. Pressez-vous de l'acheter, et n'attendez pas pour déguster les jongieux blancs issus de jacquère, à la fois frais (camomille et citron) et bien structurés. Les gamays de Jongieux 95 (21 F) – vendangés à 12,5° – donneront des vins riches et très colorés, aux arômes de fraise et de réglisse. À noter également une mondeuse (22 F) aux arômes de mûre, cassis et prunelle.

L'ACCUEIL

Excellent, dans un caveau à proximité des caves et des vignes. Prendre rendez-vous est conseillé. À 22 km de Chambéry, sur la route de l'abbaye de Hautecombe. À la sortie du tunnel du Chat, prendre la 1ère route à droite, direction Jongieux (cave fléchée).

PROPRIÉTAIRE :
GAEC LES PERRIÈRES
73170 JONGIEUX
TÉL. : 79 44 02 35 - FAX : 79 44 03 05

143

DOMAINE
NOËL DUPASQUIER
PROPRIÉTAIRE-VIGNERON

———— LE DOMAINE ————

Au cœur de Jongieux et à Lucey, il compte 6 ha en jacquère, chardonnay et altesse, et 4 en gamay, pinot et mondeuse. En majorité de vieilles vignes.

———— LES VINS ————

Touchée par la grêle, la roussette de Marestel 95 (35 F) sera très confidentielle : déjà peu productive l'altesse n'a donné que 15 hl/ha, mais des moûts de 14,5° au lieu des 13,5° autorisés. L'Inao a dû venir constater le phénomène. À suivre avec attention, puisque Noël Dupasquier embouteille 1 an après la récolte et commercialise 2 ans après. Les 93 sont donc tout juste prêts. Issu de vieilles vignes, un vin de Savoie jacquère 93 au nez surprenant de prune confite et miel d'acacia démontre son aptitude à vieillir. Mais le fleuron du domaine, c'est la roussette élevée en foudre de 50 hl… La 93 montre un bout de nez : violette, amande et ananas, mais la bouche encore vive demande à se fondre. Le marestel 93 est du même type, mais avec plus de puissance et une longue finale épicée (cannelle). Remarquable également, le gamay 94 (23 F), issu de vignes de plus de 50 ans, aux arômes de fraise écrasée et à la bouche réglissée. Enfin, une mondeuse 93, non égrappée et longuement cuvée, révèle des arômes de mûre, d'iris et des tanins très fermes qui se fondront avec le temps.

———— L'ACCUEIL ————

Excellent, dans un caveau ouvert tous les jours (sauf dimanche) en juillet et août, le reste de l'année seulement les samedis. Groupes : jusque 50 personnes. Depuis Chambéry, suivre la direction de Bourg par Le Bourget-du-Lac. Après le tunnel du Chat, prendre à droite vers Jongieux puis Aimavigne.

> PROPRIÉTAIRE :
> **NOËL DUPASQUIER**
> AIMAVIGNE, 73170 JONGIEUX
> TÉL. : 79 44 02 23 - FAX : 79 44 03 56

DOMAINE
YVES GIRARD-MADOUX
PROPRIÉTAIRE-VIGNERON

———— LE DOMAINE ————

Yves Girard-Madoux cultive 7 ha à Chignin, dans les plus hauts coteaux de Torméry, sur un lieu dit « La Plumette » où rien ne pousse que la vigne. De vieilles vignes (40 ans) plantées en jacquère, bergeron et mondeuse. Ce jeune viticulteur joue la carte des cépages locaux. Il vient d'arracher ses gamays pour planter des jacquères.

———— LES VINS ————

Yves aime les vins typés à condition qu'ils ne soient ni rustiques ni trop vifs. Ces dernières années, les chignin et bergeron avaient peu d'acidité, et les mondeuses pas trop de tanins. Question de millésime. En revanche, 95 sera l'année des vins rouges charpentés et des vins blancs vifs. Dégustés à la cuve, les chignins (22 F) au nez d'agrumes et de rhubarbe sont pour l'instant vifs et francs. Peu adepte de la malolactique sur les blancs, Yves la recherche en 95 pour arrondir les angles. Quant aux bergerons, des arômes de pêche et de peau d'orange commencent à se développer. « Mes bergerons mettent beaucoup de temps à se faire, soutient-il, il ne faut pas les brusquer. » À revoir dans un an. Avec son nez de cire, melon et ananas, le bergeron 94 (32 F) s'épanouit tout juste dans sa robe jaune or aux reflets verts. La mondeuse 94 cru chignin (22 F) n'a pas sa robe pourpre habituelle, mais son nez de framboise et de griotte comme sa bouche peu tannique séduiront les amateurs de vins ronds et légers.

———— L'ACCUEIL ————

Sympathique, à la cave. Tous les jours sauf dimanche. De Chambéry vers Albertville par la N6 ou par l'autoroute sortie Chignin. Suivre Chignin-Torméry, caveau fléché en plein village.

> PROPRIÉTAIRE :
> **YVES GIRARD-MADOUX**
> TORMÉRY, 73800 CHIGNIN
> TÉL./ FAX : 79 28 05 60

VIN DE SAVOIE, CHIGNIN ET BERGERON

DOMAINE ANDRÉ & MICHEL QUENARD

PROPRIÉTAIRES-VIGNERONS

———— LE DOMAINE ————

Le domaine de 18 ha (7 de jacquère, 6 de bergeron, 5 de mondeuse, gamay et pinot) situé à Torméry, un coteau très réputé de Chignin, compte encore des vignes de plus de 80 ans.

———— LES VINS ————

Le vœu le plus cher d'André et Michel Quenard ? qu'une zone de premiers crus délimite les meilleurs terroirs. En attendant, ces orfèvres du bergeron cisèlent leur œuvre. En 95, ils ont vendangé par tries successives, du 22 septembre au 12 octobre. Les chignins blancs 95 (25 F) dégagent de puissants arômes de chèvrefeuille, muguet et poire. Les bergerons 95 (37 F) au nez de violette, d'aubépine et d'abricot annoncent une matière ample et riche, mais les 94 sont plus épanouis (37 F) : robe brillante jaune or, arômes d'abricot confit et de miel, saveur veloutée, finale longue et épicée. « Ils ont été mis en bouteille un an après la récolte, cette lente maturation devient une nécessité », soutient Michel… Pour les rouges et surtout les mondeuses très productives, ce dernier pratique la vendange en vert : en août 95, il a enlevé 50 % de la récolte. Résultat : la mondeuse 95 – très puissante – vieillira 6 mois dans un demi-muid (foudre de 6 hl traditionnel en Savoie). Enfin, l'on retiendra la mondeuse 94 (27 F), remarquable pour sa concentration, ses arômes de mûre, de myrtille, de cacao et ses tanins poivrés.

———— L'ACCUEIL ————

Dans un joli caveau ouvert tous les jours (groupes jusque 15 personnes). De Chambéry vers Albertville par la N6 ou l'A41 sortie Chignin. Suivre Chignin-Torméry, le caveau est fléché.

PROPRIÉTAIRES :
ANDRÉ ET MICHEL QUENARD
TORMÉRY, 73800 CHIGNIN
TÉL. : 79 28 12 75 - FAX : 79 28 19 36

VIN DE SAVOIE

DOMAINE DU PRIEURÉ SAINT-CHRISTOPHE

PROPRIÉTAIRE-VIGNERON

———— LE DOMAINE ————

Michel Grisard exploite 6 ha : 1,5 d'altesse et 4,5 de mondeuse en plein coteau à Frétérive mais également à Arbin, berceau de la mondeuse. Les désherbants et les engrais n'ont pas droit de cité chez Michel qui pratique de petits rendements. Encore plus faibles en 95 (à peine 30 hl/ha) en raison du millerandage et de la vendange en vert.

———— LES VINS ————

Les roussettes 95 (55 F) élevées en fûts (de château Yquem et château Carbonnieux pour certaines) pourront s'apprécier dès juin 96, mais il sera préférable de les garder car elles sont riches et vives. Il faudra patienter jusqu'en 97 pour s'offrir les mondeuses 95, vendangées bien mûres à la mi-octobre et égrappées à 80 %. L'éraflage pratiqué depuis 92 est la seule entorse à la tradition. Robe noire, arôme de myrtille, groseille et tabac, bouche concentrée : cuvée 28 jours, cette mondeuse 95 qui séjournera 2 ans en barrique est riche de promesses. Pour l'instant, vous serez séduit par les mondeuses 94 (50 F), peu charpentées mais très élégantes avec leur nez de framboise, violette, et leurs tanins soyeux. Faites-vous aussi plaisir avec les 93 (52 F) : remarquablement équilibrées, elles ont gardé leurs arômes de fruits rouges et de fève de cacao.

———— L'ACCUEIL ————

Passionné, dans le caveau d'un ancien prieuré de bénédictins : pour les groupes, maximum 20 personnes. Sur R-V. De Chambéry en direction d'Albertville, par la RN6 ou par l'autoroute, sortie Saint-Pierre-d'Albigny. Aller jusqu'à Frétérive (D201E) puis, dans le village de La Fiardière, prendre la route qui grimpe dans le coteau.

PROPRIÉTAIRE :
MICHEL GRISARD
73250 FRÉTÉRIVE
TÉL. : 79 28 62 10 - FAX : 79 28 61 74

COUP DE CŒUR

VIN DE SAVOIE ET APREMONT

DOMAINE
JEAN PERRIER & FILS

PROPRIÉTAIRE-NÉGOCIANT-ÉLEVEUR

LE DOMAINE

16 ha de jacquère en appellation Vins de Savoie Abymes et Apremont, plantés au pied du Granier : pas moins de 30 parcelles réparties sur les communes des Marches, d'Apremont et de Saint-Baldoph.

LES VINS

Constance, sérieux et ténacité : voilà une maison qui mérite un coup de cœur et de chapeau pour avoir exprimé, dans les millésimes favorables (95) comme dans les millésimes difficiles (93 et 94), le meilleur de la jacquère. Et pour avoir insufflé, à qui voulait suivre l'exemple, l'esprit du vin de Savoie bien fait. Il faut dire que la plupart des vignes, âgées de 40 ans, occupent des hauts de coteaux réputés et aux notes de terroir très variées. Chaque parcelle a donc droit à une vinification séparée. Ainsi les coteaux secs et pierreux dominant le lac Saint-André donnent des abymes fruités au goût de pierre à fusil. Dans des terres un peu plus riches, aux Mûres, les abymes sont tendres et peu vifs. À Saint-Baldoph, la jacquère qui semble pousser à même la roche offre des apremonts vifs, fumés, au goût de silex, alors qu'à Mariébey l'apremont combine notes florales et fruitées. L'élevage sur fines lies préservera ce léger perlant qui réveille les papilles. Finesse au nez, fraîcheur en bouche, tel est le type recherché. En 95, pourtant, les dernières parcelles vendangées à la mi-octobre ont donné des jus étonnamment concentrés, d'une constitution trop riche pour des vins réputés légers et aériens. Ce sera donc tout un art que de les assembler avec des vins plus friands, plus vifs. Les abymes 95 (25 F) seront complets et fruités (poire, ananas), et les apremonts 95 (28 F) secs, équilibrés, longs en bouche. Voilà pour les vins de propriété.

Même exigence pour les vins de négoce qui représentent toute la palette des vins de Savoie. Gilbert Perrier ne se contente pas de sélectionner les cuvées chez les vignerons. Il ne se passe pas un mois sans qu'il fasse la tournée des cantines. Il suit l'évolution de ses petits, goûte, regoûte, ordonne la mise en bouteille au moment le plus propice. Avec sagesse et pertinence, il laissera vieillir chignin, bergeron, roussette et mondeuse. « Tellement plus fins, tellement plus harmonieux après deux ans », affirme-t-il. Le bergeron 94 (36 F) est élégant avec ses senteurs de violette et de fleur d'abricot, sa bouche souple et épicée. Ample et franche à la fois, la roussette de Marestel 94 (33 F), au nez d'ananas confit, a du caractère. La mondeuse d'Arbin 94 (28 F) compense son manque de concentration par de beaux arômes de framboise et d'épices. Mieux constituée, la mondeuse d'Arbin 93 (32 F), aux notes sauvages de mûre et de myrtille, impose ses jolis tanins marqués mais sans trop.

L'ACCUEIL

Dans un joli caveau-musée situé au cœur du village de Saint-André. Groupes : jusque 50 personnes, sur R-V de préférence. Pour vous y rendre, prendre Chambéry-Chignin par la N6, tourner à droite et suivre la direction Les Marches-lac Saint-André : la cave est fléchée.

PROPRIÉTAIRE :
MAISON JEAN PERRIER & FILS
73800 SAINT-ANDRÉ-LES-MARCHES
TÉL. : 79 28 11 45 - FAX : 79 28 09 91

DOMAINE
JEAN-PIERRE TARDY

PROPRIÉTAIRE-VIGNERON

LE DOMAINE

5 ha en appellation apremont, éclatés en une dizaine de parcelles dont les meilleures couvrent les éboulis calcaires du Granier à Saint-André. La moitié des vignes a plus de 50 ans, et la jacquère est reine. En 94 cette variété locale, pourtant si résistante, n'a pas été à la noce. Malmenée par la pluie, elle a perdu sa fraîcheur et sa gaieté. Encore Jean-Pierre s'estime-t-il heureux d'avoir fait des vins sans faux goût...

LES VINS

Les faux goûts ? c'est sa terreur. Il aime les vins « francs et propres ». Pas d'ajout de levures, pas d'enzymes : « Ça déshabille les vins. » Et surtout pas de sucres résiduels. Avec le millésime 95, il est servi : le très bel automne l'a consolé des violents orages de grêle du mois d'août, qui ont meurtri ses vignes du Reposoir. Vendangées en octobre, les autres jacquères ont donné des vins aux arômes puissants et minéraux, à la bouche vive et bien structurée. Selon les cuves, on trouvera la poire et le silex, ou la camomille et le pamplemousse. Au moment de la mise en bouteille, en mars et en août, il s'agira de trouver le meilleur assemblage. Pour un apremont (23 F) finement perlant qui combine fraîcheur et rondeur, un vin résolument sec, bien savoyard.

L'ACCUEIL

À la cave, par Christiane Tardy qui aime parler de la Savoie. De préférence sur R-V. À la sortie de Chambéry, après Saint-Baldoph, direction Apremont. En face de la salle polyvalente, prendre à droite, panneau La Plantée : le domaine est à 100 m.

PROPRIÉTAIRE :
JEAN-PIERRE TARDY
LA PLANTÉE, 73190 APREMONT
TÉL. : 79 28 34 55

NOTES
DE VOYAGE

✎ NOTES
DE VOYAGE

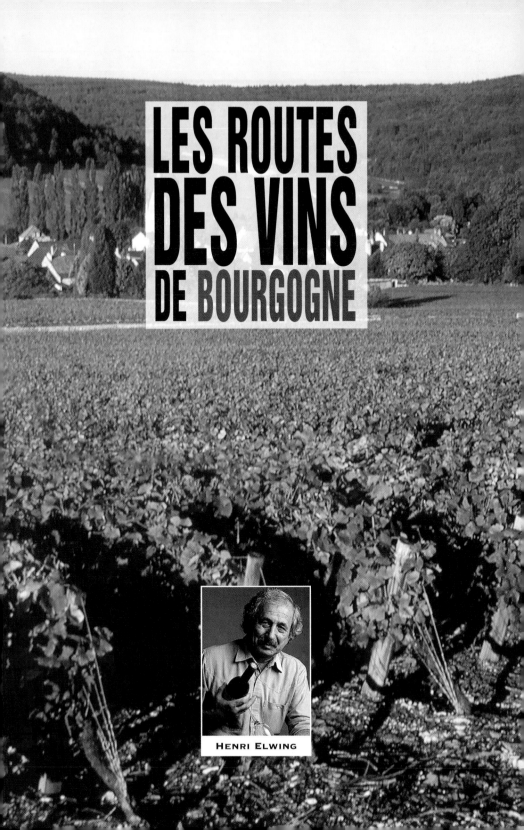

LES ROUTES
DES VINS
DE BOURGOGNE

HENRI ELWING

ÉDITO

LE « PARADOXE » BOURGUIGNON

Voilà un vignoble d'antique notoriété et de belle envergure : à ce jour 24.000 ha en production, répartis sur 3 départements et 5 régions distinctes où chaque motte de terroir engendre quasiment son propre vin et bénéficie de sa propre AOC ! Des vins d'immense renommée, blancs ou rouges de trogne voire rosés par coquetterie, des vins d'une infinie diversité en bouche bien qu'élaborés – ô paradoxe et exception faite de quelques centaines d'hectares d'aligoté blanc disséminées dans le vignoble – à partir des deux mêmes cépages, les rouges de pinot noir et les blancs de chardonnay. Des cépages de belle typicité qui donnent des vins de sublime noblesse pour autant qu'ils sont complantés dans leurs terroirs promis. La Bourgogne vineuse, et ce n'est pas là son moindre mérite, avec ses terroirs en gros argilo-calcaires aux multiples variantes bénies des Dieux dans le détail, fait la preuve savoureuse qu'en matière de grands vins seul le terroir est grand. Voilà qui ramène à leur juste place les innombrables vins dits de cépage qui, pour ne pas manquer de typicité (de raisins), manquent cruellement d'identité (de terroir) !

Le « savoir-faire » bourguignon

Encore faut-il, pour que les chardonnay et pinot noir soient dignes de l'étiquette bourgogne, que les vignerons ou négociants éleveurs impliqués s'astreignent à des rendements limités, des vinifications adéquates et des élevages de style et de durée propices – par-delà la typicité des cépages vite et facilement acquise – à révéler l'identité et la minéralité des terroirs. Sans oublier qu'il faut tenir compte de la météo qui fait les millésimes bons ou moins bons : 90 et 91 sont grands, 92 agréable, 93 satisfaisant, 94 convenable, 95 s'annonce superbe !

Nos randonnées bourguignonnes

Elles nous ont mené dans l'Yonne sur les 4000 ha des vignobles de Chablis et de l'Auxerrois, puis au départ de Mâcon dans la Saône-et-Loire, sur les 6500 ha du Mâconnais et les 3500 ha de la Côte-Chalonnaise, ensui-te, en remontant vers le nord et dans la Côte-d'Or, sur les 5500 ha de la Côte-de-Beaune et des Hautes-Côtes-de-Beaune, enfin sur les 3000 ha de la Côte-de-Nuits et des Hautes-Côtes-de-Nuits pour s'achever à Dijon après des étapes touristiques à Beaune et dans les Hautes-Côtes où les sujets de photos-souvenirs prolifèrent. Partout nous avons privilégié des vignerons jeunes dont nous avons, verre en main et papilles en érection, vérifié le savoir-faire, et qui ont du vin à vendre, ce qui n'est pas toujours le cas des vedettes confirmées de la viticulture bourguignonne. Pas davantage nous ne signalons les vins stars de la Bourgogne dont la rareté et les prix rendent l'acquisition aléatoire chez le vigneron et qu'il faut se procurer dans les maisons de négoce. Partout nous avons dégotté des vins accessibles, voluptueusement aromatiques, élégants, tantôt virils et dominateurs, tantôt lascifs et enjôleurs, mais toujours de longue garde, et par ailleurs plus agiles et fringuants que massifs et solennels, moins complexes mais plus vite mûrs que les gros calibres bourguignons. En somme, une sélection de vignerons qui nous ont tapé dans l'œil pour des vins que l'on goûte avec le cœur autant qu'avec le bec !

INFO-B.I.V.B.
LE BIVB AU SERVICE DE TOUS

Situé au cœur des vignobles de Bourgogne, le BIVB est un organisme institutionnel et professionnel qui regroupe et représente l'ensemble des viticulteurs et négociants-éleveurs des cinq grandes régions de production du vignoble bourguignon : Chablis, Côte-de-Nuits, Côte-de-Beaune, Côte-Chalonnaise, Mâconnais. Sa mission est d'œuvrer pour la défense et la promotion des vins de Bourgogne. Dans le cadre de cette mission, le BIVB et ses délégations régionales de Chablis, Beaune et Mâcon réalise de nom-

Jean Durup dans ses vignes.

JEAN DURUP

PROPRIÉTAIRE À CHABLIS
DOMAINE DE L'EGLANTIÈRE
4, GRANDE RUE • 89800 MALIGNY
TÉL. 86 47 44 49 • FAX 86 47 55 49

PHOTO PHILIPPE MAILLE

CHATEAU DE POMMARD

Fondé en 1726, le CHATEAU DE POMMARD demeure le plus grand domaine d'un seul tenant dans les grands crus de la Bourgogne.

Sur ce terroir exceptionnel, l'âge et le choix des cépages, la taille de la vigne, la vinification traditionnelle ne répondent qu'à un seul souci : la qualité.

Seules les meilleures cuvées sont retenues, après des dégustations répétées, pour la *Mise en Bouteilles au Château.* Le monopole de notre label garantit cette sélection.

Les vins du CHATEAU DE POMMARD sont distribués directement aux particuliers et à la restauration, sans intermédiaire ni revendeur.

La présentation en bouteilles antiques, forme héritée des siècles passés, n'à d'autre signification que d'harmoniser, pour le plaisir des yeux et la joie du cœur, la beauté du flacon à la noblesse du cru.

JEAN-LOUIS LAPLANCHE - CHATEAU DE POMMARD - 21630 POMMARD
Tél. (80) 22-07-99 et (80) 22-12-59

breuses actions de promotion, d'information et de formation destinées aux amateurs de vins qui désirent découvrir ou approfondir leurs connaissances sur les vins de Bourgogne.

L'école du vin

Stages de formation de 2 à 5 jours, comportant des conférences techniques, des dégustations commentées, des visites de caves et de vignobles (programme 1996 sur demande).

L'école des bordeaux et bourgognes à Paris

Ouverte en février en 1996 à l'hôtel de Brissac (Paris VIIIe), cette école vous propose des cycles d'initiation de quatre soirées à la découverte des vins de Bordeaux et de Bourgogne. Téléphone Vert : 05 30 83 21 (programme sur demande).

Conférences-dégustations

Interventions sur mesure en Bourgogne et à l'extérieur pour des groupes de 15 à 50 personnes.

Dépliant *De vignes en caves*

Deux cents caves à visiter lors de votre séjour en Bourgogne (dépliant gratuit sur demande).

Diffusion de documents d'information

Cartes de vignobles, fiches techniques des appellations, dépliant, plaquettes, affiches…
B.I.V.B. : 12, bd Bretonnière, BP 150, 21204 Beaune Cedex, tél. : 80 24 70 20, fax : 80 24 69 36. Délégations régionales à Chablis (tél. 86 42 42 22) et Mâcon (tél. 85 38 20 15).

COUPS DE CŒUR DES ANNÉES PRÉCÉDENTES

1993

Domaine Daniel Defaix à Chablis
Domaine Patrice Fort à Saint-Bris-le-Vineux
Domaine Patrice Rion à Nuits-Saint-Georges

1994

Domaine de l'Arlot à Nuits-Saint-Georges
Château de Pommard à Pommard
Domaine Dureuil-Janthial à Rully

HÔTELS DU VIGNOBLE ET RESTAURANTS DE BONNE CAVE

DANS L'YONNE

Chablis

Hostellerie des Clos : Michel Vignaud, rue Jules-Rathier, 89800 Chablis, tél. : 86 42 10 63. On y va pour dormir en paix et dans le plus grand confort, pour la gastronomie de grande classe, pour le service efficace et discret, et surtout pour la plus fantastique carte des vins de Chablis que l'on puisse rêver. Et le reste de la carte n'est pas mal non plus ! Prix : de 250 à 530 F (50 F petit déj.). Menus de 175 à 420 F et un menu enfant à 90 F.

Au Vrai Chablis : place du Général-de-Gaulle, 89800 Chablis, tél. : 86 42 11 43, fax : 86 42 14 57. Un bon bistrot-restaurant au cœur de Chablis, une cuisine locale bien préparée, copieuse (escargots, civet de sanglier, canard…) et très bien arrosée par la carte des Chablis abondante et variée. D'ailleurs, le patron Thierry Wolff est d'une famille de producteurs ! Menus : 95, 120, 130 (menu de la chasse) et 150 F.

Joigny

La Côte Saint-Jacques (Michel et Jean-Michel Lorain) : 14, rue du Faubourg-de-Paris, 89300 Joigny (27 km d'Auxerre, 150 km de Paris), tél. : 86 62 09 70, fax : 86 91 49 70. La première halte prestigieuse et célèbre de Bourgogne (Relais & Châteaux), où tout n'est que confort et opulence. Le dîner est tout simplement merveilleux ; la carte des vins, surtout celle des bourgognes, est somptueuse. En particulier les chablis, les proches voisins, sont exceptionnels. Et comme tous les grands de la cuisine, le chef a désormais son vin à lui, un bourgogne blanc sans prétention pour l'heure mais non sans ambition. Admirablement vinifié, il va bientôt, avec des vignes qui prennent de l'âge, redonner au vignoble de Joigny tout le lustre qu'il a perdu lors du phylloxera de funeste mémoire.

DANS LE MÂCONNAIS

Beaune

Hôtel Le Home : 138, route de Dijon, 21200 Beaune, tél. : 80 22 16 43, fax : 80 24 90 74. 24 chambres tout confort au sein d'une belle maison accueillante entourée d'un beau parc ombragé. Malheureusement sans restaurant. Prix : de 325 à 370 F. Parking.

Bussières

Le Relais Lamartine : 71960 Bussières, près La Roche-Vineuse sur le circuit Lamartine (au départ de Mâcon, prendre la N79 vers Cluny, puis la D85 vers La Roche-Vineuse, enfin vers Bussières). Les escargots maison sont de Bourgogne, le foie gras maison, le jambon de Morvan, la viande de Charolais, etc., etc. La carte des vins est remarquable et les vins locaux sont bien choisis. Et le chef, Michel Gacon, est un artiste. Si vous avez le bonheur d'entamer la conversation avec lui, un conseil : demandez-lui de vous offrir un verre pour attendre votre tour de parler, car il est adorablement bavard ! Menus à 175 et 220 F, et 8 chambres pour les trop bons vivants de 245 à 395 F.

Crèches-sur-Saône

Le Château de La Barge : 71680 Crèches-sur-Saône tél. : 85 37 12 04. Château, hôtel, et restaurant. On le découvre en allant déguster le domaine des Granges (cf. notre sélection domaines). La vie de château sur fond de pouilly-fuissé dans cette demeure du XVIIe siècle. Cadre somptueux et délicieusement agréable avec 23 chambres de grand confort. C'est une halte à recommander !

Fuissé

Au Pouilly-Fuissé : 71960 Fuissé, tél. : 85 35 60 68. Un cadre ouvert sur la verdure, un service souriant, des spécialités régionales chaque jour et une carte des vins locaux bien choisie. Menus à 80, 118, 153, 165, 175, et 220 F. Fermé le mercredi. Une étape goûteuse, confortable et raisonnable que l'on doit à Dominique et Éric Point.

Gevrey-Chambertin

Hôtel des Arts et Terroirs : 28, route de Dijon, 21220 Gevrey-Chambertin, tél. : 80 34 30 76, fax : 80 34 11 79. Entre Dijon et Beaune, 20 chambres de bon confort, TV + salles de bains individuelles dans une belle maison au décor british, avec petit bar et piano... Tarifs de 250 à 480 F + 45 F le petit déj. Des vélos sont mis à votre disposition pour découvrir les caves de la région.

Mâcon

Hôtel de Bourgogne : 6, rue Victor-Hugo, 71000 Mâcon, tél. : 85 38 36 57, fax : 85 38 65 92. Une situation dans le centre-ville avec, argument déterminant, un parking (payant toutefois). Chambres convenables et service affable. Chambres de 269 à 376 F + 32 F le petit déj.

Au Rocher de Cancale : 393, quai Jean-Jaurès, 71000 Mâcon, tél. : 85 38 07 50, fax : 85 38 70 47. Ambiance sympathique et feutrée pour ce restaurant de qualité laissant la place aux spécialités régionales. Belle carte du Beaujolais et du Mâconnais. Menus : 98, 135, 160 et 220 F.

Nantoux

Au Plaisir du Ventre : 21190 Nantoux, tél. et fax : 80 26 04 11. Restaurant sans chichis. Ici règne la bohème, mais c'est bon pour pas cher avec des menus à 60, 75 et 90 F, plus une carte pour les extras de luxe. Daniel Pasquelin, fin cuisinier à la barbe fleurie, a l'accueil familier. La carte des vins est succincte mais honnête. Il faut téléphoner, mais en principe c'est toujours ouvert... sauf le mercredi.

Nolay

Le Burgonde : 35, rue de la République, 21340 Nolay, tél. : 80 21 71 25, fax : 80 21 88 06. Fermé le jeudi, mais il est préférable de retenir les autres jours. Bourg moyenâgeux, agréable étape touristico-historique avant d'attaquer les Côte et Hautes-Côtes-de-Beaune, Nolay est aussi une étape gastronomique avec le Burgonde où, dans un cadre fin XIXe de très bon goût, Fabienne et Jean Mayenson-Boucaud proposent une cuisine pleine d'invention alternant poissons et spécialités locales avec bonheur. La carte des vins, riche en crus locaux, est inattendue, et ses prix sont très sages. L'accueil est aimable. Menus à 79, 98 et 128 F. Carte raffinée.

Saint-Laurent-sur-Saône

Le Saint-Laurent : 1, quai Bouchacourt, 01620 Saint-Laurent-sur-Saône, tél. : 85 39 29 19. c'est le « bistro » de Georges Blanc, le 3 étoiles de Vonnas. Recommandable pour le cadre et les menus à 98, 155, 175 et 210 F, sans oublier les enfants à 55 F. La carte est salivante. Incontournable pour sa carte des vins régionaux mais aussi nationaux. Et l'occasion de goûter en situation les très fameux et très médaillés mâcon-azé de Georges Blanc, ce vigneron dans l'âme qui a viré aux fourneaux ! Menus : 98, 155, 175 et 210 F + 55 F pour les enfants.

COUCHER CHEZ LE VIGNERON

AUX ENVIRONS DE CHABLIS

Domaine de la Conciergerie : Nicole et Christian Adine, 2, allée du Château, Courgis, 89800 Chablis, tél. : 86 41 40 28, fax : 86 41 45 75. On fait coup double au domaine de la Conciergerie : les vins chablis et chablis 1ers crus sont d'une qualité remarquable, et le vigneron est là pour vous les faire goûter. 3 chambres d'hôtes sont aménagées dans une maison bicentenaire sur l'ancienne conciergerie du château. Les chambres sont au premier étage (avec salle de bain particulière), les chambres d'hôtes d'un bon confort rustique, et les petits déjeuners quasiment en famille débutent bien la journée. Les tarifs 195 F environ, petit déj. compris, pour 2 personnes. Il est prudent de retenir et même de reconnaître les lieux avant la tombée du jour. C'est d'ailleurs une belle balade.

Le Moulin : Pascal et Hester Moreau, 89310 Poilly-sur-Serein, tél. : 86 75 92 46, fax : 86 75 95 21. Ce n'est pas chez un vigneron mais cela vaut le détour : 5 chambres d'hôtes avec salle de bain aménagées dans un vaste moulin du XIXᵉ siècle, en bordure de village, dans un parc calme et verdoyant. Ouvert d'avril à novembre. Compter de 300 à 360 F pour 2 personnes petit déj. inclus.

EN CÔTE-D'OR

François et Blandine Rocault (Gîtes de France) : Orches, 21340 Baubigny, tél. : 80 21 78 72, fax : 80 21 85 95. À 15 km de Beaune environ, 5 chambres de très bon confort avec salles d'eau et w-c particuliers vous

LE POUILLY-FUISSÉ, PUR SANG DE LA BOURGOGNE

L'histoire remonte aux époques aurignacienne et solutréenne, entre 35.000 et 10.000 ans av. J.-C. ! En ces temps-là nos ancêtres chasseurs, fourrageant autour de la célèbre roche de Solutré (495 m) pour se nourrir, rabattaient vers le sommet les innombrables chevaux sauvages en paissance dans le coin et les forçaient à se précipiter dans le vide. Au bas de la roche, les femmes qui préparaient le festin hippophagique ne laissaient que les os dont on a retrouvé d'immenses quantités.

Les chevaux disparus, les hommes ont changé : de chasseurs, ils sont devenus vignerons pour profiter au mieux d'un terroir sanctifié des restes de la plus noble conquête de l'homme ! Cette mutation s'est effectuée bien plus tard, après que les Romains, puis les moines chrétiens – ceux de Cluny en particulier, très à cheval sur le vin de messe – eurent apporté la vigne là comme partout ailleurs en Bourgogne.

C'est ainsi qu'est né le divin pouilly-fuissé, un blanc séveux qui fait feu des quatre fers sur les poissons de mer ou de rivière, les grenouilles des Dombes, les escargots de Bourgogne et même la poularde de la Bresse proche. Et si vous prend l'envie d'une ascension de la roche de Solutré à pied ou à dos d'âne (c'est faisable), avant de grimper n'oubliez pas le coup de l'étrier !

attendent chez ces vignerons très accueillants. Pour 2 pers. : compter 245 F petit déj. inclus.

François et Josseline Germain (Gîtes de France) : Le Château, 21200 Chorey-les-Beaune, tél. : 80 22 06 05, fax : 80 24 03 93. 6 chambres situées au château s'il vous plaît, dans un cadre des XIIIᵉ et XVIIᵉ siècles, avec salle de bain et w-c particuliers. Entre 700 et 740 F pour 2, et le petit déjeuner est inclus. Le tout à 3 km de Beaune !

Lucienne Fouquerand (Gîtes de France) : 21340 La Rochepot, tél. : 80 21 72 80. Lucienne vous accueille dans 2 chambres aménagées dans une maison de caractère avec salle d'eau et w-c particuliers pour 200 F environ petit déj. inclus !

AUX ENVIRONS DE MÂCON

Marie-Thérèse Marin (Gîtes de France) : le Bourg, 71960 Chevagny-les-Chevrières, tél. : 85 34 78 60, fax : 85 20 10 99. 3 chambres situées dans une demeure viticole du XVIIIᵉ sur la route des vins et des églises romanes. Vue magnifique sur Solutré et Vergisson. Prix : 200 F pour 1 pers., 260 F pour 2 et 360 F pour 3.

Gérard Sallet (Gîtes de France) : rue du Puits, 71700 Uchizy, tél. : 85 40 50 46. 4 chambres dans une belle maison de caractère, avec dégustation possible sur place ! Salle de bains + w-c particuliers. De 195 à 345 F selon le nombre de personnes.

DANS LES HAUTES-CÔTES-DE-BEAUNE

Blandine et François Rocault : Orches 21340 Baubigny. Tél. : 80 21 78 72. Ces viticulteurs font non seulement goûter leurs excellents bourgognes mais proposent de très confortables chambres d'hôtes aménagées dans leur habitation, tout en haut d'Orches. Vue imprenable sur le vignoble, silence, et petits déjeuners comme à la campagne ! Tarifs : pour 1 pers. 200 F, 2 pers. 245 F, 3 pers. 275 F avec douche et w-c privés, petit déj. compris !

À VISITER

Suivez les chemins des pèlerins de Saint-Jacques-de-Compostelle en visitant ces merveilleuses étapes que sont l'abbaye de Cluny, Paray-le-Monial, Vézelay, Châtillon-sur-Seine… (Adressez-vous au CRT de Bourgogne, une brochure est à votre disposition.)

Milly-Lamartine : maison d'enfance de Lamartine. Passez par l'église romane de Bussières et le château de Monceau à Prissé, qui sont des attraits touristiques pour les amoureux de Lamartine.
Circuit « suivez la grappe » : c'est le slogan des mille panneaux illustrés par le minois d'une jeune fille coiffée de feuilles de vignes et encadré de deux grappes de raisins. Cette grappe mène à une cinquantaine d'églises romanes, à autant de châteaux, de musées et d'auberges sympa, etc. Par exemple, visitez Varennes-les-Mâcon, Sologny, Vinzelles, Chevagny-les-Chavrières, et ne pas rater Berzé-la-Ville qui abrite la magnifique chapelle des Moines (résidence de repos des abbés de Cluny) et ses peintures du XIIᵉ siècle.

La roche de Solutré : site préhistorique légendaire qui domine le vignoble (cf. notre encadré), c'est à son pied que fut découvert l'un des plus importants gisements préhistoriques d'Europe, constitué d'ossements de chevaux et de rennes. Escalade facile de la roche (1 h). Renseignements tél. au 85 35 85 24

Solutré-Pouilly : musée départemental de préhistoire (pierres taillées 30.000 ans av. J.-C., etc.). Visite guidée 1 h.

Cluny : c'était ici, dans cette vallée de la Bourgogne sud, que s'élevait la plus grande église romane de la chrétienté. Allez-y, car les mots sont trop faibles pour vous décrire cette splendeur emplie d'histoire. Mais Cluny c'est aussi le pays des chevaux, avec son haras national à la gloire des pur-sang. Visite gratuite, tous les jours de 9 à 18 h. Tél. : 85 59 85 00.

Chenôve : les Pressoirs des Ducs de Bourgogne, 8, rue Roger-Salengro, 21300 Chenôve. Du 15 juin au 30 septembre, ouvert tous les jours de 14 à 19 h et sur R-V le reste de l'année. 2 magnifiques pressoirs à contrepoids du temps de Jean Sans-Peur (1404). Un joyau de la région.

Château du Clos-Vougeot : tél. : 80 62 86 09. Ouvert du lundi au samedi de 9 h à 18 h 30 d'avril à septembre (17 h le samedi) et de 14 à 17 h 30 d'octobre à mars. Visite d'1 h avec historique du château du XIIe siècle, sans dégustation. Entrée payante.

À visiter aussi : les villages de Saint-Gengoux, Blanot, Chardonnay, Brançion, Tournus, Le Creusot, Brandon, etc., sans oublier les Hôtels-Dieu de Tonnerre (Notre-Dame-des-Fontenilles), de Beaune, de Chalon-sur-Saône (hôpital Saint-Laurent), Tournus, Louhans, Alise-Sainte-Reine, Arnay-le-Duc (Hospice Saint-Pierre), Seurre et Saint-Brisson, le musée Marey, la maison des Hautes-Côtes pour le casse-croûte et le point de vue panoramique, la maison des moutardes Maille à Dijon...

FÊTES ET MANIFESTATIONS EN BOURGOGNE

Les Bourguignons n'ont pas la mémoire courte. Saint-Pierre-le-Moutier célèbre l'anniversaire de sa libération par Jeanne d'Arc (octobre 1429). Le 4 septembre, les habitants de Tonnerre font dire une messe à la mémoire de Marguerite de Bourgogne, fondatrice de leur hôpital en 1293. Le carnaval garde ses droits à Mézilles dans l'Yonne (l'homme de paille), à Chagny (Bamboula), Auxonne et surtout Chalon-sur-Saône (Cabache, roi des Gôniots). Début septembre Alise-Sainte-Reine reconstitue en costumes d'époque le martyre de cette vierge qui refusa les avances du gouverneur romain Olibrius. On « chante les œufs » à Châtenoy-en-Bresse la nuit de Pâques. On « tire l'oiseau » à Couches et à Charolles.

Clamecy dispute ses joutes nautiques le 14 juillet. Pour les lève-tôt, le marché de Saint-Christophe-en-Brionnais, le jeudi (les plus beaux bestiaux de la région). Foire aux oies à Toucy, festival de l'escargot à Bassou. À Semus-en-Auxois, la Course de la Bague (31 mai), la plus ancienne course à cheval de France. À Saint-Jean-de-Losne (juillet), le Pardon des mariniers et les fêtes de la batellerie. Début septembre, à Dijon, les fêtes internationales de la vigne. Fête du roi chambertin à Gevrey-Chambertin.

Les manifestations vineuses sont importantes : Saint-Vincent tournante le dernier dimanche de janvier (chaque année dans une commune différente) ; la fête Raclet à Romanèche-Thorins, les Trois Glorieuses (troisième week-end de novembre) avec la vente des vins des Hospices de Beaune et la Paulée de Meursault, la fête des vins de l'Yonne à Chablis (quatrième dimanche de novembre), etc.

VISITER LA BOURGOGNE EN BATEAU...

Il n'est pas de meilleur moyen, pour bien découvrir la Bourgogne, que de le faire en bateau. Près de 1200 km de rivières et canaux vous attendent à bord de bateaux habitables de grand confort.
Renseignements :
Tél. : 86 59 14 22, Locaboat Plaisance à Joigny
Tél. : 86 91 72 72 et Connoisseur Cruisers à Gray

... EN BALLON !

Renseignements à Pommard, tél. : 80 24 20 32, fax : 80 24 12 87

OU À VÉLO

Location à Beaune, tél. : 80 22 06 03, fax : 80 22 15 58

APPELLATIONS ET CLASSEMENTS
EN BOURGOGNE

Bénie des dieux dans sa diversité, la Bourgogne viticole totalise 96 AOC hiérarchisées de la plus simple à la plus prestigieuse en quatre catégories :

– 21 AOC régionales (56 % de la production) produites dans n'importe laquelle des 5 régions de production et qui ont droit à la simple mention « bourgogne ». Cette indication peut ou doit être complétée d'une mention faisant référence soit au cépage (ex. : bourgogne aligoté), à la vinification (ex. : crémant de Bourgogne), soit à la région spécifique de production (ex. : bourgogne hautes-côtes-de-beaune, bourgogne côte-de-nuits, mâcon, etc.) ou même à la commune de production (ex. : bourgogne-épineuil, etc.).

– 42 AOC communales (30 % de la production) dites AOC villages, désignant les vins issus du territoire des communes promues (ex. : Meursault, Pommard, Mercurey,

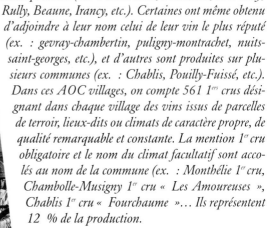

Rully, Beaune, Irancy, etc.). Certaines ont même obtenu d'adjoindre à leur nom celui de leur vin le plus réputé (ex. : gevray-chambertin, puligny-montrachet, nuits-saint-georges, etc.), et d'autres sont produites sur plusieurs communes (ex. : Chablis, Pouilly-Fuissé, etc.). Dans ces AOC villages, on compte 561 1ers crus désignant dans chaque village des vins issus de parcelles de terroir, lieux-dits ou climats de caractère propre, de qualité remarquable et constante. La mention 1er cru obligatoire et le nom du climat facultatif sont accolés au nom de la commune (ex. : Monthélie 1er cru, Chambolle-Musigny 1er cru « Les Amoureuses », Chablis 1er cru « Fourchaume »... Ils représentent 12 % de la production.

– 33 AOC dites grands crus, suprême distinction désignant les vins issus de terroirs d'exception. Le nom du climat suivi de la mention grand cru suffit à les signaler et supplante même l'indication du village (ex. : romanée-conti, chambertin, bonnes-mares, richebourg, montrachet, corton, etc.). Cela représente 2 % à peine des 150 à 160 millions de bouteilles annuelles de Bourgogne !

CENTRES D'INFORMATION

Comité régional de tourisme de Bourgogne (CRT) : Conseil régional, BP 1602, 21035 Dijon cedex, tél. : 80 50 10 20, fax : 80 30 59 45.

Comités départementaux de tourisme (CDT) : tél. : 85 38 27 92 à Auxerre, ouvert de 9 à 12 h et de 14 à 18 h. À Dijon, tél. : 86 52 26 27, à Mâcon, tél. : 80 63 66 00.

Bureau Interprofessionnel des vins de Bourgogne (BIVB) : 12, bd Bretonnière, 21200 Beaune, tél. : 80 24 70 20, fax : 80 24 69 36. Vous y trouverez toutes brochures sur la Bourgogne vinicole, des cartes officielles en vente et le calendrier des manifestations vinicoles de 96. Par ailleurs, le BIVB possède une école du vin qui vous initie au bourgogne au cours d'une formation œnologique de 5 jours. Pour tout renseignement, tél. au 80 24 70 20, fax : 80 24 69 36. Délégation régionale à Chablis, tél. : 86 42 42 22, fax : 86 42 80 16. Délégation régionale à Mâcon, tél. : 85 38 20 15, fax : 85 38 94 36.

Office du Tourisme de Beaune : rue de l'Hôtel-Dieu, 21200 Beaune, tél. : 80 26 21 30, pour les dépliants touristiques et calendriers des festivités de la région.

Office du Tourisme de Mâcon et Office du tourisme de la route des vins : rue Dufour, 71000 Mâcon, tél. : 85 38 09 99 et 85 38 09 90.

Groupement des jeunes professionnels de la vigne (GJPV) : 24 bis, rue du Lieutenant-Dupuis, 21200 Beaune. Contacter Agnès Diot au 80 22 05 12. Toute une liste de jeunes vignerons méritants, amoureux de leurs terroirs et soucieux de bien faire, qui ont des choses à dire et des vins à faire connaître sans obligation d'achat !

PROPOS HISTORIQUES

« Ô heureuse Bourgogne qui mérite d'être appelée la mère des hommes puisqu'elle leur fournit de ses mamelles un si bon lait ! » (Érasme, lettre écrite à Bâle en 1522.)

En 1553, Monseigneur Claude de Givry, évêque-duc de Langres, pair de France et par la miséricorde de Dieu, cardinal-prêtre de la Sainte Église romaine, dans un élan de piété et armé du bouclier de la Foi, somma, par la vertu de la Sainte Croix, une première, une deuxième et une troisième fois toutes les mouches et tous les vers nuisant aux fruits des vignes, d'avoir à cesser leurs ravages et de se retirer du vignoble. Poussées par Satan, ces bestioles refusaient d'obtempérer ; Monseigneur Claude les maudit, leur lança la sentence de malédiction et d'anathème, en un mot les excommunia ! De nos jours, la Foi, hélas ayant tiédi, on a remplacé la prière par les insecticides. C'est combattre le mal par le mal… qu'importe si le vin est bon. (Archives de Dijon.)

Dossier réalisé par Isabelle Lenot

CHABLIS 1ᵉʳ CRU ET GRAND CRU

LA CHABLISIENNE
CAVE COOPÉRATIVE VINICOLE

CHABLIS ET PETIT CHABLIS

DOMAINE D'ÉLISE
PROPRIÉTAIRE EXPLOITANT

LE DOMAINE

L'appellation comprend 3500 ha de vignes. La Chablisienne compte 300 adhérents, regroupe 1150 ha et vinifie 30 % des vins de l'AOC. À part Valmur, avec 14,5 ha sur 93 elle est présente dans les 6 autres grands crus (blanchots, bougros, les clos, grenouille, les preuses, vaudésir) et, avec 140 ha sur 717, dans la plupart des 40 1ᵉʳˢ crus. Faisant désormais partie de l'élite, elle rafle un maximum de médailles en concours.

LES VINS

Vendanges et pressurages restant l'affaire des adhérents, la Chablisienne collecte les moûts, vinifie, élève et commercialise les vins achevés. La vinification et l'élevage ont pour objectif d'aboutir à des chablis frais, fruités, sans onctuosité et minéraux qui portent la marque de leur terroir. Seuls les grands crus et quelques 1ᵉʳˢ crus tels côte-de-léchet et mont-de-milieu très structurés sont vinifiés et élevés en barriques. Pour 96, les chablis, chablis 1ers crus 94, chablis grand cru 92-93 (1992 : de 55 à 130 F et 1993 : de 50 à 68 F) seront commercialisés. La vente de millésimes plus anciens se poursuivra jusqu'à épuisement. Ne ratez pas le chablis vieilles vignes 93 (55 F), fruits secs et craie. Ampleur, longueur, minéralité : une perfection !

L'ACCUEIL

Souriant, dans un salon-caveau-boutique. Tous les jours aux heures ouvrables. Le dimanche, vous serez reçus par les vignerons adhérents. Si vous rencontrez Jean-Michel Tucki, saluez celui qui a hissé la Chablisienne à son plus haut niveau de qualité. Prendre à droite sur Avallon à l'entrée de Chablis en provenance d'Auxerre. Panneaux, parking.

LE DOMAINE

Frédéric Prain, fils et père de famille, ingénieur des travaux publics et amateur de DS carrossées par Chapron, las de sa vie parisienne, fit un retour aux sources de ses racines paysannes. Désormais, la quarantaine en vue, ancré sur 13 ha de vignes mi-chablis et mi-petit chablis, il coule des jours heureux à faire le vin avec amour et science !

LES VINS

Frédéric Prain sait que le chardonnay, cépage des blancs de Bourgogne mais aussi d'une multitude de partout et de nulle part, a une typicité merveilleuse, très en vogue mais écrasante au point de reléguer le terroir au second plan dans le bec d'un novice de la dégustation. Or seul le terroir donne son identité au vin. Ses chablis et petit chablis réussissent une harmonieuse synthèse entre la fraîcheur florale et mellifère du chardonnay d'une part, et la minéralité crayeuse et plus ou moins austère de terroir d'autre part. Le petit chablis 94 (39 F), minéral d'une vivacité tempérée noisette-chèvrefeuille, est une sympathique initiation à l'appellation ; plus concentré que ne le fut le 93 auquel on aimerait pouvoir le comparer. Le chablis 94 (45 F), élégant, corsé, gras en bouche avec une finale terroitée, est la démonstration concrète de ce que doit être un chablis 94, vin de terroir plutôt que de cépage.

L'ACCUEIL

Pédagogique sans être pédant et dans une belle nature isolée. Indispensable d'avertir. Au départ d'Auxerre, prendre sur Poinchy à droite à l'entrée de Chablis, c'est un chemin de terre à ne pas rater !

DIRECTEURS :
A. CORNELISSENS ET H. TUCKI
8, BD PASTEUR, 89800 CHABLIS
TÉL. : 86 42 89 89 - FAX : 86 42 89 90

PROPRIÉTAIRE :
FRÉDÉRIC PRAIN
89800 MILLY-CHABLIS
TÉL. : 86 42 40 82 - FAX : 86 42 44 76

CHABLIS

DOMAINE LAROCHE

PROPRIÉTAIRE EXPLOITANT ET NÉGOCIANT

LE DOMAINE

Michel Laroche, œnologue de formation, la cinquantaine élégante et svelte, est entré en Chablis l'année 1968, chez son père qui défendait 6 ha de vignes contre les très fréquents gels de printemps qui ratatinaient régulièrement tout le vignoble. Compétent, ambitieux, il y est devenu un « personnage » alignant 100 ha dont 6 en grand cru et 30 en 1ers crus. Soucieux d'une expression sans fard du terroir, il a d'abord travaillé en cuve. Puis, à partir de 1980, l'expérience aidant, il est passé à la vinification et à l'élevage sous bois.

LES VINS

Le chablis Saint-Martin 94 (69 F franco par 12), cheval de bataille du domaine Laroche, présente un bon équilibre agrumes-fruits confits avec une belle fraîcheur. Quant au chablis 1er cru Vaudevay 94 (89 F franco par 12), il est harmonieux et puissant, avec une approche de velours, une bouche virile et minérale ; l'avalé est superbe. Le chablis 1er cru Fourchaume 94, lui, est très minéral et de grand registre (109 F). Et un chablis grand cru réserve de l'Obédiencerie 92, encore jeune. À boire avec recueillement sur un homard breton grillé nature (292 F).

L'ACCUEIL

Raffiné et bilingue dans une belle boutique-caveau. Tous les jours aux heures ouvrables. Possibilité de groupes sur R-V, à l'Obédiencerie, monument historique où les reliques de saint Martin trouvèrent refuge lors des invasions des Vikings pilleurs ! La boutique est au centre de Chablis, l'Obédiencerie (payante avec dégustation) près de l'église.

PROPRIÉTAIRE :
MICHEL LAROCHE
L'OBÉDIENCERIE
22, RUE LOUIS-BRO
89800 CHABLIS
TÉL. : 86 42 89 00 - FAX : 86 42 89 29

DOMAINE SYLVAIN MOSNIER

PROPRIÉTAIRE RÉCOLTANT

LE DOMAINE

Si Sylvain Mosnier, 50 ans, fils de garagiste et prof de mécanique automobile au lycée de Joigny mais descendant d'une vieille lignée de vignerons chablisiens est revenu au vin, c'est pour l'amour de Monique son épouse, institutrice à Chablis, nantie de 2 ha de vignes qu'elle pleurait de voir dépérir ! Se souvenant de l'arrière-grand-père, diplômé greffeur en 1893 et du grand-père 1ᵉʳ prix de viticulture en 1911, il s'est converti vigneron puisqu'en Chablis mieux vaut boire que conduire. Large d'épaule, notre homme a la carrure pour mener ses 13 ha de vignes dont 1 ha sur le 1ᵉʳ cru Beauroy et 60 ares sur le 1ᵉʳ cru Côte-de-Lechet.

LES VINS

Tous ses vins offrent l'exemple d'un harmonieux équilibre entre l'austère élégance minérale d'un terroir d'exception et la flatteuse séduction d'un chardonnay cueilli à maturité. L'élevage prolongé – Sylvain retarde souvent d'un an la mise en vente de ses millésimes – ajoute encore à la perfection de cet équilibre. Pour ses vieilles vignes (les 2 ha de Monique) et ses 1ᵉʳˢ crus, selon les années et les lieux-dits, on vinifie en barriques et on laisse dormir longtemps. Le résultat est fabuleux. Les chablis 93 et les 94 qui vont arriver (45 F), le chablis 1ᵉʳ cru 91, (55 F) et le côte-de-lechet 93 (55 F), tous émouvants, seront hélas vite épuisés…

L'ACCUEIL

Chaleureux et complice, dans une cave de dégustation voûtée et dans la plus belle tradition bourguignonne. Avertir. Itinéraire : au départ de Chablis vers Milly puis la D965 à gauche jusqu'à Beines, le domaine est signalé en bordure de route.

PROPRIÉTAIRE :
SYLVAIN MOSNIER
BEINES, 89800 CHABLIS
TÉL : 86 42 43 96 - FAX : 86 42 42 88

DOMAINES DES ÎLES & GÉRARD TREMBLAY

PROPRIÉTAIRE VITICULTEUR

LE DOMAINE

Gérard Tremblay, 45 ans, mène de front sa passion de vigneron et de coureur automobile. Avec Hélène, sa femme, il gère ; avec Marylise son aînée, 23 ans, il a vinifié le 95 ; avec Vincent, 19 ans, et Éléonore, 7 ans, il voit venir. Le domaine très éclaté couvre 33 ha : 5,5 en petit chablis, 15 en chablis, 11 en 1ᵉʳˢ crus dont 5,5 sur Fourchaume, 0,5 sur l'Homme-Mort, le reste sur Côte-de-Léchet, Montmains, Beauroy, enfin 0,5 ha en grand cru Valmur. Aux dernières nouvelles, il exporte 70 % de sa production et s'est bien classé aux 24 h de Spa !

LES VINS

Le petit chablis, sec, plutôt mordant, léger, nez agrume, bouche minérale, se consomme jeune, le 94 vite et le 95 qui suit dans la foulée (35 F). Le chablis, agrumes confits et grès minéral, est un vin équilibré, de belle fraîcheur (4,5° d'acidité), corsé (12,5°) et qui décline son identité aussi bien que sa typicité. Le 94 (45 F) est en pleine forme, le 95 sera abordable fin 96. Les 1ᵉʳˢ crus et le grand cru (55 F) passent tous quelques mois en barrique de 228 l. Ils ne sont à la vente qu'après un élevage long. Le Fourchaume 94 (60 F) est le plus précoce ; viril et gras, bouche acacia et même craie avec un avalé superbe, une merveille !

L'ACCUEIL

Dans un chai vaste et nickel qui d'entrée vous met en position d'adorateur du chablis. Gérard Tremblay, cordial mais timide, laisse surtout parler les vins. Mais il s'échauffe à fustiger ceux qui tirent tout du chardonnay et rien de leur sol. Prévenir. À la sortie de Chablis, direction Auxerre, prendre sur Poinchy à droite, le domaine est signalé.

PROPRIÉTAIRES :
GÉRARD ET HÉLÈNE TREMBLAY
12, RUE DE POINCHY
POINCHY, 89800 CHABLIS
TÉL. : 86 42 40 98 - FAX : 86 42 40 41

CHABLIS ET 1ᴱᴿˢ CRUS	PETIT CHABLIS ET 1ᴱᴿˢ CRUS

DOMAINE BARAT

PROPRIÉTAIRES VITICULTEURS

DOMAINE DE CHAUDE ÉCUELLE

PROPRIÉTAIRE RÉCOLTANT

LE DOMAINE

Michel, 44 ans, vigneron émérite de la 6ᵉ génération à Milly, a épousé Joëlle, fille de vigneron à Fleys. Conjointement, ils mènent de main de maître 15 ha de vignes. Leur fils Ludovic, 24 ans, aide tout en s'installant à son compte, et Angèle, 20 ans, apprend l'anglais vu que 70 % des vins partent à l'export. Mais 80.000 bouteilles par an sont réservées aux particuliers.

LES VINS

Verre en main, Michel Barat démontre que son chablis est un grand « vin de terroir à visage humain » qui chez lui ne fait pas de bois car il n'en a pas besoin. Exemplaire, le chablis 94 (43 F) aux notes d'agrumes et craie superbement équilibrées, avec une belle fraîcheur et une belle longueur. Le 95 sera plus corsé. Le 1ᵉʳ cru Vaillons 94 (56 F) est élégant, floral, avec des notes de violette. Encore un peu jeune, mais le fruit devrait apparaître et le vin s'épanouir entre 3 et 5 ans. Le 1ᵉʳ cru Côte-de-Lechet 94 (56 F), aux arômes encore discrets mais bien présents, avec une bouche minérale et fruitée séduisante et complexe, structuré et corsé, est un grand vin qui mérite d'être attendu. Le 1ᵉʳ cru les Fourneaux 94 (56 F) est comparable en plus délicat au fastueux Mont-de-Milieu. Et enfin, le 1ᵉʳ cru Mont-de-Milieu 94 (59 F) : c'est le plus grand, qui peut rivaliser avec un grand cru. Richesse des arômes, plénitude de la bouteille ample et virile, avalé velours sans mollesse. À goûter puis à oublier pour Noël 96 ou 97 !

L'ACCUEIL

Auguste et chaleureux dans une cave adéquate. Prévenir. Sortie de Chablis vers Tonnerre, Milly est à 2 km. La cave est signalée.

LE DOMAINE

À tous égards la vie de Gérald Vilain, 30 ans, est exemplaire. Fils et petit-fils de vignerons, à 20 ans il relaie son père et effectue sa première vinification. À 24 ans il épouse Claire et lui offre un enfant tous les deux ans en échange de son aide précieuse pour mener à bien leurs 30 ha. L'avenir nous dira qui, de la famille ou du domaine, continuera de grandir. Pour l'heure 4 ha de petit chablis, 23 en chablis, le reste en 1ᵉʳˢ crus dont 1,5 ha en montmains suffisent au bonheur de ce couple parfait.

LES VINS

Gérald Vilain a le grand mérite de faire ses vins justement équilibrés entre terroir et cépage en tenant compte de la météo. Ses chablis sont à la fois le reflet et le réconfort du temps qui passe. En 96, on devra finir le petit chablis 93 très mûr et commencer le 94 voire le 95, tous deux bien guillerets. Le chablis 94, très réussi, sera disponible et buvable dès fin 96, mais le chablis 93 sera en pleine gloire (41 F). Le 1ᵉʳ cru Montmains 93, très minéral et mâchu, est superbe (52 F). Le 94 assurera sans déchoir la continuité. Enfin, sur 1 ha existe un bourgogne grand ordinaire (non classé chablis mais agréé bourgogne) que Gérald soigne avec le même amour que ses chablis. Une bouteille bien sympathique pour un prix attractif (28 F le 92).

L'ACCUEIL

Tout nouveau maire de Chemilly, son très beau petit village, Gérald vous fera l'éloge de sa commune. Et si vous prévenez, tout le monde sera content ! Au départ de Chablis, prendre sur Chichée puis le D45. À Chemilly, demander la maison du maire…

PROPRIÉTAIRE :
MICHEL BARAT
6, RUE DE LECHET
MILLY, 89800 CHABLIS
TÉL. : 86 42 40 07 - FAX : 86 42 47 88

PROPRIÉTAIRES :
CLAIRE ET GÉRALD VILAIN
CHEMILLY-SUR-SERIEN,
89800 CHABLIS
TÉL. : 86 42 40 44 - FAX : 86 42 85 13

CHABLIS ET 1ᵉʳˢ CRUS

DOMAINE DE L'ÉGLANTIÈRE
& CHÂTEAU DE MALIGNY

PROPRIÉTAIRES EXPLOITANTS

LE DOMAINE

Il n'y a pas si longtemps que le chablis, victime deux fois sur trois du gel de printemps qui ruinait récoltes et vignerons, se mourait au petit feu de chaufferettes bien insuffisantes face aux attaques du froid. En 1968, Jean Durup, fils d'un petit vigneron de Maligny devenu éminent fiscaliste parisien, eut un fils Jean-Paul qu'il fut tout heureux de présenter au pays natal, dans la maison de famille entourée de 3 ha de vignes. Cet heureux événement eut des conséquences considérables pour tout le chablis, dont Jean Durup mesura la grande détresse : il s'investit personnellement dans le vignoble, activa la lutte contre le gel par aspersion, redonna la priorité au terroir sur le cépage, devint la figure emblématique du chablis de ce temps et, par son charisme, a entraîné les vignerons à le replacer à son rang. Passé de 3 ha en 68 à 170 en 95, l'Églantière est désormais l'un des plus grands domaines de Bourgogne.

LES VINS

Tous les vins sont vinifiés et élevés en cuve par respect du terroir qui leur apporte cette fameuse minéralité crayeuse et font d'eux autre chose que du bon chardonnay fardé par un excès de bois. Le chablis 94 est exemplaire à cet égard.

L'ACCUEIL

Courtois et instructif, dans un bureau qui sera bientôt remplacé par un vrai caveau de dégustation digne des 1,5 million de bouteilles annuelles de petit chablis, chablis et presque tous les 1ᵉʳˢ crus de l'appellation. Sur R-V. De Chablis, prendre la D91 sur Maligny, la maison est à droite à l'entrée du village.

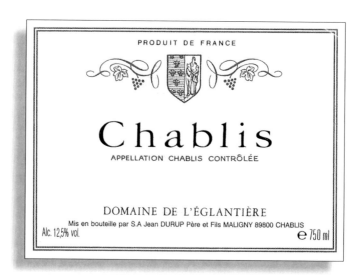

PRODUIT DE FRANCE

Chablis
APPELLATION CHABLIS CONTRÔLÉE

DOMAINE DE L'ÉGLANTIÈRE

Mis en bouteille par S.A Jean DURUP Père et Fils MALIGNY 89800 CHABLIS

Alc. 12,5% vol.   ℮ 750 ml

PROPRIÉTAIRES :
JEAN ET JEAN-PAUL DURUP
4, GRANDE-RUE
MALIGNY, 89800 CHABLIS
TÉL. : 86 47 44 49 - FAX : 86 47 55 49

PETIT CHABLIS, CHABLIS IER CRU

DOMAINE FRANCINE & OLIVIER SAVARY

VITICULTEURS RÉCOLTANTS

──── LE DOMAINE ────

Francine et Olivier Savary, 32 et 33 ans, ont démarré dans la vie en 1981 avec 3 ha de vignes AOC récupérés sur du blé indûment semé et ont fait leur premier vin en 84. À ce jour, ils en sont à 11 ha dont 2 en petit chablis, 7,6 ha en chablis, 0,7 ha en 1er cru Fourchaume et 3 enfants ! Ils mettent tout en bouteilles et vendent directement. Dynamiques et enjoués comme au premier jour, on peut parier qu'ils n'en resteront pas là…

──── LES VINS ────

Les petits chablis 94 sont prêts à boire. Agréablement marqué du terroir, fruité, vif léger, une intéressante initiation au chablis. À 36 F, idéal pour le piquenique andouillette froide de l'été. Le chablis 94, robe d'or à reflets émeraude, corsé, équilibré agrume et minéralité crayeuse, belle fraîcheur et bonne longueur, est le vin net et pédagogique d'un technicien de qualité (43 F). Dans les chablis 93 (52 F) et 94 (50 F) élevage en fût, le bois est subtilement dosé et l'élevage suffisamment prolongé pour faire la preuve que le chêne bien tempéré reste l'ami du chablis. Le 1er cru Fourchaume 93 (65 F), superbe minéralité, est aimable : un chablis de tendresse. Le même en 94 (62 F), promis à une belle longévité, ne lui cède en rien. Le destin a mis dans l'escarcelle des Savary 60 ares de Bourgogne-Épineuil qui leur permettent de proposer une goutte de rouge dans la mer des blancs.

──── L'ACCUEIL ────

Les enfants sont rudement bien élevés, mais prévenir est indispensable. Au départ de Chablis, prendre vers Maligny sur la route de Migennes-Joigny, l'exploitation est signalée.

PROPRIÉTAIRES :
FRANCINE ET OLIVIER SAVARY
4, CHEMIN DES HATES
89800 CHABLIS
TÉL. : 86 47 42 09 - FAX : 86 47 55 80

CHABLIS ET CHABLIS I^{ERS} CRUS

CORINNE & JEAN-PIERRE GROSSOT

PROPRIÉTAIRES VITICULTEURS

──── LE DOMAINE ────

Corinne (d'Auxerre) et Jean-Pierre (de Fleys) se sont connus aux sports d'hiver dans le Jura. Vite rentrés, ils se sont mariés pour le meilleur : avoir des enfants et être vignerons du Chablis. C'était en 1979, depuis ils ont bâti une famille – deux filles – et un domaine de 16 ha dont 4,5 en 1ers crus les Fourneaux, Fourchaume, Côte-de-Troëmes alias Beauroy, Mont-de-Milieu et Vaucoupin. Bien équipés en cuves émail et inox, ils vinifient classiquement pour la meilleure expression du terroir sans pour autant léser le cépage.

──── LES VINS ────

Le chablis 94, nez minéral qui laisse transparaître le fruit du chardonnay, bouche grasse, harmonieuse avec la fraîcheur indispensable, une finale parfaite marquée agrume, sera épuisé avant l'arrivée du 95 prévu pour septembre 96. Les 1ers crus 94 seront accessibles à partir de mai 96 mais il reste des 93 remarquables, en particulier le mont-de-milieu partiellement vinifié en fûts de chêne et tout à fait irrésistible en bouche.

──── L'ACCUEIL ────

Par un couple heureux de faire le vin, c'est très sympathique, et dans un coin caveau avec vue sur les fûts, c'est impressionnant. Avec, à l'occasion, le salut des filles (14 et 10 ans), et c'est bien attendrissant. Indispensable d'avertir. Quitter Chablis par la D965 vers Tonnerre, Fleys est le premier village et la maison la première rencontrée.

PROPRIÉTAIRES :
CORINNE ET JEAN-PIERRE GROSSOT
FLEYS, 89800 CHABLIS
TÉL. : 86 42 44 64 - FAX : 86 42 13 31

DOMAINE
DE LA MEULIÈRE
PROPRIÉTAIRES VITICULTEURS

LE DOMAINE

Le rugby étant à Chablis ce que le football est à Auxerre, sachez qu'à Fleys Claude Laroche, 46 ans, vigneron de naissance et n'aimant rien tant que le jeu à la main, se fait un honneur de vendanger ses 14 ha manuellement ! Raison pour laquelle, à 20 ans, il a choisi Chantal, vaillante vendangeuse de Poilly-Serain, comme épouse. Laquelle lui a donné deux rugbymen, Nicolas 24 ans et Vincent 20 ans, qui prêtent la main en attendant de voler de leurs propres ailes. Il n'en faut pas moins pour vendanger 2,5 ha de petit chablis, 7,75 de chablis, 4 de 1ᵉʳˢ crus dont 0,55 en Vaucoupin, 0,95 en Fourneaux et 2,5 en Mont-de-Milieu.

LES VINS

Claude Laroche se défend de faire du bois, qui selon lui charge trop fortement l'identité Chablis. En bouche, ses vins réussissent une synthèse bien fondue entre minéralité de terroir et complexité fruitée de cépage. Les petits chablis 94 et 95 (35 F environ), vins de primeur à boire jeunes, sont vifs, légers, floraux et terroités. Le chablis, nettement minéral et fruité agrume, bouche ample et fraîche, avalé corsé, préfigure le 95 encore plus concentré. Le 1ᵉʳ cru Vaucoupin 94 et 95 (60 F) est déjà aimable mais trop jeune. Le 1ᵉʳ cru les Fourneaux 93 (60 F), minéral et amande grillé, long en bouche, est une bien belle bouteille. Le 1ᵉʳ cru Mont-de-Milieu 93 et 94 (60 F) est somptueux. Une revue de millésimes anciens est possible.

L'ACCUEIL

Amical, dans le caveau, il prend des allures de troisième mi-temps si vous aimez l'ovale ! Tous les jours sur R-V. Rallier Fleys et se renseigner sur place, ce sera plus efficace…

PROPRIÉTAIRES :
CHANTAL ET CLAUDE LAROCHE
FLEYS, 89800 CHABLIS
TÉL. : 86 42 13 56 - FAX : 86 42 19 32

✎ NOTES
DE VOYAGE

Dans cette région, à partir du 18 octobre 1996, vous devez faire précéder les numéros de téléphone de vos correspondants de : 03

DOMAINE FRANÇOIS COLLIN
PROPRIÉTAIRE RÉCOLTANT

LE DOMAINE

Historiquement Épineuil fut le bourgogne de Tonnerre, des comtes de Nevers, de Marie de Bourgogne reine de Sicile, de Sully, du chevalier d'Éon… avant de périr du phylloxera ! Il a ressuscité grâce à André Durand, maître d'école, qui fut nommé ici en septembre 1938. Et c'est pour la plus grande gloire du Bourgogne-Épineuil – qui, sur des terrains argilo-calcaires nappés d'huîtres du kimméridgien, se décline en rouge, rosé et blanc – que François Collin, poussé par sa femme Aline, a lâché la ville et l'ORTF, est allé à l'école d'agriculture à 35 ans, puis a édifié son domaine de 7,5 ha avec première vinification en 1982. Et depuis, ça tourne.

LES VINS

L'épineuil blanc 93, aimable, fruité, est une mise en bouche agréable et sans prétention : le chablis est tout proche. Le 92, passé dans le bois avec sa bouche beurrée, est d'une autre envergure (35 F), le rosé 94 vif et qui pinote est adorable : jolie robe rose bonbon, bouche florale et agaçante, avalé qui relance la soif. Le 95 le surpassera-t-il ? (35 F) Tout le rouge passe 12 mois dans les 72 pièces de 228 l. Ici, le bois est partenaire estimé et utile. Le 93, robe et arômes cerise mêlé bois, délicieux en bouche, plus espiègle que sentencieux, est la preuve qu'un bon bourgogne n'est lourd ni capiteux, seulement bon. Le 94 ira même plus haut (37 F).

L'ACCUEIL

Amical, par Aline ou François, également amoureux de leur région et de leurs vins. Le caveau chaleureux sert de galerie pour des peintres, photographes et sculpteurs locaux. Bravo ! De Tonnerre, prendre la D944 vers Avallon, puis sur la gauche la direction des Mulots. Avertir…

PROPRIÉTAIRES :
ALINE ET FRANÇOIS COLLIN
LES MULOTS, 89700 TONNERRE
TÉL. : 86 75 93 84 - FAX : 86 75 94 00

GAEC JEAN-CLAUDE & THIERRY RICHOUX
PROPRIÉTAIRES RÉCOLTANTS

LE DOMAINE

Une vingtaine de propriétaires vignerons œuvrent sur les 135 ha argilo-calcaires d'Irancy, l'AOC bourgogne de l'Auxerrois qui monte. Tout le mérite en revient au terroir magistralement mis en valeur par une génération de vignerons jeunes mais expérimentés dont Thierry Richoux pourrait bien être le prototype. Athlétique, longues boucles blondes, allure romantique, 34 ans, bon fils, bon époux, bon père, adjoint au maire d'Irancy et néanmoins motard passionné, il est le maître d'œuvre des 14,7 ha sur 20 parcelles du domaine, respectant la tradition bourguignonne sans refuser les nouveautés qui améliorent la qualité.

LES VINS

Ici, tous les vins ont la robe rubis coruscant plus ou moins sombre, les arômes-bouquets fruits rouges mûrs, mêlés cerise noire propres au terroir, les tanins bien présents et prêts à se fondre avec le temps. Plus une identité commune, car c'est la qualité du millésime qui fait la différence. En 1996, choisissez le 92, très agréable et plutôt léger, commencez les 93, superbes en bouche, et les 91 très concentrés qu'il a fallu attendre. Hélas, les somptueux et giboyeux 90 sont épuisés ou presque. N'oubliez pas de goûter le bourgogne irancy rosé très plaisant.

L'ACCUEIL

Nature et cordial si vous avertissez, bougon si vous débarquez sans crier gare pour boire un coup. L'adjoint au maire est amoureux de son village, alors quand vous aurez trouvé le caveau très classique des Richoux ayez un mot gentil pour Irancy, c'est mérité !

PROPRIÉTAIRES :
JEAN-CLAUDE ET THIERRY RICHOUX
71, RUE SOUFFLOT, 89290 IRANCY
TÉL. : 86 42 21 60 - FAX : 86 42 34 95

DOMAINE ANITA & JEAN-PIERRE COLINOT

PROPRIÉTAIRES RÉCOLTANTS

LE DOMAINE

J.-P. Colinot, la cinquantaine trépidante et la faconde intarissable, tient autant de son père vigneron ultra-traditionaliste que de sa mère, âme slave de charme, fourvoyée en Bourgogne pour l'amour du vin. Avec Anita, sa séduisante épouse, il mène 8 ha de vignes (95 % de pinot noir, 5 % de césar) éparpillées sur les 6 bons lieux-dits du cru Irancy qu'ils s'imposent de vinifier et d'élever séparément quand les années le justifient. Chez les Colinot, en dégustation, on prend la mesure de la richesse et de la diversité des climats bourguignons : Avec le même pinot noir, chaque motte de terroir donne son vin bien spécifique !

LES VINS

En permanence et parfois sur deux millésimes, on trouve les climats Palotte (le plus célèbre) Mazelots, Côte-du-Moutier (l'antique cépage régional, très tannique). En revanche, les climats les Cailles, les Bessys, les Vauchassys sont le plus souvent incorporés à la cuvée Irancy de base. En 96 seront disponibles des 93 vieilles vignes, des Mazelots et Côte-du-Moutier, des 94 Palotte et Côte-de-Moutier et des 95 à garder de Palotte, Côte-du-Moutier, Mazelots et la cuvée Irancy 95. Prix entre 40 et 46 F.

L'ACCUEIL

Plantureusement érudit et chaleureux dans une cave d'époque et parfois enluminée par l'apparition de Stéphanie, 18 ans, la fille aînée, gracieuse et belle. Ouvert tous les jours, mais il est indispensable de prévenir. Rallier Irancy et demander la maison de Soufflot, l'architecte du Panthéon. C'est juste en face.

PROPRIÉTAIRES :
ANITA ET JEAN-PIERRE COLINOT
89290 IRANCY
TÉL. ET FAX : 86 42 33 25

CAVE DE LUGNY

GROUPEMENT DE VIGNERONS COOPÉRATEURS

LE DOMAINE

La cave de Lugny, la plus importante de la Bourgogne avec ses 240 vignerons adhérents répartis sur 1360 ha de vignes AOC, produit une moyenne de 12 millions de bouteilles par an. C'est dire l'importance des investissements et des installations que seuls des vins de qualité, appréciés du peuple des buveurs, peuvent justifier et rentabiliser. La cave est en progression constante ; bravo à Paul Brunet, son directeur convivial et attentif, bravo à Laurent Champin, 27 ans, œnologue et maître de chai, son vinificateur que cette marée vineuse ne submerge pas.

LES VINS

Avec 113 ha de chardonnay vinifiés à Lugny et Chardonnay, on fait les mâcon-villages, mâcon-lugny, mâcon-chardonnay et aussi des crémants de Bourgogne bien plaisants. Avec 110 ha de gamay et 120 ha de pinot noir vinifiés à Saint-Gengoux-de-Scissé, on fait des mâcons rouges et rosés à partir du gamay et des bourgognes rouges de pinot noir. Les vins qui ont la structure nécessaire passent un temps en fûts de chêne. Le joyau de la cave reste le mâcon-lugny « les Charmes », lieu-dit de 105 ha argilo-calcaires (exclusivité de la cave), un mâcon blanc vineux et superbe. Les tarifs varient de 25 à 40 F la bouteille selon les vins.

L'ACCUEIL

Magasin de vente avec bar-dégustation ouvert tous les jours jusqu'à 19 h. Le dimanche, il y a une permanence sur l'un des trois sites : Lugny, Saint-Gengoux ou Chardonnay. Vous n'avez aucune excuse. Au départ de Mâcon-Nord, prendre la N6 jusqu'à Fleurville puis à gauche sur Lugny.

DIRECTEUR : **PAUL BRUNET**
ŒNOLOGUE : **LAURENT CHAMPIN**
83340 FLASSANS-SUR-ISSOLE
TÉL. : 85 33 22 85 - FAX : 85 33 26 46

DOMAINE DU VIEUX SAINT-SORLIN

PROPRIÉTAIRES RÉCOLTANTS

LE DOMAINE

Sur le village en piton de La Roche-Vineuse, 6 ha d'argilo-calcaires jurassiques en 8 parcelles dont 1,5 ha de pinot noir, 1/2 ha de gamay, 40 ares de Saint-Véran qui vont s'arrondir jusqu'à l'hectare en 96. Voilà le domaine que mènent depuis 87 les Merlin, Corinne (30 ans), l'épouse complice et Olivier (33 ans), ex-bourlingueur de la vigne, vinificateur génial et néanmoins diplômé de Beaune.

LES VINS

Rendements minimes, vendanges manuelles soignées, vinifications, élevage sur lie en barrique de 1 à 4 vins, avec filtration bénigne. Les Merlin, avec 5 labours par an dans les vignes jamais désherbées, accumulent les bonnes manières. Les résultats sont absolument exceptionnels. Trois cuvées de Mâcon-La Roche-Vineuse : la cuvée tradition, la seule qui ne fasse pas de bois. Le 94 à 31 F, amande et tilleul-menthe, corsé, ample en bouche. La cuvée vieilles vignes 94 à 45 F, 10 premiers mois en bois, vin or pâle agrume-eucalyptus qui remplit la bouche comme un grand pouilly-fuissé. La cuvée Les Gras 94 à 65 F : quel vin ! Toast beurré comme un chassagne mais qu'on devrait laisser vieillir. Le saint-véran 94 à 48 F vinifié en barriques est fruité, puissant, et honore l'appellation. Ne pas négliger les bourgognes rouges, fabuleux dans plusieurs millésimes à rendre jaloux ceux de la Côte-d'Or et bien moins chers !

L'ACCUEIL

Dans la cave, entre les 120 barriques du parc. Indispensable de prévenir. Au départ de Mâcon, prendre la N79 vers Cluny. Grimper dans le village, c'est tout en haut.

PROPRIÉTAIRES :
OLIVIER ET CORINNE MERLIN
71960 LA ROCHE-VINEUSE
TÉL. : 85 36 62 09, FAX : 85 36 66 45

DOMAINE DES BAUDIERS

PROPRIÉTAIRE RÉCOLTANT

LE DOMAINE

C'est pour l'amour de Muriel, fille de vignerons de Bussières que Jean-Philippe Baptista, 30 ans déjà, dessinateur BTP de formation, est devenu vigneron en suivant les cours pour adultes du lycée agricole de Davayé. Dieu est favorable aux amoureux : Jean-Baptiste a épousé Muriel en 89, Marie-Claire est née en 1992 et son papa vinifie avec bonheur 4,5 ha de vignes dont 1 ha en gamay. Selon la structure du millésime, il utilise le bois ou non. Ses mâcons tant rouges que blancs raflent régulièrement les médailles des concours auxquels ils participent : normal, les vins de l'amour sont irrésistibles !

LES VINS

Venu sur terrain granitique à nombreuses veines silicieuses, le mâcon blanc 94 exceptionnel est à boire. Le mâcon-bussières 93, vinifié et élevé en fûts de chêne (38 F), justifie ses médailles d'or. Le 95 encore en cuve sera prêt à Pâques (32 F). Bussières est réputé pour ses terroirs siliceux-granitiques aussi bons aux rouges qu'aux blancs. Le mâcon-bussières 94 est une faveur en bouche, et le 95 (34 F) bien parti pour le surpasser. Et Jean-Philippe explique ses vins tout en les donnant à goûter avec une telle conviction qu'on a plaisir à les aimer.

L'ACCUEIL

Dans une cave maison de poupée très chaleureuse. Il est indispensable de prévenir, l'homme étant souvent occupé dans les vignes. Au départ de Mâcon, prendre la N79 vers Cluny puis à gauche vers Pierreclos et Bussières. Dans le village, c'est à 100 m de l'église en direction de Milly-Lamartine.

PROPRIÉTAIRES :
JEAN-PHILIPPE ET MURIEL BAPTISTA
71960 BUSSIÈRES
TÉL. : 85 37 77 79 - FAX : 85 37 70 81

DOMAINE
CORSIN PÈRE & FILS
PROPRIÉTAIRES RÉCOLTANTS

LE DOMAINE

Gilles, 36 ans, l'aîné des fils, diplômé de Dijon, est fier du domaine que son grand-père et son père ont constitué alentour de Davayé : 11,30 ha de bonnes et belles vignes de chardonnay dont 3,59 en pouilly, 6,60 en saint-véran, 1,20 ha proche du saint-véran, en mâcon-villages. Tout est vendangé manuellement. Les vinifications démarrent en cuves thermorégulées et s'achèvent en barrique si les moûts le méritent ! Une technique propre au domaine qui donne des résultats savoureux.

LES VINS

En 96, dès mars, le mâcon-villages 95 (31 F) et le saint-véran 95 « tirage précoce » (34,50 F), non boisé, seront disponibles. Le saint-véran 95 boisé attendra juillet, quant au pouilly 95, on en reparlera en 97. On pouvait grandement se réjouir avec les pouilly 91, une très belle année malheureusement épuisée, mais le 93 à 65 F est de bonne facture. Ne pas négliger non plus le saint-véran 94 « tirage précoce » (34,50 F), style agrume tendre élaboré à partir de vignes relativement jeunes.

L'ACCUEIL

Une cave avec bar et un vigneron sympathique qui prend plaisir à expliquer ses vins, parfois avec le renfort du papa et même du pépé, vaillant octogénaire. Ouvert tous les jours sauf dimanche après-midi. Indispensable de prévenir. Au départ de Mâcon prendre la route de Solutré qui passe par Davayé où l'on demandera le quartier « les Plantés ».

PROPRIÉTAIRE :
FAMILLE CORSIN
LES PLANTÉS, 71960 DAVAYÉ
TÉL. : 85 35 83 69 - FAX : 85 35 86 64

DOMAINE
DES GERBEAUX
PROPRIÉTAIRES RÉCOLTANTS

LE DOMAINE

Ses ancêtres étaient vignerons à Pierreclos, sa femme Béatrice (31 ans) d'une vieille lignée vigneronne à Chaintré : Jean-Michel Drouin, 41 ans, travaille 6 ha éclatés en 35 parcelles réparties sur 3 AOC, Pouilly-Fuissé (70 %) Mâcon-Solutré (25 %), Saint-Véran (5 %). Pour la pérennité – avec l'aide de Saint-Vincent, patron des vignerons – on compte sur Xavier 10 ans et Laetitia 7 ans.

LES VINS

Nulle part un aussi petit domaine ne donne autant de vins différents. C'est qu'ici on respecte chaque lieudit, si minime soit-il. En outre on vendange à la maison, on presse en douceur, vinifie et élève soit en cuve, soit en fûts neufs selon les lieux-dits et les années. Résultat : en 95, pas moins de 6 pouilly-fuissé différents : le domaine des Gerbeaux 50 F, les Longs Poils 53 F, la cuvée vieilles vignes 55 F, les Chanroux 58 F, la cuvée prestige (très vieilles vignes de 75 ans) 60 F. Les Chailloux vont en Angleterre. Aussi, 2 types de mâcon-villages : le Mâcon-Solutré 28 F et le Mâcon-Solutré « les Clos » 30 F. Enfin, le seul saint-véran (34 F). Tous ces vins seront bien jeunes en 96, mais en goûtant des millésimes anciens on a une idée de l'exceptionnelle qualité des vins de Jean-Michel Drouin, vigneron hors pair !

L'ACCUEIL

Jean-Michel, passionné et idéaliste, vous reçoit simplement mais chaleureusement dans un coin de sa cave. Prévenir absolument. Au départ de Mâcon, prendre la N79 vers Cluny puis, à quelques kilomètres, sur la gauche vers Pierreclos-Bussières. Se renseigner sur place.

PROPRIÉTAIRES :
BÉATRICE ET JEAN-MICHEL DROUIN
71960 PIERRECLOS
TÉL. : 85 35 80 17 - FAX : 85 35 87 12

POUILLY-FUISSÉ ET SAINT-VÉRAN

CHÂTEAU
DE FUISSÉ

PROPRIÉTAIRE RÉCOLTANT

LE DOMAINE

Avec 30 ha de vignes dont 23 dans le meilleur du Pouilly-Fuissé, l'historique château Fuissé, magistralement mené par les Vincent – vieille famille vigneronne dont Jean-Jacques, l'actuel chef de file, enseigna l'œnologie – reste la figure de proue de l'AOC sur 5 communes, de Chaintré la plus tendre à Vergisson la plus rigide en passant par Pouilly, Fuissé et Solutré. On ne néglige pas pour autant les 6 ha de saint-véran et l'hectare de mâcon-villages.

LES VINS

Jean-Jacques Vincent soigne ses vins comme des 1ers crus de Bourgogne qu'ils sont en fait. Petits rendements, vendange manuelle de chaque parcelle pour des cuvées « individualisées ». Ici on vinifie jusqu'à 13 lieux-dits séparément ! Les fûts de chêne sont renouvelés par 5e chaque année, mais le saint-véran

vinifié en cuve ne ternit pas la renommée du domaine. Le château se présente sous 5 cuvées différentes : pouilly-fuissé « cuvée première » vignes jeunes (94 : 60 F), château Fuissé (94 : 85 F), château Fuissé « le clos » (94 : 100 F), château Fuissé vieilles vignes (plus de 15 ans) à 120 F. Avec plus ou moins d'intensité, tous ces vins donnent la notion des sommets que peuvent atteindre les pouilly-fuissé, à faire cocus les inaccessibles seigneurs blancs de la Côte-d'Or ! Quant au saint-véran à 45 F, c'est un cadeau.

L'ACCUEIL

Dans les caves du XVIIe siècle aménagées, il est affable, souriant et instructif. Tous les jours du lundi au vendredi de 8 à 12 h et de 14 à 17 h. Le week-end sur R-V. Rallier Fuissé, le château est dans le haut du village direction Solutré.

CRU DE BOURGOGNE — MISE EN BOUTEILLES AU CHÂTEAU

CHÂTEAU FUISSÉ
Pouilly - Fuissé

APPELLATION POUILLY-FUISSÉ CONTRÔLÉE

Société Civile du Château de Fuissé J. J. Vincent

PROPRIÉTAIRES-VITICULTEURS
PRODUCE OF FRANCE

PROPRIÉTAIRE :
JEAN-JACQUES VINCENT
71960 FUISSÉ
TÉL. : 85 35 61 44 - FAX : 85 35 67 34

POUILLY-FUISSÉ, MÂCON-CHAINTRÉ

DOMAINE VALETTE PÈRE & FILS

PROPRIÉTAIRES RÉCOLTANTS

LE DOMAINE

Il faut voir comme Gérard Valette, 52 ans, et son fils Philippe, 30 ans – deux solides vignerons de Chaintré – mignotent affectueusement leurs vignes, 11 ha en 15 parcelles dont 5 ha de mâcon-chaintré, 80 ares de pouilly-vinzelle et surtout leurs 2 clos de Pouilly-Fuissé, le clos Reyssié (80 ares) et le clos de Monsieur Noly (2 ha), les chouchous de ces messieurs ! Il faut voir aussi comme ils soignent leurs vendanges, leurs vinifications et les élevages modulés en fonction de la qualité des millésimes. Enfin il faut savoir que ces vignerons-là ne chaptalisent pas, et se contentent des levures indigènes qui démarrent spontanément les fermentations ! Quitte, en 95, à se suffire de 35 hl/ha, mais quels vins concentrés et de garde infinie !

LES VINS

En 1996, les Valette mettront en bouteilles et présenteront leurs 94 : un mâcon-chaintré bien fait, aux arômes exotiques (42 F) ; le pouilly-fuissé « clos de Monsieur Noly » tradition 93 (70 F), minéral, pierre à fusil mêlé fleurs blanches, tradition 94 plus fruité et vineux mais bien jeune encore. La cuvée vieilles vignes surpasse tout. Le pouilly-fuissé clos Reyssié tradition 93 (67 F), s'il en reste, et le 94 s'il n'est pas retenu ! Quant au clos Reyssié réserve, subtilement boisé, le 93 est tari et pour le 94 (67 F) prenez une option, ils sont somptueux !

L'ACCUEIL

Dans la cave propre comme un sou neuf, et entre deux rangs de barriques renouvelables par tiers. Indispensable d'avertir. Au départ de Mâcon, prendre la N6 vers Lyon. À Crèches-sur-Saône tourner à droite, direction Chaintré, le domaine est à l'écart du village.

PROPRIÉTAIRES :
GÉRARD ET PHILIPPE VALETTE
71570 CHAINTRÉ
TÉL. : 85 35 62 97 - FAX : 85 35 68 02

POUILLY-FUISSÉ, MÂCON-CHAINTRÉ

DOMAINE DES GRANGES

PROPRIÉTAIRE RÉCOLTANT

LE DOMAINE

Vigneron, maire et natif de Chaintré comme son papa avant lui, Jean-François Cognard 46 ans, marié à Denise native de Vergisson, là où niche la « bête Pharamine » (demandez et on vous racontera !), est à la tête de 8 ha de vignes qu'il travaille dans la bonne humeur : 7 ha en mâcon-chaintré dont 4 en château de Chaintré et 3 en domaine des Granges, plus 1 ha en pouilly-fuissé lieu-dit Les Robées. Production annuelle de 60.000 bouteilles, 1/3 pour l'export, le reste pour les 1500 clients amis que vous rejoindrez obligatoirement si vous passez goûter !

LES VINS

Classiques, avec une bonne typicité de chardonnay confortée par une évidente identité minérale du terroir. Vinification en fûts pour le château de Chaintré et le pouilly vieilles vignes (60 ans), en cuve pour le reste. En 1996, le mâcon-chaintré domaine des Granges 94, friand et tendre à 32 F, le château de Chaintré 94 viril et tendre à 37 F se gardera deux paires d'années. Le pouilly-fuissé Les Robées 94, abricot sec sur fond minéral argileux, gras et corsé en bouche, à 59 F. Le pouilly-fuissé domaine des Granges vieilles vignes 94 (86 F) sera bien jeune pour être bu sur-le-champ. Stockez-le ou prenez des millésimes plus anciens.

L'ACCUEIL

Jovial, dans un caveau de dégustation attenant à la demeure. Mieux vaut prévenir pour être sûr de voir quelqu'un. Au départ de Mâcon, prendre la N6 vers Lyon puis, à l'entrée de Crèches, à droite en face de la station Esso, et encore à droite. On peut accéder au domaine des Granges en passant par le château de La Barge, très agréable château-hôtel.

PROPRIÉTAIRE :
JEAN-FRANÇOIS COGNARD
LES GRANGES, 71570 CHAINTRÉ
TÉL. : 85 37 16 20 - FAX : 85 37 45 56

CÔTE-CHALONNAISE

DOMAINE
DUREUIL-JANTHIAL

PROPRIÉTAIRE VITICULTEUR

LE DOMAINE

Raymond Dureuil, de Puligny-Montrachet, et Raymonde Janthial, fille unique d'un petit propriétaire de Rully, s'entichent l'un de l'autre et convolent. De leur union naissent coup sur coup le domaine et un héritier, Vincent. Aujourd'hui Vincent, bel athlète de 25 ans, vigneron diplômé de Beaune et confirmé à l'école de papa, s'est installé sur 3,5 ha détachés des 10 ha du domaine que ses parents ont constitué au fil du temps.

LES VINS

Avec 20 parcelles, Raymond Dureuil est très présent en rully blanc et rouge, en mercurey rouge mais aussi en aligoté, passe-tout-grain, bourgogne générique et même en superbe puligny-montrachet. Il a également le courage de mûrir longuement ses vins

avant de les mettre en vente. Chez lui, les millésimes anciens sont disponibles à des prix très attractifs. Les rully blancs de 85 à 94 vont de 66 à 50 F, les rouges 89 à 94 en rully ou mercurey de 68 à 52 F, etc. Pour des vins vendangés manuellement, non égrappés, vinifiés en pièces de 228 l, renouvelées par lot de 20 l'an, avec pigeages au pied biquotidiens et des mûrissements de 1 à 2 ans en pièces c'est un cadeau, d'autant qu'en bouche ils illustrent parfaitement leurs terroirs. Une grande adresse !

L'ACCUEIL

D'une simplicité chaleureuse pour de si beaux vins que l'on goûte dans une cave « creusée » sous la maison d'une grand-mère ! Ouvert tous les jours si l'on avertit. Dans le centre de Rully, le domaine est indiqué.

Grand Vin — de Bourgogne

RULLY

APPELLATION CONTROLÉE

13% vol.   Mis en bouteille à la Propriété par   75 cl

RAYMOND **DUREUIL-JANTHIAL**
PROPRIÉTAIRE-VITICULTEUR A RULLY (SAONE-&-LOIRE)
PRODUIT DE FRANCE

PROPRIÉTAIRE :
RAYMOND DUREUIL-JANTHIAL
RUE DE LA BUISSEROLLE,
71150 RULLY
TÉL. : 85 87 02 37 - FAX : 85 87 00 24

CÔTE-CHALONNAISE

DOMAINE DE LA FOLIE

PROPRIÉTAIRE VIGNERON

―――――― LE DOMAINE ――――――

L'illustre physiologiste Marey, qui a son musée à Beaune, avait en son temps restructuré le vignoble de la montagne de la Folie, haut lieu de sorcellerie. Y compris les 18 ha du domaine de la Folie, propriété depuis deux siècles de la famille Noël-Bouton et dont les 7 parcelles découpées en clos ceignent la belle installation viticole. Depuis 1989, Jérôme Noël-Bouton et son régisseur Claude Lhéritier, 35 ans dont 10 sur le domaine, élaborent dans la meilleure tradition bourguignonne des rullys blancs et rouges superbement expressifs.

―――――― LES VINS ――――――

Les blancs, traités clos par clos pour respecter les moindres variantes du terroir, ni foulés ni égrappés, fermentent en cuves émaillées thermorégulées. Après leur malo et selon leur structure plus ou moins dense, ils passent en fûts de chêne avant d'être assemblés et mis en bouteilles après collage et légère filtration dans l'année qui suit la vendange. Une longue maturation en bouteille précède la mise en vente de ces vins fruités représentatifs, et les plus accomplis des rullys blancs. Le rully blanc 1er cru clos Saint-Jacques 93 (70 F) est somptueux. Le clos du Chaigne 93 (63 F) le vaut en plus rustique. Le clos Roch 93 (60 F) et le générique 93 (57 F) sont les remarquables seconds des vedettes. Les rouges clos de Bellecroix 94 (60 F), encore jeune, et « En Chaponnière » 93 (50 F), joliment tanniques, seront parfaits en 96.

―――――― L'ACCUEIL ――――――

Dans le caveau aménagé près des caves, au milieu d'une magnifique campagne. Ouvert en saison tous les jours de 9 à 19 h. Sortie sud de Chagny vers Cluny puis la D981 à droite.

```
PROPRIÉTAIRES :
E. ET J. NOËL-BOUTON
71150 CHAGNY
TÉL. : 85 87 18 59 - FAX : 85 87 03 53
```

CÔTE-DE-BEAUNE

DOMAINE MAURICE CHARLEUX

VITICULTEUR RÉCOLTANT

―――――― LE DOMAINE ――――――

À 47 ans, Maurice Charleux – physique avenant, cultivé, caractère bien trempé mais affable et indulgent à autrui – est un bourreau du travail qui peut à bon droit être fier de lui, de sa femme, la vaillante et active Bernadette, comme de ses vins épatants, qu'on a plaisir et profit à rencontrer. Mis à la vigne dès l'âge de 15 ans, il a édifié un domaine de 10 ha fait de plus de 30 parcelles qu'il mène traditionnellement, sans refuser pour autant le progrès s'il améliore la qualité des vins plutôt que les conditions de travail.

―――――― LES VINS ――――――

Sis à Dezize-les-Maranges, le domaine est essentiellement présent en appellation maranges rouge aux vins puissants, colorés, charnus et tanniques en bouche, avec des arômes de petits fruits rouges et noirs qui avec l'âge s'embellissent d'une pointe giboyeuse mêlée sous-bois. Des vins solides qui tiennent une décennie sans mollir. En 96 seront disponibles et bien intéressants le maranges 93 (35 F), le clos du Roi 93 (42 F), La Fussière 93 et 94 (40 F), du maranges blanc 94 (36 F) – aux arômes amandes et fruits exotiques – et de remarquables magnum maranges 1er cru rouge 93 (110F). On pourra aussi se pourvoir de bourgognes rouges 93 et 94 à 27 F. Et quelques flacons de santenay 1er cru clos Rousseau et de santenay blanc 92 à 43 F pourront compléter votre cave !

―――――― L'ACCUEIL ――――――

Dans les caves dotées d'un coin dégustation. On peut venir n'importe quel jour à condition d'avertir. Rallier Santenay et prendre sur Autun, on s'arrête à Dezize et on se renseigne !

```
PROPRIÉTAIRE :
MAURICE CHARLEUX
PETITE RUE,
71150 DEZIZE-LES-MARANGES
TÉL. : 85 91 15 15
```

DOMAINE CONTAT-GRANGÉ

PROPRIÉTAIRE VIGNERON

LE DOMAINE

Savoyards fondus d'art, de culture, de nature, Chantal et Yvon Contat-Grangé, quadragénaires branchés, ont choisi d'être vignerons en Bourgogne parce que cette terre est un prestigieux lieu de culture romane, et parce que vinifier ici est faire œuvre d'art ! Au départ, il fallut obtenir 6,5 ha en fermage, inspirer confiance, être admis par la communauté vigneronne de Dezize. C'est fait : Yvon est un des bons du terroir et Chantal conseillère municipale, chargée de la vie culturelle et sociale en équipe avec Anne-Marie Perrault, l'autre vigneronne du conseil.

LES VINS

Avec ses 14 parcelles Yvon est présent en bourgogne, hautes-côtes-de-beaune, aligoté, maranges, maranges 1er cru, santenay. Ses vins élaborés avec amour et respect des traditions sont de véritables chefs-d'œuvre en bouche. En 96, ne ratez pas ses 1ers crus maranges La Fussière 94 (48 F) et maranges les clos Roussots 94 (48 F), charnus, giboyeux et fruits rouges cuits en bouche, rubis à reflets cuir à l'œil, aux prix incitatifs. Mais tout est intéressant, même le bourgogne rouge 94 en cubi (580 F les 20 l) et les blancs de maranges 94 (41 F) si rares…

L'ACCUEIL

Amical et enrichissant dans une petite cave avenante. Ouvert du lundi au samedi, mais il est indispensable de prévenir. Au départ de Beaune, prendre la N74 vers Chagny puis Santenay et Dezize sur la D136. Se renseigner dans le village.

> PROPRIÉTAIRES :
> **CHANTAL ET YVON CONTAT-GRANGÉ**
> 71150 DEZIZE-LES-MARANGES
> TÉL. : 85 91 15 87, FAX : 85 91 12 54

DOMAINE CHRISTIAN PERRAULT

VITICULTEUR RÉCOLTANT

LE DOMAINE

44 ans, physique et verbe puissants, Christian Perrault, vigneron chaleureux, mène sa vie de famille dans l'allégresse – mari d'Anne-Marie, estimée conseillère municipale, il a 5 enfants – et sa vie professionnelle dans le strict respect des traditions bourguignonnes. Un domaine de 15 ha éclatés en 40 parcelles, pour l'essentiel en maranges et santenay rouges. Vendanges manuelles, pas de levurage, les blancs, non égrappés, et les rouges égrappés sont tous vinifiés en foudres de bois, élevés en pièces de 228 l de plusieurs vins. Les rouges vivent une longue cuvaison de 18 à 24 jours avec pigeage quotidien. Après mûrissement d'au moins un an s'ensuit la mise en bouteille pour des vins de garde puissants, amples en bouche, qui se boivent avec bonheur à partir de 3 ou 4 ans. Des vins de gibier carminatifs et complexes.

LES VINS

En 1996, ne ratez pas les maranges 1er cru clos des rois 92-93 (39 F) et 1er cru La Fussière 92-93 (39 F), tous très voluptueux en bouche, le santenay rouge 92 et 93 à 41 F, et laissez-vous tenter par le bourgogne rosé 93 à 28 F. Christian Perrault vend aussi par pièce de 228 l (environ 300 bouteilles), ça vous donnera des allures de courtier !

L'ACCUEIL

Dans un superbe local tapissé de pièces pleines et que Christian Perrault transforme en salle de fête et de banquet tant il est spacieux ! Mieux vaut avertir hors saison. On peut, au départ de Beaune, rallier Dezize par la D973 vers Autun. À Nolay, ville touristique qui mérite sa bonne flânerie, on prend la D133 vers Change, Paris-l'Hôpital, et on est arrivé. Là, on se renseigne !

> PROPRIÉTAIRE :
> **CHRISTIAN PERRAULT**
> 83340 FLASSANS-SUR-ISSOLE
> TÉL. : 85 91 15 83 - FAX : 85 91 13 58

CÔTE-DE-BEAUNE

OLIVIER LEFLAIVE

NÉGOCIANT VINIFICATEUR ÉLEVEUR

LE DOMAINE

Dépositaire du nom et d'un renom fameux en Côte-de-Beaune, Olivier Leflaive n'est pas un négociant classique qui se contente d'acheter des vins finis pour les élever et les vendre sous sa griffe. Dans les appellations qu'il connaît à fond, sur le bout des microterroirs en quelque sorte, il achète des raisins (ou le moût de ces raisins) issus de vignes qu'il a repérées à sa convenance et que Franck Grux, son œnologue-maître de chai formé pour, va vinifier selon la philosophie Leflaive : honneur et respect aux moindres nuances du terroir. On trouve ici jusqu'à 6 expressions différentes de puligny-montrachet du même millésime. Quant aux élevages, ils sont menés à terme et le vin n'est livré à la consommation qu'à partir du moment où il commence à révéler son identité de terroir. Chapeau !

LES VINS

Olivier Leflaive est de Puligny-Montrachet, Franck Grux de Meursault, autant dire que la maison est pour l'heure plutôt axée sur les blancs qui sont tous plein d'amour en bouche, même les moins connus à des prix sympa : saint-romain 94 à 56 F, rully 1er cru Rabourcé 93 à 63 F. Et que dire de l'admirable puligny-montrachet 93 à 106 F ? Cela étant on aurait tort de snober les rouges, en particulier le volnay village 88 à 95 F et quelques autres qu'on découvre sur place.

L'ACCUEIL

Agréable, dans un espace aménagé à l'entrée des caves et sur R-V (facile à obtenir). Du 1er mai au 20 nov., déjeuner-dégustation même le W.E. De Beaune, rallier Puligny où tous les chemins mènent place du Monument.

PROPRIÉTAIRE :
OLIVIER LEFLAIVE
PLACE DU MONUMENT,
21190 PULIGNY-MONTRACHET
TÉL. : 80 21 37 65 - FAX : 80 21 33 94

BLANDINE & FRANÇOIS ROCAULT

VITICULTEURS RÉCOLTANTS

DOMAINE JOLIOT

PROPRIÉTAIRE-VIGNERON

LE DOMAINE

Les Rocault sont vignerons à Orches depuis 1470 ! François, 38 ans, œnologue diplômé de Dijon, a sa femme Blandine pour le seconder, et 16 ha en 25 parcelles sur 8 appellations qui font le domaine. François a aussi un papa, Bernard, apôtre des Hautes-Côtes, fondateur en 1957 de la coopérative qui regroupe 120 adhérents dont 50 vignerons et 450 ha pour plus de 50 appellations réparties sur tout le vignoble. C'est dire que François est affilié à la cave dont il est administrateur et qu'il veille à ce que ses vins, comme tous ceux de la cave d'ailleurs, soient dans la pure tradition bourguignonne. C'est dire aussi qu'il vous fera goûter des vins de grande sève, dignes de leurs terroirs respectifs.

LES VINS

En rouge, les hautes-côtes-de-beaune 90 (45 F), 91 (43 F), 93 (38 F), et en blanc le 92 à 40 F. Aussi du bourgogne aligoté 93 à 30 F, du passe-tout-grain 93 à 26 F et le sympathique rosé d'Orches, bourgogne des Catherinettes à 27 F. D'autres appellations comme saint-aubin 1er cru blanc « En Remilly » (76 F) ou chassagne-montrachet rouge 93 (73 F) valent le détour.

L'ACCUEIL

Haut perché, Orches offre un splendide point de vue sur les vignes. La maison des Rocault est au sommet, l'accueil chaleureux comme en montagne. La salle aménagée en caveau est un hâvre pour se rafraîchir, et dans le gîte super-confortable il fait bon passer la nuit après les dégustations. C'est mieux d'avertir et pour le gite, c'est indispensable. De Beaune, rallier La Rochepot par la N73 puis à droite sur Baubigny et Orches, Rocault fils c'est au plus haut.

LE DOMAINE

Jean-Baptiste Joliot – vigneron émérite et dévoué à la cause du vin de Bourgogne classique, bon et bien fait, pour lequel il milite dans les organisations professionnelles – mène sans laxisme son domaine de 10,5 ha réparti en sept appellations, principalement des hautes-côtes-de-beaune rouges, du pommard et du meursault. Il est aussi présent en beaune rouge 1er cru Les Boucherottes, en passe-tout-grain et aligoté. Toutes les appellations en bouteille ou en magnum sont disponibles. Voilà une véritable cave aux trésors bourguignons.

LES VINS

Très appréciés à l'extérieur : 25 à 50 % à l'export sur l'Europe. Tous égrappés à 100 %, les fermentations se font en cuves puis les rouges surtout passent au moins 18 mois en pièces de 228 l mais jamais dans du bois neuf qui – selon J.-B. Foliot – marque trop le vin, lequel doit cependant être impérativement élevé en bois pour garder son identité de terroir. En 96, le hautes-côtes-de-beaune rouge 92 (45 F) et le blanc 92 (50 F) commenceront à s'exprimer comme les 93 (40 F). Surtout ne pas rater les pommard 87 (90 F), 88 et 89 (80-85 F), le meursault 90 (90 F) et le beaune rouge 1er cru Les Boucherottes 89 à 75 F. Mais en toute chose, si cela vous est possible, privilégiez les magnums…

L'ACCUEIL

Courtois et bon enfant, dans le caveau dégustation de la maison. Avertir est une politesse très appréciée et qui crée une bonne ambiance ! Au départ de Beaune, prendre sur Pommard puis Nantoux. Le domaine est au cœur du village.

PROPRIÉTAIRES :
BLANDINE ET FRANÇOIS ROCAULT
ORCHES, 21340 BAUBIGNY
TÉL. : 80 21 78 72 - FAX : 80 21 85 95

PROPRIÉTAIRE :
JEAN-BAPTISTE JOLIOT
21190 NANTOUX
TÉL. : 80 26 01 44, FAX : 80 26 03 55

HAUTES-CÔTES-DE-BEAUNE, BEAUNE 1ᴱᴿ CRU, POMMARD

CHRISTINE & DIDIER MONTCHOVET

PROPRIÉTAIRE VIGNERON

LE DOMAINE

Didier, 34 ans, vigneron de père en fils dans les Hautes-Côtes-de-Beaune à Nantoux et Christine, 34 ans, infirmière, fille d'un négociant éleveur de Nuits, s'aimaient ! Ils se sont mariés pour créer une famille, 4 enfants, Nina, Ève, Séraphin et Auguste, de 8 à 2 ans, et un domaine viticole débuté en 1984 avec 50 ares mais qui a vraiment progressé à partir de 89 pour atteindre 7,5 ha à ce jour. 8 appellations sur 14 parcelles, surtout des Hautes-Côtes-de-Beaune. Ils comptent bien passer à 10 ha si la providence ou le Crédit Agricole le permettent, compte tenu du CV de Didier : œnologue diplômé de Dijon et de Bordeaux, prof. à Bordeaux, œnologue conseil dans le Bordelais, il a adopté la viticulture biologique, ce qui lui fut d'autant plus facile qu'il partait de rien ! Et ça marche, voilà Didier « rassuré » d'être vigneron… Du coup il continue de donner des cours pour adultes au lycée viticole de Beaune, où il prêche pour une viticulture qui respecte et ménage les vignobles, des vignerons qui sachent faire parler leur terroir et apprennent à en parler à leurs visiteurs.

LES VINS

Présent en hautes-côtes-de-beaune rouge et blanc, bourgogne rosé, passe-tout-grain, aligoté, pommard et beaune 1ᵉʳ cru, Didier choye ses vignes comme ses enfants : pas d'engrais chimiques, seulement du compost fait maison, labour et piochage remplaçant les désherbants, traitements réduits au minimum, etc., et vendanges manuelles avec trie sévère si besoin. Les vinifications sont modulées en fonction de la nature des terroirs et de la qualité du millésime. Le chardonnay des Hautes-Côtes-de-Beaune, après pressurage immédiat, est mis en fûts de plusieurs vins dans lesquels – toutes fermentations achevées – ils restent sur leurs lies jusqu'au soutirage et à la mise en bouteille au bout de 6 à 24 mois selon la dégustation. Les rouges non éraflés sont vinifiés en foudres de bois, avec cuvaison longue de 12 à 25 jours et pigeage quotidien. Après pressurage et selon leur constitution, les uns vont en pièces de chêne pour 12 à 22 mois avant collage au blanc d'œuf frais et mise en bouteille, les autres en foudres émaillés pour le même processus raccourci. En 1996, il faut goûter : le hautes-côtes-de-beaune blanc 93 à 42 F, fruit et minéralité ; le hautes-côtes-de-beaune rouge 93 à 42 F, fruité, charpenté, élégant ; le beaune rouge 1ᵉʳ cru Aux Coucherias 93 à 80 F et le beaune rouge 1ᵉʳ cru vignes franches 93 à 80 F, ample velouté, déjà superbe et promis à une longue vie ; enfin l'aligoté 92 (30 F) avec un doigt de sirop de sureau, une spécialité de Christine.

L'ACCUEIL

Dans la salle de dégustation puis dans les caves. Ensuite – à votre demande – il peut déboucher sur une initiation à la dégustation des vins par un maître en la matière, le professeur Didier Montchovet. Indispensable d'avertir. Au départ de Beaune, prendre sur Pommard puis Nantoue. C'est la maison en construction au bout du village après l'ancienne gare.

PROPRIÉTAIRES :
CHRISTINE ET DIDIER MONTCHOVET
NANTOUX, 21190 MEURSAULT
TÉL. : 80 26 03 13 - FAX : 80 26 05 19

NUITS-SAINT-GEORGES 1ᴱᴿˢ CRUS

DOMAINE DE L'ARLOT

PROPRIÉTAIRE-VIGNERON

LE DOMAINE

Les vins du Seigneur sont irrésistibles et suscitent d'imprévisibles vocations. Ainsi aura-t-il fallu que Jean-Pierre de Smet – niçois sportif, expert en gestion commerciale et fondu de ski – croise sur les pistes un autre fondu, vigneron de haut vol, pour que lui soit révélée sa vocation de vigneron pour terroirs d'exception. Vocation qu'il va parfaire à la fac de Dijon pour être prêt dès 1987 à assumer, avec le groupe d'assurances AXA comme partenaire financier, le renouveau du domaine de l'Arlot désormais rétabli dans sa splendeur passée.

LES VINS

Le domaine a le monopole en nuits-saint-georges 1er cru du clos des Forêts Saint-Georges, du clos de l'Arlot rouge et blanc (au compte-gouttes). Il produit également du nuits-saint-george, du côte-de-nuits village clos du Chapeau, du vosne-romanée 1ᵉʳ cru Les Suchots (94 : 140 F) et du romanée-saint vivant grand cru (93 : 395 F, 94 : 310 F)

L'ACCUEIL

Uniquement sur R-V, du lundi au samedi ; l'accueil d'une parfaite courtoisie prend des allures de visite du domaine, du parc, des caves où s'accomplissent les dégustations après un exposé des usages en matière de taille, rendement, vinification, élevage, etc. Mais pour commander, il faut s'adresser à Lise Judet, l'épouse, qui anime un club d'amateurs avec catalogue et prix où l'on trouve les vins du domaine come ceux de bons vignerons amis et voisins. De Beaune, prendre la N74 à l'entrée de Prémeaux sur la gauche.

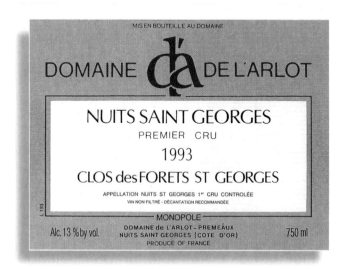

PROPRIÉTAIRE :
AXA MILLÉSIME
GÉRANT-ASSOCIÉ : J.P. DE SMET
21700 PRÉMEAUX-PRISSEY
TÉL. : 80 61 01 92 - FAX : 80 61 04 22

HAUTES-CÔTES-DE-NUITS, NUITS-SAINT-GEORGES 1ᴱᴿᴱ CRUS

DOMAINE CHRISTIAN
GAVIGNET-BETHANIE & FILLES

PROPRIÉTAIRES RÉCOLTANTS

———— LE DOMAINE ————

Des hautes-côtes-de-nuits aux nuits-saint-georges 1ᵉʳ cru, toute la hiérarchie des nuits est présente sur les 10 ha de ce domaine où Christine, 27 ans, et Claire, 23 ans, mènent les vignes, font les vins et élèvent depuis que leur papa, Christian, est tenu de se ménager. Heureusement il n'est pas avare de conseils et Michèle, la maman, en connaît un rayon. En outre elles se sont choisies des maris sportifs et costauds qui aident aux pigeages quand c'est le moment.

Des vins de femmes gourmandes, charnus, corsés sans lourdeur, avec une ineffable palette d'arômes-bouquets propres aux terroirs nuitons. En 96, il faut surtout se jeter sur le hautes-côtes-de-nuits clos des Dames Huguette 93 (45 F) et le côte-de-nuits village 93 (50 F) mais garder l'essentiel pour finir les 92 du nuits-saint-georges Les Athées (80 F), du nuits-saint-georges 1ᵉʳ cru Aux Damodes (élégant), Aux Chaignots (charpenté), Les Poulettes (équilibré), tous à 95 F avant de passer aux 93 des mêmes.

———— LES VINS ————

Raisins égrappés ou non selon le millésime mais cueillis bien mûrs, macération à froid précédant une vinification traditionnelle sans levurage suivi d'un élevage sur lies, 12 à 18 mois en fûts de chêne de plusieurs vins. Mise en bouteille après filtration anodine.

———— L'ACCUEIL ————

Il y a toujours un Gavignet-Béthanie disponible pour recevoir tous les jours de 9 à 12 h et de 14 à 19 h dans le caveau rue Felix Tisserand. De Beaune prendre la N74, puis à gauche au premier feu dans Nuits, en longeant les quais fleuris.

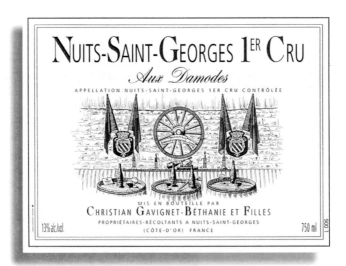

PROPRIÉTAIRES :
CHRISTIAN GAVIGNET-BÉTHANIE & FILLES
18, RUE FELIX TISSERAND
21700 NUITS-SAINT-GEORGES
TÉL : 80 61 16 04 - FAX : 81 61 26 07

HAUTES-CÔTES-DE-BEAUNE, BEAUNE, SAVIGNY

DOMAINE
LUCIEN JACOB
PROPRIÉTAIRE-VIGNERON

——— LE DOMAINE ———

Si Jean-Michel Jacob, 36 ans, fils de vigneron devenu berger globe-trotter et tondeur de mouton diplômé est finalement revenu au vin sans regret, c'est la faute à la politique ! Lucien, le papa élu, l'a rappelé en 1985 pour qu'il mène le domaine familial de 15 ha avec sa sœur Chantal. Et depuis tout se passe bien, les vins à l'idée de Jean-Michel privilégient le fruité, la tendresse, l'élégance, la finesse plutôt que la puissance… comme il se doit en côte et hautes-côtes-de-beaune. Et ce pour le plus grand plaisir des fidèles du domaine tant en France qu'en Belgique, Hollande, Allemagne où partent 30 à 40 % des 80.000 bouteilles annuelles.

——— LES VINS ———

Égrappage à 100 %, vinification lente, traditionnelle, élevage en fûts de chêne d'au moins un an pour des classiques dans toutes les appellations représentées. Du bourgogne aligoté 94 à 28 F aux beaunes 1ers crus Les Toussaints et Les Cent Vignes 94 à 66 F, en passant par les savigny-les-beaune 94 à 49 F, Les Feuillets 94 rouge à 66 F, le rare savigny-vergelesses rouge 94, à venir, et bien sûr les hautes-côtes-de-beaune blancs et rouges (le 93 à 40 F), tout est loyal et digne de l'étiquette. Et si le vin est épuisé, vengez-vous sur les adorables liqueurs de cassis, framboise, mûre, faites à partir de fruits du terroir.

——— L'ACCUEIL ———

Souriant et chaleureux dans les caves où les vins mûrissent dans leurs fûts. Indispensable de prévenir. Au départ de Beaune prendre vers Savigny par la D2. Avant Savigny, bifurquer à droite vers Pernand par la D18 puis Écheveronne où l'on se renseigne.

PROPRIÉTAIRE :
LUCIEN JACOB
ÉCHEVERONNE,
21420 SAVIGNY-LES BEAUNE
TÉL. : 80 21 52 15 - FAX : 80 21 55 65

HAUTES-CÔTES-DE-BEAUNE, NUITS-SAINT-GEORGES ET BEAUNE

DOMAINE
JAYER-GILLES
PROPRIÉTAIRE-VIGNERON

——— LE DOMAINE ———

Ici règne le pape des hautes-côtes, reconnu comme tel par toutes les éminences de la haute gastronomie ! Né d'une lignée de vignerons, Robert Jayer-Gilles, 62 ans, après un édifiant noviciat (7 ans) au domaine de la Romanée-Conti, est monté fonder sa famille et son domaine à Magny-les-Villers. C'était en 1955 : alors le coin des hautes-côtes n'avait la cote ni l'appellation, une aubaine pour notre homme qui, mû par l'instinct, acquit des parcelles d'un terroir dont il subodorait la noblesse. Puis il fit le vin comme il avait vu faire au cours de son noviciat. Ce qui aurait été mégalomanie ailleurs s'est révélé pur génie dans les terroirs élus par lui. À ce jour, son domaine de 11 ha produit essentiellement des hautes-côtes-de-beaune, de nuits en rouge et en blanc mais aussi de l'aligoté, du passe-tout-grain, du nuits-saint-georges Hauts Poirets et 1er cru Les Damodes, et même de l'échezeaux grand cru !

——— LES VINS ———

Exceptés l'aligoté et une partie du passe-tout-grain, ils sont élaborés dans la stricte observance de la grande tradition bourguignonne, avec élevage en fûts de chêne neufs modulés selon le millésime et la structure des appellations. Mis en bouteille sans collage ni filtration, leurs prix sont attractifs… mais il n'y a pas de vin à vendre : tout est raflé par les 3 étoiles du Michelin !

——— L'ACCUEIL ———

Sur R-V, laborieux à obtenir car on manque de vins. En cas de succès il est amical, dans la superbe cave à l'ancienne où vous gratterez peut-être quelques flacons ! De Beaune, prendre la N74 vers Nuits, puis à Ladoix vers la gauche sur Magny.

PROPRIÉTAIRE :
ROBERT JAYER-GILLES
ROUTE DE CORGOLOIN,
21700 MAGNY-LES-VILLERS
TÉL. : 80 62 91 79, FAX : 80 62 99 77

CHÂTEAU DE POMMARD

PROPRIÉTAIRE-VIGNERON

LE DOMAINE

Créé en 1726, ce domaine de 20 ha de vignes ceignant de magnifiques installations viticoles érigées sur d'impressionnantes caves ancestrales est un haut lieu du pommard. Depuis 1966, Jean-Louis Laplanche, propriétaire de ce bien de famille, dirige avec Nadine, son épouse. Ce savant docteur freudien, universitaire de renom, était en fait un vigneron bourguignon d'antique ascendance, passionné de terroir. Retrouvant son inné sans renier son acquis, il a donné tout son lustre au château de Pommard, et restauré d'admirable façon les bâtiments, la cuverie tout en bois et les caves. Le pommard lui doit ainsi qu'à Nadine un sacré merci et les amateurs de bien belles émotions gourmandes.

LES VINS

Rigueur et tradition président aux vendanges systématiquement triées et égrappées, aux vinifications en cuves de bois avec triple pigeage journalier, macération prolongé après les fermentations, décuvage sur foudres pour les malolactiques et mise en fûts dont la moitié neufs. Seules les meilleures cuvées sont château de Pommard (40 % de la production), le reste – pommard-villages – allant au négoce. Un somptueux vin de garde. Le 88 commence à s'épanouir, le 90 sera grandiose, ainsi que le 93.

L'ACCUEIL

Visite guidée des caves de fin mars à fin novembre de 9 h à 18 h 30, avec dégustation en point d'orgue (participation aux frais 25 F). Possibilité d'achats et de commande ; tarif sur demande. À 5 mn de Beaune, vers Pommard, c'est fléché.

PROPRIÉTAIRE :
JEAN-LOUIS LAPLANCHE
ROUTE D'AUTUN, 21630 POMMARD
TÉL. : 80 22 07 99 - FAX : 80 24 65 88

DOMAINE HENRI NAUDIN-FERRAND

PROPRIÉTAIRES VITICULTEURS

LE DOMAINE

C'est peu dire qu'Henri Naudin-Ferrand, bouillant retraité millésime 94, se tourmentait à l'idée de confier la charge de ses 22 ha – dont il connaissait chacune des 70 parcelles cep par cep – aux frêles épaules de ses filles Anne et Claire. Encore heureux qu'elles aient appris le vin dès le berceau, fussent toutes deux œnologues diplômées, et que leur jeunesse (Claire a 26 ans) comme leur soif d'innovations soient raisonnées par un profond respect du terroir et l'amour des traditions bourguignonnes chevillé aux papilles ! Résultat ça marche fort, la qualité des vins ne cesse de progresser et les médailles pleuvent.

LES VINS

Qu'importent les détails des vinifications et des élevages au demeurant très classiques et modulés selon les caractéristiques propres à chaque millésime, pourvu qu'en bouche les vins offrent ce subtil mariage entre l'apport minéral du terroir et l'apport fruité du cépage qui est sa signature savoureuse. En 96, goûtez et adoptez les vins suivants : hautes-côtes-de-beaune 94 blanc (37 F), hautes-côtes-de-beaune rouge le 91 (36 F), le 93 (36 F), hautes-côtes-de-nuits 93 (38 F), le côte-de-nuits-villages 93 superbe (53 F), le Ladoix 1er cru La Corvée 93 (65 F). Ne dédaignez pas certains 94 à venir ni le très pimpant hautes-côtes-de-beaune rosé 94 à 25 F.

L'ACCUEIL

Charmant et convaincant, tous les jours, de préférence sur R-V et dans la cave entre les fûts de chêne. Au départ de Beaune prendre la N74 vers Dijon, puis sur la gauche à Ladoix-Serrigny jusqu'à Magny : le domaine est en face de la mairie.

PROPRIÉTAIRE :
HENRI NAUDIN-FERRAND
MAGNY-LES-VILLERS,
21700 NUITS-SAINT-GEORGES
TÉL. : 80 62 91 50, FAX : 80 62 91 77

CÔTE-DE-NUITS-VILLAGES

DOMAINE JEAN PETITOT & FILS

PROPRIÉTAIRE-VIGNERON

LE DOMAINE

Le foot ou le vin ? Espoir pro, Hervé Petitot a finalement choisi le vin. Et maintenant, à 28 ans, avec son feeling de vigneron diplômé de Beaune, sa promise œnologue et un papa vigneron sur 10 ha tout content de l'avoir pour associé, il ne regrette rien. Avec 10 ha dont 7 de côte-de-nuits-villages (inclus 70 ares en blanc, une rareté dans l'appellation), 1 ha de nuits-saint-georges, 60 ares de ladoix plus 30 d'aligoté, 20 ares de bourgogne rouge et autant de passe-tout-grain, les Petitot ont de quoi faire. D'autant qu'ils respectent les bonnes traditions.

LES VINS

Vendanges manuelles égrappées à 100 %, macération à froid, fermentation lente en cuves de ciment émaillé (épatantes pour la thermorégulation), pigeage et remontages quotidiens, pressurage, débourrage et hop départ pour les fûts bois de plusieurs vins ou retour aux cuves émail selon la structure du millésime et la noblesse du vin. Après un an, collage au blanc d'œuf et filtration légère, mise en bouteille pour le mûrissement nécessaire. Ici, on travaille sur 2 ou 3 millésimes de front. Et les visiteurs apprécient. En 1996, on finira les nuits-saint-georges 92 à 70 F, le côte-de-nuits-villages 91 à 50 F, 92 à 48 F, le même en blanc 94, très rare à 55 F et le Ladoix 93 à 47 F. On commencera les mêmes en 93 à des prix avoisinants.

L'ACCUEIL

Dans de superbes caves voûtées, avec dégustation commentée. Le droit d'entrée d'environ 20 F est largement justifié. Ouvert tous les jours en saison, il est conseillé de prévenir. Corgoloin est sur la N74 à mi-distance de Beaune et Nuits. Le domaine côtoie la mairie.

PROPRIÉTAIRES :
JEAN PETITOT ET FILS
CORGOLOIN, 21700 NUITS-SAINT-GEORGES
TÉL. : 80 62 98 21, FAX : 80 62 71 64

NUITS-SAINT-GEORGES

DOMAINE REMORIQUET

PROPRIÉTAIRES VITICULTEURS

LE DOMAINE

Vigneron de la 4e génération, œnologue diplômé de Dijon et défenseur des terroirs et de la tradition sans archaïsme, Gilles Remoriquet a longtemps œuvré au sein des Jeunes Viticulteurs. Avec son épouse Dominique plus dévouée qu'exigeante, ses filles Virginie (18 ans) et Élise (14 ans) plus exigeantes que soumises, aujourd'hui il se consacre tout entier à ses 8,4 ha essentiellement en nuits-saint-georges mais aussi en hautes-côtes-de-nuits et en aligoté.

LES VINS

Vendanges égrappées à 100 %, macération préfermentaire puis fermentation naturelle longue et lente. Un mûrissement en fûts de chêne dont 20 % neufs pendant 18 à 24 mois selon le millésime, puis mise en bouteille après éventuelle filtration douce. Résultat : des vins concentrés, d'une richesse aromatique émouvante, une bouche ample, délicatement tannique et boisée. Des vins dignes du terroir ! En 96, quatre nuits-saint-georges 1ers crus — Les Bousselots, Les Damodes, Rue de Chaux, Les Saint-Georges — tous en plusieurs millésimes (de 89 à 93) pour des prix oscillants selon la notoriété et l'année entre 95 et 130 F. Du village nuits-saint-georges Les Allots du 89 au 93 de 90 à 100 F. L'occasion de s'initier aux 1ers crus et à leurs variantes de terroirs.

L'ACCUEIL

Chaleureux et attentionné, avec si on le souhaite plein de conseils pour une gourmandise béate et bien tempérée. Dans la cave, sous l'habitation, et sur R-V. À Nuits-Saint-Georges, demander la rue de Charmois. On arrive à trouver…

PROPRIÉTAIRES :
HENRI ET GILLES REMORIQUET
25, RUE DE CHARMOIS,
21700 NUITS-SAINT-GEORGES
TÉL. : 80 61 24 84, FAX : 81 61 36 63

FIXIN

DOMAINE BERTHAUT

PROPRIÉTAIRES VITICULTEURS

LE DOMAINE

Vigneron de la 6ᵉ génération et œnologue diplômé de Dijon, qui mène avec son frère Vincent un domaine de 13 ha sur Fixin essentiellement, Denis Berthaut, 45 ans, est à l'image de ses vins : puissant mais chaleureux, élégant sans mièvrerie, savoureux et de grande garde. Ajoutez à cela qu'il en parle avec finesse et bonne humeur et vous comprendrez pourquoi on le trouve sur les cartes des Loiseau, Lorain et Blanc. Avec 1 ha en fixin 1ᵉʳ cru Les Arvelets, 9,5 ha en fixin, 1 ha en fixin Les Clos, 1,5 ha en gevray-chambertin (le village mitoyen) plus 1 ha en bourgogne rouge, le domaine peut faire face à toutes les situations gastronomiques.

LES VINS

Élaborés à partir de vignes dorlotées sans artifices chimiques, de vendanges soigneusement triées et égrappées dans le respect d'une tradition familiale dépoussiérée des archaïsmes, élevés de 18 à 24 mois en fûts partiellement neufs, les vins du domaine, de grande garde, ont tous un nez complexe de pinot noir sublimé par les apports minéraux du terroir, un charnu subtilement tannique en bouche qui les rendent dignes des raouts les plus raffinés. En 96, ne pas rater le 1ᵉʳ cru Les Arvelts 93 (87 F), le fixin Les Craies 91 (73 F) ou Les Clos 93 (78 F), sans snober le gevray-chambertin 93 (89 F) et pour le courant tâter le bourgogne 91 à 36 F.

L'ACCUEIL

Exemplaire, dans les caves du domaine ou le caveau Napoléon les samedi, dimanche et fêtes, place de la Poste à Fixin. Avertir de préférence. Au départ de Gevray-Chambertin prendre la N74 vers Dijon, puis à gauche à partir d'un grand sens giratoire. Se renseigner à Fixin.

PROPRIÉTAIRES :
VINCENT ET DENIS BERTHAUT
9, RUE NOISOT, FIXIN, 21220 GEVREY-CHAMBERTIN
TÉL. : 80 52 45 48 - FAX : 80 51 31 05

LES BOURGOGNES DE LÉGENDE

Montrachet, clos vougeot, romanée, chambertin et d'autres vins de légende issus de terroirs d'exception sont en général introuvables au pied des vignes qui les engendrent et qu'on salue au passage la gorge sèche d'émotion. Pour accéder à ces vins majuscules, mieux vaut s'adresser aux quelque cent vingt négociants de vins de Bourgogne, dont les plus fameux tiennent boutique à Beaune. On reconnaît un bon négociant à ce que :

– il est propriétaire ou pour le moins vinificateur éleveur de tous les vins qu'il propose et signe ;

– ses connaissances pratiques des terroirs et des vins lui ont valu bien plus que son efficacité commerciale d'être choisi comme « fermier » ou « métayer » de domaines fabuleux dont les propriétaires lui font confiance pour élaborer, élever et commercialiser ces vins légendaires ;

– ses références suffisamment diverses pour être représentatives des meilleurs « climats » du vignoble sont toujours déclinées en plusieurs millésimes… pour le plaisir de l'amateur ! Parce qu'ils jouissent de l'estime générale et d'une réputation sans tache, parce qu'ils répondent – et au-delà – aux critères définis ci-dessus, notre Route de la Bourgogne fait étape en 1996 chez deux négociants complémentaires plus que rivaux, et représentatifs chacun d'une conception différente mais également attrayante des altesses bourguignonnes. Il s'agit des maisons Joseph Drouhin et Louis Jadot. Au cas où prospecter les vins de légende en courant d'un négociant à l'autre vous rebute, sachez qu'à Beaune la boutique Denis Perret, place Carnot (tél. : 80 22 35 47), propose un choix impressionnant des crus les plus réputés de Bourgogne. Les vendeurs qui font régulièrement des stages de mise à jour dans les maisons qu'ils diffusent sauront guider votre choix.

MAISON LOUIS JADOT
NÉGOCIANT PROPRIÉTAIRE

LE DOMAINE

Fondé en 1859, au fil du temps il s'est taillé 40 ha dans le meilleur des côtes de Nuits et de Beaune. Magnifiant l'expression des terroirs, exclusivement vouée par les Gagey, le père Henry et son fils Pierre-Henry, aux seuls grands vins de Bourgogne qu'ils élaborent et élèvent de façon exemplaire, la maison s'est vu confier la responsabilité de domaines prestigieux, si bien qu'à ce jour ce sont 110 ha dont 65 en rouge qu'elle signe. Pour la Côte-d'Or, plus de 1200 références en majorité grands crus et 1ers crus à vous pâmer d'aises gourmandes.

LES VINS

Depuis 1970, Jacques Lardière, œnologue obsédé de terroirs, vinificateur inspiré et attentif aux impératifs météo, élabore tous les vins selon le credo Gagey : corps, bouquet, chair, ampleur, tout au service du microterroir. Exemple : chaque année près de 15 gevrey-chambertin grands crus et 1ers crus, tous frères de sang et tous différents. Chaque bourgogne est ici une œuvre d'art et chaque millésime une création nouvelle. Une dégustation portant sur des vins qui vont apparaître sur le catalogue dans les mois ou les années à venir nous a ébloui : meursault 1er cru Les Perrières 91 (139 F), chevalier-montrachet Les Demoiselles grand cru 91 (371 F), extraordinaire auxey-duresses 90 rouge, velouté, giboyeux, à venir. Sont également disponibles dans plusieurs millésimes toute la gamme des grands crus rouges de côte-de-nuits.

L'ACCUEIL

Louis Jadot n'est pas équipé pour recevoir mais tous les vins portés sur catalogue sont disponibles à la boutique Denis Perret, place Carnot, où l'on vous guidera loyalement.

PROPRIÉTAIRE :
MAISON LOUIS JADOT
5, RUE SAMUEL-LEGAY, 21200 BEAUNE
TÉL. : 80 22 10 57 - FAX : 80 22 56 03

MAISON JOSEPH DROUHIN
PROPRIÉTAIRE ET NÉGOCIANT

LE DOMAINE

60 ha dont 24 en Côte-d'Or essentiellement grands crus bâtard-montrachet, corton-charlemagne, corton-bressandes, clos de vougeot, grands échezeaux, bonnes-mares, musigny, griotte-chambertin et 1ers crus volnay clos des Chênes, beaune clos des Mouches, chambolle-musigny Les Amoureuses et Hauts Doix, etc. Maître à bord de nombreux domaines de la même eau, dont le grandissime montrachet du marquis de Laguiche, la maison a de quoi combler vos rêves bourguignons les plus fous.

LES VINS

Robert Drouhin, stature d'une seigneuriale élégance, secondé par quatre enfants à son image, dirige la maison fondée par son grand-père. Dans le respect absolu des moindres nuances des terroirs, il élabore des vins qui privilégient la finesse et la complexité, l'élégance et le charme sans trahir la virilité et la mâche. La dégustation de décembre 96 fut convaincante : chassagne-montrachet 93 (110 F), beaune clos des Mouches 93 (185 F) en blanc. Beaune clos des Mouches 92 (150 F) et 93 (180 F), chambolle-musigny 1er cru 93 (140 F) en rouge. Suivie d'un hommage : montrachet Marquis de Laguiche 91 (670 F), bonnes mares 89 (325 F), romanée saint-vivant 92 (350 F), griotte-chambertin 91 (255 F).

L'ACCUEIL

Visites guidées des caves du lundi au vendredi, uniquement sur R-V. Jadis celliers des rois de France et ducs de Bourgogne, on y découvre toute l'étendue de la Beaune souterraine et historique. Catalogue et point de vente, mais les vins sont également disponibles à la boutique Denis Perret. On y accède par la rue de l'Enfer qui débouche rue de Paradis. Sans rire !

MAISON JOSEPH DROUHIN
7, RUE D'ENFER, 21200 BEAUNE
TÉL. : 80 24 68 88, FAX : 80 22 77 64

 # NOTES DE VOYAGE

Dans cette région, à partir du 18 octobre 1996, vous devez faire précéder les numéros de téléphone de vos correspondants de : 03

LES ROUTES DES VINS
DU BEAUJOLAIS

HENRI ELWING

Tassées de joie simple et tutoiement de rigueur, chaque année – au troisième jeudi de novembre qui suit les vendanges – les populaires beaujolais nouveaux, médiatisés à plus soif, déferlent sur toute la Terre. Un raz de marée bonbon anglais mêlé banane, gouleyant et espiègle en bouche. Des vins vinifiés en primeur, vite bus et vite pissés, qui ne sauraient préjuger du charme des douze tribus du Beaujolais, à savoir : les beaujolais AOC, les beaujolais – villages AOC et les fameux dix crus AOC qui, de Mâcon à Lyon, peuplent les 21800 ha d'un vignoble planté entre 100 et 550 m sur les flancs vallonnés des monts du Beaujolais. 55 km de long sur 12 à 15 de large, splendides à flâner, réjouissants à prospecter.

Un seul cépage le gamay noir, un seul mode de vinification (« beaujolaise traditionnelle ») qui favorise les arômes de raisin et des arômes propres aux deux types principaux de sols :

– Les sols à dominante granitique au nord et jusqu'au droit de Villefranche-sur-Saône. C'est le terroir des trente-neuf beaujolais-villages couvrant 5850 ha et des dix crus que voici, classés par ordre alphabétique : Brouilly (1200 ha), Chenas (260 ha), Chiroubles (350 ha), Côte-de-Brouilly (290 ha), Fleurie (800 ha), Juliénas (580 ha), Morgon (1100 ha), Moulin-à-Vent (650 ha), Régnié (650 ha) et Saint-Amour (280 ha), qui ont chacun leurs fans.

– Les sols à dominante argilo-calcaire au sud, le pays des Pierres Dorées (9700 ha) où s'élaborent les beaujolais et la plupart des primeurs ainsi que quelques blancs de chardonnay qui valent leurs rasades.

Ajoutez à cela que ces deux types de sols, le nordiste et le sudiste, sont chacun hétérogènes, que par exemple le granit-manganèse du Moulin-à-Vent n'est pas le granit mêlé schistes argileux du Juliénas, ou encore que l'argilo-calcaire de Liergues ne peut se confondre avec celui de Saint-Laurent-d'Oingt d'une part.

Sachez aussi d'autre part, que le terroir conférant sa vraie noblesse aux vins d'appellation, il importe de lui laisser le temps de s'exprimer par un élevage plus ou moins long au terme duquel le beaujolais – qui a déjà sa typicité beaujolaise – se contente d'un élevage relativement court ; dès 1996 vous pourrez dégoter vos beaujolais ou beaujolais-villages qui auront fait leurs Pâques, et vos crus à la fin de l'été à l'exception des moulin-à-

vent qui gagnent à attendre dix-huit mois. Mais pas de panique, la plupart des vignerons auront encore du 1994 à côté de leurs 1995. La palette des beaujolais de tout poil offerts à votre soif gourmande est infinie et votre satisfaction dépend essentiellement du vigneron que vous visiterez. Notre route est jalonnée de vignerons qui font bien, dont les vins goûtent bien et dont l'accueil chaleureux rend le vin encore meilleur. Ils ne sont pas seuls dans ce cas mais ceux-là nous les avons éprouvés, vous pouvez leur faire confiance. Et si vous en dénichez d'autres au cours de vos pérégrinations, faites-le-nous savoir, on les verra pour la route 1997.

A. Elving

PETIT MÉMENTO DES CRUS DU PLUS TENDRE AU PLUS MAJESTUEUX

- **Brouilly** : petits fruits rouges sur granit
- **Chiroubles** : violette sur granit
- **Côte-de-Brouilly** : raisin frais sur roches volcaniques
- **Morgon** : kirsch et noyau sur pierres bleues (granit désagrégé)
- **Fleurie** : iris, pêche sur granit
- **Saint-Amour** : pêche sur granit
- **Régnié** : compote de fruits sur granit pimenté argile
- **Juliénas** : pivoine de porphyre sur lit argilo-calcaire
- **Chenas** : rose fanée sur granit à soupçon calcaire
- **Moulin-à-Vent** : majestueuse rose fanée de granit-manganèse

COUPS DE CŒUR DES DEUX PRÉCÉDENTES ÉDITIONS

1994 **Hameau du Vin** (Georges Dubœuf) à Romanèche-Thorins
1995 **Dominique Piron** à Villié-Morgon
Château Thivin à Odenas

LE HAMEAU DU VIN

GEORGES DUBŒUF

Négociant éleveur embouteilleur

Serviteur et pape incontesté du beaujolais, dégustateur exceptionnel et sidérant de vélocité, Georges Dubœuf, aidé d'un quatuor de compagnons formés à son image, passe son temps à sélectionner ses cuvées qu'il aime joyeuses, franches de goût, résolument fruitées et florales, équilibrées, « goûtant bien », pourvues d'une identité affirmée et qu'il signe quand elles sont prêtes à boire. Chez lui pas de danger d'humiliation à confondre un chiroubles avec un juliénas ou un régnié ! Au Hameau du Vin, qu'il faut absolument visiter en prélude à la prospection beaujolaise, Arnaud le sommelier, natif du terroir, saura vous conseiller loyalement et fera de votre quête un sport réjouissant. Écoutez-le : « Pour les mâchons du matin : chiroubles, brouilly, régnié ou beaujolais-villages

en jeune millésime. Pour les repas d'hivers rigoureux : morgon, chenas, côte-de-brouilly à maturité, et au printemps plutôt fleurie, saint-amour, juliénas. À l'apéritif, du très rare beaujolais blanc qui accompagnera vos cuisses de grenouilles. Et pour les grandes occasions un moulin-à-vent de quatre à cinq ans d'âge au moins ! »

Tous les goûts étant dans la nature, Georges Dubœuf présente chaque vin en trois versions : jeune, millésime ancien surtout pour les crus, et le domaine d'un vigneron qui lui a tapé dans les papilles. Vous pourrez également vous intéresser avec profit aux vins blancs du Mâconnais qu'il apprécie, attendu qu'il est natif de Crêches au cœur du Pouilly-Fuissé. Actuellement, penchez-vous sur le moulin-à-vent 93, le régnié et le côte-de-brouilly 94.

Propriétaires : **Georges et Franck Dubœuf** Le Hameau du Vin
Dubœuf-en-Beaujolais, La Gare, 71570 Romanèche-Thorins.
Tél. : 85 35 22 22 - fax : 85 35 21 18
Vins Georges Dubœuf Tél : 85 35 34 20 - fax : 85 35 34 25

À VISITER

Les lieux de visite qui valent le détour, Dieu sait qu'ils sont nombreux en pays beaujolais... Dans pratiquement chaque village où vous rendrez visite à nos vignerons sélectionnés, vous trouverez d'époustouflantes petites chapelles ou de vastes églises à l'architecture romane, des musées de traditions populaires ou encore la maison natale du Curé d'Ars à Dardilly, le musée des attelages de Vonnas et mille autres curiosités. Si vous désirez en savoir plus, adressez-vous à l'un des Centres d'information auxquels nous consacrons une rubrique...

Distillerie Crozet : 18 rue Victor-Clément, 69240 Thizy, tél. : 74 69 92 19. Ouvert le matin. Fameux fabricant de la crème de cassis Louis Crozet à l'origine, vous découvrirez au magasin de vente les célèbres sirops Crozet et une gamme de cent cinquante produits de la distillerie dont le décor 1920 n'a pas changé.

Chocolats Bernard Duffoux : 32 rue Centrale, 71800 La Clayette, tél. : 85 28 08 10. Visites de la fabrique tous les mercredis, et l'on peut même s'inscrire au cours de fabrication du chocolat les premiers mercredis du mois de 14 à 18 h.

Le Hameau du Vin (Duboeuf-en-Beaujolais) : La Gare, 71570 Romanèche-Thorins, tél. : 85 35 22 22, fax : 85 3521 18. Ouvert tous les jours de 9 h à 18 h, fermeture annuelle courant janvier. Accès par la N6, prendre direction Romanèche-Thorins au lieu-dit Maison-Blanche situé entre Mâcon et Belleville-sur-Saône. En 1995, plus de 100 000 visiteurs ont emprunté cette ancienne gare superbement et intelligemment aménagée en musée-conservatoire des arts et métiers du vin où le beaujolais tient la première place. Un voyage initiatique et historique d'une heure et demie à travers les terroirs, les cépages, les techniques que les vignerons ont utilisés et utilisent encore. Un trajet qui coûte 70 F (50 F pour les enfants, gratuit pour les moins de 8 ans, tarifs de groupe à partir de 5 pers.) et qui se termine par le coup de l'étrier : beaujolais, mâcon blanc sur saucisson. Une restauration beaujolaise légère est possible. L'endroit à ne pas manquer.

COUCHER CHEZ LE VIGNERON

Domaine du Moulin Blanc : Alain et Danièle Germain, vins et gîte « Les Crières », 69830 Charnay. Tél. et fax : 78 43 98 60. De 4 à 12 personnes, un gîte-étape de rallyes pédestres ou cyclistes, avec petits déjeuners à la beaujolaise et un paysage somptueux. Le village de Charnay vaut la visite. Tarifs : hors saison : 1500 F le week-end simple et 1880 F la semaine. Demi-saison (vacances scolaires) : 2000 F la semaine. Pleine saison (juillet-août) : 2300 F la semaine.

Domaine de la Grosse Pierre (« Gîtes de France ») : Véronique et Alain Passot, 69115 Chiroubles. Tél. : 74 69 12 17, fax : 74 69 13 52. 5 chambres indépendantes, douillettes et avec le confort dans une demeure entourée de vignes. Un rêve avec le vin de la maison, la piscine et le très bon accueil. Tarifs : chambre simple 260 F la nuit et chambre double 280 F, petit déj. inclus.

Frédérique et Jacky Piret (« Gîtes de France ») : La Combe, 69220 Belleville-sur-Saône. Tél. : 74 66 30 13, fax : 74 66 08 94. 4 chambres de bon confort, dans une maison ancienne, avec accès indépendant. Les propriétaires sont viticulteurs et l'on peut donc déguster sur place... 180 F pour 1 pers., 220 F pour 2 et 270 F pour 3.

Chantal et Michel Perriez (« Gîtes de France ») : Les Monterniers, 69430 Lantignié. Tél. : 74 04 84 60. 3 chambres de caractère au cœur du vignoble, vous pouvez disposer du salon à votre guise (!) et Chantal fait aussi table d'hôtes. 240 F la nuit pour 2 pers.

Domaine des 40-Écus (« Gîtes de France ») : Marie-Claude et Bernard Nesme, Les Vergers, 69430 Lantignié. Tél. : 74 04 85 80. 5 chambres pour 10 personnes en tout. 180 F si vous êtes seul et 240 F à 2. Non seulement on y dort bien, dans cette maison de charme avec jardin, mais en plus de la dégustation que vous pouvez faire sur place (Les Nesme sont aussi viticulteurs) une piscine s'offre à vous !

Domaine de la Roche-Guillon (« Gîtes de France ») : Valérie et Bruno Coperet, 69820 Fleurie. Tél. : 74 69 85 34, fax : 74 04 10 25. Valérie et Bruno mettent à votre disposition 2 chambres confortables dans une maison en plein cœur du vignoble avec accès indépendant. Le séjour et le coin cuisine sont à vous, l'accueil y est bon mais n'abusez pas de la dégustation des vins maison (les Coperet sont également vignerons)...

HÔTELS IMMERGÉS DANS LE VIGNOBLE ET RESTAURANTS DE BONNE CAVE

Chenas

Daniel Robin : Les Deschamps, 69840 Chenas. Tél. : 85 36 72 67, fax : 85 33 83 57. Fermé le mercredi. Dans une agréable bâtisse sise au cœur des vignes avec une vue imprenable. Nous n'avons pas eu l'occasion de tester à nouveau la cuisine, auparavant inégale, mais tentez votre chance !

Romanèche-Thorins

Les Maritonnes : 71570 Romanèche-Thorins. Tél. : 85 35 51 70, fax : 85 35 58 14. Fermé les dimanches soir (hors saison), lundis et mardis midi, et de la mi-décembre à la fin janvier. Très belle maison bourgeoise dotée d'un agréable parc. La cuisine est bonne, authentique, la cave de beaujolais et mâconnais parfaite avec entre autres le Domaine des Brureaux, remarquables chenas produits par Fauvin-Robin (les aubergistes des Maritonnes), aussi bons en cuisine qu'en cave. Menus de 150 F (en sem.) à 420 F et 20 chambres de 360 à 520 F. Très belle piscine.

Villié-Morgon

Le Morgon : Éliane et Alain Pralus, hameau de Villié-Morgon, 69910 Morgon. Tél. : 74 69 16 03. Éliane et Alain se sont connus à l'auberge des Maritonnes de Romanèche-Thorins, lui en cuisine, elle en salle... ils se sont mariés et installés à Morgon en ouvrant ce restaurant où la cuisine régionale et la gastronomie cohabitent. 4 menus de 79 à 198 F. Leur cave de morgons est remarquable. Ils ferment le mercredi pour leurs 3 enfants et le dimanche soir pour leur duo d'amour !

Thoissey

Restaurant Paul-Blanc : 01140 Thoissey. Tél. : 74 04 0 474, fax : 74 04 94 51. Fermé les mardi et mercredi midi. Une très belle halte avec surtout un menu au déjeuner à 160 F. À la carte, compter de 350 à 450 F. Attardez-vous chez Bruno Maringue, petit-fils de Paul Blanc... cela vaut le détour ! 20 chambres donnant sur un beau jardin de 250 à 680 F.

Fleurie

L'Auberge du Cep : Place de l'église 69820 Fleurie. Tél : 74 04 10 77 Fax : 74 04 10 28 Une excellente auberge de village désormais tenue par Chantal Chagny et sa fille Hélène, qui assure l'accueil et le service. Michel Guérin nous fait une belle et bonne cuisine locale. Superbe cave ! Bref, vous y passerez un excellent moment. Menus de 190 à 500 F. Carte : 350 F.

Beaujeu

Anne de Beaujeu : 28, rue de la République, 69430 Beaujeu. Tél. : 74 04 87 58, fax : 74 69 22 13. Dans une maison de caractère avec parc, terrasse et jardin, Dominique Cancela vous accueille et vous offre une cuisine régionale correcte avec une très belle carte des vins. Menus de 110 à 330 F + 7 chambres entièrement rénovées de 265 à 330 F.

Saint-Jean-d'Ardières

Château de Pizay : 69220 Saint-Jean-d'Ardières. Un château du XIVe siècle, plein de charme et soigneusement restauré qui produit ses propres vins depuis... le Moyen-Âge ! L'endroit est une belle étape pour se reposer : 60 chambres spacieuses et douillettes + 2 appartements : de 530 à 1800 F en haute saison. Piscine et vignoble à volonté, et à perte de vue ! Pour satisfaire votre appétit, une honnête cuisine avec menus de 200 à 395 F (menu dégustation).

Belleville-sur-Saône

Le Rhône au Rhin : 10 rue du Port, 69220 Belleville-sur-Saône. Tél. : 74 66 16 23, fax : 74 66 09 93. Fermé les dimanche soir et lundi. Vous aimez dîner au bord de la Saône, d'une cuisine simple et fraîche ? Alors venez ici, rien de meilleur qu'une terrasse ombragée lorsqu'il fait chaud ! 5 menus d'un bon rapport qualité-prix de 100 à 260 F.

Villefranche-sur-Saône

Hostellerie La Ferme du Poulet : rue Georges-Manguin, 69400 Villefranche-sur-Saône. Tél. : 74 62 19 07, fax : 74 09 01 89. Cette belle ferme du XVIIᵉ rénovée propose une dizaine de chambres de 380 à 500 F environ et 3 menus de 175 à 360 F. Cuisine malicieuse et classique. Les saveurs y sont délicates mais la carte des vins n'est pas à la hauteur.

La Fontaine Bleue : 18, rue Jean-Moulin, 69400 Villefranche-sur-Saône. Tél. : 74 68 10 37, fax : 74 68 70 38. Fermé le dimanche en août. Menus sympa de 98 à 220 F. Une halte heureuse.

Tarare

Jean Brouilly : 3 ter, rue de Paris, 69170 Tarare. Tél. : 74 63 24 56, fax : 74 05 05 48. Chez Josette et Jean Brouilly, au milieu d'un beau parc, la cuisine et la terrasse sont bien agréables... Menus de 150 à 340 F. Fermé les dimanche et lundi.

INFOS PRATIQUES

Dépannages le dimanche : garage Citroën au 74 65 26 09, garage Peugeot au 74 65 22 50 et 24 h sur 24, tous véhicules, au 72 55 43 44.

CENTRES D'INFORMATION

Union Interprofessionnelle des Vins du Beaujolais (UIVB) : 210, bd Vermorel, BP 317, 69661 Villefranche-sur-Saône cedex. Tél. : 74 02 22 10, fax : 74 02 22 19. À votre disposition, un certain nombre de brochures gratuites sur les différents crus du Beaujolais.

Le Pays Beaujolais (GRTB) : BP 163, 69656 Villefranche-sur-Saône cedex. Tél. : 74 60 08 45, fax : 74 03 94 06. Organisation de séjours et circuits pour groupes. Service de guides interprètes.

Comité Départemental du Tourisme du Rhône : BP 3033, 69396 Lyon cedex 03. Tél. : 72 61 78 90, fax : 78 60 44 49. Gîtes de France à Lyon : tél. 78 37 05 46, fax : 78 38 21 15.

> *Si le vin disparaissait de la production humaine, je crois qu'il se ferait, dans la santé et dans l'intellect, un vide, une absence, une défection, beaucoup plus affreux que tous les excès dont on rend le vin responsable.*
>
> ***Baudelaire***

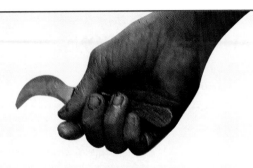

INFO-
« PAYS BEAUJOLAIS »

« Le Pays Beaujolais », organisme fédérateur de tous les acteurs touristiques de la région beaujolaise vous propose l'éblouissement par l'inattendu. Ne dit-on pas « Etonnants Beaujolais » pour les vins ? La région, elle aussi, surprend...

Les pôles oenologiques du Beaujolais viticole sont autant de balises pour mieux connaître tous les aspects fascinants du vin : le site de « Pierres Folles », le « Hameau du Vin », et bientôt le château de Rochebonne...

Du nord au sud, le Pays Beaujolais présente un paysage ouvert, un habitat dispersé qui lui confère une touche originale. Pays de hameaux, de chapelles isolées, d'altiers châteaux. Du Pays de Pierres Dorées, décrit comme la Toscane du Beaujolais, aux villages de granit du Haut-Beaujolais, l'architecture beaujolaise se distingue au sein de sites, de points de vue, rythmés par le mouvement des collines. Le Pays Beaujolais, c'est l'anti-monotonie. Beaujolais est synonyme de fête. Ici, l'accueil est une vertu première, à l'image de ces vignerons dont la jovialité a fait le tour de la planète : « les Conscrits », « les Sarmentelles » (sortie du Beaujolais Nouveau), « les Orgues de Barbarie », « la Nuit des caves en fête », « la Fête du Paradis », « la Fête des Crus »... L'année beaujolaise est une succession de prétextes à faire la fête !

Le Pays Beaujolais a su préserver des espaces de nature, où l'authenticité des paysages rivalise avec leur beauté. Cette nature complice est le royaume incontesté des randonnées pédestres, à cheval, des balades VTT... Une faune et une flore inespérées attendent l'amoureux de la nature à chaque instant, sans oublier les nombreux loisirs nautiques.

Le Pays Beaujolais est aussi symbole de gourmandise. De vrais produits du terroir : les douze appellations des coteaux beaujolais bien sûr, mais aussi les fromages de chèvre et les charcuteries. Des lieux pour les apprécier tout en les comprenant mieux : dégustation dans la chaude ambiance des caves vigneronnes ou bien initiation à l'oenologie dans les domaines sans oublier les nombreux restaurants où la gastronomie se conjugue au pluriel pour le plaisir de chacun.
Contact : « le Pays Beaujolais », 172 Bd Vermorel 69400 Villefranche. Tél : 74 02 22 00.

BEAUJOLAIS

CAVE DES VIGNERONS DE LIERGUES

GROUPEMENT DE VIGNERONS

LE DOMAINE

Vinificateur exceptionnel et néanmoins affable, dorloté par sa femme et ses enfants, comblé par les 95, fier des 260 adhérents pour 500 ha de vignes de la coopérative de Liergues qu'il mène depuis 1982 et maintient au sommet de la qualité, Jean-Pierre Thomas – quarante-six ans aux dernières vendanges – se sait un homme heureux. Le négoce ne l'ignore pas, qui rafle l'essentiel des 30 à 33000 hl de vins, beaujolais primeurs et traditionnels, beaujolais rosés, blancs et même crémant de Bourgogne vinifiés chaque année par l'infaillible J.-P. Thomas !

LES VINS

Ici, pour les beaujolais traditionnels (le 94 et le 95 : 23 F, cuvée Jean-Claude Fargeat 95 : 28 F, réserve particulière 93 et 94 : 28 F), on vinifie séparément les lieux-dits argileux tels les Fonas, les argilo-siliceux tels les Marduis, les calcaires tels les Chaillers, et l'on obtient des beaujolais différents, reflets de leurs terroirs respectifs, des cuvées tantôt complémentaires et harmonieusement assemblées, tantôt spécifiques et présentées dans leur pureté originelle... c'est selon le millésime. En 95, les Marduis seuls ou assemblés aux Fonas et les Chaillers dopés aux Fonas seront de superbes beaujolais d'après Pâques ! Très fruités en bouche, guillerets sans mièvrerie avec un avalé sans rudesse mais avec une belle longueur finale. Les rosés pimpants et floraux (le 95 : 24 F) sont de délicieuses mises en bouche proches des beaujolais primeurs presque tous pris par le négoce.

À partir de quelques hectares plantés en chardonnay, la cave produit 1000 hl de vins blancs. Les raisins, ni éraflés ni égrappés comme il se doit en Beaujolais, sont pressurés selon la technique champenoise : la cuvée pour le grand vin et le jus de presse très aromatique comme vin d'appoint. Selon la nature du sol, J.-P. Thomas vinifie des vins tendres issus d'argile siliceuse, à boire sitôt les Pâques accomplies, et des vins de garde issus d'argilo-calcaire, plus étoffés et qui « goûtent » en fin d'année. Tendres ou de garde ce sont des beaujolais blancs (29 F la réserve particulière 94 et 27 F la cuvée ordinaire) remarquables, fins, subtilement floraux ou fruités, très équilibrés corps et fraîcheur, et qui étonnent d'autant plus que la plupart des gens en ignorent l'existence.

Et ne quittez pas la cave sans une bouteille de crémant de Bourgogne (33 F), du beaujolais blanc de blancs à bulles, c'est suffisamment insolite et délicieux pour en écluser quelques flûtes !

L'ACCUEIL

Tous les jours ouvrables de 9 h 30 à 12 h et de 14 h 30 à 18 h (particulièrement sympathique le dimanche car assuré par les viticulteurs). Au départ de Villefranche-sur-Saône, prendre la D38 pour rallier Liergues.

PRÉSIDENT : PIERRE BERGER
VINIFICATEUR : J.-P. THOMAS
69400 LIERGUES
TÉL. : 74 65 86 00 - FAX : 74 62 81 20

BEAUJOLAIS

DOMAINE
DU MOULIN BLANC

VITICULTEUR RÉCOLTANT

BEAUJOLAIS

DOMAINE
DENIS CARRON

VITICULTEUR RÉCOLTANT

LE DOMAINE

Alain Germain, quarante-quatre ans, vigneron respectueux des traditions, s'active ferme sur 7,7 ha argilo-siliceux voués aux beaujolais primeurs et traditionnels et sur 2,4 ha plutôt calcaires voués au beaujolais blanc via le chardonnay. Danièle, sa dynamique épouse, partage son temps entre les vins et le gîte spacieux dans une belle maison de pierres dorées. Et ces deux laborieux prennent encore le temps de prêcher leurs vins et de promouvoir leur si beau village de Charnay à ceux qui ont la riche idée de les visiter.

LES VINS

Le tiers de la production est vendu en vrac ; le reste, soit 32.000 bouteilles (dont 10.000 en primeur), est réservé aux particuliers et aux clients du gîte qui le souhaitent. Le 94 traditionnel (24 F), à son apogée avec son nez de fruits rouges confits mêlé de framboise, une bouche charnue, pleine, un avalé velours, enchante par sa longueur. Le 95 promet encore davantage à qui saura l'attendre. Mais le domaine est également réputé pour son blanc. Le 94, épuisé, était remarquable. Le 95 (28 F), très prometteur, sera là pour le carême. Attendons-le en toute confiance.

L'ACCUEIL

Il est indispensable de prendre rendez-vous. Si d'emblée vous avouez être sensible à la beauté de la région, de Charnay, du site, on vous présentera le gîte et le vin avec bonne foi et bonne humeur dans un caveau propice à la dégustation.
Au départ de Villefranche-sur-Saône, rallier Charnay par la D70.

LE DOMAINE

Solide gaillard de quarante ans, doré comme son terroir plus argileux que caillouteux, Denis Carron – avec sa femme Colette, vigneronne native de Theizé – élève ses deux enfants et exploite 17 ha de vignes accrochées à 250 m d'altitude, exposées au sud-est (le point de vue est superbe) et partagées par moitié entre Frontenas et Moiré. Avec ses deux installations autonomes, il finira par élaborer deux beaujolais distincts. Et sur 1 ha plutôt calcaire, planté en chardonnay, il s'amuse à vinifier un gentil beaujolais blanc bien rafraîchissant à l'apéritif (25 F le 94).

LES VINS

Denis Carron soigne ses vignes comme ses enfants, avec tendresse. Ses vins, structurés par des cuvaisons longues de 8 à 10 jours pour les traditionnels (pas moins de 6 à 7 jours pour ses primeurs) et affinés par un élevage en foudres de 35 hl, sont colorés, charnus, vigoureux en bouche, avec des arômes de groseille et de fruits cuits, un avalé nerveux qui relance la soif. Le domaine produit 2000 hl dont 20 % sont réservés à la vente aux particuliers (soit 20.000 bouteilles, mi en traditionnel, mi en primeur). Les prix sont doux, les 94 à 24 F sont plaisants et les 95 (23 F) s'annoncent concentrés et savoureux.

L'ACCUEIL

Sur une terrasse de rêve prolongée par un caveau ombré, il est courtois et devient chaleureux si vous vous annoncez. Prendre la D38 au départ de Villefranche-sur-Saône, puis la D39 à droite pour rallier Frontenas.

PROPRIÉTAIRE :
ALAIN ET DANIÈLE GERMAIN
« LES CRIÈRES » 69830 CHARNAY
TÉL. ET FAX : 78 43 98 60

PROPRIÉTAIRE :
DENIS ET COLETTE CARRON
69620 FRONTENAS
TÉL. : 74 71 70 31 FAX : 74 71 86 30

BEAUJOLAIS

CAVE COOPÉRATIVE DE SAINT-LAURENT-D'OINGT

GROUPEMENT DE VIGNERONS

LE DOMAINE

Avec 135 adhérents regroupant 310 ha répartis sur les coteaux de 3 communes dominant la vallée de l'Azergues, la « coop » vinifie annuellement 20.000 hl de beaujolais (dont l'essentiel en primeur) et alimente les vins Georges Dubœuf. Le site et la route pour y accéder – absolument splendides – méritent le détour autant que les vins.

LES VINS

En 1972, feu Johannès Papillon, président de la cave, et Georges Dubœuf se sont rencontrés et appréciés. Depuis, avec les conseils de l'équipe technique Dubœuf, la cave élabore des vins primeurs, profil Dubœuf, à la satisfaction de tous. La cave garde 10 % de sa production élaborée en traditionnel pour la vente aux particuliers. Le 94 (22 F), à la robe rubis grenat dense et aux arômes subtils de petits fruits rouges, bien structurés en bouche, cadeau d'une cuvaison plutôt longue, plus son avalé nerveux qui se prolonge par une agréable longueur va bientôt céder sa place à un 95 (22 F) encore plus séduisant, parole de vigneron ! On peut les goûter tous les jours de 10 h à 18 h 30.

L'ACCUEIL

Chaleureux dans le vaste caveau-comptoir, grandiose sur la terrasse du Belvédère attenant. Au départ de Villefranche, prendre la route de Tarare et bifurquer au Bois d'Oingt.

PRÉSIDENT : **RENÉ BOTHIER**
69620 SAINT-LAURENT-D'OINGT
TÉL. : 74 71 20 51,
FAX : 74 71 23 46

BEAUJOLAIS-VILLAGES

DOMAINE DES GRANDES BRUYÈRES

PROPRIÉTAIRE RÉCOLTANT

LE DOMAINE

Cela fait un sacré bail que Jean-Pierre Teissèdre, trente-six ans, sportif aux cheveux courts mais aux idées longues, mène avec sa jolie épouse native de Romanèche et leurs trois enfants (douze, dix et quatre ans) ses 10,5 ha de vignes en Beaujolais-villages, dont 9 ha de grès sablonneux sur Saint-Étienne-des-Oullières et 1,5 ha granit détritique sur Quincié-en-Beaujolais. Le tout avec amour, dextérité et compétence. Il faut dire que, vigneron branché, il a su concilier les progrès de l'œnologie avec le meilleur de la tradition.

LES VINS

Saint-Étienne-des-Oullières a la réputation d'être le plus précoce et le plus naturellement primeur des beaujolais-villages, bref, la référence du millésime. Ici les 95 gouleyants, petits fruits rouges acidulés, sont espiègles et bien plaisants en bouche. Le traditionnel (95 : 30 F), au terme de la cuvaison, est structuré sans être farouche, fruits rouges mûrs en bouche. Bonne bouteille qui gagnera avec l'âge. Sous le ciel mâconnais Jean-Pierre Teissèdre élabore également des blancs mâcon-villages (94 : 28 F), tradition (94 : 31 F) ou élevés dans le chêne (93 : 36 F) que vous aurez plaisir à goûter, tel le Domaine des Teppes de Chatenay (Beaujolais 95 : 26 F).

L'ACCUEIL

L'exploitation vend 80.000 bouteilles en direct, mais elle pourrait en vendre le double : c'est dire si l'accueil dans le chai est attentionné, surtout si vous vous annoncez. Au départ de Belleville, sur la N6, ralliez Odenas et prenez la D 43. À Saint-Étienne, tout le monde connaît le Teissèdre.

JEAN PIERRE ET PATRICIA TEISSÈDRE
LES GRANDES BRUYÈRES
69460 SAINT-ÉTIENNE-DES-OULLIÈRES
TÉL. : 74 03 48 02 - FAX : 74 03 46 33

BEAUJOLAIS-VILLAGES

DOMAINE DES NUGUES

PROPRIÉTAIRE-VIGNERON

BROUILLY ET BEAUJOLAIS-VILLAGES

DOMAINE DE BEL-AIR

VITICULTEUR RÉCOLTANT

LE DOMAINE

Perché aux « Pasquiers », sur les hauts granitiques de Lancié, Gérard Gélin, grand costaud avenant, a la bonne carrure pour mener une vingtaine d'hectares éclatés en plus de trente parcelles autour de sa maison et jusque dans les bas argilo-siliceux de Lancié. D'autant que Sylvie, son épouse, Gilles (vingt ans) et Catherine (dix-sept ans) — ses deux enfants — paient volontiers de leur personne !

LES VINS

Ses vignes jouxtant le fleurie, Gérard vinifie et mûrit ses beaujolais-villages comme un cru. Cuvaison d'une bonne semaine pour des vins finement tanniques aptes à tenir deux à trois ans. Avec des arômes fruités très présents (fruits rouges mûrs mêlés groseille), une belle ampleur prolongée en bouche. Le 94 (25 F), prêt à boire, sera dépassé par le 95 (26 F) aux tanins soyeux. À signaler encore : un beaujolais rosé (24 F) très à l'aise sur les casse-croûte.

L'ACCUEIL

la moitié de la production (soit 75.000 bouteilles) est vendue aux particuliers, et ceux qui se déplacent pour rencontrer le vigneron dans ses belles pénates ne le regretteront pas. Mieux vaut prendre rendez-vous.
Après Mâcon, quitter la N6 pour la D86 direction Lancié-Villié Morgon où l'on prendra sur Fleurie par la D68.

LE DOMAINE

Fermiers par ici, métayers par là, propriétaires ailleurs, Annick et Jean-Marie mènent magistralement 13,5 ha de vignes, dont 6,5 ha en beaujolais-villages sur granit bleu (comme Morgon à Lantignié) et 6,65 ha en brouilly sur granit rose mêlé alluvions au lieu-dit « Briante », plus pour la bonne bouche 0,5 ha de régnié au lieu-dit « la Ronce », en bordure du Morgon.

LES VINS

Le brouilly 94 (34 F), délicat à vinifier par manque d'acidité, se révèle finalement assez vineux avec un nez plaisant de fruits rouges en compote, un avalé eucalyptus rafraîchissant et original. Le 95 (34 F) s'annonce plus ample et exaltant. Le beaujolais-villages 94 (26 F) a une robe soutenue avec un nez cerise et noyau, une bouche vineuse, un avalé velours râpeux superbe ; le 95 (26 F) le relaiera sans problème, avec bonheur. Quant au régnié 94 (31 F), hélas confidentiel, il est ineffable, giboyeux, noyau et fruits rouges confits... il faut dire que les vignes ont soixante ans !

L'ACCUEIL

Également jeunes, beaux, souriants, fiers de leurs deux petits comme de leur maison grandiose et délabrée qu'ils restaurent peu à peu, les Lafont vous reçoivent avec bonne humeur dans un cadre et un site à couper le souffle... mais prenez rendez-vous ! Quittez la N6 à Belleville pour la D37 vers Cercié-Lantignié. À l'entrée de Beaujeu suivez la direction Juliénas, le domaine est indiqué à 1,5 km environ par un panneau : quelle vue !

PROPRIÉTAIRE :
GÉRARD ET SYLVIE GÉLIN
« LES PASQUIERS » 69220 LANCIÉ
TÉL. : 74 04 14 00 - FAX : 74 04 16 73

PROPRIÉTAIRE :
ANNICK ET JEAN-MARIE LAFONT
LANTIGNIÉ 69430 BEAUJEU
TÉL. : 74 04 82 08 - FAX : 74 04 89 33

JULIÉNAS ET BEAUJOLAIS-VILLAGE

GEORGES ROLLET

PROPRIÉTAIRE-VIGNERON

LE DOMAINE

À l'abri de la Pouge, leur maison basse et nichée à 400 m d'altitude sur le coteau de Beauvernay, Georges et Thérèse Rollet diront le bonheur éreintant qu'ils éprouvent à mener leurs 9,5 ha de vignes pentues (certaines parcelles sont vendangées au treuil !), dont 7 ha de granit bleu en sables en juliénas et le reste de sables granitiques haut perché mais bien exposé en beaujolais-villages.

LES VINS

Le beaujolais-villages 94 (25 F), cuvé cinq jours, a le caractère viril de son terroir. Charnu en bouche avec un nez de fruits rouges en compote, un avalé chaleureux et râpeux réconfortant, c'est un vin de chasseur. Le 95 (25 F) se présente sous les mêmes auspices, et il reste du 93. Le juliénas 94 (31 F), cuvé huit jours pour la couleur et des tanins de soie, va faire un tabac. Robe pourpre soutenue, arômes raffinés de fruits rouges confits et cerise mêlée cassis, et avalé velours prolongé d'une belle longueur. Une bouteille de garde qui, avec le reliquat des 93, permet d'attendre en confiance le 95 (31 F), qui sera du même style.

L'ACCUEIL

Dans un site photogénique, par un couple de vignerons sans esbroufe et heureux de vous voir si vous les avisez de votre venue. Les Rollet livrent au négoce mais espèrent de plus en plus vendre à la clientèle particulière : ils aiment connaître le destin de leurs bouteilles !
Sur la N6, prendre la D17 vers Pontanevaux en direction de Juliénas et Juillé. Un panneau vous attend à l'entrée du village, et le domaine se trouve juste à côté du cimetière !

PROPRIÉTAIRE :
GEORGES ET THÉRÈSE ROLLET
« LA POUGE »69840 JULLIÉ
TÉL. : 74 04 44 81 - FAX : 74 04 49 12

BEAUJOLAIS-VILLAGES, FLEURIE ET MOULIN-À-VENT

DOMAINE BERROD

PROPRIÉTAIRE-VIGNERON

LE DOMAINE

René Berrod, le père fondateur, a passé la main à ses enfants, formés pour être interchangeables, qui mènent les 22 ha du domaine. Et c'est André Berrod, la trentaine bien bâtie, vinificateur inspiré et fin dégustateur, qui conseille les visiteurs.

LES VINS

D'une part 7 ha en beaujolais-villages sur Lancié, au sol argileux adouci de calcaire. Cuvaison de cinq à sept jours pour un vin fruité et espiègle, prêt à boire dès mars-avril comme le souhaitent les nombreux clients britanniques. Le 94 (28 F) est à boire impérativement ; le 95 (29 F) est plus charnu.
D'autre part 8 ha en fleurie, dont 6 de granit rose (les "Roches du Vivier") pour un vin robe sombre, avec une bouche nette, chaleureuse, et des arômes fruités très présents. Le 94 (42 F) et le 95 (43 F) sont remarquables. Et surtout 2 ha de fleurie du lieu-dit La Madone, avec une cuvaison de sept à dix jours pour un vin raffiné et aux tanins soyeux. Le 94 (43 F), déjà épatant, est parti pour deux ans. Le 95 (44 F) sera somptueux. Enfin, n'omettons pas la cuvée vieilles vignes élevées en fût de chêne (94 : 43 F) : c'est un superbe vin.

L'ACCUEIL

André, marié à la souriante Nadine et père de trois beaux enfants, est rassurant. Écoutez ses conseils d'achat accoudé au comptoir qui meuble la cave des Roches du Vivier. Il n'a que 100.000 bouteilles à vendre et malgré le nombre de ses clients il personnalisera vos emplettes. De préférence, avertissez de votre venue. Du centre de Fleurie, longez l'église puis, à 600 m, au panneau « Le Vivier » prenez sur la gauche et enfin la première à droite, vous y êtes.

PROPRIÉTAIRE : **DOMAINE BERROD**
"LES ROCHES DU VIVIER"
69820 FLEURIE
TÉL. : 74 04 13 63 - FAX : 74 69 86 19

CAVE
DE LA MADONE
PRODUCTEURS ÉLEVEURS

DOMAINE
DE ROCHE SAINT-JEAN
PROPRIÉTAIRE RÉCOLTANT

LE DOMAINE

Jean-Marc Després, quarante-deux ans, vigneron de Fleurie de père en fils, apprécie pleinement les 8 ha d'un seul tenant qu'il mène en famille. Sis au meilleur endroit du vignoble, le versant sud-sud-ouest de la colline de La Madone, le domaine est sous la protection rapprochée de ladite Madone de Fleurie .

LES VINS

De son terroir tout de granit rose réduit en grès et cailloux, planté à 10.000 ceps/ha et taillé en gobelets comme le veut la tradition, Jean-Marc Després tire trois cuvées différentes de fleurie dites domaine de la Madone, à partir desquelles on comprend mieux le rôle du style d'élevage et l'importance de l'âge des vignes. La Madone tradition est élevée en cuve. Le 94 (41 F), avec son fruité floral (cerise et noyau) affirmé sur un soupçon d'iris et une bouche vineuse (saveur de pain grillé), est un bon vin à boire. La Madone élevée en fût de chêne 94 (43 F) fait l'objet d'une cuvaison de onze jours avec pigeage (foulage aux pieds), puis passe six mois en petits foudres de plusieurs vins. Cela donne un fleurie élevé à la bourguignonne qu'il faut attendre. La Madone vieilles vignes est issue d'1 ha planté de ceps de soixante à cent ans. Le 94 (45 F) est un chef-d'œuvre gras, ensorcelant en bouche, le caractère bourguignon et la vivacité beaujolaise mariés pour le meilleur. Le 95 est prometteur.

L'ACCUEIL

Familial et dans le caveau sous la maison. Jean-Marc ou Maryse, Nelly ou Arnaud vous accueilleront avec amitié si vous annoncez votre passage. Pour vous y rendre, ralliez le centre de Fleurie et prenez face à l'église le chemin de gauche : la Madone est à 2 km d'une montée très raide.

LE DOMAINE

Bernard Mathon, quarante-cinq ans et cinq générations de vignerons derrière lui, pour situer ses 13,5 ha de vignes, vous citera les trois lieux-dits de Villié-Morgon qu'il affectionne : Corcelette, granit et schistes pour des vins aimables, les Grands-Gras, granit et argiles pour des vins virils, et la Côte-de-Py, granit de pierres bleues, pour les vins les plus recherchés de Villié, charpentés, fruités, de longue vie.
Il ajoutera que ses vignes, quarante-cinq ans d'âge moyen, lui donnent des raisins qui vont cuver environ huit jours pour donner des vins structurés et délicatement tanniques qui iront s'aérer six mois en foudres. Ses morgons d'assemblage se boivent à partir de dix-huit mois.

LES VINS

Le 95 sera disponible à la vente vers la mi-août, mais le 94 robe pourpre violine, fruité kirsch et noyau, bouche ample et qui « morgonne », sont édifiants. Le 93 restant, giboyeux et noyau, a son entière identité de morgon : ne le snobez pas.
Quant aux quelques 91 encore là, Bernard Mathon les boit avec ses amis...

L'ACCUEIL

Bernard Mathon a fait d'Edwige, son épouse et coiffeuse de son état, une parfaite vigneronne qui, de son côté, a fait de son vigneron de mari un homme élégant. Les deux vous reçoivent avec courtoisie si vous prenez soin de les avertir. Ludovic, dix-sept ans, le fils qui étudie le vin au lycée, renforce à l'occasion le comité d'accueil aménagé à la suite de la cave d'élevage. Pour y parvenir, à Villié-Morgon prenez la direction du col du Truges, le domaine est signalé.

PROPRIÉTAIRE :
JEAN-MARC ET MARYSE DESPRÉS
"LA MADONE" 69820 FLEURIE
TÉL. : 74 69 81 51 - FAX : 74 69 81 93

BERNARD ET EDWIGE MATHON
DOMAINE DE ROCHE SAINT-JEAN
"BELLEVUE" 69910 VILLIÉ-MORGON
TÉL. ET FAX : 74 04 23 92

JULIÉNAS, BEAUJOLAIS-VILLAGES ET SAINT-AMOUR

DOMAINE
DU CLOS DU FIEF

PROPRIÉTAIRE-VIGNERON

LE DOMAINE

Les vignes se bonifient en prenant de l'âge, les vins en prenant leur temps et les vignerons en prenant de l'expérience. Michel Tête, trente-neuf ans dont vingt de métier, n'en démord pas. Avec 2 ha en beaujolais-villages sur Jullié (au lieu-dit La Roche), 1 ha en Saint-Amour et 7 ha en juliénas aux lieux-dits fameux Capitans, Mouilles, Gonnards et Vayollets, d'une année sur l'autre, à météo égale, il fait des vins de plus en plus séduisants.

LES VINS

Les juliénas de tête avec leur gamay qui pinote font référence. À un an le fruit paraît -cerise, violette, cassis - et s'affirme, selon le millésime, parfois masqué par la tannicité. À deux ans le terroir se manifeste - vinosité, corps, ampleur de juliénas - le fruit et les tanins se fondent et se marient en bouche, c'est extra.

Dommage de les boire avant trois ans, avoue Michel... Le 95 (35 F environ) sera assemblé en janvier, on peut le prévoir concentré, viril et à son heure un vin de gibier. Le 94, malheureusement presque épuisé, a une robe cerise noire, un nez subtil de groseille à maquereau, une bouche ample, grasse et néanmoins fraîche. Sur place, goûtez le fabuleux juliénas cuvée spéciale (50 F) et le beaujolais-villages (28 F) bien équilibré entre tanins et fruits (cerise).

L'ACCUEIL

Éloquent et chaleureux au comptoir de la cave sise sous la maison. Prendre rendez-vous est préférable et tout son temps indispensable, mais ça vaut le coup car Michel et/ou Françoise sont supers !
Quitter la nationale à Pontanevaux pour la D95 vers Juliénas et prendre la D26 à droite, le domaine est signalé.

PRODUIT DE FRANCE

Juliénas
APPELLATION JULIÉNAS CONTRÔLÉE
DOMAINE DU CLOS DU FIEF
MISE EN BOUTEILLES A LA PROPRIÉTÉ
MICHEL TÊTE, PROPRIÉTAIRE-VITICULTEUR A 69840 JULIÉNAS (FRANCE)
13% vol. — 750 ml

PROPRIÉTAIRE :
MICHEL ET FRANÇOISE TÊTE
"LES GONNARDS" 69840 JULIÉNAS
TÉL. : 74 04 41 62- FAX : 74 04 47 09

DOMAINE
DE LA GROSSE PIERRE

VIGNERONS RÉCOLTANTS

LE DOMAINE

Les Passot, parfaite incarnation des vignerons beaujolais d'antan, métayers attachés de père en fils aux mêmes vignes que la Providence, un jour, leur permet avec ou sans Révolution d'acquérir : après tout, la terre ne doit-elle pas revenir à ceux qui la travaillent ? Amours de vendanges, Véronique et Alain se sont mariés, ont fait deux enfants et mènent amoureusement 9,3 ha de vignes dont 8 ha de granit sableux pimenté calcaire en chiroubles, 0,5 ha de granit rose en fleurie sur « Bel Air » et 80 ares sur pierres bleues en beaujolais-villages.

LES VINS

Cuvé six à sept jours, vinifié traditionnellement, élevé en foudres anciens, le chiroubles 94, fruits rouges mûrs, espiègle en bouche, avec une discrète note tannique garante de longévité, est un vin de bonne humeur comme doit l'être ce cru aimable. Avec le temps, en 96 par exemple - si les buveurs ne le boivent pas avant -, ce sera un chiroubles de cocagne comme promet de l'être le 95 (37 F environ) : mais attention, le 94 sera vite épuisé... Le beaujolais-villages (28 F), vineux autant que fruité, est remarquable dans le genre : un vin ferme plutôt qu'espiègle.

L'ACCUEIL

La « propriété » est superbe, et d'ailleurs on peut séjourner dans le gîte tout neuf et très confortable inauguré en 1995. Alain, Véronique et même Ludivine, l'aînée à onze ans, vous accueillent avec plaisir- même tard pour le gîte - et vous font goûter dans la cave. Tout de même, il est bon d'avertir.
De Chiroubles, descendre le long de l'église à droite et tourner première à droite, le domaine de la Grosse Pierre est à votre vue.

PROPRIÉTAIRE :
VÉRONIQUE ET ALAIN PASSOT
69115 CHIROUBLES
TÉL. : 74 69 12 17 - FAX : 74 69 13 52

DOMAINE
DU CHÂTEAU THIVIN

PROPRIÉTAIRES-VIGNERONS

LE DOMAINE

Coup de cœur 1995, Château Thivin reste égal à lui-même. Claude-Vincent et Évelyne Geoffray sont décidément les dignes successeurs de Claude et Yvonne Geoffray, figures mythiques du Beaujolais qui ont hissé le côte-de-brouilly au niveau de cru d'exception. Le domaine pèse 8,5 ha château Thivin en côte-de-brouilly, 5,5 ha en brouilly dont 1 ha en Manoir du Pavé sur Saint-Lager, 4,5 ha en beaujolais-villages sur Quincié.

LES VINS

Le château Thivin 94, robe soutenue, nez subtilement ténu, violette pivoine qui s'épanouit raisin frais embelli myrtille en bouche. Finale pimentée pour un vin parfait, digne d'une grande table. Le 95, qui s'annonce émouvant, sera à 38 F environ. Et le 93 restant est à son apogée. Le brouilly et davantage encore le brouilly Manoir du Pavé, nés sur granit rose, sont des vins élégants, fruités, dans la lignée du gentil cru brouilly qu'ils représentent avec bonheur : agréables et loyaux. Le 94 est bon pour le service et le 95 sera à 36 F environ.
Le beaujolais-villages 94 Manoir du Pavé, très ouvert, fruits rouges bien mûrs en compote et avalé chaleureux sans aspérité, est un vin sincère et bon enfant qui mérite ses rasades. Le 95 sera à 27,50 F environ.

L'ACCUEIL

Amical et intelligent dans le caveau de dégustation attenant à la salle de l'académie Rabelais. Avant de déguster, demandez à visiter la cadole d'Alexis, vous apprécierez mieux le vin. Il est recommandé de s'annoncer !
N6 au départ de Belleville, prendre la D37 jusqu'à Cercié, puis la D43 et la D43E.
Le domaine est signalé.

PROPRIÉTAIRE :
CLAUDE-VINCENT ET ÉVELYNE GEOFFRAY
69460 ODENAS
TÉL. : 74 03 47 53 - FAX : 74 03 52 87

DOMAINE DIOCHON

PROPRIÉTAIRE-VIGNERON

────── LE DOMAINE ──────

Imposante moustache en croc, Bernard Diochon -cinquante ans, taillé en pilier de rugby et saxo ténor de formation - voulait être musicien. À vingt ans, son père l'a d'autorité ramené à la vigne. Il ne le regrette pas, la musique et le bon vin font bon ménage. Le domaine couvre 10 ha dont 8 en moulin-à-vent essentiellement aux Champs de Cour, un des meilleurs lieux-dits du cru tout grès manganèse, 1 ha en fleurie, 1 ha en beaujolais-villages sur Romanèche.

────── LES VINS ──────

Bernard Diochon a des principes auxquels il ne déroge pas. Il ne levure pas ses moûts, tous ses vins passent cinq mois en foudre de 25 hl pour un élevage aéré, avec un collage au blanc d'œuf avant la mise en bouteille qu'il effectue lui-même. Ses deux moulin-à-vent ? L'un traditionnel, de cuve, l'autre, vieilles vignes, fûts neufs, sont très exceptionnels. Le premier ne s'appréciera qu'au bout de dix-huit mois et pour quatre à cinq ans, le second à partir de deux ans mais surtout vers la troisième année et pour dix ans sans problème. Le 94 de cuve (41 F), fruits confits et giboyeux, est prêt, l'autre (50 F environ) se vendra à partir de septembre 96 au plus tôt. Fleurie (40 F) et beaujolais-villages (25 F) sont de bonne pointure.

────── L'ACCUEIL ──────

Sous les ailes du moulin-à-vent, dans une cave aménagée, vaut le déplacement ; il convient d'avertir de votre visite.
De Romanèche-Thorins prendre le chemin du moulin, la maison est signalée par une enseigne.

PROPRIÉTAIRE :
BERNARD ET JOSETTE DIOCHON
71570 ROMANÈCHE-THORINS
TÉL. : 85 35 52 42 - FAX : 85 35 56 41

Les prix indiqués dans ce guide – calculés dans le cadre d'un achat de 12 bouteilles – s'entendent ramenés à l'unité, toutes taxes comprises et au départ du domaine (transport non inclus). Il est toutefois possible que certains prix soient modifiés en cours d'année, notamment au moment de la mise sur le marché du nouveau millésime.

GEORGES DUBŒUF

JE SIGNE LES VINS QUE J'AIME

ROMANECHE - THORINS 71570 FRANCE TEL. 85 35 51 13 FAX 85 35 56 58

 NOTES DE VOYAGE

> *Dans cette région, à partir du 18 octobre 1996, vous devez faire précéder les numéros de téléphone de vos correspondants de : 03*

LES ROUTES
DES VINS
DE LA VALLÉE
DU RHÔNE

JEAN-LUC RAUX

HÔTELS
DANS LE VIGNOBLE
ET RESTAURANTS
DE BONNE CAVE

Ampuis

Le Côte-Rôtie : place de l'Église, 69420 Ampuis, tél. : 74 56 12 05, fax : 74 56 00 20. Fermé les dimanche soir et lundi. Aux beaux jours, déjeuners dans le jardin. Une carte des vins qui ne jure que par les vins du Rhône, dont une centaine (30 propriétaires) de côte-rôtie, avec – toutefois – quelques absents de marque. Menus : de 108 F (le midi en semaine) à 320 F (menu dégustation).

Condrieu

Le Beau Rivage : 69420 Condrieu, tél. : 74 59 52 24, fax : 74 59 59 36. Ouvert toute l'année. La vieille maison couverte de vigne vierge, sur le Rhône – qui faisait le bonheur des amoureux du vin et des amoureux tout court – est toujours vivante, avec une étonnante carte des vins (150 côtes-du-rhône avec beaucoup de choix dans les grandes années et plusieurs vieux millésimes à prix correct) et de beaux produits locaux : foie gras de canard du Pilat, agneau du Limousin, rigotte de Condrieu. Également 25 chambres vieillottes mais confortables (de 500 à 820 F). Menus : de 185 F (le midi) à 610 F. Carte : compter 450 F.

La Reclusière : 39, Grande-Rue, 69420 Condrieu, tél. : 74 56 67 27. Fermé les dimanche soir, mercredi soir et jeudi. Sans chichi mais pas sans qualités. Cuisine traditionnelle : salade de cailles, parfait au foie gras, gibelotte de lapereau au thym et citron, croustillant de saumon aux petits légumes… Menus : à 75 F (le midi en semaine), et de 98 à 148 F. Carte : compter 200 F.

Chonas-l'Amballan

Domaine de Clairefontaine : 38121 Chonas-l'Amballan, tél. : 74 58 81 52, fax : 74 58 80 93. Fermé les dimanche soir et lundi midi. Face à Condrieu, sur la rive gauche du Rhône, une demeure bourgeoise au décor pas vraiment gai, mais à l'accueil parfait et surtout à la cuisine innovante et fort justement mise en scène par Philippe Girardon. Belle sélection en condrieu et côte-rôtie : 55 références en blanc, 150 en rouge et quelques

beaux millésimes anciens. Menus : de 150 à 350 F. Carte : compter 300 F.

Hostellerie Marée Saint-Jean : 38121 Chonas-l'Amballan, tél. : 74 58 83 28, fax 74 58 81 96. Fermé les mercredi et jeudi midi. Sur un coteau adossé à la colline, une ancienne ferme a été métamorphosée en hôtel de charme quatre étoiles avec salon de billard, bar et magnifique terrasse. En cuisine, Hervé Girardon joue autant sur les goûts que sur les formes, comme avec ce « faux os à moelle » (la moelle est nichée dans une pomme de terre creusée en forme d'os et servie avec une sauce au saint-joseph), ou ce délicieux « petit violon en duo de chocolat praliné », pour lesquels il a fait façonner des moules de violon. Les vins, avec en tête les condrieu et côte-rôtie, sont conservés dans une ancienne cave voûtée à visiter. 10 chambres de 540 à 590 F. Menus : de 150 à 350 F. Carte : compter 200-220 F.

Serrières

Schaeffer : quai Jules-Roche, 07340 Serrières, tél. : 75 34 00 07. Ouvert tous les jours en juillet et en août. Le reste de l'année, fermé les dimanche soir et lundi. Vue sur le Rhône et superbe cuisine d'excellent rapport qualité-prix, même si les épices participent souvent à la mise en scène des plats de Bernard Mathé. Menus : de 120 F (en semaine) à 440 F (env. 400 à la carte), sans compter les excellents saint-joseph et condrieu de la carte (quelque 130 références en côtes-du-rhône). 12 chambres confortables et bon marché (de 185 à 390 F) à l'étage. Bon accueil de Joelle Mathé.

Annonay

Marc et Christine : 29, av. Seguin, 07100 Annonay, tél. : 75 33 46 97. Fermé les dimanche soir et lundi. À 11 km au sud-ouest de Serrières. Très bonne cuisine traditionnelle avec produits locaux de saison (champignons, gibier…) et des plats originaux à base de fromages du cru (saint-félicien, picodons…) et de nombreuses variétés de pommes de terre (certaines en voie de disparition), une des passions de Marc qui organise au mois d'août une exposition sur le célèbre tubercule (voir encadré). Superbe carte des vins d'environ 400 références, avec quelques bonnes affaires à moins de 100 F. 5 menus de 100 à 295 F.

Saint-Vallier

Albert Lecomte, Hôtel Terminus : 116, av. Jean-Jaurès, 26240 Saint-Vallier, tél. : 75 23 01 12, fax : 75 23 38 85. Fermé les dimanche soir et lundi soir. Sur la rive gauche du Rhône, entre Serrières et Tournon, une cuisine inventive proche des produits régionaux. Belle sélection de vins (dont pas mal de demi-bouteilles) : une centaine de références en côtes-du-rhône dans les bons millésimes. Prix sages, y compris pour l'hôtel aux chambres fonctionnelles. Menus : de 130 F (le midi sauf en week-end) à 420 F. Carte : compter 350 F. 10 chambres de 270 à 380 F.

Saint-Donat-sur-l'Herbasse

Chartron : av. Gambetta, 26250 Saint-Donat-sur-l'Herbasse, tél. : 75 45 11 82, fax : 75 45 01 36. Fermé les lundi soir (sauf juillet-août) et mardi. À 15 km au nord-est de Tain-l'Hermitage. Cuisine classique et raffinée, justement exécutée. Très séduisante liste de côtes-du-rhône tout à fait abordables. Menus : de 120 F (en semaine) à 390 F. Menus carte : 198 et 280 F. 7 chambres calmes et bien équipées de 320 à 350 F.

Tournon

Guy Bonnet, Les Amandiers : 13, av. de Nîmes, 07300 Tournon, tél. : 75 07 24 10. En ville – mais Tournon, est-ce une vraie ville ? – et sur la N86, 25 chambres modernes, spacieuses, claires et fonctionnelles, et l'accueil toujours souriant de Guy Bonnet, à 3 km du péage de Tain. Possibilité de plateaux-repas le soir (du lundi au jeudi) : 80 F. De 290 à 320 F la nuit.

Hôtel du Château : 12, quai M. Seguin, 07300 Tournon, tél. : 75 08 60 22, fax : 75 07 02 95. 14 chambres de 290 à 440 F la nuit, dont 12 avec vue sur les coteaux de l'Hermitage et un restaurant au bord du Rhône (fermé le samedi midi). Menus : de 100 à 295 F. Carte : compter 200 F.

Le Chaudron : 7, rue Saint-Antoine, 07300 Tournon, tél. : 75 08 17 90. Fermé les dimanches soir. La cuisine n'a rien d'exceptionnel, par contre on apprécie la carte des vins avec 80 références judicieusement choisies en côtes-du-rhône. Terrasse en été. Menus : de 90 à 180 F.

Le Poséidon : 66, place du Grillet, 07300 Tournon, tél. : 75 08 76 78. Fermé les dimanche soir et lundi. Sympathique petite table quasi exclusivement vouée aux poissons, crustacés et fruits de mer. Carte des vins succincte. Menus : de 95 à 140 F.

Tain-l'Hermitage

Hôtel Mercure : 1, av. du Dr-Paul-Durand, 26600 Tain-l'Hermitage, tél. : 75 08 65 00, fax : 75 08 66 05. Au pied du coteau de l'Hermitage, bon restaurant d'hôtel (fermé le samedi d'octobre à avril). Menus : de 135 à 270 F. 45 chambres insonorisées, avec le confort traditionnel de cette chaîne, de 350 à 585 F (piscine).

Grange-les-Beaumont

Les Cèdres : 26600 Grange-les-Beaumont, tél. : 75 71 50 67. Fermé les jeudi soir et lundi. Entre Tain-l'Hermitage et Romans-sur-Isère. Nous nous sommes ici régalé d'un menu à 175 F tout en raffinement et en justesse. Une bonne cuisine classique personnalisée. La carte des vins vaut le détour, avec un bon choix d'appellations du Rhône et de nombreux millésimes, mais pas toujours abordables. Menus : de 175 F (le midi) à 420 F (piscine privée).

Saint-Paul-lès-Romans

La Malle-Poste : N92, 26750 Saint-Paul-lès-Romans, tél. : 75 45 35 43. Fermé les dimanche soir et lundi. À 30 km à l'est de Tain-l'Hermitage. Un ancien café de village transformé en relais gourmand avec une prédilection pour les produits de la mer. L'assiette est généreuse, l'accueil courtois et la carte des vins bien fournie en crus régionaux. Menus : de 135 F (menu affaires au déjeuner) à 350 F. Carte : compter 350 F.

Pont-de-l'Isère

Michel Chabran : N7, 26600 Pont-de-l'Isère, tél. : 75 84 60 09, fax : 75 84 59 65. Ouvert 7 jours sur 7. À 9 km au nord de Valence. Dans un décor contemporain, sobre et douillet, Michel Chabran nous régale toujours de la fraîcheur de sa cuisine. Un grand de la vallée du Rhône. Compter de 500 à 700 F par personne avec les vins, environ 200 références parfaitement sélectionnées et proposées par un sommelier très compétent, Laetitia Cers. Menus : de 215 F (le midi) à 745 F (menu truffes). 12 chambres confortables (de 390 à 690 F), malgré le voisinage de la route nationale. Remarquable petit déjeuner à 80 F.

Cornas

Ollier : N86, 07130 Cornas, tél. : 75 40 32 17. Fermé les mardi soir et mercredi (le lundi également hors saison). Dans ce petit bourg vigneron, ce restaurant connu de tous nous offre une cuisine ultraconventionnelle, un tantinet paysanne. Le cornas, bien sûr, est à l'honneur (on y trouve encore de vieux millésimes). Menus : de 85 à 180 F.

Valence

Pic : 285, av. Victor-Hugo, 26000 Valence, tél. : 75 44 15 32, fax : 75 40 96 03. Fermé les dimanche soir, et du 5 au 21 août. À grand renfort de truffes et de caviar, de cérémonies et de gentillesse, la maison Pic tient toujours le haut du pavé gastronomique de la région. Les sommeliers feront tout ce qui est en leur pouvoir pour vous faire découvrir les petits secrets vineux de la Grande-Côte. Magistrale carte des vins. Menus : 290 F (le midi en semaine), 480 F (midi), 560, 660 et 920 F. Carte : compter de 620 à 820 F par personne avec le vin. 3 chambres et 2 appartements de 750 à 1000 F.

Soyons

La Musardière : N86, 07130 Soyons, tél. : 75 60 83 55, fax : 75 60 85 21. À 8 km au sud de Saint-Péray. Une cuisine ardéchoise généreuse et goûteuse, exécutée avec précision. Petite sélection de vins. Menus : de 128 à 288 F. Carte : compter 250 F. Belle résidence dans un parc aux arbres centenaires : 30 chambres et 3 appartements de 420 à 2000 F.

Grane

Giffon : 26400 Grane, tél. : 75 62 60 64, fax : 75 62 70 11. Fermé les dimanche soir (hors saison) et lundi. Entre Loriol-sur-Drôme et Crest. Belle cuisine créative de terroir servie sur une agréable terrasse en été. Généreuse carte des vins, avec d'intéressantes découvertes. Menus : de 130 à 380 F. Carte : compter 300 F. 9 chambres un peu vieillottes de 220 à 600 F. Piscine.

Crest

Kléber : 6 bis, rue Aristide-Dumont, 26400 Crest, tél. : 75 25 11 69, fax : 75 76 82 82. Fermé les dimanche soir et lundi. À 28 km au sud-est de Valence. Maison bourgeoise d'honnête réputation qui s'est fait une spécialité de plats de poisson à l'accent provençal. Menus :

de 90 F (bon rapport qualité-prix) à 240 F. Carte : compter 200-250 F. 7 chambres de 180 à 280 F.

Die

La Petite Auberge : 13, av. Sadi-Carnot, 26150 Die, tél. : 75 22 05 91, fax : 75 22 24 50. Fermé (restaurant uniquement) les lundi (en saison), dimanche soir et mercredi (hors saison). Honnête cuisine classique. Menus : de 95 à 200 F. Carte : compter 200 F. 11 chambres de 150 à 260 F.

Châtillon-en-Diois

Le Moulin : chemin du Bez, 26410 Châtillon-en-Diois, tél. : 75 21 10 73. Fermé les lundi soir et mardi (hors saison), ouvert tous les jours du 1er juin au 5 septembre. Sous ses ailes, les spécialités du Haut-Diois : salade aux trois ravioles frits, pastilla d'agneau du Diois, entrecôte grillée au picodon, omble chevalier, truites de montagne... Et un vent de découverte à travers les crus régionaux : crémants de Die, vins de pays clos de Beylière. Menus : de 90 à 145 F. Carte : compter 150 F.

LA MAIN À LA PÂTE
Restaurants
AVEC COURS DE CUISINE

Mérindol-les-Oliviers

La Gloriette : 26170 Mérindol-les-Oliviers, tél. : 75 28 71 08. « Gloriette », en provençal, désigne la pièce où l'on pétrit et façonne le pain. Le ton est donné par Jacques Mina, boulanger et cuisinier qui, dans sa ravissante auberge au milieu des vignobles établie dans une ancienne boulangerie, propose des week-ends d'initiation (de 4 à 10 personnes) au pain, à la briocherie et à la viennoiserie. Côté salle, sa cuisine est entièrement préparée, du gigot aux tians, en passant par les gambas, dans un vieux four à bois, et accompagnée de côtes-du-rhône du nord (crozes-hermitage) et du sud (gigondas, vinsobres, coteaux des Baronnies...). Menu : 95 F. Carte : compter de 100 à 200 F. 4 chambres d'hôtes (de 250 à 300 F) et 4 studios (2180 F la semaine) avec piscine, jardin et réveil aux croissants chauds. Forfait «

cours de boulangerie » (2 jours et 1 nuit) : 1650 F comprenant 1 dîner, 2 petits déjeuners, 1 dîner gastronomique préparé en commun, et les cours.

La Table de Nicole : 26230 Valaurie, tél. : 75 98 52 03. Découverte avec Nicole (week-end ou sur mesure) de la cuisine provençale et, avec Bachir Henni – auteur d'un livre sur le sujet – d'une cuisine aux plantes sauvages. Les visiteurs font le marché avec Nicole et Bachir qui adaptent leurs cours (10 participants maximum) selon les saisons : truffes, olives, herbes aromatiques. Mais ceux qui ne mettent pas la main à la pâte peuvent aussi déguster l'irrésistible menu à l'accent mi-provençal, mi-lyonnais, avec pain et charcuteries faits maison, à 145 F : 15 entrées à volonté, plat du jour, plateau de fromages de picodon servi avec de la confiture de prune, desserts du jour. Menu truffe : compter 200 F. Le tout avec une formidable sélection de vins du Rhône rassemblant les ténors de la région : hermitages de Chave, côte-rôtie de Rostaing, coteaux-du-tricastin domaine de Grangeneuve… 11 chambres tout confort de 430 à 620 F. Piscine.

Aubenas

Le Fournil : 34, rue du 4-Septembre, 07200 Aubenas, tél. : 75 93 58 68. Fermé les dimanche soir et lundi, en janvier et en juin. Dans une bâtisse du XVe siècle à la salle voûtée, une bonne cuisine classique d'un excellent rapport qualité-prix dans les premiers menus. Petite carte des vins. 4 menus de 100 à 260 F.

Laurac-en-Vivarais

Le Relais Fleuri : 07110 Laurac-en-Vivarais, tél. : 75 36 85 03. Dans un adorable village escarpé, une jolie terrasse ombragée en été, une petite salle chauffée par une grande cheminée en hiver et une bonne cuisine familiale selon l'inspiration du moment. Accueil féminin chaleureux et bon enfant. La carte des vins défend en priorité les vins de l'Ardèche (de 60 à 100 F) : délicieux viogniers, chardonnays, merlots, syrahs… 2 menus à 130 et 170 F.

Ruoms

Hôtel La Chapoulière : route d'Alès, 07120 Ruoms, tél. : 75 39 65 43. Fermeture annuelle du 15 novembre au 15 mars. Pour ceux qui ont envie de faire un petit tour du côté des vignerons de l'Ardèche, un restaurant au bon répertoire marin (menus de 90 à 200 F, carte environ 150 F) et un hôtel aux chambres simples. 12 chambres de 190 à 310 F. Bon petit déjeuner-buffet à 40 F.

Donzère

Hostellerie du Mas des Sources : Jean-Marie Picard, 266290 Donzère, tél. : 75 51 74 18, fax : 75 51 74 63. Fermé les mardi soir, mercredi (de septembre à mars) et du 7 janvier au 1er mars. Entouré de vignes et de chênes verts, ce vieux mas entièrement rénové dans le style provençal offre une vue magnifique du défilé de Donzère. La bonne cuisine régionale est mise en valeur par une carte originale de crus méditerranéens. Menus : de 130 à 250 F. Carte : compter 300 F. 3 chambres et 2 (adorables) suites, de 300 à 650 F.

Grignan

Hostellerie du Manoir de la Roseraie : route de Valréas, 26230 Grignan, tél. : 75 46 58 15, fax : 75 46 91 55. Fermeture annuelle du 6 janvier au 15 février. À deux pas du château rendu célèbre par la correspondance de Madame de Sévigné, une belle demeure à l'accueil ad hoc, restaurée dans le style provençal. 11 chambres, certaines récemment restaurées et climatisées, 2 studios et 2 suites de 680 à 1100 F. Petit déjeuner à 90 F. Piscine.

Valréas

La Ferme Champ-Rond : chemin des Anthelmes, 84600 Valréas, tél. : 90 37 31 68. Fermé les dimanche soir et lundi. Une grande maison à l'accueil chaleureux et à la cuisine simple d'un bon rapport qualité-prix. Menus : de 79 à 168 F. Carte : compter 120 F.

Vinsobres

La Croisée des Chemins : pont Mirabel, 26210 Vinsobres, tél. : 75 27 61 19. Un cadre de verdure, un accueil gros comme ça, une cuisine provençale toute en finesse, et quelques petits vins de la région. Bref, une halte tout ce qu'il y a de recommandable. Menus : de 85 F (le midi) à 240 F. Carte : compter 220 F.

Saint-Paul-Trois-Châteaux

L'Esplan : place de l'Esplan, 26130 Saint-Paul-Trois-Châteaux, tél. : 75 96 64 64, fax : 75 04 92 36. Restaurant fermé le dimanche soir (sauf en été) et du 20 décembre au 5 janvier. Ancien hôtel particulier, avec terrasses et patios, décoré sobrement en mobilier contemporain. Bonne cuisine et carte des vins sans reproche. Menus : de 98 à 270 F (en saison, un bon menu truffes). 36 chambres de 320 à 490 F. Petit déjeuner à 40 F.

La Vieille France : Le Courreau, 26130 Saint-Paul-Trois-Châteaux, tél. : 75 96 70 47. Fermé les samedi midi et dimanche, durant les vacances de février et du 1er au 15 août. Une nouvelle étape avec une priorité aux produits frais cuisinés selon une inspiration contemporaine. Les premiers menus sont parfaits. Lors de notre visite, la carte des vins se montait et semblait s'orienter sur de bons rapports qualité-prix de la région. Menus : de 90 F (le midi) à 190 F.

Bollène

Lou Bergamoutie : rue de l'Abbé-Prompsault, 84500 Bollène, tél. : 90 40 10 33. Fermé les dimanche soir et lundi. Un nouveau décor (suite aux inondations) pour une maison qui met toujours en avant une cuisine inventive, sophistiquée et généreuse. La petite sélection bien sentie de vins locaux et surtout l'addition légère des premiers menus en font une halte très intéressante. Menus : de 150 à 320 F, dont deux très complets à 200 et 250 F. Carte : compter 300 F.

Rochegude

Château de Rochegude : 26790 Rochegude, tél. : 75 04 83 24, fax : 75 04 89 87. Fermé du 15 janvier à la mi-mars. Une forteresse moyenâgeuse avec le mont Ventoux pour horizon, transformée en Relais & Châteaux de grand standing. Le décor est un peu vieillissant mais les amateurs d'étapes historiques de prestige (et onéreuses !) ne seront pas déçus. Accueil chaleureux. Carte des vins classique avec une prédominance de vins de négoce : on espère beaucoup mieux dans ce genre d'établissement. Menus : de 180 F (le midi) à 450 F. Carte : compter 450 F. 4 appartements et 25 chambres de 500 à 2500 F. Piscine, tennis, parc.

Mondragon

La Beaugravière : N7, 84430 Mondragon, tél. : 90 40 82 54. Fermé les dimanche soir et lundi hors saison, et du 15 au 30 septembre. Guy Jullien est fou. Fou de vins en particulier. La plus belle cave de toute la vallée se trouve ici (avec de vieux millésimes de légende comme le châteauneuf Rayas blanc 1955), chez cet homme modeste mais passionné, copain de tous les vignerons qui comptent. À découvrir absolument si ce n'est déjà fait. Très bonne cuisine provençale riche et savoureuse. Les chambres – simples mais confortables – permettent de boire sans modération... Seul inconvénient, la proximité de la voie ferrée. Menus : de 130 à 390 F (vin compris). Carte : environ 350 F. Compter 450 F au moins pour un dîner avec une grande bouteille. Repas-truffe en saison à 675 F. 3 chambres de 245 à 345 F. Petit déjeuner à 30 F.

Mornas

Le Manoir : N7, 84550 Mornas, tél. : 90 37 00 79, fax : 90 37 10 34. Fermé du 10 janvier au 11 février et du 11 novembre au 10 décembre. Une belle bâtisse du XVIIIe siècle aux chambres spacieuses. 25 chambres de 240 à 310 F (395 F pour 4 personnes). Petit déjeuner à 40 F.

Rasteau

Le Bellerive : route de Violès, 84110 Rasteau, tél. : 90 46 10 20, fax : 90 46 14 96. Fermé du 15 novembre à la fin mars. Hôtel récent (Relais du Silence) sur les rives de l'Ouvèze, au cœur du vignoble. Bon accueil. 20 chambres de 480 à 500 F. Petit déjeuner à 50 F.

Séguret

La Table du Comtat : 84110 Séguret, tél. : 90 46 91 49, fax : 90 46 94 27. Fermé les mardi soir (hors saison) et mercredi. Frank Gomez, chef passionné de vins, est un homme rigoureux, adepte des cuissons justes et du marché du terroir (bien qu'il fasse des escapades du côté des produits marins). Mise en scène autour de la truffe en saison. La cave cache quelques-uns des plus beaux trésors de la vallée. Au-dessus, quelques petites chambres confortables avec vue imprenable sur la vallée du Rhône et son vignoble. Menus : de 150 F (le midi) à 450 F. Carte : compter 350 F. 8 chambres de style rustique de 480 à 600 F. Piscine.

Domaine de Cabasse : Route de Sablet, 84110 Séguret, tél. : 90 46 91 12, fax : 90 46 94 01. Fermé du 10 janvier au 4 avril. (Voir rubrique coucher chez le vigneron).

Entrechaux

La Manescale : route de Faucon (D205), 84430 Entrechaux, tél. : 90 46 03 80, fax : 90 46 03 89. Un petit hôtel familial douillet avec tout le confort, installé dans une ancienne bergerie. L'adresse est connue et souvent prise d'assaut. 3 chambres et 2 appartements de 400 à 850 F, en demi-pension, de 425 à 650 F (par personne). Petit déjeuner à 65 F. Repas du soir : 185 F !

Crillon-le-Brave

Hostellerie de Crillon-le-Brave : place de l'Église, 84410 Crillon-le-Brave, tél. : 90 65 61 61, fax : 90 65 62 86. Fermé le midi en semaine. Entre Malaucène et Carpentras, une hôtellerie familiale d'un bon confort avec une cuisine de marché et de saison bien sentie. Belle vue sur le mont Ventoux. Menus : de 240 à 290 F. Carte : compter 350 F. 23 chambres de 750 à 2300 F. Petit déjeuner à 80 F. Piscine.

Carpentras

Le Vert Galant : 12, rue de Clapies, 84400 Carpentras, tél. 90 67 15 50. Fermé les samedi midi et dimanche. Réservation souhaitée. La meilleure table de Carpentras, à la cuisine fraîche, généreuse et d'un bon rapport qualité-prix. Menus : de 130 F (le midi, en semaine) à 260 F. Menus truffes en saison.

Monteux

Le Saule Pleureur : quartier Beauregard, 84170 Monteux, tél. : 90 62 01 35. Fermé les dimanche soir (sauf juillet-août) et lundi, en mars et du 1ᵉʳ au 15 novembre. À 10 km de Carpentras par la route d'Avignon. De la salle à manger, on jouit pleinement du cadre verdoyant. Une cuisine ensoleillée où s'entrecroisent les meilleurs produits locaux travaillés avec saveur et brio. Beaucoup de truffes en saison. Belle carte de côtes-du-rhône. Très bonne halte. Menus : de 195 F à 400 F. Carte : compter 450 F.

Gigondas

Hôtel de Montmirail : Montmirail, 84190 Gigondas,

tél. : 90 65 84 01, fax : 90 65 81 50. Ouvert de la mi-mars à la fin octobre. Dans le calme et le charme désuet d'une ancienne station thermale fréquentée par Sarah Bernhardt, 45 petites chambres bien équipées (de 390 à 420 F la nuit). Repas simples et carte des vins sans prétention. Menus : 99 et 145 F à midi, 160 F le soir. Carte : compter 150-180 F. Piscine.

Hôtel Restaurant Les Florets : 84190 Gigondas, tél. : 90 65 85 01, fax : 90 65 83 80. Fermé le mercredi et du 2 janvier au 1ᵉʳ mars. À l'écart du bourg, dans les Dentelles de Montmirail, une bonne cuisine de terroir : foie gras poêlé et beignets de pommes et sésame au jus de rasteau, petits gris de Provence aux aromates dans un pain aux gartelons (gras de porc frits), joues de bœuf braisées au vin de la propriété… Une carte des vins ouverte aux crus régionaux et particulièrement les gigondas et vacqueyras (entre 100 et 150 F). En été, il faut profiter de la terrasse ombragée face aux vignes. 4 menus à 95 F (midi), 120 F (« spécial terroir »), 155 et 210 F. Carte : compter 250 F. Une quinzaine de chambres sympathiques de 350 à 410 F. Organise également pour les groupes des journées « gastronomie et vins dans les Dentelles de Montmirail ». Voir « Balades organisées ».

Violès

Le Mas de Bouvau : route de Cairanne, 84150 Violès, tél. : 90 70 94 08, fax : 90 70 95 99. Fermé le dimanche soir et lundi (sauf jours fériés) et de fin août à début septembre. Bonne cuisine de terroir simple et sincère (parfait menu à 195 F), accueil prévenant et belle salle lumineuse. Carte courte mais totalement axée sur les vins des villages voisins (Violès, Cairanne, Jonquières). Une cinquantaine de références de 80 à 170 F. Bref, une excellente halte. 3 menus de 130 à 265 F. Terrasse ombragée. 4 petites chambres souvent prises d'assaut, de 320 à 380 F.

Orange

Le Parvis : 3, cours Pourtoules, 84100 Orange, tél. : 90 34 82 00, fax : 90 51 18 19. Fermé les dimanche soir et lundi (sauf en juillet et août) et du 15 au 30 novembre. L'unique table d'Orange offrant un peu d'audace et de recherche dans sa cuisine, bien que figée dans un décor un peu froid. Les premiers menus sont tout à fait recommandables. Vins de Châteauneuf bien représentés (avec quelques vieux millésimes). Menus : de 98 F (« Retour du marché ») à 225 F. Carte : compter 250 F.

Hôtel Saint-Jean : 7, cours Pourtoules, 84100 Orange, tél. : 90 51 15 16, fax : 90 11 05 45. Un petit hôtel du centre-ville, dont certaines chambres sont adossées à la roche apparente. 23 chambres de 170 à 300 F. Petit déjeuner à 30 F.

Gigondas

Hôtel de Montmirail : Montmirail, 84190 Gigondas, tél. : 90 65 84 01, fax : 90 65 81 50. Ouvert de la mi-mars à la fin octobre. Dans le calme et le charme désuet d'une ancienne station thermale fréquentée par Sarah Bernhardt, 45 petites chambres bien équipées (de 390 à 420 F la nuit). Repas simples et carte des vins sans prétention. Menus : 99 et 145 F à midi, 160 F le soir. Carte : compter 150-180 F. Piscine.

Hôtel Restaurant Les Florets : 84190 Gigondas, tél. : 90 65 85 01, fax : 90 65 83 80. Fermé le mercredi et du 2 janvier au 1ᵉʳ mars. À l'écart du bourg, dans les Dentelles de Montmirail, une bonne cuisine de terroir : foie gras poêlé et beignets de pommes et sésame au jus de rasteau, petits gris de Provence aux aromates dans un pain aux gartelons (gras de porc frits), joues de bœuf braisées au vin de la propriété… Une carte des vins ouverte aux crus régionaux et particulièrement les gigondas et vacqueyras (entre 100 et 150 F). En été, il faut profiter de la terrasse ombragée face aux vignes. 4 menus à 95 F (midi), 120 F (« spécial terroir »), 155 et 210 F. Carte : compter 250 F. Une quinzaine de chambres sympathiques de 350 à 410 F. Organise également pour les groupes des journées « gastronomie et vins dans les Dentelles de Montmirail ». Voir « Balades organisées ».

Violès

Le Mas de Bouvau : route de Cairanne, 84150 Violès, tél. : 90 70 94 08, fax : 90 70 95 99. Fermé le dimanche soir et lundi (sauf jours fériés) et de fin août à début septembre. Bonne cuisine de terroir simple et sincère (parfait menu à 195 F), accueil prévenant et belle salle lumineuse. Carte courte mais totalement axée sur les vins des villages voisins (Violès, Cairanne, Jonquières).

Une cinquantaine de références de 80 à 170 F. Bref, une excellente halte. 3 menus de 130 à 265 F. Terrasse ombragée. 4 petites chambres souvent prises d'assaut, de 320 à 380 F.

Orange

Le Parvis : 3, cours Pourtoules, 84100 Orange, tél. : 90 34 82 00, fax : 90 51 18 19. Fermé les dimanche soir et lundi (sauf en juillet et août) et du 15 au 30 novembre. L'unique table d'Orange offrant un peu d'audace et de recherche dans sa cuisine, bien que figée dans un décor un peu froid. Les premiers menus sont tout à fait recommandables. Vins de Châteauneuf bien représentés (avec quelques vieux millésimes). Menus : de 98 F (« Retour du marché ») à 225 F. Carte : compter 250 F.

Hôtel Saint-Jean : 7, cours Pourtoules, 84100 Orange, tél. : 90 51 15 16, fax : 90 11 05 45. Un petit hôtel du centre-ville, dont certaines chambres sont adossées à la roche apparente. 23 chambres de 170 à 300 F. Petit déjeuner à 30 F.

Le Pontet

Auberge de Cassagne : 450, allée de Cassagne, 84130 Le Pontet, tél. : 90 31 04 18, fax : 90 32 25 09. Réservation souhaitée. À 5 km au nord-est d'Avignon, A7 sortie Avignon-Nord. Dans un environnement urbain, de l'extérieur cet hôtel-restaurant ne paye pas de mine. Mais une fois le porche franchi, on découvre une belle maison ombragée, avec une cour carrée au platane centenaire, transformée en terrasse l'été. Dans la salle, haute de plafond, intérieur au décor rose et poutres apparentes. On y sert la cuisine raffinée de Philippe Boucher, entre création et classicisme, à l'accent provençal. Superbe choix des vins (650 références, les meilleurs vins du Rhône, aucune faiblesse dans les autres régions et un choix large de demi-bouteilles) suivi par André Trestour, maître de la salle et œnophile enthousiaste. Tout cela mérite un grand détour. Menus : de 230 à 460 F. Carte : compter 380-400 F. 25 très belles chambres et 5 appartements décorés de meubles provençaux (Relais du Silence). De 420 à 1780 F, avec climatisation. Petit déjeuner à 95 F. Piscine.

Avignon

Christian Étienne : 10-12, rue de Mons (place du

Palais-des-Papes), 84000 Avignon, tél. : 90 86 16 50, fax : 90 86 67 09. Fermé le samedi midi et le dimanche sauf en juillet. Réservation souhaitée. Accolée au palais des Papes, la grande table actuelle d'Avignon avec ses fresques du XIVe siècle. Une cuisine provençale recherchée, inventive et travaillée avec talent. Les meilleurs propriétaires de la vallée du Rhône sont à la carte des vins à des prix qui n'ont rien de prohibitif. Menus à 160 F (le midi, en semaine), 300 F (spécial légumes), 420 F (menu homard), et 480 F. Carte : compter 450 F.

Les Domaines : 28, place de l'Horloge, 84000 Avignon, tél. : 90 82 58 86, fax : 90 86 26 31. Bar à vins chic et sympa où les trois frères Tassan offrent une bonne cuisine provençale de bistrot et une sympathique carte des meilleurs vins de la vallée (avec de régulières découvertes) servis au verre, à prix doux, sélectionnés par Christophe Tassan. Formule déjeuner (entrée, plat et vin) : 84 F. Entre 170 et 200 F à la carte.

Hôtel de l'Europe : 12, place Crillon, 84000 Avignon, tél. : 90 14 76 76 fax : 90 85 43 66. Restaurant La Vieille Fontaine fermé le dimanche (mais ouvert pour le brunch à 150 F par personne, apéritif, vin et café compris) et le lundi midi. L'hostellerie grand luxe et grand confort d'Avignon dans un ancien hôtel particulier du XVIe siècle, au patio reposant. Manque de personnalité dans l'accueil. Les meilleurs producteurs de la vallée sont sur la carte des vins mais à des tarifs élevés. Menus : de 160 F (le midi) à 380 F. Carte : compter 400 F. 44 chambres décorées de meubles d'époque et 3 appartements de 620 à 2400 F.

Hiely-Lucullus : 5, rue de la République, 84000 Avignon, tél. : 90 86 17 07, fax : 90 86 32 38. Fermé les lundi et mardi midi. L'autre très grande table d'Avignon (avec Christian Étienne) à la cuisine classique et raffinée, d'un bon rapport qualité-prix, notamment les 2 premiers menus. La carte des vins est bien sentie et très abordable. 4 menus : de 140 F (le midi, en semaine) à 310 F.

Hôtel de la Mirande : 4, place de la Mirande, 84000 Avignon, tél. : 90 85 93 93, fax : 90 86 26 85. Derrière le Palais des Papes, une magnifique demeure XVIIIe qui n'a rien perdu de son raffinement grand siècle. Tentures de soie, tapisseries, meubles d'époque et objets précieux : la clientèle fortunée se sent chez elle. 19 chambres et 1 appartement de 1400 à 2800 F. Petit déjeuner à 95 F.

Hôtel de Garlande : 20, rue Galante, 84000 Avignon, tél. : 90 85 08 85, fax : 90 27 16 58. Dans le centre-ville, un très agréable petit hôtel bien rénové, tenu avec soin. Bon rapport qualité-prix. 12 chambres de 200 à 420 F. Petit déjeuner à 45 F.

Villeneuve-lès-Avignon

Aubertin : Les Arcades, 1, rue de l'Hôpital, 30400 Villeneuve-lès-Avignon, tél. : 90 25 94 84. Fermé les dimanche soir et lundi, sauf en juillet et en août. Dans un décor art déco, on déguste une inventive et généreuse cuisine provençale. Le premier menu est un régal. Belle sélection de vins de la vallée. Plat du jour à 100 F (le midi, en semaine). Menus : de 160 à 240 F. Carte : compter 350 F.

La Magnaneraie : 37, rue Camp-de-Bataille, 30400 Villeneuve-lès-Avignon, tél. : 90 25 11 11, fax : 90 25 46 37. Pour profiter du beau jardin aux essences méridionales, mais aussi pour savourer une cuisine classique et bien exécutée. Très belle carte des vins avec une gamme intelligente de châteauneufs. Menus : de 170 à 350 F. Carte : compter 450 F. 25 chambres et 2 appartements bien équipées et aménagées avec goût dans un mas provençal, de 500 à 1800 F. Petit déjeuner à 70 F. Piscine. Parking fermé surveillé.

Le Prieuré : 7, place du Chapitre, 30400 Villeneuve-lès-Avignon, tél. : 90 25 18 20, fax : 90 25 45 39. En mars, restaurant fermé pour le déjeuner. Un majestueux prieuré transformé avec raffinement en Relais & Châteaux. Cuisine régionale à base de produits nobles, grand confort de l'hostellerie, parc majestueux et prix en conséquence. Menus : de 200 à 460 F. Carte : compter 400-450 F. 26 chambres et 10 appartements de 550 à 1800 F. Petit déjeuner à 80 F. Piscine.

Nîmes

New Hôtel La Baume : 21, rue Nationale, 30900 Nîmes, tél. : 66 76 28 42, fax : 66 76 28 45. À 5 mn des arènes, un étonnant hôtel particulier du XVIIe siècle, entièrement restauré et remis en valeur avec tout le confort moderne dans les chambres. Excellent rapport qualité-prix. 33 chambres de 350 F. Petit déjeuner à 40 F.

COUCHER
CHEZ LE VIGNERON

Suze-sur-Crest

Françoise et Joël Lombard : Les Batailles, 26400 Suze-sur-Crest, tél. : 75 76 41 84. Polyculteurs, Françoise et Joël cultivent de la vigne pour la clairette de Die. Ils proposent un mini-appartement avec sanitaires indépendants et une pelouse. Idéal pour un couple avec trois enfants. Compter 250 F la nuit pour deux personnes, petit déjeuner compris, et 60 F par enfant. Piscine. Gîte indépendant (pour 4 à 6 personnes), agréé par les Gîtes de France : 3000 F la semaine en saison.

Aubenasson

Geneviève et Yvan de Chivré : La Plaine, 26340 Aubenasson, tél. : 75 21 53 81. Dans le Diois encore, une exploitation de polyculture qui cultive 4 ha de vignes en clairette de Die. 8 chambres avec salle d'eau et wc particuliers. 210 F la chambre pour deux, petit déjeuner compris.

La Baume-de-Transit

Éliane et Ludovic Cornillon : domaine de Saint-Luc, 26130 La Baume-de-Transit, tél. : 75 98 11 51. D'excellents vignerons bien connus dans ce guide comme étant régulièrement sélectionnés pour la qualité de leur coteaux-du-tricastin, qu'ils exploitent sur 15 ha (voir Adresses Coteaux-du-Tricastin). Au cœur de la garrigue, dans une vieille ferme fort joliment restaurée, ils proposent 5 chambres avec salles de bain et wc privés. 320 F pour 2, petit déjeuner compris, et 135 F par personne le repas du soir. C'est un peu cher pour une chambre à la ferme, mais cela les vaut largement.

Chasse-sur-Rhône

Jean et Jacqueline Fleitou : domaine de Gorneton, Hameau-de-Trembas, 38670 Chasse-sur-Rhône, tél. et fax : 72 24 19 15. À 10 km des vignobles de Côte-Rôtie, 3 chambres à 480 F pour 2 (dont 1 en duplex pour 4 pers.) avec bain et wc, et accès indépendant, dans une maison forte du XVIIᵉ siècle au cœur d'un jardin parsemé d'étangs et de fontaines. Table d'hôtes (150 F) savoureuse et les conseils de Jean Fleitou pour vos visites dans les domaines de Côte-rôtie. Piscine et tennis. Agréé par les Gîtes de France.

Vallon-Pont-d'Arc

Philippe et Alain Walbaum : domaine du Colombier, 07150 Vallon-Pont-d'Arc, tél. : 75 88 01 70, fax : 75 88 09 88. À Vallon-Pont-d'Arc, traverser la ville et prendre direction Ruoms-Aubenas. Panneaux. À deux pas des grottes de l'Ardèche, 8 gîtes ruraux superbes (6 « 3 épis », 2 « 2 épis ») dans un domaine viticole de vin de pays s'étendant sur les berges de la rivière. Décoré avec goût, spacieux, parfaitement aménagé. Idéal pour 4 à 6 personnes. De 3000-3200 F la semaine en pleine saison à 1900 F en intersaison, et 1600 F hors saison. Nous vous conseillons bien sûr d'éviter les mois de juillet-août pour profiter au mieux de la magnifique austérité de l'Ardèche.

Valréas

Renée et René Sinard : domaine des Grands Devers, 84600 Valréas, tél. : 90 35 15 98, fax : 90 37 49 56. Un excellent couple de vignerons (voir Adresses côtes-du-rhône Valréas) qui propose 4 chambres avec salle d'eau et wc privés pour 250 F (pour un couple) la nuit, petit déjeuner avec gâteaux et confiture maison compris.

Mollans-sur-ouvèze

Rose-Marie et René Bernard : Ayguemarse, 26170 Mollans-sur-Ouvèze, tél. : 75 28 73 59. Chez des viticulteurs élus Fermiers de l'année 91 par le guide Vacances et week-ends à la ferme (Éditions Balland), 6 chambres au confort simple mais très agréable, avec possibilité de prendre ses repas le soir à la table commune. 175 F environ par personne et par jour en demi-pension.

Séguret

Antoinette et Alfred Haeni : domaine de Cabasse, route de Sablet, 84110 Séguret, tél. : 90 46 91 12, fax : 90 46 94 01. Fermé du 10 janvier à début avril. En plein milieu des vignes, au pied des Dentelles de Montmirail, un couple de vignerons d'origine suisse-allemande accueille avec une gentillesse extrême dans son hôtel possédant un bon confort moderne. 12 chambres de 450 à 650 F. Petit déjeuner à 50 F. Piscine (voir Adresses Séguret).

Vacqueyras

Simone et Augustin Gondran : Les Ramières, 84190 Vacqueyras, tél. : 90 65 87 56. Ce couple de viticulteurs retraités reçoit chaleureusement, avec leur fille, Régine Bruel, dans un cadre authentique (5 chambres). En prime, vous dînerez à la table familiale. Humour et gentillesse pour environ 220 F par jour et par personne en demi-pension.

Jeanine et Claude Chabran : L'Oustau des Lecques, 84190 Vacqueyras, tél. : 90 65 84 51. 7 chambres avec salle d'eau (avec wc privés) mises à disposition par un couple de vignerons qui exploitent 17 ha sur Vacqueyras et commercialisent le fruit de leur récolte. Table d'hôte. Environ 460 F par jour pour un couple en demi-pension.

Saint-Paulet-de-Caisson

Françoise et Daniel Guet : La Cantarelle, 30130 Saint-Paulet-de-Caisson, tél. : 66 39 17 67. 3 chambres (1 à 3 places et 2 à 4 places) chez des viticulteurs et au milieu des vignes, non loin des rives de l'Ardèche (près de Pont-Saint-Esprit). On peut pique-niquer sur place et utiliser le barbecue. Piscine. Guère plus de 235 F la nuit pour un couple occupant la même chambre avec le petit déjeuner.

CENTRES D'INFORMATION

Pour obtenir de la documentation et des cartes concernant les crus septentrionaux de la vallée du Rhône, contacter le **Comité interprofessionnel des vins des côtes-du-rhône** (CIVCR) à la Maison des Vins, 84000 Avignon, 6, rue des Trois-Faucons, tél. : 90 27 24 00, fax : 90 27 24 13.

Comité régional du Tourisme Rhône-Alpes, La Combe de Charbonnières, 78, route de Paris, 69260 Charbonnières-les-Bains, tél. : 72 38 11 11, fax : 72 38 44 94. Fournit toute sorte de cartes et documentations touristiques concernant les quatre départements des crus septentrionaux : Rhône, Drôme, Ardèche, Loire.

TOUT SAVOIR SUR LA VALLÉE DU RHÔNE...

... en même temps que s'initier à la richesse et à la diversité de ses vins. Avant de prendre la route des vignobles, procurez-vous les documentations complètes, gratuites pour la plupart, à votre disposition sur simple demande à la Maison des Vins, 6, rue des Trois-Faucons, 84000 Avignon, tél. : 90 27 24 00, fax : 90 27 24 38, ou écrire à cette adresse à Jacques Valentin. Ces documents sont également distribués par les vignerons et négociants et les offices de tourisme de la vallée du Rhône.

Les appellations : un document, Richesse de couleurs et trésors de goûts, dans une approche générale, vous fait voyager à travers l'appellation.

La route des vins : Les Routes des Vins de la Vallée du Rhône vous conduit du septentrion à la Drôme provençale et de l'Ardèche aux Costières de Nîmes, chez 600 vignerons et négociants avec mention des heures d'ouverture des caveaux, les capacités d'accueil et mille autres informations.

L'histoire : à travers des repères historiques, le dépliant Crus et Villages vous présente les caractères et typicités de ces appellations (25 F).

Les chiffres : Les chiffres de la vallée du Rhône sont rassemblés dans une brochure gratuite pour connaître à tout moment les chiffres de production, les rendements, les parts de marché...

Les villages et les crus : des fiches encyclopédiques détaillées Pour tout savoir sur les 16 villages et les 13 crus de l'appellation, avec des coupes géologiques, les principes de vinification, les caractéristiques des vins et des terroirs (50 F).

Les cépages : un dépliant sur les cépages utilisés dans l'élaboration des côtes-du-rhône pour que le grenache, la syrah, la clairette, le viognier et le mourvèdre... n'aient plus de secrets pour vous.

Également **les comités départementaux du tourisme du Rhône** (Côte-Rôtie et Condrieu), BP 3033 69396, Lyon, tél. : 72 61 78 90, fax : 78 60 44 49 ; de la Drôme (Crozes-Hermitage, Hermitage), 31, avenue du Président-Herriot, 26000 Valence, tél. : 78 82 19 26, fax : 75 56 01 65) ; de l'Ardèche (Cornas, Saint-Joseph, Saint-Péray, Lirac, Chardonnay), 4, cours du Palais, 07002 Privas cedex, tél. : 75 64 04 66, fax : 75 64 23 93, de Loire (château Grillet), 5, place Jean-Jaurès, 42021 Saint-Étienne cedex 01, tél. : 77 33 15 39.

Office de tourisme de Valence : place Général-Leclerc, 26000 Valence, tél. : 75 43 04 88, fax : 75 42 16 90.

Office de tourisme de Vienne : cours Brillier, 38200 Vienne, tél. : 74 85 12 62, fax : 74 31 75 98.

Comité de promotion des vins de Châteauneuf-du-Pape : 12, avenue Louis-Pasteur, 84230 Châteauneuf-du-Pape, tél. : 90 83 72 21, fax : 90 83 70 01. Ouvert du lundi au vendredi de 8 h 30 à 12 h et de 14 à 18 h (17 h le vendredi). Informations sur l'appellation, liste des producteurs avec leurs coordonnées.

Syndicat général des vignerons des Côtes-du-Ventoux : route de Velleron, 84200 Carpentras, tél. : 90 63 36 50, fax : 90 60 57 59.

Syndicat général des vignerons du Lubéron : Le Château, 84240 La Tour-d'Aigues, tél. : 90 07 34 40, fax : 90 0754 83.

Université du vin de Suze-la-Rousse : Le Château, 26790 Suze-la-Rousse, tél. : 75 04 86 09, fax : 75 98 24 20. Cet établissement privé d'enseignement supérieur, préparant entre autres au diplôme de sommelier-conseil et à un Dess du droit de la vigne et du vin, organise également pour les amateurs oenophiles des journées de sensibilisation aux techniques de dégustation (sur demande), des week-ends dégustation (de 1700 à 1880 F) de tous niveaux, des stages plus approfondis et organise une fois par an, en octobre, une Journée du goût (380 F). Son centre de documentation, sa bibliothèque et sa base de données viti-vinicoles sont aussi ouverts au public.

Comité départemental du tourisme de Vaucluse (CDT) : La Balance, place Campana, 84000 Avignon, tél. : 90 86 43 42, fax : 90 86 86 08. Documentation touristique et générale sur le département. Catalogue de voyages organisés thématiques pour les groupes (les produits touristiques du Vaucluse). Liste des caveaux de dégustation acceptant les visites sur rendez-vous. Infos sur minitel 3615 code Vaucluse.

Comité départemental du tourisme du Gard (CDT) : 3, place des Arènes, 30000 Nimes, tél. : 66 21 02 51, fax : 66 36 13 14. Documentation touristique et culturelle. Une brochure *Vins du Gard et Gastronomie*.

LES OFFICES DE TOURISME (OT) :

Bollène : place Reynaud-de-la-Gardette, 84500 Bollène, tél. : 90 40 51 45. Visites guidées.

Valréas : place A.-Briand, 84600 Valréas, tél. : 90 35 04 71.

Vaison-la-Romaine : place du Chanoine-Sautel, 84110 Vaison-la-Romaine, tél. : 90 36 02 11, fax : 90 28 76 04. Visites guidées.

Châteauneuf-du-Pape : place du Portail, 84230 Châteauneuf-du-Pape, tél. : 90 83 71 08, fax : 90 83 75 04. Ouvert tous les jours sauf les dimanche et lundi de 9 h à 12 h 30 et de 14 à 18 h. Visites guidées.

Orange : 5, cours A.-Briand, 84100 Orange, tél. : 90 34 70 88, fax : 90 34 99 62. Visites guidées.

Avignon : 41, cours Jean-Jaurès, 84000 Avignon, tél. : 90 82 65 11, fax : 90 82 95 03. Visites guidées.

L'Isle-sur-Sorge : place de l'Église, 84800 L'Isle-sur-Sorgue, tél. : 90 38 04 78.

Beaumes-de-Venise : cours Jean-Jaurès, 84190 Beaumes-de-Venise, tél. : 90 62 94 39. Visites guidées.

Gigondas : place du Portail, 84190 Gigondas, tél. : 90 65 85 46.

Sablet : place du Village, 84110 Sablet, tél. : 90 46 95 57.

Vacqueyras : Mairie, 84190 Vacqueyras, tél. : 90 65 89 06 ou 84 24. Visites guidées.

Carpentras : 170, allée de Jean-Jaurès, 84200 Carpentras, tél. : 90 63 57 88, fax : 90 60 41 02. Visites guidées.

Bédoin : place du Marché, Espace M.L. Gravier, 84410 Bédoin, tél. : 90 65 63 95.

Malaucène : cours des Isnard, 84340 Malaucène, tél. : 90 65 22 59.

Nîmes : 6, rue Auguste, 30000 Nîmes, tél. : 66 67 29 11, fax : 66 21 81 04.

Villeneuve-Lez-Avignon : 1, place Charles-David, 30400, tél. : 90 25 61 33, fax : 90 25 91 55.

Bagnols-sur-Cèze : avenue Léon-Blum, 30200, tél. : 66 89 54 61, fax : 66 89 83 38.

À VISITER

Saint-Restitut

Les caves cathédrales de Saint-Restitut : caves de vieillissement aménagées dans d'anciennes carrières d'extraction de pierre de taille. Visite des caves à bord d'un petit train (40 mn). Dégustation, animation vidéo, reconstitution de scènes de la vie quotidienne dans les vignes. Cellier des Dauphins, 26130 Saint-Restitut, tél. : 75 04 95 87.

Saint-Paul-des-Trois-Châteaux

La Maison de la truffe et du Tricastin, 26130 Saint-Paul-des-Trois-Châteaux, tél. : 75 96 61 29. Présentation de la trufficulture et du Tricastin, film vidéo, dégustation de coteaux-du-tricastin, vente. Pour visiter le vignoble, l'office de tourisme (même adresse) met le particulier en contact avec des viticulteurs.

Saint-Desirat

Le musée de l'Alambic : 07340 Saint-Desirat, tél. : 75 34 23 11, fax : 75 34 28 81. Ouvert de 8 à 12 h et de 14 h à 18 h 30, le samedi de 10 à 12 h et de 14 à 18 h, le dimanche de 14 à 18 h. Sur le terroir de Saint-Joseph, l'histoire des bouilleurs ambulants. Nombreux alambics en cuivre de toute beauté, dégustation gratuite d'eaux-de-vie de fruits, notamment de châtaigne) et d'apéritifs à base d'eaux-de-vie de fruits.

SUR LES MARCHÉS

Salé

Cochonnaille *lyonnaise (saucisson, jésus, rosette, tablier de sapeur, andouillette)*

Quenelles

Grattons *(gras de porc frit)*

Cardons *(légumes)*

Truffes *noires du Tricastin (visites à La Maison de la Truffe, voir rubrique « À visiter »)*

Olives *et huile des Baronnies (Nyons)*

Maouches *et charcuteries de la montagne ardéchoise*

Fromages *: rigotte de Condrieu, picodon de la Drôme et de l'Ardèche, cervelle de Canut, coucouron de l'Ardèche, saint-félicien, saint-marcellin, fourme de Montbrison.*

Sucré

Coussin de Lyon *(fourré praliné enrobé de pâte d'amande verte), pogne de* ***Romans*** *(brioche avec des pralines) ou de la Drôme (parfumée au rhum, à l'essence de citron et à la fleur d'oranger ; liste des artisans au syndicat départemental de la boulangerie-pâtisserie de la Drôme, tél. : 75 43 13 64), rissoles (petits chaussons fourrés aux poires), châtaignes de l'Ardèche, fruits de la vallée du Rhône, chocolats de la Drôme (Valrhona), de Bernachon (Lyon), marrons glacés de Privas, pommes du Pilat, liqueur de Chartreuse (datant de 1605, elle est élaborée à partir de 130 plantes selon une recette maintenue secrète par les moines chartreux).*

À lire *: l'Inventaire du Patrimoine Culinaire de la France Rhône-Alpes, produits du terroir et recettes traditionnelle, (édition Albin Michel-CNAC-Région Rhône-Alpes) : la bible de tous les produits de la région, même les plus inusités. Historique, usages, savoir-faire.*

BALADES À THÈME

Le TDV (train des vignes), 07000 Saint-Péray, tél. : 75 81 01 00. Contact : Gérard Orand. D'avril à septembre. Balade commentée d'1 h dans les vignobles de clairette de Die à bord d'un petit train, avec dégustation chez un viticulteur. Départ de Saint-Romain-en-Diois, arrivée à Laval-d'Aix, et nouvelle dégustation à la Cave coopérative de Die. Prix : 30 F.

Circuits vins et gastronomie : Visit France, 9, rue du Président-Carnot, BP 2089, 69226 Lyon, tél. : 72 41 04 04, fax : 78 37 22 00. Personne à contacter : Lydie Praud. Circuits sur mesure « vin et gastronomie » entre Lyon et la Drôme du sud (7 jours et 7 nuits). Au gré des suggestions qui vous sont faites, possibilité de déguster des côtes-du-rhône à Condrieu ou Saint-Péray, de visiter la Maison de la Truffe, les caves cathédrales de Saint-Restitut, de sillonner l'étonnante « route des dentelles de Montmirail » à travers les vignobles, de visiter la fameuse Université du vin à Suze-la-Rousse, etc. Prix par personne (sur la base d'un minimum de 2 personnes, avec hébergement en hôtel trois étoiles et repas) : 3355 F, transport non compris. Sur demande, réservation d'une voiture.

Au cœur du terroir drômois : Voyage Passion, 23, rue de l'Armillerie, 26100 Romans, tél. : 75 05 22 11, fax : 75 71 20 39. Responsable : Magda Bertrand. « Saveurs et Patrimoine de la Drôme », un parcours à travers faune et artisanat ponctué de saveurs et d'arômes : visites des truffières, d'une distillerie de plantes, de l'Université du vin, d'un jardin des arômes, dégustation d'olives... Tarifs : 1930 F par personne (1195 F pour 3 jours et 2 nuits) comprenant 4 jours et 3 nuits en pension complète en hôtel deux étoiles, les visites, le dossier de voyage, un spectacle nocturne). Le parcours « Œnologie et Gastronomie » propose un week-end de sensibilisation gustative et olfactive à travers des visites, un stage « œnologie » à l'Université du vin, un dîner gastronomique, mais aussi un « safari truffes ». Tarif : 1880 F par personne, comprenant l'hébergement en hôtel deux étoiles en pension complète, le stage, le dîner gastronomique (vins non compris), les visites et le safari truffes.

Circuits découvertes dans la Drôme provençale : BP 195, 26702 Pierrelatte cedex, tél. : 75 98 93 38. Contacter Jacqueline Girard. Une journée à l'Université

du vin de Suze-la-Rousse avec dégustation commentée, découverte des cépages au Jardin des Vignes, déjeuner commenté (« Alliance des mets et des vins »), rencontre avec des vignerons, visite d'une cave. Tarif : 320 F.

MANIFESTATIONS EN VALLÉE DU RHÔNE

Janvier

Ampuis : marché aux vins le troisième week-end du mois. Tél. : 74 56 13 34.

Visan : fête de la Saint-Vincent, le 27. « S'il pleut le jour de la Saint-Vincent, le vin monte dans le sarment, mais s'il gèle il en descend ». Défilé, dégustations et intronisations sous la houlette de la confrérie Saint-Vincent, une des plus anciennes puisque ayant vu le jour en 1475 ! Tél. mairie : 90 41 91 12.

Février

Crozes-Hermitage : fête de la Saint-Vincent (le village change chaque année) aux alentours du 20. Mairie de Crozes : 75 08 17 59.

Tain-l'Hermitage : la plus importante foire aux vins de la région, avec en plus un concours gastronomique et des dégustations. Le troisième week-end du mois. Tél. : 75 08 06 81.

Carpentras : salon de la truffe, les 10 et 11. Entrée gratuite. Tél. : 90 61 68 13

Avril

Malleval : fête des vignerons, le 28 avril. Tél. (mairie) : 74 87 12 54.

Vinsobres : journées des vins, au début du mois.

Mai

Dans **les villages viticoles du Vaucluse** : fête de la vigne et du vin, le 18. Caves et domaines sont ouverts, concours « nez du vin », intronisations... contacter Monsieur Bontoux au 90 84 03 04.

Condrieu : fête « Vins et Rigottes », 69420 Condrieu, tél. : 74 59 50 38.

Vaison-la-Romaine : fête des vins au début du mois. Rens. : 90 36 02 11.

Juin

Rochegude : salon de l'eau et des stations thermales,

les 8 et 9 juin. Avec dégustation de vins des Côtes-du-Rhône septentrionales. Tél. : 75 08 06 81.

La Beaume-de-Transit : fête des vins le lundi de la Pentecôte.

Juillet

Valaurie : la gastronomie en fête le 22 juillet. Présentation de plantes aromatiques, concours de recettes, grand repas avec au menu les rognons blancs de mouton, le plat préféré de la marquise de Sévigné, le tout arrosé de coteaux-du-tricastin. Renseignements auprès de l'Association « Saveurs sauvages en Drôme », Nicole Vernerey-Esparel de La Table de Nicole, tél. : 75 98 52 03.

Visan : fête du vin et de la moisson, le 13. Rens. : 90 41 90 07 ou 90 41 91 12.

Bourg-Saint-Andéol : fête des vignerons, la première quinzaine du mois.

Vacqueyras : grande fête des vins, au milieu du mois.

Sablet : journée du livre avec la participation des vignerons de Sablet. Rens. : 90 46 90 19.

Gordes : fête des vins, au milieu du mois.

Cairanne : fête des vins, à la fin du mois.

Côtes-du-Ventoux : fête tournante des côtes-du-ventoux, dans un village différent chaque année, à la fin du mois.

Carpentras : marché aux vins, tous les vendredis matin en juillet et en août.

Sainte-Cécile-les-Vignes : festival de la musique dans les vignes : du 16 juillet au 6 août. Concerts dans un village (Camaret, Séguret, Bollène, Cairanne, Sainte-Cécile, Vaison…) où règne la vigne, suivi d'une dégustation. Contact : Daniel Roubaud à Avignon au 90 80 82 21 et Liliane Jouve à la mairie, au 90 30 80 17.

Orange : les Chorégies, du 6 juillet au 4 août. Le plus beau mur du royaume (comme disait un roi de France) sert d'écrin à des soirées entières dédiées à l'art lyrique. Une institution de grande qualité à ne pas manquer. Programmes au 90 51 83 83 ou à Paris au (1) 43 21 21 80.

Août

Saint-Alban-d'Ay : exposition sur la pomme de terre, les 11 et 12 août. Organisée par Marc Julia du restaurant « Chez Marc et Christine » (à Annonay, tél. : 75 33 46 97) avec un ami historien, Joël Ferrand, et la collaboration du docteur Montignac. 250 variétés de pommes de terre, et autres tubercules aux formes extraordinaires.

Ruoms : fête des vignerons ardéchois, le 11 août. Tél. :

75 39 98 00

Tournon-sur-Rhône : 8ᵉ Festival national des jeunes humoristes 1996, du 27 au 31 août. À cette occasion, un prix « cave de Tain-l'Hermitage » est attribué par la Cave de Tain-l'Hermitage qui lance également une cuvée saint-joseph spécial festival. Au menu : des spécialités ardéchoises et le saint-joseph de la Cave. Programme et réservation à l'Office de tourisme, BP 108, 07301 Tournon-sur-Rhône cedex, tél. : 75 07 02 02.

Châteauneuf-du-Pape : fête de la véraison (de la maturité du raisin !) : les 2, 3 et 4. Retour au XIVᵉ siècle avec animations de rues, population en costume d'époque, brocante, repas vigneron, tournoi de chevalerie et dîner médiéval. Tél. : 90 83 77 81.

Bedoin : fête des vins et courses de vieilles voitures au début du mois. Rens. : 90 65 63 95.

Saint-Maurice : fête des vins au début du mois.

Ruoms : fête des vins, le 2ᵉ week-end du mois.

Rasteau : nuit du vin doux, le 14 de 17 à 24 h : dégustations gratuites du muscat dans de nombreux stands, produits du terroir, spectacle équestre… Rens. au 90 46 14 20 (D. Ferrand) ou au 90 46 75 63 (M. Charavin).

Carpentras : festival des saveurs provençales, du 15 au 18. Fête gourmande, débats et dégustations autour du fromage de chèvre, nougat, lavande, poteries, miel… Rens. : 90 61 68 13

Séguret : fête des vins au pays des santons, le 3ᵉ dimanche du mois.

Septembre

Saint-Péray : marché aux vins, le premier dimanche du mois. Tél. : 75 40 46 75

Tain-l'Hermitage : fête des vendanges, le troisième week-end du mois. Tél. : 75 08 30 32. Défilés de chars, groupes folkloriques…

Mérindol-les-Oliviers : fête du pain, les 6 et 7 septembre. Renseignements à l'Auberge de la Gloriette Tél. : 75 28 71 08.

Entrechaux : foire des vendanges, tél : 90 46 00 11.

Octobre

Crozes-Hermitage : fête des vignerons, le dernier dimanche du mois. Mairie de Crozes : 75 08 17 59.

Novembre

Mercurol : fête du vin blanc, les 9 et 10. Contact : Gabriel Sicard, tél. : 75 07 46 82. Bal le samedi soir, et le

CARNET DE VOYAGE DANS LA VALLÉE DU RHÔNE

dimanche dégustation de crozes-hermitage blanc pour l'apéritif d'honneur, défilé de chars, groupes folkloriques…

Richerenches : marché aux truffes, les mercredis matin de novembre à mars.

Valréas : marché aux truffes les vendredis matin de novembre à mars.

Vaison-la-Romaine : journées gourmandes et fêtes des vins et de la gastronomie ; produits du terroir, salon des vins primeurs, salons des arts de la table, course de la Bacchanale au milieu du mois. Rens. : 90 36 02 11

Avignon : baptême des côtes-du-rhône primeurs, le 3ᵉ jeudi du mois. Rens. : 90 27 24 16

Décembre

Cornas : marché aux vins, le premier week-end du mois. Tél. : 75 40 33 57.

Chavanay : marché aux vins, le deuxième week-end du mois. Tél. : 74 87 23 09.

Séguret : fête vigneronne et provençale, le 22. Exposition de santons à la chapelle Sainte-Thècle, produits régionaux et dégustation animée par la confrérie Gouste-Séguret. Rens. : 90 46 91 08.

À VÉLO

Rando-Ventoux : à Saint-Romain-en-Viennois, tél. : 90 46 47 29. Circuits VTT à la journée ou sur plusieurs jours dans les Dentelles de Montmirail ou le pays Voconce. Descente en VTT du mont Ventoux.

Mag 2 Roues : location de VTT (tél. : 90 28 80 46) pour se balader autour de Vaison-la-Romaine et dans les Dentelles de Montmirail.

Egobike : complexe sportif, avenue Pierre-de-Coubertin, 84200 Carpentras, tél. : 90 12 83 70. Responsable : Olivier Bruno. Pour se balader dans les vignobles du Ventoux et dans les Dentelles de Montmirail accompagné de moniteurs diplômés. Location de VTT : 70 F la demi-journée et 100 F la journée. Possibilité de séjours de 5 jours-4 nuits, circuits à thème avec hébergement chez l'habitant ou bivouac dans une bergerie, sur mesure.

À PIED

A la découverte d'un sentier vinicole : le Centre départemental d'animation rurale a balisé des sentiers botaniques et un parcours vinicole et paysager de 2 km à travers Rasteau et son vignoble. Ce centre organise également des « promenades guidées à la découverte de… » (le village et le panorama, la flore méditerranéenne, la culture de la vigne et la vinification) toute l'année. Dans le vignoble, on peut être accompagné d'un viticulteur qui nous emmène à la découverte des saisons de la vigne et des cépages, nous invite à la visite d'une cave et propose une dégustation en fin de parcours. Tél. : 90 46 15 48, fax : 90 46 10 41.

Sentier de découverte des vignobles du Massif d'Uchaux. Domaine de la Cabotte, 84430 Mondragon, tél. : 90 34 40 80. Personne à contacter : M. Plumet. Au cœur du Massif d'Uchaux, sur un domaine de 30 ha, un parcours fléché de 2 km pour partir sur la piste du métier de vigneron : explication des cépages, des différents types de sols, des méthodes de travail, la vinification…

Vaison-la-Romaine : l'association « Cimes et sentiers » propose des randonnées balisées autour de Vaison et dans les Dentelles de Montmirail, de 3 h à 3 jours. Documentation au 90 46 80 88 ou à l'OT de Vaison, tél. : 90 36 02 11.

Châteauneuf-du-Pape : circuit pédestre, balisé (16 km, 4 à 6 h de marche). Feuillet explicatif disponible à l'OT, tél. : 90 83 71 08.

Beaumes-de-Venise : guide des promenades balisées au départ de Beaumes disponible à l'OT, tél. : 90 62 94 39.

Gigondas : plan des promenades balisées à travers les Dentelles de Montmirail, sur la commune de Gigondas, disponible à l'OT, tél. : 90 65 85 46.

220

INFO-CIVCR

Pour tout savoir sur les vins des côtes-du-rhône et de la Vallée du Rhône, pour vous initier à la richesse et à la diversité de ces vins, une information complète est à votre disposition sur simple demande :

– Un document gratuit, « *Richesse de Couleurs et Trésors de Goûts* », vous fait voyager à travers l'appellation.

– Une « *Route des Vins* » pour vous conduire chez 800 vignerons et négociants avec mention des heures d'ouverture des caveaux, les capacités d'accueil et mille autres informations. Document gratuit.

– À travers des repères historiques, le dépliant « *Crus et Villages* » vous présente les caractères et typicités de ces appellations (25 F).

– Les « *Chiffres de la Vallée du Rhône* » sont rassemblés dans une brochure gratuite pour connaître à tout moment les chiffres de production, les rendements, les parts de marché…

– Des fiches encyclopédiques détaillées « *Pour tout savoir* » sur les 16 villages et 13 crus de l'appellation ; avec des coupes géologiques, les principes de vinification, les caractéristiques des vins et terroirs (50 F).

– Un dépliant sur « *Les Cépages* » utilisés dans l'élaboration des côtes-du-rhône ; pour que les grenache, syrah, clairette, viognier et mourvèdre n'aient plus de secrets pour vous.

Pour vous procurer ces documents, vous pouvez profiter de vos vacances pour passer nous voir à la Maison des Vins, 6, rue des Trois-Faucons, 84000 Avignon, tél. : 90 27 24 00, fax : 90 27 24 13, ou écrire à cette même adresse à Jacques Valentin. Ils sont également distribués par les vignerons et négociants et les offices de tourisme de la vallée du Rhône.

BALADES ORGANISÉES

Journées « gastronomie et vins dans les Dentelles de Montmirail » : Thierry Bernard, de l'hôtel Les Florets à Gigondas (tél. : 90 65 85 01, fax : 90 65 83 80) et fils du propriétaire du domaine de la Garrigue à Vacqueyras et Gigondas, organise avec son copain viticulteur propriétaire du château Saint Cosme, Louis Barruol, des journées dans le vignoble et les caves avec un repas aux Florets adapté à la demande, axé sur les accord mets-vins par exemple (de 125 à 300 F, vins compris). Chez Louis Barruol, on découvre entre autres un des plus anciens cuviers de Provence taillé à même le roc, et un musée regroupant des outils des Gallo-Romains à nos jours, trouvés essentiellement sur ses terres. L'après-midi, descente au domaine de la Garrigue, pour visiter des caves plus modernes, avec explication des différentes vinifications, dégustation de vacqueyras et de côtes-du-rhône. Le tout ne coûte que le prix du repas.

Fin de semaine vigneronne : Voyages Arnaud, 8, avenue Victor-Hugo, 84200 Carpentras, tél. : 90 63 28 40, fax : 90 60 43 33. Du 1er octobre au 30 juin. Contacter Michèle Canavaggio. 2 jours et 1 nuit à Puyméras, petit village près de Vaison-la-Romaine, pour partager tous les secrets de la vigne et du vin chez un hôte vigneron. Visites de caves, d'un musée des vieux outils du vigneron, balade dans les Dentelles de Montmirail, dégustations de vins et produits de domaines… Prix : 700 F par personne, comprenant l'hébergement en chambres d'hôtes 3 épis (double), les repas en table d'hôtes et ferme-auberge, les boissons, les dégustations, l'animation.

Provence, chemin des vignobles à vélo : Transhumance, BP 9, 84004 Avignon Cedex 1, tél. : 90 95 57 81, fax : 90 95 66 41. 5 jours et 4 nuits pour une randonnée « initiatique » à vélo au cœur des vignes à travers les cinq grandes appellations des Côtes-du-Rhône méridionaux, avec des haltes dans des domaines, des visites d'un musée vigneron et de villages et chaque soir, la dégustation commentée d'un grand cru et les saveurs de la cuisine provençale. Prix : 2850 F par personne (option location de vélo : de 350 à 450 F), comprenant l'hébergement en gîte, les pique-niques et les dîners (hors boissons), les dégustations, l'encadrement par un guide professionnel, le transport des bagages, le transfert.

À LA DÉCOUVERTE DE LA TRUFFE

De novembre à mars, la saison de la truffe du Tricastin bat son plein. On peut s'approvisionner sur les marchés locaux, ouverts au public (voir rubrique Manifestations), participer à la Messe de la Truffe, le dimanche 21 janvier à Richerenches, après laquelle a lieu la traditionnelle pesée pour les négociants (tél. mairie : 90 28 02 00) et visiter le Salon de la Truffe (les 10 et 11 février) à Carpentras : marché aux truffes et aux plants, démonstrations de « cavage » (recherche) par des chiens et des cochons truffiers, dégustation sous la houlette de chefs cuisiniers chevronnés… Faire un détour plus au nord (voir Vallée du Rhône septentrionale) à Saint-Paul-des-Trois-Châteaux pour visiter la Maison de la truffe et du Tricastin (tél. : 75 96 61 29). Mais on peut également approfondir ses connaissances sur ce mystérieux roi des bois grâce à des journées « Harmonie de la truffe et du vin » organisées par Patrick Daniel, propriétaire viticulteur. Le matin, visite d'une propriété trufficole (entrée : 10 F environ), participation aux fouilles, visite du marché de la truffe de Richerenches, repas dans un restaurant sur le thème des accords « truffes et vins » (de 150 à 600 F, plus les vins). L'après-midi, visite des caves du château La Croix-Chabrière (production de côtes-du-rhône et de coteaux-du-tricastin), avec explication détaillée des vinifications et une initiation à la dégustation. Le tout ne coûte que le prix d'entrée à la propriété trufficole et le prix du repas. Château La Croix-Chabrière, route de Saint-Restitut, 84500 Bollène, tél. : 90 40 00 89.

DOUCE FRANCE

Murs de pierres dorées, toits de briques, fontaines historiques, places ombragées de tilleuls et platanes centenaires… Dans une explosion de couleurs, découvrez les « Plus beaux villages de France » de la vallée du Rhône. La région en compte treize, parmi les cent trente-cinq classés en France :

Dans la Drôme : Drôme, Montbrun-Les-Bains, Le Poet-Laval.
En Ardèche : Alba-La-Romaine, Balazuc, Vogue.
Dans la Loire : Sainte-Croix-en-Jarez.
Dans le Vaucluse : Gordes, Lourmarin, Menerbes, Roussillon, Séguret, Vénasque.
Carte routière sur demande au siège de l'Association « Les plus beaux villages de France », 19500 Mairie de Collonges-La-Rouge, tél. : 55 84 08 50.

À VOIR

À Avignon : l'incontournable Palais des Papes : Rens. tél : 90 27 50 71 pour les horaires. Tarif environ 32 F, groupes possibles à partir de 25 personnes. Ouvert tous les jours sauf le 1/1 et le 25/12. La vieille ville : tous les jours sauf le dimanche. Pour une visite guidée, tél : 90 27 50 71. Les musées du Petit Palais (tél : 90 86 44 58), du Palais du Roure (tél : 90 86 44 58), le musée Clavet. Visiter aussi le Pont Saint-Bénézet, l'église des Carmes, la maison Jean Vilar.

À Bollène : Musée des flûtes du monde, tél : 90 30 90 60. Fermé du 10 septembre au 12 mai. Seulement l'après-midi à partir de 14 h.

À Saint-Restitut : Celliers des Dauphins, tél. : 75 04 95 87. Ancienne carrière de pierre blanche du Tricastin transformée en cave de vieillissement par cette grande structure coopérative.

À Bonnieux : musée de la Boulangerie, tél. : 90 75 88 34. Fermé le mardi. Entrée : 10 F.

À Gordes : L'abbaye de Sénanque, tél. : 90 72 02 05. Fermé les dimanche matin et jours fériés le matin. 18 F l'entrée.

BEAUX CAVEAUX

Expositions, petits musées, jardins magnifiques, concerts, ils offrent un petit plus aux visiteurs :

– **Domaine château la Croix Chabrière**, 84500 Bollène, tél. : 90 40 00 89. Ouvert toute l'année de 10 à 12 h et de 14 à 19 h. L'hiver de 14 à 18 h et sur rendez-vous. Superbe site avec en plus… le musée de la flûte.

– **Domaine Bressy-Masson**, 84110 Rasteau, tél. : 90 46 10 45. Ouvert toute l'année de 8 à 12 h et de 14 à 19 h. Dans une ancienne écurie en pierres apparentes, un beau caveau et une exposition d'outils anciens.

– **Domaine de Verquière**, 84110 Sablet, tél. : 90 46 90 11. Ouvert de 8 à 12 h et de 14 à 18 h, sauf le dimanche. Exposition de vieux outils.

– **Château d'Hugues**, 84100 Uchaux, tél. : 90 70 06 27. Ouvert de 10 à 12 h et de 14 à 19 h. Ce vigneron, artiste-peintre, organise chez lui des expositions de peinture.

– **Chartreuse de Bonpas**, 84510 Caumont-sur-Durance, tél. : 90 23 09 59. Ouvert de 9 à 12 h et de 14 à 19 h, l'hiver de 14 à 18 h, sauf le dimanche. Site classé, bâtiments du XIIe, XIVe et XVIIIe siècles, jardins à la française, ancien pressoir, parcours fléché.

– **Château Val Joanis**, 84120 Pertuis, tél. : 90 79 20 77. Ouvert de 9 h 30 à 12 h et de 14 à 17 h 30, le week-end de 10 à 12 h et de 15 à 18 h. Superbe bastide provençale des XVIIe et XVIIIe siècles, avec bassin d'eau claire et jardins paradisiaques.

– **Château de Malijai**, 84150 Jonquières, tél. : 90 70 33 44. Ouvert tous les jours en juillet et en août, sur rendez-vous les autres mois. Demeure de la fin du XVIIIe siècle bâtie sur l'emplacement d'un château du XIe dont il reste une tour. Des Heures Musicales y sont organisées les week-ends d'hiver et des Nuits d'été orchestrées par l'association Art, Culture et Vin.

MUSÉES VIGNERONS

À Châteauneuf-du-Pape

Musée des outils de vignerons. Importante collection de vieux outils, pressoirs du XVIe siècle, foudre du Moyen-Âge, fouloirs, atelier de tonnellerie, de bouchons. Dégustation gratuite de tous les vins de la vallée du Rhône. Caveau du Père Anselme, Laurent Charles Brotte, tél. : 90 83 70 07, fax : 90 83 74 34.

À Gigondas

Musée de la civilisation de la vigne et du vin. Site gallo-romain de vinification, caves médiévales, musée regroupant divers outils et objets d'art de l'époque gallo-romaine au XVIIIe siècle, témoins de 20 siècles de civilisation du vin. Château de Saint-Cosme, 84190 Gigondas, tél. : 90 65 81 05.

À Ménerbes

Musée du tire-bouchon : évolution du tire-bouchon de sa création à nos jours à travers une collection particulière de plus de 1200 pièces, du XVIIe siècle à nos jours. Domaine de la Citadelle, 84560 Ménerbes. Tél. : 90 72 44 77, fax : 90 72 41 59.

À Rasteau

Musée des vignerons : musée, vinothèque, collection de bouteilles anciennes, de vieux outils, audiovisuel sur les Côtes-du-Rhône. Domaine de Beaurenard à Châteauneuf-du-Pape, tél. : 90 46 11 75.

MISE EN BOUCHE

Avant de partir sur les routes des vins du Rhône, un petit détour par les bancs de l'université ou des dégustations animées par une œnologue vont affûter vos papilles mais aussi ouvrir votre appétit de découverte.

Suze-la-Rousse

L'Université du Vin : unique au monde, située dans le magnifique château médiéval de Suze-la-Rousse, elle rassemble tout ce qui concerne la vigne et le vin. Dégustation, projection de films en français et en langues étrangères, librairie, stage de connaissance du vin, etc. Journée du goût dans le cadre de la Semaine nationale du Goût (octobre), Rentrée solennelle (dernier vendredi de novembre), symposia, expositions… Contact : M. Jacques Avril. À côté de l'Université du vin, le Jardin des vignes déploie une collection de 70 cépages différents répertoriés des principaux pays viticoles et permet de découvrir les différentes phases végétatives de la vigne au fil des saisons. Possibilité de visite guidée par un spécialiste. Le Château, 26790 Suze-la-Rousse, tél. : 75 04 86 09, fax : 75 98 24 20. Minitel 3615 code Bacus.

Le Thor

La Part des Anges : 12, cours Victor-Hugo, 84250 Le Thor. Tél. : 90 33 75 03, fax : 90 33 75 12. Sensibilisation aux vins régionaux avec présentation du vignoble, caractéristiques du terroir, des vins, de la vinification, et dégustation de côtes-du-rhône méridionales (saint-joseph, vacqueras, châteauneuf-du-pape…), côtes-du-lubéron et du ventoux, le tout animé par une œnologue, Isabelle Collin-Gonzalvez, en deux heures (140 F) ou en trois séances de 2 heures (500 F). Chaque mois, dégustation thématique de 2 heures (de 120 à 200 F selon les vins dégustés) autour d'une appellation, d'un propriétaire, de la vallée du Rhône ou d'autres régions vinicoles.

PLEINS FEUX SUR LE FESTIVAL D'AVIGNON

Ne ratez sous aucun prétexte le célèbre Festival d'Avignon. C'est, depuis sa création par Jean Vilar en 1947, le rendez-vous mondial du théâtre. Cette année, du 9 juillet au 4 août, le Festival fête son 50e anniversaire : une nuit des comédiens réunira les plus grands ayant participé aux Festivals et une prestigieuse exposition évoquera les 50 Festivals. Bureau du Festival : 90 82 67 08, et bureau du Off : (16-1) 48 05 20 97. C'est aussi l'occasion de déguster le Festival en bouteille. En effet, chaque année la Maison des vins reçoit trois échantillons de la plupart de ses adhérents en Côtes-du-Rhône et Côtes-du-Rhône villages. Après plusieurs dégustations, les cuvées sélectionnées peuvent arborer l'étiquette « Cuvée du Festival d'Avignon 96 » avec reproduction de l'affiche.

À RAMENER

Pensez à vous procurer :

– L'huile d'olive du Moulin à huile de la Chartreuse à Villeneuve-lès-Avignon, tél. : 90 25 45 59.

– Les poteries de Terre et Provence, 26, rue de la République, à Avignon, tél. : 90 86 31 59.

– Les spécialités chocolatées évoquant la vigne et le vin : bouchon de Châteauneuf (chocolat fourré d'eau-de-vie de marc de Châteauneuf présenté en bouteille), galet de Châteauneuf (amandes de Provence enrobées de chocolat dragéifiées aux couleurs des galets que l'on trouve dans les vignes), le palet des papes (fine ganache au marc de châteauneuf) et la grappe de raisin au chocolat. Chocolaterie Castelain, 84230, Châteauneuf-du-Pape, tél. : 90 83 54 71.

– Sur les nombreux marchés, toutes les spécialités locales.

Dossier réalisé par Pascal Cassagnes

DOMAINE DE
NALYS

La terre se situait aux quartiers de la Crau et du Bois Sénéchal, depuis toujours voués à l'encépagement ainsi que l'on peut s'en rendre compte à la lecture des vieux livres terriers. les Nalis vinifiaient leur récolte sur place. Pendant longtemps on a conservé au domaine de vieilles cuves, et l'on peut toujours voir les caves de vieillissement dont l'une, de plus de quatre-vingts mètres de long, offre une voûte en arc surbaissé, faite de pierres à peine dégrossies, noircies par le temps.

Cave de vieillissement du Domaine de Nalys.

En direct de la propriété, sans représentant, ni dépôt vente. Clientèle importante de particuliers et de grande restauration (Lasserre, Le Grand Véfour, le Jules Verne, Drouand, La Marée, Le Pré Catelan, Beauvilliers, Le Manoir de Paris, Pavillon Elysée, Goumard, etc.).

Si le blanc est embouteillé pratiquement tout de suite, le rouge est mis à vieillir un an en foudes de bois.

Le vignoble, d'une superficie de cinquante quatre hectares établi sur terrain miocène à cailloux roulés et polis par l'érosion millénaire, est complanté avec les treize cépages préconisés et autorisés pour l'appellation. Il produit 1450 hl de Châteauneuf-du-Pape rouge et 300 hl de blanc.

BERRIPUB

Caveau de dégustation du Domaine de Nalys.

DOMAINE DE NALYS   84230 CHATEAUNEUF DU PAPE
TEL. 90 83 72 52   FAX. 90 83 51 15

CONDRIEU

DOMAINE
GEORGES VERNAY

PROPRIÉTAIRE-VIGNERON

LE DOMAINE

À sa tête un personnage chaleureux, rieur, jamais avare d'anecdotes et ardent défenseur du vignoble de Condrieu : Georges Vernay. Sur une superficie totale de 14 ha, c'est évidemment la production en condrieu (6 ha) qui est dominante. Le reste de la propriété se partage en côte-rôtie, saint-joseph, côtes-du-rhône et vin de pays.

LES VINS

Bien secondé aujourd'hui par son fils Luc – et bénéficiant des conseils de l'œnologue Jean-Luc Colombo – Georges Vernay a su imprimer une rigueur extrême dans la vinification et l'élevage de ses vins. Pour vous en convaincre, goûtez le vin de pays syrah 1994 (30 F), aux arômes de cassis et fraise, le plaisant saint-joseph 1994 (60F) et le beau côte-rôtie 1992 (100 F). Mais attardez-vous également sur les grandes cuvées de viognier telles que les Chaillées de l'Enfer 1992 (130 F ; 90 F en flacon de 50 cl) au nez végétal et d'abricot mûr, très minéral et suave en bouche. Le coteau-de-vernon 1993 (160 F), perle du condrieu, a une palette aromatique somptueuse et complexe, une bouche soyeuse, ample, au boisé harmonieux. Une longueur et une finale impressionnantes de délicatesse et d'onctuosité. À goûter absolument une fois dans sa vie.

L'ACCUEIL

« Les épicuriens sont les bienvenus », assure le maître des lieux. Dans un caveau spacieux, tous les jours de 9 h 30 à 12 h et de 14 h 30 à 19 h. Dégustation payante (30 F). À 5 km au sud d'Ampuis par la N86. La cave est à l'entrée du village sur la gauche.

PROPRIÉTAIRES : **G. ET L. VERNAY**
1, ROUTE NATIONALE,
69420 CONDRIEU
TÉL. : 74 59 52 22 - FAX : 74 56 60 98

CORNAS

DOMAINE
RENÉ BALTHAZAR

PROPRIÉTAIRE-VIGNERON

LE DOMAINE

René Balthazar demeure plus que jamais la figure immuable de ce rude vignoble. Un modèle de sagesse et d'authenticité tant il fait corps avec son vin. De la vigne à la cave, il est l'unique artisan de cette minuscule propriété familiale de 2 ha, l'une des meilleures de l'appellation. Ici subsistent les plus vieilles vignes de Cornas : 70 ans de moyenne d'âge. Certains ceps dépassent même les 80 ans !

LES VINS

Pas d'éraflage. Fermentation à partir des seules levures indigènes et cuvaison classique de 12 à 15 jours suivie d'un élevage de 18 à 24 mois. La fermentation malolactique s'enclenche naturellement. Exceptionnelle réussite en 1993 (60 F), réputé difficile, où René Balthazar a vendangé juste avant les pluies. Notes d'épices et fruits noirs au nez, il joue la finesse soyeuse et fruitée. Un cornas de grande élégance avec de la réserve. Le millésime 1994 est un petit bijou et un vrai vin de plaisir dans sa jeunesse. Le cornas 1994 (60 F également) est un vin sans artifice avec des tanins soyeux, veloutés, presque sensuels. Une merveille de finesse, de souplesse et de concentration, ainsi qu'une remarquable expression du terroir.

L'ACCUEIL

Pittoresque, par un vigneron d'une bonhomie et d'une modestie proverbiales dans un ensemble bâti en 1836. De la nationale vers Valence, tourner à droite au milieu du village, à l'angle du restaurant, puis prendre la première rue à droite et faire 200 m environ : la maison et la cave se trouvent au fond d'une impasse à droite avant une courbe. Accueil tous les jours sur R-V.

PROPRIÉTAIRE :
RENÉ BALTHAZAR
BASSE-RUE, 07130 CORNAS
TÉL. : 75 40 47 32

SAINT-JOSEPH

CLOS DE
L'ARBALESTRIER

PROPRIÉTAIRE-VIGNERON

LE DOMAINE

Le clos de l'Arbalestrier est une véritable curiosité, une propriété unique de 4 ha, presque égarée avec son allure terriblement bourguignonne ! Le lieu a une présence extraordinaire. Le domaine, dirigé par la famille Florentin depuis 40 ans, bénéficie d'un ensoleillement exceptionnel grâce à son exposition plein sud. Les vignes continuent d'être cultivées traditionnellement par des labours effectués à l'aide d'un cheval, car les talus interdisent le passage du tracteur. L'usage des désherbants et des traitements chimiques est exclu. Le credo de François et Dominique Florentin : laisser faire la nature, intervenir le moins possible. Une vision en osmose avec leur profession première de médecins homéopathes. À lieu d'exception engagement non moins exceptionnel !

LES VINS

Même démarche pour les vins : les plus purs possible. On ne vend que des millésimes arrondis par le temps ou prêts à boire. Ici ni levurage ni sulfitage en fûts, pas de filtration, pas de collage. Fermentation et élevage de deux hivers minimum dans des pièces anciennes pour les blancs. Les rouges sont totalement égrappés et pigés. La fermentation alcoolique et les cuvaisons se déroulent suivant la méthode traditionnelle, c'est-à-dire en cuves de chêne ouvertes durant 15 à 18 jours. L'élevage est assuré pour moitié en foudres, et en demi-muids d'âge respectable pour l'autre moitié. L'assemblage est effectué après un séjour dans ces pièces d'au moins trois

hivers. Les saint-joseph blancs 1994 et 1993 (55 F) se distinguent par leur finesse, leur netteté au nez et l'épanouissement des arômes secondaires. Le bois est encore présent en milieu de bouche dans le 1993. Finale fraîche. Le saint-joseph blanc 1991 (55 F), agrumes confits, presque surmaturé, a une finale plus réduite. Le millésime 1990, plus chaleureux, mûr et délicieux, est parfait à boire aujourd'hui. Le saint-joseph rouge 1992 (52 F), concentré, est encore marqué par ses tanins : on a le temps… Le 1991 (54 F), notre favori, constitue sans doute la plus belle expression de ce terroir d'exception. Il possède un fruité persistant et des tanins élégants en bouche. Le millésime 1989 (58 F) possède une finale longue et délicate. Le 1988 est dans la lignée et tient sa matière de bout en bout. Le saint-joseph blanc 1992 (55 F) d'une plénitude et d'un gras à vous couper le souffle pour un blanc sec. Une belle robe dorée, franche, à reflets verts, des arômes divins : miel, amande, entourés de notes végétales. Une bouche où éclatent l'élégance, la finesse et la saveur charpentée de la roussanne. Un équilibre parfait entre le fruit et la rondeur, avec en fin de bouche une pointe de minéralité. Un vin invraisemblable, sur lequel l'amateur doit se précipiter.

L'ACCUEIL

Affable et attentif. Dégustation à la cave parmi les vieux foudres. Sur R-V. Se rendre d'abord à la maison d'habitation située au centre de Mauves, à gauche sur la rue principale, direction Valence. La cave se trouve à la sortie du village. On y accède sur la gauche d'un virage sans visibilité.

PROPRIÉTAIRE :
SCEA DU DOMAINE FLORENTIN
32, AVENUE SAINT-JOSEPH
07300 MAUVES
TÉL. : 75 08 12 11 - FAX : 75 08 60 96

DOMAINE
GALLET PÈRE & FILS
PROPRIÉTAIRE-VIGNERON

LE DOMAINE

Petit domaine familial de 3 ha exploités par Henri Gallet – à qui échoit le travail de la cave – et son fils Philippe, qui a plutôt vocation à soigner de la vigne. Vendanges en vert, rendements faibles, triage méticuleux du raisin, ils misent sur la qualité et tirent le meilleur parti de leur domaine. L'encépagement ne comprend qu'une faible proportion de viognier (5 %).

LES VINS

En 1983, il a été décidé de passer à la mise en bouteille à la propriété sur l'intégralité de la récolte auparavant vendue au négoce. Un choix judicieux, vu les demandes qui assaillent la maison. Henri Gallet a le mérite de n'élaborer qu'un vin, mais quel vin ! Pas d'éraflage, 2 semaines de cuvaison, élevage de 18 mois en pièces (10 % de bois neuf) : une moitié en demi-muids, l'autre en barriques, assemblées ensuite. Collage à l'albumine d'œuf. Pas de filtration. Le millésime 1995 goûté à la cuve, sur le fruit, se distinguait déjà par une structure serrée et soyeuse bien soutenue par une exceptionnelle maturité du raisin. Un vin promis à un grand avenir. Le 1994 (75 F) est un vrai régal. Des senteurs fleuries et de mûre. La netteté et la finesse du nez n'ont d'égale que la délicatesse de la matière enrobée par un boisé harmonieux. La bouche est tendre, souple, tapissée de tanins fins et soyeux. Une bonne affaire de surcroît !

L'ACCUEIL

Sincère et familial dans le caveau de la maison. Tous les jours, sauf dimanche, sur R-V. Au centre d'Ampuis, passé l'église, prendre à droite la D165 direction Les Haies et suivre le fléchage sur 3 km. La maison est à gauche en arrivant sur le plateau.

PROPRIÉTAIRE :
GAEC HENRI ET PHILIPPE GALLET
BOUCHAREY, 69420 AMPUIS
TÉL. : 74 56 12 22 - FAX : 74 56 00 08

DOMAINE
RAYMOND TROLLAT
PROPRIÉTAIRE-VIGNERON

LE DOMAINE

Vif, œil lutin et malicieux, un éternel bonnet vissé sur sa tête aussi solidement que ses pieds de vignes centenaires, Raymond Trollat est assurément un personnage pittoresque et une figure attachante. Il a été l'un des pionniers, dans la région, de la mise en bouteilles à la propriété. Il continue d'exploiter entièrement à la main, à 65 ans, 2 ha de vieilles vignes plantées, pour l'essentiel, en 1918. Dépêchez-vous de lui rendre visite, car Raymond s'apprête à passer la main.

LES VINS

À l'ancienne, comme on n'en fait plus : production non égrappée, fermentation de 12 à 15 jours, pigeage au pied, élevage sous bois dans des demi-muids qui ont servi, avant-guerre, au transport des vins de saint-joseph jusqu'aux zincs lyonnais (Raymond est intarissable sur ce chapitre). Le saint-joseph 1994 (44 F) est sombre, plein et dense, au nez de fruits très mûrs avec des notes de torréfaction. La bouche est ample, structurée. Le saint-joseph vieilles vignes 1994 (44 F) présente des arômes de myrtille, cassis et violette. De la finesse, de la profondeur, un fruité et une matière ô combien délicats. Un grand vin en devenir.

L'ACCUEIL

Dans une vieille cave d'anthologie. Exceptionnel. Tous les jours de 8 à 12 h et de 14 à 20 h. Le dimanche sur R-V. À l'entrée du village, prendre à gauche dans un virage en forme de fourche et suivre le fléchage Delas. Passer sous le pont SNCF et devant la maison Delas, puis prenez la route à droite direction Aubert. Après 2-3 km de lacets, on atteint la cave située à droite dans un contrebas.

PROPRIÉTAIRE : **RAYMOND TROLLAT**
QUARTIER AUBERT,
07300 SAINT-JEAN-DE-MUZOLS
TÉL. : 75 08 27 17 - FAX : 75 07 05 08

SAINT-JOSEPH ET CORNAS

DOMAINE DES ROYES

PROPRIÉTAIRE-VIGNERON

LE DOMAINE

Avant toute chose, acceptez la promenade que vous proposera Dominique Courbis. Il vous pilotera jusqu'à un vallon abrupt, sec et sauvage d'où le domaine tire son nom. La foule des échalas qui supportent la vigne raconte le travail titanesque accompli par la famille Courbis contre la sévérité des éléments. Les conditions de production et d'exploitation de ces 20 ha de vignes sont hallucinantes.

LES VINS

Vendange manuelle éraflée. Vinification classique, parcelle par parcelle. Macération longue de deux à trois semaines. Élevage en fûts, en cuves et en barriques neuves selon les cuvées. On retiendra le saint-joseph blanc 1994 (52 F), nez floral et fruité, rond et gras avec de la longueur. Le saint-joseph rouge 1993 (52 F), myrtille et épices, se goûte très bien. Le saint-joseph domaine des Royes 1993 (68 F) présente une dominante fleurie et de cerise bien mûre, une matière fine et serrée, une élégance terrienne. À attendre. Le cornas 1993 La Sabarote (95 F) possède un joli nez, de la profondeur et de la concentration. Un très grand vin, long et délicieux, dans un petit millésime.

L'ACCUEIL

Bon et sans façons dans une cave moderne. Prévenir si vous souhaitez visiter le vignoble. Tous les jours de 9 à 12 h et de 14 à 19 h. Le dimanche sur R-V. Anglais. À 8 km au sud de Tournon par la N86. Dans Chateaubourg, prendre à droite et suivre les panneaux.

Saint-Joseph
APPELLATION SAINT JOSEPH CONTROLEE
1993
MIS EN BOUTEILLE PAR
12,5% vol   MAURICE ET DOMINIQUE COURBIS   750 ml
VIGNERONS
GAEC DES RAVIERES 07130 CHATEAUBOURG
PRODUIT DE FRANCE

PROPRIÉTAIRES :
DOMINIQUE ET LAURENT COURBIS
07130 CHATEAUBOURG
TÉL. : 75 40 32 12 - FAX : 75 40 25 39

CORNAS

DOMAINE CLAPE

PROPRIÉTAIRE-VIGNERON

LE DOMAINE

Fleuron des vins de Cornas depuis des lustres, le domaine Clape présente une production de grande tradition et d'une régularité exemplaire. Sur leurs 6 ha, Auguste et Pierre Clape en exploitent en cornas – situés au cœur du coteau –, 2 sur Saint-Péray et 1 en côtes-du-rhône.

LES VINS

Auguste et Pierre Clape sont des vinificateurs hors pair, experts en vins « naturels ». Leur obsession : exprimer la quintessence du terroir, ne jamais masquer le fruit et apporter cette touche d'élégance qui rend inimitable le style Clape. Raisins non égrappés, non levurés, fermentation en cuves ouvertes, chaque lieu-dit étant vinifié séparément. Élevage de 18 à 24 mois dans de vieux foudres. Au bout de 14 mois, Auguste procède à l'assemblage : un art dans lequel il excelle, tant ses cuvées sont harmonieuses et fondues. Le saint-péray 1995 (45 F) offre grande élégance de nez : ce vin est gras, long et délicatement fruité. Une réussite. Et quel magnifique cornas 1994 (95 F), qui exhale des fruits rouges et des raisins presque surmaturés ! Une bouche puissante, pleine, avec du gras et une finesse incomparable. Un cornas de grande garde qui possède le génie de son appellation.

L'ACCUEIL

Convivial, au milieu d'un empilement de fûts qui donne à la cave un cachet très original. Dans centre de Cornas, sur la N86 prendre à gauche au milieu du village (en face le restaurant Ollier).

PROPRIÉTAIRES :
AUGUSTE ET PIERRE CLAPE
146, ROUTE NATIONALE,
07130 CORNAS
TÉL. : 75 40 33 64 - FAX : 75 81 01 98

CÔTE-RÔTIE

DOMAINE JASMIN

PROPRIÉTAIRE-VIGNERON

LE DOMAINE

Le verbe haut, démonstratif, et les idées bouillonnantes, Robert Jasmin est autant réputé pour son tempérament que pour la qualité de son côte-rôtie produit à partir d'un vignoble de 4 ha, en vis-à-vis d'Ampuis, dont 1 en côte Blonde et 2 sur la côte Beaudin. Un lieu-dit qui se singularise : Chevalière, ancienne propriété du château d'Ampuis.

LES VINS

Une production dans la grande tradition, non égrappée, un élevage en demi-muids ne comprenant qu'une faible proportion de bois neuf (10 %) et une filtration très légère. « C'est un jasmin », décrète le maître de cérémonie qui se défie des canons de l'œnologie moderne et prêche une perpétuelle croisade contre les excès de bois neuf coupables, selon lui, de dénaturer l'appellation. Le seul vin en vente : le côte-rôtie 1994 (90 F ; existe aussi en flacon de 50 cl), bien représentatif du style du domaine. Un beau nez distingué de gelée de cerises noires sur fond de pruneau et d'épices, avec une touche de violette. On retrouve en bouche l'empreinte d'un profond fruité enveloppé de tanins très doux. Conséquence logique de ce mode de vinification, on perd en concentration ce que l'on gagne en finesse et en élégance. On peut s'en régaler aujourd'hui aussi bien que l'attendre.

L'ACCUEIL

Dans la cave, à la bonne franquette, avec la fougue de Robert Jasmin. Sur R-V. Au centre d'Ampuis, après l'église, prendre à gauche (passer devant la pharmacie) puis à droite. La maison se trouve tout de suite après le passage à niveau, à gauche.

PROPRIÉTAIRES :
ROBERT ET PATRICK JASMIN
14, RUE DES MARAÎCHERS,
69240 AMPUIS
TÉL. 74 56 16 04 - FAX : 74 56 01 78

CORNAS ET SAINT-PÉRAY

DOMAINE
JEAN LIONNET

PROPRIÉTAIRE-VIGNERON

LE DOMAINE

Le plus vaste domaine de Cornas, par sa superficie, mais aussi l'un des plus morcelés : 11 ha sur la partie nord de l'appellation et une trentaine de petites parcelles au lieu-dit Rochepertuis qui permettent d'élaborer un cornas issu de vieilles vignes au rendement très faible (18 hl/ha en 1995). Également 2,5 ha sur Saint-Péray, d'où Jean Lionnet tire un vin splendide.

LES VINS

Jovial, enthousiaste, Jean Lionnet est un vinificateur exigeant qui revendique haut et fort son droit à la différence. On retrouve la griffe de Jean-Luc Colombo, l'œnologue gourou de la région. Des vins rouges éraflés, une macération à froid, de longues cuvaisons puis un élevage de 12 mois pour deux tiers en barriques avec 20 % de bois neuf. Le tiers restant est conservé en cuve. Voilà une partie de l'alchimie secrète de Jean Lionnet. Le cornas domaine de Rochepertuis 1993 (75 F) mérite une mention particulière. Une belle robe pourpre, une palette chatoyante de fruits rouges avec un penchant pour la mûre sur fond d'épices. En bouche, une matière fine soutenue par un boisé parfaitement maîtrisé, un fruité gourmand associé à un corps plein et dense. Une autre petite merveille : le saint-péray 1994 (45 F). Des parfums de miel d'acacia, de pêches blanches bien mûres. Un gras en bouche qui s'étire sur une longueur irrésistible. Une finale aiguisée par des notes minérales. Un vin splendide en tous points.

L'ACCUEIL

Souriant et patient. Il est préférable de prendre R-V. À l'entrée de Cornas, embranchement sur la droite marquée par un grand panneau.

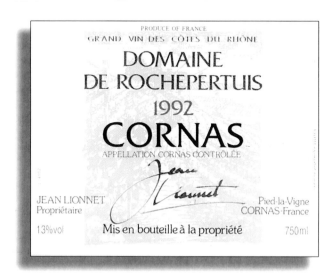

PROPRIÉTAIRE : **JEAN LIONNET**
48, RUE PIED-DE-VIGNE,
07130 CORNAS
TÉL. : 75 40 36 01 - FAX : 75 81 00 62

HERMITAGE ET AUTRES

MAISON DELAS

PROPRIÉTAIRE-NÉGOCIANT

LE DOMAINE

Depuis qu'elle a été rachetée en 1977 par le champagne Deutz, la vénérable maison Delas vibre d'un souffle nouveau. Delas possède en propre un prestigieux vignoble de 10 ha sur l'Hermitage. La maison est également propriétaire en côte-rôtie (4 ha), condrieu (5 ha) et saint-joseph (2,5 ha).

LES VINS

Avec Dominique Lallier aux commandes, les vinifications se sont mises au goût du jour : vinification parcellaire, égrappage des rouges, fermentation malolactique sur les blancs, respect absolu de certains grands vins en ne pratiquant qu'un simple collage, etc. Le côtes-du-rhône Saint-Esprit (29 F) est charmeur et joliment fruité. Le saint-joseph rouge 1991 François de Tournon (61 F), arômes de cerises à l'eau-de-vie, de réglisse, de cuir. L'hermitage blanc 1994 (130 F), très boisé et très gras, avec une dominante vanillée et noisette, est un vin ample et puissant. Le condrieu clos Boucher 1994 (115 F), produit à partir de vieilles vignes situées juste au-dessus du mythique château Grillet : une belle robe dorée, des arômes puissants d'abricot frais et de pêche de vigne. Équilibre parfait avec une finale fruitée, d'une fraîcheur incomparable. Superbe à boire aujourd'hui.

L'ACCUEIL

Dans un joli magasin près du pittoresque chemin de fer du Vivarais. Visite du magnifique chai d'élevage sur R-V. Tous les jours de 9 h 30 à 12 h et de 14 h 30 à 18 h 30. En arrivant à Saint-Jean-de-Muzols par Tournon, passer le pont qui enjambe le Doux puis prendre sur la gauche (D238). Suivre le fléchage.

PROPRIÉTAIRE :
DOMINIQUE LALLIER
07300 SAINT-JEAN-DE-MUZOLS
TÉL. : 75 08 60 30 - FAX : 75 08 53 67

NOTES DE VOYAGE

Dans cette région, à partir du 18 octobre 1996, vous devez faire précéder les numéros de téléphone de vos correspondants de : 04

CÔTE-RÔTIE

DOMAINE GERIN

PROPRIÉTAIRE-VIGNERON

LE DOMAINE

De l'ambition et du talent à revendre. L'intégrale du style Gerin est plus que tout dans le personnage, massif, carré, mordant, mystérieux. Naviguant constamment entre tradition et modernité, Jean-Michel Gerin ne cesse de surprendre sur une propriété qui comprend 5 ha en côte-rotie situés sur la partie nord de l'appellation, et 2,7 ha en condrieu.

LES VINS

Vendange éraflée. Vinifications en cuve inox thermorégulées. Les macérations sont toujours longues avec des remontages à des températures élevées. Élevage en fûts de chêne neuf pour Les Grandes-Places. Le condrieu 1995 (110 F) goûté au fût est rond, fin, bien campé sur une structure acide qui lui assure de la netteté et préserve le fruité du viognier. Le côte-rôtie Champin le Seigneur 1994 (90 F), très aro-

mates (thym, laurier), réglissé et épicé au nez. Il annonce le vin cathédrale qu'est la cuvée Les Grandes-Places. Le côte-rôtie Les Grandes-Places 1994 (150 F). Robe noire, encre, opaque. Le nez est à dominante tourbée, maltée, fumée et iodée. Il témoigne d'une maturité évidente et d'une matière immense. On joue sur le double registre de la puissance et de la finesse. Les tanins se révèlent fins, distingués. Un vin très complet, riche, gras, structuré et long, de grande garde.

L'ACCUEIL

Bon et passionné, dans un lumineux caveau de dégustation. Sur R-V le matin. L'après-midi, en semaine, de 14 à 19 h. Depuis Vienne par la N86. Dans le centre de Verenay prendre à droite (le domaine est fléché) puis à gauche.

PRODUCE OF FRANCE

1994

CÔTE-RÔTIE

APPELLATION CÔTE-RÔTIE CONTRÔLÉE

Les Grandes Places

12,5% vol   750 ml

MIS EN BOUTEILLE A LA PROPRIETE
J.M. GERIN - AMPUIS - 69420 FRANCE

PROPRIÉTAIRE : **EARL GERIN**
RUE DE MONTMAIN, VERENAY
69420 AMPUIS
TÉL. : 74 56 16 56 - FAX : 74 56 11 37

CELLIER HANNIBAL

Caveau des Vignerons du Diois

Visite des Caves.
Dégustation Gratuite.
VENTE,
Spectacle audio-visuel.
EXPOSITION.

OUVERT LE DIMANCHE

Ouvert tous les jours
de 8 h à 12 h 30
et 13 h 30 à 18 h 30

RÉCEPTION DE GROUPES

Dégustation Gratuite - VENTE

CLAIRETTE DE DIE
"Cuvée Impériale"
Méthode Dioise Ancestrale

CREMANT DE DIE
"Pierre de Bruiz"
Méthode Traditionnelle

CHATILLON EN DIOIS AOC
GAMAY rouge ou rosé
ALIGOTÉ - CHARDONNAY
SÉLECTION DE DOMAINES

VINS DU SUD-EST

Au pied du Vercors Sud
CAVEAU à l'entrée de Die *(en venant de Valence)* DIE - Drôme
Contact téléphone : 75.22.30.15 (Philippe MANCHE - Claude LAURENS)

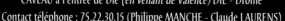

CLAIRETTE DE DIE

CELLIER HANNIBAL
CAVE DE DIE

CAVE COOPÉRATIVE

LE DOMAINE

Une cave de pointe et un véritable poumon pour l'économie du Diois : 450 viticulteurs, plus de 1000 ha de vignes en AOC, plus de 6,5 millions de bouteilles de clairette vendues chaque année avec Clairdie, leader des effervescents français... Et le reste de la production en châtillon-en-diois, l'une des appellations les plus méconnues et peut-être les plus élevées de l'Hexagone, située entre 500 et 700 m d'altitude.

LES VINS

D'époustouflants moyens techniques supervisés par un redoutable œnologue, Gérard Establet. Incontournable, la clairette de Die cuvée Impériale brut ou Tradition (40 F). Plus surprenante, la clairette de Die cuvée Cybèle (45 F), peu alcoolisée, au délicat parfum de muscat et de rose, idéale au dessert.

Et toute la gamme amusante et si bon marché des vins tranquilles du Diois. Le crémant de Die cuvée Capella (44,50 F). Des bulles fines et persistantes, une mousse légère et aérienne. Un vin bien construit, agréable et souple, avec de l'ampleur sur des notes végétales et fruitées. Mais également le châtillon-en-diois rouge cuvée des Revirons 1993 (19,50 F) bouqueté, tanins fermes, avec un caractère légèrement épicé, étonnamment méridional pour un gamay.

L'ACCUEIL

Excellent, dans une grande salle. Au sous-sol, un caveau a été transformé en galerie d'art. Tous les jours de 8 h à 12 h 30 et de 13 h à 18 h 30. Sortie A6 Valence sud, direction Crest par la D111 puis la D93 vers Gap jusque Die. Impossible de manquer les grands bâtiments de la cave, situés à l'entrée de Die sur la droite.

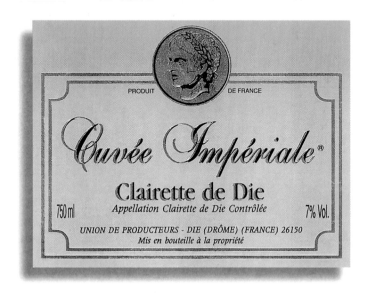

PRODUIT DE FRANCE

Cuvée Impériale®

Clairette de Die
Appellation Clairette de Die Contrôlée

750 ml   7% Vol.

UNION DE PRODUCTEURS - DIE (DRÔME) (FRANCE) 26150
Mis en bouteille à la propriété

DIRECTEUR : **JEAN LOIREAU**
AVENUE DE LA CLAIRETTE
BP 29, 26150 DIE
TÉL. : 75 22 30 00 - FAX : 75 22 21 06

CÔTES-DU-VENTOUX

CHÂTEAU PESQUIÉ

PROPRIÉTAIRE-VIGNERON

LE DOMAINE

L'une des plus belles propriétés du Ventoux (72 ha), dirigée par Paul et Edith Chaudière. Un vignoble unique qui a adopté des rendements volontairement bas en privilégiant le respect de la nature, en misant sur l'harmonie et la complémentarité des terroirs, des cépages, de l'âge des vignes, et en optant pour une pluralité des modes de vinification et d'élevage. Résultat : pas moins de 6 côtes-de-ventoux-rouges !

LES VINS

On retiendra les Hauts du Parandier 94 (19 F), fruité, gouleyant, tellement convivial, remarquable de franchise et de netteté aromatique. Le château Pasquié rouge 93 (26,50 F) possède des notes de garrigue au nez, et en bouche des notes sauvages sur des tanins serrés. Enfin le monstre, le château Pesquié quintessence 91 (53 F), avec une robe grenat foncé, des volutes de thym, de girofle, de tabac et de café grillé. Il est corsé, puissant, charpenté. À garder pour l'apprivoiser. Le Pesquié Leyrac 91 (36,50 F) est un vin qui révèle et sublime son terroir. Charme et noblesse du Ventoux sont au rendez-vous. Robe grenat noir, arômes de fruits cuits, d'epices et toute la palette aromatique de la garrigue… La bouche est tendre. Belle finale tout en finesse. Un vrai vin de plaisir à prix sage qui sera à son apogée dans 2 à 3 ans.

L'ACCUEIL

Parfait, dans un hall clair et aménagé dans l'esprit provençal. Faites le tour du vignoble avec Paul, c'est inoubliable. Tous les jours de 10 à 12 h et de 14 à 18 h. De Carpentras, prendre direction Mazan par la D942, puis Mormoiron. Le domaine (fléché) est à la sortie du village.

PROPRIÉTAIRE :
SC CHÂTEAU PESQUIÉ
84570 MORMOIRON
TÉL. : 90 61 94 08 - FAX : 90 61 94 13

CROZES-HERMITAGE

DOMAINE
BELLE PÈRE & FILS
PROPRIÉTAIRE-VIGNERON

LE DOMAINE

Lorsque Philippe Belle sortit de la coopérative en 1990 avec son père, Albert, pour voler de ses propres ailes, ses cuvées types étaient prêtes. Ils les avaient préparées et peaufinées en aparté durant une décennie. Avec une superbe propriété de 19 ha, pour l'essentiel en crozes-hermitage, l'autonomie était programmée et le succès ne s'est pas fait attendre. Les Belle possèdent également 1,5 ha sur l'Hermitage.

LES VINS

Ils sont grands et portent l'empreinte de rigueur et de perfection de la famille Belle. Le crozes-hermitage blanc 1994 (45 F), nez fin et distingué mais encore un peu fermé, il demande à être attendu. L'hermitage blanc 1994 (120 F), vinifié entièrement sous bois, des arômes puissants et floraux, une bouche joliment dessinée, séveuse, suave, avec une matière concentrée et un boisé harmonieux. Le crozes-hermitage cuvée les Pierelles 1994 (42 F) : très mûr, tout en équilibre, du fruit, de la longueur et une jolie présence. L'hermitage 1994 (120 F), goûté au fût : le boisé généreux fait ressortir son actuelle austérité. Il est ferme, plein, avec des tanins serrés et fins, et taillé pour la longue garde. Le croze-hermitage cuvée Louis Belle 94 (52 F) est un vin riche et plein. Une bouche charnue, d'une magnifique élégance.

L'ACCUEIL

Courtois et discret. Le beau chai à barriques vaut le coup d'œil. Uniquement sur R-V. De Tain jusque Larnage (4 km), puis à droite vers Chantemerle, et de nouveau sur la droite (suivre les panneaux).

PROPRIÉTAIRES :
PHILIPPE ET ALBERT BELLE
QUARTIER LES MARSURIAUX
26600 LARNAGE
TÉL. : 75 08 24 58 - FAX : 75 07 10 58

VACQUEYRAS

DOMAINE
DES ARMOURIERS

PROPRIÉTAIRE-VIGNERON

LE DOMAINE

Jocelyn Chudzikiewicz, ingénieur agronome et œnologue, exploite une propriété familiale de 24 ha. Jocelyn sait ce qu'il veut. Ses vins en témoignent : les conduire aux limites d'expression du sol et des cépages dont ils sont issus, et Dieu sait que le sol est pauvre et aride. Perfectionniste, exigeant, il façonne, sculpte en vinifiant terroir par terroir, cépage par cépage, et en réservant ses plus vieilles vignes à ses vacqueyras.

LES VINS

La classe de ses vins fait rêver même si leur authenticité est parfois violente. Du vin de pays de vaucluse 92, cuvée Val des Deux Rivières (18 F), typé, puissant avec du caractère au côtes-du-rhône 94 (30 F) musclé, bien structuré en bouche avec une belle matière. Le vacqeyras 94 Signature (45 F) est un vin qui vous saisit et

vous enivre comme une bouffée de mistral. Il s'ouvre sur des notes d'épices relevées par des parfums de garrigue. La matière est imposante. Il est viril, chaud, un vin comme on en voit peu. Le vacqueyras Les Genestes 94 (48 F) possède une belle robe sombre et des arômes de fruits à baies noirs, de crème de cassis, de pain d'épices. C'est un grand vin par sa concentration phénoménale, son gras, sa richesse. Une perle noire et rare ! Mais soyez patient pour le déguster, les années le magnifieront encore. Le 95 goûté en cuve est une autre démonstration de savoir-faire.

L'ACCUEIL

Passionné, dans la cave, avec un caveau en projet. Tous les jours de 8 à 12 h et de 14 à 19 h. Le dimanche sur R-V. A 2 km à l'ouest de Vacqueyras. Remontez la place du village et tout droit. Le domaine est fléché.

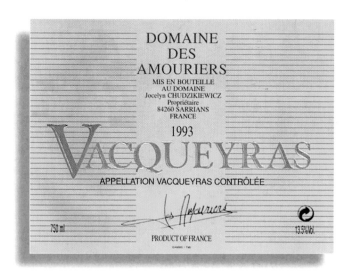

PROPRIÉTAIRE : **J. CHUDZIKIEWICZ**
LES GARRIGUES DE L'ÉTANG
84260 SARRIANS
TÉL. : 90 65 83 22 - FAX : 90 65 84 13

CÔTES-DU-RHÔNE

CHÂTEAU SAINT-ESTÈVE D'UCHAUX

PROPRIÉTAIRE-VIGNERON

LE DOMAINE

Le paysage est admirable. Le vignoble est constitué de 60 ha parfumés de garrigue, plantés sur les pentes méridionales du massif d'Uchaux. Et puis il y a aussi cette superbe bâtisse fin du XVIIIe siècle qui donne au domaine, dirigé par la famille Français depuis 1809, un véritable aspect souverain.

LES VINS

Gérard et Marc Français élaborent un grand nombre de cuvées groupées par terroirs et cépages qui font de Saint-Estève l'une des meilleures références de la région. La vendange est foulée et éraflée. Pas de levurage, macération traditionnelle, élevage en cuve. On retiendra, en blanc, le château Saint-Estève d'Uchaux 94 (37 F), aux arômes de petites fleurs des champs, net et pur en bouche sur une finale amande et abricot ; pour les amateurs, le blanc de viognier 94 (73 F),

à la hauteur de son prix, possède une robe pâle et brillante, arômes de violette, bouche ample et subtile avec une finale très droite et très fraîche. Le côtes-du-rhône village rouge, château Saint-Estève grande réserve 93 (44 F) possède des arômes de fruits rouges qui éclatent au nez. On les retrouve en bouche à la matière souple et chaude. Vin très agréable, simple et élégant dans son fruit, réussi dans le millésime.

L'ACCUEIL

Courtois et avenant dans une salle à l'atmosphère raffinée. Visiter la cave de vieillissement. Du lundi au samedi de 9 à 12 h et de 14 à 18 h. Ouvert le dimanche en juillet-août. 1 km après Bollène, direction Suze-la-Rousse, prendre à droite par la D12. Traverser Uchaux. Au bas d'une descente sinueuse, à gauche vers Sérignan-du-Comtat. Panneau.

PROPRIÉTAIRES :
GÉRARD ET MARC FRANÇAIS
ROUTE DE SÉRIGNAN 84100 UCHAUX
TÉL. : 90 40 62 38 - FAX : 90 40 63 49

CHÂTEAUNEUF-DU-PAPE

DOMAINE
DE NALYS

PROPRIÉTAIRE-RÉCOLTANT

LE DOMAINE

Entièrement modernisé en 1993 sous l'impulsion dynamique de Fernand Natali qui dirige ce domaine de 53 ha : nouvelle cave enterrée pour le stockage des bouteilles, nouvelle cuverie inox à climatisation programmée, deux pressoirs pneumatiques et 17 foudres de chêne neuf de chez Seguin-Moreau. Une véritable écurie de Formule 1.

LES VINS

Nalys réussit la performance de rassembler les 13 cépages préconisés à Châteauneuf pour les rouges. Mais si l'on aime le domaine, c'est davantage pour apprécier ses vins jeunes du fait de leur puissance fruitée. Des vins de plaisirs gouleyants, ronds très parfumés, chaleureux et tendre à la fois. Le châteauneuf rouge 94 (60 F) : robe soutenue, arômes de fruits entourés de notes d'épices, rondeur et tanins souples. Déjà plaisant à ce jour, il peut affronter 3-4 ans de garde. Nalys accorde à ses blancs une attention particulière qui fait la réputation du domaine. Le 94 (60 F) est un joli blanc floral, tout en fraîcheur, notes d'agrumes de fruits secs et parfois exotiques, bel équilibre. En bouche, sa franchise et sa vivacité le destinent plutôt à être servi sur un plateau de fruits de mer. Très agréable aujourd'hui.

L'ACCUEIL

Chaleureux et enthousiaste par le truculent Fernand Natali qui fait preuve avec son équipe d'une exceptionnelle disponibilité envers ses visiteurs. Visites toute l'année du lundi au samedi de 9 à 12 h et de 14 à 18 h. D'Orange jusqu'à Courthezon par la N7, puis par la D92 vers Châteauneuf. Le domaine est à droite sur les hauteurs du plateau.

PROPRIÉTAIRE : **GROUPAMA**
DIRECTEUR : **FERNAND NATALI**
ROUTE DE COURTHEZON
84230 CHÂTEAUNEUF-DU-PAPE
TÉL. : 90 83 72 52 - FAX : 90 83 51 15

LES ROUTES
DES VINS
DE PROVENCE

JAMES HUET

EDITO

De très loin la première région touristique de France, la Provence jouit depuis toujours, et dans le monde entier, d'une extraordinaire renommée. La beauté de ses côtes, le charme de l'arrière-pays, la clémence de son climat, la richesse de sa gastronomie, sa douceur de vivre et la chaleur de ses habitants ont largement contribué à développer et entretenir cette incomparable réputation de terre d'élégance et de bien-être dont est si souvent gratifié le pays du mistral…

Issu de traditions millénaires remontant aux Phocéens et au VIᵉ siècle av. J.-C., s'il est un art provençal qui a également joué un rôle prépondérant dans l'édification de cette image, c'est bien celui de la culture de la vigne et de la vinification. Neuf appellations d'origine contrôlée (AOC) existent en Provence : Bandol, Coteaux-Varois, Côtes-de-Provence, Cassis, Coteaux-d'Aix-en-Provence, Côtes-du-Lubéron, Baux-de-Provence, Palette et Bellet, dont les « cépages rois » restent le grenache, la syrah, le mourvèdre, le tibouren, le carignan, le cinsault et le cabernet-sauvignon pour les rouges et les rosés ; pour les blancs ce sont la clairette, l'ugni blanc, le sémillon et le rolle. Autant d'appellations et de cépages qui créent une grande diversité et la qualité des vins de Provence. Chaque vigneron, dans le choix rigoureux de ses méthodes de vinification comme dans la sélection de ses cépages, en fonction aussi de l'assemblage qu'il effectuera, mais également dans la recherche des typicités propres à son AOC et à son domaine – qu'il poursuit sans relâche – contribue à préserver cette subtile et infinie diversité, ô combien nécessaire. Du Lubéron au lointain vignoble du Bellet, de la montagne Sainte-Victoire au massif de l'Esterel, du Bandolais et de Cassis aux confins du haut Var et des Coteaux-d'Aix, ils sont des centaines animés par la même passion, la même envie de réussir le millésime nouveau et de bien élever les « déjà nés ». Pas un seul d'entre eux n'implorera pas, un beau matin, la divine clémence des cieux, chacun priant pour que les éléments, aussi impitoyables qu'imprévisibles, n'anéantissent pas en quelques minutes le dur labeur d'une longue année de travail. Nul n'a d'ailleurs oublié les terribles gelées de 1991, et presque tous trembleront jusqu'aux libératrices vendanges. Puis, si les Dieux ont exaucé leurs vœux, ils vinifieront de toute leur âme, caressant avec fébrilité le bois de leurs foudres, humant avec anxiété les premiers et subtils effluves libérés par leur nouveau-né, spéculant même sur l'évolution de leurs dernières créations. Ne changez pas, vignerons de Provence : continuez, avec cette ténacité qui vous caractérise, à bien cultiver vos vignes et vos différences. Ne cessez jamais, divins alchimistes, magiciens de génie, d'élaborer avec amour ces vins que nous aimons tant. Prenez grand soin des ceps de la vie et chérissez cette terre de Provence qui nous prodigue tant de bonheurs et de bienfaits…

MERCI…
MERCI…MERCI…!

Nous adressons nos plus vifs remerciements pour leur précieuse collaboration à Christian Scalisi et Bruno Meril, membres de l'Association des sommeliers Alpes-Marseille-Provence ; Daniel Fouvet, sommelier-conseil de Métro ; Jacques Fauvet, directeur technique du Syndicat des Côtes-de-Provence ; Xavier Ranc, œnologue à l'ICV de Brignoles, et à Fabrice Doneddu du restaurant "le Jardin du Sommelier" à Toulon.

J.HUET

COUPS DE CŒUR DES TROIS PRÉCÉDENTES ÉDITIONS

1993
Château Val Joanis à Pertuis
Domaine de Grand'Boise à Trets
Château de Calissanne à Lançon-de-Provence

1994
Château de la Verrerie à Puget-sur-Durance
Château Barbanau-Clos Val Bruyère à Roquefort-la-Bedoule
Domaine Bunan à La Cadière-d'Azur

1995
Château Pradeaux à Saint-Cyr-sur-Mer
Domaine Gavoty à Cabasse
Domaine de Saint-Ser à Puyloubier

INFO-CIVCP

CÔTES-DE-PROVENCE : L'APPELLATION D'ÉLÉGANCE

La tradition des côtes-de-provence s'inscrit au plus profond de l'histoire : aussi loin que l'on se penche sur le passé viticole de la Provence, on constate en effet que l'élaboration d'un vin rosé sec et fruité a toujours occupé la première place, même si le vigneron des côtes-de-provence s'exprime aujourd'hui avec talent à travers toute la gamme des vins, rosés, rouges et blancs.

LA PROVENCE ÉTERNELLE

Le terroir des côtes-de-provence ne recouvre pas la totalité du terroir de la Provence. Seuls 18.000 ha ont droit à l'appellation contrôlée. Le vignoble s'étend depuis les Bouches-du-Rhône jusqu'aux Alpes-Maritimes, en cinq zones ayant chacune sa personnalité géologique et climatique : collines du haut pays, plaine intérieure, bordure maritime des Maures, bassin du Beausset et Sainte-Victoire. Le vignoble des côtes-de-provence bénéficie de conditions climatiques idéales, d'un terroir de qualité et de cépages soigneusement sélectionnés. En rouge et rosé, les cépages principaux sont : grenache, syrah, cinsault, cabernet, carignan, mousèdre et tibouren. Pour les blancs : rolle, sémillon, ugni blanc et clairette.

LA GAMME DES VINS

Les côtes-de-provence AOC se déclinent dans les trois couleurs des grands vins. La production annuelle de 100 millions de bouteilles en fait la 6e appellation de France en volume ; 75 % sont vinifiés en rosé, 20 % en rouge et 5 % en blanc.

À LA DÉCOUVERTE DU VIGNOBLE ET DES VINS

La découverte se fait à table : grâce à d'excellents millésimes, les vins de Côtes-de-Provence figurent aujourd'hui sur les cartes des plus prestigieux restaurants de la région. La découverte des vins se fait aussi et surtout dans les caves. Les vignerons de Provence savent si bien parler de leurs vins et de leurs vignes : avec chaleur, enthousiasme et passion ! Pour trouver les châteaux, domaines et caves, des panneaux de signalisation sont placés à l'entrée de chaque localité.

Mais la découverte se fait d'abord à la Maison des Vins, point de départ du tourisme viticole. Son caveau de dégustation, présentant plus de 500 références de vins blancs, rosés et rouges, permet au visiteur d'apprécier la richesse et la diversité des vins de l'appellation. Et son restaurant gastronomique est un point de passage obligé pour les amateurs de vins et de cuisine provençale.

Comité Interprofessionnel des Vins Côtes-de-Provence, Maison des Vins, 83460 Les Arcs-sur-Argens.
Tél : 94 73 33 38,
fax : 94 47 50 37.

DANS LES BAUX-DE-PROVENCE

Saint-Rémy-de-Provence

Hôtel des Antiques : 15, av. Pasteur, 13210 Saint-Rémy-de-Provence. Tél. : 90 92 03 02, fax : 90 92 50 40. Fermeture annuelle de novembre à mars compris. Au cœur d'un parc de 3 ha, une magnifique et paisible demeure au décor rustique. Accueil chaleureux et sincère. 27 chambres de 360 à 580 F.

Domaine de Valmouriane : petite route des Baux, 13210 Saint-Rémy-de-Provence. Tél. : 90 92 44 62, fax : 90 92 37 32. Un bien bel endroit au pied des Alpilles où le temps semble s'être arrêté. 14 belles chambres entre 590 et 1 500 F. Piscine, tennis et putting-green.

Hostellerie du Vallon de Valrugues : chemin Canto-Cigalo, 13210 Saint-Rémy-de-Provence. Tél. : 90 92 04 40, fax : 90 92 44 01. Ancien mas au charme indescriptible. Des chambres, la vue sur le Ventoux et le Lubéron est imprenable. Calme olympien, confort et service de qualité. 35 chambres oscillant entre 700 et 1200 F. 18 appartements entre 1380 et 3500 F. Piscine.

La Maison Jaune : 15, rue Carnot, 13210 Saint-Rémy-de-Provence. Tél. : 90 92 56 14. Une table agréable et accueillante située au cœur du village. Excellente cave, cuisine généreuse et addition plus que raisonnable. Menus : de 100 à 270 F. Carte : 280 F environ.

Les Baux-de-Provence

L'Oustau de Baumanière : Val-d'Enfer, 13520 Les Baux-de-Provence. Tél. : 90 54 57 27 et 90 54 33 07, fax : 90 54 40 46. Un magnifique Relais & Châteaux et une table incontournable, parmi les plus prisées de la région. Toute la Provence dans votre assiette et les meilleurs crus du terroir à la carte (le château Romanin, notamment, situé à quelques lieues de là). Menus : de 475 à 730 F. Carte : 700 F. Côté hôtel : 6 chambres tout confort et 14 appartements de 1175 à 2900 F. Un havre de paix tout à la fois luxueux et convivial. CQFD.

Le Mas d'Aigret : D27, 13520 Les Baux-de-Provence. Tél. : 90 54 33 54, fax : 90 54 41 37. Fermé de novembre à début avril. Meubles provençaux et antiquités anglo-saxonnes agrémentent la salle de ce restaurant sis au cœur d'une grotte, sous le château des Baux. On y déguste une cuisine inventive et des vins du coin à des prix raisonnables. Bon accueil. Menus : de 190 à 400 F. 15 chambres de 600 à 950 F. 1/2 pension : 1500 F (2 personnes). Calme et confortable.

Le Benvengudo : D78, 13520 Les Baux-de-Provence. Tél. : 90 54 32 54, fax : 90 54 42 58. Ouvert en saison, à partir de la mi-février. Au pied du village, un petit hôtel à découvrir sans hésiter. 17 chambres et 3 appartements très spacieux entre 520 et 930 F. L'atmosphère est conviviale, l'accueil sincère et le service de qualité. Le tout à des tarifs convenables.

Maussanne-les-Alpilles

Le Pré-des-Baux : rue du Vieux-Moulin, 13520 Maussanne-les-Alpilles. Tél. : 90 54 40 40. Ouvert en saison, à partir de la mi-mars. Un charmant et récent petit hôtel de plain-pied possédant 10 chambres entre 550 et 640 F. Terrasse privative donnant sur un jardinet. Belle piscine.

Ou Ravi Provencau : 34, av. Vallée-des-Baux, 13520 Maussanne-les-Alpilles. Tél. : 90 54 31 11. Fermé le mardi. Une demeure bourgeoise devenue le temple de la tradition culinaire provençale (succulents pieds et paquets). Côté cave, la région est à l'honneur avec de bons coteaux-d'aix et des Baux à des prix très compétitifs. Accueil chaleureux du patron. Menus-carte à 180 et 240 F.

Eygalières

Mas de la Brune : 13810 Eygalières. Tél. : 90 95 90 77, fax : 90 95 99 21. Une demeure du XVIᵉ siècle au charme enivrant, une table d'hôtes de grande qualité (le soir exclusivement) et un parc de 2 ha planté de roses et de lavande. 10 chambres à 2050 F (forfait 2 personnes, dîner inclus). Ouvert en saison, à partir de la mi-avril 96.

DANS LE LUBÉRON

Verquières

Le Croque-Chou : place de l'Église, 13670 Verquières. Tél. : 90 95 18 55. Fermé les lundi et mardi. Un endroit où l'on réussit avec talent le mariage des vins et de la gastronomie (belle sélection du cru). Côté fourneaux, une cuisine du terroir mitonnée avec savoir-faire et sobriété. Menus de 190 à 305 F.

Saint-Andiol

Le Berger des Abeilles : route de Cabannes, D74, 13670 Saint-Andiol. Tél. : 90 95 01 91, fax : 90 95 48 26. Ouvert en saison, à partir du début mars. Les ruches toutes proches fournissent le miel que l'on vous propose à votre réveil dans une des 6 chambrettes (à 350 F seulement), petites mais confortables. Cuisine traditionnelle privilégiant les produits du marché toujours frais. Menus : de 98 à 195 F. Carte : 250 F environ.

Gordes

La Bastide de Gordes : 84220 Gordes. Tél. : 90 72 12 12, fax : 90 72 05 20. Ouvert en saison, à partir de la mi-mars. Au pied de la colline, cette belle bâtisse de style Renaissance dispose de 18 chambres et d'un appartement très bien équipé (entre 600 et 1150 F), avec une vue imprenable sur tout le Lubéron.

Comptoir du Victuailler : place du Château, 84220 Gordes. Tél. : 90 72 01 31. Fermé les mardi et mercredi, et du 15 janvier au 15 mars. Une cave superbe où aucune appellation d'origine contrôlée n'est absente, avec un petit plus pour les vins de la région. En cuisine, Joëlle Chaudat officie avec brio et malice (la pintade à la framboise est aussi insolite que savoureuse !). Formule à 100 F en juillet-août (le midi). Carte (le soir) : 350 F environ.

Murs

Le Mas du Loriot : route de Joucas, 84220 Murs. Tél. : 90 72 62 62, fax : 90 72 62 54. Fermé le midi. Réservation instamment recommandée. Atmosphère familiale, extrême gentillesse des Revel (maîtres des lieux) et vue magnifique sur le Lubéron. 5 chambres à 350 F. De quoi séduire les plus exigeants, qui apprécieront également l'excellente cuisine « ménagère » concoctée par le chef. En cave, les meilleurs côtes-du-lubéron à petits prix. Piscine et tennis (équitation à proximité).

L'Isle-sur-la-Sorgue

Le Mas de Cure Bourse : carrefour de Velorgues,

84800 L'Isle-sur-la-Sorgue. Tél. : 90 38 16 58, fax : 90 38 52 31. Fermé les lundi et mardi midi. Récemment rénové, ce mas est un endroit à fréquenter de toute urgence. On y mange bien, Françoise Donzé (qui fut à New York ambassadrice de la cuisine provençale) s'y emploie de belle manière (menus de 165 à 260 F), et on y dort paisiblement. À cet égard, les 13 chambres de l'hôtel fleurent bon la Provence (décor et mobilier) à des tarifs doux : de 430 à 550 F. Belle piscine.

Lourmarin

La Fenière : 9, rue du Grand-Pré, 84160 Lourmarin. Tél. : 90 68 11 79. Fermé les dimanche soir et lundi, ainsi que l'hiver. Fermé les lundi et mardi midi en été. Une des grandes tables de Provence, dirigée avec maestria par Reine et Guy Sammut. Des saveurs enchanteresses dans chacun des mets préparés par « la Reine », ainsi qu'une époustouflante carte des vins élaborée et sans cesse renouvelée par Guy, œnophile confirmé. Un moment de bonheur à savourer à tout prix. Menus de 190 à 490 F. Carte : 400 F environ.

Le Moulin de Lourmarin : rue du Temple, 84160 Lourmarin. Tél. : 90 68 06 69, fax : 90 68 31 76. Fermé le mardi. Un restaurant où l'on se sent bien, où l'accueil réservé est à la mesure des délicieuses spécialités de la maison : grenouilles au mouron, rougets de roche piqués au lard gras… La cave vaut également le détour et propose des vins à prix modérés. Côté hôtel, 20 superbes chambres et deux appartements tout confort (entre 900 et 1900 F). Les menus, de 180 à 320 F. Carte 450 F environ.

L'Agneau Gourmand : route de Vaugines, 84160 Lourmarin. Tél. : 90 68 21 04, fax : 90 68 11 97. Restaurant fermé les jeudi midi et mercredi. Une bien belle bastide presque entièrement rénovée. La cuisine, généreuse et sincère, est servie avec savoir-faire. Menus de 175 à 270 F. Carte : 350 F environ. Quant à l'hôtel, Relais du Silence, il compte 38 chambres très spacieuses entre 255 et 720 F.

Bollène

Hôtel-restaurant de Chabrières : 7, bd Gambetta, 84500 Bollène. Tél. : 90 40 08 08, fax : 90 30 55 10. Au cœur de la cité, une pension de famille à l'ancienne et au charme fou. 10 chambres avec mezzanine (320 F) remarquablement tenues. 1/2 pension : 190 F par personne. Cuisine familiale d'excellente facture et bonne petite cave.

Le Campanile : av. Théodore-Aubanel, 84500 Bollène. Tél. : 90 40 44 44, fax : 90 40 07 63. Confort classique pour des chambres agréables à 270 F (3ᵉ lit gratuit pour enfants de moins de 12 ans). Accueil de 7 à 23 h. Menus de 84 à 107 F (boisson comprise). Menu enfant à 39 F.

A I X   E T   S E S   E N V I R O N S

Le Clos de la Violette : 10, av. de la Violette, 13100 Aix-en-Provence. Tél. : 42 23 30 71, fax : 42 21 93 03. Fermé les dimanche et lundi midi. Sans conteste l'une des toutes meilleures tables du département. Brigitte et Jean-Marc Banzo vous raviront. Leur talent, leur gentillesse et la qualité de leur travail ne sont plus à démontrer. La cuisine ensoleillée, le service irréprochable et l'excellente cave (qui leur a valu, en 1995, le 2ᵉ prix de la célèbre « Étiquette d'Or »)confèrent à l'endroit une réputation ô combien méritée. Menus de 200 à 470 F. Carte : 500 F environ.

Château de la Pioline : quartier Pioline, 13290 Les Milles. Tél. : 42 20 07 81, fax : 42 59 96 12. Ouvert toute l'année. 3 appartements et 18 chambres magnifiques (de 750 à 1500 F) donnant sur une vaste cour ou sur un jardin à la française. Calme assuré. Côté restaurant, de beaux menus entre 230 et 370 F (Carte : 400 F) et une jolie cave également. Piscine.

Côté Cour : 19, cours Mirabeau, 13100 Aix-en-Provence. Tél. : 42 26 32 39. Fermé les dimanche midi et lundi. Carte : compter 250 F. Sis dans un ancien hôtel particulier l'endroit est un véritable temple de la cuisine provençale, laquelle se veut à la fois simple et créative. En salle, le service est sérieux et efficace. Excellent accueil.

Hôtel Mercure Paul Cézanne : 40 av. Victor-Hugo, 13100 Aix-en-Provence. Tél. : 42 26 34 73, fax : 42 27 20 95. En plein centre, 55 chambres calmes et bien équipées entre 380 et 490 F. Petit déj. à 50 F.

Le Campanile : route de Valcros, Zac Jas-de-Bouffan,

13100 Aix-en-Provence. Tél. : 42 59 40 73. Classique et sans surprises, la chaîne est connue et très fréquentée. Confort moderne et bon accueil. Une soixantaine de chambres à 270 F. Menus de 84 à 107 F.

Le Canet

L'Auberge Provençale : N7, 06110 Le Canet. Tél. : 42 58 68 54. Fermé les mardi soir et mercredi. Le terroir, toujours le terroir et ses produits saisonniers. L'adresse de ce restaurant est à conserver et à recommander à vos amis. L'accueil est excellent, le décor agréable et l'addition raisonnable. Très belle cave variée. Menus de 100 F (midi en semaine) à 235 F. Carte : compter 350 F.

Beaurecueil

Le Relais Sainte-Victoire : 53, av. Sylvain-Gauthier, 13100 Beaurecueil. Tél. : 42 66 94 98, fax : 42 66 85 96. Fermé les dimanche soir et lundi. En terrasse ou en salle, venez savourer l'excellente cuisine de René Bergès, toujours aussi fringant. La carte des vins est riche, diversifiée, et les menus, de 185 à 355 F, extrêmement copieux. Carte : 300 F environ. Côté hôtel : 10 belles chambres et appartements entre 400 et 800 F. Piscine.

Mas de la Bertrande : chemin de la Plaine, 13100 Beaurecueil. Tél. : 42 66 75 75, fax : 42 66 82 01 Au cœur d'un parc, une charmante maison proposant une dizaine de chambres calmes et spacieuses (entre 350 et 550 F). Côté assiette, l'endroit est à découvrir avec un menu du terroir honorable. 1/2 pension : 840 F par jour et pour 2 personnes. Belle carte suggérant des vins du cru.

Châteauneuf-le-Rouge

La Tonnelle : le Parc, 13790 Châteauneuf-le-Rouge. Tél. : 42 58 54 26. Ouvert tous les midis en semaine (sauf mercredi), plus les vendredi et samedi soir. À quelques lieues d'Aix, une vieille fermette où l'on mange bien et à bon marché. Belle cave composée surtout de vins de la région. Menus : de 90 à 190 F.

Puyloubier

Les Sarments : 4, rue Qui-Monte, 13114 Puyloubier. Tél. : 42 66 31 58 Fermé les lundi et mardi midi. Dans un agréable décor campagnard, mets du terroir et vins made in Provence vous sont suggérés avec savoir-faire et gentillesse. Ambiance conviviale. Menus : de 80 à 200 F. Carte : 200 F environ.

Trets

Le Clos Gourmand : 13, bd de la République, 13530 Trets. Tél. : 42 61 33 72. Fermé les dimanche soir et lundi. Encore un haut lieu de la cuisine provençale et des côtes-de-provence (à prix raisonnables) à découvrir de toute urgence. Accueil sincère. Menus entre 100 et 180 F. Carte : compter 250 F.

DANS LE HAUT VAR

Rians

Le Bois Saint-Hubert : route de Saint-Maximin, 83560 Rians. Tél. : 94 80 31 00, fax : 94 80 55 71. Fermé les lundi soir et mardi, et du 15 janvier au 15 mars. Niché au cœur des plateaux du haut Var, cet ancien relais de chasse entièrement rénové est aujourd'hui un hôtel de luxe (9 chambres de 500 à 800 F). La cuisine y est généreuse, la carte des vins accessible et variée. Menus : 120 et 195 F.

Saint-Maximin

Chez Nous : 3, bd Jean-Jaurès, 83470 Saint-Maximin. Tél. : 94 78 02 57. Fermé en janvier. Chez Frédérique et Roland Paix, l'atmosphère est conviviale, l'accueil chaleureux et la note raisonnable ! Aux fourneaux, le maître des lieux nous ravit avec des mets riches, mitonnés autour de la truffe, de l'asperge, de la morille, du gibier l'automne et de l'écrevisse en période estivale. Menus : de 120 à 240 F. Carte : 250 F. Belle cave honorant les vins de la région.

Plaisance : 20, place Malherbe, 83470 Saint-Maximin. Tél. : 94 78 16 74, fax : 94 78 18 39. De belles chambres spacieuses et tout confort sont à votre disposition dans cette ancienne maison bourgeoise où l'accueil est excellent (13 chambres entre 270 et 450 F).

Brignoles

Hôtel Ibis : route du Val, 83170 Brignoles. Tél. : 94 69 19 29, fax : 94 69 19 90. 40 chambres modernes et bien équipées à 310 F (pour 2 personnes). Côté restaurant, deux menus sympa à 93 et 105 F. L'endroit idéal pour

une étape en terre varoise. Piscine, tennis, et golf. Profitez-en pour aller découvrir, à deux pas, le château Réal-Martin (voir notre sélection de domaines).

La Motte

Les Pignatelles : 726, route de Bagnols, 83920 La Motte. Tél. : 94 70 25 70. Fermé les mercredi (toute l'année) et dimanche soir (hors saison). Au cœur du vignoble, un vieux mas provençal entièrement rénové, dessiné et érigé par Sylvie et Gilbert Masse. L'endroit fleure bon la Provence et on y déguste une goûteuse cuisine du terroir, simple et généreuse. Carte des vins très variée. Menus : 100 et 180 F. Carte : compter 320 F.

Le Luc

Le Gourmandin : 8, place Brunet, 83340 Le Luc. Tél. : 94 60 85 92. Le meilleur restaurant de la ville au sein duquel Ute et Patrick Schwartz dispensent leur savoir-faire avec gentillesse et bonne humeur. Côté assiette, de belles spécialités issues du terroir et suggérées aux côtés des meilleurs crus de Provence. Menus : de 98 F (le midi en semaine) à 220 F. Carte : compter 250 F.

Les Arcs-sur-Argens

Le Bacchus Gourmand : Maison des Vins, RN7, 83460 Les Arcs-sur-Argens. Tél. : 94 47 48 47. Fermé les dimanche soir (sauf en août) et lundi. Dans le cadre somptueux du temple des côtes-de-provence, le restaurant gastronomique remarquablement dirigé par Christian Bœuf a réussi à se tailler une belle réputation. Pas si aisé au départ, mais les compétences conjuguées de Jacques Chibois et Philippe Rousselot, son élève, ont fait le reste. Esprit inventif, cuisine très créative (laquelle varie selon les produits du moment) et service sans faille sont les atouts de la maison. Menus : de 150 à 250 F. Carte : 300-350 F. La carte des vins, uniquement axée sur les côtes-de-provence, ne comporte pas moins de 180 références à des prix plus qu'abordables.

Le Logis du Guetteur : place du Château, 83460 Les Arcs-sur-Argens. Tél. : 94 73 30 82, fax : 94 73 39 95. Fermé de la mi-janvier à la mi-février. Sous les voûtes séculaires du château fort des Arcs (XIIe), Max Callegari, le maître de céans, réalise un travail remarquable. En cuisine notamment, où il célèbre des mets aussi goûteux que variés. Menus : de 135 à 280 F. Carte : 300 F environ.

Belle sélection d'une cinquantaine de côtes-de-provence (entre 85 et 250 F). Côté hôtel, 10 chambres tout confort (de 350 à 450 F) avec vue imprenable sur la vallée de l'Argens. Piscine et terrasse.

Lorgues

Chez Bruno : Campagne Mariette, 83510 Lorgues. Tél. : 94 73 92 19. Fermé les dimanche soir et lundi (hors saison). Réservation conseillée. Que dire sur Bruno que l'on ne sache déjà ? L'homme est aussi truculent et charismatique que sa maison est accueillante et insolite. Sa cuisine, qui se décline autour de la truffe et de l'huile d'olive, se renouvelle sans cesse. En effet, le menu unique à 270 F change tous les jours. Côté vins, Bruno met en avant des domaines réputés comme Vannières, Réal Martin ou Rasque qu'il affectionne particulièrement. 3 superbes chambres (entre 480 et 750 F) sont désormais à votre disposition, et bientôt plus.

Vidauban

Le Concorde : 9, place Clemenceau, 83550 Vidauban. Tél. : 94 73 01 19. Fermé le mercredi. Un petit bistrot, ambassadeur de la gastronomie du terroir provençal. Au menu, 12 sortes de gibier (lièvre, biche, sanglier, perdreau…) agrémentées de 8 variétés de champignons. Menus : de 138 à 290 F. Carte : 300 F. Belle cave très bon marché.

Tourtour

Les Chênes Verts : route de Villecroze, 83690 Tourtour. Tél. : 94 70 55 06. Fermé les mardi soir et mercredi. Menus de 200 à 390 F. Carte : 300 F. Une accueillante auberge de campagne où, au gré des saisons, vous savourerez des spécialités à base de truffes noires de pays, de morilles ou de foie gras. Le tout arrosé des meilleurs vins du cru. Paul Bajade vous propose également 3 belles chambres (600 F hors saison). À quelques lieues de là, le magnifique lac de Saint-Croix et les gorges du Verdon.

AU BORD DE LA MÉDITERRANÉE

Bormes-les-Mimosas

Le Jardin de Perlefleurs : 100, chemin de

l'Orangerie, 83230 Bormes-les-Mimosas. Tél. : 94 64 99 23. Ouvert du 25 juin au 25 septembre. Fermé le lundi. On ne présente plus Guy Gedda, chantre de la cuisine provençale, amoureux des produits dont il respecte les saveurs et les propriétés. L'été uniquement, venez arpenter ce « jardin extraordinaire ». Belle cave glorifiant la Provence. Menu : 230 F. Carte : 300 F.

Hyères

Les Jardins de Bacchus : 32, av. Gambetta, 83400 Hyères. Tél. : 94 65 77 63. Fermé les dimanche soir et le lundi. En plein centre de la ville, un restaurant où l'on passe de délicieux moments. Jean-Claude Santioni y suggère une cuisine riche et inventive aux couleurs méditerranéennes. En salle, Claire – son épouse – sommelière émérite, sait avec son inimitable accent britannique communiquer sa passion des vins. Sa carte ne comporte pas moins de 70 références (en 3 couleurs) issues de la région. Menus : 140, 185 et 200 F (déjeuner d'affaires en semaine, tout compris). Carte : 300 F.

Hôtel Mercure : av. Ambroise-Thomas, 83400 Hyères. Tél. : 94 65 03 04. À deux pas du casino des Palmiers, plus de 80 chambres tout confort (de 445 à 475 F). Belle piscine.

La Crau

Auberge du Fenouillet : 20, av. du Général-de-Gaulle, 83260 La Crau. Tél. : 94 66 76 74. Fermé les lundi soir et mercredi. Dans un cadre sobre mais intime, Joseph Vally vous recevra avec sa bonne humeur coutumière. Sa cuisine de marché, à la fois simple et inventive, respecte le produit et ses saveurs. Sa carte des vins, assez courte, privilégie les crus de la région à des tarifs modérés. Excellent rapport qualité-prix. Menus : 130 et 180 F. Carte : 250 F.

Carqueiranne

Les Pins Penchés : av. du Général-de-Gaulle, 83320 Carqueiranne. Tél. : 94 58 60 25. Fermé les dimanche soir et lundi. Brillant vainqueur de l'Étiquette d'Or 95 (laquelle honore la plus belle cave des vins de l'année en récompensant principalement la mise en avant des appellations provençales), le jeune Stéphane Lelièvre est aussi un cuisinier émérite. Le poisson, point fort de la maison, est toujours frais ; le service très enlevé et l'accueil, dispensé par Sandrine Lelièvre, très chaleureux. Une table du bord de mer incontournable. Menus de 145 à 190 F. Carte : 250 F.

Ollioules

La Table du Vigneron : Domaine de Terrebrune. chemin de la Tourelle, 83190 Ollioules. Tél. : 94 74 01 30. Fermé le lundi. Grands vignerons du Bandolais (voir pages Bandol), les Delille ont pensé que la meilleure façon d'apprécier et de valoriser les vins de leur domaine était d'y associer la gastronomie. La réussite est totale et les connaisseurs se ruent à Ollioules. 4 beaux menus (rôtisserie, farandole provençale, poisson et gibier, entre 200 et 290 F) vous sont servis en salle ou en terrasse. Réservation conseillée.

Cuers

Le Lingousto : route de Pierrefeu, 83390 Cuers. Tél. : 94 28 69 10. Fermé les dimanche soir et lundi (sauf en saison) et de janvier à février. Au milieu des vignes, Alain Ryon vous reçoit en sa grande et somptueuse bastide où il fait bon vivre, boire et manger. Le maître des lieux, chez qui toute la Provence accourt, mitonne des mets axés sur les produits du terroir. Très belle carte des vins autour notamment des côtes-de-provence. Menus de 160, 230 et 380 F. Carte : envisager 320 F.

Toulon

Le Jardin du Sommelier : 20 allée Courbet, 83000 Toulon. Tél. : 94 62 03 27. Fermé les samedi midi et dimanche. Christian Scalisi, l'un des tout meilleurs sommeliers de Provence, a pleinement réussi le mariage « vins et gastronomie », union qu'il célèbre chaque jour depuis 4 ans, avec brio et talent. Sa carte des vins honore la région avec plus de 200 références provençales (côtes-de-provence et vieux millésimes de Bandol) – mais également le Bordelais – en proposant de très grands crus à des prix plus qu'abordables. Côté assiette, Gilles Oliviero, le chef, prépare une cuisine gastronomique à tendance provençale, à partir de produits frais. Bon rapport qualité-prix. Carte : 200-250 F. Salle privée (20 couverts).

Bandol

L'Île Rousse : 17, bd Lumière, 83150 Bandol. Tél. : 94 29 46 86, fax : 94 29 49 49. Ouvert toute l'année.

L'endroit est idyllique, calme (même l'été) et assez bon marché au vu des prestations fournies (centre de thalasso, remise en forme, piscine, plage privée). 55 chambres et appartements (entre 400 et 1180 F) vous sont proposés. Les Oliviers (le restaurant de l'hôtel) est tout à fait remarquable, avec de très beaux menus (de 165 à 400 F). Carte : de 300 à 450 F. Accueil et service irréprochables.

La Cadière-d'Azur

L'Hostellerie Bérard : rue Gabriel-Péri, 83740 La Cadière-d'Azur. Tél. : 94 90 11 43, fax : 94 90 01 94. Restaurant fermé les dimanche soir et lundi. Une magnifique demeure composée d'un ensemble de maisons de caractère où 38 belles chambres vous attendent (de 425 à 950 F). Côté restaurant, René Bérard, assisté de Francis Scordel, vous ravira avec une cuisine de qualité, riche et créative. Très belle carte des vins qui a valu à l'Hostellerie la troisième place au dernier concours de l'Étiquette d'Or. Menus de 90 à 415 F. Carte : 300 F. Salle de remise en forme et piscine.

Signes

L'Espace Thélème : Sainte-Fleur, D402, 83870 Signes. Tél. : 94 32 84 71. Ouvert tous les jours. Depuis 10 ans, la famille Aubanelle dirige un laboratoire œnologique des plus réputés dans la région, un endroit où l'on venait également déguster les meilleurs vins de Cassis et de Bandol. Il y a deux ans, Maud, la petite dernière, a eu l'idée d'organiser des repas dégustation, « le plus sûr moyen de mettre en valeur les qualités d'un vin ». Sans aucun doute, le pari est gagné. Pas de carte à l'Espace et un menu unique (190 F, vin compris !) servi avec une extrême gentillesse. Organisation de visites de caves, dégustation commentée. Séminaires, repas d'affaires et soirées à thème. Le tout sur réservation.

Cassis

Hôtel Royal Cottage : 6, av. du 11-Novembre-1918, 13260 Cassis. Tél. : 42 01 33 34, fax : 42 01 06 90. 25 belles chambres (de 580 à 850 F), très confortables, à deux pas de la mer. Service de qualité, excellent accueil. Belle piscine.

Saint-Raphaël

Pastorel : 54, rue de la Liberté, 83700 Saint-Raphaël. Tél. : 94 95 02 36. Fermé les dimanche soir et lundi.

Créée en 1922, la maison Pastorel est un véritable sanctuaire de la cuisine provençale, un hymne culinaire rendu à notre région. Au piano, Charles Floccia mitonne aïoli, bourride, sardines marinées, caillettes et autres spécialités avec maestria. Une étape gourmande obligée. Belle carte de crus locaux. Menus : 155 et 190 F. Aïoli : 150 F.

Saint-Tropez

Le Byblos : les Arcades, avenue Paul-Signac, 83990 Saint-Tropez. Tél. : 94 56 68 00, fax : 94 56 68 01. Fermé de la fin octobre au début avril. Très jolies chambres et grands appartements remarquablement équipés (entre 700 et 5000 F). Le plus mythique des palaces tropéziens avec, sous l'hôtel, les Caves du Roy, le must des discothèques, mais aussi et surtout les Arcades, le restaurant, ressuscité depuis l'arrivée du jeune Philippe Audibert. Une cuisine classique, mais précise et généreuse. Menus : de 280 à 390 F. Carte : compter entre 500 et 650 F.

Six-Fours-les-Plages

Le Dauphin : 36, square des Bains, plage de Bonnegrâce, 83140 Six-Fours-les-Plages. Tél. : 94 07 61 58. Fermé le lundi (hors saison). À quelques encablures du vieux port de Sanary, et à quelques lieues des îles des Embiez, une table conviviale où l'on mange très bien. En cuisine, Christian Blusset concocte nombre de spécialités d'excellente facture : Saint-Jacques au cidre, loup en croûte de sel ou le succulent gâteau de foie blond aux ravioles… Menus : de 130 à 340 F. Carte : 260-280 F. Belle terrasse, très agréable l'été. Service de qualité.

Les Issambres

Villa Saint-Elme : corniche des Issambres, 83380 Les Issambres. Tél. : 94 49 52 52, fax : 94 49 63 18. Fermé le mercredi midi du 8 novembre au 31 décembre et en janvier. Un cadre fantastique, un accueil chaleureux, un service sans faille et des prestations de qualité. Saluons également la belle cuisine aux notes méditerranéennes proposée par Thibaut Peyroche d'Arnaud, le chef de cette somptueuse villa 1930, agrémentée de 16 belles chambres ou suites (de 850 à 1700 F). 1/2 pension : de 1450 à 2180 F hors saison. Menus : 185 et 350 F. Carte : de 350 à 500 F. Piscine d'eau de mer, bain turc, sauna, sauna, plage et parking privés.

CENTRES D'INFORMATION

Syndicat général des vignerons du Lubéron : 84240 La Tour-d'Aigues. Tél. : 90 07 34 40, fax : 90 07 30 77.

Syndicat des coteaux d'Aix-en-Provence : Maison des Agriculteurs, av. Henri-Pontier, 13626 Aix-en-Provence. Tél. : 42 23 57 14, fax : 42 96 98 56.

Syndicat des vins des coteaux-varois : 15, av. Maréchal-Foch, 83170 Brignoles. Tél. : 94 69 33 18, fax : 94 59 04 47.

Comité interprofessionnel des vins de Côtes-de-Provence (CIVCP) : Maison des Vins, RN7, 83460 Les Arcs-sur-Argens. Tél. : 94 73 33 38, fax : 94 47 50 37. Ouvert du lundi au vendredi de 9 h 00 à 12 h et de 14 à 18 h. Cartes, liste de domaines, documentation sur les vins et le vignoble des Côtes-de-Provence, et des informations sur des circuits touristiques alliant le vin et l'art de vivre. Excellent restaurant sur place, le Bacchus Gourmand (voir notre carnet d'adresses) et un très grand caveau, moderne et accueillant, ouvert tous les jours de 10 à 20 h, où l'on peut faire son marché parmi 600 références de l'appellation. À ne pas manquer.

Association les vins de Bandol : 23, rue de la République, 83330 Le Beausset. Tél. : 94 90 29 59, fax : 94 98 50 24. Toute documentation sur l'appellation, cartes, listes domaines, etc.

Comité de promotion des produits agricoles : Maison des Agriculteurs, 22, av. Henri-Pontier, 13626 Aix-en-Provence. Tél. : 42 23 57 14. Liste des foires et marchés de la région, visites des caves et moulins à huile.

Comité départemental du tourisme du Var (CDT) : Conseil général, 1, bd Foch, 83003 Draguignan (tél. : 94 50 55 50, fax : 94 50 55 51) et 5, av. Vauban, 83000 Toulon (tél. : 94 09 00 69, fax : 94 62 90 55). De très nombreuses brochures sur toutes les activités touristiques de la région, hébergements, etc.

Comité départemental du tourisme des Bouches-du-Rhône (CDT) : le Montesquieu, 13, rue Roux, 13001 Marseille. Tél. : 91 13 84 13, fax : 91 33 01 82. Info idem supra.

Loisir-Accueil Bouches-du-Rhône : domaine de Vergon, 13370 Mallemort. Tél. : 90 59 49 39, fax : 90 59 16 75. Centrale de réservation hôtelière et d'hébergement en Gîtes de France, chambres d'hôtes, villages vacances, mobile homes, etc.

Comité régional du tourisme Provence-Alpes-Côte d'Azur (CRT) : 14, rue Sainte-Barbe, 13001 Marseille. Tél. : 91 39 38 00.

Association des sommeliers Alpes-Marseille-Provence : 42, place des Huiles, 13001 Marseille. Tél. : 91 33 00 25, fax : 91 54 25 60. Président : Paul Leaunard

LES BONNES ADRESSES DU GUIDE 1995

Certains domaines ont disparu cette année. Non pas parce que la qualité de leur production a baissé, loin de là même. Mais, par souci d'équité, il était juste de saluer et de faire découvrir le travail d'autres vignerons qui honorent également la Provence. Un rappel cependant de quelques domaines du « millésime 95 » de notre guide :

Côtes-du-Lubéron

Château Val Joanis, 84120 Pertuis. Tél. : 90 79 20 77. 13520 Les Baux-de-Provence

Domaine de Terres Blanches, 13210 Saint-Rémy-de-Provence. Tél. : 90 95 91 66.

Mas Gourgonnier, le Destet, 13890 Mouriès. Tél. : 90 47 50 45.

Coteaux d'Aix-en-Provence

Château Petit-Sonnalier, 13121 Aurons. Tél. : 90 59 34 47.

Château Calissanne, RD10, 13860 Lançon-de-Provence. Tél. : 90 42 63 03.

Château Revelette, chemin Palunette, 13490 Jouques. Tél. : 42 63 75 43.

Côtes-de-Provence

Château Barbeiranne, la Pellegrine, 83790 Pignans. Tél. : 94 48 84 46.

Château Saint-Pierre, 83460 Les Arcs-sur-Argens. Tél. : 94 47 41 47.

Domaine Rabiega, 83300 Draguignan. Tél. : 94 68 44 22.

Château Maravenne, route de Valcros, 83250 La Londe-les-Maures. Tél. : 94 66 80 20.

Bandol

Domaine Lafran-Veyrolles, route de l'Argile, 83740 La Cadière-d'Azur. Tél. : 94 90 13 37.

Domaine des Salettes, 83740 La Cadière-d'Azur. Tél. : 94 90 06 06.

Château Vannières, 84740 La Cadière-d'Azur. Tél. : 94 90 08 08.

Cassis

Clos Sainte-Magdeleine, avenue du Revestel, 13260 Cassis. Tél. : 42 01 70 28.

COUCHER CHEZ LE VIGNERON OU À LA FERME

Lorgues

Domaine Saint-Jean-Baptiste : route de Vidauban-les-Arcs, 83510 Lorgues. Tél. : 94 73 71 11, fax : 94 73 26 91. Ouvert toute l'année. En face du restaurant Bruno, au milieu d'un domaine de 10 ha, Brigitte Grivet vous propose trois belles chambres d'hôtes des plus confortables (250 F pour un couple, 70 par personne sup.). Très copieux petit déj. et accueil extrêmement agréable.

Collongues

Ferme-auberge de Fonfrède : 06910 Collongues. Tél. : 93 05 80 76. Fermé du 10 janvier à Pâques. La famille Jaboulet vous accueille dans sa ferme avec chaleur et gentillesse. Le week-end, 3 chambres sont à votre disposition (150 F). Le repas essentiellement composé de produits de la ferme est à 100 F et le petit déj. à 30 F. Séjour inoubliable et pittoresque.

Gordes

Denise et Claude Peyron : Les Martins, 84220 Gordes. Tél. : 90 72 24 15. Fermé du 15 novembre au 1er février. Avec simplicité et gentillesse, Denise et Claude Peyron vous reçoivent en leur domaine. À votre disposition, 4 chambres confortables (250 F la nuit pour 2, petit déj. inclus). Repas du soir : 100 F.

Varages

Lucette Raibaut : La Segnerole, 83670 Varages. Tél. : 94 77 85 39. Lucette Raibaut vous propose, toute l'année, de magnifiques chambres à des prix raisonnables. 220 F la nuit (sans le dîner mais petit déj. inclus) ou 370 F en 1/2 pension pour 2 pers. (dîner + vin compris). Cuisine traditionnelle de qualité (spécialités niçoises !). Quelques vignes sont encore exploitées autour de la demeure.

Vidauban

Annie et Albert Barret : Les Amandiers, Le Ruy-d'Agnéou, 83550 Vidauban. Tél. : 94 73 03 68. Annie et Albert Barret, qui exploitent 10 ha de vignes, sont ouverts toute l'année. Ils disposent de 4 chambres (150 + 20 F petit déj.) et vous invitent à partager leur table pour 360 F par jour (couples en 1/2 pension). Cuisine provençale. Réservation indispensable.

Cotignac

Domaine de Vestuby : 83570 Cotignac. Tél. : 94 04 60 02. Fermé de décembre à début mars. Au cœur du vignoble, une bastide provençale du XIXe siècle où les Roubaud vous reçoivent avec chaleur et gentillesse. 4 chambres à 300 F (pour un couple, petit déj. compris). Repas : 100 F. Vente de côtes-de-provence AOC et cuisine provençale. Réservation recommandée.

Pontèves

Domaine de Saint-Ferréol : D560, 83670 Pontèves. Tél. : 94 77 10 42. Ouvert toute l'année. Armelle et Guillaume de Jerphanion disposent de 3 chambres confortables (300 F pour 2, 90 F par personne sup.) et d'une grande suite (4 personnes : 450 F/jour repas : 90 F tout compris). Sur place, vente de coteaux-varois AOC. Réservation obligatoire.

FÊTES ET MANIFESTATIONS EN PROVENCE AUTOUR DU VIN ET DE LA VIGNE

Janvier

Fêtes des vins dans plusieurs villages du Var (le week-end de la Saint-Vincent).

Coudoux : Saint-Vincent en Provence, présentation du millésime nouveau, repas avec les exposants et vignerons des coteaux-d'aix, procession, intronisation et gigantesque foire aux vins.

Avril

Brignoles : fêtes des vins du Var et de Provence.

Mai

Toulon : place d'Armes. Bacchus, salon des vins régionaux.

Juin

Deuxième week-end « voile et rouge » : **Porquerolles** (autour de l'île). Nouvelle édition de la Vigneron's Cup, régate très prisée fondée par Jean-Pierre Fayard, un sympathique vigneron.

Le Thoronet : fête des vins.

Saint-Raphaël : fête des vins.

Frets : festival des côtes-de-provence.

Juillet

Le Théâtre dans la vigne : chaque année, une œuvre théâtrale est jouée dans 4 ou 5 domaines viticoles (rotation des hôtes).

Aix-en-Provence : foire des coteaux-d'aix, cours Mirabeau, le dernier week-end du mois.

Hyères : « les Vignades », le troisième samedi du mois. Dégustation, dans les rues de la ville, des meilleurs côtes-de-provence.

Saint-Rémy-de-Provence : fête du vin et de l'artisanat, le dernier week-end du mois.

Août

Nice : fête de la vigne le premier dimanche du mois.

Draguignan : foire aux vins.

Fréjus : fête du raisin le second week-end du mois.

Vidauban : foire aux vins.

Cogolin : fête du vin.

Sainte-Maxime : fête de la vigne et du vin à la fin du mois.

Septembre

Cassis : fête des vins au début du mois.

La Cadière-d'Azur : fête des vendanges le premier week-end.

Saint-Tropez : la Route du Rosé, course de voiliers au départ de la cité du Bailli avec pour cargaison un grand nombre de vins rosés.

Octobre

Maussane-les-Alpilles : foire aux vins, place de l'Église, avec produits locaux.

Novembre

Baradeau : fête du vin nouveau. Renseignements : 94 73 52 10.

Draguignan : salon des vins et tables de Provence.

Monte-Carlo : salon de l'œnologie où des dizaines de viticulteurs français font découvrir leurs plus beaux mil-

---

À LA CONQUÊTE DE L'OLIVE

De tous les arbres de la Création, l'olivier occupe depuis toujours une place unique et insolite. Béni des Dieux, il était dans l'Antiquité un emblème de fécondité et un symbole de paix, de longévité et de gloire. L'huile de son fruit servit jadis à l'onction des monarques de Palestine et, plus tard, au sacre des rois de France. Aujourd'hui, on vénère toujours cet arbre magique qui nous donne la « picholine », la « grossane », la « salonenque » ou la « béruquette ». Son huile ne sert plus à oindre nos corps mais seulement à ravir nos délicates papilles. Et c'est tant mieux… Dans les Alpilles, à Mouriès, aux Baux, à Maussane ou à Fontvieille, capitales oléicoles, on dénombre plus de 200.000 pieds produisant 300 tonnes d'olives vertes par an et près de 400 tonnes d'huile (soit 15 % de la production nationale). Pour la seule vallée des Baux, c'est pas mal du tout ! Comme le raisin ou la châtaigne, l'olive est célébrée chaque année. En septembre, à Mouriès, tous les producteurs de la région se réunissent pour fêter le début de la récolte. À cette occasion, vente de produits et expositions sont proposées. Puis, en janvier, c'est à Coudoux, durant le week-end de la Saint-Vincent, que l'olive est à l'honneur avec la participation active des Compagnons de l'Olivier… pour en savoir plus, contacter :

la Maison de l'huile d'olive,
68, bd Lazer, 13014 Marseille.
Tél. : 91 25 40 71.
Pas de vente sur place.
Fermé le week-end.

RENCONTRE AVEC LE MIEL DE PROVENCE

Fleurons du patrimoine gastronomique provençal, les miels de Provence sont surtout appréciés pour leurs saveurs aromatiques, sans occulter naturellement leurs incomparables vertus thérapeutiques… La région produit chaque année plus de 2000 tonnes de miel toutes variétés confondues, soit 10 % de la production nationale, et compte environ 350 apiculteurs qui regrouperaient plus de 50.000 ruches ! Nul n'ignore l'excellente renommée mellifère de la Provence et l'extraordinaire qualité du miel de lavande, d'une finesse inégalée (il représente 50 % de la production régionale), mais il existe bien d'autres variétés de miel également délicieuses : le miel de romarin, très clair, issu de l'Antiquité ; le miel de bruyère (blanche au printemps, ou rose l'automne) de couleur marron ; le miel de châtaignier, légèrement amer et dégageant une forte odeur ; le miel toutes fleurs de Provence, aux arômes fruités et, enfin, les fameux miels de montagne aux mille saveurs. Sans oublier d'autres dérivés du miel, l'hydromel (40 à 50 F la bouteille) et, pour les enfants, de succulentes friandises (nougat noir et pain d'épices).

Pour de plus amples renseignements, plusieurs centres d'information :

– Association pour le développement de l'apiculture provençale (Aix-en-Provence), tél. : 42 23 05 23.

– Syndicat des apiculteurs professionnels du Var (La Garde-Freinet), tél. : 94 43 62 47.

– Union des apiculteurs du Var (Le Lavandou), tél. : 94 71 30 61.

lésimes (durée : 3 jours, seconde quinzaine du mois). Entrée payante. Renseignements : Média Plus, tél. 93 25 48 26, fax : 93 25 54 13.

Décembre

Bandol : fête du millésime le 1er dimanche du mois. Sur le port, chaque vigneron du Bandolais fait déguster au public le dernier millésime. Un conseil : songez à acheter votre verre à l'entrée, vous en aurez grand besoin.

À VISITER

Le Plan-du-Castellet : domaine Ray-Jane, à l'entrée du village. Tél. : 94 98 64 08. À découvrir dans les caves du domaine, une somptueuse collection – unique en France – de très vieux outils, utilisés jadis par les tonneliers et vignerons. Ouvert tous les jours de 9 à 12 h et de 14 h à 18 h 30 (sauf dimanche et jours fériés). Visite des caves sur rendez-vous uniquement.

Ménerbes : musée du Tire-Bouchon, domaine de la Citadelle, Le Châtaignier. Tél. : 90 72 44 77 et 90 72 41 58. Au cœur du Lubéron, une collection de plus de 1000 tire-bouchons du XVIIe siècle à nos jours, mais la propriété d'Yves Rousset-Rouard possède également d'autres trésors, notamment un jardin de cépages et une librairie consacrée aux ouvrages traitant de la vigne et du vin. Ouvert tous les jours de 10 à 12 h et de 14 à 18 h (fermé les week-ends d'octobre à mars). Sur rendez-vous essentiellement.

Bandol : musée des Vins et Spiritueux, île de Bendor. Tél. : 94 29 44 34. Ouvert tous les jours sauf mercredi. À contempler, une impressionnante collection de 8000 bouteilles venant de 50 pays. Exposition « Verre et Vin ».

Un Art de Vivre

Côtes de Provence

Agneau de pays, tendre, grillé sur des sarments de vigne, rehaussé d'un bouquet de thym, romarin, sauge et pèbre d'ail trempés dans l'huile d'olive.

Légumes charnus et goûteux du grand potager provençal...

La finesse discrète et élégante d'un Côtes de Provence rosé sec et fruité met en valeur cette cuisine riche en saveur.

Pour d'autres, elle se conjugue avec le velours et la saveur profonde développés après des années de garde un côtes de Provence rouge bien charpenté, vieilli en foudres de chêne.

Le choix vous appartient, affaire de goût.

COMITE INTERPROFESSIONNEL DES VINS CÔTES DE PROVENCE
83460 LES ARCS SUR ARGENS - TEL : 94 73 33 38 - FAX : 94 47 50 37

P R O V E N C E

CÔTES-DE-PROVENCE

DOMAINE DE RIMAURESQ
PROPRIÉTAIRE-VIGNERON

LE DOMAINE

Un terroir remarquable et l'un des plus anciens
« crus classés » de l'appellation, essentiellement
complanté de cépages nobles. Il compte 31 ha dont la
plupart en très vieilles vignes (la doyenne vient d'atteindre ses 78 ans !). La cave ultramoderne, ainsi que
l'unité d'embouteillage et de stockage, très fonctionnelles, permettent d'élever et de commercialiser des
vins d'excellente tenue (et dans les trois couleurs).
« Mais nous restons avant tout des artisans », insiste
Marc Jacquet, le directeur du domaine.

LES VINS

Très réussi, le rouge 92 (42,80 F) d'un joli rubis
brillant, nez exotique et vanillé, un peu viandé et
sous-bois, aux arômes se confirmant en bouche. Un
vin élégant, souple et gouleyant. Très beau blanc 95
(35 F) au nez vif et épicé, un vin très aromatique
(agrumes et acacia) à la bouche grasse et ronde,
superbe ! Le rosé (37 F), au nez explosif très floral,
gras et complexe, développe ensuite de subtils arômes
d'agrume (écorce de pamplemousse) et de légères
notes minérales. Un vin d'une grande finesse et
d'une belle acidité.

L'ACCUEIL

Excellent, dans le caveau ouvert du lundi au vendredi de 9 à 12 h et de 14 à 18 h. Groupes jusque 20 personnes sur R-V. On y parle anglais, hollandais et portugais. De Toulon, prendre la N97 jusqu'à Pignans,
puis la direction Notre-Dame-des-Anges et suivre les
pancartes.

PROPRIÉTAIRE :
WEMYSS DEVELOPMENT COMPANY
DIRECTEUR : **MARC JACQUET**
ROUTE NOTRE-DAME-DES-ANGES
83790 PIGNANS
TÉL. : 94 48 80 45 - FAX : 94 33 22 31

CÔTES-DE-PROVENCE

DOMAINE DE SAINT-BAILLON
PROPRIÉTAIRE-VIGNERON

LE DOMAINE

200 ha dont 25 de vignes cultivées en restanques sur
un sol argilo-calcaire caillouteux. Ajoutez à cela
l'exposition sud-ouest et une altitude moyenne d'environ 300 m et vous obtenez un mûrissement lent du
raisin, garantie d'arômes des plus concentrés. De
plus, on vendange manuellement et vinifie par gravité. Tradition, qualité et sérieux sont les maîtres
mots d'Hervé Goudard.

LES VINS

Rosé de pressurage direct, la cuvée Opale (68 F), à
forte dominante de syrah (70 %), est un vin élevé sur
lies fines bâtonnées. Son premier nez épicé s'ouvre
sur des arômes de groseille et de menthe qui se
retrouvent en bouche, laquelle est harmonieuse,
souple et d'une grande finesse. Belle cuvée Tradition
également (49 F). Les rouges se déclinent en 3
cuvées : Oppidum, Roudaï et Tradition. Le Roudaï 92
(75 F), aux tanins fins, au nez fumé – tabac et
cassis – est un vin plaisant, d'une grande élégance.
L'Oppidum 91 (82 F), de très longue garde, est élevé
deux années en barrique ! Il est marqué par la syrah
(80 %) et équilibré par le grenache. À ouvrir dans
deux ou trois ans au moins. Le blanc 95 cuvée Opale
(70 F) sera prêt en septembre. Il est le résultat très
réussi du mariage de deux beaux cépages : le rolle et
l'ugni blanc.

L'ACCUEIL

Aimable et de qualité, dans un petit caveau où il fait
bon déguster. Du lundi au samedi de 9 à 12 h et de 14
à 18 h. On y parle anglais et on peut accueillir jusqu'à
20 personnes en groupe. Sur la N7, de Brignoles,
prendre direction Le Luc. Le domaine est sur la droite
avant le village de Flassans.

PROPRIÉTAIRE :
HERVÉ GOUDARD
83340 FLASSANS-SUR-ISSOLE
TÉL. : 94 69 74 60 - FAX : 94 69 80 29

DOMAINE SAINT-JEAN-BAPTISTE

PROPRIÉTAIRE-VIGNERON

LE DOMAINE

Passer de 200 ha (château de Fonscolombe en coteaux-d'aix) à 10 ! Brigitte Grivet l'a fait, et a su se tailler une belle réputation à Lorgues, en deux vinifications seulement ! Passionnée, elle coordonne et contrôle tout avec calme et méticulosité. Elle sait que Saint-Jean-Baptiste jouit d'une exceptionnelle exposition au sud et bénéficie d'un climat privilégié, ses parcelles n'ayant pas à souffrir du mistral. Sans oublier l'humidité salutaire du vent d'est et la présence de sources propices à la viticulture.

LES VINS

Le rosé 94, aux reflets orangés, au nez gras, fumé, pierre à fusil, possède une bouche ample, fraîche et acidulée aux arômes de fenouil, de pomme, avec une finale légèrement citronnée. Beau rosé 95 (30F) au nez épicé, très floral, d'une belle longueur en bouche. Un vin tout en puissance. Le blanc 94 (30 F), dominé par le sémillon (50 %), développe d'intenses arômes d'acacia, de poire, avec des notes minérales. L'attaque est grasse, franche, et la finale fruits secs d'une belle persistance. Le rouge 94 (35 F) enfin, subtil assemblage de grenache (65 %), cabernet et syrah, est un vin au premier nez un peu fauve et fruits noirs, aux tanins présents mais fins. À signaler également, un bon vin de pays et un excellent blanc de méthode champenoise (40 F).

L'ACCUEIL

Toujours attentionné et sympathique. Brigitte dispose de belles chambres d'hôtes (voir « Coucher chez le vigneron »). Ouvert de 8 h 30 à 19 h 30 (18 h l'hiver). Emprunter l'A8 et sortir à Vidauban ou aux Arcs. Reprendre la N7 direction Lorgues, le domaine est sur la droite en face du restaurant Bruno.

PROPRIÉTAIRE : BRIGITTE GRIVET
1525, ROUTE DE VIDAUBAN
83510 LORGUES
TÉL. 94 73 71 11 - FAX : 94 73 26 91

DOMAINE GAVOTY

PROPRIÉTAIRE-VIGNERON

LE DOMAINE

Pour les uns Clarendon reste le pseudonyme d'un des plus grands critiques musicaux du siècle, le célèbre Bernard Gavoty qui officia au *Figaro*. Pour d'autres, c'est le nom des plus prestigieuses cuvées du domaine, qui appartient aux Gavoty depuis 1806. Aujourd'hui Roselyne perpétue la tradition familiale. Vigneronne et vinificatrice de talent, elle a accompli l'exploit de parfaitement réussir ses trois couleurs...

LES VINS

Évoquons le remarquable Clarendon rosé 94 (44 F). D'une belle robe rose orangé, il séduit par ses arômes de pêche et d'ananas agrémentés de notes épicées, mais également par sa fraîcheur et sa finale acidulée. Aérien ! Le Clarendon blanc 95 (46 F), issu d'un assemblage de rolle et d'ugni blanc, au nez complexe de miel, d'agrumes, un peu grillé et minéral, laisse en bouche de bien belles sensations : souplesse, ampleur et finesse. Le rouge cuvée Clarendon 90 (46 F), à dominante syrah, aux tanins bien fondus, aux odeurs de garrigue, légèrement mentholé et épicé, est un vin dont la bouche ne manque ni d'élégance, ni de puissance. À boire dès maintenant. À signaler également, les blancs 91 et 92, et les rouges 88, 89 et 90 encore disponibles.

L'ACCUEIL

Chaleureux et convivial dans un caveau fort plaisant, ouvert du lundi au samedi de 8 à 12 h et de 14 à 18 h (dimanche sur R-V). Maximum 30 personnes pour les groupes. Allemand et anglais. Sur la N7, entre Le Luc et Brignoles, prendre direction Cabasse par la D13. Parcourir 6 km environ, le domaine est sur la gauche au lieu-dit Grand-Campdumy.

PROPRIÉTAIRES :
PIERRE ET ROSELYNE GAVOTY
CABASSE, 83340 LE LUC
TÉL. : 94 69 72 39 - FAX : 94 59 64 04

DOMAINE DE LA BOUVERIE

PROPRIÉTAIRE-VIGNERON

LE DOMAINE

24 ha essentiellement plantés de jeunes vignes, au cœur d'un domaine plein… de ruches. En effet, si les frères Laponche ne fêtent que leur cinquième vinification, en revanche ils n'en sont pas à leur première miellée. Mais voilà d'excellents apiculteurs doublés de talentueux vignerons. En cave, Jean Laponche est même un orfèvre. Parti de rien en 91, le domaine de la Bouverie signe aujourd'hui des rosés et des rouges de bonne tenue et un blanc de très grande classe.

LES VINS

Coup de cœur pour le blanc (40 F) à dominante rolle et vinifié sous bois. Les millésimes 91 et 93 étaient magnifiques, les suivants sont à l'image de leurs aînés. Très ample en bouche, le Bouverie blanc 94 est long, parfaitement équilibré, ponctué de notes vanillées, d'arômes de beurre et d'acacia, mais encore légèrement dominé par le bois. Attendre deux ans avant l'ouverture. Le rouge (31 F), très typé syrah, est fort élégant et harmonieux en bouche. Sa complexité aromatique (fruits noirs, cèpes et sous-bois) s'allie à une belle finesse tannique. À boire maintenant ou à garder si vous le pouvez.

L'ACCUEIL

Tous les jours de 9 à 12 h et de 14 à 19 h par la très sympathique famille Laponche. Maximum 15 personnes pour les groupes et sur réservation. Pour s'y rendre, emprunter la N7 avant Roquebrune-sur-Argens (en face du Formule 1) et tourner à gauche, direction Bagnols. Parcourir 6 km (2 ronds-points à franchir), le domaine est à droite à l'entrée d'un virage.

PROPRIÉTAIRES :
JEAN ET FRANÇOIS LAPONCHE
LA BOUVERIE,
83520 ROQUEBRUNE-SUR-ARGENS
TÉL. : 94 40 03 27 OU 94 44 00 81,
FAX : 94 44 04 73

CHÂTEAU DE JASSON

PROPRIÉTAIRE-VIGNERON

LE DOMAINE

Il renaît en janvier 91 quand Marie-Andrée et Benjamin Defresne, restaurateurs à Neuilly-sur-Seine, décident de le racheter. Un défi : la bastide et la cave sont en ruine et seuls les 16 ha du vignoble présentent de l'intérêt. Après de gros travaux et la modernisation du chai, la belle histoire commence : dès 93, le rosé obtient une médaille d'or à Paris…

LES VINS

Taille et ébourgeonnage très stricts, vendange verte en juillet, vendange manuelle, égrappage total puis macération pelliculaire sous froid pour les blancs et rosés, et macération carbonique pour les rouges. La cuvée Éléonore (38 F) est un rosé en tout point remarquable. Très fruité, excessivement floral et d'un beau rose soutenu, il présente un premier nez fin et épicé, un peu fumé, qui évolue vers une bouche grasse et ample et une finale de fruits rouges. En blanc, la cuvée Jeanne 95 (35 F), issue d'ugni blanc de plus de 30 ans et de jeune rolle, offre des arômes de fruits blancs, un nez légèrement grillé, minéral et une bouche grasse, agrémentée d'une belle finale acidulée. En rouge, la cuvée Victoria 94 (39 F), aux effluves de fruits noirs et de cassis, est un vin de caractère très plaisant.

L'ACCUEIL

Simple et courtois, par Marie-Andrée ou Benjamin dans un très joli caveau de dégustation. Tous les jours (sauf le dimanche après-midi) de 9 h 30 à 12 h et de 15 à 19 h. Depuis Hyères prendre la N98, tourner à droite direction La Londe-les-Plages, passer 2 ronds-points et filer par la D88 vers le hameau des Jassons. À 1 km, le domaine est à 50 m à gauche après les serres.

PROPRIÉTAIRES : MARIE-ANDRÉE ET BENJAMIN DEFRESNE
ROUTE DE COLLOBRIÈRES
83250 LA LONDE-LES-MAURES
TÉL. : 94 66 81 52 - FAX : 94 05 24 84

CÔTES-DE-PROVENCE

CHÂTEAU DE BERNE

PROPRIÉTAIRE-VIGNERON

LE DOMAINE

Au cœur du haut pays varois, il s'étend sur plus de 500 ha (dont 50 de vignes). Presque entièrement rénové ces deux dernières années, le château de Berne dispose désormais d'une gigantesque cave de 3500 m² où vous découvrirez un chai de vinification ultramoderne et une salle de dégustation magnifiquement aménagée. Et plusieurs fois par an, le domaine sera le théâtre de manifestations artistiques de grande qualité. Renseignez-vous !

L'ACCUEIL

Très professionnel et efficace. Pour recevoir le public, le domaine dispose d'une immense salle d'accueil, d'une boutique de produits régionaux et d'accessoires du vin, sans oublier des espaces pour l'organisation de banquets. Pour aller au château, emprunter la N7 jusqu'à Vidauban, puis prendre direction Lorgues. Au centre du village, la route à suivre est indiquée avec précision.

LES VINS

Les 3 couleurs se déclinent en deux gammes : les cuvées spéciales (de 47 à 57 F) et tradition (40 F). À retenir, le rouge spéciale 92, assemblage pour moitié de syrah et de cabernet, élevé entre six et douze mois en barriques de chêne à grain fin de l'Allier. Un premier nez de violette, de framboise et de fruits à l'eau-de-vie, suivi en bouche d'arômes de fruits rouges et de vanille. Encore fermé, il faudra attendre deux ans environ. Quant au blanc, dans cette même cuvée spéciale, son attaque est grasse, légèrement acidulée et des plus agréables. La forte intensité aromatique de ce vin très élégant révèle au nez des arômes de chèvrefeuille et d'acacia, en bouche de miel, noisette et ananas confits.

PROPRIÉTAIRE : **SARL CHÂTEAU DE BERNE**
DIRECTEUR GÉNÉRAL : **DIDIER FRITZ**
83510 LORGUES
TÉL. : 94 60 43 60 - FAX : 94 60 43 58

CHÂTEAU RASQUE

PROPRIÉTAIRE-VIGNERON

LE DOMAINE

Du vignoble de Rasque, on peut à la fois contempler les Maures, le Rocher de Roquebrune et les terres rousses de Taradeau. Autour de la superbe bastide du domaine s'étendent 22 ha de vignes (dont l'essentiel ont été plantés en 83-84), lesquelles produisent des vins de qualité et de grande renommée. Facilement identifiables par la belle complexité des arômes qu'ils exhalent, les vins de Rasque le sont aussi par leur très seyant contenant, une bouteille givrée des plus originales.

LES VINS

Le rouge « pièce noble » 93 (70 F) dominé par la syrah, à la bouche élégante et souple, aux tanins présents et très fins, s'ouvre sur un premier nez de fruits cuits, de cassis et de truffe. Légèrement fermé, il devra se déguster dans un an et sera le compagnon idéal de vos daubes, gigots d'agneau et autres caillettes. Le millésime 94 de cette cuvée est à la hauteur de ses aînés mais, comme pour ces derniers, il faudra s'armer de patience et le laisser s'épanouir avant ouverture. Le blanc de blancs 95 (80 F), 100 % rolle, au nez intense, bien marqué par les fruits blancs, la noisette et de subtiles notes grillées, est d'une belle ampleur en bouche légèrement exotique et acidulée ; la finale citronnée fort agréable. Beau rosé 95, un vin vif et élégant, délicat et féminin, au nez fin et floral.

L'ACCUEIL

Chaleureux, notamment par Patrice Lemee, l'intarissable caviste ! Ouvert chaque jour de 8 à 12 h et de 14 à 17 h. Permanence le week-end. Par l'A8, sortie Le Muy, puis direction Les Arcs et Taradeau. Dans le village, prendre la route de Draguignan-Flayosc. Faire 3 km environ, le domaine est sur la gauche.

PROPRIÉTAIRE : **SCEA CHÂTEAU RASQUE**
GÉRANT : **GÉRARD BIANCONE**
ROUTE DE DRAGUIGNAN, 83460 TARADEAU
TÉL. : 94 73 31 72 - FAX : 94 47 48 73

DOMAINE SAINT-ANDRÉ-DE-FIGUIÈRE

PROPRIÉTAIRE-VIGNERON

LE DOMAINE

Entre Hyères et Le Lavandou, face aux Îles d'Or, le domaine, racheté en 1992 par Alain Combard, compte 25 ha de sols schisteux maigres, jouissant d'un ensoleillement privilégié et bénéficiant de l'influence thermorégulatrice de la Méditerranée toute proche. Le chai de vinification, très moderne, permet d'élaborer des vins dans le plus pur respect des règles de l'art, incluant à la fois rigueur, tradition et sagesse. Trois mots qui définissent bien Alain Combard, aussi perfectionniste et méticuleux que passionné et passionnant. Déguster à ses côtés est un réel plaisir… !

LES VINS

Mention très bien pour le rouge 93 cuvée spéciale (48 F), issu de carignan centenaire et de mourvèdre. Un vin élégant, d'un bon équilibre et d'une belle tanacité. Au nez et en bouche, les arômes de sous-bois, de truffes, les notes légèrement réglissées et poivrées se confirment et se complètent avec bonheur. À signaler dans cette même couleur la belle « cuvée du marquis ». Le blanc 95 (39 F), assemblage de sémillon, rolle et ugni blanc, est d'une infinie richesse aromatique (fruit, amande, fenouil, petit côté garrigue et une finale châtaigne) et d'une belle structure. Le rosé 95 « Vieilles Vignes », assemblage de mourvèdre et cinsault, est un vin puissant, très fruité et d'une belle longueur en bouche.

L'ACCUEIL

Dispensé avec gentillesse au caveau du lundi au samedi de 9 à 12 h et de 14 à 18 h. Entre Bormes et La Londe, sur la N98, à côté du jardin d'oiseaux.

Domaine Saint André de Figuière 1995 Blanc de Blancs Côtes de Provence Appellation d'Origine Contrôlée 750 ml MIS EN BOUTEILLE AU DOMAINE 12,5 % vol.

PROPRIÉTAIRE :
ALAIN COMBARD
BP 47, 83250 LA LONDE-LES-MAURES
TÉL. : 94 66 92 10 - FAX : 94 35 04 46

DOMAINE DE L' AUMERADE

PROPRIÉTAIRE-VIGNERON

—— LE DOMAINE ——

En 1594 le duc de Sully y plante le premier mûrier de France (classé monument historique en 1931). Alors fief de Piégros, le domaine sera morcelé au XVIIIᵉ siècle et repris par la famille Aumera qui le baptisera Aumerade. En 1932, Henri Fabre reçut du dernier des Aumera les documents attestant l'origine de la propriété qui obtint, en 1955, le titre de « cru classé ». Aujourd'hui, avec 550 ha (!), elle produit plus de 2.500.000 bouteilles/an, dont un grand tiers est exporté.

—— LES VINS ——

Coup de cœur pour la cuvée dame de Piégros 92 (43,50 F), un rouge de belles complexité aromatique (fruits confits, truffe) et souplesse en bouche, avec une finale charmeuse axée sur le fruit rouge. La cuvée Sully 95 (36 F), issue de sémillon et de rolle, aux arômes intenses de pêche, d'abricot et d'agrumes, est d'une agréable fraîcheur, d'un très beau gras assorti d'une suave finale exotique. En rosé, la cuvée seigneur de Piégros 95 (43,50 F) très typée syrah, au nez de fruits blancs et agrémentée de notes légèrement minérales, est un vin d'un tel équilibre, d'une telle richesse aromatique qu'il peut se déguster durant tout un repas. Rarissime dans cette couleur.

—— L'ACCUEIL ——

Dans le caveau de vente par la souriante Catherine, au domaine depuis près de 30 ans. Ouvert tous les jours (sauf dimanche) de 9 à 12 h et de 13 h 30 à 17 h 30 (19 h l'été). Musée du santon (entrée gratuite) et vente de produits locaux. Sur l'A8 prendre la sortie n° 10 direction Pierrefeu, traverser le village et, à la sortie, tourner à gauche vers Puget-ville. Domaine à 3 km sur la gauche.

PROPRIÉTAIRES :
LOUIS ET HENRI FABRE
83390 PIERREFEU-DU-VAR
TÉL. : 94 28 20 31 - FAX : 94 48 23 09

LES MAÎTRES VIGNERONS DE GONFARON

GROUPEMENT DE VIGNERONS

—— LA CAVE ——

Fondée en 1921, 300 vignerons veillent aujourd'hui à sa destinée et mettent en commun quelques 600 ha produisant plus de 30.000 hl/an (dont 21.000 en AOC). D'un extraordinaire rapport qualité-prix, leurs vins se déclinent en deux gammes et en deux couleurs. L'une des cuvées a été créée en hommage à Jules César qui, dans sa *Guerre des Gaules*, vanta jadis les mérites du terroir de Gonfaron.

—— LES VINS ——

Le rosé du domaine de Saint-Quinis (26 F), médaille d'or à Paris en 95, dominé par la syrah, est ample, très équilibré, d'une belle fraîcheur et d'une grande richesse aromatique (notes épicées, fruits rouges, rose). Dans la même couleur, la cuvée Jules César (19 F !) est elle aussi très réussie. Son nez de fruits et de cerise aux discrètes saveurs de caramel est particulièrement agréable, tout comme sa bouche élégante, riche, et sa finale délicieusement fruitée. Notre préférence se portera cependant sur les rouges, notamment le Saint-Quinis 94 (26 F), un bel assemblage de grenache et de cabernet qui séduit avec ses arômes de framboise et de fruits mûrs, son premier nez fin et fumé, un peu minéral. Un vin harmonieux, aux tanins fondus et d'une belle maturité.

—— L'ACCUEIL ——

Chaleureux et féminin dans le très beau caveau de dégustation animé tour à tour par Monique, Françoise, et Christiane. Ouvert 7 jours sur 7 de 8 h à 12 h et de 14 à 18 h. Groupes : 30-40 personnes sur R-V. Pour se rendre à la cave depuis l'A8, prendre la sortie Le Luc-Le Cannet et emprunter la N97 direction Le Luc. La coopérative est à la sortie de Gonfaron sur la gauche.

PROPRIÉTAIRE :
PAUL DENIS
83590 GONFARON
TÉL. : 94 78 30 02 - FAX : 94 78 27 33

CHÂTEAU SAINTE-MARGUERITE

PROPRIÉTAIRE-VIGNERON

LE DOMAINE

C'est en 1977 que Jean-Pierre Fayard décide d'acheter le domaine de la Source Sainte-Marguerite. À l'époque un cheptel de 13 ha, dont beaucoup de vieilles vignes (1 ha date de 1901, 7 autres de 1936 et 1955). Grand perfectionniste et autodidacte talentueux, Jean-Pierre obtient dès sa première vinification une médaille d'or à Mâcon pour sa cuvée rouge. Depuis, Sainte-Marguerite décroche récompense sur récompense et dans les trois couleurs, s'il vous plaît ! Résultat, le domaine compte aujourd'hui 25 ha répartis en 3 parcelles, dont une de 8 ha autour de la maison.

LES VINS

Macération longue pour les rouges (3 semaines), pas de levures chimiques et « malo » sur cette seule couleur. La cuvée prestige rouge 94 (44 F), 100 % syrah est un merveilleux vin de garde, d'une puissance et d'une complexité aromatique exceptionnelles. Au nez, des notes grillées, du café, du cuir évoluant ensuite vers les fruits noirs, la prune et le cassis. Beaux tanins très fins. Très belle cuvée Grande Réserve 95 (37 F), assemblage de sémillon et ugni blanc : nez intense de menthe, tilleul et miel, bouche ample avec une légère mais très agréable amertume en finale. En rosé, la Grande Réserve 95 (35 F) s'ouvre sur une bouche ronde, grasse, très axée sur les fruits rouges. Un vin vif, d'une grande richesse aromatique.

L'ACCUEIL

Simple et attentionné par Brigitte Fayard ou Olivier, son fils. Chaque jour de 9 à 12 h et de 14 à 18 h. En venant de Hyères, prendre direction du Lavandou. Après la station-service BP, au premier rond-point, prendre à gauche et suivre la pancarte.

PROPRIÉTAIRES : **J-P ET BRIGITTE FAYARD**
LE HAUT-PANSARD BP 1, 83250
LA LONDE-LES-MAURES
TÉL. : 94 66 81 46 - FAX : 94 66 51 05

DOMAINE DE LA COURTADE

PROPRIÉTAIRE-VIGNERON

LE DOMAINE

Né en 1983 de la seule volonté de l'architecte Henri Vidal, il compte aujourd'hui 30 ha de vignes situées sur une des plus belles plaines de Porquerolles. Un ensoleillement exceptionnel (3000 h par an !) et la richesse du sol en font un site unique.

LES VINS

Constitué à 97 % de mourvèdre, La Courtade rouge 92, élevée en barrique entre 10 et 14 mois, est remarquable ! Un nez épicé, intense de fruits rouges, de cuir, de tabac blond et de réglisse. Une bouche d'une rare élégance. À laisser vieillir encore 2 ans ! En blanc, La Courtade 94, élevée 9 mois sous bois, à la robe jaune or agrémentée de reflets verts, exhale de forts arômes de chèvrefeuille, de vanille et de beurre assortis d'une agréable pointe iodée. Bon équilibre, belle bouche acidulée : un vin franc et très fin. Beau millésime 95, au nez de fruits exotiques, assorti de notes boisées et épicées ! Un vin très harmonieux, possédant gras et rondeur. À signaler : la cuvée Alycastre (le dragon qui jadis aurait vécu sur l'île) une jolie gamme tricolore suggérant des vins agréables, issus des mêmes cépages que La Courtade mais vinifiés avec plus de souplesse. Un grand coup de chapeau à Richard Auther pour l'élaboration de ces vins qui ne cessent de s'améliorer et de nous ravir.

L'ACCUEIL

Passionné et enthousiaste, par Richard lui-même. Ouvert tous les jours (sf dim. et jours fériés), mais les horaires varient selon les saisons. Maxi 10 pers./groupe. Anglais et allemand. Pour rejoindre l'île, emprunter les navettes au départ de Toulon ou de Hyères.

PROPRIÉTAIRE : **HENRI VIDAL**
DIRECTEUR : **RICHARD AUTHER**
ÎLE DE PORQUEROLLES
83400 HYÈRES
TÉL. : 94 58 31 44 - FAX : 94 58 34 12

PROVENCE

CÔTES-DE-PROVENCE

DOMAINE
DE SAINT-SER

PROPRIÉTAIRE-VIGNERON

LE DOMAINE

Au pied de la Sainte-Victoire, un superbe mas datant des Templiers et 27 ha d'un tenant, cultivés en restanques et bénéficiant d'une exposition plein sud exceptionnelle à 450 m d'altitude. Cave et la cuverie ont été édifiées en 91, année de la première vinification. Depuis Saint-Ser collectionne les médailles, notamment pour ses rosés d'une inimitable richesse aromatique.

LES VINS

Vendange manuelle, égrappage, foulage, macération pelliculaire et pas de malo (pour le rosé), vinification par cépage séparé, collage enfin et filtration. En rouge, la cuvée prestige est placée 1 an en foudres. Le 93 (42 F) à la bouche équilibrée est un vin aux tanins fins, encore un peu fermé, mais qui développe un premier nez complexe de fruits rouges, de belles notes poivrées et du cuir. À garder 3-4 ans. Le rosé prestige 95 (41 F), dominé par le grenache, d'une belle couleur saumonée, au nez vif et parfumé, possède un grand volume de bouche, une belle rondeur, une attaque franche et une très bonne acidité. Un vin friand et fin. À signaler également, en rouge et en rosé, les belles cuvées tradition (31 F), assemblage de vins non sélectionnés pour la cuvée prestige.

L'ACCUEIL

Parfait, par Thierry (l'œnologue), Virginie ou Renaud lui-même, tous les jours de 12 à 18 h (de 11 à 19 h l'été). Groupes sur R-V, maximum 50 personnes. Anglais. Prendre la N7 depuis Aix-en-Provence, direction Saint-Maximin. À 15 km, au lieu-dit Bannette, emprunter la D57 à gauche, vers Puyloubier, puis la D17 vers Saint-Antonin. Le domaine est sur la droite.

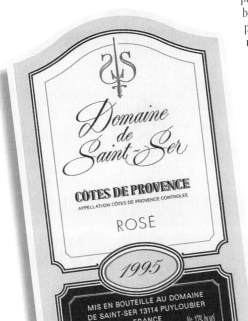

PROPRIÉTAIRES : **BERNARD ET RENAUD PIERLOT**
MAS DE BRAMEFAN, ROUTE DE SAINT-ANTONIN, 13114 PUYLOUBIER
TÉL. : 42 66 30 81 - FAX : 42 66 37 51

264

CHÂTEAU SAINTE-ROSELINE

PROPRIÉTAIRE-VIGNERON

LE DOMAINE

Acquis en 1994 par Bernard Teillaud, ce fut d'abord un monastère – celui de La Celle-Roubaud – fondé au xie siècle et connaissant son apogée avec le priorat de Roseline de Villeneuve en 1329. Le vignoble, dont on a conservé les vieux cépages, doit sa création au Pape Jean XXII. Sous l'impulsion des Rasques de Laval, le château devint un cru célèbre diffusé dans le monde entier.

LES VINS

La vendange est entièrement récoltée manuellement, cépage par cépage, puis minutieusement triée. Pour les rouges, cuvaison longue (de 15 à 20 jours), contrôle très strict des températures, malo, collage, assemblage et 3 ans de passage en foudre. Le millésime 91 (68 F), aux tanins puissants, devra attendre 2 ans minimum pour révéler pleinement les arômes (nez de fruits cuits et de cuir, bouche grasse) perçus

en dégustation. Notre préférence va au blanc 95, tête de cuvée, dominé par le rolle, aux subtiles notes vanillées et exotiques. Beaucoup de gras, du fruit, une bouche simple et remarquablement équilibrée. Un vin fin et élégant (69 F). Tibouren et syrah constituent en majorité le rosé, complété par le grenache et le cinsault. Un bel encépagement qui livre un vin de caractère (55 F). Le millésime 95, robe saumonée, nez fin et floral est un vin à la fois équilibré, vif et très féminin. Une belle réussite.

L'ACCUEIL

Tljs (sf dim. en janv.) par les très souriantes Guitt et Nancy. De 9 à 12 h 30 et de 13 à 18 h (19 h l'été). Groupes sur R-V. Anglais, allemand et danois. Prendre l'A8 sortie Le Muy, puis vers Draguignan par la N557. Tourner à gauche vers Les Arcs, le domaine est à 500 m (suivre les pancartes rouges).

PROPRIÉTAIRE : **BERNARD TEILLAUD**
ŒNOLOGUE : **CHRISTOPHE BERNARD**
83460 LES ARCS-SUR-ARGENS
TÉL. : 94 73 32 57 - FAX : 94 47 53 06

CÔTES-DE-PROVENCE

CAVE LES FOULEURS
DE SAINT-PONS

GROUPEMENT DE VIGNERONS

LA CAVE

Créée en 1962, la cave des Fouleurs de Saint-Pons, dont Pierre Jaudel est président, est la coopérative la plus récente du Var. Elle réunit 110 vignerons qui exploitent 310 ha représentant la quasi-totalité de la superficie viticole de Plan-de-La-Tour. À quelques lieues du golfe de Saint-Tropez, au pied des Maures, les vignobles de la commune jouissent d'une excellent exposition et d'un microclimat d'exception. Le terroir caillouteux, pauvre en humus, est intégralement classé en AOC côtes-de-provence. D'une capacité de 33.000 hl, la cave en produit un peu plus de la moitié dont 55 % en AOC et le reste en vin de pays des Maures. Côté encépagement, rouges et rosés sont élaborés à partir de syrah, mourvèdre, grenache, carignan, cabernet et tibouren (sans oublier la roussanne du Var pour les vins de pays). Clairette, ugni blanc et rolle constituent les blancs, encore très confidentiels (5 % seulement) aux Fouleurs de Saint Pons.

LES VINS

Merveilleuse cuvée Pomarin ! Le millésime 93 (32 F) est un vin de moyenne garde (entre 18 et 24 mois), un rouge sensationnel issu d'un assemblage de mourvèdre et de syrah (vieillissement de 4 mois en fût de chêne). Un bouquet de vanille où se mêlent des arômes de cuir, de tabac de Havane et de cassis également. Une attaque franche et des tanins très fins. Et quelle concentration, quelle profondeur ! Bref, un vin sublime à carafer impérativement si vous désirez le boire maintenant. En rosé, la cuvée Marjolis 94 (32 F) vaut également le déplacement. Médaillé d'or

en 95 à Paris, ce beau rosé fruité, fin, très structuré et à la jolie robe saumonée s'ouvre sur un premier nez de pêche, minéral et gras, et révèle en bouche une remarquable fraîcheur doublée d'une bonne acidité comme d'un bel équilibre. Un rosé de belle personnalité. Le millésime 95, comme son aîné, possède fruité, fraîcheur, vivacité et rondeur. Ses arômes de fruits rouges, perceptibles au nez, se retrouvent bien en bouche. À déguster également, en rouge et en rosé, les cuvées spéciales (26 F), suggérées dans de très jolies bouteilles « flûtes à corset » allégées. Le rouge, souple et gras, est né d'un assemblage de syrah et de mourvèdre assorti d'un passage sous bois. Quant au rosé, sec et fruité, il est élaboré à partir de syrah et de grenache. À signaler enfin la cuvée « Festivel » proposée dans les trois couleurs et en magnum uniquement (68 F). Mourvèdre, grenache et ugni blanc constituent respectivement le rouge, le rosé et le blanc de la gamme. Laquelle connaît, comme les cuvées Pomarin et Marjolis, un vif succès. Alors un conseil : hâtez-vous !

L'ACCUEIL

Féminin et gracieux au caveau de vente ouvert de mi-sept. à mi-juin (sf jours fériés) du mardi au samedi de 9 à 12 h et de 14 à 18 h, et le reste de l'année du lundi au samedi de 8 à 13 h et de 15 à 19 h (dimanche et jours fériés de 9 à 13 h). Sur l'A8, prendre sortie Le Muy et emprunter le CD25 direction Saint-Tropez. Avant Sainte-Maxime, prendre à droite vers Plan-de-La-Tour. Dans le village, tourner à gauche, direction Grimaud, la cave est à 800 m sur la gauche.

PROPRIÉTAIRE :
SCA LES FOULEURS DE SAINT-PONS
PRÉSIDENT : **PIERRE JAUDEL**
DIRECTEUR : **MAURICE GELY**
ROUTE DE GRIMAUD, 83120 PLAN-DE-LA-TOUR
TÉL. : 94 43 70 60 - FAX : 94 43 00 55

CHÂTEAU
RÉAL MARTIN

PROPRIÉTAIRE-VIGNERON

LE DOMAINE

Aux XIIIᵉ et XIVᵉ siècles, le château de Miraval comptait 57.000 ha s'étendant d'Aix à Lorgues, territoire gigantesque dont Réal Martin fut une des dépendances. Mais ce n'est qu'en 1953 que naquit le domaine sous l'impulsion du propriétaire de l'époque qui planta 40 ha de vignes. En 1980, Jacques Clotilde – séduit – achetait la propriété et créait tout de A à Z. Pas de clientèle ni de vins dignes de ce nom, et en prime 16 ha à arracher ! Quinze ans après, Réal Martin est devenu un des grands de l'appellation. Joli parcours…

LES VINS

Trois couleurs : 45 % en rouge, 45 % en rosé, le reste en blanc. « L'Optimum 29 » (75 F), assemblage à parts égales de syrah et de grenache, injustement déclassé en vin de table, est un vin souple et friand au premier nez de fruits rouges, de cassis et de menthe. Belle ampleur. Beau rouge 92 (60 F), complexe, s'ouvrant sur des notes épicées et du fruit rouge. Belle structure tannique. Le blanc 94 (55 F), 100 % ugni, au nez fin et floral, évolue en bouche vers des arômes de chèvrefeuille, de miel et des notes minérales. Beaucoup de gras. Le millésime 95, au nez de fruits secs et d'agrumes, révèle en bouche, gras et équilibré. Le rosé 95, aux arômes de pruneaux, caramel et réglisse, est un vin possèdant matière, gras et fraîcheur. Bel réussite !

L'ACCUEIL

Chaleureux et très attentionné aussi bien par Jacques Clotilde, que par Gilles Meimoun ou son épouse. De 9 à 12 h et de 14 à 18 h. À Brignoles (N7), direction Le Val puis Barjols par la D554. Le domaine est sur la droite.

PROPRIÉTAIRE : **JACQUES CLOTILDE**
RESPONSABLE COMMERCIAL : **GILLES MEIMOUN**
LE VAL, 83143 CORRENS
TÉL. : 94 86 40 90 - FAX : 94 86 32 23

CHÂTEAU BARBANAU CLOS VAL BRUYÈRE

PROPRIÉTAIRE-VIGNERON

———— LE DOMAINE ————

Deux appellations et deux domaines, mais une seule cave de vinification sise à Roquefort-la-Bédoule. 16 ha en côtes-de-provence et 6,5 ha au cœur du vignoble cassidain. Le tout dirigé avec brio par Sophie Cerciello, assistée de l'œnologue Richard Bertin qu'on ne présente plus. Le château se décline dans les trois couleurs (650 hl) tandis que le clos vinifie exclusivement en blanc-de-blancs de Cassis (180 hl).

———— LES VINS ————

Superbe cassis (47 F) à dominante ugni blanc et clairette, issu de pressurage direct. Un blanc vif, possédant finesse aromatique, gras et fraîcheur. Un premier nez floral avec des notes minérales suivies en bouche d'une belle onctuosité ou d'une agréable longueur. À découvrir sans tarder. Côté côtes-de-provence, un très beau rosé 94 (42 F) s'ouvrant sur des notes épicées, minérales, iodées et les agrumes, révélant ensuite des arômes de fruits exotiques légèrement mentholés. Un rosé vif, fin et très parfumé. Le rouge 93, très complexe, à la bouche généreuse et harmonieuse, marquée par de suaves odeurs de fraise et de framboise, peut se boire immédiatement. En revanche, attendre encore un peu pour le blanc 94 (42 F), certes élégant et structuré, mais qui trouvera plénitude et rondeur en vieillissant.

———— L'ACCUEIL ————

Parfait, par Sophie en personne dans le très seyant caveau. Tous les jours de 10 à 12 h et de 15 à 19 h. Maximum 15 personnes pour les groupes. Anglais. Pour se rendre au château, prendre la sortie La Bédoule par l'A50, la direction Roquefort-la-Bédoule jusqu'au hameau, puis à droite vers Barbanau. Panneaux.

> PROPRIÉTAIRE : **FAMILLE CERCIELLO**
> RESPONSABLE : **SOPHIE CERCIELLO**
> HAMEAU DE ROQUEFORT
> 13830 ROQUEFORT-LA-BÉDOULE
> TÉL. : 42 73 14 60 - FAX : 42 73 17 85

DOMAINE TEMPIER

PROPRIÉTAIRE-VIGNERON

———— LE DOMAINE ————

Il appartient à la famille Tempier depuis 1834, mais c'est en 1940 que Lucien Peyraud, qui avait épousé Lucie Tempier, se passionna pour lui. Dès 1960 ses fils Jean-Marie et François viendront le seconder, l'un en cave, l'autre dans les vignes. Les 28 ha produisent près de 900 hl vinifiés pour les 2/3 en rouge et le reste en rosé.

———— LES VINS ————

Ni traitement chimique ni fumures dans les vignes cultivées en restanques (paliers successifs) et vendangées à la main. Entièrement égrappés, les rouges sont élevés en foudre de chêne entre 18 et 36 mois selon les années. Les rouges se déclinent en 4 cuvées : la classique 93 à 68 F, au nez typique Tempier, aux arômes de cuir, de tabac, de gibier, et aux très jolis tanins. La spéciale 92 (66 F), d'une belle longueur en bouche (66 F). Les cuvées La Migoua et La Tourtine 92 (vignes de 30 ans en moyenne) rivalisent d'élégance, de rondeur et de complexité (72 F). Le rosé 95 à dominante mourvèdre (30 à 50 %) est à signaler pour son fruité et sa rondeur (54 F). Coup de cœur au rouge 90, cuvée Tourtine, un grand bandol au premier nez de goudron, de cuir et de cassis, très masculin mais fin. Une bouche ample, longue et harmonieuse, du fruit noir, des épices, du poivre et de la cannelle. Un vin de réserve exceptionnel.

———— L'ACCUEIL ————

Par la souriante Annick, du lundi au samedi de 9 à 12 h et de 14 à 18 h. Maximum 10 personnes sur R-V pour les groupes. Anglais. Depuis Bandol, prendre direction Plan-du-Castellet sur 5 km environ puis sur la gauche, vers La Cadière, suivre panneaux.

> PROPRIÉTAIRE :
> **FAMILLE PEYRAUD**
> 83330 LE PLAN-DU-CASTELLET
> TÉL. : 94 98 70 21- FAX : 94 90 21 65

BANDOL

DOMAINE BUNAN

PROPRIÉTAIRE-VIGNERON

―――――― LE DOMAINE ――――――

Après avoir acquis le Moulin des Costes, en 1969 les Bunan lui adjoignent le château et le mas de La Rouvière, et enfin le domaine de Bélouvé. Dirigés avec maestria, 4 beaux vignobles de plus de 80 ha (dont 63 en bandol), répartis sur Le Castellet et La Cadière-d'Azur. L'unité de vinification et les caves sont les plus modernes de toute l'appellation.

―――――― LES VINS ――――――

En rouge, le Moulin des Costes 89 (58 F), avec un nez de cuir, de tabac et eau-de-vie, à la bouche délicate et aux élégants tanins, est à boire dans les 3 ans et doit être évidemment décanté pour s'affirmer pleinement. Encore mieux structuré, le 90 est très concentré et d'un bel équilibre. Une réussite également que le château La Rouvière 90 (66 F), un rouge 100 % mourvèdre au premier nez de fourrure, tabac, sous-bois, très épicé. Suivent en bouche des arômes de groseille, cassis, des notes de grillé et de fumé et une finale à la fois en finesse et en puissance. En blanc-de-blancs, le Moulin des Costes 94 (48 F), au nez iodé, citron et agrumes est un vin vif, à l'étonnante fraîcheur et d'une belle acidité.

―――――― L'ACCUEIL ――――――

Sympathique, par Suzanne, au caveau de dégustation. D'avril à fin septembre, ouvert tous les jours de 8 h à 12 h 30 et de 14 à 19 h (le dimanche de 10 h à 12 h 30 et de 16 à 19 h). D'octobre à mars, fermé les dimanche et jours fériés. Maximum 30 personnes pour les groupes. Anglais, espagnol. Emprunter la D559 sur 4 km, direction Le Beausset. 300 m après le pont de l'autoroute, prendre à gauche et suivre le fléchage.

―――――――――――――――――――――
PROPRIÉTAIRE :
FAMILLE BUNAN
GÉRANT : **PAUL BUNAN**
83740 LA CADIÈRE-D'AZUR
TÉL. : 94 98 72 76 - FAX : 94 98 60 05
―――――――――――――――――――――

BANDOL

CHÂTEAU PRADEAUX

PROPRIÉTAIRE-VIGNERON

―――――― LE DOMAINE ――――――

C'est en 1752 que Jean-Marie Étienne Portalis – ministre de Napoléon, corédacteur du Code Civil et auteur du Concordat – en hérita. Mais l'aventure vigneronne ne commença vraiment qu'en 1940, quand Arlette de Portalis s'y installa. Depuis 1983, Cyrille et son épouse Magali exploitent les 20 ha de vignes, qui en été bénéficient d'une exceptionnelle humidité due à la proximité de la mer.

―――――― LES VINS ――――――

Le cépage roi est le mourvèdre, qui constitue 95 % de l'encépagement des rouges. Et le domaine vinifiant à près de 85 % en cette couleur, cela contraint Cyrille de Portalis à élever ses vins entre 3 et 5 ans en foudre de chêne. En rouge, le millésime 89 (uniquement disponible en magnum à 143 F) avec un nez de truffe, de cuir et de pruneau, une belle persistance en bouche et de riches tanins, est à savourer bien après l'an 2000. Le 91 (67 F) aux premiers arômes sur les fruits à l'eau-de-vie puis sur la myrte manque encore de profondeur. L'attendre 5-6 ans au moins. L'Enclos des Pradeaux 93 est un vin fin et élégant, aux arômes de cassis, framboise et cerise. Bon équilibre et jolis tanins. Le rosé (51 F), au nez floral évoquant fruits blancs, poivre et épices, est en bouche un vin gras, ample, avec un petit côté iodé et une fort belle acidité.

―――――― L'ACCUEIL ――――――

Par Magali ou Cyrille, chaque jour sauf dimanche sur R-V de 8 h 30 à 12 h 30 et de 15 à 18 h (20 h l'été). Depuis la sortie d'autoroute Saint-Cyr, direction ZAC des Pradeaux qu'il faut traverser, passer ensuite sous le pont SNCF et suivre les panneaux.

―――――――――――――――――――――
PROPRIÉTAIRES :
MAGALI ET CYRILLE DE PORTALIS
83270 SAINT-CYR-SUR-MER
TÉL. : 94 32 10 21 (DOMAINE)
ET 94 32 00 13 (DOMICILE)
FAX : 94 32 16 02
―――――――――――――――――――――

BANDOL

CHÂTEAU
DE PIBARNON
PROPRIÉTAIRE-VIGNERON

―――――― LE DOMAINE ――――――

À plus de 300 m d'altitude, 45 ha plantés en restanques dans un cirque exposé sud-est : l'idéal pour une maturation lente du raisin, d'où de beaux arômes. Sol argilo-calcaire et sous-sol de marnes bleues du santonien confèrent aux vins complexité, élégance et puissance aromatique exceptionnelles. Pibarnon figure parmi les domaines qui font la fierté et la renommée de la Provence.

―――――― LES VINS ――――――

Vinification à 30° au cœur, avec régulation des températures, pigeage au madrier et remontages quotidiens, longues cuvaisons et un élevage (18 mois) en foudre sont le secret de l'extraordinaire qualité des rouges où le mourvèdre domine à 95 %. Le 90, soigneusement carafé, possède structure, volume, et peut se boire dès maintenant. Il développe d'abord un nez de fruits noirs et ensuite des notes de cuir, de tabac et de menthe. Bouche ample et puissante. Le rouge 93 (73 F) aux superbes arômes de sous-bois, truffe, cassis et mûre devra se déguster dans 4-5 ans même si les tanins sont fins et la bouche souple et harmonieuse. Très réussi également, le rosé 95 (63 F) au nez expressif de pêche, d'agrumes, d'aneth et d'épices. Beau gras en attaque, acidité bien marquée et belle finale : c'est aérien ! Le blanc 95 vaut également le détour. Premier nez de fruits blancs, d'amandes et de miel qui s'ouvre ensuite sur des notes épicées. La bouche révèle gras et matière. Belle persistance également.

―――――― L'ACCUEIL ――――――

Sincère et de qualité, au caveau ouvert du lundi au samedi de 8 à 12 h et de 14 à 18 h 30. Prendre de Bandol vers Saint-Cyr sur environ 3 km et à droite, suivre les flèches.

PROPRIÉTAIRE :
FAMILLE DE SAINT-VICTOR
83740 LA CADIÈRE-D'AZUR
TÉL. : 94 90 12 73 - FAX : 94 90 12 98

BANDOL

DOMAINE DE LA BASTIDE BLANCHE
PROPRIÉTAIRE-VIGNERON

BANDOL

DOMAINE DE LA VIVONNE
PROPRIÉTAIRE-VIGNERON

LE DOMAINE

Classé en totalité dans l'aire d'AOC Bandol, il s'étend sur 28 ha de terres blanches au sol argilo-calcaire. Louis et Michel Bronzo ont opté pour des techniques de culture traditionnelles : labours fréquents, fertilisation organique et pas d'utilisation de désherbant chimique. Côté vinification, la cuverie en inox équipée de thermorégulateurs et les foudres en chêne cohabitent pour livrer des vins de belle facture.

LES VINS

Les rouges (de 48 à 53 F) glorifient bien entendu le mourvèdre, et notamment la remarquable cuvée Footnanie, issue d'une vendange manuelle scrupuleusement triée. Le millésime 92 est une belle réussite. Le nez d'une forte intensité est marqué par les fruits, la mûre avec des notes de brûlé et de café. Les tanins sont très fins, et la bouche suave et élégante. Notre préférence, sans conteste ! Le rosé 95 (43 F), d'une belle brillance « pétale de rose », développe un nez légèrement épicé, résineux évoluant vers les fruits blancs, le fenouil et l'aneth. Un vin gras et équilibré. Le blanc 95 (43 F), très aromatique, légèrement grillé, est suivi en bouche d'une fort agréable et discrète amertume, d'arômes de fruits exotiques et de poire. Très beau volume. En rouge les millésimes 89, 90 et 91 sont encore disponibles en magnum (135-140 F).

L'ACCUEIL

Dispensé par M. Guillermier, jeune et talentueux œnologue. La cave est ouverte (sur R-V de préférence) du lundi au samedi. Maximum 15 personnes pour les groupes. Pour s'y rendre emprunter la D26 jusqu'à Sainte-Anne puis la D87 en direction de Saint-Cyr, et suivre pancartes.

PROPRIÉTAIRES : **LOUIS ET MICHEL BRONZO**
SAINTE-ANNE-DU-CASTELLET
83330 LE BEAUSSET
TÉL. : 94 32 63 20 - FAX : 42 08 62 04

LE DOMAINE

13 ha en mourvèdre (vignes de 25 ans) en AOC Bandol sur les 20 que compte le domaine. À forte dominante mourvèdre, La Vivonne ne vinifie pas en blanc. La culture viticole respecte la tradition : labourage sans désherbant ni engrais de synthèse, épamprage (on enlève sur le cep les jeunes pousses inutiles), effruitage de la vigne (une grappe par sarment) et enfin vendanges manuelles.

LES VINS

Pas de cuvée spéciale, un seul millésime en rouge, né de longues cuvaisons (15 à 20 jours) et élevé 22 mois, principalement en foudre, très peu en barrique. Collage au blanc d'œuf, pas de filtration à la mise en bouteille. Mention spéciale pour le rouge 91 (77 F) au premier nez un peu brûlé qui exhale ensuite des arômes de cassis, fraise, avec des notes épicés et poivrées. La bouche est harmonieuse, les tanins bien dosés avec une finale boisée et fruits rouges. Belle complexité aromatique. À boire dans les 5 ans. Également disponible, le millésime 90 (92 F), tout à fait remarquable. Le rosé 94 (59 F) de pressurage direct est un vin délicat, légèrement acidulé, possédant beaucoup de gras, de finesse et une belle longueur.

L'ACCUEIL

Assuré principalement par Bernadette, la belle-mère de Walter Gilpin, dans un agréable petit caveau. Ouvert tous les jours de 9 à 12 h et de 14 à 18 h 30. Maximum : 15 personnes. Anglais. Pour aller au domaine, se rendre au Beausset et prendre direction Le Castellet, sur la gauche, par la D226. Suivre panneaux.

PROPRIÉTAIRES :
ANNE-SOPHIE ET WALTER GILPIN
3345 MONTÉE-DU-CHÂTEAU
83330 LE CASTELLET
TÉL. : 94 98 70 09 - FAX : 94 90 59 98

DOMAINE DE LA ROCHE REDONNE

PROPRIÉTAIRE-VIGNERON

—————— LE DOMAINE ——————

17 ha divisés en trois parcelles, la principale autour de la cave et les deux autres sur les versants de Sainte-Anne-du-Castellet et de La Cadière-d'Azur. En sept petites années, Geneviève et Henri Tournier ont hissé leurs vins parmi les grands de l'appellation, remportant de multiples médailles dans les principaux concours vinicoles nationaux.

—————— LES VINS ——————

Un coup de chapeau pour le rouge 93 (52 F). Très beau nez épicé s'ouvrant sur des arômes de cuir, de cassis, et de griotte. Un vin bien construit, souple en attaque, aux tanins très présents mais fins. À déguster dans 3 ou 4 ans, il n'en sera que plus harmonieux. Le millésime 92, 100 % mourvèdre, est disponible au même tarif que le 93. Très fruits noirs, pruneau et chocolat, il s'affirmera d'ici 3 ans pour atteindre sa plénitude dès l'an 2000. Le blanc 94 (52 F), d'une belle couleur jaune pâle, possède au nez un côté fruit sec, herbe fraîche (un peu garrigue), cire d'abeille et amandes. La bouche est ample, complexe, avec une finale légèrement boisée mais agréable. Le rosé de pressurage direct, dominé par le grenache, est un vin vif et franc en attaque, aux arômes prononcés de fruits assortis de subtiles notes poivrées. Bouche fine et élégante.

—————— L'ACCUEIL ——————

Simple et chaleureux, par les maîtres de céans, chaque jour de 9 à 12 h et de 14 à 19 h (le week-end sur R-V). Groupes : 10 personnes maxi. Anglais. Sortie A50 La Cadière, longer l'autoroute en direction de Saint-Cyr. Au camping La Malissonne, prendre la route de La Cadière. Domaine sur la gauche.

PROPRIÉTAIRES :
GENEVIÈVE ET HENRI TOURNIER
83740 LA CADIÈRE-D'AZUR
TÉL. : 94 90 16 18 - FAX : 94 90 00 96

CHÂTEAU DE FONTCREUSE

PROPRIÉTAIRE-VIGNERON

—————— LE DOMAINE ——————

C'est en 1987 que Jean-François Brando, distributeur des vins du domaine, rachète le château que Joseph Maffei avait promis de lui céder la retraite venue. 19 ha d'un seul tenant produisant près de 100.000 bouteilles/an dont 70 % en blanc-de-blancs et le reste en rosé. Les cépages utilisés pour les blancs : marsanne, ugni et clairette, pour les rosés cinsault et grenache.

—————— LES VINS ——————

Vendanges manuelles, foulage, égouttage, faible pressurage, débourbage des jus à froid (12°) et enfin fermentation alcoolique d'environ 15 jours sont le secret de la réussite. Des blancs maintenus 1 an sous cuve inox avant mise en bouteille, et des rosés embouteillés 6 mois après vinification. Le blanc 93 (39 F) au nez fin et minéral s'ouvrant sur des arômes de miel et cire d'abeille, de noisette et de fleurs séchées, est un vin dont la bouche est exceptionnelle, ample, parfaitement équilibrée, à l'attaque franche et vive. Peut-être le meilleur du millésime. Très réussis également, les rosés 94 et 95 (39 F), issus de pressurage direct, d'une belle teinte saumonée, au nez subtil d'anis et de menthe, avec des notes de fruits blancs et d'agrumes. Un bouche grasse, un bon équilibre et une belle acidité pour ce rosé fruité et complexe.

—————— L'ACCUEIL ——————

Simple et chaleureux par l'aimable Marlène, du lundi au vendredi de 8 h 30 à 12 h et de 14 h à 17 h 30, et le samedi de 9 à 12 h. Dégustation gratuite, visite du domaine (groupes sur R-V, prévoir 2 h). De Toulon ou de Marseille, prendre l'A50 sortie Cassis, puis vers Cassis parcourir 2 km, la propriété est à droite.

PROPRIÉTAIRE :
JEAN-FRANÇOIS BRANDO
ROUTE DE LA CIOTAT, 13260 CASSIS
TÉL. : 42 01 71 09 - FAX : 42 01 32 64

BANDOL

DOMAINE DE TERREBRUNE

PROPRIÉTAIRE-VIGNERON

LE DOMAINE

En 1963, Georges Delille découvrait sa terre promise : la baptisant Terrebrune, il la laissera reposer 6 ans avant de planter 22 ha de mourvèdre, grenache et cinsault. Première vinification en 1975, année de construction de la cave. S'ensuivent 4 ans d'élevage en foudre de chêne et de stabilisation, la commercialisation ne débutant qu'en 1980, après 18 ans de travail préparatoire…

LES VINS

Travail et traitement des sols sans désherbant ni systémique, vendanges manuelles, vinification par gravité et 4 ans de cave : voilà la méthode Delille. Les rouges possèdent tous une exceptionnelle structure tannique et un équilibre parfait. Du millésime 85, bien charpenté et d'une belle complexité, 88 (105 F), très équilibré, aux tanins fondus mais bien présents,

et 90 (80 F), souple, élégant, d'une forte complexité aromatique, jusqu'au 91 enfin (65 F), au nez un peu fumé et gibier, d'une belle longueur en bouche, tous les rouges de Terrebrune sont à acquérir d'urgence et à conserver le plus longtemps possible (sauf le 90 déjà accessible). Le rosé 94 (55 F), aux reflets orangés, est un vin vif, fruité, d'une belle fraîcheur. Rond, étoffé, il accompagnera merveilleusement bien poissons et charcuteries fines.

L'ACCUEIL

Attentionné et passionné, par le père et le fils, dans le caveau ouvert tous les jours de 8 h 30 à 12 h 30 et de 14 à 18 h. Un excellent restaurant se trouve au cœur du domaine (voir Carnet de voyage). Par l'A50 vers Toulon, sortie Ollioules/la Sayne. Prendre direction Ollioules. A l'entrée du village, 1er feu tricolore à gauche. Suivre pancartes.

PROPRIÉTAIRES :
GEORGES DELILLE & FILS
CHEMIN DE LA TOURELLE
83190 OLLIOULES
TÉL. : 94 74 01 30 - FAX : 94 74 60 54

DOMAINE CAILLOL

PROPRIÉTAIRE-VIGNERON

LE DOMAINE

Créé en 1959 par les frères Caillol, il s'étend sur 15 ha divisés en 3 pièces dont la plus petite (2 ha) est située sous la couronne de Charlemagne. Ces parcelles au sol marno-calcaire et gréseux produisent chaque année 500 hl dont 350 de blanc, 100 de rosé et 50 seulement de rouge.

LES VINS

Remarquable blanc-de-blancs 94 cuvée spéciale (42 F), à dominante marsanne (50 %), clairette et ugni blanc (25 % chaque), au nez floral et fruits blancs accompagné de notes épicées. Une bouche ample, bien équilibrée et une belle finale de fruits secs. Le blanc 93 (40 F) aux arômes de fougère et d'amande, au premier nez très iodé, affiche une belle structure en bouche avec des saveurs légèrement fumées et grillées en finale. À signaler également un bon rosé de pressurage direct vinifié à basse température, avec un nez à la fois floral et animal, qui s'ouvre ensuite sur des arômes épicés, poivrés. Bouche équilibrée, d'une belle ampleur. Intéressants, les rouges 92 et 93 (42 F) dominés par le grenache, élevés 6 mois en cuve et 18 en foudre. Des vins bien construits, aux arômes de fruits rouges, gras, friands et acidulés.

L'ACCUEIL

Simple et sympathique dispensé par François ou Josette, son épouse, voire Jean-Pierre (le cousin), dans le petit caveau ouvert chaque jour et le week-end sur R-V. D'Aix, Toulon ou Marseille, prendre par l'A50 sortie Roquefort-la-Bédoule, puis direction Cassis. À 6 km, emprunter à gauche le chemin du Bérard et suivre les pancartes.

PROPRIÉTAIRES :
FRANÇOIS ET JOSEPH CAILLOL
CHEMIN DU BÉRARD, 13260 CASSIS
TÉL. : 42 01 05 35 - Fax : 42 01 31 59

GOURMANDISES PROVENÇALES

Le calisson d'Aix

Au Moyen Âge, il remplaçait le pain bénit durant l'office. Aujourd'hui, s'il a disparu des lieux saints, il est en revanche présent dans toutes les bonnes confiseries de Provence. Un seul mariage, magique : celui de l'amande de Provence, relevée d'un zeste d'amande amère et mélangée avec du melon et de l'orange confits. Aujourd'hui, « Lou Calissoun » se décline en d'autres parfums comme l'anis ou encore le chocolat pour Noël. Une seule adresse, la meilleure, celle de la fabrique Brémond, fondée au début du XIXᵉ siècle, qui produit annuellement près de 25 tonnes de ces délicieuses friandises.
— **Confiserie Brémond**, 16 ter, rue d'Italie, 13100 Aix-en-Provence (tél. : 42 27 36 25) et 2, rue Cardinale (tél. : 42 38 01 70).

Le nougat

Au miel et aux amandes, blanc (mitonné au bain-marie à petit feu) ou noir (cuit directement sur la flamme), le nougat est né d'une alchimie aussi précieuse que curieuse. Un art que quelques-uns distillent avec maestria. Deux adresses à retenir :
— **André Boyer** : porte des Aires, 84390 Sault. Tél. : 90 64 00 23. Fournisseur officiel de l'Assemblée nationale et travaillant à l'ancienne, il est un des grands chefs pâtissiers de Provence. Son atelier et ses ustensiles anciens sont à découvrir.
— **Baptistin Fouque** : 2, rue Louis-Lumière, 83870 Signes. Tél. : 94 90 88 01. Depuis 1864, au cœur de la Sainte-Baume, la maison Fouque fabrique ses nougats dans d'énormes chaudrons en cuivre.

Le marron glacé

Châtaignes nobles, cuites à l'eau avant d'être confites et enrobées d'un glaçage inimitable, les marrons glacés sont la grande spécialité de la famille Corsiglia, maîtres confiseurs marseillais qui, depuis près d'un siècle, perpétuent la tradition maison. La clientèle ne s'y trompe pas, elle a pour nom Fauchon, Lenôtre ou Dalloyau…
— **André Corsiglia**, 15, rue Xavier-Progin, 13004 Marseille. Tél. : 91 49 38 07.

CHÂTEAU SIMONE

PROPRIÉTAIRE-VIGNERON

_____ LE DOMAINE _____

17 ha exposés au nord sur les collines du Montaiguet, entre 150 et 250 m d'altitude, à l'abri des vents de l'est et du sud. Les Rougier perpétuent des traditions qui préconisent d'abord le respect de l'équilibre écologique. Le château produit entre 600 et 700 hl/an issus de vieilles vignes (50 ans en moyenne, certains ceps étant centenaires…).

_____ LES VINS _____

Assemblant une dizaine de cépages où dominent grenache, mourvèdre et cinsault, et mis en bouteilles après 3 ans sous bois de chêne, les rouges sont de très longue garde (30 ans et plus). On peut cependant les déguster entre 5 et 10 ans ! Le 92 (à carafer impérativement) est un vin superbe au nez de fruits rouges et pain grillé, légèrement minéral, s'ouvrant ensuite sur des notes de confiture de fruits. Bouche harmonieuse et élégante. Le mieux serait de l'attendre un peu. Intensément fruité, le rosé 93 aux arômes de fruits rouges présente une belle ampleur en attaque, puis des notes minérales révélées au premier nez et une finale légèrement asséchante, offrant une agréable rétro-olfaction de fumé et de grillé. Bon blanc 93 où fleurs blanches et vanille s'épanouissent dans une bouche généreuse et ample. Un vin d'un beau potentiel, qui s'exprimera sur 2-3 ans. Tarifs sur demande.

_____ L'ACCUEIL _____

Chaleureux, par Jean-François si ses parents sont absents. Magnifiques caves creusées dans le roc au XVIe siècle par les moines du grand carme d'Aix. Sur R-V. D'Aix-centre prendre la N7 direction Fréjus, tourner à droite vers Meyreuil et franchir le pont des Trois-Sautets, le domaine est à 2 km. Pancarte.

PROPRIÉTAIRES :
RENÉ ET JEAN-FRANÇOIS ROUGIER
13590 MEYREUIL
TÉL. : 42 66 92 58 - FAX : 42 66 80 77

MAS SAINTE-BERTHE

PROPRIÉTAIRE-VIGNERON

_____ LE DOMAINE _____

36 ha composent le vignoble dont le sous-sol est d'origine argilo-calcaire (caillouteux). L'encépagement, pour les rouges et les rosés, est surtout constitué de grenache, de syrah et de cabernet-sauvignon. Quant au blanc, c'est le grenache blanc qui domine, complété par le rolle, le sauvignon et l'ugni blanc.

_____ LES VINS _____

Formidable cuvée Louis David, un rouge 92 élevé pour 1/3 du volume en fûts de chêne durant 9 mois. Tabac, cuir et cumin sont très perceptibles au premier nez. La bouche s'ouvre ensuite sur des arômes complexes de fruits rouges, d'épices, et sur des tanins certes présents mais fins et agréables. Le rouge tradition 93, bien structuré, porté sur le fruit noir et la résine de pin, possède rondeur et finesse. Beau blanc 94, nerveux et fruité, à dominante grenache blanc, d'une grande puissance aromatique et à la bouche ample, grasse et soyeuse en finale. À retenir également le rosé cuvée Passe Rose, élaboré par saignée après macération pelliculaire à froid. Un vin équilibré, délicieusement parfumé, à la robe rose orangé.

_____ L'ACCUEIL _____

Convivial et sincère, dans un caveau de dégustation également achalandé en produits régionaux (huile d'olives, miel…). Tous les jours de 9 à 12 h et de 14 à 19 h. Maximum 10 personnes par groupe. Anglais. De Saint-Rémy prendre vers Maussanne par la D5 sur 6 km environ et tourner à droite en direction des Baux. Le mas est à 1,5 km à gauche, près du golf.

PROPRIÉTAIRES : **HÉLÈNE DAVID & FILS**
ŒNOLOGUE : **CHRISTIAN NIEF**
13520 LES BAUX-DE-PROVENCE
TÉL. : 90 54 39 01 - FAX : 90 54 46 17

PROVENCE

CHÂTEAU ROMANIN
PROPRIÉTAIRE-VIGNERON

LE DOMAINE

Acheté en 88 par la famille Peyraud, il est mené avec brio par Jean-André Charial, le chef de l'Oustau de Baumanière (voir Carnet de voyage). La superficie du domaine avoisine les 300 ha dont 45 de vignes cultivées en biodynamie, méthode interdisant notamment l'emploi d'engrais, fongicides et autres pesticides. La cave creusée dans la montagne des Alpilles et le chai-cathédrale somptueux valent vraiment le détour, tout comme les vins bien réussis dans les trois couleurs.

LES VINS

Excellent rouge 93, dominé par le cabernet-sauvignon, le grenache et la syrah (sans oublier 18 % de counoise de Châteauneuf-du-Pape). Belle intensité aromatique marquée par des senteurs de garrigue, de tabac et d'olive noire, suivies en bouche par de superbes notes épicées légèrement réglissées que parachève une agréable finale confite. Le blanc 94, aux reflets dorés, au premier nez minéral, d'agrumes et de lavande, développe ensuite des arômes de fruits secs, de café grillé et de prune. Un vin frais et fruité. Le rosé, issu principalement de counoise et complété par le grenache est également très couru, notamment pour sa finesse et son beau fruité.

L'ACCUEIL

Dantesque, et d'une grande théâtralité. Film, signes ésotériques et vente de produits estampillés Romanin (miel, huile d'olive…) agrémentent une visite remarquablement orchestrée. Un must. Ouvert la semaine de 9 à 13 h et de 14 à 19 h, le week-end de 11 à 19 h. Groupes sur R-V. Emprunter sur 6-7 km la D99 dans le sens Saint-Rémy-Cavaillon, et tourner à droite. Panneaux.

PROPRIÉTAIRE : **JEAN-PIERRE PEYRAUD**
GÉRANT : **JEAN-ANDRÉ CHARIAL**
13220 SAINT-RÉMY-DE-PROVENCE
TÉL. : 90 92 45 87 - FAX : 90 92 24 36

CHÂTEAU DE LA CANORGUE
PROPRIÉTAIRE-VIGNERON

LE DOMAINE

Il doit son nom aux canalisations souterraines creusées par les Romains. Aujourd'hui encore elles alimentent en eau le domaine, qui compte 25 ha de vignes cultivées en méthode biologique. Ni engrais chimique ni insecticide de synthèse, pas même de désherbant. Aux commandes depuis 77, Jean-Pierre Margan, œnologue, et son épouse Martine ont fait de La Canorgue l'un des grands noms de l'appellation.

LES VINS

Vendange manuelle, léger foulage et vinification traditionnelle sur 8-15 jours (malo sur les rouges). Élevés en foudre de chêne, les rouges sont issus d'un assemblage de syrah (70 %), de grenache et de cinsault. Le rouge 93 (45 F), dégusté non filtré, aux premiers arômes de fruits noirs, de goudron et de vanille, avec des notes fumées et de gibier, est un vin harmonieux, élégant en bouche, avec une agréable finale noyau de fruits. La Canorgue 94 (42 F), au nez fin et fruité, aux saveurs grillées et fumées, s'ouvre en bouche sur de beaux tanins fins mais présents. Un vin à la fois complexe, friand et souple, d'une belle longueur. Beau rosé (40 F), fruité et parfumé. Et enfin un blanc d'une belle richesse aromatique, vif et ample, né d'un beau mariage entre le bourboulenc, la clairette, l'ugni et le grenache blanc.

L'ACCUEIL

Simple et chaleureux, au caveau, de 9 à 12 h et de 15 à 18 h (sauf dimanches et fêtes). Groupes sur R-V jusqu'à 15 personnes. À Bonnieux prendre direction Roussillon. Le domaine est en contrebas, à 800 m environ. Les armes du château, une pierre marquée de deux dauphins, en signalent l'entrée.

PROPRIÉTAIRES :
MARTINE ET JEAN-PIERRE MARGAN
ROUTE DU PONT-JULIEN,
84480 BONNIEUX
TÉL. : 90 75 81 01 - FAX : 90 75 82 98

CÔTES-DU-LUBÉRON

CHÂTEAU DE LA VERRERIE

PROPRIÉTAIRE-VIGNERON

LE DOMAINE

Une cinquantaine d'hectares plantés de vignes dont l'âge moyen oscille entre 20 et 30 ans. C'est en 1981 que Jean-Louis Descours (président du groupe André) découvrit et acheta La Verrerie. Son fils Gérard décida alors d'exploiter le domaine. En 85 naissait le premier millésime. Côté vinification et élevage des vins, modernité et tradition sont étroitement liées avec des installations de premier ordre.

LES VINS

Gérard Descours a opté pour des cépages typiquement provençaux : grenache, syrah et cinsault pour les rouges et les rosés ; clairette, bourboulenc et roussanne pour les blancs. Les rouges assemblés après passage sous bois (entre 15 et 24 mois) sont des vins de bonne garde. La cuvée Grand Deffend 92 (89F), au nez fumé et vanillé, accompagné de belles notes de cire, de fruits noirs, montre une agréable souplesse et une belle complexité en bouche. Dans la même couleur, La Verrerie 92 (52F) aux forts effluves de fruits rouges, de cuir, de pruneau cuit et aux légers arômes balsamiques est un vin élégant et harmonieux. À boire dès maintenant si vous le souhaitez. Élevé sur lies, le blanc 93 (52F), au premier nez de pomme et de fleurs, un peu mentholé, révèle un beau gras en bouche avec une belle rétro florale. À savourer également un beau rosé de saignée frais et parfumé.

L'ACCUEIL

Efficace et attentionné, par le personnel du domaine. Tous les jours de 9 à 12 h et de 14 à 18 h. Maximum 35 personnes par groupe. Anglais. Sur la D973, entre Cucuron et Pertuis, la route qui monte vers le domaine est indiquée depuis Le Puget.

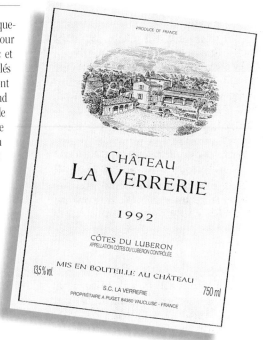

PROPRIÉTAIRES :
JEAN-LOUIS ET GÉRARD DESCOURS
DIRECTEUR : **JEAN-JACQUES COLL**
84360 PUGET-SUR-DURANCE
TÉL. : 90 08 32 98 - FAX : 90 08 25 45

COTEAUX-VAROIS

DOMAINE DES ALYSSES
PROPRIÉTAIRE-VIGNERON

LE DOMAINE

Anciens profs, Brigitte et Jean-Marc Étienne, fervents adeptes de la culture biologique, exploitent un domaine de 19 ha (7 ha s'y ajouteront en 96) niché à 380 m d'altitude et divisé en plusieurs parcelles situées autour de la maison. Vendanges manuelles, éraflage total, cuvaison de 10 jours, contrôle des températures et pas de levurage : la vinification fait rimer authenticité, qualité et simplicité.

LES VINS

Très belle cuvée prestige 93 (64 F), élaborée à partir de cabernet, de grenache et de syrah en proportions égales. Un nez vanillé, très complexe, encore fermé, mais aux Alysses les rouges sont des vins de moyenne garde, très tanniques. Peut-être les seuls coteaux-varois (ou presque) à maintenir en cave, au moins trois à cinq ans. Même remarque pour le millésime 92 (60 F) de cette cuvée. En revanche, et s'il faudra tout de même attendre deux ou trois ans pour la déguster, la cuvée Angélique 94 (22 F) se boira bien avant le prestige. Gras, assez équilibré, ce vin possède une belle richesse tannique. Bien décanté, il développera de beaux arômes de cuir et de tabac avec des notes de sous-bois. À signaler également un bon rosé de saignée (28 F), assemblage de cabernet et de grenache.

L'ACCUEIL

Très convivial, à la propriété, du lundi au samedi de 9 à 12 h et de 14 à 18 h. Maximum 10 personnes pour les groupes et sur R-V. Anglais et italien. Pour se rendre au domaine, prendre la sortie Saint-Maximin sur l'A8 puis direction Barjols et Manosque. À l'entrée de Pontevès, prendre à gauche le chemin des Valettes.

PROPRIÉTAIRES :
BRIGITTE ET JEAN-MARC ÉTIENNE
LE BAS-DEFFENS 83670 PONTEVÈS
TÉL. : 94 77 10 36 - FAX : 94 77 11 64

COTEAUX-VAROIS

DOMAINE DU DEFFENDS
PROPRIÉTAIRE-VIGNERON

LE DOMAINE

Situé sur les contreforts du mont Aurélien, 14 ha qui, grâce à une déclivité constante et à un ensoleillement privilégié (est-sud-est), ont jusqu'alors été épargnés par les gelées. La production annuelle ne dépasse pas les 40 hl/ha, Jacques de Lanversin y veille et la qualité de ses vins le prouve.

LES VINS

Remarquable clos du Bécassier 92 (30 F) un rouge au nez de fruits rouges, très fin et élégant, un peu gibier et fourrure. Une bouche harmonieuse et des tanins aux grains fins. Attendre deux années encore avant dégustation. Pas de l'excellent clos de la Truffière pour le millésime 93, et à cet égard un grand coup de chapeau aux Lanversin qui ont « déclassé » cette cuvée en appellation générique coteaux-varois, estimant qu'elle ne possédait pas les qualités (longueur, complexité) qui caractérisaient les millésimes précédents. La Truffière 94 (40 F) reprend le flambeau en révélant la puissance aromatique et le fruité propres à cette grande cuvée. Réussi également, le « nouveau » blanc ainsi que le « rosé d'une nuit » (30 F), issu de saignée à dominante cinsault, aux arômes d'anis et de noisette accompagnés de notes boisées à la bouche bien grasse. Un rosé féminin ! À signaler, le clos du Sesterce, un très bon vin de pays élégant et harmonieux, au premier nez de violette, de vanille et d'abricot sec.

L'ACCUEIL

Excellent, par Mme de Lanversin, du lundi au samedi de 9 à 12 h et de 14 à 18 h (de 15 à 19 h l'été). Maximum 20 personnes pour les groupes. Anglais. Par l'A8 ou par la N7, sortir à Saint-Maximin et suivre le fléchage.

PROPRIÉTAIRE :
FAMILLE DE LANVERSIN
83470 SAINT-MAXIMIN
TÉL. : 94 78 03 91 - FAX : 94 59 42 69

DOMAINE DU LOOU

PROPRIÉTAIRE-VIGNERON

LE DOMAINE

Daniel Di Placido, actuel président des Coteaux-varois, porte très haut les couleurs de cette AOC dont la progression, tant au niveau qualitatif qu'en matière de typicité, est véritablement spectaculaire. Ses 60 ha d'un seul tenant y contribuent largement !

LES VINS

Mention T.B. pour la cuvée spéciale 91 (31 F), un rouge issu de syrah, de grenache (40 %) et de cabernet-sauvignon (20 %), placé quelque temps sous bois. Un beau nez fumé, légèrement brûlé, café grillé avec des notes vanillées, évoluant vers le fruit rouge. Une bouche souple, complexe et élégante, et des tanins d'une grande finesse. À garder, si possible ! Le clos des Blaquières 92 (28 F), aux arômes de pain d'épice, vanille et cerise, d'une belle profondeur et bien structuré, est un rouge friand et agréable, dominé par le mourvèdre. Beau blanc 94 au nez floral, fin et discret, aux arômes prononcés de pêche et d'agrumes. Belle longueur en bouche, exotique en finale. Très beau millésime 95 au nez vanillé, très floral, développant ensuite de subtils arômes de pêche et de fenouil. Un vin élégant et bien structuré. Le rosé de saignée du Loou 95 (24 F), fumé, acidulé, gras, un tantinet animal, est un vin de caractère, vif en attaque, doté d'une belle acidité. Une gamme complétée de belles cuvées classiques (17 F).

L'ACCUEIL

Parfait, par Jean-Claude Giamarchi, du lundi au samedi de 9 à 12 h et de 14 à 19 h. De Brignoles prendre vers Garéoult par la D554 puis, par la D5, La Roquebrussanne. À 1 km avant le village tourner à gauche, le domaine est indiqué.

PROPRIÉTAIRES :
DOMINIQUE ET DANIEL DI PLACIDO
83136 LA ROQUEBRUSSANNE
TÉL. : 94 86 94 97 - FAX : 94 86 80 11

✎ NOTES DE VOYAGE

Dans cette région, à partir du 18 octobre 1996, vous devez faire précéder les numéros de téléphone de vos correspondants de : 04

COTEAUX-D'AIX-EN-PROVENCE

CHÂTEAU DU SEUIL

GROUPEMENT DE VIGNERONS

LA CAVE

Sis à quelques lieues d'Aix, sur le terroir de Puyricard, le château du Seuil (XIIIᵉ siècle) devint en 1486, lors du rattachement de la Provence à la France, la résidence estivale de la famille Michaëlis. Antoine, son membre le plus éminent, fut consul d'Aix et procureur de Provence. Il faudra attendre 1973 pour que Le Seuil, sous l'impulsion de ses nouveaux propriétaires, Janine et Philippe Carreau-Gaschereau, anciens avocats, se transforme en domaine viticole. D'abord ils durent rénover le vignoble, puis édifier une cave de vinification. Le Seuil, c'est aujourd'hui 55 ha d'un seul tenant sur les flancs de la Trévaresse. 350 m d'altitude, un sol argilo-calcaire et une ventilation quasi constante confèrent aux vins du domaine une qualité et une typicité sans égales. Presse spécialisée, dégustateurs et consommateurs s'accordent à dire qu'il s'agit là de vins exceptionnels, parmi les mieux réussis de l'appellation. Chaque année, 250.000 bouteilles sont ainsi produites au domaine, 55 % en rouge, 35 % en rosé et le reste en blanc.

LES VINS

Vendange cépage par cépage, éraflage total, foulage, macération pour les rouges (entre 9 et 11 jours, selon le cépage) et les rosés (de 8 à 10 heures), macération pelliculaire enfin pour les blancs. La vinification est traditionnelle et s'effectue en cuve, toujours cépage par cépage. Le rouge 88 (33 F), au nez intense de fruits rouges, de cuir et

d'épices, aux tanins fondus mais encore très présents, est un vin magnifique à acquérir sans hésiter mais rapidement. Le Grand Seuil 93 (50 F), tout aussi remarquable, est encore légèrement marqué par le bois, il faudra attendre environ trois ans avant de le déguster. Un premier nez vanillé, grillé, bourgeon de cassis, une jolie structure et un bon équilibre laissent entrevoir une belle évolution de cette cuvée. Les blancs, les plus courus des coteaux-d'aix, sont extra-or-di-naires ! Notamment le Grand Seuil 94, au nez fin et très floral, à la bouche équilibrée, ample, où se mêlent des arômes de fruits exotiques, de vanille et de pêche. Les rosés de saignée du château fermentent une nuit à basse température et sont stabilisés par passage à froid et microfiltration. D'où leur fraîcheur, leur finesse et leur caractère, à l'image du millésime 94 (28 F) à la bouche ample, grasse et ronde. Un rosé d'hiver. Fait rarissime, le château du Seuil peut se féliciter de produire d'excellents vins… dans les trois couleurs.

L'ACCUEIL

Simple. Prodigué par France, la fille de la maison, suivie de près par Icare, son superbe labrador noir ou par la très souriante Marcelle qui officie au bureau et au caveau de dégustation. Tous les jours de 9 à 12 h et de 14 à 19 h. Anglais, allemand et hollandais. Pour aller au château, prendre à Aix la N7 direction Lambesc. À 6 km, se diriger vers Puyricard. À 3 km à la sortie du village par le CV46, suivre les panneaux.

PROPRIÉTAIRES :
**PHILIPPE ET JANINE
CAREAU-GASCHEREAU**
13540 PUYRICARD
TÉL. : 42 92 15 99 - FAX : 42 92 18 77

COTEAUX-D'AIX-EN-PROVENCE

CHÂTEAU BEAUPRÉ

PROPRIÉTAIRE-VIGNERON

──────── LE DOMAINE ────────

En 1890, le baron Émile Double créait le vignoble et faisait ériger la cave du château qui abrite aujourd'hui les foudres où sont élevés les rouges de garde. Christian Double à la vinification et Marie-Jeanne au commercial œuvrent aux destinées de Beaupré avec grande classe et dans le plus pur respect des règles édictées par leur aïeul. Les 40 ha (dont 20 vendangés manuellement) produisent annuellement 150.000 bouteilles dans les trois couleurs.

──────── LES VINS ────────

En rouge, les « collections du château » 90 (58 F) et 92 sont des vins très tanniques malgré leur passage sous bois durant 6 mois. Ils sont à garder au moins 5 ans à l'issue desquels le cabernet-sauvignon exprimera les beaux arômes révélés en dégustation (des notes animales et mentholées, du goudron, du cuir et du fruit noir). Très plaisant, le blanc 94 collection du château (55 F) avec un premier nez pain grillé, beurre et chèvrefeuille, une bouche grasse et ample. Pour les amateurs de vins boisés. Attendre deux ans pour que le bois se fonde. Les rosés (28 F) obtenus par saignée sont très friands, gouleyants, extrêmement fruités et soyeux. À signaler en rouge de vieux millésimes (88 et 89) encore disponibles.

──────── L'ACCUEIL ────────

Convivial et passionné dans le caveau intime situé dans une belle bastide provençale du XVIIIᵉ siècle. Ouvert tous les jours de 9 à 12 h et de 14 h à 18 h 30. Maximum 40 personnes pour les groupes. Anglais. Pour s'y rendre, emprunter la N7 depuis Aix vers Lambesc. À 10 km, avant Saint-Cannat, tourner à droite et suivre le fléchage.

MIS EN BOUTEILLE AU CHÂTEAU
1993

CHATEAU DE BEAUPRÉ
COTEAUX D'AIX EN PROVENCE
APPELLATION COTEAUX D'AIX EN PROVENCE CONTRÔLÉE
750 ml   12% vol.
BARON DOUBLE, VITICULTEUR À 13760 ST CANNAT FRANCE
PRODUCT OF FRANCE

PROPRIÉTAIRES :
CHRISTIAN ET MARIE-JEANNE DOUBLE
LES PLANTADES 13760 SAINT-CANNAT
TÉL. : 42 57 33 59 (CAVE)
ET 42 57 23 83, FAX : 42 57 27 90

CÔTEAUX-D'AIX-EN-PROVENCE

CHÂTEAU PONT-ROYAL

PROPRIÉTAIRE-VIGNERON

—— LE DOMAINE ——

Sylvette Jauffret aime conter l'histoire des voûtes séculaires de son château qui abritèrent, de 1740 à 1890, le fameux relais de poste royal reliant Paris à Antibes. Le vignoble s'étend sur 16 ha plantés de vieilles vignes cultivées traditionnellement sur un sol argilo-calcaire.

—— LES VINS ——

Les grandes cuvées rouges, vieillies deux années en foudre, sont des vins de bonne garde (10 ans environ) issus de parcelles à faible rendement. Le millésime 92 (35 F) au nez de fruits noirs est un vin encore fermé, complexe, à la bouche très structurée. Laisser vieillir quelques années… le rosé grande cuvée 95 (35 F), issu de saignée, à la robe pétale de rose, au nez fin et complexe, révèle en bouche des arômes de fraise, pêche et fleurs blanches. Une attaque franche et une très belle acidité. Un vin de caractère ! En rouge et rosé, les cuvées tradition (25 F), nées d'un subtil assemblage de grenache, cinsault et carignan, valent également le détour. Le rosé, vif et frais, est à déguster avec poissons et crustacés. Quant au rouge, bien charpenté, très fruité et aromatique, il se mariera à merveille avec volailles et agneaux de lait par exemple.

—— L'ACCUEIL ——

Exceptionnel, dans un superbe caveau. Dégustations et repas (sur réservation) y sont régulièrement organisés, sans oublier des expositions de peinture et de sculpture. Ouvert les mardi, jeudi, vendredi et samedi de 9 à 12 h et de 15 à 19 h. Fermé les lundi et mercredi (matin), ainsi que le dimanche après-midi. Anglais et italien pratiqués. Prendre sur la N7, à 5 km environ de Lambesc, sur la route d'Avignon.

PROPRIÉTAIRES : **SYLVETTE ET JACQUES-ALFRED JAUFFRET** PONT-ROYAL, 13370 MALLEMORT TÉL. : 90 57 40 15 - FAX : 90 59 12 28

La nuit vous réserve encore des surprises inattendues.

Tout près de vous est un pays où les nuits ne connaissent pas le gris. Imaginez une plongée tout habillé – élégance de rigueur – dans un univers qui donne à chaque nuit des couleurs insoupçonnées. Vous êtes au Cabaret du Casino de Monte-Carlo. Champagne. Repas fin. Le premier plaisir est celui du palais. Quand le rideau se lève, c'est au tour de vos yeux de s'éblouir. Sur scène, l'orchestre, les girls en habit de lumière, un spectacle qui transforme cette soirée en un voyage plein de vie. Un instant de magie. Comment faire durer l'émotion ? Sur les tables du Casino ou du Sun Casino. Face aux machines du Café de Paris. Ou dans le luxe de l'un des plus beaux palaces du monde. Nuits en couleur ? Monte-Carlo vous invite.

Nuit magique à Monte-Carlo : dîner-spectacle au Cabaret et nuit dans un palace SBM.

Après le spectacle, prolongez le frisson : du Café de Paris et ses machines à sous au Casino et ses tables mythiques.

Nuit magique à Monte-Carlo : dîner à deux au restaurant du Cabaret, suivi d'un spectacle, comme aux plus belles heures du music-hall. Hébergement à l'Hôtel de Paris ****L ou à l'Hermitage ****L. Prix pour 2 personnes en chambre double : à partir de 2230 F.

Réservations : 92 16 36 36

À compter du 21-06-96 composer le : (377) 92 16 36 36.

Hollywood, Cinecittà, Monte-Carlo. Aujourd'hui, on peut encore vivre la nuit comme un rêve.

LES ROUTES
DES VINS
DE CORSE

DIDIER BUREAU ET OLIVIER POUSSIER

ÉDITO

Apportée par les Grecs au vᵉ siècle avant J.-C., développée par les Étrusques et les Romains, la vigne est profondément enracinée dans la culture corse. Elle passa par des superficies plus ou moins importantes au cours de l'histoire pour s'élever en 1996 à 8100 ha répartis sur toute l'île, dont 2200 en AOC. Le vignoble possède une situation privilégiée.

L'influence bénéfique de la mer qui génère vents et pluies, le climat montagnard joint à l'influence maritime sont des régulateurs thermiques. La diversité des sols (schisteux, granitiques, calcaires) aux quatre coins de l'île, assurent des styles, des expressions de vins différents. Ces données sont très importantes pour l'équilibre gustatif des vins corses, ainsi que leur aptitude au vieillissement. Les vins corses méritent mieux qu'une consommation saisonnière et qu'une image de vin d'évolution rapide. Les blancs (10 % de la production seulement) représentent à nos yeux un réel potentiel.

La finesse du vermentino, la fraîcheur intrinsèque de ce cépage et l'équilibre de ses saveurs les placent parmi les meilleurs vins blancs méridionaux. Les rosés multiples que l'île nous donne présentent un large éventail allant des rosés gris de Balagne, au style désaltérant et rafraîchissant, au patrimonio rosé, puissant et charnu. Les rouges, quand ils sont bien nés, sur des millésimes de bonne maturité, nous assurent des vins riches, complexes, au caractère terroir bien marqué, méritant un peu de garde avant consommation.

Le muscat du Cap Corse est indiscutablement un des plus délicats, fins et harmonieux vins doux naturels français à base de muscat à petits grains. Les qualités principales sont dans la finesse des expressions aromatiques, sans exubérance, ainsi que dans l'équilibre de bouche, où suavité, alcool et amertume ne font qu'un.

Didier Bureau et Olivier Poussier

« *L'Acqua fa fangu, u vinu fa bon sangue* » : *L'eau donne de la boue, mais le vin donne du bon sang.*

Merci au clos Capitoro pour le prêt de ses photos

DOMAINE ANTOINE ARENA
PROPRIÉTAIRE-VIGNERON

LE DOMAINE

11 ha de vignes principalement situés dans le cirque naturel de Patrimonio sur un sol argilo-calcaire. Antoine Arena a repris le domaine familial en 1980 et y développe une politique rigoureuse avec labourage et culture traditionnelle sans désherbants chimiques. Pugnace et méticuleux, toujours à la recherche du meilleur, il présente une gamme d'une extrême cohérence.

LES VINS

Le patrimonio blanc 95 (39 F) est un vin frais, vif, aérien, aux arômes anisés et mentholés, fruité. La bouche est de moyenne amplitude avec une jolie amertume en final. La cuvée vieilles vignes 94 (45 F) non filtrée présente une très grande maturité aromatique relayée par le minéral. La bouche est grasse, dense, ample, mais tout en équilibre avec une bonne acidité en finale. Un très joli vin ! Le patrimonio rouge 94 (39 F) possède un nez flatteur (rien de péjoratif !) de fraises aux sucres, de figues, avec une bouche tendre et une jolie harmonie. Le muscat 95 (50 F) est particulier dans sa recherche, sa conception et le style que souhaite ce vigneron. C'est un grand muscat de compréhension, sans exubérance, sans lourdeur avec une gestion parfaite des saveurs (sucre, amer, acide). Il se définit par des arômes de citron et d'oranges confites. Sa palette olfactive n'est pas sans nous rappeler certains vieux billets millésimés (citron amer et quinquina).

L'ACCUEIL

Pas d'horaires chez eux : si Antoine ou sa femme Marie sont présents, on vous reçoit ! De Saint-Florent sur la D81, la cave se trouve à l'entrée de Patrimonio au carrefour sur la gauche.

PROPRIÉTAIRE : **ANTOINE ARENA**
CROISEMENT DU CAP CORSE ET
PATRIMONIO - 20253 PATRIMONIO
TÉL. : 95 37 08 27 - FAX : 95 37 01 14

DOMAINE LECCIA
PROPRIÉTAIRE-VIGNERON

LE DOMAINE

22 ha de vignes entièrement labourés sur un sol argilo-calcaire. Ce domaine familial est dirigé par les Leccia. Créé au début du siècle, il produit aujourd'hui des vins qui puisent leurs forces dans le terroir du merveilleux cirque de Patrimonio.

LES VINS

Leccia blanc 95 (35 F) est un vin de forte expression aromatique, presque exotique dans les arômes avec des nuances minérales et empyreumatiques (dérivé du minéral et non de la barrique). La bouche est ronde, de belle densité et une grande matière. Le patrimonio rosé 95 (35 F) est un rosé de saignée, aux saveurs épicées et fruitées. Ne pas hésiter à maîtriser sa puissance par une température assez fraîche. Le leccia 93 rouge (35 F), présente un nez de fruits rouges macérés, épicés, avec des nuances cuir et tabac. La bouche est de belle ossature homogène, les tanins sont mûrs et soyeux et on remarque une jolie rétro-olfaction en finale. En 93, une cuvée Petra Bianca a été produite (40 F). C'est une sélection des meilleures parcelles avec des cuvaisons plus longues. Un superbe vin, puissant et maîtrisé, aux arômes de fruits confits. La bouche est riche et généreuse, contrastée par une trame très présente de tanins fins. Le muscat 95 (55 F) aux arômes exotiques d'ananas et de fruits de la passion, possède une bouche élégante et une finale avec un parfait équilibre sucre-alcool.

L'ACCUEIL

Dans la salle réservée à la dégustation dans la nouvelle cave. Tous les jours de 9 à 12 h et de 14 à 18 h. De Saint-Florent, direction route de La Cathédrale, le domaine est à 3 km environ (indiqué par panneau).

PROPRIÉTAIRE : **YVES LECCIA**
20232 POGGIO-D'OLETTA
TÉL. : 95 37 00 83 (CAVE)
OU 95 39 03 22 - FAX : 95 37 17 03

DOMAINE PIERETTI

PROPRIÉTAIRE-VIGNERON

_____ LE DOMAINE _____

Lina Venturi, la fille du domaine, a repris les destinées de la propriété sous le regard bienveillant de Jean Pieretti, le père, figure emblématique de la région. C'est un programme titanesque auquel Lina s'est livrée : rénovation de la cave, restructuration du vignoble : 7,5 ha de vignoble sur 9 ha possibles, répartis en 3 parcelles distinctes.

_____ LES VINS _____

Le coteau du Cap Corse blanc 95 (37 F), issu de 5 % de cordivarta et 95 % vermentino, est un vin frais et aérien, aux nuances anisées, épicées, fruitées. L'équilibre des saveurs est parfait. Une jolie acidité finale est support de fraîcheur. Le cordivarta, cépage blanc que l'on trouve uniquement dans le Cap Corse, possède moins de densité aromatique que le vermentino mais est doté d'une acidité supérieure très importante donc dans l'assemblage final. Le coteau du Cap Corse rosé 95 (37 F), 70 % niellucio, 30 % alicante (à ne pas confondre avec alicante boucher) est vinifié en pressurage directe. Le coteau du Cap Corse rouge 95 (37 F), 40 % niellucio, 60 % alicante, provient d'une cuvaison de 8 à 10 jours. C'est un vin à la couleur soutenue, avec des nuances végétales, poivrée et fruitée. La bouche possède aujourd'hui un peu de rusticité tannique. C'est un vin qui demande de l'élevage afin de s'assouplir.

_____ L'ACCUEIL _____

Sympathique et courtois, à la cave ou au chais de 9 à 20 h. Sur R-V en hiver. En quittant Bastia, prendre la route du Cap. Passer Brando, puis Erbalunga, le village se trouve après.

PROPRIÉTAIRE :
LINA VENTURI
SANTA-SEVERA, 20228 LURI
TÉL. : 95 35 01 03 - FAX : 95 35 03 93

CLOS REGINU-E PROVE

PROPRIÉTAIRE-VIGNERON

_____ LE DOMAINE _____

Dirigé aujourd'hui par Michel et Dominique Raoust, ce domaine fut transformé et planté par le père de Dominique, Roger Maestracci, « le Dr », qui transmit ainsi à sa fille et à son gendre la passion de la terre et de la vigne. Cette propriété de 27 ha en production est particulière par sa situation dans le vignoble de Calvi. Elle se trouve à l'intérieur des terres qui lui apportent une aspect plus continental tout en bénéficiant de l'influence de la mer.

_____ LES VINS _____

Deux styles sont produits dans chaque couleur, une cuvée domaine et une cuvée prestige E Prove. Le 95 E Prove blanc (36 F) possède des arômes de fruits, de pêche, d'abricot, avec des nuances épicées, anisées, une bouche grasse rafraîchie par de bons amers. E Prove rosé (36 F), vinifié à 50 % en saignée qui lui apporte la charpente et 50 % en pressurage directe qui lui vaut fraîcheur et vivacité : beaux arômes, bel équilibre en bouche, rosé rafraîchissant et charnu à la fois. Clos Reginu 94 (25 F) est très épicé. La bouche est concentrée, les tanins sont soyeux. À servir autour de 15-16°. Très beau rapport qualité-prix. E Prove 93 (36 F) : couleur très soutenue, vin de soleil, une grande trame en bouche avec des tanins mordants. Un vin à consommer en automne sur de belles pièces de gibier.

_____ L'ACCUEIL _____

Simple et professionnel dans la grande cave. Tous les jours sauf le dimanche de 8 à 12 h et de 14 à 19 h en été. En partant de Calvi, prendre direction de l'Île-Rousse, et après Lumio direction Cateri. Traversez Muro puis direction Santa-Reparata, le domaine est fléché à 1 km environ de là.

PROPRIÉTAIRES :
MICHEL ET DOMINIQUE RAOUST
20225 MURO
TÉL. : 95 61 72 11 - FAX : 95 61 80 16

CLOS CULOMBU
PROPRIÉTAIRE-VIGNERON

―――――――― LE DOMAINE ――――――――

Étienne Suzzonni a repris en 1986 ce domaine de 25 ha au joli nom de Culombu qui signifie un gros coquillage servant de corne ou de porte-voix. Et si vous cherchez un but de promenade, n'hésitez pas : le paysage vaut le détour !

―――――――― LES VINS ――――――――

En blanc, la cuvée prestige 95 à 37 F : 100 % vermentino, vinification classique, c'est une grande réussite. Large palette aromatique, en finesse, florale, violette mais aussi fruits, citron confit, exotiques et nuances d'épices. Bouche d'une superbe harmonie. Le rosé de prestige 95 (32 F) possède des arômes acidulés, bouche vineuse. Par ailleurs, Étienne Suzzoni nous propose également deux cuvées de prestige pour le millésime 93 : la première (35 F) composée à 80 % de nielluciu et 20 % de sciacarello avec une cuvaison de 5 à 6 jours, vendanges éraflées aux 2/3 avec un élevage de 2 ans en cuve. De couleur rubis foncé, il possède un nez marqué par des arômes de fruits, un côté fumé, une bouche ample aux tanins légèrement en aspérité avec une rétro-olfaction des saveurs à la fois fruitée et végétale. À servir autour de 15°. La seconde cuvée prestige 93 (35 F), 100 % nielluciu avec un élevage de 4 mois en barriques neuves, donne un vin avec plus de matière que le précédent, un boisé discret, une bouche pleine et structurée qui demande à s'assouplir.

―――――――― L'ACCUEIL ――――――――

De Calvi, prendre la direction de l'île-Rousse : à l'entrée du village de Lumio un panneau indique le domaine. Accueil sympathique et convivial par l'épouse d'Étienne qui vous régalera de charcuteries locales pour accompagner les vins maison.

PROPRIÉTAIRE : **ÉTIENNE SUZZONI**
CHEMIN DE LA CHAPELLE
SAINT-PIERRE - 20260 LUMIO
TÉL. : 95 60 70 68 - FAX : 95 60 63 46

DOMAINE D'ALZIPRATU
PROPRIÉTAIRE-VIGNERON

―――――――― LE DOMAINE ――――――――

Cette propriété a été créée en 1960 par Maurice Acquaviva, le père de Pierre. À proximité du domaine, le couvent d'Alzipratu est un des hauts lieux de la musique corse. Situé à l'intérieur des terres, il bénéficie d'un climat plus continental sur les 25 ha de superficie plantés en coteaux. Le sol est de nature silico-argileux, granitique.

―――――――― LES VINS ――――――――

Le blanc 95 (23 F) est un vin simple d'expression, facile à boire, à déguster dans sa prime jeunesse. Le rosé 95 (22 F) issu de pressurage de cépage nielluccio, sciacarellu et cinsault, est un rosé à la faible intensité minérale et végétale. Le minéral et l'acidité en font un vin droit, vif, pointu, un des plus nerveux que nous ayons pu déguster en Balagne. Le rouge 94 (22 F) éraflé à 90 %, composé principalement de grenache et de sciacarello, est un vin facile, friand ou le fruité (cerise, griotte) et le végétal (mentholée, poivrons) confirment la bouche légère, tendre, gouleyante. Sont également à la vente en quantités infimes des vins rouges en 89 et 90.

―――――――― L'ACCUEIL ――――――――

Pierre Acquaviva vous reçoit avec tout son dynamisme et sa gentillesse de 8 à 12 h et de 14 à 19 h à la cave. De Calvi, prendre la direction de Calenzana, puis Zilia, ensuite le domaine est indiqué.

PROPRIÉTAIRES :
HERVÉ MAURICE ET
PIERRE ACQUAVIVA
ROUTE DE CALENZANA - 20214 ZILIA
TÉL. : 95 62 75 47 - FAX : 95 60 42 41

VIN DE CORSE CALVI

CLOS LANDRY
PROPRIÉTAIRE-VIGNERON

LE DOMAINE

e domaine a été repris en 68 par Fabien Paolini, gure de proue de la viticulture en Balagne et pré- urseur dans l'élaboration des vins rosés dans la néthode de pressurage direct (vin gris). Désormais, l travaille en étroite collaboration avec sa fille Cathy ont le dynamisme contribue à la progression et la econnaissance de la propriété. 18 ha de vignes en xploitation sur un sol formé d'alluvions de la riviè- e Figarella et balayés par l'air marin.

LES VINS

Jne seule cuvée par couleur. Le Clos Landry blanc 95 32 F), 100 % vermentino, se distingue par sa robe ouleur jaune pâle presque cristallin. Le nez est fin, out en retenue, avec des nuances anisés, fenouil, et ninéral. L'attaque en bouche est ronde, de moyenne ersistance. Le gris 95 (29 F), couleur vedette du lomaine, possède un nez acidulé, aérien, avec une ouche minérale et iodée. La bouche est ronde en ttaque puis salée pour terminer par une amertume égétale. Le rouge 94 (29 F), pour lequel il faut maî- riser la température de service (14°) afin de conser- er l'équilibre fraîcheur-puissance, présente une elle maturité de fruits. La bouche est très souple vec une nuance suave, une finale gourmande et des anins bien englobés dans le gras du vin.

L'ACCUEIL

Très accueillant, à l'image de Cathy et de Fabien, lans le très beau domaine à 1 km de la mer. Vous oourrez également vous restaurer de produits régio- aux dans le petit restaurant à l'entrée du Clos. De Calvi, prendre la direction de l'aéroport de Sainte- Catherine, 3 km après, au carrefour de la N197 et de a D81, le domaine est sur la droite.

PROPRIÉTAIRE : **FABIEN PAOLINI**
CARREFOUR DE L'AÉROPORT
20260 CALVI
TÉL. : 95 65 04 25 - FAX : 95 65 37

✎ NOTES DE VOYAGE

Dans cette région, à partir du 18 octobre 1996, vous devez faire pré- céder les numéros de téléphone de vos correspondants de : 04

VIN DE CORSE PORTO-VECCHIO

DOMAINE DE TORRACCIA

PROPRIÉTAIRE-VIGNERON

LE DOMAINE

Créé en 1964 par le maître des lieux, Christian Imbert (qui auparavant a passé 15 ans au Tchad, exportant les produits locaux), cette propriété compte 43 ha de vignes répartis en 34 ha pour les rouges et 9 pour les blancs.

LES VINS

Quatre vins sont déclinés : un domaine de Torraccia blanc et rosé, et deux cuvées de rouge suivant le millésime dans les grandes années. Le blanc 95 (47 F) composé à 90 % de vermentino et 10 % d'ugni blanc, présente des arômes de fruits à noyaux (amande douce, abricot) et aussi d'infusion avec une partie de végétal et de minéral. Le rosé 95 (41 F) est vinifié à 50 % en saignée et 50 % en pressurage direct. De couleur rose dégradé orangé, avec des nuances aromatiques de fruits macérés et d'épices, une bouche vineuse relayée par des amers qui lui assurent fraîcheur et persistance. Le rouge 93 (41 F) est un vin aux arômes de fruits rouges, de garrigue d'épices avec une bouche tendre, souple avec des tanins en relief. La cuvée Oriu 90 (63 F) est un grand vin, et c'est une chance inouïe de pouvoir le déguster dans cette superbe année. De couleur grenat foncé, il développe des arômes complexes et riches (gibier, fumet et sous-bois), la bouche est ample structurée et équilibrée avec des tanins soyeux et fondus.

L'ACCUEIL

À la cave, dans ce très beau site où vous pourrez déguster les olives et l'huile faites maison. De Bastia prendre la direction Solenzara puis Porto-Vecchio. 1 km avant Porto-Vecchio sur la N198, prendre à gauche direction Lecci. Le domaine est indiqué.

PROPRIÉTAIRE :
CHRISTIAN IMBERT
LECCI, 20137 PORTO-VECCHIO
TÉL. : 95 71 43 50 - FAX : 95 71 50 03

AJACCIO

CLOS CAPITORO

PROPRIÉTAIRE-VIGNERON

_____ LE DOMAINE _____

Il existe depuis 1856. 50 ha de vignes dirigés depuis 1975 par Jacques Bianchetti, passionné et amoureux de la vigne. Deux cépages pour les rouges : sciaca-rellu qui signifie « craquant sous la dent » et per-met d'obtenir un vin très aromatique de fort degré tout en conservant une bonne acidité, et le grenache qui apporte puissance et couleur ; un cépage pour le blanc : le vermentino.

_____ LES VINS _____

Le blanc 95 (40 F) est vendangé tôt et vinifié à une température de 18-19° pour garder le maximum d'arômes. Pas de fermentation malolactique. C'est un vin tendre et friand aux arômes de fleurs blanches, aubépine, genêt, avec une touche de miel. La bouche est franche, d'acidité moyenne mais sans aucune lourdeur. Le rosé 95 (37 F), issu de sciaca-rellu, est obtenu par saignée. De couleur grise plus que rosée dans sa prime jeunesse, il passera à l'oran-ge dès le 10e mois ; c'est le parfait vin de fraîcheur sans excès de technicité. Le rouge 93 (37 F) est un vin aux arômes de fruits rouges, framboise, groseille, épices douces qui évoluent vers des notes de bois grillé et de cistes. La bouche est ronde, grasse, avec en finale des tanins légèrement en aspérité. Une bou-teille qui doit mûrir car les vins d'ici vieillissent très bien. Ah ! Souvenez-vous du merveilleux 70 !

_____ L'ACCUEIL _____

Passionnant et très convivial, dans un grand caveau. Tous les jours de 8 à 12 h et de 14 à 19 h à (18 h l'hiver) et le dimanche sur R-V. Prenez la direction de Sartène en sortant d'Ajaccio par la N196. 12 km plus loin, puis à droite vers Pisciatella par la D302. La cave est de suite à droite (panneau).

Clos Capitoro

APPELLATION AJACCIO CONTROLÉE

13%vol.   75 cl

BIANCHETTI FRÈRES
PROPRIETAIRES-VITICULTEURS - PISCIATELLA - AJACCIO - CORSE
Mis en Bouteille au Domaine

PROPRIÉTAIRE :
JACQUES BIANCHETTI
PISCIATELLA - 20166 PORTICCIO
TÉL. : 95 25 19 61 - FAX : 95 25 19 33

 NOTES DE VOYAGE

Dans cette région, à partir du 18 octobre 1996, vous devez faire précéder les numéros de téléphone de vos correspondants de : 04

LES ROUTES
DES VINS
DU LANGUEDOC

MICHEL SMITH

ÉDITO

TOUT BAIGNE ?

Tout a été dit sur le Languedoc. Dans nos pages, nous avons sans cesse soutenu cette région d'avenir, si riche, si forte en talents. Des talents ? Le Languedoc en regorge. À chaque nouvelle tournée nous pointons nos narines vers des trésors diablement envoûtants et jusque-là inconnus. Mais nous ne sommes plus les seuls : le monde du vin s'intéresse enfin à cette région aux terroirs insoupçonnés, et un guide entier serait nécessaire pour citer tous les bons crus du Midi ! Pêle-mêle nous aurions pu décrire le domaine d'Olivier Jullien, qui n'a « pas un vin à vendre », celui de Laurent Vaillé (La Grange des Pères), la nouvelle star vigneronne, ou encore la cave de son prestigieux voisin, Aimé Guibert de La Vaissière (Daumas Gassac), dont les vins sont évidemment « exceptionnels ». Nous aurions pu vanter les crus de Michel Morealbert, Marc Valette ou Guy Bascou, sachant qu'il nous faudrait passer avec eux une journée à bavarder, à comprendre. Et que dire de nos ex-coups de cœur, de l'Aiguelière aux Jougla en passant par Jacques Maris, Marlène Soria et Christian Baillat, sans oublier ces châteaux des Corbières (Meunier-Saint-Louis, Étang des Colombes, Pech-Latt, Saint-Auriol…) qui mériteraient une place parmi les grands noms du Languedoc ?

Alors, tout baigne pour le Languedoc ? Pas si sûr. Dix ans après l'accession au statut envié d'appellation contrôlée, les vignobles poids lourds de la région sont paradoxalement confrontés à une forte demande pour des vins « de cépages » arborant les noms merlot ou chardonnay, n'ayant plus rien à voir avec la notion d'AOC. Des vignerons, stimulés par des négociants industrieux tels Robert Skalli (Fortant de France), ont compris cette tendance et s'emploient à affubler leurs cabernets d'une forte image « méditerranéenne ». Leur succès, surtout à l'étranger avec des vins « sur mesure », attire acheteurs et négociants venus d'ailleurs. C'est le cas de Michel Laroche qui, de Chablis, s'installe près de Béziers avec la ferme intention de faire du « haut de gamme »… en vins de pays, l'AOC ne faisant pas partie de ses priorités. Georges Dubœuf et même La Baronnie, pour ne citer que ceux-là, lorgnent aussi vers le Midi. Tandis que des « locaux » comme Jeanjean ou le Val d'Orbieu (mégagroupement de coopératives et domaines) confortent leurs positions et étendent leur influence sur les voisins de Provence, du Roussillon et du Rhône.

Pendant ce temps certaines appellations se déchirent, créant des clivages entre gros faiseurs et petits vignerons, entre domaines et coopératives, se lançant dans des combats politiques d'un autre âge, semant le trouble dans les esprits. Mais que les inconditionnels du Languedoc se rassurent : AOC ou pas, grand cru ou pas (là aussi, il y a des projets), nous n'avons jamais goûté autant de crus « artisans » que cette année. Des vins vrais, authentiques, purs, reflétant des terroirs, mais aussi les caractères de leurs créateurs. Et ça, c'est plutôt sain !

Michel Smith

HISTOIRES DE CRUS

Tout le monde veut son cru. Du moins si l'on en croit les officiels. Un exemple : le minervois a ses vignerons supporters de La Livinière, qui devraient mettre en avant le nom de leur commune sur les étiquettes. Ils sont finalement peu nombreux à le faire. Les corbières ont délimité avec rigueur onze terroirs dans leur vaste territoire. Les journalistes – nous les premiers – y avons cru. Nous continuons à le croire, puisque toute la communication officielle des corbières se joue autour de ces terroirs. Mais au bout du compte, peu nombreux sont les vignerons qui militent pour la cause de leur terroir. Huit fois sur dix, le cru est oublié sur l'étiquette au profit de la seule mention obligatoire, celle de l'AOC. Les plus sérieux dans cette histoire de crus sont les gars et les filles des coteaux-du-languedoc, bien organisés en syndicats. Un coteaux-du-languedoc peut voir son nom rallongé de La Clape, Pic-Saint-Loup, Montpeyroux, Quatourze, Saint-Georges-d'Orques, Saint-Saturnin, Picpoul-de-Pinet, Saint-Christol, La Méjanelle, Cabrières, Saint-Drézéry, Vérargues… Fiers de leurs terroirs, ils ne se privent pas de le faire savoir et ont bien raison !

INFO-CIVL
LES AOC DU
LANGUEDOC

Cette terre millénaire, ouverte sur la Méditerranée et baignée de soleil, a marqué toutes les grandes périodes historiques. L'époque romaine, pendant laquelle le Languedoc a dominé la vie politique et économique. Le Moyen Âge caractérisé par les mouvements religieux et intellectuels, notamment l'épopée cathare, le développement de nombreuses abbayes, le rôle essentiel des troubadours dans l'ouverture de la région au reste de l'Europe, la création des premières universités… Le XIXe siècle a été marqué par le formidable déploiement des axes de communication qui a permis l'expédition sur l'ensemble du vignoble, un des plus vieux au monde, est en passe de devenir le laboratoire des vins d'avenir.

Avec rigueur et passion, une nouvelle génération de vignerons a donné naissance au troisième vignoble d'AOC de France. Le secret de cette réussite : un terroir revalorisé et une offre diversifiée grâce au réencépagement et à des rendements très faibles, parmi les plus bas de France. L'innovation des vins du Languedoc est largement reconnue à l'étranger et en France. La presse vante dans ses colonnes l'émergence d'un nouveau « nouveau monde ».

Les dix appellations qui forment les AOC du Languedoc sont une invitation à la découverte. Les vins sont épanouis, simples, concentrés, aromatiques. Ils sont rouges, bien sûr, mais aussi de plus en plus rosés ou blancs, tranquilles ou effervescents. Ils s'appellent cabardès, clairette du Languedoc, corbières, coteaux-du-languedoc, faugères, fitou, limoux, malepère, minervois et saint-chinian.

HÔTELS
DANS LE VIGNOBLE
ET RESTAURANTS
DE BONNE CAVE

Lauret

L'Auberge du Cèdre, domaine de Cazeneuve : 34270 Lauret, tél. : 67 59 02 02, fax : 67 59 03 44. Fermé du 1er janvier à la mi-mars. Situé à 9 km de Saint-Mathieu-de-Tréviers (au nord de Montpellier), sur le terroir des coteaux du Languedoc Pic-Saint-Loup, un hôtel qui n'en porte pas le nom puisque ses 17 chambres n'ont pas toutes de sanitaires individuels. En fait, les jeunes propriétaires de cette vaste et belle maison de maître, située au pied du Causse et face au domaine de Cazeneuve (voir Domaines), veulent demeurer en marge. Ils préfèrent baptiser leur chambres « chambres d'amis », offrir un confort simple mais impeccable, aménager le lieu à la convenance des visiteurs (avec 2, 3 ou 4 lits) et miser sur une ambiance de communauté et de franche décontraction. Chacun se sent un peu chez soi. Randonneurs épicuriens et fous de vol-à-voile (dans les pics environnants) le savent et se passent cette bonne adresse de bouche à oreille. Le restaurant est ouvert pour les hôtes extérieurs, sur réservation, uniquement le samedi soir et le dimanche midi. Belle terrasse face à la piscine, salle lumineuse dans une ancienne orangerie, bonne cuisine « ensoleillée » de marché et rien que des (bons) vins de Pic-Saint-Loup à la carte pour moins de 100 F. 2 menus à 120 et 160 F. Chambres, de 70 F la nuitée simple pour un adulte (55 F pour les enfants) à 220 F la pension complète par jour, toujours pour un adulte (140 F et 160 F pour les enfants). Possibilité de camping sur un terrain attenant au parc.

Saint-Mathieu-de-Tréviers

La Cour : 34270 Saint-Mathieu-de-Tréviers, tél. : 67 55 37 97. Fermé le mercredi. À une vingtaine de kilomètres au nord de Montpellier, on apprécie l'été la cuisine simple et fraîche sur une terrasse bien ombragée. Tous les vins de Pic-Saint-Loup sont à la carte de 60 à 90 F. Menus : de 90 à 160 F.

Montpellier

Le Jardin des Sens : 11, av. Saint-Lazare, 34000 Montpellier, tél. : 67 79 63 38. Fermé le dimanche. La grande table de la ville, qui offre un joli travail sur les produits, surtout les sauces et les jus, avec une prédilection pour les oppositions de textures. Premier menu d'un excellent rapport qualité-prix. Les vins de la région sont convenablement représentés au sein d'une belle carte. Menus : de 165 à 430 F. Carte : compter 450 F.

Hôtel du Parc : 8, rue Achille-Bège, 34000 Montpellier, tél. : 67 41 16 49. Une maison du XVIIIe siècle dans un jardin très calme. 19 chambres de 200 à 360 F. Le Guilhem : 18, rue Jean-Jacques Rousseau, 34000 Montpellier, tél. : 67 52 90 90, fax : 67 60 67 67. Très central, dans un quartier piéton (se garer au parking de la préfecture) de la vieille ville, on s'y plaît pour le jardin et la vue sur la cathédrale. 33 chambres de 330 à 600 F. Belle terrasse pour le petit déjeuner (47 F).

La Maison Blanche : 46, rue Salaison, 34000 Montpellier, tél. : 67 79 60 25, fax : 67 79 53 39. Style Louisiane pour un remake d'*autant en emporte le vent*. Chambres de 350 à 450 F.

Restaurant Le Chandelier : 3, rue Leenhart, 34000 Montpellier, tél. : 67 92 61 62. Fermé les dimanche et lundi midi. Cuisine classique s'offrant des (bonnes) transgressions. Bonne carte des vins régionaux. Menus : de 140 à 360 F. Carte : compter 400 F.

Lattes

Le Cellier-Maison des vins du Languedoc : Mas Saporta, 34970 Lattes, tél. : 67 06 04 40. Fermé le dimanche soir. Nouveau décor plus chaleureux pour la vitrine des vins du Languedoc. Bon menu du terroir supervisé par David Moreno, et surtout un vaste choix de crus régionaux à prix doux, conseillé par un sommelier. Vente directe des crus dans le caveau du Mas, ouvert toute la semaine au public. Menus : de 95 à 195 F.

Mas de Couran : route de Fréjorgues, 34972 Lattes, tél. : 67 65 57 57, fax : 67 65 37 56. À 5 km de Montpellier, une maison bourgeoise du siècle dernier au milieu d'un parc somptueux (piscine). 2 appartements et 16 chambres bien équipées de 380 à 500 F pas toutes

aussi silencieuses que le laisse prévoir l'appartenance aux Relais du Silence. Restaurant sur place.

Saint-Guiraud

Le Mimosa : 34150 Saint-Guiraud, tél. : 67 96 67 96. Fermé en novembre, décembre, janvier et février, ainsi que les dimanche soir (sauf juillet et août) et lundi (sauf jours fériés). Sur réservation. À une dizaine de kilomètres au nord de Clermont-l'Hérault. Chez ce couple de musiciens britanniques, Brigit et David Pew, nous avons fait l'un de nos meilleurs repas de l'année. À l'ombre d'un patio avec sa fontaine, entouré d'un service discret et compétent. La cuisine méditerranéenne de madame est fraîche, sobre, et d'un très bon rapport prix-plaisir (le premier menu). La carte des vins locaux de monsieur est superbe, de très loin la meilleure de la région, tant dans les découvertes que dans le choix des bons millésimes parmi les valeurs sûres. Un des rares établissements à disposer d'une cave de stockage climatisée. Menus : de 160 à 250 F. Carte : compter 300 F.

Magalas

La Boucherie : place de l'Église, 34480 Magalas, tél. : 67 36 20 82. Fermé les dimanche soir et lundi. À une quinzaine de kilomètres au nord de Béziers, dans une véritable boucherie qui fait également restaurant et « accueille les amateurs de viandes et leurs amis ». La viande ainsi que les abats, copieusement servis, sont succulents. Originalité et bonne humeur au rendez-vous. Bonne petite carte des vins du pays, à prix sages, dont ceux du domaine des Chemins de Bassac. 3 menus de 49 F (le midi, en semaine) à 130 F.

Espondheillan

Le Château de Cabrerolles : 34270 Espondeilhan, tél. : 67 39 21 79, fax : 67 39 21 05. À 10 km au nord de Béziers, une belle bâtisse bourgeoise au milieu des bois et les vignes, tenue par un couple à l'accueil très chaleureux. Un point de chute pour naviguer dans la plaine de Béziers et le terroir de Faugères. Chambres et appartements de 320 à 590 F.

Florensac

Léonce : Josette et Jean-Marie Fabre, 8, place de la République, 34510 Florensac, tél. : 67 77 03 05, fax : 67 77 88 89. Sur réservation. Fermé les dimanche soir et lundi, ainsi qu'en février. Une excellente cuisine bourgeoise innovante, parfaitement exécutée, un accueil charmant : voilà pour les bons points. On peut cependant déplorer, hormis la présence de quelques grands crus locaux à prix raisonnables, un manque d'enthousiasme pour le vin et les nouveaux grands noms du vignoble. 3 menus de 136 à 330 F. Carte : compter 300 F.

Béziers

Château de Lignan : 34490 Lignan-sur-Orb, tél. : 67 37 91 47, fax : 67 37 99 25. En lisière du bourg, donnant sur un vaste parc et sur les bords de l'Orb, une cuisine à la fois jeune, parfumée, généreuse et méditerranéenne avec quelques bons vins de la région à des prix sympas. Bonne ambiance décontractée, mais décor un peu froid… à moins de se rôtir en terrasse. Menus de 140 à 360 F. Hôtel de 50 chambres avec demi-pension autour de 500 F par tête.

L'Ambassade : 22, bd de Verdun, 34500 Béziers, tél. : 67 76 06 24, fax : 67 76 74 05. Pas toujours bien coté dans les guides, ce lieu provincial à souhait est en revanche bien vu des Bitterois… surtout pour sa riche carte des vins. On mange bien pour moins de 200 F.

Le Jardin : 37, avenue Jean-Moulin, 34500 Béziers, tél. : 67 36 41 31. Fermé les dimanche soir, lundi et quinze premiers jours de juillet. Réservation souhaitée. Une cuisine de marché juste, fraîche, assez inventive, et surtout une belle mise en avant des vins de la région, dont certains sont servis au verre. Menus : de 135 à 285 F (menu enfant à 65 F). Carte : compter 300 F.

Le Framboisier : 12, rue Boïeldieu, 34500 Béziers, tél. : 67 49 90 00. Fermé les dimanche, lundi et quinze derniers jours d'août. Réservation souhaitée. Le meilleur restaurant actuel de Béziers, pour une cuisine classique mais bien maîtrisée, et une belle carte des vins régionaux. Les prix sont doux. Menus : de 150 à 330 F. Carte : compter 350 F.

Siran

La Villa d'Eleis : Château de Siran, 34210 Siran, tél. : 68 91 55 98. Fermé les mardi soir et mercredi (ouvert tous les jours en été). Dans le cadre du château, plusieurs menus de 135 à 330 F, ce dernier étant dit de « dégusta-

tion » avec 5 vins du Minervois adaptés aux plats. Prix raisonnables, à l'image de ce Tour-Saint-Martin à 70 F. La carte des vins va s'étoffer et, hormis une bonne centaine de références minervoises, sacrifier autant de place aux autres AOC du Languedoc-Roussillon. Bernard Lafuente dirige la cuisine, tandis que le jeune Sébastien Castagné s'occupe de la cave. Également 11 chambres plus un appartement (de 350 à 600 F) pour deux et environ 600 F par jour pour un couple en demi-pension.

Narbonne

L'Olibo : 51, rue Parerie, 11100 Narbonne, tél. : 68 41 74 47. Fermé les mercredi soir et dimanche. Une cuisine de terroir raffinée et d'un très bon rapport qualité-prix dans les deux premiers menus. Honnête sélection de vins régionaux. 3 menus de 110 à 250 F.

La Coupole, Grand Hôtel du Languedoc : 22, bd Gambetta, 11100 Narbonne, tél. : 68 65 81 70, fax : 68 65 81 71. Restaurant fermé les samedi midi et lundi, ainsi qu'en janvier. Bonne cuisine gastronomique régionale, grande carte des vins de Corbières. Menus : de 90 à 220 F. Carte : compter 250 F. 40 chambres de 250 à 550 F.

Les Saveurs du Palais : le Palais du Vin, route de Perpignan, Saint-Crescent-le-Viel, 11100 Narbonne, tél. : 68 41 24 39. Le restaurant moderne du centre des caves particulières de l'Aude. Très large sélection de vins, où le meilleur côtoie des crus très ordinaires. Menu à 110 F.

Sigean

Le Grand Guillaume, château de Villefalse : route de Narbonne, Le Lac, 11130 Sigean, tél. : 68 48 54 29, fax : 68 48 34 37. Restaurant fermé les dimanche soir et lundi. Hôtel fermé en janvier. Au sud de Narbonne, un luxueux hôtel entouré d'une centaine d'hectares de vignes. Accueil très pro, confort total, calme absolu. 10 chambres et 15 appartements de 950 à 1800 F. Piscine.

Ornaison

Le Relais du Val-d'Orbieu : D24, 11200 Ornaison, tél. : 68 27 10 27, fax : 68 27 52 44. Entre Narbonne (14 km) et Lézignan (A9 : sortie Narbonne-Sud, A61 : sortie Lézignan), un peu à l'écart de la nationale, au milieu des vignes, un hôtel de plein-pied, au calme absolu et à l'accueil très pro. On fera ici une halte pour visiter l'excellent terroir des corbières de Boutenac, à quelques kilomètres, mais on aimerait plus de retenue dans les prix. 20 chambres (dont certaines avec terrasse privée) de 500 F (390 F hors saison) à 720 F pour 2 personnes. Piscine.

Puichéric

Domaine de Sainte-Aunay : 11700 Puichéric, tél. : 68 43 76 72. Au cœur du Minervois, une folie 1900 au milieu des vignes. De 160 à 180 F, petit déjeuner compris. Repas à 75 F.

Minerve

Les Aliberts : 34210 Minerve, tél. : 68 91 81 72, fax : 68 91 22 95. Sur réservation. Avant d'arriver à Minerve, en venant d'Olonzac, sur votre gauche, vous ne pouvez manquer cette belle bastide restaurée du XIIe siècle, au milieu de la garrigue et des vignes, qui domine les collines du Minervois et les cañons de la Cesse. Monique et Pascal Bourgogne ont aménagé ici 5 logis lumineux, de caractère, chacun avec jardin ou grande terrasse privative et tout l'équipement ménager des gîtes de luxe. Grande piscine creusée dans le roc. L'accueil est parfait, le site majestueux, sauvage et calme. Une vraie étape coup de cœur en Minervois. Les logis se louent le plus souvent à la semaine et, (parfois hors saison), le week-end. Celui de 4 chambres pour 8-9 personnes : de 1200 F le week-end (une nuit) à 8000 F la semaine en juillet-août. Ceux de 2 chambres pour 4-5 personnes : de 800 F le week-end (une nuit) à 5500 F la semaine en juillet-août. Enfin celui de 3 chambres pour 6 personnes : de 800 F le week-end à 6500 F la semaine en juillet-août. Hors saison et selon les disponibilités, il peut se libérer une chambre-suite : 400 F la nuit pour 2 personnes, petit déjeuner compris. Sur demande, organisation de randonnées ou de journées d'excursions à thème.

La Terrasse : Ferme-auberge de Marie-Pierre et Roger Marcouïre, 34210 Minerve, tél. : 68 91 80 94, fax : 68 91 80 99. Sur réservation. Juste en face du pont principal par lequel on entre à pied dans Minerve, on réservera sur la petite terrasse ombragée où l'on sert une cuisine de terroir roborative (fréginat, bougnette, viandes en sauce au vin du domaine, glace au thym). Roger est également producteur et ne sert que ses vins à table (bon blanc). Menus : de 90 à 130 F.

Le Relais Chantovent : 34210 Minerve, tél. : 68 91 14

18. Fermé le lundi et de janvier à mars. Dans ce beau village agrippé au rocher, une table de terroir sympa (nous vous recommandons le premier menu) avec une vue sur le cañon de la Cesse dont on profite pleinement depuis la terrasse. Toute petite carte de minervois. 5 menus de 95 à 220 F. 7 chambres de caractère, disséminées dans le village, de 220 à 350 F. Bon rapport qualité-prix.

Homps

Auberge de l'Arbousier : Route de Carcassonne, 11200 Homps, tél. : 68 91 11 24. Fermé les mercredi et dimanche soir (hors saison), ainsi que du 15 février au 15 mars. Restaurant sur réservation. Une ancienne cave située en bordure du canal du Midi, sobrement restaurée, avec une salle spacieuse, claire, et une terrasse face au canal, ombragée par les platanes. Cuisine régionale simple et une belle carte étoffée avec 18 minervois (de 55 à 98 F), 7 corbières et 3 très bons vins de pays. Le tout signé Pilar Rosado, votre hôtesse œnophile, avec sa fille et son gendre à l'accueil. 4 menus de 78 à 190 F (menu enfant à 40 F). Quelques chambres très calmes (sans télévision) – dont certaines donnent directement sur le canal – de 200 à 250 F.

Peyriac-Minervois

Château de Violet : route de Pépieux, 11160 Peyriac-Minervois, tél. : 68 78 11 44 et 68 78 10 42, fax : 68 78 30 01. Une demeure du XIXe siècle transformée en hôtel, et de très vastes chambres au charme suranné dont certaines avec de beaux meubles (rechercher particulièrement celle dite « de l'archevêque »). Le château de Violet, dirigé par Émilie Faussié, est également un bon domaine viticole (particulièrement en blanc) que l'on peut visiter sur demande. 3 menus de 170 à 250 F. 3 grands appartements et 15 chambres de 380 à 2200 F.

Caunes-Minervois

Hôtel d'Alibert : place de la Mairie, 11600 Caunes-Minervois, tél. : 68 78 00 54. De l'extérieur on ne devine pas la très jolie cour Renaissance de cet hôtel, malheureusement bruyant et un peu limite pour le confort (mais les chambres ne sont pas chères). Accueil chaleureux et bonne cuisine de terroir avec un choix honnête en corbières et minervois. Menus : de 65 à 110 F. Chambres : de 200 à 300 F. Petit déjeuner à 30 F.

Carcassonne

Hôtel de la Cité, la Barbacane : place de l'Église, 11000 Carcassonne, tél. : 68 25 03 34, fax : 68 71 50 15. Fermé de la mi-janvier à la mi-février. Réservation souhaitée. Intra-muros, vue garantie sur les vignes enserrant la cité et, au loin, les Pyrénées. Piscine, vastes chambres climatisées et restaurant gastronomique… dans une atmosphère gothique hollywoodienne, tendance Viollet-le-Duc, remis à neuf par un enfant du pays. L'accueil est irréprochable, le confort des chambres un rêve : un vrai palace au service supérieur à de nombreux Relais & Châteaux. Et si les prix sont taillés sur mesure pour une clientèle aisée, croyez-en notre expérience, c'est une halte inoubliable, d'un bon rapport prix-plaisir. Sans oublier la meilleure table de la région, la Barbacane, où le chef Michel Del Burgo fait exploser son talent. Présence de plus d'une centaine de vins du Languedoc et du Roussillon (de 80 à 1050 F) sur une carte riche de 1500 références. Un petit paradis d'œnophile. 3 menus de 190 F (le midi) à 450 F. Carte : compter 500 F. 23 chambres et 3 appartements de 690 à 1750 F. Petit déjeuner à 90 F.

Carcassonne-Auriac

Domaine d'Auriac : Auriac, 11000 Carcassonne, tél. : 68 25 72 22, fax : 68 47 35 54. Restaurant fermé hors saison ainsi que les dimanche soir et lundi. Réservation souhaitée. Une grosse bâtisse bourgeoise appartenant aux Relais & Châteaux, attenante à un golf et située à 4 km au sud de la cité médiévale, dans un parc aux arbres majestueux. Confort cossu, accueil d'une grande gentillesse, belle cuisine aux saveurs relevées servie dans le jardin en été. 5 menus de 170 à 250 F (vin compris). Carte : compter 350 F. 25 chambres de 770 à 1300 F. Petit déjeuner à 80 F. Tennis, piscine et golf à neuf trous.

Fontcouverte

Château de Fontcouverte : 11700 Fontcouverte, tél. : 68 43 93 14. À proximité de Lézignan, chambres d'hôtes à 220 F, petit déjeuner compris.

Fabrezan

Le Clos des Souquets : avenue de Lagrasse, 11200 Fabrezan, tél. : 68 43 52 61. Fermé du 1er novembre au 1er mars. À 10 km au sud de Lézignan-Corbières, un excellent petit hôtel de plain-pied, ouvert depuis peu,

sobrement décoré (sans télévision), aux prix doux comme l'accueil. Certaines chambres ont accès à une piscine. Bonne cuisine du jour, simple et décontractée. Petite carte de vins locaux. Très central pour organiser ses excursions en Corbières. 5 chambres de 280 à 350 F.

Camplong-d'Aude

Authentis : 11200 Camplong-d'Aude, tél. : 68 43 50 06, fax : 68 43 55 99. Un groupe de 15 gîtes ruraux géré par la commune avec un restaurant de cuisine régionale. Vins aux prix de la propriété. Organise des excusions « d'agrotourisme » sur les thèmes du miel, du fromage de chèvre, de la vigne et du vin.

Fontjoncousse

L'Auberge du Vieux Puits : 11360 Fontjoncousse, tél. : 68 44 07 37, fax : 68 44 08 31. Fermé les dimanche soir et lundi (sauf juillet et août), ainsi qu'en janvier. Réservation souhaitée. Une cuisine généreuse, aux saveurs prononcées et à l'accent méridional. Belle carte de vins en général (assez classique pour ce qui est des bordeaux) et très ouverte s'agissant des vins du Languedoc. Le premier menu est une bonne affaire. Excellent accueil. Menus : de 136 à 290 F. Carte : compter 300 F.

Durban-Corbières

Le Moulin : 11360 Durban-Corbières, tél. : 68 45 81 03, fax : 68 45 83 31. Fermé les dimanche soir et lundi hors saison (le lundi midi en saison), ainsi que du 15 janvier au 1er mars. Dans cet ancien moulin, au milieu des vignes, nous nous sommes régalé cette année de la cuisine alerte, aux saveurs tout en relief mais sans excès de David Moreno. Avec le temps, ce jeune chef se perfectionne et gagne en simplicité. Nous en sommes d'autant plus heureux que nous avions affronté plusieurs déceptions par le passé. Et toujours une remarquable carte des vins de la région qui s'est encore étoffée. 3 menus de 158 à 310 F. Carte : compter 320 F.

Fitou

La cave d'Agnès : 11510 Fitou, tél. : 68 45 75 91. Ouvert du 1er avril au 1er octobre. Fermé les mardi et mercredi midi. Sur réservation. Sur les hauteur du village, dans une ancienne cave, toute de pierre apparente, une nouvelle adresse à l'accueil décontracté et sans façon, où l'on apprécie la bonne cuisine familiale de terroir et une honnête sélection de Fitou. Bon rapport qualité-prix. 2 menus à 102 et 134 F (menu enfant à 48 F).

Duilhac-sous-Peyrepertuse

Auberge du Vieux Moulin : 9, rue de la Fontaine, 11350 Duilhac-sous-Peyrepertuse, tél. : 68 45 02 17. Lors d'une balade du côté des châteaux cathares, non loin du château de Peyrepertuse, une petite auberge sans prétention, à l'accueil chaleureux. À recommander pour une halte familiale en été, et pour sa jolie terrasse au pied d'une source fraîche. Menus : de 85 à 135 F. 14 chambres très simples, de 200 à 250 F.

Soulatgé

La Giraudasse : 11350 Soulatgé, tél. : 68 45 00 16. Chambres d'hôtes à proximité des gorges de Galamus et des châteaux cathares. Maison du XVIIᵉ siècle. Chambres de 130 à 230 F, petit déjeuner inclus. Menus : de 70 à 110 F (sur réservation).

Limoux

Maison de la Blanquette : Promenade du Tivoli, 11300 Limoux, tél. : 68 31 01 63, fax : 68 31 86 43. Fermé le mercredi soir. Pour l'assiette : foie gras, cassoulet et salade de gésiers bien servis ; pour le verre : les vins de cave des Sieurs d'Arques (cave des producteurs de Limoux). Accueil décontracté. Menus : de 70 à 200 F. Carte : compter 185 F.

Hôtel Moderne et Pigeon : 1, place du Général-de-Gaulle, 11300 Limoux, tél. : 68 31 00 25, fax : 68 31 12 43. L'hôtel immuable de Limoux, assez confortable, et bien tenu. Restauration classique. Menus : de 135 à 195 F. Carte : compter 300 F. 19 chambres de 290 à 470 F. Petit déjeuner : 40 F.

COUCHER CHEZ LE VIGNERON

Autignac

Alice Condoumy : 2, rue du Moulin, 34480 Autignac. Tél. : 67 90 26 34. La maison neuve bordait encore les vignes lors de notre passage, malgré la progression de nouveaux quartiers pavillonnaires dans ce bourg – au demeurant charmant – réputé pour son vin de Faugères. Viticultrice retraitée, Alice a aménagé cinq chambres confortables pour moins de 220 F la nuit (pour un couple, avec petit déjeuner), la plupart donnant sur les vignes et sur un jardin où l'on peut faire ses propres grillades, le tout au nord de Béziers.

Bessan

Lucienne et Lucien Paul : 30, av. de la Victoire, 34550 Bessan, tél. : 67 77 40 07. À 6 km d'Agde, un couple de jeunes viticulteurs qui exploite 6 ha en coopérative et propose 4 chambres avec salles d'eau. Petits déjeuners et dîners pris en famille. Environ 240 F la nuit pour deux, petit déjeuner compris.

Bédarieux

Monique et René Bonnal : domaine de Pélissols, 34600 Bédarieux, tél. 67 95 04 64. Au nord de Bédarieux, les Bonnal, tout en cultivant vigne et cerisiers, proposent 6 chambres d'hôtes et peuvent assurer la demi-pension avec le repas du soir. 370 F environ par jour pour un couple, vin du pays compris. Guère plus de 200 F la nuit pour un couple avec le petit déjeuner.

Maureilhan

Marie-André et Léon Fabre : Les Arbousiers, 34370 Maureilhan, tél. : 67 90 52 49. À 9 km de Béziers, dans une petite maison d'un village viticole, 6 chambres tenues par des exploitants de vignes, fruits et légumes. Moins de 350 F par jour pour un couple en 1/2 pension.

Pouzols-Minervois

Yvette et Jacques Charry : « les Auberges », 11120 Pouzols-Minervois, tél. : 68 46 13 87 ou 68 46 27 11. Juste en face de l'excellente coopérative et en bordure de route, Yvette et Jacques, aidés par leur fille Véronique, exploitent 12 ha de vignes pour la cave. À 15 km de Minerve, on peut dîner sur place mais pas à la table familiale. Trois petites chambres dont le seul défaut est d'avoir vue sur la route. Camping et piscine sur place. De 160 à 180 F la nuit pour un couple avec le petit déjeuner.

Saint-Jean-de-Buèges

Jean-Luc Coulet : « Le Grimpadou », 34380 Saint-Jean-de-Buèges, tél. : 67 73 11 34. En plein village – et quel village ! –, au pied du donjon de ce vieux château du XIe siècle, Jean-Luc propose 5 chambres aménagées avec goût, toutes avec salle d'eau et w-c privés. Jean-Luc exploite des oliviers mais aussi 15 ha de vignes pour la ccopérative locale dont le coteaux-du-languedoc mérite quelques dégustations. Environ 280 F la nuit pour deux avec petit déjeuner.

Villesèque-des-Corbières

Léon-Nicolas Duhamel : Château Haut-Gléon, 11350 Villesèque-des-Corbières, tél. : 68 48 85 95, fax : 68 48 46 20. La famille Duhamel (voir notre sélection) reçoit dans ce beau domaine de 250 ha dont 30 sont réservés à la vigne, à 12 km des plages du Languedoc et dans les premiers contreforts des Corbières. 6 chambres doubles, claires et confortables, à l'écart de la maison des propriétaires. Salle de bains et w-c privés. De 250 à 350 F le nuit pour un couple avec petit déjeuner.

MANIFESTATIONS EN LANGUEDOC

Janvier

Limoux : carnaval, renseignements : tél. : 68 31 11 82.

Février

Cournontéral : les « Paillasses », le jour du carnaval, combat populaire autour du vin.

Avril

Gruissan : pèlerinage au cimetière marin des Auzils : les lundis de Pâques et de Pentecôte, tél. : 68 49 09 00.

Juin

Gruissan : fête de la Saint-Pierre le 29 juin.

Juillet

Frontignan : festival du muscat le 22 juillet.
Cap-d'Agde : foire aux vins vers le milieu du mois.

Mezze : 5e festival de jazz « à la sauce Mézoise » (excellente programmation), avec dégustation des vins du Picpoul-de-Pinet et des huîtres de l'étang de Thau : les 22 et 23 juillet.

Saint-Chinian : foire aux vins le dimanche suivant le 14 juillet.

Ouveillan : spectacle historique organisé par les habitants du village dans la grange de Fontcalvy, tél. : 68 46 87 74.

Siran : festival du minervois, tél. : 68 91 55 59.

Carcassonne : festival de la Cité, du 1er au 26 juillet. Théâtre, danse, musique, variétés, tél. : 68 25 07 04.

Lastours : son et lumière, tous les dimanche et jeudi des mois de juillet et août. Rens. tél. : 68 77 16 76.

Août

Fitou : 4e fête vigneronne du cru Fitou : le 4 août. Dégustation ouverte au public.

Bouzigues : foire aux huîtres les 5 et 6 août.

Narbonne : fête du vin à la fin du mois.

Béziers Œnopole : organisation des « matinées du vin », conférences et dégustations à thèmes divers. Le rendez-vous des branchés du vin du Languedoc. Se déroule sur trois jours, généralement aux alentours du 15 août. Renseignements : 3, rue Paul-Riquet, tél. : 67 28 88 94.

Carcassonne : les Médiévales, du 4 au 19 août. Spectacle son et lumière, tél. : 68 25 07 04.

Agde : foire aux vins durant la deuxième quinzaine d'août.

CENTRES D'INFORMATION

Conseil interprofessionnel des vins du Languedoc : 9, cours Mirabeau, 11100 Narbonne, tél. : 68 90 38 30, fax : 68 32 38 00.

Syndicat des vins de Pays d'Oc : domaine de Saporta, 34970 Maurins-Lattes, tél. : 67 92 23 33, fax : 67 92 32 80.

Syndicat des coteaux du Languedoc : mas Saporta, BP9, 34972 Lattes. Tél. : 67 06 04 44, fax : 65 58 05 15. Ce syndicat diffuse une carte de la région précisant la localisation de 280 producteurs de l'appellation .

Syndicat du cru La Clape : 5, rue de l'Ancien-Port-Catalan, 11100 Narbonne, tél. : 68 65 82 39.

Syndicat du cru Quatourze : 5, rue de l'Ancien-Port-Catalan, 11100 Narbonne, tél. : 68 32 03 50.

Syndicat des vins de Saint-Chinian : maison des Vins, Grand-Rue, 34360 Saint-Chinian, tél. : 67 38 11 69, fax : 67 38 16 33. Documentation et vente aux particuliers de tous les crus de Saint-Chinian (sans dégustation lors de notre passage).

Syndicat des vins de la Clairette du Languedoc : rue de la Clairette, 34230 Adissa, tél. et fax : 67 25 01 07.

Syndicat des vins de Faugères : Château de Laurens, BP10, 34480 Laurens, tél. : 67 90 11 12, fax : 67 90 11 06. Ce syndicat publie une carte de l'appellation avec mention des différents producteurs.

Syndicat du cru Minervois : Château de Siran, 34210 Siran, tél. : 68 27 80 00, fax : 68 27 80 01

Syndicat AOC Corbières : RN113, 11200 Lézignan-Corbières, tél. : 68 27 04 34, fax : 68 27 31 66.

Syndicat de défense de l'identité des vins de Corbières (union des crus signés) : 8 bis place de la Halle, 11200 Lagrasse, tél. : 68 43 14 33, fax : 68 43 14 38.

Syndicat du cru Fitou : RN113, 11200 Lézignan-Corbières, tél. : 68 27 73 09, fax : 68 27 31 66.

Syndicat des producteurs des vins de Limoux : 20, avenue Pont-de-France, 11300 Limoux, tél. : 68 31 12 83, fax : 68 31 03 06.

Syndicat du cru Côtes-de-La-Malpère : 11290 Montréal-d'Aude, tél. : 68 69 01 14, fax : 68 69 15 09.

Syndicat du cru Cabardès : ZA de Sautès, 11800 Trèbes, tél. : 68 78 75 54, fax : 68 78 61 20.

Comité régional du tourisme du Languedoc-Roussillon (CRT) : 20, rue de la République, 34000 Montpellier, tél. : 67 22 81 00, fax : 67 66 14 15.

Comité départemental du tourisme de l'Aude (CDT) : Centre administratif départemental, 11855 Carcassonne cedex 09, tél. : 68 11 66 00, fax : 68 11 66 01. Nombreuses brochures (notamment toute une série de dépliants thématiques Itinéraires en Pays d'Aude sur la route des abbayes, la route de l'art roman, sur les traces des cathares, etc.), cartes, adresses et tarifs des hôtels-restaurants, campings, hébergements familial et jeunesse, meublés, gîtes ruraux, chambres-tables d'hôtes.

Comité départemental du tourisme de l'Hérault (CDT) : maison du Tourisme, avenue des Moulins, BP3067, 34034 Montpellier, tél. : 67 84 71 71, fax : 67 84 71 77. Minitel 3615 code Hérault. Nombreuses brochures, adresses et tarifs des hôtels-restaurants, campings, hébergements familial et jeunesse, meublés, gîtes ruraux, chambres-tables d'hôtes.

AU FIL DE L'EAU

Promenades sur le canal du Midi :

Carcassonne
La Licorne : tél. 68 46 36 47, fax 68 46 36 50.
Nautit, tél. : 68 71 88 95.

Narbonne
La Tramontane : tél. 68 48 35 48 et 68 49 12 40.
Connoisseurs Cruisers : 7, quai d'Alsace, 11100 Narbonne, tél. : 68 65 14 55, fax : 68 90 66 72.
Minervois Cruisers : 38, chemin des Patiasses, Le Somail, 11120 Ginestas, tél. : 68 46 28 52, fax : 68 46 23 09. 7 bateaux en location à la semaine ou à la journée.

Argens-Minervois
Locaboat-Plaisance : port Occitanie, 11200 Argens-Minervois, tél. : 68 27 03 33, fax : 68 27 27 18. 36 bateaux en location à la semaine. Allers simples possibles avec d'autres bases du sud : Aigues-Mortes, Négra (tél. : 68 27 03 33), Agen (tél. : 56 66 00 74). Gardiennage de bateaux à flot ou à sec.

Homps

Luc Lines : BP2, 11220 Homps, tél. : 68 91 24 00, fax : 68 91 24 11. Location à la semaine. Possibilité de locations à la journée ou à la demi-journée.

Carmargue Plaisance : 105, allée des Goélands, BP8, 34280 La Grande-Motte, tél. : 68 91 25 99 ou 67 56 83 54, fax : 67 56 91 85. 7 bateaux en location à la semaine au départ de Homps.

Castelnaudary

Crown Blue Line : Le Grand Bassin, BP21, 11401 Castelnaudary, tél. : 68 23 17 51, fax : 68 23 33 92. 113 bateaux au départ de Castelnaudary. Allers simples possibles avec d'autres bases du sud.

À PIED

Comité départemental de l'Hérault de la randonnée pédestre : 85, rue d'Assas, BP6070, 34030 Montpellier cedex 01, tél. : 67 54 82 00.

Comité départemental de l'Aude de la randonnée pédestre : 8, rue Camille-Saint-Saëns, 11000 Carcassonne, tél. : 68 11 69 89.

Le CDT de l'Aude : (voir Centres d'information) édite une brochure intitulée Randonnée pédestre en Pays Cathare qui recense les sentiers, les accompagnateurs de moyenne montagne et les associations organisatrices de randonnées.

À CHEVAL

Comité départemental de l'Hérault du tourisme équestre : maison du Tourisme, BP3067, 34034 Montpellier cedex 01, tél. : 67 84 71 71.

Comité départemental de l'Aude du tourisme équestre : Bel-Air, 81540 Les Cammazes, tél. : 63 74 27 70.

À VÉLO

Cave de Rieu-Berlou : 34360 Berlou, tél. : 67 89 58 58. Située dans les hauteurs du Saint-Chignanais, cette cave coopérative très dynamique organise au printemps une randonnée en Vtt dans les vignes pour fêter la sortie de leur cuvée de printemps.

Location de Vtt : À la journée, à la semaine ou au mois, Pub Cycles, bd de la Méditerranée, 11100 Narbonne-Plages, tél. : 68 49 85 72. De Pâques à la mi-septembre, ouvert 7 jours sur 7.

Pic-Saint-Loup Découverte : mas Rigaud, 34270 Valfaunès, tél. : 67 55 26 84. Découverte du Pic-Saint-Loup en Vtt et en randonnées pédestres. Groupes et particuliers, de 1 h 30 à une journée.

BALADES

Une association de femmes de vignerons du Minervois propose trois balades dans le vignoble avec visites de cave et des plus jolis villages (La Caunette et surtout Minerve). 45 F par personne (10 F par enfant) ; en fin de journée, possibilité de randonnées à 25 F. Repas à 80 et 90 F. Renseignements tél. : 68 91 17 17.

À VISITER

Ne pouvant vous indiquer tous les lieux de la région qu'il vous faut visiter, n'hésitez pas à contacter les CDT et les syndicats d'initiative des villes et villages que vous visitez. Voici quelques lieux sympathiques à ne pas manquer :

Carcassonne : récente ouverture de la maison Joe Bousquet, poète, philosophe, qui a reçu dans sa chambre, où il était cloué sur son lit de maladie, toute l'intelligentsia parisienne des années 30 et 40 : André Breton, Paul Éluard, peintres surréalistes, etc. Ce lieu va devenir un haut lieu du patrimoine littéraire carcassonnais. 53 rue de Verdun à Carcassonne.

L'abbaye d'Alet-les-Bains : ouverte du 1er mai au 15 octobre de 10 à 12 h et de 15 à 18 h, tarifs : 15 F (5 F pour les enfants). Rens. tél. : 68 69 92 94.

L'abbaye de Caune-Minervois : du 1er avril au 1er octobre, ouvert le dimanche de 10 à 12 h et de 14 à 18 h, en semaine : de 9 h 30 à 12 h 30 et de 14 à 19 h. Tarifs : 15 F (10 F pour les enfants). Visite et dégustation dans les caves. Rens. : 68 78 09 44.

L'abbaye de Lagrasse : ouverte du 1er mai au 30 septembre. Fermé le dimanche matin. Rens. tél. : 68 43 13 97. Tarifs : 20 F (enfants : 13 F).

L'abbaye de Fontfroide : ouverte toute l'année mais à des horaires différents. Se rens. au 68 45 11 08. Tarifs : 33 F (15 F pour les enfants).

Narbonne : cathédrale Saint-Just et Saint-Pasteur, ouverte toute l'année, mais se rens. au 68 32 09 52 pour les heures d'ouverture.

L'Abbaye de Saint-Hilaire : ouverte du 1er juillet au 31 août et le reste de l'année sur RV. Rens. tél. : 68 69 43 36. Abbayes de Villelongue et Saint-Papoul : tél. 68 76 92 58 et 68 94 90 92 (mairie) ou 68 94 97 75.

Visiter également les châteaux d'Arques, de Quéribus à Cucugnan, de Peyrepertuse, de Puilaurens, de Lastours, de Puivert, de Termes et de Villerouge-Termenès. Sans oublier le château Comtal de Carcassonne à la Cité. Se renseigner au 68 25 01 66.

Musée de la Vigne et du Vin : 11200 Lézignan-Corbières, tél. : 68 27 07 57

Musée des Vieux Métiers : 11310 Saissac, tél. : 68 24 47 80

Et si vous passez par la colline Pech-Mary à Carcassonne, arrêtez-vous aux Aigles de la Cité. Ouvert de Pâques à Toussaint, tous les jours à 14 h 30, démonstration à 15 h et 16 h 30. Tarif : 35 F (enfants : 20 F).
Sans oublier… la Réserve africaine de Sigean, tél. : 68 48 20 20, ouverte toute l'année. Visite guidée d'une heure de dépaysement…
Promenades pédestres : départ de Lagrasse pour visiter

les Corbières, sur le thème de la forêt, la botanique, le milieu naturel et un peu d'histoire… contactez Patrick Valette au 68 43 10 37.

MUSÉES

Musée de la Chasse et de la Faune : 20 hameau de Gasparet, 11200 Boutenac, tél. : 68 27 57 02

Musée du moulin à papier : 11390 Brousses-et-Villaret, tél. : 68 26 67 43

Musée des Oiseaux : 11700 Douzens, tél. : 68 79 10 51

Musée de la Chapellerie : 11260 Espéraza, tél. : 68 74 00 75

Musée des Dinosaures : 11260 Espéraza, tél. : 68 74 02 08

LES COUPS DE CŒUR DES TROIS DERNIÈRES ANNÉES

1995
Château de Lascaux à Vacquières
Château Haut-Gléon à Villesèque-des-Corbières

1994
Domaine Piccinini à La Livinière
Domaine Baillat à Serviès
Cave d'Embres-et-Castelmaure à Durban

1993
Mas Julien à Jonquières

LES BONS CÉPAGES DU MIDI

Face à l'invasion des vins de cépage à l'image internationale, cabernet-sauvignon, merlot et compagnie, devant l'importance prise par la syrah dans les assemblages de vins rouges d'AOC, il convient d'insister sur l'existence de cépages « adaptés au climat », typiques du sud de la France et capables d'excellence lorsqu'ils sont bien cultivés, bien travaillés. En voici quelques-uns dans le désordre, en dehors des producteurs aramon et alicante bannis des AOC.

Le cinsault, bien présent dans l'Aude et l'Hérault, très répandu en Provence, convient parfaitement à l'élaboration de vins rosés, apportant complexité et finesse dans les rouges. Son origine reste mystérieuse. Ce n'est pas le cas du grenache, dont on sait qu'il vient d'Espagne. On l'apprécie de plus en plus pour son gras (alcool) et sa finesse, surtout lorsqu'il est âgé. N'oublions pas qu'il contribue à la gloire des vins de Vega-Sicilia, de Rioja et, chez nous, de Châteauneuf-du-Pape. Il est particulièrement prisé dans les Pyrénées-Orientales où il est le fer de lance des banyuls, maury et autres vins doux naturels.

Il serait temps de réhabiliter un mal-aimé, le carignan, d'origine espagnole mais très présent de Perpignan à Toulon (même si certains prônent encore son arrachage). Sa mauvaise réputation date de l'époque où l'on faisait « pisser la vigne », au siècle dernier. Mais sur les coteaux, taillé très court et à partir d'un âge certain, ce bigre de cépage est capable de vins estimables, et il commence heureusement à séduire quelques amateurs. Un autre espagnol – le mourvèdre – cause bien des soucis à ses adeptes, car il n'aime guère les sols secs mais raffole des fortes chaleurs. Compliqué, il donne cependant des vins solides, aptes au vieillissement, à l'image des bandols. Il apporte structure et tanins dans les assemblages.

Quant à la syrah, dont on ne peut certifier qu'elle vienne du sud, ses qualités sont telles dans le Languedoc – et même en Roussillon – qu'elle risque de devenir le cépage majoritaire dans la plupart des belles cuvées. Il y a vingt ans, elle était cantonnée au nord de la vallée du Rhône. Et d'aucuns estiment qu'elle risque de standardiser les vins du Midi d'ici un proche avenir.

Michel Smith

CORBIÈRES-BOUTENAC

CHÂTEAU LES PALAIS

PROPRIÉTAIRE-VIGNERON

LE DOMAINE

D'emblée le site s'impose. Une allée d'antiques oliviers conduit au mas, au milieu de 140 ha de vignes dont 120 classés en Corbières sur un sol argilo-calcaire, autour du secteur de « La Pinède ». En plus d'un vin de table, Anne et Xavier écoulent 170.000 bouteilles.

LES VINS

Les vieux carignans suivis par l'œnologue Marc Dubernet sont vinifiés en macération carbonique. Outre un excellent rosé (27 F), un blanc classique (27 F) associant bourboulenc (40 %), macabeu (30 %), picpoul et marsanne aux notes d'agrumes et miel, un blanc Randolin a vu le jour avec la récolte 93 : moitié bourboulenc, moitié marsanne, fermentation et élevage en barriques durant six mois avec bâtonnage. En rouge, la plupart des cuvées sont dominées par le carignan tandis qu'une seule subit un élevage pour moitié sous bois (au tiers neuf), la fameuse cuvée Randolin qui contient 50 % de syrah et grenache en plus du carignan. Le 91 est fin au nez, marqué par la fraise des bois, une certaine souplesse en bouche, de la fraîcheur, des notes poivrées et surtout une belle finale (55 F). Le 93 est prévu pour bientôt. Une cuvée intermédiaire, « Bernard » (26 F), est d'un excellent rapport qualité-prix et parfaite sur grillade ou petit gibier.

L'ACCUEIL

De 8 à 19 h dans la charmante petite chapelle du domaine. De Narbonne par la D613 jusqu'à l'embranchement de Fabrezan. Le château est à droite.

PROPRIÉTAIRES :
ANNE ET XAVIER DE VOLONTAT
11220 SAINT-LAURENT-DE-LA-CABRERISSE
TÉL. : 68 44 01 63 - FAX : 68 44 07 42

CORBIÈRES-BOUTENAC

LES VIGNERONS DU MONT TENAREL D'OCTAVIANA

CAVE COOPÉRATIVE

LE DOMAINE

Ce nom à rallonge cache un mariage entre coopératives, celles de Luc-sur-Orbieu et d'Ornaisons, regroupant 450 adhérents et 1400 ha de vignes sur plusieurs terroirs, dont Fontfroide, Lézignan et Boutenac. La cave ne produit que 40 % en AOC, ce qui n'est déjà pas mal dans la région.

LES VINS

Un corbières « Marragon » 93 (18 F) d'un style léger (carignan et grenache) mais doté d'une solide robe, sur une bouche cassis-poivre armée d'une bonne longueur. Le château Hauterive-le-Haut 93 (39 F), profond de robe, représente le terroir de Boutenac : giboyeux, sauvage au nez avec des senteurs de garrigue sur une bouche large, équilibrée, marquée par de petits tanins. Il convient de le boire bientôt. Mais le fin du fin de la cave (et des corbières ?) est la cuvée Sextant 93 (46 F) au nez profond, complexe, ne livrant pour l'heure que des notes de myrte, ciste, fumée et épices. Bouche serrée, superbe matière, touches de myrtille et mûre en pagaille, très grande longueur. Un assemblage pour moitié de syrah et carignan de vieilles vignes, en macération carbonique sur 20 jours, élevé six mois en barriques neuves.

L'ACCUEIL

365 jours par an, de 9 h 30 à 12 h et de 14 à 18 h, dans le caveau de Gasparets parmi les foudres réformés, sous le musée de la Faune, à côté d'un chais d'élevage (dit « de vieillissement ») abritant 550 barriques. Un autre caveau fonctionne aux heures de bureau à la cave d'Ornaisons. Itinéraire : voir château La Voulte-Gasparets.

PRÉSIDENT : **HENRI BARBE**
DIRECTEUR : **ALAIN CROS**
11200 ORNAISONS
TÉL. : 68 27 09 76 - FAX : 68 27 58 15

CHÂTEAU AIGUILLOUX

PROPRIÉTAIRE-VIGNERON

LE DOMAINE

Installés depuis 15 ans sur un preux terroir des Corbières après avoir fréquenté la brousse africaine, nos antillo-normands de Lemarié ont réussi l'exploit d'une régularité qualitative qui manque à beaucoup de vignerons. Avec 38 ha de vignes (43 % de carignan) bien exposées aux pieds d'une montagnette, de solides ceps de syrah et grenache, le domaine est une valeur sûre.

LES VINS

Il n'y a qu'à goûter les « anciens » millésimes judicieusement distillés au compte-gouttes pour noter une irréprochable constance. Les vins d'Aiguilloux – dont un grand rosé (25 F) de pressurage direct après une courte macération pelliculaire – peuvent tenir sans difficulté de 5 à 10 ans selon les cuvées. La cuverie en ciment est à la fois simple et pratique, tandis que le chai à barriques n'a rien de sophistiqué. Le rouge le moins cher (25 F), millésimé 94, n'a rien d'un gringalet : robe pourpre, touches de tabac et d'épices au nez, assez vif et serré en bouche avec des notes terreuses, c'est un vin facile mais équilibré comme l'est le 93 « fûts de chêne » (30 F) dont on apprécie la finesse du fruit (framboise) et l'harmonie. Il reste aussi un 92 (32 F) long en bouche et marqué par une belle finale.

L'ACCUEIL

Dans la plus parfaite simplicité, tous les jours et sur rendez-vous de préférence. De Narbonne vers Saint-Laurent-de-La-Cabrerisse (D613), ensuite à gauche (D423) vers Montséret puis Donos sur 2 km environ (D123).

PROPRIÉTAIRES :
MARTHE ET FRANÇOIS LEMARIÉ
11200 THÉZAN-DES-CORBIÈRES
TÉL. : 68 43 32 71 - FAX : 68 43 30 66

CHÂTEAU LES OLLIEUX-ROMANIS

PROPRIÉTAIRE-VIGNERON

LE DOMAINE

Adossé à la célèbre « Pinède », un des hauts lieux du cru Boutenac où sont situés une majorité des excellents domaines des Corbières, le vignoble des Ollieux est à l'abri du vent et bénéficie d'une exposition idéale sud-sud-est. Partageant la même cour que le château Les Ollieux, propriété voisine qui fait à peu près la même superficie, Jacqueline et François Bories sont fiers de leurs 60 ha en pieds de coteaux où carignan, grenache noir et syrah sont bien représentés.

LES VINS

La vendange est depuis un siècle récoltée dans des wagonnets d'acier contenant 300 kg de raisins et évoluant sur des rails au-dessus des grands foudres en bois où elle est déversée. Exigeants, les Bories n'ont pas jugé bon de faire un Ollieux-Romanis en 92. Il a été vendu sous la deuxième étiquette, château Agram. En dehors d'une cuvée de rosé assez rustique, deux rouges 93, l'un filtré, l'autre pas. Le premier (37 F) est sombre, complexe au nez, frais en bouche avec des tanins proche de la peau du raisin. Le second (40 F), aussi dense de robe, possède un nez assez envoûtant de poivre gris, cachant une importante réserve fruitée que l'on devine en bouche (églantier) avec des notes cacaotées. Les amateurs de vins corsés sont séduits par l'harmonie et la persistance.

L'ACCUEIL

Dans une belle et sobre écurie aménagée en caveau. La visite des chais s'impose, mais il est préférable de prendre rendez-vous, surtout le week-end. De Narbonne, sur la D613, prendre à droite peu après l'embranchement de Montséret.

PROPRIÉTAIRE :
JACQUELINE BORIES
11200 MONTSÉRET
TÉL. : 68 43 32 74 - FAX : 68 43 35 45

CHÂTEAU LA VOULTE-GASPARETS

PROPRIÉTAIRE-VIGNERON

──── LE DOMAINE ────

Au cœur du hameau de Gasparets, dans le secteur convoité de Boutenac, voici le corbières qui, depuis 1985 au moins, sert d'étalon à bien des adeptes de la région. Jacques Bergès a confié à son gendre Patrick Reverdy le vignoble de 53 ha sur un sous-sol argilo-calcaire couvert de galets roulés. Moyenne d'âge des carignans : plus de 50 ans, avec une parcelle de vignes proches de 90 ans !

──── LES VINS ────

Outre un blanc avec 25 % de rolle et un superbe rosé, les rouges sont la fierté des corbières et de son œnologue vedette, Marc Dubernet, chantre de la macération carbonique si critiquée par certains puristes. Une cuvée réservée de 100.000 bouteilles (le 93, 32 F, sera bien d'ici trois ans) fait patienter les amoureux du grand vin, connu sous le nom de Romain Pauc, lequel possède 60 % de carignan, le solde se partageant entre grenache et syrah. L'élevage se fait en barriques (10 % neuves). Pas de 91 dans cette cuvée, plus de 92 à cause de la grêle : il nous reste un 93 (58 F) à la robe soutenue et au nez fermé. Puissant, réglissé, tannique, long, il est un peu austère en bouche (goûté peu après la mise), mais il deviendra d'ici cinq ans au moins un noble cru de gibier.

──── L'ACCUEIL ────

Avec beaucoup de gentillesse, de 8 à 12 h et de 14 à 19 h dans un caveau bien aménagé. De Narbonne vers Saint-Laurent-de-La-Cabrerisse (D613) sur 15 km environ puis à droite vers Gasparets (D123) par Villemajou.

PROPRIÉTAIRES :
FAMILLES REVERDY ET BERGÈS
GASPARETS, 11200 BOUTENAC
TÉL. : 68 27 07 86 - FAX : 68 27 07 05

CELLIER DES DEMOISELLES

CAVE COOPÉRATIVE

──── LE DOMAINE ────

La cave coopérative de ce bourg situé entre Narbonne et Carcassonne fut fondée en 1914 et regroupe actuellement 150 adhérents répartis sur plus de 537 ha de terres argilo-calcaires. Une soixantaine d'hectares sont complantés en cépages blancs.

──── LES VINS ────

Plusieurs cuvées avec des approches différentes. La cave est connue pour ses rosés et ses blancs dont un très (trop ?) boisé et un blanc de blancs 94 (20 F), grenache-bourboulenc, qui a bien profité du pressurage pneumatique et subi une macération pelliculaire. Un vin franc, léger, bien fait. En rouge, le « petit » corbières 93 (18 F) séduit par sa simplicité tandis que, dans le même millésime, la cuvée des vignerons (30 F) livre des notes de gibier et de cacao sur une bouche très cassis frais mais un peu rustique, malgré un égrappage y compris sur le carignan présent à 50 %. Le vin a été élevé pour 60 % en barriques durant une année. La cuvée Saint-Laurentaise est un assemblage de macérations carboniques assez longues sur trois cépages, dont 60 % de carignan. Le 94 est large, corsé, tannique, mais présente une pointe d'amertume résultant probablement d'un élevage pour moitié en barriques neuves.

──── L'ACCUEIL ────

De 8 à 12 h et de 14 à 18 h en semaine, dans un caveau construit par les vignerons eux-mêmes ! Ouvert les samedi et dimanche de mi-juin à mi-octobre. De Narbonne jusqu'à Saint-Laurent (D613) sur 28 km environ.

PRÉSIDENT : **MARCEL SALVAGNAC**
DIRECTEUR : **BERNARD CODINA**
11220 SAINT-LAURENT-DE-LA-CABRERISSE
TÉL. : 68 44 02 73 - FAX : 68 44 05 44

CELLIER
CHARLES CROS

CAVE COOPÉRATIVE

―――― LE DOMAINE ――――

Sous le nom de son poète et inventeur maison, la coopérative de Fabrezan adhère au groupe Val d'Orbieu et se distingue de plus en plus de par sa régularité. Sur 1500 ha, dont un millier en AOC, 35 % des apports sont déclarés en corbières.

―――― LES VINS ――――

La cave est, comme beaucoup ici, adepte de la macération carbonique. Elle dispose de pressoirs pneumatiques et de tapis pour acheminer la vendange. Les rouges comptent parmi les plus beaux vins de coopérative goûtés cette année. Deux cuvées, Symphonie et Charles Cros 91 (31 F), semblent parfaites dès maintenant pour accompagner un gibier. Avantage de finesse et de longueur à la première, l'autre, très ventre de lièvre, mais aussi cuir et cassis, étant plus rustique, plus corsée. Le prieuré de la Bernède 93 (26 F) est typique de ces bons rapports qualité-prix dont regorgent les Corbières : robe somptueuse, nez giboyeux, poivre et vieux cuir, bouche épaisse, joli fond de fruit. La palme revient à la cuvée Délicatesse, assemblage syrah-grenache associés à 20 % de carignan avec quinze mois de barriques d'un vin. Beaucoup de fruit (mûre, cassis), mais aussi des notes minérales. Fraîcheur en bouche, belle matière, longueur et tanins garantissent une garde de trois ans au moins.

―――― L'ACCUEIL ――――

De 8 à 12 h et de 14 à 18 h (20 h en été). Le week-end, les dames des viticulteurs tiennent caveau rue Tranquille : de 10 à 12 h et de 14 à 17 h. De Lézignan à Fabrezan par la D611.

PRÉSIDENT : **RAYMOND FABRE**
DIRECTEUR : **SYLVAIN CHAPOT**
11200 FABREZAN
TÉL. : 68 43 61 18 - FAX : 68 43 51 88

CAVE COOPÉRATIVE
DE TALAIRAN

CAVE COOPÉRATIVE

―――― LE DOMAINE ――――

Cette petite cave, créée en 1932 dans un village de 350 âmes, regroupe 220 viticulteurs qui exploitent 830 ha, dont plus de la moitié en AOC, répartis sur huit communes au cœur du massif des Corbières. Un plateau fascinant où les argiles, grès et calcaires font varier les couleurs du paysage… et le style des vins.

―――― LES VINS ――――

Une cuvée Dames de l'Ère se décline dans les trois couleurs (de 19 à 21 F), dont un honorable rosé de « saignée pneumatique » comme l'on dit maintenant, uniquement à base de syrah. Le domaine des Olivières 93 (22 F), alliant vinifications carboniques et traditionnelles, dominé par le grenache noir, mais avec une bonne et équitable dose de carignan et syrah, sait se faire aimable en bouche, avec ce qu'il faut de fraîcheur fruitée pour accompagner une bonne grillade entre copains. Quant à la cuvée Taleyran 92 (30 F), exclusivement syrah, vinifiée en macération carbonique et élevée un an en barriques neuves, elle nous donne un rouge assez soutenu, fin au nez (cuir, sous-bois), avec un fruité explosif en bouche, qualité dont il faudra profiter sans trop tarder.

―――― L'ACCUEIL ――――

Du lundi au vendredi, de 8 à 12 h et de 14 à 18 h. On déguste très simplement dans le laboratoire, avant ou après la visite de la cave. De Narbonne jusqu'à Saint-Laurent-de-La-Cabrerisse (D613). Continuer sur 6 km environ jusqu'à Talairan. La cave est au centre du village, sur la droite.

PRÉSIDENT : **GEORGES FABRE**
DIRECTEUR : **GILLES CUTILLES**
11220 TALAIRAN
TÉL. : 68 44 02 17 - FAX : 68 44 06 13

CHÂTEAU HAUT-GLÉON

PROPRIÉTAIRE-VIGNERON

LE DOMAINE

Entouré de bois et garrigues, le vignoble (30 ha) jouit d'un beau terroir argilo-calcaire. Comme dans un autre cru célèbre, on cultive 13 cépages. Le sieur carignan occupe une place de choix et on a su, pour une fois, conserver les vieux cinsaults. Quant au domaine, fort joliment restauré par de fortunés nordistes, il est entre les mains de Léon-Claude et son fils Léon-Nicolas, amoureux du vin et du Sud.

se présente bien : belle robe, petits fruits rouges au nez, bouche structurée et fruitée. Le château 93 (50 F) reste un de nos corbières préférés : robe sombre, nez dense, riche, épicé (encore fermé), formidable matière en bouche. Un rouge long, étoffé, agréablement marqué par de fines notes de framboise, capable de prouesses dès maintenant et jusqu'à l'an 2000. Élevé 9 mois en barriques, il associe syrah (40 %), carignan (40 %) et grenache noir (20 %).

LES VINS

Notre coup de cœur de l'an dernier n'a de cesse de progresser. En vin de pays du Paradis (quel nom délicieux !), le rosé est gras et charmeur, le blanc tout en chair (30 F) et le rouge simple. Le second vin, un corbières Chapelle Haut-Gléon (40 F), issu d'une vendange 93 triée et égrappée,

L'ACCUEIL

Du lundi au samedi, de 9 à 12 h et de 14 à 19 h. Outre un convivial caveau, on peut visiter le chai et coucher sur place dans de confortables chambres d'hôtes. De Sigean (A9) prendre vers Durban. 6 km après Portel, le domaine est à gauche. Passé un petit pont, monter sur 300 m.

PROPRIÉTAIRE :
FAMILLE DUHAMEL
11360 VILLESÈQUE-DES-CORBIÈRES
TÉL. : 68 48 85 95 - FAX : 68 48 46 20

CAVE COOPÉRATIVE D'EMBRES-ET-CASTELMAURE

GROUPEMENT DE VIGNERONS

LE DOMAINE

Coup de cœur en 94, cette petite cave âgée de plus de 70 ans, mais d'un dynamisme à toute épreuve, a du mal à franchir le cap des 300 ha de vignes sur schistes et calcaires dans un décor grandiose. Elle s'enorgueillit pourtant de rassembler 125 « jeunes » : moyenne d'âge 35 ans. Près de 60 % des vignes sont de vieux carignans. La syrah gagne du terrain et un projet de plantation de 25 ha sur schistes est en cours.

LES VINS

Les deux étiquettes vedettes en rouges sont le Col des Vents et la Pompadour. Cette dernière (33 F), élevée six mois en barriques dont les plus jeunes ont un an, est l'objet d'un certain culte de la part des amateurs de vieux carignan bien que, depuis 5 ou 6 ans, la proportion de syrah frise 30 % et celle de grenache 20 %. Tous les rouges sont de macérations carboniques et beaucoup choisis par la maison Jeanjean, un des bons négociants du Languedoc. Rosés et blancs sont toujours charmeurs, gras, relativement longs en bouche, tandis que le rouge Col des Vents 93 (26 F), bientôt suivi par le 94, est simplement agréable à boire frais.

L'ACCUEIL

Dans un plaisant caveau au cœur du village où sont exposés quelques toiles de peintres locaux, de 8 à 12 h et de 14 à 18 h du lundi au vendredi. De la mi-juin à la mi-septembre, le caveau ouvre aussi les samedi et dimanche. De Sigean prendre vers Durban par Portel (D611). Peu avant Durban, tourner à gauche par Saint-Jean (D27, puis D205).

PRÉSIDENT : **PATRICK DE MARIEN**
DIRECTEUR : **BERNARD PUEYO**
11360 EMBRES-ET-CASTELMAURE
TÉL. : 68 45 91 83 - FAX : 68 45 83 56

CHÂTEAU MANSENOBLE

PROPRIÉTAIRE-VIGNERON

LE DOMAINE

Jadis courtiers en assurances, passionnés de vins comme tout Belge qui se respecte, Marie-Annick et Guido, la cinquantaine venue, ont choisi de refaire leur vie il y a quatre ans dans les vignes de l'Alaric. 20 ha, avec un encépagement équilibré, dont 6,5 ha en vins de pays merlot et cabernet-sauvignon. Et déjà 85 % de vins s'exportent. Devinez où ?

LES VINS

En dehors d'un phénoménal vin de pays 94 cabernet (21 F), le rosé de robe fuschia – c'était le cas du 94 – est plaisant, long en bouche. Une cuvée de corbières rouge 94 (29 F) présente une robe soutenue, un nez assez épicé, suivi d'une bouche sérieusement encadrée par les tanins qui semblent être la marque de fabrique du domaine. Un vin simple, mais bourré de caractère. La réserve 93 (48 F), dans son élégant flacon, est encore fermée au nez. Vin gras en bouche, riche, solide, nerveux, avec un intéressant fond de fruit et un boisé important. La syrah domine ici à 60 %, avec 25 % de grenache, le reste en mourvèdre, une partie ayant séjourné une année en barriques. La version 94 (50 F) est déjà en bouteilles et promet beaucoup, tant par la finesse du fruit que par la matière.

L'ACCUEIL

Dans la maison, en plein village (entre la N113 et l'A61), à moins de 10 km de Lézignan en allant vers Carcassonne. Ouvert de 9 à 12 h et de 14 à 18 h, tous les jours, avec visite complète de la cave et dégustation dans l'ancienne écurie où ce qui fut la mangeoire des chevaux est devenu le plus grand crachoir des Corbières !

PROPRIÉTAIRES :
MARIE-ANNICK DE WITTE
ET GUIDO JANSEGERS
AVENUE HENRI-BATAILLE, 11700 MOUX
TÉL. : 68 43 93 39, FAX : 68 43 97 21

LA GRAPPE DE L' ALARIC

CAVE COOPÉRATIVE

LES PRODUCTEURS DU MONT TAUCH

CAVE COOPÉRATIVE

―――― LE DOMAINE ――――

Avec 60 adhérents, la petite cave coopérative de Comigne fait plus songer à une grosse cave particulière. Au total, 126 ha essentiellement plantés sur sols argilo-calcaires en carignan (75 ha), grenache et syrah. Elle fut fondée en 1947 sur l'ancienne cave de Jean Lebrau, le premier président de la cave qui a su rassembler autour de lui les viticulteurs d'un village qui ne compte que 180 habitants.

―――― LES VINS ――――

Avec une moyenne de plus de 40 ans, les vignes ne peuvent donner que du sérieux ! La macération carbonique est de mise, ainsi que l'élevage en foudres heureusement de plus en plus remplacé par la barrique, la cave ne vinifiant que des rouges, hormis quelques rosés. Une cuvée Jean Lebrau 93 était en vente lors de notre passage, de même qu'un 92 foudre de chêne. Le premier vin (21 F) est un classique du genre, souple mais pas mou, grâce à de petits tanins accrocheurs, avec un nez qui va du tabac à la fraise en passant par le chocolat. Le second (19 F), d'un style plutôt « ancienne manière », plus très jeune et donc à boire, nous offre un nez sous-bois et champignon, une bouche encore tannique marquée par des touches concentrées (café) et une longueur honorable.

―――― L'ACCUEIL ――――

De 8 à 12 h et de 14 à 18 h du lundi au vendredi. De Carcassonne vers Narbonne (N113), prendre sur 18 km environ jusqu'à Capendu. Dans ce bourg, passer sous l'autoroute (D72) jusqu'à Comigne, à 3 km. La cave est à la sortie, vers Douzens.

―――― LE DOMAINE ――――

Aux pieds du mont Tauch, comme cerné par les grottes préhistoriques et les châteaux cathares, la cave de Paziols a fusionné avec celle de Tuchan. Dans le haut lieu du Fitou, cette fusion fait de la cave l'une des plus importantes du sud, réunissant 500 adhérents et 1700 ha. Un peu plus de la moitié des vins sont fitou, le reste se partage entre vins doux naturels, corbières blancs et vins de pays. Moyenne d'âge des carignans : 40 ans.

―――― LES VINS ――――

Les rouges de Paziols sont vinifiés à Paziols et, semble-t-il, vendus à Paziols. Le 91 côtes-du-Tauch, moitié grenache, moitié carignan, très gibier et bien équilibré, sera remplacé bientôt par un 93 de belle facture au doux prix de 18,50 F, capable de tenir quatre à cinq ans. La cuvée prestige 93 (59 F), une sélection de très vieilles vignes des deux cépages avec une touche de syrah, a été élevée en barriques neuves durant un an. Avec 25.000 bouteilles (lourdes), c'est la crème des crèmes de Paziols : le nez est encore un peu fermé, ne livrant que de fines touches de mûre, myrte, épices et laurier, tandis qu'en bouche le vin se fait ample, mais bien équilibré malgré une forte présence tannique et une longueur qui laisse le temps d'apprécier le fruité (cassis). Peut-être le meilleur fitou.

―――― L'ACCUEIL ――――

Du lundi au samedi, de 8 à 12 h et de 14 à 18 h. En été, le dimanche de 8 à 18 h. De Perpignan prendre vers Narbonne puis, à la hauteur de l'aéroport Perpignan-Rivesaltes, à gauche vers Quillan (D117). À 2 km d'Estagel, tourner à droite vers Tautavel puis à gauche sur la D611 jusqu'à Paziols.

PRÉSIDENT : **MICHEL ROUANET**
MAÎTRE DE CHAI : **THIERRY MINUZZI**
15, RUE JEAN-LEBRAU, 11700 COMIGNE
TÉL. : 68 79 00 57, FAX : 68 79 13 57

PRÉSIDENT : **MICHEL POUS**
DIRECTEUR : **MARC GUINEBAULT**
11350 TUCHAN
TÉL. : 68 45 41 08 OU 68 45 04 23,
FAX : 68 45 45 29

CAVE COOPÉRATIVE
DE CASCASTEL

CAVE COOPÉRATIVE

─────── LE DOMAINE ───────

À partir d'un village de 205 habitants, la cave regroupe 450 ha dont la moitié en fitou, 160 ha en vins doux naturels et une trentaine en corbières. Le carignan occupe 136 ha, le grenache une centaine, tandis que la syrah est implantée sur 30 ha. Sur les 81 adhérents, un peu plus du tiers vit de la vigne.

─────── LES VINS ───────

Désormais bien équipée, la cave a conservé des foudres qui sont de moins en moins utilisés. Résultat, les progrès se font sentir. La plus ancienne AOC rouge du Languedoc bénéficie ici de cinq cuvées dont deux sortent du lot : la cuvée spéciale 92 (29 F), forte de ses 60 % de carignans vinifiés en macération carbonique, armée de sa médaille d'or au Concours général agricole, est encore très solide de robe et riche en notes poivrées et épicées, tandis que la carte or 90 (26 F), élevée en partie en barriques, ne contient que 50 % de carignans associés au grenache et à la syrah. Le nez est assez complexe ; on sent une certaine matière, un fond de fruits rouges et une longueur correcte. Il ne manque plus qu'une daube de sanglier pour l'accompagner !

─────── L'ACCUEIL ───────

Du lundi au vendredi, au caveau dans la tour de la cave, à l'entrée du village, de 8 à 12 h et de 14 à 18 h. L'été jusqu'à 19 h, samedi compris. On peut visiter. Ne pas manquer la promenade du château et de l'église. De Narbonne ou de Perpignan prendre jusqu'à Sigean, puis vers les Corbières par Portel et à gauche sur la D611 via Durban jusqu'à Villeneuve, puis à droite sur la D106 jusqu'à Cascastel.

DOMAINE
DE ROLLAND

PROPRIÉTAIRE-VIGNERON

─────── LE DOMAINE ───────

Dans ces somptueuses Corbières, Paul Colomer dispose de 22 ha en AOC dont 17 ha en fitou, 3 ha en muscat et 1 ha en corbières qu'il vinifie souvent en rosé. Le tout sur dix parcelles et en coteaux, certaines sur le plateau de garrigues calcaires, d'autres sur schistes. Les vieux carignans sont toujours majoritaires même si les Colomer – les fils Louis et Pascal prennent de plus en plus la relève – semblent attirés par la syrah. La moitié de la récolte est cédée au négoce.

─────── LES VINS ───────

Un fitou rouge 93 (30 F) à 60 % carignan, complété en parts égales par les syrah et grenache, est assez soutenu de robe, avec un nez qui commence juste à s'ouvrir laissant entrevoir des notes de garrigue et de fruits cuits. En bouche, la matière est belle et s'exprime avec force, fraîcheur et fruité. Des tanins bien présents viennent souligner la longueur du vin que l'on peut laisser dormir tranquillement dans une bonne cave avant de l'ouvrir d'ici trois à quatre ans sur un civet de sanglier tel qu'on les aime ici. Un 94 tout aussi fort en caractère est prévu pour le début de cette année, toujours au même prix. Serait-ce le renouveau de fitou ?

─────── L'ACCUEIL ───────

Du lundi au samedi, de 8 à 12 h et de 14 à 18 h, en toute simplicité dans la cave ou la maison, au cœur de Tuchan et en face de l'église. De Perpignan vers Narbonne. À la hauteur de Rivesaltes, prendre à gauche jusqu'à Vingrau (D12), puis Tuchan. Une route magnifique !

PRÉSIDENT : **CHRISTIAN MARTY**
DIRECTEUR : **LOUIS ARNAUD**
11360 CASCASTEL-DES-CORBIÈRES
TÉL. : 68 45 91 74, FAX : 68 45 82 70

PROPRIÉTAIRES :
PAUL COLOMER ET SES FILS
11350 TUCHAN
TÉL. : 68 45 46 34 - FAX : 68 45 49 50

CAVE COOPÉRATIVE SIEUR D'ARQUES

CAVE COOPÉRATIVE

────── LE DOMAINE ──────

Forte de ses 480 adhérents, la cave totalise 2800 ha dont 750 ha en vins de pays. Le gros de son activité reste l'effervescence des vins. À noter, le retour en force de la blanquette méthode ancestrale 95 qui vient de recevoir la Médaille d'Or au dernier Salon de l'Agriculture.

────── LES VINS ──────

Deux marques pour les beaux crémants (49,50 F) : le Sieur de Limoux est extra-brut et le Sieur d'Arques plus dosé. Il existe aussi un millésime 90 assez distingué et puissant. L'AOC Limoux, depuis 93, concerne des blancs « tranquilles » à l'encépagement en mauzac imposé à 15 % minimum, ce qui ouvre grand la porte du chenin et, surtout, du chardonnay. Une réglementation taillée sur mesure pour la cave qui, depuis sept ans, prouve à travers la collection Toques et Clochers que les terroirs limouxins peuvent donner de grands blancs vinifiés en barriques neuves. L'Océanique 94 (48 F) est de loin celui qui a le plus de structure, matière et densité. Un vin qui a de quoi tenir, comme son frère d'Autan qui se distingue par son élégante fraîcheur, ses épices discrètes et sa chair. Le Haute-Vallée 94 (48 F) laisse lui aussi une belle impression de fraîcheur et de longueur. Le même chêne de la Nièvre est utilisé pour les quatre terroirs (140.000 bouteilles), avec une chauffe moyenne identique et un séjour de 9 mois.

────── L'ACCUEIL ──────

Tous les jours , de 9 à 12 h et de 14 à 18 h (19 h en été). Demander Régine pour une dégustation commentée. Visites individuelles possibles. Dans le centre de Limoux, en venant de Carcassonne, prendre à droite vers Chalabre-Mirepoix, puis encore à droite direction Alaigne. La cave est sur la droite.

PRÉSIDENT : **PIERRE MIRC**
DIRECTEUR : **JEAN-CLAUDE LAINÉ**
AVENUE DU MAUZAC, 11300 LIMOUX
TÉL. : 68 31 14 59 - FAX : 68 31 62 48

CHÂTEAU FABAS

PROPRIÉTAIRE-VIGNERON

────── LE DOMAINE ──────

Au creux d'un cirque, parmi 155 ha de terres argilo-calcaires, dont 57 de vignes, Jean-Pierre Ormières mène sa barque avec rigueur et talent. Volontariste, il fut l'un des premiers, il y a 30 ans, à planter du mourvèdre puis de la syrah, tandis que rolle, marsanne, roussanne, macabeu et bourboulenc composent ses blancs. Une valeur sûre !

────── LES VINS ──────

Venu à la barrique bien avant les autres, plus par nécessité que par mode, adepte de l'éraflage, notre vigneron a gardé ses carignans et cinsaults pour un rouge simple, peu cher, comme ses blancs et rosés (22 à 25 F). Il vinifie trois autres rouges : réserve, Alexandre (son petit-fils) et grand élevage. Ce dernier dominé par le mourvèdre est élevé 24 mois en barriques au lieu de 12 pour le précédent et de 9 pour le réserve (31 F) arborant le millésime 92. Un réserve fringant, idéal sur une viande rouge, grâce à des notes de cuir, d'épices, mais aussi à sa bonne longueur. Le 92 Alexandre est un investissement (42 F) : robe soutenue, notes bien boisées au nez, accompagnées de ciste, café, pruneau, belle présence tannique en bouche, équilibre remarquable, gras, persistance… À carafer deux heures avant de servir et boire d'ici 3 à 5 ans.

────── L'ACCUEIL ──────

Du lundi au samedi, de 8 à 19 h, dans un authentique caveau donnant sur la cour de ce mas du xvie siècle. Le dimanche sur rendez-vous. Prendre de Carcassonne à Laure (D135) par Trèbes, puis vers Puychéric sur 3 km. Le domaine est à gauche.

PROPRIÉTAIRE :
JEAN-PIERRE ORMIÈRES
11800 LAURE-MINERVOIS
TÉL. : 68 78 17 82 - FAX : 68 78 22 61

CAMPAGNE DE CENTEILLES

PROPRIÉTAIRE-VIGNERON

LE DOMAINE

Une belle et mystérieuse chapelle romane se dresse sur un plateau aride où les 15 ha de vignes de cette « campagne » côtoient des tapis de thym et des capitelles de pierres sèches. Un terroir diversifié : argilo-calcaires sur grès siliceux, terrasses de galets roulés, sols siliceux sur calcaires coquillers marins, le tout exposé plein sud. Les sols sont labourés et certaines vignes sont conduites en lyre. Pas de fertilisation annuelle, tandis que les traitements se limitent au soufre et au cuivre.

LES VINS

Avec leurs flacons bourguignons, on devine que les vins de Centeilles ne sont pas comme ailleurs. Patricia et Daniel, l'esprit agité par le démon du vin, adulent le cinsault, éraflent le raisin (sauf le carignan), pigent aux pieds les cuves ouvertes et font parfois cuver jusqu'à deux mois ! Travail d'artisan décliné en trois cuvées majeures, capitelle, campagne et clos, mais avec en prime deux autres curiosités à l'instar de ce petit clos, merveilleux vin de récréation et de soif que l'on boit frais. Le 92 associe syrah et grenache (30 F) avec d'agréables tanins épicés et une bonne longueur. Il reste un 91 (32 F) qui contient un peu de cinsault. Une cuvée de carignan, baptisée Carignanîssime (28 F), superbe de robe, un peu fermée au nez, est proprement étonnante dans sa version 93 : belles touches de laurier, terre chaude, petits fruits rouges très fins sur une bouche « sauvage », concentrée, fraîche. Les vieux carignans (fri-

sant les 80 bougies) ont macéré, après saignée, pendant huit jours avant pressurage. Que dire des autres 93, si ce n'est qu'ils sont tous émouvants ? Exemple cette soyeuse cuvée capitelle, 100 % cinsault, au nez complexe, gentiment poivrée en fin de bouche (55 F pour le 93), que tout collectionneur se doit d'avoir en cave. Le campagne 93 (35 F), à 90 % cinsault, avec une pointe de syrah, est divinement poivré, doté d'un joli fond fruité (cassis, cerise), un peu austère pour le moment. On l'appréciera d'ici trois ans. Le clos 93 (55 F), quant à lui, au tiers syrah, grenache, mourvèdre, foncé de robe, complexe au nez, où l'on devine une sorte de fumet incomparable rehaussé d'une grande finesse, livre en bouche un bouquet d'arômes intenses évoquant garrigues et fruits rouges. Texture remarquable, matière proprement scandaleuse, c'est de loin le plus long en bouche. À mettre en cave sans attendre pour au moins dix ans ! Voilà des vins pour initiés, pas toujours faciles d'approche, demandant parfois beaucoup d'aération. Mais les Centeilles sont uniques puisqu'ils ressemblent comme deux gouttes d'eau à leurs auteurs. En cela, ce sont de vrais vins.

L'ACCUEIL

Simple et naturel, passionné et disert, à la maison et à la cave, de préférence sur rendez-vous, tous les jours de 8 à 18 h. Prévoir du temps pour les vignes et la chapelle (XIIIe siècle). De Béziers vers Carcassonne (D11), au niveau de Homps, aller jusqu'à Siran. Suivre la direction Notre-Dame-de-Centeilles sur 2,5 km au nord du village.

PROPRIÉTAIRES :
PATRICIA ET DANIEL DOMERGUE
34210 SIRAN-MINERVOIS
TÉL. : 68 91 52 18 - FAX : 68 91 65 92

DOMAINE
LA COMBE BLANCHE

PROPRIÉTAIRE-VIGNERON

—— LE DOMAINE ——

Encore un Belge dans nos vignes ! Et Guy Vanlancker, ancien instituteur formé à l'école Domergue (voir Centeilles), ne recherche pas la facilité. Non content de diriger les 17 ha de Laville-Bertrou, domaine voisin où il vinifie un beau rouge et un splendide rosé, voilà qu'il soigne lui-même ses 8 ha en coteaux, livrant une partie de sa récolte à la coopérative. À la recherche d'une voie originale, il s'exprime avec brio sur quantité de cépages, du pinot noir au viognier.

—— LES VINS ——

Guy étonne les amoureux de vins du Midi. La plus disputée de ses cuvées est la Chandelière (moins de 4.000 flacons), issue de raisins non éraflés. Le 92 (45 F) à la robe presque noire est l'archétype des vins de collection : nez au registre large et complexe (havane, gibier, cerise, café vert), bouche souple en attaque, équilibrée, riche en matière fraîche et fruitée, avec d'élégants tanins et une grande longueur. À boire pour le plaisir d'ici un an ou deux. Cet homme, qui ne paraît à l'aise que dans ses vignes ou dans sa cave, n'a pas fini de surprendre. Exemple, son petit dernier, vin de table de cépage roussanne 93 (35 F), bien fourni en matière, a de quoi étonner et ne demande qu'à s'affiner. Une partie du 94 sera élevée en barriques neuves.

—— L'ACCUEIL ——

Chez lui, dans le village, très simplement et tous les jours, à condition de prendre rendez-vous. Depuis la D11 Béziers-Carcassonne, au niveau de Homps, aller vers Azille, Siran et La Livinière.

PROPRIÉTAIRE :

GUY VANLANCKER

34210 LA LIVINIÈRE

TÉL. : 68 91 44 82 - FAX : 68 91 66 38

CHÂTEAU
COUPE ROSES

PROPRIÉTAIRE-VIGNERON

—— LE DOMAINE ——

À partir d'un village blotti contre sa falaise, à l'entrée des gorges de la Cesse menant à Minerve, Françoise et sa maman Jacqueline dirigent 26 ha de vignes sur sols argilo-calcaires.

—— LES VINS ——

Aidée par son poète de mari, Pascal, Françoise laisse libre cours à son imagination et va parfois à l'encontre des traditions. Championne des blancs – son minervois 95 (25 F) élevé sur lies est une réussite (fraîcheur, densité, gras) qui allie roussane et grenache à égalité ; elle ne se défend pas mal non plus en rosé (25 F), si l'on en juge par son petit dernier tendre à croquer et joliment acidulé. Le rouge 93 (30 F) offre une robe solide et un nez assez complexe de cacao et de fruits rouges très mûrs, genre myrtilles et cerises noires. En bouche, il sait se faire aimable malgré un caractère un peu strict en finale. Un vin qui sera mûr d'ici trois ans. La petite Sarah, blonde et bouclée, a une cuvée non millésimée associant de vieux grenaches pour un vin frais et gourmand. Mais notre chouchou reste le carignan 95 (20 F), dont une partie des plus vieilles vignes est élevée en barriques (30 F). Une bouteille de plus pour la gamme « Art et Essai », qui compte déjà un excellent viognier (50 F).

—— L'ACCUEIL ——

Du lundi au vendredi (samedi et dimanche en été), de 10 à 12 h et de 16 à 19 h, de préférence sur rendez-vous, dans une nouvelle cave. De Béziers prendre vers Carcassonne (D11) jusqu'à Cabezac, puis vers Minerve (D607 et D907) jusqu'à La Caunette.

PROPRIÉTAIRES :

J. ET F. LE CALVEZ

34210 LA CAUNETTE

TÉL. : 68 91 23 12 - FAX : 68 91 11 73

LANGUEDOC

MINERVOIS-LA LIVINIÈRE

DOMAINE PICCININI

PROPRIÉTAIRE-VIGNERON

_____ LE DOMAINE _____

Chantre de La Livinière, Maurice Picinini, ancien président de coopérative, milite depuis belle lurette pour le cru de son village, un des terroirs les plus en vue de la jeune AOC Minervois. Il a installé son fils Jean-Christophe à la tête de 15 ha où la syrah, implantée depuis 20 ans sur sol argilo-calcaire, commence à jouer un rôle capital aux côtés des vieux grenache et carignan.

_____ LES VINS _____

Exposée au nord, la cave bénéficie de la fraîcheur et, avec son puits, de l'hygrométrie autorisant l'élevage en barriques. Les raisins sont triés, éraflés puis macérés longuement à basse température. Un premier minervois 94 (20 F) est plutôt souple d'approche malgré une présence tannique et une certaine puissance. Il régalera d'ici un an. Plus sérieux, le Clos L'Angély 94 (30 F), à 70 % syrah, élevé un an sous bois, semble couvert d'un manteau de poivre doux évoluant sur des notes de fourrure. La beauté du vin s'affiche en bouche : large, puissant, bien fruité (myrtille) et très laurier, avec en prime une longueur éloquente. Bref, une grande bouteille de garde (5 à

6 ans). Mais le rouge ne suffit pas : les Piccinini s'attaquent à un blanc fermenté en barriques.

_____ L'ACCUEIL _____

En plein village, au sein d'une cave-bijou aménagée dans les vestiges des douves de l'ancienne forteresse, du lundi au samedi sur rendez-vous. De Béziers prendre vers Carcassonne (D11), à Olonzac aller jusqu'à La Livinière via Pepieux. La cave est face au poste à essence désaffecté.

PROPRIÉTAIRES :
JC. ET M. PICCININI
34210 LA LIVINIÈRE
TÉL. : 68 91 44 32 - FAX : 68 91 58 65

DOMAINE DU FRAÏSSE

PROPRIÉTAIRE-VIGNERON

GILBERT ALQUIER & FILS

PROPRIÉTAIRE-VIGNERON

LE DOMAINE

Depuis 1982, Faugères est un cru exemplaire. En venant de Béziers, patrie du rugby et de la corrida, les vignes du Fraïsse sont parmi les premières rencontrées sur la route des contreforts des Cévennes. Un domaine de 43 ha dont une moitié en plaine où Jacques Pons a planté merlot et chardonnay pour des vins de pays. Le reste des vignes, sur les plateaux schisteux et les grès de la garrigue, sont classées en AOC, assurant une production de l'ordre de 110.000 bouteilles.

LES VINS

Jacques Pons est un adepte de la macération carbonique et vendange donc à la main ses raisins de Faugères. Hélas pour les traditionalistes, il délaisse de plus en plus le carignan au profit de la syrah (80 %) et du grenache. Conseillé par l'œnologue François Serres, il produit un faugères rosé autant apprécié pour sa franchise que pour son fruit et son petit prix. Le faugères rouge 92 Fleur de la Passion (36 F) encore en vente, commence à être prêt à boire : nez « sauvage » de vieux cuir et de gibier, bouche grasse, assez corsée (13,5°), très épicée et marquée par des notes de cassis, de mûre et de fraise. Il se conduira à merveille sur un petit gibier à plumes.

L'ACCUEIL

Tous les jours et de préférence sur rendez-vous, en bordure du village qui se trouve sur la gauche, un peu à l'écart de la N909 allant de Béziers à Bédarieux. A9 : sortie Béziers-Est.

LE DOMAINE

Gilbert, au paradis des vignerons depuis plusieurs années, a laissé à ses fils Jean-Michel et Frédéric un beau vignoble de 30 ha dont 27 en rouge où la syrah, mais aussi les mourvèdre et grenache noir, tiennent de plus en plus le beau rôle. Peut-être le domaine qui a les plus vieilles vignes de syrah.

LES VINS

Gilbert Alquier fut l'un des premiers du Languedoc à faire construire un chai semi-enterré et climatisé. Des essais en blanc, pour la récolte 94, mettent en scène viognier, marsanne, roussanne et grenache dans l'AOC coteaux-du-languedoc, en attendant un hypothétique blanc faugères. Le rosé est conçu à partir des jeunes vignes. Le rouge 93 générique (33 F) concerne des vignes au-dessus de 14 ans avec ce qui reste de très vieux carignans : nez complexe, belle matière fruitée et de la longueur. Une cuvée maison jaune contient pas mal de syrah de coteaux élevée jusqu'à 14 mois en barriques à 40 % neuves. Une sélection des plus vieilles vignes (70 % de syrah égrappées), avec élevage bois neuf de 15 mois, donne une cuvée bastides de 18.000 flacons. En l'absence de bastides 93 pour cause de grêle, on devra se contenter d'une maison jaune (45 F), assez concentrée et tannique, qui ne demande qu'à attendre !

L'ACCUEIL

Sobrement, dans un beau caveau décoré par les femmes de la maison, du lundi au samedi de 8 à 12 h et de 14 h à 18 h 30. De Pézenas sur 25 km (D13) jusqu'à l'entrée de Faugères.

PROPRIÉTAIRE :
JACQUES PONS
34480 AUTIGNAC
TÉL. : 67 90 23 40 - FAX : 67 90 10 20

PROPRIÉTAIRE :
FAMILLE ALQUIER
ROUTE DE PÉZENAS, 34600 FAUGÈRES
TÉL. : 67 23 07 89 - FAX : 67 95 30 51

CHÂTEAU DES ESTANILLES
PROPRIÉTAIRE-VIGNERON

LE DOMAINE

Avec 25 ha de vignes impeccablement conduites sur un sol de schiste, Michel Louison a planté 2 ha de mourvèdre il y a 15 ans. Mais il fait surtout la part belle à la syrah, cépage auquel il voue un amour fou. Si fou qu'il lui a consacré la plus belle des parcelles : 15.000 pieds sur 2,5 ha plantés en 91 et baptisés d'emblée le clos du Fou, histoire de répliquer aux moqueurs.

LES VINS

Tout ce que les Louison gagnent est réinvesti pour le confort des vins logés dans une cave climatisée et enterrée. Comme chez la plupart des stars du Languedoc, les vins sont de plus en plus difficiles à obtenir. Saisissez donc le 93 prestige (37 F), qui a séjourné en barriques pour moitié neuves jusqu'au début de 95 et qui va se garder dix ans. La cuvée de pure syrah, qui préfigure bien le futur clos du Fou, est à mettre en cave toutes affaires cessantes : 75 F le 94, limité à trois bouteilles. Une autre cuvée retient l'amateur : la tradition, avec un court élevage en barriques (27 F). Également deux blancs, dont un marsanne-roussanne-viognier et deux rosés dont une curiosité en mourvèdre pur (75 F le 94) élevé sous bois ! Un vrai rosé de gastronomie limité à 3 bouteilles. Mais le simple rosé 95 à 27 F est un régal… et il n'est pas limité.

L'ACCUEIL

Tous les jours. Même Sophie, la fille des Louison, s'y met. L'accueil étant du genre passionné, il est préférable de prendre rendez-vous. De Béziers prendre vers Bédarieux (D909). À la hauteur de Laurens, gauche jusqu'à Lanthéric.

PROPRIÉTAIRES :
MONIQUE ET MICHEL LOUISON
LANTHÉRIC, 34480 CABREROLLES
TÉL. : 67 90 29 25 - FAX : 67 90 10 99

CHÂTEAU DE JONQUIÈRES
PROPRIÉTAIRE-VIGNERON

LE DOMAINE

Un sol calcaire et cailouteux au pied du Larzac. Près de 30 ha sont cultivés dont 5 pour le château, le reste allant à la cave coopérative de Saint-Saturnin.

LES VINS

Les Cabissole se sont lancé dans les grands vins à partir du millésime 92. Ils élèvent deux ans au moins les rouges avant leur vente. Le château est composé de grenache (40 %), syrah et mourvèdre. Il reste du 92 (33 F) prêt à boire sur un gibier avant d'ouvrir le 93 aussi noir de robe mais toujours sous l'emprise des tanins. La baronnie, dominée à 60 % par la syrah, avec mourvèdre et grenache, est élevée en barriques moins d'un an. Le 93 (40 F), au nez de fruits cuits, expressif et délicatement fruité en bouche, se distingue par son élégance et ses touches épicées. Un beau blanc 94 (36 F) tout en rondeur et longueur, est vinifié en partie en barriques neuves et classé vin de table à cause de l'assemblage chenin-grenache, tandis qu'un coteaux baptisé Risée 94 (28 F), impressionne par sa matière et sa puissance (14° !). C'est une clairette pure mise en bouteilles de 50 cl.

L'ACCUEIL

Par un charmant couple de jeunes viticulteurs, dans le cadre d'une splendide vieille demeure en bordure du village sur la route de Saint-Saturnin. Du lundi au vendredi de 17 h 30 à 19 h, le samedi de 10 h 30 à 19 h ou sur rendez-vous. En juillet-août, de 10 h 30 à 19 h tous les jours. De Montpellier prendre vers Millau (N109). À Saint-Félix-de-Lodez, tourner à droite jusqu'à Jonquières.

PROPRIÉTAIRES :
ISABELLE ET FRANÇOIS DE CABISSOLE
34725 JONQUIÈRES
TÉL. : 67 96 62 58 - FAX : 67 88 61 92

PRIEURÉ DE SAINT-JEAN-DE-BÉBIAN
PROPRIÉTAIRE-VIGNERON

──────── LE DOMAINE ────────

Édifié dans les années 60 par Alain Roux, visionnaire iconoclaste qui multipliait cépages, parcelles et expositions à la recherche de la concentration et d'une certaine idée du vin, le domaine a été racheté par un couple passionné, Chantal la journaliste et Jean-Claude l'entrepreneur. Syrah, grenache et mourvèdre comptent pour 75 % des 24 ha (bientôt 26) plantés, le reste étant composé de cépages blancs, de counoise, carignan, cinsault, etc.

──────── LES VINS ────────

De gros travaux viennent d'être réalisés en réception de vendange, cuverie et chai d'élevage. François Serres, l'œnologue de Béziers ami de Roux, est toujours là, tandis que Michel Bettane prête son nez de journaliste gourou. De l'ancienne direction il reste un superbe 91 (82,50 F), sombre, très fin au nez, avec des notes animales qui commencent à venir, d'abondantes touches de laurier et une grande harmonie. Le 93 (75 F) est assez fermé, mais on sent une imposante matière, beaucoup de complexité et de profondeur. Un investissement pour l'avenir. Un second vin, la chapelle, souple et sympathique, a été édité en 94 (40 F) et un blanc de belle facture a fait une première apparition la même année (85 F) avec un millier de flacons.

──────── L'ACCUEIL ────────

Tous les jours de 8 à 12 h et de 14 à 19 h, de préférence sur rendez-vous. De Pézenas prendre vers Lodève, puis à gauche dans Pézenas après le pont sur la Peyne. À 2 km, à la chapelle, tourner à gauche vers le Prieuré.

PROPRIÉTAIRES :
C. LECOUTY ET J.C. LEBRUN
ROUTE DE NIZAS, 34120 PÉZENAS
TÉL. : 67 98 13 60 - FAX : 67 98 22 24

CHÂTEAU DE CAZENEUVE
PROPRIÉTAIRE-VIGNERON

──────── LE DOMAINE ────────

De la chambre d'agriculture de Montpellier à la vigne, il n'y a qu'un pas qu'André Leenhardt a franchi en 1988 après avoir fréquenté le pic-saint-loup. Adossé à l'Hortus, le vignoble (19 ha) est encore jeune – 60 % a moins de 6 ans – et le tiers des raisins va à la coopérative.

──────── LES VINS ────────

Le terres rouges 94, composé de jeunes vignes, dont 30 % de mourvèdre, est plutôt léger et fruité (26 F) alors que le classique est fait de syrahs âgées de 15 à 25 ans. Robe foncée, nez de myrtille, imposante structure tannique... ce n'est pas un vin de fillette (35 F) ! Les presses de ce vin entrent dans la cuvée élevée en barriques (50 % neuves) composée à 90 % des syrahs les plus âgées. Le 94 (55 F) a cuvé entre 28 et 30 jours et se distingue par la qualité du mariage avec le bois : robe presque noire, nez fin de cannelle, de fumée, bouche fraîche, réglissée, marquée par de beaux tanins et une sacrée longueur en bouche. Les curieux goûteront un premier blanc 95 et un rosé riche en vieux cinsaults.

──────── L'ACCUEIL ────────

Au caveau du lundi au vendredi de 17 à 21 h, le samedi toute la journée et le reste du temps sur rendez-vous. En été, de 10 à 12 h et de 17 à 21 h. De Montpellier prendre vers Anduze (D17) puis, après le carrefour de Valflaunès, à 2 km environ, à gauche jusqu'à Lauret. Continuer en suivant les pancartes vers un lieu où, en dehors des Leenhardt, la seule animation vient de l'excellente auberge du Cèdre. Quatre gîtes sur place.

PROPRIÉTAIRES :
ANNE ET ANDRÉ LEENHARDT
34270 LAURET
TÉL. : 67 59 07 49 - FAX : 67 59 06 91

CHÂTEAU DE LA ROQUE

PROPRIÉTAIRE-VIGNERON

LE DOMAINE

Un peu moins de 40 ha de vignes disposées en amphithéâtre et encadrées de 80 ha de bois. Pas d'insecticides, encore moins de désherbants pour Jack Boutin, un homme exigeant venu à la vigne sur le tard et qui s'enorgueillit d'avoir des parcelles d'antiques syrahs en plus du grenache et du mourvèdre, ces trois cépages se partageant au tiers l'encépagement de cette belle propriété.

LES VINS

Cet homme est un perfectionniste, et cela se ressent dans ses vins. Deux cuvées, comme souvent dans la région, l'une élevée en foudres et en cuve, l'autre en barriques. La première, marquée par 40 % de syrah complétée par le grenache et le mourvèdre, surprend par sa complexité, sa structure tannique, sa longueur. Le 93 est un solide vin de garde moyenne à l'excellent rapport qualité-prix (28, 50 F). Dans le même millésime, la Cupa Numismae, faite de syrah (55 %) et mourvèdre, nous offre une matière imposante et corsée avec une belle finesse d'ensemble et une longueur digne d'un grand cru (41 F). Outre un rosé de saignée, Jack Boutin vinifie deux blancs, l'un avec rolle, marsanne, grenache et viognier, l'autre, passée en fûts de chêne, sans grenache et avec une partie du viognier élevé en cuve avant l'assemblage.

L'ACCUEIL

Dans une pièce voûtée, tous les jours de 9 à 12 h et de 14 à 18 h, sauf le dimanche après-midi. Expositions d'art en été. De Montpellier prendre vers Anduze (D17) jusqu'à Saint-Mathieu-de-Tréviers, puis à droite (D1) sur 4 km vers Fontanès.

PROPRIÉTAIRE :
JACK BOUTIN
34270 FONTANÈS
TÉL. : 67 55 34 47 - FAX : 67 55 10 18

CHÂTEAU DE LASCAUX

PROPRIÉTAIRE-VIGNERON

LE DOMAINE

Ingénieur agronome de formation, Jean-Benoît Cavalier appartient à la nouvelle vague des vignerons languedociens. Sur sa propriété de 50 ha, dans la famille depuis le XIIe siècle, il n'utilise que la syrah, largement majoritaire, et le grenache, hormis quelques cépages blancs plantés sur éboulis calcaires et un sous-sol argilo-calcaire.

LES VINS

En bon Cavalier, il affiche sur son étiquette sa passion pour la chose équestre qu'il marie volontiers à une folie – toute raisonnée – pour le vin. Une première cuvée 94 (30 F) à ouvrir d'ici deux ans pour le plaisir : rouge soutenu de robe, souple, équilibré, marqué par des touches de fourrure et de fruits rouges sauvages, facile mais pas mièvre, armé de petits tanins caressants. La seconde, les Nobles Pierres 94 (45 F), à 90 % syrah avec élevage d'un an en barriques neuves de l'Allier, est faite pour durer : cuir et bois fin au nez, puissance et épaisseur en bouche, tonalités terreuses et minérales, profondeur, grande longueur... voilà un vin sérieux qu'il convient d'attendre au moins cinq ans. Chaque année, Jean-Benoît nous concocte un appétissant rosé de saignée et, depuis deux millésimes, un superbe blanc qui s'arrache comme des petits pains !

L'ACCUEIL

Dans la belle cave voûtée de la maison de 9 h à 12 h 30 et de 14 à 19 h, du lundi au samedi, sur rendez-vous. De Montpellier prendre vers Anduze (D17) jusqu'à Sauteyrargues. De là, aller sur Vacquières.

PROPRIÉTAIRES :
ISABELLE ET JEAN-BENOÎT CAVALIER
PLACE DE L'ÉGLISE
34270 VACQUIÈRES
TÉL. : 67 59 00 08 - FAX : 67 59 06 06

MAS BRUGUIÈRE

PROPRIÉTAIRE-VIGNERON

LE DOMAINE

Le jeune président du cru vedette des coteaux-du-languedoc vit dans un vieux mas donnant sur ses vignes, entre le pic Saint-Loup et l'Hortus. Un domaine de 16 ha sur un terroir argilo-calcaire recouvert d'éboulis où se dorent les syrah et grenache avec un peu de mourvèdre. Une bonne part des raisins sont encore livrés à la coopérative de Valflaunès.

LES VINS

Moins de 30.000 bouteilles par an pour deux rouges dont un, plus syrah et plus vieilles vignes que les autres, élevé 9 mois en barriques de chêne pour moitié neuves. Le raisin est pressé à la champenoise (presse verticale) après une légère saignée qui donne un excellent rosé. Jus de goutte et jus de presse sont associés en fin de fermentation. Résultat, un 94 (environ 45 F) sombre de robe, au nez très fin et complexe bien qu'encore un peu fermé ne daignant livrer que des notes de fumée, de garrigue et de mûre, une forte présence tannique en bouche avec une longueur honorable. Un vin capable de tenir au-delà de l'an 2000, avec pour bientôt les notes de mûre et de framboise qui viendront égayer le palais.

L'ACCUEIL

À la maison et à la cave qui a conservé son caractère d'autrefois, au rez-de-chaussée d'un vieux mas, tous les jours à condition de prendre rendez-vous. On peut aussi louer un gîte en été. De Montpellier prendre vers Anduze (D17) jusqu'à Saint-Mathieu-de-Tréviers, puis à gauche (D1) vers le pic Saint-Loup. Le mas est peu avant l'Hortus.

PROPRIÉTAIRES :
ISABELLE ET GUILHEM BRUGUIÈRE
LA PLAINE, 34270 VALFLAUNÈS
TÉL. & FAX : 67 55 20 97

ERMITAGE DU PIC-SAINT-LOUP

PROPRIÉTAIRE-VIGNERON

LE DOMAINE

Au pied du pic Saint-Loup, qui culmine à 658 m, la propriété est divisée en deux : 40 ha de terres argilo-calcaires (30 ha en AOC) sur les contreforts du château ruiné de Montferrand, puis 20 ha en cours de replantation sur le versant sud du pic, là où se trouve l'ermitage donnant son nom à la propriété dirigée par trois jeunes frères : Jean-Marc, le commercial, Xavier, qui s'occupe des vignes, et Pierre, le vinificateur. Membres de la coopérative de Saint-Mathieu, les frères Ravaille s'en détachent peu à peu mais livrent encore la moitié de leur production à cette dernière.

LES VINS

On assiste en 95 aux débuts d'un blanc viognier-clairette. Les syrahs, dont la plupart ont plus de vingt ans, composent l'essentiel des deux cuvées rouges, l'une Ermitage complétée par 30 % de grenache, l'autre château de Sainte-Agnès par 20 %. Élevé en bordelaises à 70 % neuves (le reste n'a vu qu'un vin), le château 94 (39 F) est de loin le plus intéressant : belle robe sombre, nez de résineux, beaucoup de matière fruitée, c'est un vin de texture fine qu'il convient de boire bientôt pour le plaisir.

L'ACCUEIL

Tous les jours de 9 à 19 h, même le dimanche, dans la cave où l'on accède depuis le parking du château de Montferrand. Les parents, Marthe et Jean-Marie participent volontiers. De Montpellier prendre vers Mende jusqu'à Saint-Mathieu-de-Tréviers. Suivre les pancartes château de Montferrand pendant 1 km par le vieux Tréviers.

PROPRIÉTAIRES :
RAVAILLE FRÈRES
CHÂTEAU SAINTE-AGNÈS
34270 SAINT-MATHIEU-DE-TRÉVIERS
TÉL. : 67 55 20 15 - FAX : 67 55 23 49

DOMAINE
DE L'HORTUS
PROPRIÉTAIRE-VIGNERON

LE DOMAINE

L'Hortus fait face au pic Saint-Loup. Aux pieds de ces deux éminences, Jean Orliac, ancien ingénieur agronome, partage sa vie de vigneron entre d'un côté syrah et grenache exposés au nord-est et, de l'autre, une belle parcelle de mourvèdre sur un coteau plein sud. Un vignoble de 32 ha.

LES VINS

En dehors d'un rosé de saignée, deux cuvées élevées – luxe suprême – dans un chai souterrain climatisé, l'une à 34 F, l'autre à 62, quelle que soit la couleur. Car Jean, que l'on croyait à jamais piqué par le démon du rouge, s'adonne depuis peu au blanc. Et non sans succès si l'on en juge par la grande cuvée 94, qui associe viognier et chardonnay : jolies notes épicées au nez rehaussées d'effluves de pinède, gras et rond en bouche avec fraîcheur bien nette et longueur. La cuvée classique comprend les mêmes cépages en plus du sauvignon. En rouge, syrah et mourvèdre sont éraflés, une proportion plus importante de ce dernier entrant dans la grande cuvée. Le 94, peu de temps après sa mise en bouteilles, était encore sous l'emprise du bois neuf. Mais on sentait une densité rare, tandis que la classique régalait de ses petits fruits rouges sauvages et de ses tanins. Une bouteille qui sera prête d'ici deux à trois ans. La « Grande » en a pour dix ans !

L'ACCUEIL

Au cœur d'un cadre enchanteur, tous les jours mais sur rendez-vous, dans la maison de bois proche du chai. De Montpellier prendre vers Ganges (D986) puis, à Saint-Martin-de-Londres, la D122 vers Sommières et à droite après 10 km.

PROPRIÉTAIRE :
JEAN ORLIAC
34270 VALFLAUNÈS
TÉL. : 67 55 31 30 - FAX : 67 55 38 03

BORIE
LA VITARELLE
PROPRIÉTAIRE-VIGNERON

LE DOMAINE

Cathy Planès et Jean-François Izarn totalisent 6 ha sur argilo-calcaires à proximité du Faugérois. Jeunes vignerons exigeants et entreprenants, ils dirigent une ferme-auberge, exploitent 2,5 ha de pruniers d'ente, élaborent une carthagène et distillent des prunes.

LES VINS

C'est avec leur Saint-Chinian 90 qu'ils firent leur entrée dans notre guide. Depuis, ils ne cessent de progresser, à en juger par la complexité et la fraîcheur de leur 92 et par l'impression de grandeur que laisse le 93. Un rouge (40 F) complet, superbe de robe, au nez envoûtant de garrigue, ciste et menthe sauvage, parfaitement travaillé, large, intense, long, épais, se terminant en majesté sur des tanins de vieux cuir. Peut-être le plus beau des saint-chinian de ce millésime. Nul doute que les faibles rendements d'une syrah éraflée qui domine ici y sont pour quelque chose. De même que les pigeages réguliers, les cuvaisons de 21 jours et le dosage savant du bois où le vin séjourne un an. Un cabernet-sauvignon associé à la syrah est prévu en vin de pays.

L'ACCUEIL

Par un couple passionné, vers le haut du village, dans une maison aux volets bleus, les samedi et dimanche de 8 à 20 h et tous les jours en été (sauf lundi) ou sur rendez-vous (la cave est dans un village voisin). Jean-François est aussi un cuisinier qui régale son monde d'une cuisine goûteuse dans les deux pièces charmantes d'une modeste ferme-auberge. Prendre de Béziers à Cessenon (D14) puis jusqu'à Saint-Nazaire (D136).

PROPRIÉTAIRES :
C. PLANÈS ET J.F. IZARN
34490 SAINT-NAZAIRE-DE-LADAREZ
TÉL. : 67 89 50 43 - FAX : 67 95 39 99

DOMAINE D'AUPILHAC

PROPRIÉTAIRE-VIGNERON

──────── Le Domaine ────────

Arrivé à la fin des années 80 avec 70.000 F en poche, deux citernes de camion et un groupe de froid, Sylvain Fadat a su augmenter et embellir, à force de travail et de volonté, un vignoble en partie paternel de 14 ha au pied du Larzac et des ruines du château de Castelas. Dans ce secteur viticole peu exploré mais prometteur, il a pour lui une belle et large gamme de cépages. L'une de ses forces réside dans le fait qu'il croit à la valeur des plants implantés ici bien avant la mode des « cépages améliorateurs » : en dehors de la syrah et du mourvèdre, il a su garder les vieux grenaches, carignans et cinsaults. Pas fou, le Fadat !

──────── Les Vins ────────

Le premier millésime de Sylvain fut vinifié il n'y a pas si longtemps – 1989, si nos souvenirs ne nous trompent pas – en plein air avec les moyens du bord. Ses premières cuves inox ne furent installées qu'en 93. En quelques campagnes, le gars s'affirme donc comme l'un des plus passionnants des jeunes vinificateurs du Languedoc. Non content de faire le plus coloré, le plus gras, le plus long et le plus expressif des rosés (15 à 20 % de sa production !), associant vins de saignées et de pressurage direct issus du grenache, du cinsault, du carignan, avec une pointe de syrah (24 F pour le 94), il réussit un blanc vin de pays composé à égalité d'ugni et de grenache fermenté dans de vieilles pièces bourguignonnes (35 F pour le 95) de chez Coche-Dury. Un blanc équilibré et puissant qui plaît beaucoup aux étrangers. Ses rouges sont pigés aux pieds ou à la fourche et élevés en partie en barriques. Résultat, ce sont des vins riches, épais, tanniques et réellement réjouissants. Commençons par son coteaux-du-languedoc Montpeyroux 93 (environ 35 F) sauvage et expressif, armé de beaux tanins sages et réglissés. Des notes de concentration, vieux cuir, cacao, café et un si joli fond, fruit d'un assemblage subtile de mourvèdre, syrah, carignan appuyé par 18 % de grenache et 7 % de cinsault. Sans nul doute un vrai vin de plaisir qui sera au mieux de sa forme d'ici cinq ans. Le 94, tiré à 40.000 exemplaires, sera probablement aussi spectaculaire si l'on en juge par la qualité du fruit et des tanins. Il vient d'être mis en bouteilles cet hiver. Un conseil : réservez le 95 qui, à en croire les premiers rapports post-vendanges, seront assez uniques. En outre, les vins résistent bien au temps. Pour information, le 90 goûté au restaurant le Mimosa est encore frais et très équilibré, comme le 91, plus fermé mais très équilibré et qui, après agitation, devient giboyeux. De quoi satisfaire Charles, le père de Sylvain, amateur de bécasse. Reste notre petit chouchou, le pur carignan, vendu en vin de pays (38 F) et tiré à 12.000 exemplaires en 94. Un pied de nez magistral à tous les pourfendeurs de ce cépage. Pour beaucoup, le carignan de Fadat est devenu un objet de collection.

──────── L'Accueil ────────

Dans le village, entre la cave et la maison, tous les jours sur rendez-vous. Prendre de Montpellier à Gignac (N109), puis jusqu'à Montpeyroux sur 7 km (D9).

PROPRIÉTAIRE :

SYLVAIN FADAT

28, RUE DU PLÔ

34150 MONTPEYROUX

TÉL. : 67 96 61 19 - FAX : 67 96 67 24

CHÂTEAU CAZAL-VIEL

PROPRIÉTAIRE-VIGNERON

MAS CHAMPART

PROPRIÉTAIRE-VIGNERON

LE DOMAINE

Ce domaine a toujours joui d'une bonne réputation. Celle-ci n'est pas étrangère à la personnalité d'Henri Miquel, qui voue à la syrah un culte particulier puisqu'elle est majoritaire (45 ha) sur son domaine de 67 ha composé d'argilo-calcaires. Quantité d'autres cépages sont implantés, y compris des chardonnays, et les vendanges sont en partie mécanisées.

LES VINS

Plusieurs cuvées en dehors des vins de pays. Un château Miquel est vinifié de façon à procurer une belle sensation de fruité, tandis que le château Cazal-Viel fait la part belle à la syrah élevée un an en barriques neuves et d'un vin. Le 93 joue sur la finesse, avec des notes de violette et de fruits mûrs. Il ne sera prêt que d'ici trois ans (60 F), évoluant comme à l'accoutumée sur des notes giboyeuses, parfois truffées, comme ce 91 encore en vente (60 F). Le mourvèdre entre en scène avec les vieilles vignes de syrah dans une cuvée qu'Henri Miquel dédie à son ami et conseiller, Georges-Albert Aoust (100.000 bouteilles). Le 94 (35 F) est encore fermé, mais on le devine large, expressif et tannique en bouche. Un vrai vin de garde. Également deux belles cuvées de rosé, dont une issue de syrah.

L'ACCUEIL

Du lundi au samedi, de 9 à 12 h et de 14 à 19 h. Les paons font partie du décor dans ce petit hameau où l'on déguste dans un caveau sympathique. De Béziers prendre vers Saint-Chinian (D14). Cazal-Viel est sur la droite, à 5 km environ de Cazouls-les-Béziers.

LE DOMAINE

Mathieu et Isabelle Champart, un couple attachant, ont démarré timidement à la fin des années 70. Leur réputation ne cesse de croître depuis qu'ils se désengagent progressivement de la cave coopérative. Sur 16 ha de sols argilo-calcaires, ils réservent leurs jeunes vignes pour l'AOC coteaux-du-languedoc. Vendanges manuelles.

LES VINS

En plus d'un excellent vin de pays d'un bon rapport qualité-prix et d'un non moins bon rosé dominé par le cinsault mais rehaussé de syrah et mourvèdre, les Champart vinifient trois cuvées, dont une élevée en partie en barriques et une autre en coteaux-du-languedoc. Cette dernière, en 94 (27,50 F) est encore sur la réserve, paraissant même, lors de notre dégustation, assez étriquée. Mais le fond est beau et le gras du vin est de bonne augure. La composition – 70 % syrah, 20 % grenache et 10 % mourvèdre – est aussi celle la cuvée sélectionnée du saint-chinian 93 (32, 50 F) lequel a encore besoin de deux à trois ans. Pour l'heure, il est profond, marqué par la cerise et le poivre, encadré par de beaux tanins. Une cuvée à 90 % syrah constitue une très belle affaire dans sa version 94 (25 F) où l'on apprécie son fruit et ses notes de garrigues. Un premier blanc est produit dans le millésime 95.

L'ACCUEIL

Tous les jours, à la cave, mais sur rendez-vous. Prendre de Béziers à Saint-Chinian (N112) puis, à l'entrée du bourg, à gauche (D20) vers Villespassans.

PROPRIÉTAIRES :
CHRISTIANE ET HENRI MIQUEL
34460 CESSENON
TÉL. : 67 89 63 15 - FAX : 67 89 65 17

PROPRIÉTAIRES :
ISABELLE ET MATHIEU CHAMPART
BRAMEFAN, ROUTE DE VILLESPASSANS
34360 SAINT-CHINIAN
TÉL. & FAX : 67 38 20 09

SAINT-CHINIAN

CLOS BAGATELLE

PROPRIÉTAIRE-VIGNERON

SAINT-CHINIAN

CAVE COOPÉRATIVE DE SAINT-CHINIAN

CAVE COOPÉRATIVE

———— LE DOMAINE ————

Vendanges manuelles, pas d'engrais ou produits chimiques, Luc Simon surveille avec soin les 48 ha que composent les propriétés de la famille, y compris 7 ha en muscat de Saint-Jean-de-Minervois. La majorité des vignes sont sur argilo-calcaires, mais 45 % sont plantées sur des schistes.

———— LES VINS ————

Chaque terroir est vinifié séparément et chaque cépage isolé. Le muscat (51 F) est d'une finesse et d'un équilibre rares. Après leur élevage en barriques renouvelées annuellement au quart, les rouges passent l'hiver en cuves. C'est le cas du sélection 94 (40 F), fait en majorité de carignan et grenache (35 % de chaque) avec 22 % de syrah et 8 % de mourvèdre, le carignan étant vinifié en macération carbonique : très joli nez de pinède et garrigue, finesse et rondeur en bouche où des arômes de ciste persistent. Vin délicieux, soyeux, et pourtant très méditerranéen, capable de tenir trois ans au moins, mais c'est bon dès maintenant. La cuvée élite, (malheureusement épuisée) est encore plus stylée en bouche, avec un remarquable fond de fruit que masquent à peine d'imposants arômes de poivre. Un vin de classe, fait de grenache avec 20 % de carignan et 30 % de syrah. Assurément un bel investissement pour l'avenir si vous en trouvez.

———— L'ACCUEIL ————

Du lundi au samedi, de 8 à 12 h et de 13 à 18 h. Ouvert le dimanche de mai à octobre. Accueil enthousiaste. Demandez à rencontrer Christine. Sur place, un petit musée de la vigne se visite. À la sortie de Saint-Chinian en allant vers Saint-Pons, au rond-point.

———— LE DOMAINE ————

Un bon millier d'hectares à 70 % schistes et 450 adhérents disséminés dans une demi-douzaine de villages. Signe des temps, depuis le début de la décennie, la cave a perdu 300 ha du fait des départs en retraite. Carignan, grenache, cinsault sont les principaux plants représentés en plus de 120 ha de syrah.

———— LES VINS ————

On érafle presque tout, excepté une partie des carignans vinifiés en macération carbonique. Deux pressoirs pneumatiques permettent de récupérer de bons jus de presse. Une cuvée tradition à 50 % carignan et cinsault vinifiés ensemble est assemblée à la syrah et au grenache (20 F). Le domaine de Sorteilho 94 (26 F), vin de schiste, donne un vin sympathique dominé par la syrah. Les Capitelles (29,50 F) reflète plutôt le terroir argilo calcaire. La syrah domine à 50 % avec le carignan et le grenache. Mais c'est un saint-chinian Renaud de Valon 93 (44 F), sombre de robe, marqué au nez par des tonalités animales, ainsi que par des touches de garrigue, pinède et épices, large et dense en bouche, qui a retenu notre attention malgré ses tanins assez agrippants. Un vrai vin de gibier à 90 % syrah, complété par du mourvèdre, élevé en barriques au tiers neuves, à n'ouvrir que d'ici cinq ans.

———— L'ACCUEIL ————

Tous les jours dans un caveau de 9 à 12 h et de 14 à 18 h, y compris les samedi et dimanche, sauf Noël et le jour de l'an. L'été, de 9 à 13 h et de 14 à 19 h. Visites sur rendez-vous.

PROPRIÉTAIRES :
HENRY SIMON ET SES ENFANTS
34360 SAINT-CHINIAN
TÉL. : 67 38 04 23, FAX : 67 93 68 84

PRÉSIDENT : **MICHEL GLEIZES**
DIRECTEUR : **ALAIN CALMELS**
ROUTE DE SORTEILHO
34360 SAINT-CHINIAN
TÉL. : 67 38 00 31, FAX : 67 38 16 13

CHÂTEAU
MAUREL-FONSALADE

PROPRIÉTAIRE-VIGNERON

LE DOMAINE

Géré par le dynamique Philippe Maurel aidé de sa maman Thérèse, de son père Loïc et de son ami œnologue Claude Serra, également professeur au lycée agricole de Montpellier, le domaine s'étend sur une trentaine d'hectares partagés entre le schiste et le calcaire avec des vignes de syrah et grenache vendangées à la machine. En dehors de la propriété, Philippe a développé une activité croissante de négoce.

LES VINS

Philippe, visiblement, ne déteste pas le bois, si l'on en juge par notre préféré, la Fonsalade 93 (65 F). Est-ce dû à la bouteille bourguignonne ? On lui trouvait, lors de notre passage, de fines notes de framboise et mûre, sur des épices douces et une impression de fumé rehaussée d'un léger boisé. Bouche fraîche, charnue, assez tannique, mais agréable dès maintenant. L'idéal serait tout de même d'attendre un peu, disons encore deux ans. La cuvée Frédéric (35 F), qui fut étonnante en 92, se révèle plus simple et dominée par le bois neuf. On lui trouve de belles petites notes de myrtille et une estimable longueur. Peut-être, comme beaucoup de 93, faut-il l'attendre. Également un curieux rosé boisé et des blancs vinifiés en barriques neuves.

L'ACCUEIL

À Fonsalade, il est surtout assuré par Thérèse, tous les jours sur rendez-vous. De Béziers, prendre la direction de Murviel-les-Béziers jusqu'à Causses-et-Veyran. 2 km avant le village, sur la droite, le domaine est indiqué.

PROPRIÉTAIRES :
THÉRÈSE ET PHILIPPE MAUREL
34490 CAUSSES-ET-VEYRAN
TÉL. : 67 89 57 90 -FAX : 67 89 72 04

NOTES
DE VOYAGE

Dans cette région, à partir du 18 octobre 1996, vous devez faire précéder les numéros de téléphone de vos correspondants de : 04

 # NOTES
DE VOYAGE

Dans cette région, à partir du 18 octobre 1996, vous devez faire précéder les numéros de téléphone de vos correspondants de : 04

LES ROUTES
DES VINS
DU ROUSSILLON

MICHEL SMITH

BRAVE ROUSSILLON !

Le roussillon est-il à la croisée des chemins ? L'appellation côtes-du-roussillon ne marche pas trop mal (merci pour elle) mais ne brille pas de mille feux sur la scène internationale ou hexagonale, alors que le côtes-du-roussillon-villages – réputé nous livrer des rouges de constitution solide – ne donne pas grand-chose d'excitant, à part chez une ou deux vedettes établies qui sont les piliers de notre guide. Résultat, l'amateur se laisse de plus en plus séduire par les vins de pays. Les vignerons aussi, qui en profitent pour « s'éclater » avec des pratiques anciennes (voir à Banyuls)

ou qui redécouvrent des cépages autochtones que le législateur de l'AOC ne supporte pas de voir vinifiés seuls. Certaines caves ne vinifient plus guère que 30 % de leur production en AOC alors qu'il en faudrait au moins 80 % pour faire preuve d'enthousiasme envers un système législatif censé encourager la production de bons vins. Cet état de fait ne fait qu'encourager la production de vins de cépages, de vins faciles et internationaux, de ceux qui plaisent aux acheteurs d'hypermarchés. Cette situation encourage parallèlement le développement de la syrah, qui joue un rôle de plus en plus notoire dans les collioures ou côtes-du-roussillon. La syrah sera-t-elle bientôt le cabernet-sauvignon du Roussillon ?

En rouge comme en blanc, seuls les vignerons qui se moquent des modes, des directives officielles et qui affichent une vraie passion pour leurs vignes et rien que pour elles – ne lésinant ni sur la taille, ni sur les raisins sacrifiés, encore moins sur les tris draconiens – arrivent à faire des vins éblouissants. Pour l'instant, ils sont moins nombreux qu'en Languedoc. En revanche, ils restent seuls maîtres au monde dans leur spécialité : l'élaboration des vins doux naturels. Paradoxalement, ce type de vin, muté à l'alcool neutre et généralement puissant,

est en constant déclin depuis le début des années 80. La raison est simple : la clientèle des années 50-60 vieillit et se renouvelle peu, tandis que la bouteille ne cherche pas à rajeunir. Attention : la baisse est forte, mais certains « produits » (comme disent les professionnels) maintiennent une position honorable. C'est le cas des muscats de Rivesaltes, maury et banyuls, dont les prix de vente au particulier ne cessent de croître, signe de bonne santé.

À l'inverse, sauf exception, les prix ne bougent guère du côté de l'appellation rivesaltes, la grande spécialité du Roussillon. Le moment est donc venu de soutenir ces vins certes étranges au premier abord, mais si envoûtants une fois que l'on a appris à les découvrir. Jamais nous n'avons rencontré autant de vieux trésors aussi peu chers. De grands vins de petits rendements et de toutes les couleurs, allant du rubis profond au blond paillé en passant par le vieux chêne. Pourquoi diable les mépriser ainsi alors que, au moment du fromage, du dessert, du café et du cigare, ils procurent tant et tant de plaisirs ? Et pour peu que l'on se pique au jeu, on revient du Roussillon la bouche pleine de goûts exotiques et épicés. D'autant que 1995 est sans conteste un grand millésime. Un de plus pour le brave Roussillon !

Michel Smith

Chez Didier Banyols
Les Feuillants
à Céret (06)

Côtes du Roussillon

Beaucoup de bonnes tables les placent déjà très haut

PUBLICIS ETOILE

Les Côtes qui montent

HÔTELS DANS LE VIGNOBLE ET RESTAURANTS DE BONNE CAVE

Argelès-sur-Mer

Hôtel le Cottage : 21, rue A.-Rimbaud, 66700 Argelès-sur-Mer, tél. : 68 81 07 33, fax : 68 81 59 69. Bon hôtel confortable faisant partie des chaînes des Relais du Silence et des Logis de France avec 32 chambres donnant sur piscine et verdure (parc et vigne). De 340 à 500 F la nuit pour 2 personnes.

Banyuls-sur-Mer

Le Sardinal : 4 bis, place Paul-Reig, 66650 Banyuls-sur-Mer, tél. : 68 88 30 07, fax : 68 88 58 99. Fermé le lundi (hors saison). Un accueil généralement convivial (bien qu'un lecteur nous ait fait part d'une réception indélicate) et surtout une cuisine axée sur la pêche du jour, d'un bon rapport qualité-prix (chartreuse d'anchois et surtout la marmite de poissons cuits à l'étouffée), font passer le décor un peu tristounet. Terrasse sur le port en été. Bon choix de vins, à prix honnêtes, si l'on se cantonne dans les crus régionaux. 4 menus de 95 à 290 F. Carte : compter 220 F.

Hôtel les Elmes-Restaurant la Littorine : plage des Elmes, 66650 Banyuls-sur-Mer, tél. : 68 88 03 12, fax : 68 88 53 03. Fermé le mercredi hors saison. Jean-Marie Patroux vient de prendre la direction des cuisines de ce récent hôtel donnant directement sur la petite plage des Elmes. L'aumônière croustillante aux anchois de Collioure est l'une de ses spécialités, en plus d'un filet de bœuf à la lie de Banyuls et des poissons du jour servis dans un cadre frais avec vue sur le « grande bleue ». Un endroit particulièrement agréable le soir, lorsque la plage se repose et que le coucher de soleil s'offre aux amoureux. Beau choix de Banyuls dont le fameux Terra Vinya pour accompagner la crème catalane ou les desserts au chocolat. Prix raisonnable (menus de 85 à 300 F) et accueil charmant des propriétaires qui proposent une trentaine de chambres, certaines climatisées, au décor résolument moderne (de 190 à 200 F). De plus, ils sont capables d'organiser des rencontres chez les vignerons ou des sorties en mer pour les amateurs de voile. Excellent rapport qualité-prix en demi-pension (de 250 à 400 F par personne).

Al Fanal : avenue du Fontaulé (sur le port), 66650 Banyuls-sur-Mer, tél. : 68 88 00 81, fax : 68 88 13 37. Cuisine régionale simple et estivale (rougets et sardines en escabèche, anchois marinés maison), avec ses quelques tables devant la plage (un peu bruyant en saison). Très honnête premier menu à 80 F, avec l'accueil chaleureux de Marie et Laurent Sagols. La carte des vins s'est enrichie des meilleurs côtes-du-roussillon et vins de pays, avec toujours une préférence (justifiée) pour les banyuls et collioures du domaine de la Rectorie (les frères Parcé) dont la cave d'élevage se situe sous ce restaurant.

Caramany

Auberge du Grand Rocher : rue Éloi-Tresserres, 66720 Caramany, tél. : 68 84 51 58. Pierre Aline en cuisine et Antonia Quilici en salle, au cœur d'un terroir viticole avec vue sur le grand barrage de Caralaby. Produits frais exclusivement. Menus en fonction des saisons : terrine de truite à la tomate, carré d'agneau, confit de canard, pigeonneau, etc. Bonne sélection de crus du Roussillon, caramany et domaine Gauby en tête. Accueil très agréable et sans frime.

Cases-de-Pène

Le Grill du château de Jau : 66600 Cases-de-Pène, tél. : 68 38 91 38, fax : 68 32 91 33. Ouvert l'été. Dans l'enceinte de cette très belle demeure – centre d'une propriété viticole réputée – une cuisine estivale servie avec les vins du domaine. Possibilité de visiter la fondation artistique. Carte : compter 170 F.

Céret

Les Feuillants : 1, bd La Fayette, 66400 Céret, tél. : 68 87 37 88, fax : 68 87 44 68. Fermé les dimanche soir et lundi, ainsi qu'en février. Dans un cadre lumineux, un menu terroir (240 ou 340 F avec vins de la région) : 5 services accompagnés d'un cru choisi selon l'humeur de l'érudite Marie-Louise Banyols. Également un menu saison (400 F). Didier, son mari, traite avec bonheur et sensibilité les plus jolis produits régionaux. Le couple phare de la restauration roussillonnaise. À la carte, environ 200 vins du Languedoc-Roussillon : un « best of » qu'il n'y faut manquer sous aucun prétexte. Le tout à des prix doux (nombreuses bouteilles aux alentours de 130 F), au regard du niveau de l'établissement. Et pour les autres appellations, une des plus jolies cartes dont on puisse rêver. Mais encore 3 chambres luxueuses de 400 à 700 F (il faut les réserver longtemps à l'avance).

Collioure

Les Templiers : 12, quai de l'Amirauté, 66190 Collioure, tél. : 68 98 31 10, fax : 68 98 01 24. Dans la tradition des hôtels d'artistes : des toiles plein les murs – les signatures connues ont été volées. On croit dormir dans une réserve de musée. Les plus belles chambres donnent sur le port mais le confort est minimal. 52 chambres de 250 à 390 F.

Casa Pairal : 66190 Collioure, tél. : 68 82 05 81, fax : 68 82 52 10. Au cœur de la ville, à 150 m du port, une vieille demeure catalane transformée en hôtel très confortable et aménagée avec goût. Les chambres – au nombre de 28 – donnent sur un très joli jardin verdoyant (piscine). De 330 à 890 F (Relais du Silence).

La Nouvelle Vague : 7, rue Voltaire, tél. : 68 82 23 88. Fermé les dimanche soir et lundi (hors saison). Vaste salle moderne où l'affiche du film de Godard trône dans la salle, cuisine régionale estivale agréable. 4 menus de 90 à 300 F. Carte : compter 160 F environ. La carte des vins s'articule sur 4 thèmes : les incontournables, les coups de cœur, les insolites (avec notamment le superbe vin de pierre du domaine de la Rectorie, parfait sur les anchois) et les vins de la côte Vermeille (collioure, banyuls). Bel effort de description de chaque appellation (il y a autant à lire qu'à boire sur cette carte) avec une sélection irréprochable de vins au verre.

L'Ermitage de la Consolation : route de la Consolation, 66190 Collioure. Tél. : 68 82 17 66. Dans le décor des « feixes » (terrasses) de l'arrière-pays colliourenc, 12 chambres simples (avec douche et w-c) pour couples (200 F la nuit, petit déjeuner compris) et dans un site religieux racheté par des familles de Collioure à la Révolution pour éviter qu'il ne devienne bien d'État. Ce domaine privé ouvert au public est géré dans un but philanthropique par les descendants de ces familles – on les connaît sous les nom des Pabordes – et ne fonctionne que de Pâques à la Toussaint.

Le Boulou

Le Domitien : route d'Espagne, 66160 Le Boulou. Tél. 68 83 49 50, fax : 68 83 45 90. Une cinquantaine de chambres (de 360 à 550 F), non loin du casino et des vignes des Albères, vastes et confortables. Piscine, tennis et practice de golf. Et puis, si l'on souffre un peu trop du foie, les sources du Boulou et la station thermale sont toutes proches !

Perpignan

Le Chapon Fin-Park Hôtel : 18, bd J.-Bourrat, tél. 68 35 14 14, fax : 68 35 48 18. Restaurant fermé les dimanche et le lundi midi. La meilleure table de Perpignan avec pour chef Éric Lecerf, un élève de Robuchon, et un hôtel central, confortable, à l'accueil familial irréprochable. Bonne sélection classique des vins du Roussillon à prix raisonnables. Menus : de 180 à 450 F. Carte : compter 350 F. 67 chambres de 240 à 500 F.

Hôtel Athena : 1, rue Queya, 66000 Perpignan, tél. : 68 34 37 63, fax : 68 34 06 58. Dans la vieille ville, une maison du XIVe siècle autour d'un patio. Chambres de 130 à 340 F.

Hôtel Mercure : 5 bis, cours Palmarole, 66000 Perpignan, tél. : 68 35 67 66, fax : 68 35 58 13. En plein centre-ville, un nouvel établissement pour cette chaîne dont les restaurants présentent une carte des vins d'un excellent rapport qualité-prix. 55 chambres de 370 à 440 F et 5 à 650 F.

Le Clos des Lys : rocade Sud, chemin de la Fauceille, 66000 Perpignan, tél. : 68 56 75 00, fax : 68 54 60 60. Jean-Claude Vila, solide et réputé traiteur, ami des vignerons, reçoit dans un décor certes un peu surfait, mais sa cuisine est d'un si bon rapport qualité-prix (excellent menu à moins de 100 F sans le vin) et l'accueil tellement aimable que l'on a l'impression d'être « de la famille ». Il faut dire que toute la famille – y compris Franck, le gendre, aux fourneaux – met la main à la pâte. Une cuisine simple, fraîche et ensoleillée avec des vins fort sages...

Hôtel de la Loge : 1, rue des Fabriques-Nabot, 66000 Perpignan, tél. : 68 34 41 02, fax : 68 34 25 13. Vieil hôtel de charme au cœur du vieux Perpignan, non loin de la cathédrale et de la place de La Loge. Une vingtaine de chambres dont 15 climatisées, de 235 à 360 F.

Port-Vendres

Ferme-auberge des Clos de Paulilles : baie de Paulilles, 66660 Port-Vendres, tél. : 68 98 07 58. Ouvert tous les jours. Sur la route de Port-Vendres à Banyuls, pour déjeuner ou dîner simplement entre deux bains ou deux dégustations, à deux pas de l'adorable place de Paulilles, dans les murs d'une exploitation viticole. Le Clos est géré par la famille Dauré, également propriétaire du château de Jau (voir notre sélection). Compter une bonne centaine de francs, sans les vins qui sont proposés à prix départ. Il est prudent de réserver.

Rivesaltes

Auberge du domaine de Rombeau : 66600 Rivesaltes, tél. : 68 64 05. Une autre table installée sur un domaine viticole. Cuisine catalane, grillades et vins du domaine. Menus : de 95 à 115 F. Carte : compter 150 F.

Tautavel

Le Petit Gris : route d'Estagel, 66720 Tautavel, tél. : 68 29 03 23. Après la visite de Maury ou du site préhistorique de Tautavel, une auberge toute simple, au milieu des vignes, spécialisée dans les grillades catalanes au feu de bois (cargolade, saucisse et viandes) très roboratives… Menus : de 68 à 155 F. Carte : compter 90 F.

COUCHER CHEZ LE VIGNERON

Alénya

Annie et Paul Favier : domaine du Mas Bazan, 66200 Alénya. Tél. : 68 22 98 26, fax : 68 22 97 37. Annie et Paul Favier, jeunes et prometteurs vignerons (voir nos adresses), aiment aussi la bonne vie simple et familiale. Une ambiance bon enfant règne dans cette propriété de 18 ha abritée de platanes géants, et ils en font profiter tous ceux qui s'intéressent au vin. Une dizaine de chambres dont 6 avec salle de bains et w-c privés, en plus d'un petit gîte idéal pour une famille, sont à la disposition de ces derniers. Le tout à proximité des plages et à

portée de vue des Albères. Piscine sur place et repas du soir pris en famille. 280 F la nuit pour un couple avec le petit déjeuner. Repas : 100 F tout compris, de l'apéro du patron au vin maison.

Cases-de-Pène

Domaine Habana : 66600 Cases-de-Pène, tél. : 68 38 91 70, fax : 68 38 92 64. Le domaine d'Henriette et Michel (il tiennent à ce qu'on les appelle par leur prénom) dispose de 6 chambres très calmes et presque luxueuses. Installé face à une ancienne fabrique, le domaine commercialise ses vins de pays et côtes-du-roussillon (voir nos adresses), fait son huile d'olive et ouvre sa table d'hôte à qui aura réservé (20 couverts seulement). Parfait pour découvrir la beauté de la vallée de l'Agly. Compter guère plus de 400 F par personne et par jour en demi-pension (piscine).

Collioure

Hôtel Ermitage : route de Notre-Dame-de-la-Consolation, 66190 Collioure, tél. : 68 82 17 66. Située sur la route des crêtes qui va de Collioure à Banyuls, une oasis somptueuse au milieu des arbres et du vignoble (env. 170 F, petit déjeuner compris) qui compense largement le confort spartiate.

À VISITER

Banyuls

Musée Maillol : fondation Dina Vierny, vallée de la Roume, 66650 Banyuls-sur-Mer. Tél. : 68 88 57 11. Le sculpteur catalan a son musée à environ 2,5 km du port dans l'arrière-pays (suivre la « route des Mas »). À Banyuls, on peut également voir le tombeau d'Aristide Maillol. Ouvert de 10 à 12 h et de 14 à 18 h. Une belle promenade ombragée où l'on peut piquer une sieste lorsque les touristes ne sont pas trop nombreux…

Bélesta

Château de Bélesta : 66720 Bélesta, tél. : 68 84 55 55. Un petit village perché du Fenouillèdes où fut découverte en 1983 la plus ancienne tombe collective en grotte (6000 ans) du midi de la France. Visite guidée du château-musée restauré où se trouvent présentées une reconstitution de la tombe et l'impressionnante série de poteries et objets de parure qui y furent mis à jour. Pour les passionnés de néolithique. Ouvert tous les jours de 10 à 17 h (18 h 30 en été), fermé à l'heure du déjeuner en hiver. Entrée : 20 F.

Céret

Musée d'art moderne : 8, bd Maréchal-Joffre, 66400 Céret (à 30 km de Perpignan), tél. : 68 87 27 76. Une collection constituée autour des artistes ayant séjourné à Céret, parmi lesquels Chagall, Dali, Dufy, Gris, Maillol, Matisse, Miro, Picasso, Arman, Ben, Tapiès et Viallat. Tous les jours sauf le mardi de 10 à 18 h (19 h en été). Entrée : 35 F.

Collioure

Le château royal : 66190 Collioure, tél. : 68 82 06 43. Des xiiie et xviie siècles, cette ancienne résidence des rois d'Aragon et de Majorque présente en saison des accrochages de peintures et toute l'année des expositions permanentes sur les activités économiques traditionnelles catalanes (liège, viticulture, anchois, etc.). Ouvert tous les jours de 10 à 18 h. Entrée : 20 F.

Sur le chemin du fauvisme : itinéraire pédestre guidant le promeneur dans le village de Collioure, avec 20 reproductions de paysages de Matisse et Derain placés in situ, au point de vue choisi par ces peintres. Une double façon d'admirer le clocher, la plage ou les « toits rouges » du village. Une cassette audio est par ailleurs à la disposition des visiteurs pour une balade automobile commentée de 30 mn sur la route des crêtes et une découverte l'histoire du vignoble.

Maison de la vigne et du vin : place du 18-Juin, 66190 Collioure, tél. : 68 82 49 00 ou, à la mairie, 68 82 05 66.

Elne

Cloître et musée : 66200 Elne (à 14 km au sud de Perpignan), tél. : 68 22 70 90. Capitale archéologique, du haut de son oppidum Elne domine la plaine du Roussillon. Cathédrale du xie siècle (ancien siège épiscopal) et cloître de marbre construit du xiie au xive siècle, une merveille de l'art roussillonnais. Ouvert tous les

VIGNES EN PÉRIL

Les vignerons de Collioure, Port-Vendres, Banyuls et Cerbère sont des architectes « sculpteurs de montagne ». Leur fierté n'est pas seulement d'avoir une vigne vigoureuse et en parfaite santé, mais également – sur ces coteaux abrupts où la terre est rare, pauvre, schisteuse et soumise aux intempéries – de maintenir en état de belles « feixes », ces terrasses façonnées à même le schiste. La maigre terre est retenue par des murettes de pierres posées savamment dans le seul espoir qu'elles résistent le plus longtemps possible à l'érosion parfois brutale causée par les fortes pluies qui s'abattent de temps à autre sur la région. L'un des plus ardents défenseurs de ces murettes, Vincent Cantié, résume à sa façon l'amour que certains vignerons catalans témoignent à ce paysage qui fait partie de leur patrimoine : « Quand je vais à la vigne et que je vois une murette endommagée, je me dis qu'il faut la réparer. C'est une sorte de devoir moral vis-à-vis de mes ancêtres qui l'on édifiée. » On dit que des subventions vont être accordées aux vignerons qui souhaitent réparer les murettes et restaurer ainsi l'architecture d'un vignoble en péril. Il était temps. Mais plus que les subventions, c'est la volonté du travail bien fait qui compte.

jours de 9 h 30 à 12 h et de 14 à 17 h (18 h 45 en été). Entrée : 15 F.

Ille-sur-Têt

Centre d'art sacré : 10, place de l'Hôpital, 66130 Ille-sur-Têt, tél. : 68 84 83 96. Au cœur du village, dans un hospice fondé au XIIᵉ siècle, ce centre propose des expositions permettant de découvrir l'art du siècle d'or catalan. En juillet et août, ouvert tous les jours de 10 à 12 h et de 16 à 19 h. Le reste de l'année, fermé le matin, les mardi, dimanche et jours fériés. Entrée : 15 F.

Maureillas

Musée du liège : 66400 Maureillas (à 5 km de Céret). Tél. : 68 83 06 28. Ce petit musée de village au pied des Albères raconte l'épopée de ce qui fut jadis une véritable industrie : si le chêne-liège n'est plus autant cultivé de ce côté-ci des Pyrénées, la plupart des grands bouchonniers alimentant les vignobles tricolores ont encore pour base cette région du Boulou et de Céret. Ouvert tous les jours en saison, et pour les groupes (sur réservation) hors saison.

Perpignan

Palais des rois de Majorque : 2, rue des Archers, 66000 Perpignan, tél. : 68 34 48 29. Situé sur la colline du Puig-del-Rei, un théâtre fortifiant témoignant de l'éphémère épanouissement d'une cour royale créée en 1276. La visite historique « incontournable » de Perpignan. Ouvert tous les jours de 9 à 17 h (18 h en été). Entrée : 20 F.

Salses

Château Fort de Salses : 66600 Salses, tél. : 68 38 60 13. À 12 km au nord de Perpignan, cet imposant gardien de la frontière septentrionale catalane aux XVᵉ et XVIᵉ siècles qu'est le fort de Salses fut construit par les Espagnols avec une architecture révolutionnaire : entre château fort médiéval et fortifications modernes. Monument d'État ouvert toute la semaine (sauf jours fériés) de 9 h 30 à 12 h et de 14 h à 17 h 30. Entrée : 28 F.

Serrabone

Le prieuré de Serrabone : 66130 Boule-d'Amont, tél. : 68 84 09 30. À 600 m d'altitude et au beau milieu des Aspres, le prieuré de Serrabone (38 km à l'ouest de Perpignan) est un des hauts lieux catalans de la sculpture romane. Le cloître et la tribune sculptée dans le marbre rose ne constituent qu'une partie de la découverte. Pierre Torrès, illustre personnage du vin local, vient de consacrer à ses abords un fascinant jardin ampélographique où l'on découvre, sur d'antiques terrasses de schiste, les principaux cépages de l'histoire viticole du Roussillon. Une agréable promenade accessible tous les jours de 10 à 18 h.

Tautavel

Centre européen de préhistoire : 66720 Tautavel, tél. : 68 29 07 76. À 30 km au nord-est de Perpignan, une présentation de collections préhistoriques et paléontologiques dans un petit village des Corbières où fut découvert le célèbre homme de Tautavel vieux de 450.000 ans. Didactique et très touristique, mais vaut le détour. Ouvert toute l'année, 7 jour sur 7. Du 1ᵉʳ avril au 31 octobre : de 10 h à 12 h 30 et de 14 h à 17 h 30. Du 1ᵉʳ novembre au 31 mars, du lundi au samedi de 14 h à 17 h 30, le dimanche de 10 h à 12 h 30 et de 14 h à 17 h 30. Entrée : 32 F par adulte et 16 F par enfant.

Thuir

Les caves Byrrh : 6, bd Violet, 66300 Thuir (à 10 km à l'ouest de Perpignan), tél. : 68 53 05 42. Un chai gigantesque (800 cuves) et un foudre d'un million de litres (!) pour cette célèbre marque d'apéritif qui appartient à Cusenier (groupe Pernod-Ricard). Vente sur le site de production artisanale : magnum Byrrh, carafe de vieux Byrrh et délice d'abricot. Visite guidée gratuite de 45 mn. En avril, mai, juin et septembre : tous les jours sauf le dimanche, de 9 h à 11 h 45 et de 14 h 30 à 17 h 45. En juillet et août, tous les jours de 10 h à 11 h 45 et de 14 h à 18 h 45. Même horaire en octobre, mais fermé le samedi. De novembre à fin mars : sur rendez vous.

Le Castillet, musée catalan des arts et traditions populaires (Casa Pairal) : place de Verdun, 66000 Perpignan, tél. : 68 35 42 05. Un petit château de briques roses de la fin du XIVᵉ siècle, et une ancienne prison aux allures presque orientales. Mérite une visite rien que pour son architecture. Ouvert tous les jours sauf le mardi de 9 à 12 h et de 14 à 18 h.

COUPS DE CŒUR DES 3 DERNIÈRES ANNÉES

1995

Domaine Fontanel à Tautavel
Domaine Gauby près de Calce, au Faradjal
Domaine Vial-Magnères à Banyuls-sur-Mer

1994

Domaine de Joliette à Espira-de-l'Agly
Domaine de la Rectorie à Banyuls-sur-Mer
Domaines Cazes à Rivesaltes

1993

Château de Casenove à Trouillas

INFO-CIVDN LES VINS DOUX NATURELS À AOC

Ils constituent la production la plus originale du Roussillon – où la quasi-totalité d'entre eux sont élaborés – et se distinguent des autres vins en ce qu'ils sont mutés en cours de vinification. Le mutage fut découvert au XIIIᵉ siècle, au temps des rois de Majorque, par Arnau de Vilanova. Il consiste à arrêter la fermentation par une légère adjonction d'alcool neutre qui permet au vin de garder une partie importante du sucre et des arômes naturels des raisins.

Les vins doux naturels ne peuvent être produits qu'à partir de quatre cépages : le grenache, le macabeu, la malvoisie et le muscat, dont le rendement autorisé ne doit pas excéder 30 hl/ha (soit moins d'une bouteille par cep). La loi définit cinq appellations de crus – banyuls, banyuls grand cru, maury, muscat de Rivesaltes et rivesaltes – et une appellation régionale qui couvre l'aire des autres : grand roussillon. Ils se consomment essentiellement à l'apéritif, mais également au cours du repas pour accompagner les foies gras, gibiers et fromages persillés, outre les desserts.

Pour tout renseignement complémentaire, contacter le **Comité interprofessionnel des vins doux naturels**, 19, av. de Grande-Bretagne, 66000 Perpignan.

INFO-GIP CÔTES-DU-ROUSSILLON

CÔTES-DU-ROUSSILLON ET CÔTES-DU-ROUSSILLON-VILLAGES, LES APPELLATIONS QUI MONTENT...

La situation géographique du Roussillon, enchâssé dans les piémonts des Pyrénées au bord de la Méditerranée, fait de cette ancienne province (devenue département sous le nom de Pyrénées-Orientales en 1790) un monde à part... Caractérisés par l'extrême variété du relief, des sols et des microclimats, les terroirs propices à la culture de la vigne sont nombreux et ont chacun leurs spécificités. Les vignerons, au fil des ans, ont adapté le choix des cépages, les modes de culture et les méthodes de vinification à cette diversité, mais avant tout ils ont su conserver cette passion du vin dont ils ont fait un art de vivre. Aujourd'hui, les côtes-du-roussillon et côtes-du-roussillon-villages sont le fruit de cet héritage vinicole et d'années d'efforts au profit de la qualité.

Des vins de caractère...

Sobres, généreux, élégants, ils s'imposent dans le club très fermé des appellations d'origine contrôlée depuis 1977 et réservent d'agréables surprises. Alliés à la gastronomie, qu'elle soit aux saveurs rustiques du terroir, aux accents méridionaux de la Catalogne ou aux arômes recherchés des grands chefs, les côtes-du-roussillon et côtes-du-roussillon-villages sont une porte ouverte sur les associations, des plus classiques aux plus originales. Le millésime 95 s'annonce superbe pour les côtes-du-roussillon rouges (à classer dans les très bonnes années) et excellent pour les côtes-du-roussillon-villages. (**GIP côtes-du-roussillon**, tél. : 68 51 31 81.)

DIX ANS DE SAINT-BACCHUS

La Saint-Bacchus est une fête qui n'existe pas sur le calendrier mais qui va droit au cœur des vignerons du Roussillon puisque, chaque année, un jury spécial composé de journalistes français et étrangers, de patrons de bistrots à vins et de sommeliers décide de célébrer les meilleures bouteilles en récompensant leurs auteurs d'un Bacchus dans tous les appellations du Roussillon, et même dans les vins de pays. Cette manifestation permet de déceler de nouveaux talents, et un catalogue gratuit est édité à cette occasion : il recense tous les vins admis à concourir pour la dégustation finale. Pour se le procurer, écrire de notre part à l'Association des vins du Roussillon, 19, av. de Grande-Bretagne, 66000 Perpignan (tél. : 68 34 85 28).

Le palmarès 1995

Côtes-du-roussillon blanc : *domaine Pierre Alquier 1994*

Côtes-du-roussillon rouge : *domaine Gérard Gauby, cuvée fûts de chêne 1993*

Côtes-du-roussillon-villages : *domaine Cazes 1993 et château Les Pins 1993 de la cave Dom Brial*

Collioure rosé : *domaine La Tour Vieille 1994*

Collioure rouge : *château des Abelles 1993 du Cellier des Templiers*

Vin de pays catalan blanc : *domaine Pagès-Huré, muscat sec 1994*

Vin de pays d'Oc blanc : *mas Sauvy, chardonnay 1994*

Vin de pays des côtes-catalanes rouge : *domaine des Schistes, merlot 1994*

Banyuls : *cave L'Étoile, « Macéré Tuilé » 1986*

Maury : *domaine de La Pléiade, « Vintage » 1993*

Muscat de Rivesaltes : *les Vignobles Boudau*

Rivesaltes : *Union des vins fins du Rivesaltais (Arnaud de Villeneuve « hors d'âge ») et chais de Sainte-Estelle (« grande sélection vieux »)*

Michel Smith

CÔTES-DU-ROUSSILLON ET CÔTES-DU-ROUSSILLON-VILLAGES

DOMAINE GAUBY

PROPRIÉTAIRE-VIGNERON

LE DOMAINE

Avec ses 42 ha, Gérard Gauby, aidé de toute sa famille, continue de livrer 60 % de ses raisins aux deux coopératives locales. De vieilles vignes et un vignoble de relief contribuent à donner de la hauteur aux vins. Mais il y a le style indéniable du vigneron…

LES VINS

Francs, à l'image de son auteur, massifs, concentrés mais élégants, ils témoignent de raisins triés sur le volet. Outre un formidable côtes-du-roussillon 1994, sur le fruit après un passage de dix mois en fûts (35 F), en dehors d'un muscat sec puissant et gras fait en vin de pays comme le viognier, hormis une nouvelle et prometteuse cuvée de vieux carignans longuement élevés en barriques, c'est le côtes-du-roussillon-villages rouge (60 F) qui, comme l'an dernier, a notre préférence. Après un magistral 93 vite dévalisé, le 94 (syrah, grenache, mourvèdre, carignan) s'annonce aussi sérieux malgré l'emprise des tanins et du bois : cacao, café, poivre au nez, boisé de belle qualité en bouche avec des tanins fermes mais bien constitués. Il prendra le temps de s'ouvrir d'ici 8 à 10 ans. Un peu comme ce « centenaire », superbe et complexe blanc de très vieilles vignes.

L'ACCUEIL

Toujours aussi enthousiaste, tous les jours sur rendez-vous, il laisse un souvenir inoubliable. De Rivesaltes aller à Baixas, puis monter jusqu'à Calce (D18). À l'entrée et au pied du village, à droite jusqu'à la cave.

PROPRIÉTAIRES :
GHISLAINE ET GÉRARD GAUBY
66600 CALCE
TÉL. : 68 64 35 19 - FAX : 68 64 41 77

CÔTES-DU-ROUSSILLON ET CÔTES-DU-ROUSSILLON-VILLAGES

DOMAINE ALQUIER

PROPRIÉTAIRE-VIGNERON

LE DOMAINE

Préférence affichée pour la syrah. Celle-ci occupe plus de 8 ha sur un total de 30 comprenant aussi de vieux carignans et grenaches sur des terrains filtrants et caillouteux, à 180 m d'altitude, au pied des Albères et à l'abri de la tramontane. Pierre Alquier figure en bonne place dans le peloton de tête des espoirs du Roussillon.

LES VINS

Avec un égrappoir tout neuf cette année et un pressoir pneumatique – on ne se refuse rien ! – les progrès se font de plus en plus sentir. En dehors d'un sympathique vin de pays vendu en vrac à 6 F le litre, le côtes-du-roussillon blanc se distingue (26 F). Après un Bacchus obtenu avec le 94, le 95 – moitié grenache, moitié rolle – est prometteur. En rouge, deux millésimes sont proposés : le 93 (27 F), avec son nez sérieux et complexe, offre de jolies notes de fruits rouges en bouche et de sympathiques tanins qui le rendent agréable dès maintenant ; le 94 (26 F), bien épicé au nez, est typique du petit vin sans prétention autre que le simple plaisir.

L'ACCUEIL

En pleine campagne, à l'ombre des platanes où se trouve un caveau sobre et frais avec vue sur les Albères et la vigne. Sur rendez-vous sauf en été où le caveau ouvre de 8 h à 20 h 30 tous les jours. Par la N9 du Boulou aller vers Céret et, à Saint-Jean-Pla-de-Corts, prendre gauche vers Maureillas. Passer le pont du Tech et suivre les panneaux sur 2 km.

PROPRIÉTAIRE : **PIERRE ALQUIER**
66400 SAINT-JEAN-PLA-DE-CORTS
TÉL. : 68 34 12 54 OU 68 83 20 66,
FAX : 68 83 55 45

CÔTES-DU-ROUSSILLON ET CÔTES-DU-ROUSSILLON-VILLAGES

LA CASENOVE
PROPRIÉTAIRE-VIGNERON

CÔTES-DU-ROUSSILLON ET CÔTES-DU-ROUSSILLON-VILLAGES

DOMAINE DU MAS CRÉMAT
PROPRIÉTAIRE-VIGNERON

LE DOMAINE

Lui qui fut photographe avant d'être vigneron, Étienne Montès est devenu, en quelques années de retour à la terre familiale, l'un des vinificateurs les plus exigeants du Roussillon. Et il dorlote avec amour les 53 ha de son domaine au pied du Canigou, dans le secteur des Aspres, sur un terroir d'argiles ferro-cialitiques, de graviers et de galets.

LES VINS

Grâce aux bons conseils de l'œnologue Jean-Luc Colombo, les blancs d'Étienne suscitent l'admiration. Même lorsqu'ils sont faits à partir du macabeu, cépage local jusqu'ici peu aimé, Étienne les transforme en vins de matière et de longueur, à l'image de ce côtes-du-roussillon 94 (45 F) à 60 % grenache. Également fasciné par la syrah, qu'il associe aux carignan et grenache, il insiste sur des cuvaisons longues à partir de raisins bien mûrs. Exemple, sa cuvée dédiée au Commandant Jaubert (65 F) – un illustre tonton navigateur – sur laquelle il a fait l'impasse en 92 comme pour mieux se déchaîner sur le beau 93 : une robe presque noire, un nez resplendissant de finesse, gras, riche et épais en bouche, et une puissance (14°) toute contenue, digne d'un grand châteauneuf-du-pape. Il reste encore un somptueux 91 qui sera à point d'ici 5 ans (55 F). Mais ne quittez pas les lieux sans goûter le divin muscat de Rivesaltes 94 (50 F) qu'il convient de ranger en cave.

L'ACCUEIL

Du lundi au samedi, de préférence sur rendez-vous, de 10 à 20 h. De Perpignan vers Barcelone (N9) sur 10 km, puis tourner à droite vers Thuir au lieu-dit Mas-Sabolle. Le domaine est sur la droite.

LE DOMAINE

Rive gauche de l'Agly, sur un tapis de schistes parfaitement noirs, le vignoble de 25 ha se situe sur les premiers contreforts des Corbières. Jean-Marc et Catherine – les parents de cette dernière exploitent le domaine Mongeard-Mugneret à Vosne-Romanée – sont venus s'installer ici histoire de développer une passion pour les vins du sud.

LES VINS

Cinq ans après, les Jeannin-Mongeard ont fait leurs preuves avec des vins d'une belle finesse où la pureté du fruit est mise en avant. Les rouges côtes-du-roussillon font la part belle à la syrah et au grenache, avec parfois une pointe de mourvèdre. Tout est égrappé, vinifié séparément, cuvé 10 jours avec foulage et remontage. Seuls la syrah et le mourvèdre font leur malolactique en pièces de chêne, où ils séjournent 8 mois. Pour la grande cuvée, les vins assemblés continuent leur élevage sous bois pour 8 autres mois. Un vin de pays blanc (45 F) issu de vieilles vignes de grenache fait belle figure en 94, malgré un boisé très présent dû à une fermentation en pièces d'un ou deux vins (de Meursault) où les vins passent 5 mois. Les rouges 94 côtes-du-roussillon (30 F), sont droits et frais en bouche. Mais notre préférence va au vin de pays 94 (30 F), de cépage muscat et vinifié en sec, l'un des plus beaux apéritifs du Roussillon.

L'ACCUEIL

Dans un caveau ou, à la bourguignonne, dans la cave, du lundi au samedi, de 9 à 19 h. De Perpignan prendre vers l'aéroport, puis vers Estagel jusqu'à Espira. Suivre les pancartes dans le village.

PROPRIÉTAIRE :
ÉTIENNE MONTÈS
66300 TROUILLAS
TÉL. ET FAX : 68 21 66 33

PROPRIÉTAIRES :
C ET J-M JEANNIN-MONGEARD
66600 ESPIRA-DE-L'AGLY
TÉL. : 68 38 92 06 - FAX : 68 38 92 23

CÔTES-DU-ROUSSILLON ET CÔTES-DU-ROUSSILLON-VILLAGES

DOMAINE PIQUEMAL

PROPRIÉTAIRE-VIGNERON

LE DOMAINE

Sur 50 ha de terres argilo-calcaires, Pierre Piquemal, rejoint depuis peu par son fils Frank, a su conserver ses carignans de plus de 30 ans d'âge outre de vieux grenaches et 2,5 ha de mourvèdre plantés il y a plus de dix ans.

LES VINS

Grande nouveauté : le chai à barriques climatisé. Outre un muscat sec, un rouge en vin de pays se remarque. Il s'agit d'une cuvée 94 Pierre Audonnet (le grand-père) d'un style facile, épicé, agréable à boire frais, où le merlot a le beau rôle (24 F). Superbe côtes-du-roussillon 94 de bon rapport qualité-prix (28 F) : carignan, grenache et mourvèdre y entrent chacun pour un tiers avec un peu de syrah, le tout vinifié en macération carbonique et conservé une année en cuve. Concentration au nez, profondeur en bouche, équilibre, fraîcheur, c'est un vin qui se boit dès maintenant mais qui se gardera 4 ans. Dans la même appellation et le même encépagement, arborant le millésime 93 (37 F) et élevé 1 an en barriques (20 % neuves), le vin est fermé et exige une bonne aération : le bois se fait sentir, mais le fond est solide, épais, velouté. On le regoûtera d'ici 2-3 ans. Également un rivesaltes 1983 (42 F) à majorité grenache gris, bourré de caractère.

L'ACCUEIL

Du lundi au samedi, de 9 à 12 h et de 15 à 19 h, dans un caveau récent. De Perpignan vers Narbonne. Depuis le rond-point de l'aéroport, vers Foix jusqu'à Espira. Dans le village, suivre les panneaux jusqu'à une petite impasse.

PROPRIÉTAIRES :
ANNIE ET PIERRE PIQUEMAL
1, RUE PIERRE-LEFRANC
66600 ESPIRA-DE-L'AGLY
TÉL. : 68 64 09 14 - FAX : 68 38 52 94

LE MAS BAZAN

PROPRIÉTAIRE-VIGNERON

LE DOMAINE

Jeune syrah, vieux carignans et grenaches, chardonnay et roussanne, muscat d'Alexandrie, sur un terroir sablo-limoneux… le vignoble du Mas Bazan, sous forte influence maritime, n'en est qu'à ses débuts. Au total 12 ha plus tournés vers la production de rouges, le blanc étant déclaré vin de pays pour cause de cépages non conformes à l'AOC.

LES VINS

Équipé simplement mais fort d'une réelle passion pour les choses du vin, Paul Favier est un espoir qui n'a pas fini de nous surprendre. Exemple, son côtes-du-roussillon rouge 94 (28 F), très syrah-carignan, qui n'a que 6 mois de cuve et qui fleure bon la garrigue et les fruits rouges bien mûrs. En bouche le vin est gras, dense, net, avec un joli fruité et de beaux tanins. Le genre de « vin plaisir » que l'on boira volontiers d'ici un an ou deux. Le vin de pays blanc 94 (27 F), moitié chardonnay, puis roussanne et grenache blanc, en partie fermenté et élevé en barriques de chêne neuves, ne manque pas d'allure. En 95, il se transformera en deux cuvées de vin de cépage. À noter également un muscat de Rivesaltes prometteur (43 F).

L'ACCUEIL

Tous les jours, de 8 à 13 h et de 15 à 20 h, à la cave ou sous les platanes s'il fait beau, voire dans le salon du mas où les Favier pratiquent l'accueil en chambres d'hôtes. De Perpignan prendre vers Argelès (N114) sur 6 km environ, puis la D62 vers Saleilles. Traverser Alénya et continuer 1 km sur la D22, le mas est à gauche.

PROPRIÉTAIRES :
ANNIE ET PAUL FAVIER
66200 ALÉNYA
TÉL. : 68 22 98 26 - FAX : 68 22 97 37

DOMAINE FERRER RIBIÈRE

PROPRIÉTAIRE-VIGNERON

LE DOMAINE

Une association récente entre deux fous de vin, cela donne 30 ha sur les terrasses des Aspres, terroir méconnu et pourtant superbe. Bruno Ribière, homme de communication, fait aujourd'hui tandem avec Denis Ferrer le jeune vigneron.

LES VINS

Parmi les cuvées souvent dédiées à une femme, le côtes-du-roussillon Mireille 94 (35 F), marqué par une syrah limitée à 20 hl/ha, complété de carignan centenaire et de grenache cinquantenaire (tous deux égrappés alors que la syrah est vinifiée en macération carbonique de 14 jours), donne un vin complètement sur la réserve, ne laissant apparaître en bouche que des touches rustiques et poivrées, des tanins un peu fermes et serrés mais bigrement intéressants pour qui sait attendre. Plus rustique, le côtes 94 à 25 F constitue une belle affaire : robe sombre, nez concentré de café et gibier faisandé, longueur de taille en bouche. Outre une syrah plus jeune macérée 8 jours, grenache et carignan d'âges respectables se partagent 45 % de l'assemblage. L'un a macéré 30 jours avec remontages tous les 2 jours, l'autre a subi une macération carbonique de 14 jours. Des vins qui ont de la gueule !

L'ACCUEIL

Du lundi au samedi, de 8 à 18 h dans le chai et une totale simplicité. De Perpignan gagner Thuir puis Llupia (D612) et Terrats (D615). Face à la coopérative, poursuivre par la route de Sainte-Colombe sur 150 m, puis bifurquer à gauche devant le château d'eau, prendre la première à droite et la première à gauche.

PROPRIÉTAIRES : **DENIS FERRER ET BRUNO RIBIÈRE**
5, RUE DU COLOMBIER
66300 TERRATS
TÉL. : 68 53 24 45 - FAX : 68 53 10 79

DOMAINE
CAZES

PROPRIÉTAIRE-VIGNERON

―――――― LE DOMAINE ――――――

L'un est un vinificateur de talent qui ne cesse d'expérimenter. L'autre, l'aîné, au physique de pilier de rugby, vend le vin jusqu'au fin fond du Canada. Les deux ont un vignoble de 160 ha abritant de nombreux cépages : merlot, cabernet, syrah, mourvèdre, grenache… mais aussi deux variétés de muscat et l'inévitable chardonnay.

―――――― LES VINS ――――――

Les vins de pays comptent pour la moitié d'une production de 700.000 flacons et sont très populaires à en juger par le succès du « canon du maréchal » (Rivesaltes est la patrie de Joffre), un rouge toujours aussi franc et sympathique également vinifié en blanc sec (cépage muscat). Dernier né, le Credo 93, un cabernet-sauvignon-merlot élevé en barriques neuves (53 F). Profond, épicé, aux tanins bien constitués, c'est un grand vin d'une irréprochable constitution. Le côtes-du-roussillon-villages de la même année est tout autant prometteur (39 F). Il reste un 90 de toute beauté au nez complexe, à la texture fraîche et riche, remarquable de longueur comme de prix (40 F). Mais il ne faut pas négliger les vins doux, à commencer par l'harmonieux rivesaltes 82 au splendide rancio (70 F), ni le suave 86 (43 F) aux touches de mandarine, et encore moins le muscat de rivesaltes 94 (51 F), toujours au sommet de sa forme. Et pour les amateurs d'antiquités, l'Aimé Cazes 1973 (163 F) est un must !

―――――― L'ACCUEIL ――――――

Du lundi au vendredi, de 8 à 12 h et de 14 à 18 h, plus les samedi et dimanche en été, dans un beau caveau. De Perpignan vers Narbonne (N9), sortir à Rivesaltes et suivre les pancartes dans le bourg.

PROPRIÉTAIRES :
ANDRÉ ET BERNARD CAZES
4, RUE FRANCISCO-FERRER
66600 RIVESALTES
TÉL. : 68 64 08 26 - FAX : 68 64 69 79

CHÂTEAU
DE JAU

PROPRIÉTAIRE-VIGNERON

―――――― LE DOMAINE ――――――

Du haut de ce château de style florentin posé au-dessus de l'Agly, la famille Dauré exploite plusieurs propriétés. Celle de Jau s'étend sur 134 ha et produit quantité de vins de pays légers et faciles. Mais les Dauré exploitent aussi 72 ha en collioure et banyuls à partir d'une cave posée dans la jolie baie de Paulilles.

―――――― LES VINS ――――――

Le côtes-du-roussillon-villages est dominé par la syrah, le mourvèdre et le grenache, égrappés comme la plupart des rouges. Notre vedette, le muscat de Rivesaltes (53 F), est composé de muscat à petits grains : doré à souhait, fin et long en bouche. Pour ce vin, le pressoir pneumatique permet des macérations pelliculaires. Le collioure 93 (62 F) est fermé, parce que dominé par le mourvèdre : superbe robe, nez boisé-épicé d'une belle finesse et bien fruité en bouche où l'on sent d'agréables tanins. Le même clos de Paulilles rosé (pressurage direct) séduit les amateurs. Également un classique banyuls rimatge 94 où la cerise à l'eau-de-vie se fait sentir. Mais rien à voir avec la classe et la longueur du 93 (64 F), dont il reste quelques flacons.

―――――― L'ACCUEIL ――――――

Du lundi au vendredi de 8 h 30 à 17 h, et tous les jours d'été de 10 à 19 h, dans un joli mas voué aux arts contemporains avec un grill où l'on se régale des vins du domaine à prix doux. Dans le même esprit, un restaurant est ouvert dans la baie de Paulilles, entre Port-Vendres et Banyuls. De Perpignan vers l'aéroport puis vers Estagel. À la sortie de Cases-de-Pène, droite en suivant les pancartes.

PROPRIÉTAIRE :
FAMILLE DAURÉ
66600 CASES-DE-PÈNE
TÉL. : 68 38 90 10 - FAX : 68 38 91 33

CAVE COOPÉRATIVE
CELLIER DE TROUILLAS

GROUPEMENT DE VIGNERONS

LE DOMAINE

Un jeune directeur a redynamisé cette cave forte de 148 adhérents et riche de 850 ha sur une commune dont le seul atout est la vigne, en dehors d'un clocher ajouré « à cinq feux » (cinq arcades) qui figure encore sur certaines étiquettes de la cave. Un vignoble communal qui recouvre 1200 ha d'un territoire sablo-graveleux. Plus de la moitié de la production est vendue en direct mais seulement 30 % des vins arborent une AOC roussillonnaise, les autres étant commercialisés en vin de pays catalan à des prix très doux.

LES VINS

Depuis son arrivée – il y a quelques années –, Thierry Cazach, fils de vigneron rivesaltais et œnologue de formation (Bordeaux), travaille beaucoup plus avec ses vignerons qu'avec le terroir, privilégiant ainsi les vignes bien entretenues en attendant de repérer plus tard les plus belles parcelles. Sur le plan technique, la réception du raisin et le pressurage sont sur le point d'être modernisés. Les côtes-du-roussillon sont le reflet de la tendance vigneronne des Aspres et des Albères, qui cherche à créer une appellation intermédiaire entre un simple côtes et un villages, une nouvelle « hiérarchisation » comme l'on dit maintenant. Les rouges d'AOC accordent donc la part belle aux grenache et syrah mais laissent une place de choix au carignan (environ 30 %) et un rôle plutôt modeste (pour le moment…) au mourvèdre. De très honnêtes côtes-du-roussillon rouges, blancs et rosés à partir de 16,30 F la bouteille pour le

plus grand bonheur des touristes, dont un rosé 95 particulièrement sympathique. La gamme de rouges s'enrichit aussi d'une réserve 93 (24,60 F). C'est pourtant dans le registre des vins doux naturels que la cave étonne son monde. Dans la série des rivesaltes, gloire au 1981 (42,80 F) dont le rapport qualité-prix est à souligner. Récompensé d'un Bacchus en 94, ce vin qui a séjourné 13 ans en foudre nous offre une lumineuse robe de vieil or. Chaleureux, envoûtant même, marqué par de jolies notes de rancio et une belle finale, ce vin long, complexe, est un parfait vin de cigare. Bref, une très belle affaire. Autre divine trouvaille : le rivesaltes 93 (34,80 F), issu de grenache noir d'une moyenne d'âge de 35 ans, égrappé et muté sur grains, cuvé 3 semaines et mis en bouteilles 6 mois plus tard ; une très belle robe sombre, la finesse du fruit au nez (mûre), un fruité que l'on retrouve intensément en bouche : voilà un vin que l'on aimerait boire frais, par pure gourmandise, sur un gâteau de chocolat aux fruits rouges. La disgracieuse capsule à vis fait que l'on aura intérêt à servir ce vin en carafe. Tout comme le fin muscat de Rivesaltes 95 (39 F), aux jolies notes de miel et à l'équilibre remarquable. À siroter jeune, à l'apéritif ou sur des toasts de foie gras.

L'ACCUEIL

Dans un caveau tout ce qu'il y a de plus typique, par deux dames « du pays ». Du lundi au samedi de 8 à 12 h et de 14 à 18 h (19 h en été). Depuis Perpignan prendre en direction de Barcelone (N9) sur 10 km, puis à droite vers Thuir jusqu'à l'entrée du village (la cave est à 5 km de Thuir).

DIRECTEUR : **THIERRY CAZACH**
1, AVENUE DU MAS-DEU
66300 TROUILLAS
TÉL. : 68 53 47 08 - FAX : 68 53 24 56

DOMAINE DE JOLIETTE

PROPRIÉTAIRE-VIGNERON

LE DOMAINE

Dans un sompteux décor de pinède et d'oliveraie – avec panorama exceptionnel sur le golfe du Lion et la plaine du Roussillon – André Mercier, aidé de son fils, Philippe et de sa très accueillante famille, a su redonner vie à ce domaine de 40 ha où l'on vinifie les principales AOC de la région.

LES VINS

Grenache noir et syrah dominent dans les assemblages de côtes-du-roussillon et villages. Ce dernier rouge est élevé en partie sous bois et en cave souterraine (36 F pour le 93). Seule la syrah, encore un peu jeune, est égrappée, tandis que le carignan (exclu du villages) est vinifié en macération carbonique. Le résultat n'est pas inintéressant dans la version 93 (28 F) où se cache une pointe de mourvèdre.

On note aussi un sympathique côtes-du-roussillon blanc à base de vieilles vignes de macabeu et grenache blanc (34 F), de même qu'un bon rosé. Pour l'instant, les vins doux naturels ont notre faveur. En dehors d'un rivesaltes 1982 (60 F) conçu à partir de grenache noir, très cerise et bigarade, le muscat du même nom (40 F), vinifié en partie par courte macération pelliculaire, devrait se tailler une bonne réputation.

L'ACCUEIL

Dans un caveau-salon où sont exposés des outils aratoires, du lundi au vendredi de 8 à 12 h et de 14 h à 18 h 30 (sur R.V le week-end). Au rond-point du péage Perpignan-nord, filer vers Vingrau sur 4 km : le domaine est à droite.

PROPRIÉTAIRES :
ANDRÉ ET PHILIPPE MERCIER
ROUTE DE VINGRAU
66600 ESPIRA-DE-L'AGLY
TÉL. : 68 64 50 60 - FAX : 68 64 18 82

CAVE DES VIGNERONS DOM BRIAL

GROUPEMENT DE VIGNERONS

LE DOMAINE

Retenez bien la prononciation de ce beau village, qui se dit « baichas ». La coopérative occupe une place importante avec des bâtiments de 1923 sans cesse rénovés pour faire place à un matériel moderne. Avec 420 adhérents provenant des villages environnants, soit 2100 ha de vignes, Dom Brial – du nom d'un pieux bénédictin du pays – est le premier producteur de muscat de Rivesaltes. Mais c'est aussi une cave importante en côtes-du-roussillon et en rivesaltes, sans oublier les vins de pays.

LES VINS

Les côtes sont en général assez réussis, tandis qu'en rivesaltes c'est un 1973 (110 F) qui s'illustre en ce moment par son amplitude en bouche et son gras. Nouvelle vedette, le château Les Pins – domaine d'une trentaine d'hectares – donne un côtes-du-roussillon-villages élevé en barriques en partie neuves, ainsi qu'un muscat de Rivesaltes fait pour parts presque égales de muscat à petits grains et d'alexandrie, l'un en macération pelliculaire, l'autre macéré sous alcool. On étudie sous cette étiquette un rivesaltes pour connaisseurs. En attendant, le gourmand et riche muscat 94 (50 F), second millésime des Pins, gagnera certainement en complexité pour qui saura l'attendre un an ou deux.

L'ACCUEIL

Du lundi au samedi de 8 à 12 h et de 14 à 18 h (le lundi à partir de 9 h) dans un vaste caveau moderne. De Perpignan prendre vers Narbonne, puis, à la hauteur de l'aéroport, la D618 jusqu'à Baixas. La cave est à droite à l'entrée du bourg, à 12 km de Perpignan.

PRÉSIDENT : **AUGUSTIN TORREILLES**
14, AVENUE MARÉCHAL-JOFFRE
66600 BAIXAS
TÉL. : 68 64 22 37 - FAX : 68 64 26 70

MAS AMIEL

PROPRIÉTAIRE-VIGNERON

LE DOMAINE

À l'origine, la propriété fut gagnée au jeu par un certain Amiel. Au pied des ruines de Quéribus, entre Corbières et Fenouillèdes, les caves témoignent d'un riche passé puisque la cuverie offre une capacité de 17.000 hl. Parmi les rares domaines privés du cru, le Mas Amiel s'étend sur 155 ha de schistes aptiens non métamorphiques, plantés à 90 % de vieux grenaches noirs dont le rendement ne dépasse guère les 25 hl/ha.

LES VINS

Récolté en octobre à 14° au moins sur souche, le raisin est éraflé, muté à l'alcool durant sa fermentation, puis élevé durant un an dans un parc de bonbonnes en verre de 70 l livrées aux intempéries. Puis le vin passe 5 à 14 ans dans de vieux foudres. Une partie du vin est logé en bouteilles après pressurage, un peu comme un porto de type vintage. Le 94 (40 F) est encore en vente, mais nous parions plus sur le 95. En attendant saisissez le 15 ans d'âge (94 F), à la robe brou de noix et au subtil nez de torréfaction (café, épices, bois brûlé) avec, en bouche, des notes de moka et figue. Délicieux avec un bon café ! Autre trésor, la cuvée spéciale 1985 (53 F) : robe acajou, puissant en bouche, dense, structuré, long, tannique. Un vin solide, parfait pour clore un bon repas.

L'ACCUEIL

Du lundi au vendredi, de 8 à 18 h et, tous les jours d'été, de 10 à 19 h 30, dans la cave, à proximité d'un parc de 300 dames-jeannes. Du rond-point de l'aéroport de Perpignan prendre vers Foix (D117) puis, après Estagel – à 1 km – juste avant le pont du Maury, à droite jusqu'au mas.

PROPRIÉTAIRE : **CHARLES DUPUY**
DIRECTEUR : **JÉRÉMIE GAÏK**
66460 MAURY
TÉL. : 68 29 01 02 - FAX : 68 29 17 82

CAVE COOPÉRATIVE LES VIGNERONS DE MAURY

GROUPEMENT DE VIGNERONS

———— LE DOMAINE ————

Sur quelque 2000 ha classés de la commune de Maury (l'AOC de 1936 a un potentiel de 4000 ha sur cinq communes), 1750 sont entre les mains des 280 adhérents de la cave et 250 produisent d'autres AOC du Roussillon. Un site unique dans un terroir de schiste situé à l'ombre de la citadelle cathare de Quéribus.

———— LES VINS ————

De grande diversité, la plupart sont présentés dans des bouteilles trapues un peu vieillottes. C'est le cas de la cuvée Chabert de Barbera, en ce moment dans sa parure rousse de 79, qui remporte un franc succès pour ses jolies notes de rancio et son gras (127 F). Un vin de dessert au chocolat. Le vieille réserve 88 (48 F) fait aussi partie des vins remarqués, en même temps que la série des « récolte » (ici on préfère un mot bien français à l'habituel « vintage ») qui privilégie le vin d'un grand millésime – le premier de la série fut le 1982 – issu de vieux grenaches (40 ans d'âge) et tôt emprisonné dans sa bouteille pour un minimum d'oxydation. Le rare 83 (117 F) a retenu notre attention pour son nez confit de kirsch, framboise, café et épices, ainsi que sa densité et sa longueur en bouche. Un vin de conversation dont il ne reste qu'une centaine de flacons. Autre « récolte » de choix : le classieux 90 (52 F).

———— L'ACCUEIL ————

Dans un caveau, soit à la cave, soit au centre du village, de 8 à 12 h et de 14 à 18 h, tous les jours de l'année. Du rond-point de l'aéroport de Perpignan prendre vers Foix jusqu'à Maury via Estagel (D117).

PROPRIÉTAIRE : **JEAN-GUY PUJOL**
DIRECTEUR : **LUCIEN FLECK**
14, AVENUE JEAN-JAURÈS
66460 MAURY
TÉL. : 68 59 00 95 - FAX : 68 59 02 88

DOMAINE LA TOUR VIEILLE

PROPRIÉTAIRE-VIGNERON

———— LE DOMAINE ————

Vincent et Christine font plaisir à voir tant on sent en eux un amour irrésistible pour ces coteaux schisteux qui font partie du patrimoine méditerranéen. Leur domaine, une dizaine d'hectares, regroupe 12 parcelles sur les communes de Collioure et de Banyuls.

———— LES VINS ————

Une gamme qui se développe avec des vins « tranquilles » de plus en plus fascinants, à commencer par le collioure rosé (35 F environ), le beau « Puig Ambeille » 94 (40 F) bâti pour une longue garde ; un puissant vin de table sec 94 (60 F) – en partie fermenté en bois neuf –, et un original rancio sec 1968, ancêtre du banyuls « nature », c'est-à-dire non muté à l'alcool. Impeccable sur des anchois ou dans des sauces (100 F). Parfois même les banyuls sont exceptionnels, comme cet antique 1952 (280 F le flacon de 50 cl), dit « vin de méditation », que Vincent recommande à ceux qui veulent prendre le temps de déguster un cigare. Bouche large, puissante, concentrée, avec un magnifique mais discret rancio, une finale sur le kumquat et une longueur appréciable. Le vintage 94 traduit l'esprit de ce millésime difficile mais qui permet d'apprécier un vin sur le fruit, tendre et épicé (60 F).

———— L'ACCUEIL ————

Tous les jours, de 10 h 30 à 13 h et de 16 h 30 à 20 h, de Pâques à la fin de l'été, dans le petit magasin de la rue Berthelot, face au Crédit Agricole, en plein centre (le reste de l'année sur rendez-vous). Depuis Perpignan prendre vers Port-Vendres (N114) et jusqu'à Collioure.

PROPRIÉTAIRES :
CHRISTINE ET VINCENT CANTIÉ
3, AVENUE DU MIRADOR
66190 COLLIOURE
TÉL. : 68 82 42 20 OU 68 82 44 82,
FAX : 68 82 38 42

CAVE COOPÉRATIVE DE L'ÉTOILE

GROUPEMENT DE VIGNERONS

--------- LE DOMAINE ---------

Les senteurs sucrées, épicées – voire orientales des vieux banyuls – se mêlent dans la moiteur de cette cave rétro où les vins sont logés dans des foudres d'une autre époque, quand ils ne sont pas sur le toit, dans des dames-jeannes exposées aux intempéries. Dirigée par l'un de ses coopérateurs, l'Étoile (60 apporteurs pour 180 ha) rafle tous les prix et ses vins doux figurent dans les plus grandes caves.

--------- LES VINS ---------

L'œnologue Patrick Terrier compose de superbes vintages où l'on sent toute la puissance du grenache noir et la noblesse des vieilles vignes. Cette année, une cuvée très spéciale dite « Terra Vinya » fait ses premiers pas dans les millésimes 91 (peu d'exemplaires) et 93 (280 F). Le prix justifie des rendements infimes tirés d'une série de petites vignes bien choisies par une quinzaine de défenseurs acharnés de ces coteaux schisteux regardant la Méditerranée. Mentions spéciales au « doux paillé » (142 F) et au « sélect vieux » 78 (208 F), le premier pour sa robe vieil or et son opulence (superbe gras), le second pour ses rancio et fruité explosifs, ses notes de café et sa finale sur le quinquina.

--------- L'ACCUEIL ---------

Dans une boutique très kitsch, du lundi au vendredi de 8 à 12 h et de 14 à 18 h (jusqu'à 19 h l'été), les samedi, dimanche et fêtes de 10 h à 12 h 30 et de 15 à 19 h. La visite de la cave s'impose. De Perpignan prendre vers Port-Vendres (N114) sur 30 km et, à Banyuls – sur le front de mer – à droite, avenue du Puig-del-Mas.

DIRECTEUR :
JEAN-PAUL RAMIO
26, AVENUE DU PUIG-DEL-MAS
66650 BANYULS-SUR-MER
TÉL. : 68 88 00 10 - FAX : 68 88 15 10

CELLIER
DES TEMPLIERS

GROUPEMENT DE VIGNERONS

LE DOMAINE

L'entreprise GICB (3 millions de cols) – dont le cellier est la filiale spécialisée dans la vente au particulier – regroupe plusieurs coopératives et domaines, vinifiant à elle seule les trois quarts de l'AOC collioure et la moitié de banyuls.

LES VINS

Les collioures – vendange égrappée, vins élevés en barriques, d'autres en partie vinifiés en macération carbonique – sont vite raflés. Les plus notoires sont les châteaux Reig, des Abelles, le Mas Parer et le domaine de Roumani. Des vins capables de tenir 10 ans dans de grands millésimes comme les 88 et 93. Le rosé est parfait : merci à l'œnologue de la cave, Jean-Pierre Campadieu. Les banyuls, élevés en plein air et en demi-muids (quand ils ne sont pas empri-

sonnés 6 mois après la récolte dans leurs bouteilles en cave climatisée à l'énergie solaire), comptent parmi les plus grands. À l'instar de ce rimatge 94 (87 F), sombre, savoureux et riche, dont le seul défaut – 94 oblige – est de manquer de longueur. Las, il ne reste plus de 93 ! Quant à la cuvée Henry Vidal, banyuls grand cru 1981 (222 F), il s'agit là de l'archétype du vieux banyuls : un sommet de subtilité et de perfection. Un vin de philosophie.

L'ACCUEIL

Convivial et éducatif. Ouvert tous les jours de l'année, de 9 à 19 h, avec visite guidée. De Perpignan prendre vers Port-Vendres (N114) jusqu'à Banyuls, puis, sur le front de mer, à droite à la hauteur de la mairie en suivant le Balcon-de-Madeloc.

DIRECTEUR :
JEAN-PIERRE PARAYRE
ROUTE DU MAS-REIG
66650 BANYULS-SUR-MER
TÉL. : 68 88 31 59 - FAX : 68 88 53 56

BANYULS ET COLLIOURE

DOMAINE DE LA RECTORIE
PROPRIÉTAIRE-VIGNERON

———— LE DOMAINE ————

Thierry – à la barre des vinifications – aime expéri-menter, soutenu en cela par son frère aîné Marc. Avec 30 ha dont 5 sur Cosprons (un site prestigieux), les Parcé sont devenus incontournables.

———— LES VINS ————

En banyuls, les principales cuvées sont la « Parcé Frères », un style vintage à 80 % grenache noir, muté sur marc et tôt mis en bouteilles (ainsi qu'en magnums) que l'on peut boire sur le fruit, alors que le Léon Parcé (98 F pour le 94), plus apte à la garde et élevé un an en barriques dans une cave souterrai-ne, est souvent complexe. Une dernière cuvée, dite Élisabeth, est faite de raisins noirs pressés tels des blancs. Mais les progrès les plus récents se font sentir en rouges. Des collioures de caractère, à l'image de ce Coume Pascole 94 (68 F), soutenu de robe, assez fermé, riche en matière concentrée, marqué par une agréable finale sur de petits fruits mûrs et des tanins fins. Le Séris de la même année (60 F), floral, dense, frais et bien armé en tanins, se gardera 3 ans alors que le premier peut attendre 5 ans. Enfin, ne pas oublier le vin de Pierre (90 F), dédié au guitariste Pedro Soler : robe acajou et nez de raisin sec, c'est un vin gras, très original, long en bouche, élevé trois ans en barriques sans ouillage, comme jadis à Banyuls.

———— L'ACCUEIL ————

Sur rendez-vous, dans une villa du début du siècle. Dans Banyuls, sur le front de mer, prendre à droite vers l'avenue du Puig-del-Mas. La maison est à gauche, après l'Étoile.

PROPRIÉTAIRES :
MARC ET THIERRY PARCÉ
54, AVENUE DU PUIG-DEL-MAS
66650 BANYULS-SUR-MER
TÉL. : 68 88 13 45 - FAX : 68 88 18 55

BANYULS ET COLLIOURE

DOMAINE VIAL-MAGNÈRES
PROPRIÉTAIRE-VIGNERON

———— LE DOMAINE ————

Un domaine familial où les parents de Monique Sapéras jouent encore un rôle important, tandis que Bernard, un « double actif » comme l'on dit ici, met la main à la pâte le week-end et se régale dans le suivi des vinifications comme dans l'élevage.

———— LES VINS ————

Notre coup de cœur de l'an dernier se distingue tou-jours avec le « rivage », premier banyuls blanc, aujourd'hui copié par tous. Le 93 (85 F), dominé à 80 % par le grenache blanc, complété par le gre-nache gris et passé 6 mois en bois neuf, est particu-lièrement expressif. Pour les puristes, un vintage dans les règles de l'art, puisqu'il n'est fait que si le millésime en est jugé digne. Le 85 (85 F), sombre de robe, dense, large, gras et long, marqué par des notes d'orange amère, a passé 18 mois en foudres avant sa mise en bouteilles. Enfin, pour les amateurs d'anti-quités, il reste du 74 Al Tragou (« à la régalade » en catalan) aux puissantes notes de rancio. Ce vin rus-tique (150 F), grand classique du banyuls « vieux style », sera bientôt remplacé par le 76. Il est resté 18 ans en vieux demi-muids, à une température variant de 15°C l'hiver à 30°C l'été.

———— L'ACCUEIL ————

À la cave, sur rendez-vous, au milieu d'un beau jar-din. Stand de vente au Parking Méditerranée, de 10 h à 12 h 30 et de 15 à 19 h. Dans Banyuls, sur le front de mer, prendre à droite par l'avenue du Puig-del-Mas puis, après l'Étoile, prendre la seconde rue à droite.

PROPRIÉTAIRES :
MONIQUE ET BERNARD SAPÉRAS
14, RUE ÉDOUARD-HERRIOT
66650 BANYULS-SUR-MER
TÉL. : 68 88 31 04 OU 68 55 01 01,
FAX : 68 55 01 06

DOMAINE SARDA-MALET

PROPRIÉTAIRE-VIGNERON

LE DOMAINE

Depuis 1982, Suzy Malet a opéré un heureux retour à la vigne de son enfance. Avec l'aide efficace de son mari, Max, ils furent les premiers à vanter les vins du Roussillon. Aujourd'hui soutenue par la passion de son fils Jérôme, Suzy dirige les 48 ha du domaine familial aux portes de Perpignan. Un terroir argilo-calcaire et siliceux avec des terrasses caillouteuses.

LES VINS

Outre de plaisants côtes-du-roussillon rouges et blancs, on gardera volontiers – pour une grande occasion – le rouge « étiquette noire » qui associe une majorité de grenache avec syrah et mourvèdre, le tout égrappé et élevé en barriques renouvelées au quart. Le millésime 91 (43 F), dense, long, structuré, commence à livrer des notes de sous-bois et de venaison. On note aussi quelques beaux vins doux comme ce puissant « ruby » 1989 (56 F) et un subtil « vingt ans d'âge » tout en rondeur (138 F). Mais le plus glorieux des vins est le plus récent : un côtes-du-roussillon 93 (78 F), « Terroir Mailloles », moitié syrah, moitié mourvèdre, élevé 8 mois en barriques neuves et tiré à 8000 exemplaires : robe noire, fines épices au nez, avec des notes « animales » et des touches boisées. Un vin stylé, complet, long, bien élevé, à goûter d'ici 2-3 ans.

L'ACCUEIL

Dans un joli petit mas rose proche de la cave, à porée de vue du Canigou, du lundi au vendredi, de 8 à 12 h et de 14 à 18 h (le week-end sur rendez-vous). De Perpignan prendre vers l'entrée autoroutière de Perpignan-sud et, avant le péage, à gauche en suivant les panneaux.

PROPRIÉTAIRE : **SUZY MALET**
12, CHEMIN DE SAINTE-BARBE
66000 PERPIGNAN
TÉL. : 68 56 72 38 - FAX : 68 56 47 60

✎ NOTES DE VOYAGE

Dans cette région, à partir du 18 octobre 1996, vous devez faire précéder les numéros de téléphone de vos correspondants de : 04

NOTES
DE VOYAGE

Dans cette région, à partir du 18 octobre 1996, vous devez faire précéder les numéros de téléphone de vos correspondants de : 04

LES ROUTES
DES VINS
DU SUD-OUEST

Jean-Pierre Peyroulou

EDITO

Le Sud-Ouest serait-il une région viticole ? Ainsi posée, la question pourrait passer pour une provocation. Pourtant, entre Marcillac – sur les contreforts du Massif central – et Irouléguy, dans la montagne basque, 350 km séparent ces deux vignobles dont l'histoire et la culture diffèrent. D'un côté, avec Marcillac, un vignoble pour étancher la soif des mineurs de Decazeville au XIXe siècle. De l'autre, avec Irouléguy, un vignoble qui au XIIe siècle produisait des vins pour les moines de l'abbaye de Roncevaux.

À la fin du XIXe, la crise du phylloxéra a encore accru les disparités. Seule une partie des vignobles a survécu et l'émiettement des appellations s'est renforcé. Les viticulteurs ont abandonné la vigne pour le maïs en Béarn, pour l'élevage à Cahors, pour le tabac ou les fruits dans la vallée de la Garonne, le Marmandais ou à Buzet, et il a fallu attendre les années 70 pour voir les plantations reprendre. Paradoxalement, cette longue crise des vignobles du Sud-Ouest est une chance pour les vignerons d'aujourd'hui : patrimoine ampélographique préservé, comme si le productivisme n'était jamais passé par là, sols encore vivants, maintien des traditions ; bref, ce patrimoine et ce savoir-faire ne demandaient qu'à revivre, à condition de rencontrer quelques consommateurs pour qu'un marché existe. À condition également que les vins soient revus et corrigés par un petit peu d'œnologie, afin de les rendre plus conformes aux canons du goût contemporain.

Les coopératives créées dans les années 50 avaient empêché que des noms disparaissent complètement. Une poignée de viticulteurs les ont quittées vers 1970-80 pour devenir indépendants et faire de bons vins, parfois même

de grands vins : les Ramonteu, Bru-Baché, Hours, Brumont, Ducournau, et bien d'autres encore. Surtout à Jurançon et Madiran, les deux appellations vedettes du Sud-Ouest dans les années 80. Depuis quelques années, c'est au tour de Cahors et, à une autre échelle, du petit vignoble basque d'Irouléguy de connaître une seconde jeunesse. Des viticulteurs funambules y produisent sur des terrasses impressionnantes des vins qui n'ont jamais été aussi bons. L'avenir de ces vignobles passionnants est assuré. Espérons cependant que nos prochaines éditions pourront annoncer le renouveau du bergerac qui se fait désespérément attendre, et parler de l'identité des vins de Gaillac que l'on n'arrive pas toujours à cerner à défaut d'avoir toujours trouvé un cépage en rouge. En attendant, parcourez ces vignobles. Ils vous dépayseront des monocultures viticoles bordelaises et bourguignonnes, prestigieuses mais pas toujours surprenantes. Dans le Sud-Ouest, dans le Périgord noir, dans le Quercy ou en Béarn, au détour d'un bois ou d'une lande, il y a toujours un coin de vigne susceptible de procurer quelques émotions.

Jean-Pierre Peyroulou

ITINÉRAIRE D'UN JOUR DANS LES VIGNOBLES PYRÉNÉENS : JURANÇON ET MADIRAN

Le Sud-Ouest est une grande région, les vignobles y sont très dispersés et éloignés les uns des autres. Pas moins de 300 km séparent Gaillac d'Irouléguy. Dans ces conditions, pour passer une journée dans le vignoble, mieux vaut choisir des appellations qui éviteront de faire de trop longs trajets. C'est le cas de Jurançon et Madiran. Le voyageur amoureux des vins peut visiter dans la journée nos deux coups de cœur tout en découvrant la région.

Si vous logez la première nuit en Béarn, passez-la à la limite du pays Basque, en Soule exactement, dans le village de Barcus, tout près de Tardets et de la montagne de la Sainte-Madeleine d'où vous verrez la chaîne des Pyrénées. À Barcus, chez Chilo, vous profiterez tout à la fois du charme d'une vraie auberge, d'une belle cuisine que le terroir inspire et d'une carte des vins qui compte les meilleurs producteurs de la région, cela sans casser votre tirelire.

Le matin, pour rejoindre le vignoble de Jurançon à Monein, passez par Navarrenx (remparts de la fin du Moyen Âge) et Mourenx (ville nouvelle construite dans les années 60 à proximité du gisement de gaz de Lacq). À Monein, visitez l'église puis Charles Hours, notre coup de cœur : c'est l'un des meilleurs viticulteurs de la région. Ses vins sont très élégants, le boisé toujours discret s'efface derrière eux et les prix sont doux pour de tels plaisirs, en sec comme en liquoreux. Achetez les 94 !

À Pau, découvrez le château où naquit Henri IV (et où sa mère, Jeanne d'Albret, imposa la réforme calviniste), sans oublier la place Royale et le palais des Pyrénées. Le grand nombre d'espaces verts, en particulier le parc Beaumont, s'explique par la présence d'une très forte colonie anglaise à la fin du XIXᵉ siècle, Pau étant réputé pour son climat très clément en automne et en hiver. Déjeunez au Berry, une brasserie du centre-ville où l'on mange au coude à coude, dans une ambiance un brin bougonne mais très chaleureuse, et à très bon marché. Si vous souhaitez acheter d'autres bouteilles de la région, allez sur la place Clemenceau, à 50 m du Berry, chez le caviste Patie vous y trouverez un bon choix de vins dont vous n'aurez peut-être pas le temps d'acheter à la propriété (jurançon et madiran de Ramonteu, montus, bellegarde, irouléguy de chez Brana…).

Pour rejoindre en fin d'après-midi le domaine Patrick Ducournau (voir notre coup de cœur) à Maumusson, en Madirannais, à la limite des Pyrénées-Atlantiques et du Gers, préférez à la route de Bordeaux la départementale vers Morlas. À Lembeye, prenez la direction Diusse, puis Viella et Maumusson. Si vous êtes intéressé par les questions techniques et d'œnologie, vous serez comblé : Patrick Ducournau est sans doute l'un des vinificateurs les plus pointus de la région. Son Chapelle Lenclos 93 est à acheter les yeux fermés et représente ce qui se fait de mieux dans la région.

Terminez cette journée haute en couleurs « terroitantes » à l'auberge du Bergerayre, à Saint-Martin-d'Armagnac, à une douzaine de kilomètres de chez Ducournau. Les Sarran vous régaleront de foie gras, de magret ou de cèpes bien arrosés de pacherencs et madirans, sans oublier les armagnacs ni les coquettes chambres. Et si vous formez un dernier vœu genre « demain, c'est promis : je fais diète » avant de sombrer dans le sommeil du juste, sachez qu'à quelques kilomètres de là Michel Guérard, dans son pays de cocagne, pratique « une cuisine minceur » et « de remise en forme »

INFOS SUD-OUEST

LES VINS DU SUD-OUEST

Ils méritent vraiment d'être mieux connus, ces vins du Sud-Ouest qui avaient déjà – pour la plupart d'entre eux – étonné les Romains lors de la conquête des Gaules ! Ils représentent 7 à 8 % de la récolte nationale et en pleine lumière, quand on les découvre, ils apparaissent dans une diversité étonnante et une qualité susceptible de flatter les « nez » les plus fins, avant de satisfaire les palais les mieux avertis. Très naturellement, ils sont les compagnons fidèles de la gastronomie régionale : il n'est pas pays du bien-manger qui ne soit également pays du bien-boire, et le Sud-Ouest confirme superbement cette règle d'or. Des 16 appellations, la richesse commune est de posséder des cépages spécifiques exceptionnels, à la fois originaux et authentiques : le tannat, le len de l'El, le mauzac, la négrette, l'arrufiat, le manseng, l'auxerrois, le fer servadou, le petit courbu... Les vignobles, le plus souvent de petite et moyenne importances, se distinguent par une extrême variété de crus : on y trouve des vins rouges légers et fruités ainsi que de puissants vins de garde, des rosés élégants, des blancs aromatiques, des moelleux harmonieux, un apéritif (le floc de Gascogne) et une eau-de-vie incomparable : l'armagnac. Alors venez vite découvrir et déguster nos cahors, gaillac, côtes-du-frontonnais, madiran, pacherenc du Vic-Bilh, floc de Gascogne, côtes-de-saint-mont, béarn-bellocq, jurançon, irouléguy, tursan, marcillac, entraygues & fel, estaing, côtes-de-millau, lavilledieu et côtes-du-bruhlois !
(Association pour la Promotion des Vins du Sud-Ouest, tél. : 61 73 87 06.)

HÔTELS DANS LE VIGNOBLE ET RESTAURANTS DE BONNE CAVE

DU CÔTÉ D'IROULÉGUY

Saint-Jean-Pied-de-Port

Les Pyrénées : 64220 Saint-Jean-Pied-de-Port, tél. : 59 37 01 01. Fermé le mardi (hors saison) et de la fin novembre à la fin janvier sauf à Noël. Firmin est le grand cuisinier basque de ce côté des Pyrénées : terroir, inspiration et sens de la réception. Très belle carte des vins. Compter de 250 à 600 F. 20 chambres cossues de 500 à 900 F.

Ossès

Mendi-Alde : 64780 Ossès, tél. : 59 37 71 78. Une délicieuse cuisine du terroir interprétée avec inspiration par un chef de talent. Prix angéliques et bons irouléguys à la carte. Compter de 120 à 180 F. Chambres simples et accueillantes.

Espelette

Euzkadi : 64250 Espelette, tél. : 59 93 91 88. Ce nom signifie « pays Basque ». Ici, pas d'ambiguïté : la cuisine est basquissime. Alain Darraïdou pratique la cuisine de toujours dans cette auberge où autrefois venaient se restaurer les marchands de bestiaux. À ne pas manquer, c'est un grand moment. Une recommandation : avoir bien faim. Prix très doux. Compter de 80 à 180 F.

DU CÔTÉ DE JURANÇON

Pau

Pierre : 16, rue Louis-Barthou, 64000 Pau, tél. : 59 27 76 86. Fermé les samedi midi et dimanche. Raymond Casau est un cuisinier de référence à Pau, et son restaurant un classique des repas bourgeois avec ses plats policés et son cadre douillet. Belle cave avec de vieux millésimes. Compter de 250 à 350 F.

Le Berry : 4, rue Gachet, 64000 Pau, tél. : 59 27 42 95. Bondé et bourré à craquer 365 jours par an, midi et soir.

Plus qu'une brasserie, le Berry est un endroit plein de vie où l'on se régale simplement de viandes grillées. Compter de 80 à 150 F.

DU CÔTÉ DE MADIRAN

Madiran

Le Prieuré : 65700 Madiran, tél. : 62 31 92 50. Fermé les dimanche soir et lundi (hors saison), ainsi qu'en janvier. Dans un décor un peu froid et moderne, un restaurant qui présente une cuisine soignée et une carte exhaustive en madiran. Compter de 150 à 300 F. 10 chambres de 230 à 270 F.

Saint-Martin-d'Armagnac

Auberge du Bergerayre : tél. : 62 09 08 72. Fermé le mercredi et du 15 janvier au 15 février. Cette auberge est un haut lieu de la cuisine gasconne, concoctée par Pierrette Saran. Ici, vous ne trouverez que cèpes, foies gras (préparés de 7 ou 8 façons), confits et magrets. Bref, de l'oie et du canard sous toutes leurs formes, servis exclusivement avec des madiran, pacherenc et saint-mont. Compter de 120 à 250 F. 14 chambres confortables et charmantes de 300 à 450 F.

DU CÔTÉ DE TURSAN

Eugénie-les-Bains

Les Prés d'Eugénie : 40320 Eugénie-les-Bains, tél. : 58 05 06 07. Fermé les mercredi et jeudi midi (hors saison), et de décembre à mi-février. Le restaurant de Michel Guérard est l'une des plus grandes tables de France : harmonie des accords, luxe de la salle à manger, inspiration et très belle carte des vins bien sûr. Compter de 500 à 1000 F, et sachez que c'est sans doute le moins cher des trois étoiles français. Michel Guérard a ouvert à côté, dans une ancienne grange, un adorable restaurant, La Ferme aux Grives, où l'on mange une cuisine du marché ou de ménage. À la Ferme aux Grives, compter de 180 à 250 F.

DU CÔTÉ DE BERGERAC

Bergerac

Le Cyrano : 2, bd Montaigne, 24100 Bergerac, tél. : 53

57 02 76. Fermé les dimanche soir et fin décembre. Jean-Paul Turon propose une cuisine locale, simple et bien exécutée, dans ce désert gastronomique qu'est Bergerac. Compter de 90 à 200 F.

L'Imparfait : 8, rue des Fontaines, 24100 Bergerac, tél. : 53 57 47 92. Au cœur du vieux Bergerac, ce restaurant est de loin le plus agréable et le plus vivant de la ville. D'ailleurs il est le plus couru, d'un côté par les touristes – pour sa cuisine périgourdine –, de l'autre par les Bergeracois, pour ses bons poissons et crustacés. Carte correcte des vins du cru. Compter de 120 à 250 F.

DU CÔTÉ DE CAHORS

Cahors

Le Balandre : 5, av. Charles-de-Freycinet, 46000 Cahors, tél. : 65 30 01 97. Fermé les dimanche soir et lundi, et durant les congés de février. Le Balandre est l'un de nos restaurants préférés. Gilles Marre mêle avec beaucoup de talent la cuisine traditionnelle du Quercy et des préparations plus modernes. La qualité de tous les produits est parfaite, les desserts sont divins, et la salle à manger datant de la Belle Époque (art nouveau) a un charme fou. Très belle carte des vins (de toutes les régions de France) bien présentée par le jeune sommelier. Compter de 150 à 450 F. Quant à l'hôtel Terminus, ses chambres ont été modernisées mais l'atmosphère reste délicieusement surannée. Chambres autour de 350-400 F.

Mercues

Château de Mercuès (Relais & Châteaux) : 46090 Mercuès (8 km au nord-ouest de Cahors), tél. : 65 20 00 01. Fermé du 15 novembre au 15 mars. Dans l'ancien château médiéval des comtes-évêques cadurciens rénové et aménagé par Georges Vigouroux, l'homme du renouveau du cahors, se trouve un extraordinaire hôtel. Chambres toutes différentes, magnifiquement meublées, prestations luxueuses, cuisine délicieuse de Michel Dussau et formidable chai souterrain où est élevé le cahors château de Mercuès, bref une résidence d'une beauté inouïe et un véritable paradis. Compter de 250 à 500 F. 30 chambres et 2 appartements de 700 à 1950 F. Tennis, piscine.

DU CÔTÉ DES CÔTES-DU-FRONTONNAIS

Fronton

Lou Grel : 31120 Fronton, tél. : 61 82 03 80. Fermé les dimanche et lundi (hors saison). Sympathique restaurant de cuisine régionale sincère et simple dans une ambiance familiale, le tout arrosé de côtes-du-frontonnais. Vraiment, c'est le type de maison dont on ne se lasse pas. 5 chambres toutes simples. Compter de 80 à 180 F.

Toulouse

Les Jardins de l'Opéra : 1, place du Capitole, 31000 Toulouse, tél. : 61 23 07 76. Fermé le dimanche, les trois dernières semaines de décembre et au début janvier. La plus luxueuse adresse de Toulouse. Dans un décor extravagant, néo-classique et rococo à la fois, autour d'un bassin, Dominique Toulousy élabore une cuisine de haut vol. Cave fort bien garnie et présentée par Maryse Toulousy. Compter de 350 à 700 F.

DU CÔTÉ DE GAILLAC

Albi

Le Jardin des Quatre Saisons : 19, bd de Strasbourg, 81000 Albi, tél. : 63 60 77 76. Fermé le lundi. Voici une maison agréable où la cuisine de saison et de marché, comme le nom du restaurant l'indique, met les vins bien en valeur. Bonne carte des vins de toutes les régions. Compter de 150 à 250 F.

Le Moulin de La Mothe : 81000 Albi, tél. : 63 60 38 15. Un restaurant particulièrement agréable en été ou lors des beaux jours du printemps pour profiter de la terrasse au-dessus du Tarn et de la vue sur la ville d'Albi. Bonne cuisine classique et carte des vins correcte. Compter de 200 à 300 F.

COUCHER CHEZ LE VIGNERON

Irouléguy

Michel Riouspeyrous : domaine Arretxea, route Jauberriborda, 64220 Irouléguy, tél. : 59 37 33 67. Ce couple de très bons viticulteurs basques, sélectionné cette année, dispose dans sa belle maison traditionnelle de la basse Navarre d'une très agréable et confortable chambre « paysanne » (affiliée à L'Accueil Paysan) au prix de 200 F la nuit pour deux personnes, petit déjeuner compris. Une halte de charme au cœur du vignoble basque.

Cahors

Aimée et Joseph Boisguérin : Marot, 47150 Monflanquin (à 17 km au nord de Villeneuve-sur-Lot), tél. : 53 36 43 69. Deux chambres sur la route de Lacaussade, entre Périgord et Quercy. 140 F la nuit pour deux personnes. Repas le soir à 70 F (en prévenant à l'avance). Fermé de début novembre à Pâques.

Gaillac

Huguette et Jacques Camalet : Saint-Jérôme, 81140 Castelnau-de-Montmirail (à 7 km de Gaillac), tél. : 63 33 10 09. Dans cette exploitation de polyculture, vous trouverez 3 chambres de 150 à 240 F pour 2 personnes, petit déjeuner compris. Repas le soir à 70 F.

Lyne et Denis Soulié : domaine de Gradille, 81310 Lisle-sur-Tarn (à 9 km au sud-ouest de Gaillac), tél. : 63 41 01 57. 5 chambres confortables chez ces coopérateurs. Compter de 170 à 220 F la nuit (pour 2 personnes), petit déjeuner compris. Repas le soir à 75 F. Les Soulié proposent également 2 gîtes, avec 1 ou 2 chambres, au prix de 1200-1400 F la semaine.

Claudine et Jean Miraille : place de l'Église, 81480 Cahuzac-sur-Vère (à 8 km au nord de Gaillac), tél. : 63 33 91 53. Chez un vigneron producteur d'ail, 2 chambres confortables au prix de 170 F la nuit, pour 2 personnes, petit déjeuner compris.

PROMENADES AU FIL DE L'EAU

Locaboat Plaisance : location de bateaux et visites fluviales au départ de Luzech (près Cahors), tél. : 65 30 71 11, fax : 65 20 13 52. Au départ d'Agen, tél. : 53 66 00 74, fax : 53 68 26 23.

CENTRES D'INFORMATION

N'hésitez pas à contacter les organismes suivants pour toute documentation sur les appellations du Sud-Ouest :

Association pour la promotion des vins du Sud-Ouest : BP 18, 31321 Castanet-Tolosan cedex, tél. : 61 73 87 06, fax : 61 73 85 91. Vous serez admirablement bien reçu par Nathalie ou Véronique !

Comité interprofessionnel des vins de Gaillac : Maison des Vins, Abbaye Saint-Michel, 81600 Gaillac, tél. : 63 57 15 40, fax : 63 57 20 01

Union interprofessionnelle du vin de Cahors : 430, av. Jean-Jaurès, 46000 Cahors, tél : 65 23 22 24, fax : 65 23 22 27

Syndicat des vignerons des Côtes-du-Frontonnais : 51, av. Adrien Escudier, BP 15, 31620 Fronton, tél. : 61 82 46 33

Syndicat des vins de Jurançon, 2, rue des Écoles, 64110 Jurançon, tél : 59 21 67 41

Union interprofessionnel des Côtes-de-Duras : BP 13, 47120 Duras, tél. : 53 83 81 88, fax : 53 20 82 85

Conseil interprofessionnel des vins de la région de Bergerac : 2, place du Dr Cayla, 24100 Bergerac, tél. : 53 63 57 57

Syndicat des viticulteurs de l'appellation AOC Marcillac : Maison de l'Agriculture, carrefour de l'Agriculture, 12006 Rodez, tél : 65 73 77 00

NOTES DE VOYAGE

CAVE D'IROULÉGUY

GROUPEMENT DE VIGNERONS

LE DOMAINE

La cave coopérative d'Irouléguy a longtemps été, jusqu'au milieu des années 80, le seul producteur de vins de ce petit vignoble basque. Elle compte 50 adhérents qui apportent leurs raisins à la cave, laquelle les vinifie et les commercialise. Le vignoble, créé au XIVe siècle, approvisionnait en vins les moines de l'abbaye de Roncevaux. Devenu une AOC depuis 1970, il est situé dans la vallée de la Nive et sur les pentes de la montagne de l'Arradoy.

LES VINS

Parfaitement vinifiés, ils incarnent tous un style traditionnel et authentique. Le blanc Xuri d'Ansa 94 (41 F) est vif, allègre et aromatique. Les rosés, longtemps favoris des consommateurs, sont suffisamment vineux pour se marier aux plats de viande, en particulier le très réussi Terrasses de l'Arradoy 94 (33 F), en attendant le 95. Les rouges s'améliorent chaque année : le Gorri d'Ansa 94 (29 F), à base de tannat, est simple, à boire frais, et le Mignaberry 94 (37 F) plus ambitieux, à la robe violacée, vineux, ample et solide. C'est du vin, du vrai, du costaud ! Quant au Terrasses de l'Arradoy 94 (37 F), nous l'aimons pour son caractère franc, tonique et ses tanins plus souples, fruités et mûrs que le Mignaberry.

L'ACCUEIL

Très organisé. En particulier, la cave propose des visites biquotidiennes guidées du vignoble (dispersé dans la montagne basque), chaque jour de la mi-juin à la mi-septembre, à 10 h et 16 h 30 (10 F par personne). Depuis Saint-Jean-Pied-de-Port, prendre la direction de Saint-Étienne-de-Baïgorry. La cave est à droite, à l'entrée du village.

PRÉSIDENT :
MICHEL BERGOUIGNAN
64430 IROULÉGUY
TÉL. : 59 37 45 50 - FAX : 59 37 47 76

DOMAINE BRANA

PROPRIÉTAIRE-VIGNERON

LE DOMAINE

Coup de cœur l'an dernier, il pourrait l'être de nouveau si nous ne souhaitions vous faire mieux connaître d'autres vignerons. Car tout est parfait dans cette maison : la qualité des vins, la beauté des vignes plantées en terrasses sur l'Arradoy, la qualité de l'accueil de la famille Brana.

LES VINS

Ce sont les meilleurs de l'appellation. Le Brana blanc 94 (58 F) n'a jamais été aussi bon, avec cette merveilleuse pointe minérale que confère au vin les grès de l'Arradoy. Du côté des rouges, le Harri Gorri 94 (42 F) est doux, équilibré et bigrement bon pour un second vin. Profitez-en pour acheter les très bons Ochoa à base de Tempranillo de Tras Los Montes (Navarre), sans oublier l'inoubliable eau-de-vie de poire (203 F) que Martine Brana distille avec des doigts de fée à partir du verger de la maison, ni les très bonnes prune (192 F) et framboise (234 F). Quant au Brana 94 (62 F), il est encore supérieur aux 90 et 93. Le vin entre en bouche avec présence, déploie des arômes réglissés et de poivron très mûr. C'est excellent, stylé et racé, car les tanins sont extraits avec beaucoup de finesse. Sans aucune rusticité ni brutalité, ce vin est tout en harmonie et élégance. C'est ce que recherchait Jean Brana. Bravo !

L'ACCUEIL

Par Martine, Jean ou leur mère, avec beaucoup d'attention et de disponibilité. Visitez le chai, au-dessous de la belle salle de réception, et les vignes, d'où vous découvrirez un paysage unique. Du lundi au vendredi de 10 à 12 h et de 14 h 30 à 18 h 30. Depuis Saint-Jean-Pied-de-Port, prendre direction Ispoure. Suivre les flèches.

PROPRIÉTAIRE : **FAMILLE BRANA**
64220 ISPOURE - TÉL. : 59 37 34 45
OU 3, AV. DU JAÏLAÏ
64220 SAINT-JEAN-PIED-DE-PORT
TÉL. : 59 37 00 44 - FAX : 59 37 14 28

DOMAINE ARRETXEA

PROPRIÉTAIRE-VIGNERON

LE DOMAINE

Michel Rioupeyrous est viticulteur depuis 1989 et le millésime 94 est son second vin. Il continue toujours son métier d'enseignant en zootechnie au lycée agricole de Saint-Étienne-de-Baïgorry. En effet, pendant longtemps, l'élevage transhumant des brebis a été la première activité du pays Basque intérieur : l'hiver dans la vallée et l'été sur les estives. Quoi qu'il en soit la qualité des vins montre qu'en deux ans Michel a déjà atteint une sacrée maîtrise du métier de vigneron et de vinificateur.

LES VINS

Passons sur le rosé qui doit être encore amélioré, mais nous avons goûté un très bon domaine Arretxea rouge 94 (35 F), assemblage de cabernet franc et de tannat, élevé en cuve, charnu, plein, équilibré, sans rugosité des tanins et finissant sur des arômes de poivron et de violette. Cependant notre préférence va sans contexte à l'arretxea cuvée Haitza 93 (autour de 50 F) 100 % tannat, que nous avions dégusté l'an dernier en barrique et qui, en bouteille, donne plus encore sa mesure : fruité profond, bois très bien intégré, rond et gras. C'est un vin qui a une mâche généreuse ainsi qu'un beau volume. Buvez-le dès maintenant, il est délicieux.

L'ACCUEIL

Par Michel ou Thérèse, dans l'eskatzai, ce jeune couple fait aussi chambre d'hôtes dans ce joli village d'Irouléguy. Ouvert du lundi au samedi de 9 à 12 h et de 14 à 19 h, le dimanche sur RV. Depuis Saint-Jean-Pied-de-Port, prendre la direction Saint-Étienne-de-Baïgorry. À Irouléguy, devant l'église, tourner à droite.

PROPRIÉTAIRE :
MICHEL RIOUPEYROUS
64220 IROULÉGUY
TÉL. ET FAX : 59 37 33 67

DOMAINE ILARRIA

PROPRIÉTAIRE-VIGNERON

LE DOMAINE

C'est le second à avoir été créé à Irouléguy. Peio Espil a travaillé dans des propriétés aussi intéressantes que celle d'Henri Ramonteu, à Jurançon, avant de se lancer à son compte dans les années 80. Avec des idées bien précises : une prédilection pour le cépage tannat, afin de faire des vins puissants, une densité de plantation inhabituellement élevée pour la région, une culture plutôt écologique et des rendements modestes pour obtenir une grande concentration malgré la jeunesse des vignes.

LES VINS

Les rosés de Peio Espil comptent généralement parmi les plus intéressants et les plus vineux de l'appellation. Le domaine Ilarria produit une cuvée traditionnelle, provenant d'un assemblage à dominante de tannat complété par du cabernet franc. Il s'agit d'un vin élevé en cuve. Le 94 (35 F) est très traditionnel, solide, costaud, avec des tanins rugueux : à boire de suite. Une partie de la meilleure récolte des tannats, quand ils sont bien mûrs, est vinifiée à part et élevée en barrique pendant 14 mois. Le 93 (50 F), à la différence du vin précédent, est d'une matière riche et mûre, équilibrée, mais surtout il présente des tanins plus charnus qui s'affineront dans les deux ans. Vous l'aurez compris, c'est un irouléguy de caractère et qui déménage. Garde : 3 ans.

L'ACCUEIL

Par Peio Espil ou quelqu'un de sa famille, du lundi au samedi de 9 à 12 h et de 14 à 18 h. Depuis Saint-Jean-Pied-de-Port, prendre en direction de Saint-Étienne-de-Baïgorry et, à Irouléguy, vers l'église (la route monte). La maison se trouve à gauche, juste avant le domaine Arretxea.

PROPRIÉTAIRE :
PEIO ESPIL
64220 IROULÉGUY
TÉL. ET FAX : 59 37 23 38

DOMAINE LAPEYRE

PROPRIÉTAIRE-VIGNERON

LE DOMAINE

Pascal Lapeyre est l'unique producteur indépendant de cette petite appellation dont l'aire est aujourd'hui limitée au secteur de Bellocq, une commune à proximité d'Orthez et de Puyoo, bien que la zone du Jurançon puisse également revendiquer l'appellation béarn pour ses rouges. Ce vigneron en a d'autant plus de mérite !

LES VINS

Sous l'étiquette Guilhemas vous trouverez un blanc 94 (24 F) honnête, un rosé saumon 94 (24 F) à l'arôme de bonbon acidulé. Plus complet est le Lapeyre rouge 94 (40 F), issu de tannat et cabernet, élevé en fûts, où l'on discerne un bon raisin au départ, fruité et assez léger, marqué par un bois assez présent. Le rosé (29 F) est de loin le meilleur vin en 94. Sa robe saumon foncé, son caractère vineux et fruité ainsi que sa puissance en font un excellent rosé de gastronomie. À boire plutôt sur des viandes que sur des poissons, mais à coup sûr l'un des meilleurs rosés du Sud-Ouest.

L'ACCUEIL

Excellent, par Pascal Lapeyre lui-même, dans une salle. Ouvert du lundi au samedi de 9 à 12 h et de 14 à 19 h. Sortir de l'autoroute après Ortez, et en allant vers Bayonne prendre direction Saint-Jean-Pied-de-Port. À Salies-de-Béarn, le domaine est indiqué.

PROPRIÉTAIRE : **PASCAL LAPEYRE**
52, AV. DES PYRÉNÉES
64270 SALIES-DE-BÉARN
TÉL. : 59 38 10 02 - FAX : 59 38 03 98

DOMAINE BOUSQUET

PROPRIÉTAIRE-VIGNERON

LE DOMAINE

Jean Bousquet et son fils cultivent avec le plus grand soin un vignoble entièrement planté de petit manseng, le cépage noble du Jurançon. Ici tout est traditionnel, de la vigne à la bouteille et de façon presque engagée. Jean Bousquet refuse tout : l'œnologie, l'agronomie, les cuves en inox et les barriques neuves. Pour lui, un fût de 10 ans est encore neuf. Ses barriques de 400 l datent de l'après 14-18 : elles ont été achetées par son père à des marchands de rhum !

LES VINS

Tous sont sincères et attachants. Pas de secs, l'entière production est faite de « doux » – comme on dit à Jurançon – c'est-à-dire de moelleux. Sachez que vous pouvez déguster au fût et réserver le vin de la barrique qui vous plaît le plus. En effet, Jean Bousquet met en bouteilles barrique par barrique. Ce qui explique qu'il y ait d'importantes différences d'une mise à l'autre dans une même année. Le 94 s'annonce très bien. Beaucoup de vieux millésimes à la vente à des prix angéliques (entre 50 et 80 F), dont un grand 83, un très beau 85 et un exceptionnel 90. N'hésitez pas un instant. Le 93 (50 F) fruité et vif, avec cette belle acidité qui fait de ce vin le compagnon idéal du fromage de brebis des Pyrénées, est un vrai et noble jurançon. Dégustez-le au fût et choisissez votre barrique, puis achetez et gardez deux ou trois ans.

L'ACCUEIL

Par Jean Bousquet, son épouse ou leur fils, dans la cuisine et au chai. Ouvert tous les jours de 9 à 12 h et de 14 à 19 h. Depuis Pau prendre direction Mourenx, puis Laroin et Saint-Faust. À partir de Laroin, suivre la flèche.

PROPRIÉTAIRES :
JEAN ET JEAN-PIERRE BOUSQUET
64110 SAINT-FAUST
TÉL. : 59 83 05 56

CLOS THOU

PROPRIÉTAIRE-VIGNERON

DOMAINE DE NAŸS LABASSÈRE

PROPRIÉTAIRE-VIGNERON

LE DOMAINE

La réputation du domaine s'affirme un peu plus chaque année. Le jeune Henri Lapouble cultive avec modestie 5 ha de vignes de petit manseng, de gros manseng et de courbu. Les vins sont très traditionnels, élevés en fûts de quelques années, sans ostentation mais d'une belle pureté. Bref, c'est le type même du domaine sûr où l'on peut faire des achats à des prix encore modestes pour l'appellation.

LES VINS

En sec, le 94 est léger, gras et faible en acidité (35 F). Du côté des vins doux issus de gros manseng, cela s'apparente à des demi-secs : le 93 (45 F) est fruité, net et franc de goût, et le 94 (45 F) supérieur encore, plus rond et d'une profondeur étonnante pour ce type de vin. Il fera un apéritif de choix dans les deux ans à venir. Côté petit manseng on passe à un autre format, avec un 93 (70 F) caractéristique de ce millésime, fruité et nerveux, qui évoluera très bien.
En 94, les petits mansengs ont été vendangés à 21,5° le 10 novembre, si bien que le vin, encore en fût quand nous l'avons goûté, est riche, exubérant, avec ses arômes exotiques, faible en acidité et très long en bouche (75 F).

L'ACCUEIL

Dans un caveau très simple, par Henri. Ouvert tous les jours de 9 à 12 h et de 14 à 19 h. Depuis Pau, prendre direction Oloron-Espagne puis, à 2 km de la sortie de l'agglomération, tourner à droite (circuit des vins). Grimper le coteau et bifurquer à gauche, à 1 km le domaine est indiqué.

LE DOMAINE

En y arrivant, vous regarderez les vignes sur la gauche, exposées plein sud face aux montagnes pyrénéennes, en rang (dans le sens de la pente) ou bien en terrasses (dans les combes), et vous comprendrez pourquoi l'un des meilleurs jurançons issus de petit manseng de l'appellation vient de ce domaine datant de plusieurs siècles et aujourd'hui exploité par Philippe de Naÿs.

LES VINS

Les raisins sont bien sûr ramassés très tardivement à la main, mis à fermenter et élevés un an en fûts, dont une bonne partie de neufs, non pour boiser le vin mais pour disposer des meilleures conditions d'échange entre le vin et l'air. Le domaine propose aujourd'hui un jurançon sélection de petit manseng 1985 à 150 F. Le prix peut paraître élevé, mais le vin a dix ans et est parfaitement à point. Il donne une idée du niveau de complexité que peut atteindre le jurançon après vieillissement. Il vous convaincra facilement de laisser vieillir le 94 ! Le jurançon sélection de petit manseng 94 (69 F) est un beau vin : robe or clair, nez expansif aux nuances exotiques et d'abricot, gracieux, harmonieux et excellemment équilibré. Très bon rapport qualité-prix.

L'ACCUEIL

Par Philippe ou son père Jean dans un joli caveau. Ouvert du lundi au samedi de 9 à 12 h et de 14 à 19 h. Depuis Pau prendre direction Oloron-Espagne. À 2 km de la sortie de l'agglomération tourner à droite (circuit des vins), monter le coteau et bifurquer à gauche direction Chapelle-de-Rousse. Arrivé à une fourche, à droite descendre le coteau puis remonter et, en haut, sur la D230, de nouveau tourner à droite : c'est la deuxième maison sur la droite.

PROPRIÉTAIRE : **HENRI LAPOUBLE**
CHEMIN LARREDYA
64110 JURANÇON
TÉL. : 59 06 08 60

PROPRIÉTAIRE : **PHILIPPE DE NAŸS**
LA CHAPELLE-DE-ROUSSE,
64110 JURANÇON
TÉL. : 59 21 70 57 - FAX : 59 21 70 67

DOMAINE
BRU BACHÉ

PROPRIÉTAIRE-VIGNERON

— LE DOMAINE —

Georges Bru Baché est l'un des pionniers de la qualité à Jurançon. Aujourd'hui il a pris sa retraite tout en restant sur la propriété qu'il a transmise à son neveu, Claude Loustalot. Claude s'occupe de la vigne et vinifie avec beaucoup d'adresse, en restant fidèle à l'esprit de Georges : pureté, équilibre, et grâce des vins. Des qualités qui font de ce petit domaine, coup de cœur l'an dernier, l'un des deux ou trois meilleurs de l'appellation.

— LES VINS —

Dévalisés, tous sont vinifiés en barrique. Côté secs, la cuvée des Casterrasses 94 (env. 50 F) est bien meilleure que la 93 : plus ample, plus volumineuse, avec un boisé qui devrait se fondre dans 3 ans. Côté moelleux, une belle Quintessence du petit manseng 93 (90 F), à la fois aérienne et profonde, et si possible achetez une bouteille de la divine Éminence 94 (autour de 250 F), dont les raisins récoltés en décembre à 22° font une bombe aromatique, avec son parfum pénétrant d'abricot, et un monument d'équilibre. On peut se procurer par 6 ou 12 bouteilles la Quintessence 94 (90 F) qui déploie un bouquet de fruits exotiques, avec une belle pureté, et dont l'équilibre vibre passionnément en bouche. Patientez quelques années avant de la boire.

— L'ACCUEIL —

Excellent, par Georges qui fait vivre son vin avec passion et humour ou par Claude, dans un joli caveau attenant au beau chai. Du lundi au vendredi, de 9 à 12 h et de 14 à 18 h. Le week-end sur R-V. Depuis la route Pau-Mourenx, prendre direction Monein. Le domaine est sur la droite, à l'entrée du bourg de Monein.

PROPRIÉTAIRES : **CLAUDE LOUSTALOT**
ET GEORGES BRU BACHÉ
RUE BARADAT, 64360 MONEIN
TÉL. : 59 21 36 34

DOMAINE
CAUHAPÉ

PROPRIÉTAIRE-VIGNERON

— LE DOMAINE —

Henri Ramonteu, 45 ans, est sans doute le vigneron le plus connu de l'appellation, voire du Sud-Ouest. C'est même un modèle, avec ses amis Charles Hours et Georges Bru Baché.

— LES VINS —

Du côté des secs, de très aromatiques et simples gros mansengs 94, vinifiés en cuve. Du côté des moelleux, la cuvée vendange de novembre 94 constitue une belle approche de l'univers des jurançons. À boire dans les trois ans. Avec les Noblesse de petit manseng, on entre dans le monde des grands vins (150 F env.) somptueux 90, très riche en liqueur, plus traditionnel 93 par son équilibre, merveilleux 94, moins opulent que le 90 mais d'un équilibre qui ravira au vieillissement. Si vous n'avez pas peur du prix (500 F environ), tâtez de la Quintessence : fabuleuse 88 qui commence à truffer, 90 très fermée mais admirable dans dix ans, 94 d'anthologie récoltée les 2 et 17 décembre, à l'arôme de nèfle noire et d'abricot confit. Vous l'avez compris : c'est du hors norme, donc forcément hors de prix. Le Noblesse du petit manseng sec 94, plus flatteur et profond que le 92, avec ses arômes de mangue et de raisins très mûrs qui évoquent un vin moelleux et sa bouche de sec. Attendre au moins cinq ans pour qu'il développe son bouquet.

— L'ACCUEIL —

Dans un caveau, par Henri ou une employée. Visitez le chai à vinification et à barriques et promenez-vous dans les vignes du dessus. À Monein, montez dans le bourg direction Mourenx, grimpez le coteau puis descendez de l'autre côté. En bas, c'est sur la gauche. Suivez la flèche « Cauhapé ».

PROPRIÉTAIRE :
HENRI RAMONTEU
QUARTIER CASTET, 64360 MONEIN
TÉL. : 59 21 33 02 - FAX : 59 21 41 82

JURANÇON

DOMAINE
CHARLES HOURS

PROPRIÉTAIRE · VIGNERON

LE DOMAINE

L'histoire de Charles et de Maïté Hours ne doit rien à une condition : celle d'être vigneron, parce que ses parents l'étaient avant eux. En effet, combien de vignerons exercent cette profession parce qu'ils l'ont choisie, et non pas parce que leurs parents leur ont laissée en héritage ? Peu. Trop peu ! Car la terre à vignes est chère, car les investissements en outillage, en cuverie exigent des fonds importants, et donc de s'endetter. Eh bien, Charles Hours est l'un des rares vignerons à avoir tenté l'aventure. Il l'a fait tout, seul, avec sa femme, sur les coteaux de Monein, il y a une quinzaine d'années : acheter et planter la vigne, installer une cuverie, s'équiper en barriques pour vinifier et élever les vins et faire construire sa maison. Vous l'aurez compris, dans les installations de Charles Hours, il n'y a rien de superflu : 5 ha de vignes et le nécessaire pour bien travailler. Et, pourtant, les vins de Charles Hours comptent parmi les meilleurs. Il faut dire que Charles, à la différence de la plupart des autres vignerons, avait un atout dont ils ne disposaient pas toujours : le savoir. Charles a retenu de sa formation d'œnologue, outre bien sûr le bagage technique, le sens de la dégustation, les notions d'équilibre, de pureté de goût, deux qualités qui distinguent les bons vins des autres. Mais, Charles Hours, c'est plus que cela : une passion pour l'appellation et ses hommes pour lesquels il se dépense sans compter, à l'intérieur pour faire progresser les vins, à l'extérieur pour en faire la promotion. Bref, Charles Hours, c'est un cœur « gros comme ça », un cœur qu'on se forge au rugby, sous la mêlée, où l'on apprend que la vie, ça ne vaut le coup que si on la partage avec les autres.

LES VINS

La production est très petite et la demande est très grande. C'est pour Charles Hours la quadrature du cercle. Les raisins sont vendangés à la main, les vins, secs et « doux » comme on dit à Jurançon, sont vinifiés en barriques. Le fût, pour lui, n'est jamais une finalité comme pour certains viticulteurs maladroits, mais un moyen, grâce aux échanges entre l'air et le vin à travers le bois, pour faire des vins plus gras, plus complexes que s'ils étaient faits en cuve. Le sec 93 (60 F, sans doute à la vente jusqu'au milieu de l'année 96) est à point aujourd'hui et présente l'équilibre idéal dont on peut rêver. Le 94 (60 F) lui sera supérieur. Exotique comme toujours les jurançons dans leur jeunesse, il frappe par son gras, sa matière et son punch en bouche. Il finit sur des notes beurrées et crémeuses, discrètes et très harmonieuses, qui rappellent l'élevage en bois. Bref, vous avez là un jurançon sec, issu du cépage gros manseng vinifié et élevé en barrique, très maîtrisé, exprimant le meilleur de son appellation. Le jurançon moelleux Clos Uroulat 94 (70 F) est en tous points le meilleur vin de l'appellation à ce prix. Si sa robe est assez claire, le nez est très franc, avec des arômes très exotiques rappelant l'ananas ou les fruits tropicaux. En bouche, il se révèle très rond, distingué, aérien, mais d'une liqueur très présente, sans la moindre lourdeur. Il laisse le palais léger et frais et il vieillira avec bonheur. Vous avez compris : nous adorons ce style.

L'ACCUEIL

Par Charles ou Maïté, avec simplicité et chaleur, dans le chai. Du lundi au vendredi de 9 à 12 h et de 14 à 19 h, le samedi sur rendez-vous. Depuis Monein, direction Mourenx. En haut de la côte, tourner à gauche sur une petite route. Toujours tout droit sur la crête du coteau pendant quelques km, après être passé devant un pépiniériste, prendre à droite. Le domaine est sur la droite.

PROPRIÉTAIRE : **CHARLES HOURS**
QUARTIER TROUILH, 64360 MONEIN
TÉL. : 59 21 46 19 - FAX : 59 21 46 90

MADIRAN

LES VIGNERONS RÉUNIS DU VIC-BILH-MADIRAN

GROUPEMENT DE VIGNERONS

MADIRAN, PACHERENC DU VIC-BILH

VIGNOBLES LAPLACE

PROPRIÉTAIRE-VIGNERON

LE DOMAINE

La cave coopérative situé à Crouseilles est la principale productrice de vins de Madiran. Depuis quelques années, elle se lance dans une politique de domaines, c'est-à-dire de vins de coopérateurs qui ne sont pas assemblés à d'autres mais qui gardent au contraire leur identité. C'est le cas du château Gayon, du château de Crouseilles et du domaine de Mourchette.

LE DOMAINE

C'est l'un des plus anciens de l'appellation, le premier à avoir embouteillé le vin avec le domaine Pichard et aujourd'hui l'un des fleurons de l'AOC. Ce vaste domaine est travaillé par les trois frères Laplace et leur sœur. Depuis deux ans ils rénovent l'élégant château d'Aydie, qui deviendra à terme un bel endroit de réception et de prestige.

LES VINS

Ils sont tous vinifiés dans les très performantes et esthétiques installations de la cave de Crouseilles. Celle-ci essaie de faire porter ses efforts sur l'amélioration des vins blancs moelleux, pacherenc du Vic-Bilh : comte d'Orion 94 (36,20 F) issu de gros mansengs et de courbu, plutôt exotique. Les rouges nous semblent plus intéressants : l'assemblage traditionnel de la cave, Folie du Roi 90 (27,10 F), est prêt à boire ; cuir, confit et assez évolué, le château de Crouseilles 1989 (45 F) est plus mûr et charnu que le 90 (45 F). Le vin que nous avons préféré est celui du domaine du président de l'appellation. Ce domaine de Mourchette 93 (24,90 F), vinifié par la cave, est une très bonne affaire. Souple, léger, fruité et relevé d'un discret élevage en fût, il est à point.

LES VINS

Ce sont tous des vins traditionnels, très bien faits, classiques et sobres. De bons pacherencs, un bouchy (nom donné au cabernet franc dans la région) à l'ancienne et rustique vendu en vin de table, et de bons madirans à l'étiquette blanche avec un liseré or très élégant. Mais, c'est bien sûr, la cuvée château d'Aydie, assemblage de 90 % de tannat (le cépage du Madirannais) et de 10 % de cabernet franc élevé en barriques, qui mérite la plus grande attention : très grand 90, qu'il faut quémander pour avoir quelques bouteilles, bon 93, joliment boisé, aux tanins fins et réglissés (48 F). Le château d'Aydie 94 (48 F) sera supérieur au 93, plus mûr, plus intensément fruité et plus charnu. Il ne sera pas au niveau du 90, mais dans deux ou trois ans il fera une bouteille classique et équilibrée.

L'ACCUEIL

C'est le point fort de la cave depuis qu'une salle de réception a été aménagée dans le château de Crouseilles qui domine le vignoble. Beau point de vue sur le Vic-Bilh (« vieux pays » en béarnais). Du lundi au samedi de 9 h à 12 h 30 et de 14 h à 18 h 30. Depuis Lemebeye, direction Aire-sur-l'Adour puis, à 5 km, tourner à droite vers Crouseilles (panneau).

L'ACCUEIL

Devant un comptoir contigu au chai, avec gentillesse et attention. Du lundi au samedi de 9 à 19 h. Depuis Madiran, prendre la D348 vers Viella. Bien avant, tourner à gauche vers Aydie.

DIRECTEUR :
CHRISTOPHE MANGEAR
64 350 CROUSEILLES
TÉL. : 59 68 10 93 - FAX : 59 68 14 33

PROPRIÉTAIRE :
FAMILLE LAPLACE
64330 AYDIE
TÉL. : 59 04 03 96 - FAX : 59 04 01 53

CHÂTEAU PICHARD-VIGNEAU

PROPRIÉTAIRE-VIGNERON

DOMAINES & CHÂTEAUX ALAIN BRUMONT

PROPRIÉTAIRE-VIGNERON

LE DOMAINE

Il produit l'un des plus beaux vins de l'appellation et sans doute le plus apte à une longue garde. Auguste Vigneau a créé au début des années 50 ce magnifique vignoble d'un seul tenant à Soublecause, orienté plein sud et abrité des vents d'ouest. L'Adour exerçant une influence adoucissante, toutes les conditions sont ici rassemblées pour une maturité optimum des raisins. S'y ajoute la volonté de produire un madiran pas seulement composé de tannat comme le veut la tendance actuelle, mais issu de cabernet franc et de tannat à parts égales. Bernard Tachouères aujourd'hui en charge de la propriété, reste fidèle à la conception de son oncle. Pour le meilleur !

LES VINS

Une large gamme de vieux vins : du 83 au 93, ce qui est unique dans l'appellation, et à des prix souvent angéliques. Un 83 (48 F) souple et à point est à préférer aux 91 et 92 du domaine, deux années difficiles. Si les grandes années sont magistralement réussies les moins bonnes sont un peu décevantes, tout simplement parce que les vinifications et l'élevage sont dépouillés : cuve ciment et foudre. Depuis 90, une partie du vin est passé en barriques neuves. Le domaine Pichard 90 (35 F) est toujours notre vin préféré. Son assemblage des deux cépages et son élevage en foudre lui assurent un bel avenir, peut-être comparable au célèbre 85.

L'ACCUEIL

Par Bernard Tachouères, dans la maison. Du lundi au samedi de 8 à 19 h. De Tarbes, prendre la D935 en direction de Madiran. Le domaine est situé entre Castelnau-Rivière-Basse et Maubourguet, le domaine se trouvant au-dessus de la route sur le coteau.

LE DOMAINE

Il sont trois : Montus, Bouscassé, Menjarre. Chaque année, avec Alain Brumont, arrive son lot de nouveautés. Cette année, ce sont d'une part la construction, à Castelnau-Rivière-Basse, d'un chai à vinification et d'élevage d'une capacité et d'une fonctionnalité exceptionnelles, d'autre part la rénovation du château. Un investissement considérable, à la mesure de la réputation du vin.

LES VINS

Gamme très large. Superbe pacherenc sec Montus 94 (56 F) vinifié et élevé en barriques avec son nez de raisins secs surmûris et son gras en bouche. Très bons 94 en perspective : Montus prestige (103 F) à la trame plus fine des tanins et plus séveux (terroirs de graves) que le Bouscassé vieilles vignes (71 F) comme toujours plus paysan et plus trapu, mais savoureux. Bon Bouscassé 93 (47 F) toujours en vente et très savoureux Bouscassé vieilles vignes 89 (sans excès de bois) à point aujourd'hui. Le Montus prestige 90 est sans doute le plus grand vin produit par Alain Brumont depuis le légendaire 1985. C'est un vin très concentré, encore boisé, dont le fruit est encore très fermé, aux tanins austères mais racés, qui ne s'ouvrira pas avant trois ans au moins, mais qui aura une sacrée longévité.

L'ACCUEIL

Dans la très belle tour du château de Bouscassé, par Claudine Dutil ou Catherine Brumont, dans un cadre cossu, de goût. Grand choix de vins à déguster. Chai à barriques souterrain à visiter. Du lundi au samedi de 9 à 12 h et de 14 à 19 h. Depuis Pau, prendre direction Bordeaux. À Sarron, après Garlin, tourner à droite direction Viella puis Maumusson. Suivre la flèche Bouscassé.

PROPRIÉTAIRES :
RENÉ ET BERNARD TACHOUÈRES
65700 SOUBLECAUSE
TÉL. : 62 96 35 73 - FAX : 62 96 96 72

PROPRIÉTAIRE :
SA DOMAINES & CHÂTEAUX ALAIN BRUMONT
32400 MAUMUSSON
TÉL. : 62 69 74 67 - FAX : 62 69 70 46

MADIRAN

DOMAINE PATRICK DUCOURNAU

─── LE DOMAINE ───

À Maumusson, à la limite des Pyrénées-Atlantiques et du Gers, Patrick Ducournau produit l'un des meilleurs vins de l'appellation. Tranquillement il fait son chemin et hisse haut ses deux crus : domaine Mouréou et chapelle Lenclos, tout en construisant avec clairvoyance son avenir chez lui et chez les autres. Car il y a deux Patrick Ducournau. Le vigneron, d'abord, qui travaille chez lui depuis qu'il a pris la suite de son père. Sur sa quinzaine d'hectares et dans son chai, il a commencé à isoler les meilleures cuves ou parcelles (souvent les mêmes) pour produire une cuvée de tannat (le cépage du Madirannais) élevée en fûts et appelée chapelle Lenclos, d'une nom d'une véritable chapelle qui se situe dans ce beau corps de ferme classique de la région. Et puis il y a l'homme de conseil Patrick Ducournau qui est en train de faire une révolution douce dans le Sud-Ouest en appliquant chez les autres ce qu'il a expérimenté chez lui avec quelques cousins de Madiran, les Laplace, ou quelques amis, comme Pascal Verhaeghe au Cèdre, à Cahors, ou Luc de Conti, à Bergerac (un autre coup de cœur : comme quoi il n'y a pas de hasard). Aujourd'hui, on fait appel à lui à Bordeaux, en Rioja, et à Bandol. Pour ceux qui aiment l'œnologie, une explication. L'un des problèmes des madirans et du tannat surtout était une tendance à la réduction au cours de l'élevage comme en bouteille. En gros, sur le plan du goût, les vins perdaient vite leur fruité, prenaient un goût de réduit (rancio, porto, cuit, viandé), les tanins se rétrécissaient et s'asséchaient rapidement. Que faire lors des vinifications ou de l'élevage ? Leur donner beaucoup

d'oxygène mais pas trop, pour ne pas oxyder le vin. Alors en quelle quantité et à quel rythme ? À ces questions, suite à de nombreuses expériences, Patrick Ducournau apporte des réponses et propose une méthode. Résultat : les vins gagnent en gras de façon surprenante et gardent leur fruité.

─── LES VINS ───

Bon chapelle Lenclos 92 dans un petit millésime, à boire. Très bon Mouréou 93 d'une qualité de fruité excellent pour une année moyenne, gras et souligné d'un léger boisé, plus perceptible au nez qu'en bouche (32 F). Ce vin constitue un très bon rapport qualité-prix et n'a pas peur de l'air une fois la bouteille ouverte. Bon pacherenc du Vic-Bilh 94 (32 F). N'hésitez pas devant ce chapelle Lenclos 93 (45 F), issu de vignes de tannat, élevé en barriques de qualité, noir aux reflets mauves, d'un fruité très jeune, et surtout d'un gras étonnant. Les tanins sont présents, mais sans la moindre dureté. Finie l'astringence des madirans qui rebutait les gosiers néophytes, le vin en apparaît même souple et déjà prêt à boire.

─── L'ACCUEIL ───

Par Patrick ou une personne à l'entrée du chai. Du lundi au vendredi de 9 à 12 h et de 14 à 18 h. Si vous tenez absolument à voir Patrick Ducournau, téléphonez à l'avance. Depuis Pau prendre direction Bordeaux. Après Garlin, à Sarron, tourner à droite direction Viella puis Maumusson. Suivre la flèche Mouréou-Chapelle Lenclos.

PROPRIÉTAIRE :
PATRICK DUCOURNAU
32400 MAUMUSSON
TÉL. : 62 69 78 11 - FAX : 62 69 75 87

MADIRAN, PACHERENC DU VIC-BILH

CHÂTEAU
LAFFITTE-TESTON

PROPRIÉTAIRE-VIGNERON

LE DOMAINE

Après avoir amélioré et agrandi les vignes, Jean-Marc Laffitte a construit un magnifique bâtiment et un chai souterrain où les vins sont élevés dans de parfaites conditions en barriques. Bref, il n'a jamais été aussi en mesure de produire des vins de qualité.

LES VINS

À la différence de ses amis Brumont et Ducourneau, Jean-Marc Laffitte ne cherche pas systématiquement la puissance. Il fait des madirans plus fins que puissants, restant à des niveaux d'extraction mesurés. Bon et simple madiran générique avec le Laffitte-Teston 93 (26 F), tandis que la cuvée vieilles vignes 93 (39 F), à l'arôme de réglisse et de cuir frais, est plus charnue et ferme. Un beau vin qui évoluera bien sur quelques années, mais déjà très agréable à boire. Mais, Jean-Marc Laffitte est peut-être encore plus habile avec ses vins blancs. Simple et agréable pacherenc sec 93, élevé sur lies fines. Très sophistiquée et luxueuse cuvée Ericka 94 (36 F), vinifiée et élevée en bois, ample, riche, aux notes crémeuses, qui demande à se fondre. Nous avons été séduit par le pacherenc moelleux 94 (39 F les 50 cl) au nez de cire d'abeille et d'encaustique, très pur et très long en bouche. Le vin termine sur des notes d'orange. Un superbe vin qui ne doit rien à la chaptalisation et d'un excellent rapport qualité-prix (l'attendre 3 ans).

L'ACCUEIL

Très convivial, par Jean-Marc ou son épouse. Du lundi au samedi de 9 à 12 h et de 14 à 19 h. Depuis Pau, prendre direction Bordeaux. À Sarron, tourner à droite direction Viella, puis Maumusson (suivre les flèches). Le domaine se trouve en haut du coteau.

PROPRIÉTAIRE :
JEAN-MARC LAFFITTE
32400 MAUMUSSON
TÉL. : 62 69 74 58 - FAX : 62 69 76 87

TURSAN

DOMAINE
BACHEN

PROPRIÉTAIRE-VIGNERON

LE DOMAINE

Le plus célèbre cuisinier d'Aquitaine, Michel Guérard, devait bien un jour ajouter à la cuisine le plaisir de faire du vin. Et comme Michel Guérard est installé en pleine Chalosse, dans les Landes, à Eugénie-les-Bains (zone d'appellation Tursan), il y a tout naturellement acheté un vignoble. Celui-ci entoure un très beau château qui a été rénové. Bien sûr la vigne a été plantée, et des chais de vinification et d'élevage dignes d'un cru classé du Bordelais ont été construits.

LES VINS

Dès le début, l'idée de Michel Guérard a été de faire des vins blancs, persuadé qu'il était de leur supériorité à Tursan sur les rouges. Le baroque, cépage local pas très causant dans le verre, est complété par du sauvignon et du gros manseng. Avec ces trois cépages, un bon œnologue (Thomas Stonestreet, le conseil amical de Jean-Claude Berrouet, l'homme de Petrus) et d'énormes moyens techniques, il transforme un banal vin paysan en vin classieux, luxueusement présenté : bouteille haute et fumée, étiquette d'une insigne distinction. C'est du Michel Guérard : parfait, beau, distingué. Le second vin de la propriété, le château de Bachen 93 (40 F) est notre préférence : fruité, gai, aérien et franc de goût, sans le coup de massue du bois neuf.

L'ACCUEIL

Dans une très belle salle de réception. Du lundi au vendredi de 9 à 12 h et de 14 à 18 h. À Aire-sur-l'Adour, direction Eugénie-les-Bains. Après quelques kilomètres, prendre sur la droite.

PROPRIÉTAIRES :
CHRISTINE ET MICHEL GUÉRARD
40800 BACHEN
TÉL. : 58 71 86 51

CÔTES-DE-SAINT-MONT, MADIRAN

PRODUCTEURS DE PLAIMONT

GROUPEMENT DE VIGNERONS

LE DOMAINE

Les nombreux vins de l'union de coopératives qui constituent Plaimont sont présents dans tous les circuits de distribution, dans tout l'Hexagone et en particulier, pour les Parisiens, dans les caves Nicolas. Plaimont est l'une des plus grosses coopératives de France, et ses méthodes de production et de commercialisation comptent parmi les plus modernes. Au demeurant, elle a gardé au creux des vallées gersoises, grâce à ses hommes, une chaleur humaine et une joie qui chaque année se retrouvent lors du festival de jazz de Marciac (Jazz in Marciac) que les coopérateurs animent.

LES VINS

Pour acheter sur place, il vaut mieux s'intéresser aux domaines que Plaimont loue à des coopérateurs. En saint-mont, Saint-Gô 90 (38 F) torréfié et boisé ; en madiran, le château Laroche Vieilla 89 (45 F) est de facture moderne, concentré, animal et épais, tandis que le 90 est plus équilibré et svelte (45 F). Le meilleur pour nous est incontestablement le côtes-de-saint-mont du château de Sabazan 90 (42 F) moins flatteur et boisé que Saint-Gô, mais plus équilibré et élancé.

L'ACCUEIL

Très organisé à Saint-Mont. Visitez les chais impressionnants. Essayez d'aller à Sabazan où se trouve le château, les vignes et les bâtiments d'exploitation. Du lundi au samedi de 9 à 12 h et de 14 à 18 h. À Riscle, entre Aire-sur-l'Adour et Tarbes, prendre la D46. La cave est en bas du village de Saint-Mont, sur la droite.

DIRECTEUR :
ANDRÉ DUBOSC
32400 SAINT-MONT
TÉL. : 62 69 62 87 - FAX : 62 69 61 68

LES VIGNERONS DE BUZET

GROUPEMENT DE VIGNERONS

LE DOMAINE

La coopérative de Buzet, qui contrôle quasiment toute l'appellation, s'est taillé une belle réputation. Il faut dire que les terroirs de graves sont favorables au mûrissement du merlot et du cabernet, les deux cépages de l'appellation.

LES VINS

Nombreux, et tous irréprochables en qualité. Il sort pourtant 100.000 hl de ce vignoble et de la cave. Le baron d'Ardeuil 90 est rubis, solide et rond à la fois, fruit d'un assemblage entre les apports de très nombreux coopérateurs. Le château de Gueyze 90, pourtant plus cher, est un peu en dessous : ses tanins accrochent davantage. Mais la grande surprise de la cave est cette grande réserve 1985 sortie cette année, après dix ans de vieillissement, fruit d'un assemblage parfait. La robe est fauve et le nez complexe, d'abord fruits confits, puis à l'aération il évolue sur des notes de cuir. Charnu, réglissé, pulpeux en bouche, c'est une superbe bouteille, digne d'un grand bordeaux du côté du Libournais. Certains s'étonneront que Buzet puisse faire des vins aussi racés au vieillissement : tant pis pour les buveurs d'étiquette et bravo pour la cave ! Le château de Padère 90 offre un superbe rapport qualité-prix : rubis, fruité et réglissé, aux tanins fins, enrobés, doux et tendres. Il est à point en ce moment et il ne faut pas s'en priver.

L'ACCUEIL

Très organisé, avec expositions et beaucoup de vins à déguster. Du lundi au vendredi de 9 à 12 h et de 14 à 18 h, le samedi de 9 à 12 h. Sur l'autoroute Bordeaux-Toulouse prendre la sortie Aiguillon. Traverser Damazin, puis direction Buzet-sur-Baïse, fléchage.

DIRECTEUR :
RENÉ CHAMPEMONET
47160 BUZET-SUR-BAÏSE
TÉL. : 53 84 74 30 - FAX : 53 84 74 24

CHÂTEAU DE BEAULIEU

PROPRIÉTAIRE-VIGNERON

LE DOMAINE

L'appellation côtes-du-marmandais date de 90. Elle est située sur les terrasses de la Garonne et composée de sols alluvionnaires de graves, c'est-à-dire de cailloux roulés et de limons. Le domaine a été acheté en 91 par un couple belge, Robert et Agnès Schulte, qui met tout en œuvre pour faire le meilleur vin possible sur ces 30 ha plantés de merlot, cabernet franc et cabernet sauvignon et, de façon secondaire, d'un peu de syrah, malbec et abouriou. La propriété compte un château datant du XIVe, même s'il a été modifié et aménagé par la suite.

LES VINS

Le millésime 92, premier vin des Schulte, démontre des qualités qui ne doivent rien au hasard. Si les vignes sont vendangées à la machine, les raisins sont triés, cuvés longuement et élevés pendant douze mois en barrique de qualité. Avant d'être commercialisés, les vins restent quelque temps en bouteilles. Le millésime 92 (24 F) est le seul actuellement à la vente. Issu d'un millésime froid et pluvieux, il est étonnamment fruité, sans la moindre trace d'amertume. Ses tanins sont fins, élégants, en rien rustiques, et son bouquet d'humus est fort séduisant. C'est le type même du vin aristocratique dans une appellation paysanne, à un prix très doux pour tant de qualités.

L'ACCUEIL

Par les Schulte, sur rendez-vous. Depuis Marmande aller à Cocumont, puis prendre direction Saint-Sauveur-de-Meilhan.

PROPRIÉTAIRES :
ROBERT ET AGNÈS SCHULTE
47180 SAINT-SAUVEUR-DE-MEILHAN
TÉL. : 53 94 30 40 OU 53 94 29 29,
FAX : 53 94 30 40

CAVE DE COCUMONT

GROUPEMENT DE VIGNERONS

LE DOMAINE

Cette cave coopérative de la rive gauche de la Garonne nous a réjoui, tant pour sa série remarquable de vins que pour son architecture années 50 qui sent bon la terre radicale-socialiste. De tout évidence, elle est tenue avec le plus grand sérieux, et il y a là un œnologue et un maître de chai qui ont un sacré tour de main.

LES VINS

D'un excellent rapport qualité-prix, très bien présentés et d'une netteté parfaite. Tout simple blanc 94 (16 F) de sauvignon, très bon château La Bastide 94 (19 F) à la robe jaune dorée, boisé mais sans excès, franchement gras et équilibré. Ailleurs, avec l'étiquette graves est vendue à 40 F, on ne fait pas mieux. Du côté des rouges, les surprises ne manquent pas. À commencer par ce charmant terrasses de Garonne 93 (19 F), pourpre en diable et gentiment fruité. La cuvée de président Jean Marrens 91 est à point et ne manque pas de fond (22,50 F). Quant au Tap de Parbos 93 (29 F), sentant bon le merlot mûr, gras en bouche, il est luxueusement élevé en bois de qualité. À ce prix, on en redemande. Notre chouchou : un sauvignon : reflets verts, nez délicatement floral et fruité, pur et gracieux comme on aime. Dites un nom. Terrasses de Garonne blanc sec, millésime 94. Prix : 16,50 F. Existe-t-il meilleur vin blanc à ce prix ? Je n'en ai jamais bu.

L'ACCUEIL

Dans un grand hall. Du lundi au samedi de 9 à 12 h et de 14 à 18 h. Depuis Marmande, prendre direction Mont-de-Marsan. Tourner vers Gaujac (D116), puis vers Cocumont (D3). À gauche dans le village, direction Meilhan-La-Réole. C'est sur la gauche.

DIRECTEUR :
BERNARD GRELAUD
47250 COCUMONT
TÉL. : 53 94 50 21 - FAX : 53 94 52 84

DOMAINE DE L'ANCIENNE CURE

PROPRIÉTAIRE-VIGNERON

LE DOMAINE

Au sud de Bergerac, sur la commune de Colombier Christian Roche produit une gamme de vins sans faiblesse qu'il vend à une clientèle de particuliers. Les prix restent très sages, y compris pour les monbazillacs, points forts de ce domaine de 34 ha.

LES VINS

Du côté des bergeracs secs, un bon 95, aromatique, marqué par l'arôme du sauvignon traité en macération pelliculaire, très agrume. Le rosé 95 sera très bon au printemps : équilibré, sans mollesse, et plutôt gras. Le bergerac rouge 94 est à boire tout de suite grâce à son fruit simple et franc. C'est léger, facile et à boire frais. Son pécharmant 93, issu de sa petite affaire de négoce, est réussi : souple, mais mûr, sans végétation, doux en bouche. Pour la soif, là encore Si nous avons été déçu par le simple monbazillac 94 en revanche, les cuvées Abbaye, issues des meilleures sélections botrytisées et élevées en bois, sont excellentes. Le 93 est confit, boisé, riche. Le monbazillac cuvée Abbaye 94 est supérieur au 93. Plus riche en sucre et plus profond, il a un énorme parfum de coing et de pâtes de fruits qui tapissent le palais. Très bon rapport qualité-prix mais attendre 3-4 ans avant de le déguster.

L'ACCUEIL

Très organisé, dans un magasin situé sur la N21 tenu par Nathalie Roche et Christine Vallé. Depuis Bergerac, direction N21 vers Agen, à Colombier, le magasin se trouve sur la droite dans une courbe.

PROPRIÉTAIRE :
CHRISTIAN ROCHE
24560 COLOMBIER
TÉL. : 53 58 27 90 - FAX : 53 24 83 95

CHÂTEAU LA JAUBERTIE
PROPRIÉTAIRE-VIGNERON

LE DOMAINE

.es Ryman ont acheté ce beau domaine au début des nnées 70, puis décidé d'y vivre et de le rénover. Le ls, Hugh Ryman, a monté une affaire qui achète des aisins en Australie, Nouvelle-Zélande, Afrique du ud, Moldavie, Espagne ou Argentine pour les vinifier t les commercialiser comme vins de cépage le plus uvent, surtout en Grande-Bretagne. Bref, voilà un « flying winemaker ».

LES VINS

ls sont produits par Hugh Ryman aidé du sympa- ique et barbu Zane Katsikis, et toute une équipe 'œnologues, qui utilise une batterie de techniques iodernes pour vinifier les sauvignons, merlots, abernets et chardonnays. Ici pas de discours empâté ur le tradition, tout est du dernier cri, sans complexe. n AOC Bergerac, vous trouverez un rouge tradition- el 94 (36 F) rustique et tonique, un rouge réserve 4, élevé en barrique, très fumé et grillé (45 F). En ergerac sec, le sauvignon 94 (45 F) est l'archétype e ce cépage, avec sa robe aux reflets verts et cet rôme si identifiable du sauvignon. La curiosité est en sûr ce vin de pays cépage chardonnay 94 (48 F), omplètement apatride avec ses arômes fermentaires, eurrés et exotiques, très gras en bouche, qui convien- ra à ceux qui recherchent des vins un peu rovocants : du chardonnay en Périgord. À boire.

L'ACCUEIL

rès agréable, par Marie-Pierre et François, le maître e chai, dans un grand caveau où vous pourrez vous rocurer aussi le bordeaux château de Sours. Du ndi au vendredi de 9 à 12 h et de 14 à 18 h. Depuis ergerac, prendre direction Agen. Monbazillac, à roite, direction Colombier.

PROPRIÉTAIRE :
FAMILLE RYMAN
24560 COLOMBIER
TÉL. : 53 58 32 11- FAX : 53 57 46 22

DOMAINE BELINGARD
PROPRIÉTAIRE-VIGNERON

LE DOMAINE

Cet ancien domaine familial situé à Pomport, dans le secteur ouest de l'appellation, a été repris par Laurent de Bosredon, depuis 94 nouveau président du comité interprofessionnel des vins du Bergeracois. Espérons qu'il saura convaincre ceux qui, dans l'appellation monbazillac, persistent à croire – dans un combat d'arrière-garde – qu'on peut faire des liquoreux dignes de porter le nom de leur appellation en ven- dangeant avec des machines (au point de créer même un syndicat concurrent !), à abandonner cette pratique et à se tourner franchement vers la qualité.

LES VINS

Le domaine propose une gamme complète de vins de Bergerac et de Monbazillac. Tous sont impeccable- ment vinifiés, à partir d'une matière première saine. Nous y avons goûté de bons monbazillacs : le Blanche de Bosredon 93 et 94 (85 F), à la fois floral et riche en liqueur, d'une grande fraîcheur aroma- tique et d'une belle pureté. C'est exactement le style des monbazillacs de demain. Et pourquoi n'iriez- vous pas cette année vers ce délicieux côtes-de-berge- rac Blanche de Bosredon rouge 90 (41 F), pourpre, bien fruité, souligné d'un boisé discret bien dosé, équilibré en bouche, à point ?

L'ACCUEIL

Dans un grand caveau aménagé à cet effet par Sylvie de Bosredon. Du lundi au samedi de 9 à 13 h et de 14 à 19 h. Depuis Bergerac, prendre la D933 direc- tion Mont-de-Marsan, puis, à droite, vers Pomport. À la patte d'oie aller à gauche, puis 1 km après tour- ner à droite (panneau).

PROPRIÉTAIRE :
LAURENT DE BOSREDON
34240 POMPORT
TÉL. : 53 58 28 03 - FAX : 53 58 38 39

CHÂTEAU
LA BORDERIE

PROPRIÉTAIRE-VIGNERON

LE DOMAINE

Armand Vidal est le père du renouveau des vins de Monbazillac. Dans les années 60 et 70, il a maintenu la production de vins de qualité quand l'appellation vendangeait à la machine des raisins à 13°, les chaptalisait de 5 ou 6°, les caramélisait pour les rendre un peu marron et au total finissait par vous assommer. Aujourd'hui, Armand Vidal a des émules parmi des jeunes vignerons et notamment son fils, mais son vin reste toujours la référence dans l'appellation.

LES VINS

Armand Vidal exploite deux propriétés : La Borderie et château du Treuil de Nailhac. Ce dernier, en 90 (70 F), est un monbazillac plus floral et aérien que La Borderie, avec sans doute une acidité plus vive. Un vin que nous avons beaucoup aimé, très harmonieux à table. La Borderie 94 vieilli en barriques, issu de raisins bien botrytisés, assemblage de lot de 16, 20 et 23°, est plus riche que le 93 (82 F) qui, élevé en barrique, exhale un nez de coing et de cire d'abeille moyennement riche en bouche mais tout en élégance. Belle bouteille à laisser vieillir deux ou trois ans. Comme l'an dernier, notre préférence va à La Borderie 90 (100 F), élevé en barrique, qui illustre le niveau auquel peut parvenir ce type de vin dans une année aussi riche. L'impression de confit que donne le botrytis y atteint un très haut niveau. Goûtez. Vous ne résisterez pas à la magie de cette bouteille. À garder.

L'ACCUEIL

Passionné, par Armand Vidal dans un caveau tout simple. À 5 km au sud de Bergerac par la N 933 vers Mont de Marsan. Tourner à gauche après la cave coopérative, le château est à gauche.

Produit de France

1993   1993

Château La Borderie
Monbazillac

Appellation Monbazillac Contrôlée
S.C.I. La Borderie Propriétaire à Monbazillac
Dordogne France

13,5 % Alc. / Vol.   Mis en Bouteille au Château   750 ml

PROPRIÉTAIRE :
ARMAND VIDAL
24240 MONBAZILLAC
TÉL. : 53 57 00 36 - FAX : 53 63 00 94

CÔTES-DE-BERGERAC

CHÂTEAU TOUR DES GENDRES

LE DOMAINE

Osons le dire : les vins rouges et blancs du château Tour des Gendres sont au sommet du Bergeracois, toutes appellations confondues, et dans le peloton de tête des meilleurs vins du Sud-Ouest. Quand on connaît la passion des frères de Conti, aucun hasard à cela. En vous promenant à Ribagnac et sur leur vignoble, vous verrez que ce secteur au sud de Bergerac, d'ailleurs plus céréalier que viticole, est très calcaire. Un Périgord est à vrai dire plus blanc que noir. Le meilleur vignoble de Luc de Conti, dont il sort ses Moulin des Dames et ses Gloire de mon Père, se situe sur un petit plateau dominant le secteur de Ribagnac. Sur un sol calcaire recouvert d'argile, ce vignoble est protégé des vents par des chênes et des pins.

LES VINS

Chez les Conti Francis s'occupe des vignes et Luc travaille le vin au chai, toujours à la recherche de ces petits détails, lors de l'élevage et de la vinification, qui font la différence. Luc a les deux qualités nécessaires à un grand vigneron : le sens de la dégustation et une infatigable curiosité. Il déguste chez ses copains de Saint-Émilion, à Canon-La Gaffelière, avec Patrick Erésué, ou au Cèdre, à Cahors, chez Pascal Verhaeghe, voire chez Patrick Ducournau, à Madiran, dont il applique la technique de microbullage, c'est-à-dire de l'introduction de petites quantités d'oxygène dans le vin au cours des fermentations malolactiques et de l'élevage, pour lutter contre la tendance à la réduction en bouteille. Et puis Luc de Conti a le culot de maintenir des vins rouges sur lies

et de les bâtonner comme des vins blancs, allant à l'encontre du dogme œnologique. Et ça marche ! En blanc, nous avons bu un excellent Tour des Gendres 94 cuvée sur lies (28 F) d'une limpidité et d'un gras étonnants, équilibré, et complètement sphérique. Avec le Moulin des Dames 94 (43 F), on franchit un seuil. Cet assemblage sauvignon et sémillon est dominé par le premier cépage : robe or limpide, nez magnifiquement boisé, citronné, ce vin a éclat et pureté de fruit. C'est superbe et sans commune mesure avec les autres blancs de la région. Le rouge, Tour des Gendres est déjà très charmeur. La « Gloire de mon Père » 94 (40 F) n'est pas pagnolesque, mais bien aquitaine, avec ses beaux merlot et cabernet, grenat de robe, à l'arôme de framboise délicieux, parfaitement équilibré et rond. Une révélation, un choc gustatif ! telle est l'expérience que nous avons faite et que vous ferez en goûtant ce Moulin des Dames rouge 94 (43 F, en primeur. 65 F, une fois en bouteille). Cet assemblage merlot et cabernet-sauvignon, vendangé à la main, a fait sa malolactique en barrique neuve, puis a été bâtonné et oxygéné en fût. Robe pourpre, intensément fruité. L'intégration du fruit et du bois est fusionnelle. Le boisé accélère le fruité qui est éblouissant, tandis que le terroir s'offre en finale. Si la bouteille confirme les échantillons, c'est en 94 du niveau d'un beau cru classé de Saint-Émilion. À conserver.

L'ACCUEIL

Avec beaucoup de gentillesse, par Luc ou sa femme. Du lundi au samedi de 9 à 12 h et de 14 à 19 h. Depuis Bergerac, prendre la D13 jusqu'à Ribagnac, puis suivre les flèches.

PROPRIÉTAIRES :
FRANCIS ET LUC DE CONTI
34240 RIBAGNAC
TÉL. : 53 57 12 43 - FAX : 53 58 89 49

CHÂTEAU FONTMOURGUES

PROPRIÉTAIRE-VIGNERON

LE DOMAINE

Fils d'Armand Vidal, Dominique s'est installé depuis 94 dans cette propriété familiale située juste devant La Borderie. Le vignoble est magnifiquement situé sur les pentes exposées au nord de Monbazillac, là où le botrytis est le plus intense. La présence de petits affluents de la Dordogne, le complexe chaleur-humidité (provoquant d'ailleurs la formation le matin en octobre des brumes et brouillards matinaux), la présence d'insectes comme le cochylis (transportant ce champignon qu'est la pourriture noble) font de ce coteau un site viticole apte à produire de grands vins.

LES VINS

Dominique vient de s'installer et tout a été bricolé d'urgence avant les vendanges : cuve, chaud et froid, isolation. Mais on peut faire de bons vins sans débauche de techniques et cet œnologue de formation le sait bien. Ceux qui aiment le cépage muscadelle seront ravis d'en trouver dans toutes les versions : en cuve (22 F le 94) ou en bois (34 F) avec un 95 meilleur que le 94, plus gras et plus expressif. Les monbazillacs 95 seront explosifs, formidablement rôtis et d'une richesse extravagante. Mais c'est le liquoreux qui doit retenir l'attention. Ce 94 (80 F environ), fermenté et élevé en barrique, est très riche. Les raisins pesaient 21°. Aujourd'hui, le vin sent la cire d'abeille et l'encaustique. En bouche, il se révèle bien construit et harmonieux. À garder.

L'ACCUEIL

Par Dominique ou Sophie Vidal. Pour l'été, un caveau sera construit dans la maison pour accueillir les visiteurs. Depuis Bergerac, direction Mont-de-Marsan. Après la coopérative, tourner à gauche. Passez le château La Borderie, c'est le bâtiment (en travaux) sur la droite de la route.

PROPRIÉTAIRE :
DOMINIQUE VIDAL
24240 MONBAZILLAC
TÉL. : 53 63 02 79 - FAX : 53 27 20 32

CHÂTEAU DE BIRAN

PROPRIÉTAIRE-VIGNERON

LE DOMAINE

Cette magnifique et charmante propriété située su[r] les coteaux de l'appellation pécharmant à l'Est d[e] Bergerac est très récente. Les nouveaux propriétaires les Best, ont planté la vigne sur des terres bien exposées au sud, qui jadis accueillaient sur ses ver[ts] pâturages un troupeau de vaches laitières. Tout es[t] mis en œuvre pour faire le meilleur vin possible[.] Dans cette région de polyculture aux densités faible[s] les vignes sont plantées à hauteur de 4500 pieds [à] l'hectare, les raisins sont vendangés à la main.

LES VINS

Le premier vin date de 90. Tout de suite il a valu un[e] belle réputation à la propriété. Le 92 était bien fa[it] pour le millésime. Le raisin est égrappé, les fermen[-] tations se font autour de 30°C, les cuvaisons son[t] longues et les vins sont élevés en fûts avec un usag[e] modéré du bois neuf. Il n'y a qu'un seul vin à l[a] vente : le château de Biran 93. Il est bien sû[r] supérieur au 92 : robe rubis, animal sur le pla[n] aromatique, les tanins sont doux. Ce vin qui para[ît] sans ampleur au premier abord en raison de la jeu[-] nesse des vignes s'affirme persistant.

L'ACCUEIL

Par Arlette Best, dans une petit caveau. Tous les jou[rs] de 8 à 20 h. Depuis Bergerac, direction Sarlat. Aprè[s] Creysse, prendre la première route à gauche e[n] direction de Saint-Sauveur-de-Bergerac puis, après l[e] passage à niveaux, continuer sur le premier chemi[n] à gauche.

PROPRIÉTAIRE :
ARLETTE BEST
24520 SAINT-SAUVEUR-DE-BERGERAC
TÉL. : 53 23 20 47 - FAX : 53 23 20 4[7]

PÉCHARMANT

CHÂTEAU DE CORBIAC
PROPRIÉTAIRE-VIGNERON

LE DOMAINE

Il y a là une volonté de rester hors du temps, et le lieu s'y prête : le château est construit sur l'emplacement d'une ancienne abbaye fortifiée du XIᵉ siècle, la famille a quatre siècles, et les Durand-Corbiac sont très fiers que Napoléon III ait récompensé leurs aïeux pour leurs qualités d'agriculteurs. Bruno est agronome, mais il semble qu'il a tout oublié depuis l'école. Tant mieux !

LES VINS

D'un naturel et d'une franchise qui font plaisir. Pas une once de sophistication, et si l'on veut savoir comment étaient les vins de la région au début du siècle, il suffit d'aller chez les Durand-Corbiac pour en avoir une idée. Chez eux la vigne pousse, les raisins mûrissent, on vendange et on met en cuve. De la viticulture virgilienne ! Pas de barrique ici. Le château de Corbiac 93 présente un beau rubis, un nez sauvage. La matière est concentrée, fougueuse, débridée. Bref, c'est un vin qui a de la vie. On sent la vigne et le bon cabernet, pas le travail du chai, réduit au strict minimum. Vigoureux, tonique et traditionnel, il comblera tous ceux que la sophistication fatigue. Ce vin fera oublier que les chais modernes et l'œnologie existent. Ça fait du bien et, en plus, c'est salutaire.

L'ACCUEIL

Attentionné et très gentil par Thérèse et Bruno Durand-Corbiac dans une très belle pièce. Magnifiques château et orangerie. Tous les jours de 9 à 18 h. Depuis Bergerac, direction Périgueux (N21). À 3 km sur la droite, au panneau, monter vers le château par un chemin en terre.

PROPRIÉTAIRE : **THÉRÈSE ET BRUNO DURAND-CORBIAC**
21400 BERGERAC
TÉL. : 53 57 20 75 - FAX : 53 57 89 98

CAHORS

CLOS TRIGUEDINA
PROPRIÉTAIRE-VIGNERON

LE DOMAINE

Jean-Luc Baldès exploite cette belle propriété d'une cinquantaine d'hectares sur les meilleurs terroirs de l'appellation : les hautes terrasses du Lot dans le secteur de Puy-l'Évêque. Il met tout en œuvre pour produire des vins très concentrés, mûrs, dominés par le cépage auxerrois (ou côt ou encore malbec), élevés en bois de qualité et de facture résolument moderne.

LES VINS

En 91, Jean-Luc n'a pas fait sa sélection Prince Probus, mais n'a produit qu'un seul vin, le clos Triguedina, que l'on peut boire dès maintenant, comme la cuvée classique 92 : 39 F à point et fruité. Le clos Triguedina 93 (37, 50 F) peut être gardé deux ou trois ans. Léger et souple, tanins finement extraits, malgré quelques notes végétales, normales car l'année a été moyenne. Nous avons goûté une très belle cuvée Prince Probus 93 (65 F) situant le domaine au meilleur niveau de l'appellation. L'intensité grenat de la robe, l'expression fruitée, très mûre et framboise, la suavité de la texture, nous ont beaucoup plu. Visiblement, par rapport à d'autres millésimes plus coup de poing, comme le 90, Jean-Luc Baldès a recherché, dans l'extraction des tanins, davantage d'élégance, de finesse de chair. Du vrai velours que ce vin. À garder.

L'ACCUEIL

Par Jean-Luc Baldès dans un caveau. Visitez le petit musée aménagé à côté avec son matériel agricole. Du lundi au vendredi de 9 à 18 h, le week-end sur rendez-vous. À Puy-l'Évêque, traverser le pont sur la rive gauche du Lot. Le domaine est fléché.

PROPRIÉTAIRE :
JEAN-LUC BALDÈS
46700 PUY-L'ÉVÊQUE
TÉL. : 65 21 30 81 - FAX : 65 21 39 28

CHÂTEAU DU CÈDRE

PROPRIÉTAIRE-VIGNERON

―――――― LE DOMAINE ――――――

Notre coup de cœur 95 caracole toujours en tête de son appellation, ayant remarquablement tiré parti de son terroir situé sur les deuxième et troisième terrasses sur le Lot, à Puy-l'Évêque. Pour la seconde année, les Verhaeghe font un vin blanc remarquable qui intéresse de plus en plus l'INAO. Mais pour l'AOC, reste à démontrer qu'il y a d'aussi bons vinificateurs en blanc !

―――――― LES VINS ――――――

Ils n'ont jamais été aussi superbes. Chaque année les vinifications s'approfondissent : pigeage, généralisation des malolactiques en barrique, microbullage selon la technique de Patrick Ducournau et maintien des rouges sur les lies. Le prestige 92 (52 F) fait oublier la faiblesse du millésime, tant le fruité et la suavité des tanins sont supérieurs. Le prestige 93 (52 F), avec beaucoup plus de punch et d'équilibre que le 92, est fait pour durer. Avec le prestige 94 (52 F, en vente fin 96), Le Cèdre dépasse certainement le grand 90 en complexité, tant le cassis est celui des cahors de légende, et tant la finesse et l'équilibre atteignent la perfection. Mais le vin de table Cèdre blanc 94 (80 F), produit à partir de viognier, a notre préférence. Il n'a pas l'opulence entêtante au nez des viogniers de Condrieu, mais le gras, la puissance et l'arôme floral vous surprendront. Le 95, aussi bon, sera bientôt en vente.

―――――― L'ACCUEIL ――――――

Dans un caveau attenant au chai, par les frères Verhaegue. Du lundi au samedi de 10 à 19 h et le dimanche en juillet-août. Par la D911, traverser le Lot à Puy-l'Évêque, vers Viré-sur-Lot, direction Mouroux. Suivre la flèche. Repérez-vous au cèdre.

PROPRIÉTAIRES :
CHARLES VERHAEGHE & FILS
BRU, 46700 VIRÉ-SUR-LOT
TÉL. : 65 36 53 87 - FAX : 65 24 64 36

CHÂTEAU LAGREZETTE

PROPRIÉTAIRE-VIGNERON

―――――― LE DOMAINE ――――――

C'est aujourd'hui le plus connu de Cahors. Un superbe château, un propriétaire aussi médiatique et illustre qu'Alain-Dominique Perrin, P-DG de Cartier International et homme de goût, une volonté de produire du grand vin, les conseils de l'œnologue Michel Rolland, une association « Les Seigneurs de Cahors » dont Lagrezette est le fleuron. Bref, tout est réuni pour faire de Lagrezette une étoile.

―――――― LES VINS ――――――

Raisins vendangés à la main et mûrs, cuvant assez longtemps, élevés dans de beaux bois de qualité, les vins sont à la fois concentrés et tendres, susceptibles de procurer jeunes du plaisir comme de vieillir avec grâce. Des qualités où l'on reconnaît le coup de main de Michel Rolland. Le 92 était une réussite. Le 94 (70 F environ), goûté par cépages – au fût – devrait être le meilleur vin jamais produit par le domaine : merlot charnu et réglissé, côt fruité en profondeur, tannat austère et droit. En attendant le 94, le château Lagrezette 93 (70 F) a une couleur rubis, un nez mariant bien le fruit et le bois. Le vin s'affirme plein, très bien équilibré, et laisse une impression agréable de fondu. Il peut se boire et s'améliorera sur cinq ans.

―――――― L'ACCUEIL ――――――

Très organisé, dans une salle ouvrant sur le chai d'élevage digne d'un très grand cru classé bordelais, à la fois fonctionnel et beau. Du lundi au vendredi de 9 à 12 h et de 14 à 18 h, le samedi en été. Depuis Cahors, prendre la direction de Villeneuve-sur-Lot, et à Mercuès tourner sur la gauche, vers Douelle. Suivre les flèches.

PROPRIÉTAIRE :
ALAIN-DOMINIQUE PERRIN
46140 CAILLAC
TÉL. : 65 20 07 42 - FAX : 65 20 06 95

CAHORS

DOMAINE DE VERDOU

PROPRIÉTAIRE-VIGNERON

LE DOMAINE

Encore peu connus, les vins de Philippe Arnaudet, trente-sept ans, sont en plein progrès. Les Arnaudet ont une propriété à Douelle de 15 ha dispersés en trente-cinq parcelles. Jusqu'en 1982, Émile et Marie Louise Arnaudet vendaient leur vin au négociant Rigal. Depuis que leur fils Philippe s'occupe du domaine, il « fait de la bouteille » comme on dit. La cuvée La Brante Cessac vient de vignes plantées au château du même nom, dont le terroir est situé sur les première et seconde terrasses du Lot.

LES VINS

Ils sont très classiques et largement dominés par l'auxerrois. Il n'y a pas de 93 à la vente car le vin a été vendu au négoce. Nous vous recommandons le domaine de Verdou 90 (26 F), d'un très bon rapport qualité-prix, équilibré, gras et aux notes de grillé. Le 92 (24 F), élevé en cuve lui aussi, est noir, sent l'herbe fraîche (pas le végétal) et montre pas mal de concentration. Le 94 sera encore meilleur (26 F). La cuvée élevée en bois de La Brante Cessac 92 est concentrée pour l'année, elle est à point aujourd'hui. Goûté en fût, le château La Brante Cessac 94 sera très profond en robe comme en goût, bien équilibré, et constituera une excellente affaire car les prix sont doux.

L'ACCUEIL

Dans le chai, près des barriques, par Philippe ou ses parents. Tous les jours de 9 à 12 h et de 14 à 19 h, mais il est prudent de téléphoner avant. Depuis Cahors, direction Luzech. À Douelle, suivre le panneau.

PROPRIÉTAIRE :
PHILIPPE ARNAUDET
46140 DOUELLE
TÉL. : 65 30 91 34 - FAX : 65 20 01 06

CAHORS

DOMAINE LALANDE

PROPRIÉTAIRE-VIGNERON

LE DOMAINE

Les Bargues sont intallés depuis le XVIIᵉ siècle à Lalande, un petit hameau de Belaye, une commune perdue du Causse, au sud de Puy-l'Évêque. Jacky travaille les vignes et fait les vins de façon traditionnelle. Depuis 93 il sélectionne une partie de la récolte et l'élève en fût, un changement qui a permis d'améliorer la production. Passé, le temps des finales sèches et des goûts déviants. Le vin n'a jamais été aussi bon et naturel.

LES VINS

Cette évolution est tellement positive qu'elle permet à ce terroir original, autrefois étouffé par des barriques séculaires, de s'exprimer. Sur un substrat calcaire, le vignoble est situé sur des terres argileuses très rouges, donc riches en fer, de type rouget, qui communique au vin une minéralité et des tanins particuliers. Les vieux millésimes comme le 82 sont décevants. Préférez les vins jeunes. Très bon 94 en gestation (32 F). Le Lalande 93 (32 F) est riche, puissant, mais les tanins sont très doux et le vin a une saveur et un bouquet profondément originaux. Un vin de grand caractère.

L'ACCUEIL

Par Jacky ou sa sœur Martine, avec attention, dans un caveau. Visitez absolument le chai d'élevage. Il est situé dans une chapelle du XIIᵉ siècle. La voûte est superbe et le vin en barrique ne manque pas de protection divine sous l'emplacement de la croix murale. Notez l'humidité et la température parfaites. Depuis Cahors, direction Villeneuve-sur-Lot. À Castelfranc, traverser le Lot direction Juillac, puis Belaye. Au panneau du domaine Lalande, faire 5 km depuis la sortie du village de Bélaye sur le Causse, jusqu'au hameau de Lalande. C'est sur la droite.

PROPRIÉTAIRE :
JACKY BARGUES
46140 BÉLAYE
TÉL. ET FAX : 65 21 35 39

MAISON VIGOUROUX

PROPRIÉTAIRE-VIGNERON

LE DOMAINE

Vigouroux, c'est plus que du vin : une figure, une institution. Le principal négociant et propriétaire de la région est sans doute l'artisan du renouveau des vins cadurciens. Car il n'a pas seulement vendu du cahors de négoce mais créé de toute pièce des vignobles comme Haute-Serre sur le Causse ou Mercuès dans la vallée du Lot, sans compter tous ceux dont il est le fermier.

LES VINS

Ceux de Mercuès, aux vignes plantées sur des terroirs plus argileux que Haute-Serre, sont plus intensément fruités, plus ronds et plus charnus, les vendanges y étant manuelles et entièrement élevées en barrique. Délicieux et fruité 92 prêt à boire. Le 94, goûté au fût, s'annonce bien plus intéressant : robuste et charnu, d'un fruité bien marié au bois. Haute-Serre, situé sur le Causse calcaire (montagne de Cahors), donne un vin sérieux et presque austère mais vieillissant très bien. 92 fin (40 F), 90 (53,50 F) évoquant le sous-bois, bien équilibré, long, aux tanins encore durs. Le château Haute-Serre 1989 (58,50 F) vous donnera une bonne idée de l'avenir d'un Cahors d'une année chaude et sèche, mûre, après 6 ans. Très doux et enveloppé, ses tanins se sont polis au point d'acquérir un côté très charmeur. Il pourra se garder mais est déjà parfait.

L'ACCUEIL

Si vous êtes pressé, à l'Atrium de Cahors, au centre d'embouteillage, du lundi au samedi de 8 à 12 h et de 14 à 19 h. Car à Haute-Serre ou Mercuès, vous ne pourrez acheter que les vins du château. Pour aller à Haute-Serre, depuis Cahors, direction Toulouse. Panneau sur la gauche, direction Cieurac.

PROPRIÉTAIRE : **GEORGES VIGOUROUX**
CHÂTEAU DE HAUTE-SERRE
46230 CIEURAC
TÉL. : 65 20 80 20 - FAX : 65 20 80 81

CHÂTEAU EUGÉNIE

PROPRIÉTAIRE-VIGNERON

LE DOMAINE

À Albas, sur la rive gauche du Lot, les frères Couture cultivent avec sérieux, et dans la tradition, un vignoble de 40 ha. Claude travaille la vigne et fait le vin, tandis que Jean s'occupe de la commercialisation. Le vignoble est dispersé en plusieurs parcelles éloignées les unes des autres, dont les terroirs sont très différents : des argilo-calcaires sur les terrasses du Lot, des calcaires avec des sols très maigres sur le Causse. Cette double installation assure une complémentarité au vin des Couture, à base d'auxerrois.

LES VINS

Ils sont vinifiés de façon très classique : cuvaison longue, température de 30°C, élevage en cuve pour les vins les plus simples. La réserve des Tsars, produite à partir de vieilles vignes, est élevée en barrique. Le nom de cette cuvée fait allusion à la tradition exportatrice des vins de Cahors – les *black wines* comme les appelaient les Anglais (qui s'en servaient pour colorer les bordeaux) par opposition aux vins clairets – vers la Russie jusqu'au XIXe siècle. Le château Eugénie 93 réserve des Tsars (37 F) a notre préférence. Elle n'a pas une robe très foncée. Elle est souple et marquée par un goût de foin coupé, classique des cahors d'année de maturité moyenne.

L'ACCUEIL

Dans un caveau, par Jean ou son épouse. Tous les jours de 8 à 20 h. Depuis Cahors, prendre la direction Villeneuve-sur-Lot (D8), passer Luzech et continuer 3 km. Avant le village d'Albas, c'est au lieu-dit Rivière-Haute, sur la gauche.

PROPRIÉTAIRES :
JEAN ET CLAUDE COUTURE
46140 ALBAS
TÉL. : 65 30 73 51- FAX : 65 20 19 81

CAHORS

CHÂTEAU GAUTOUL

PROPRIÉTAIRE-VIGNERON

LE DOMAINE

Alain Senderens, le cuisinier du Lucas Carton, a franchi le Rubicon (ou plutôt le Lot) en passant de la restauration au vin dans son Sud-Ouest natal. Il était déjà le cuisinier qui avait le plus poussé ses recherches sur les vins, en particulier sur les accords avec les plats. Son domaine, dirigé par Claire Salvat et dont le château a été magnifiquement restauré (des chais de vinification et d'élevage y ont été ajoutés), se situe sur les terrasses du Lot, dans le secteur de Puy-l'Évêque, entouré des meilleurs domaines de l'appellation.

LES VINS

Si les cuvées traditionnelles sont convenables, le château Gautoul, produit à partir de très sévères sélections et parfaitement élevé en barriques, est d'une autre dimension. Les bouteilles ont la particularité d'avoir la forme des lingots d'or. Même le château Gautoul 92, pourtant d'un petit millésime, est très bon : agréablement fruité, faible en acidité, doux et harmonieux. Il est à point maintenant. En 93, si le château Gautoul n'a pas été produit, le vin est agréable et sain. Quant au 94 (65-70 F environ), il s'annonce très bon. Les échantillons prélevés dans différentes barriques montraient un vin intensément fruité grâce aux vendanges manuelles, une belle chair sans aucune agressivité et de l'équilibre. L'harmonie et l'élégance seront celles d'un homme de goût.

L'ACCUEIL

Très organisé, dans une magnifique salle au-dessus du chai que vous visiterez absolument. Beaucoup de charme et de goût. Du lundi au vendredi de 9 h 30 à 12 h et de 14 à 18 h. Itinéraire : À Puy-l'Évêque, traverser le Lot. Domaine fléché.

PROPRIÉTAIRE :
ALAIN SENDERENS
46700 PUY-L'ÉVÊQUE
TÉL. : 65 30 84 17 - FAX : 65 30 85 17

CÔTES-DU-FRONTONNAIS

CHÂTEAU BELLEVUE LA FORÊT

PROPRIÉTAIRE-VIGNERON

LE DOMAINE

Par la superficie c'est l'un des géants du Sud-Ouest, avec ses 115 ha de vignes et en particulier de négrette, ce cépage local planté sur les hautes terrasses alluvionnaires de la Garonne dont les Germain, propriétaires du domaine, se sont faits les fervents avocats. Les installations du domaine sont très modernes. Tout est fait pour produire des vins légers et fruités qui plaisent tant aux Toulousains et s'adaptent si bien aux nourritures de printemps et d'été. Bref, ce sont des vins gais.

LES VINS

Les rosés sont souvent réussis. Choisissez bien sûr un 95, que vous boirez au cours de l'été. En rouge, le château Bellevue La Forêt 94 (25,20 F) est un assemblage de négrette, cabernet, syrah et gamay, très agréable et caractéristique de son terroir. Le corps est moyen, les tanins sont souples et lisses. Un vin à boire autour de 14°C pour en profiter pleinement. Nous aimons bien « Ce Vin » 93 (30,35 F), à la charmante étiquette surannée, issu entièrement du cépage négrette, qui est vraiment fait pour accompagner des grillades. Ce vin coulant, désaltérant, délicieusement fruité, servi bien frais, est un peu le beaujolais ou le gamay de Touraine des vins du Sud-Ouest, généralement plutôt « gros bras ».

L'ACCUEIL

Organisé, dans un caveau. Du lundi au samedi de 9 à 12 h et de 14 à 18 h. À Fronton, prendre l'avenue de Grisolles, c'est-à-dire la D47. C'est au numéro 4500.

PROPRIÉTAIRE : **PATRICK GERMAIN**
4500, AV. DE GRISOLLES
31620 FRONTON
TÉL. : 61 82 43 21 - FAX : 61 82 39 70

CÔTES-DE-DURAS

CHATEAU
LAFON
PROPRIÉTAIRE-VIGNERON

LE DOMAINE

Les Gitton, vignerons sancerrois, se sont installés il y a quelques années à Loubès-Bernac où ils produisent des vins rouges et des vins blancs. Le vignoble est situé sur des sols calcaires, sur des pentes en amphithéâtre. L'appellation est sur le département du Lot-et-Garonne mais se situe en prolongement de l'entre-deux-mers.

qui mérite d'être servie autour des 16°C. Ce sera vraiment très bon à boire cet été. Mais Duras est surtout connu pour ses blancs. Le superbe sauvignon 94 est un vin impeccablement équilibré (environ 30 F). Ici, le fruit est croquant, vif. Les raisins bien mûrs de ce cépage évitent la désagréable odeur de buis et de végétation que l'on retrouve souvent sur le sauvignon quand il est récolté un peu vert.

LES VINS

La gamme est très large et les vins d'appellation sont vinifiés puis embouteillés par cépage. Nous avons beaucoup aimé la cuvée de Malbec 1993 (38 F), profondément fruitée et gaie, aux tanins savoureux,

L'ACCUEIL

Les Gitton vivant à Sancerre, l'accueil est assuré par Mesdames Zanette et Buggin, du lundi au samedi de 9 à 12 h et de 14 à 17 h 30. Pour s'y rendre par la D13, entre Miramont-de-Guyenne et Sainte-Foy tourner vers Loubès-Bernac. Le domaine se trouve à droite sur la route de Soumensac.

Mis en Bouteille au Château
Récolte 1992
Château Lafon
COTES DE DURAS
Appellation Côtes de Duras Contrôlée
GITTON PÈRE ET FILS
Propriétaires à Loubès-Bernac, Lot-et-Garonne
12,5 % vol.   Produit Français   750 ml

PROPRIÉTAIRE :
PASCAL GITTON
47120 LOUBÈS-BERNAC
TÉL. : 53 94 77 14 - FAX : 53 94 73 16

GAILLAC

DOMAINE ROBERT PLAGEOLLES

PROPRIÉTAIRE-VIGNERON

*Un souvenir mémorable
dans une cave,
un mauvais accueil, un nouveau
domaine que vous avez découvert ?
Racontez-nous votre expérience,
bonne ou mauvaise, en nous écrivant
aux Routes des Vins de France,
41 rue Notre-Dame-de-Lorette,
75009 Paris.*

*Les prix indiqués dans ce guide
– calculés dans le cadre d'un achat de
12 bouteilles – s'entendent ramenés
à l'unité, toutes taxes comprises
et au départ du domaine
(transport non inclus).
Il est, toutefois, possible
que certains prix soient modifiés
en cours d'année, notamment
au moment de la
mise en bouteille.*

LE DOMAINE

De loin le meilleur de la région, surtout pour ses vins blancs très originaux (les rouges sont plus anecdotiques). Robert Plageolles et son fils Bernard ont vraiment le talent vinificateur, des idées nouvelles en permanence et une passion pour les cépages du cru. Au point que la connaissance de Robert dans l'ampélographie gaillacoise et l'histoire des vins locaux est sans limite.

LES VINS

Passez sur les rouges, bien qu'ils plantent du côt à cœur rouge pour l'avenir. Attardez-vous plutôt sur les vins blancs, en particulier les Mauzac et Ondenc. Bon mauzac vert 94 (32 F), vif et pomme, comme à son meilleur. Les autres vins, plus chers, sont des vins artistes. Adorable Ondenc doux 93 (48 F les 50 cl), petit frère du vin d'Autan 93 (160 F les 50 cl). L'Autan est un vent chaud du sud qui passerille les raisins en automne. À base d'ondenc, c'est un feu d'artifice d'arômes (abricot, figue…) d'une richesse extravagante pour l'année. Quant au vin de voile 1987 (150 F), venu du Mauzac et vieilli 7 ans en fût à l'abri de l'air, il est tout simplement magique. Pourtant nous avons préféré ce Mauzac nature (41 F), qui n'est sans doute pas le vin le plus complexe du domaine mais assurément le plus friand et joyeux. Son pétillement, produit grâce à une méthode dont les Plageolles ont le secret, est un vrai délice à l'apéritif, bien frais.

L'ACCUEIL

Dans un caveau aménagé par Robert ou Bernard, avec faconde et poésie. Grand moment assuré. Du lundi au samedi de 9 à 12 h et 14 à 19 h. Depuis Gaillac, prendre direction Cahuzac. Le domaine est à 8 km sur la droite. Panneau domaine des Très Cantous.

PROPRIÉTAIRES : **R. ET B. PLAGEOLLES**
81140 CAHUZAC-SUR-VÈRE
TÉL. : 63 33 90 40 OU 63 33 18 08
FAX : 63 33 95 64

 NOTES
DE VOYAGE

Dans cette région, à partir du 18 octobre 1996, vous devez faire précéder les numéros de téléphone de vos correspondants de : 05

LES ROUTES DES VINS DE BORDEAUX

Jean-Pierre Peyroulou

ÉDITO

Dans cet océan de vins qu'est le vignoble bordelais, le plus grand du monde, comment sélectionner 50 châteaux ? Selon quel critères ? Surtout quand Bordeaux compte le plus grand nombre de vins de grande qualité à des prix compris entre 20 F, depuis un simple bordeaux, jusqu'à 2000 F, avec Petrus.

Eh bien, en tout arbitraire, selon notre propre goût, parce que nous pensons que le meilleur conseil est forcément subjectif. Et nous espérons que certains d'entre vous se reconnaîtront dans notre choix. Les 50 châteaux que nous vous proposons sont tout simplement ce que nous aimons le plus. Bien sûr, nous avons veillé à vous présenter, des deux côtés de la Garonne, un choix relativement équilibré et varié, sans nous cacher que notre « route » fait la part belle aux médoc et graves.

Enfin, nous avons souhaité vous présenter des vins de style différent, l'un recherchant l'équilibre, la finesse, l'harmonie, bref un style fidèle à l'esprit du bordeaux classique, l'autre, orienté vers la puissance, la concentration, la richesse et souvent plus boisé. Comme toute œuvre humaine, la production de vins obéit à l'éternelle division entre classique et moderne dont la querelle est toujours enrichissante.

Toutefois, rien ne serait plus idiot de prendre parti pour un style contre l'autre, par dogmatisme. On peut aimer des vins de facture très différente. D'abord pour son plaisir. Ensuite, pour sa culture du vin. Démolissons une idée trop répandue : les grands châteaux ne recevraient pas de visiteurs. Ce préjugé tenace se nourrit de tentatives avortées de visites à l'improviste. seul impératif : téléphonez une semaine à l'avance pour prendre rendez-vous. Et vous vous rendrez compte qu'il n'y a pas un seul château qui ne reçoit pas, y compris les premiers crus. La plupart du temps, ces châteaux font déguster gratuitement leur dernier millésime.

Jean-Pierre Peyroulou

VISITER ET ACHETER

Bordeaux offre une particularité par rapport aux autres vignobles français : ne pas se sentir contraint d'acheter 6 ou 12 bouteilles une fois la visite d'un domaine terminée, et ce que l'on ait apprécié ou pas le vin ou la visite.

Certains châteaux font même comme Mouton-Rothschild : payer un droit d'entrée comme pour le cinéma ou le musée. D'autres encore, assez rares, demandent une pièce jaune pour déguster.

Radins, les châteaux bordelais ? Pas du tout. Et nous trouvons ce procédé fort bon et franchement déculpabilisateur. Si le vin ne plaît pas ou si la visite n'est pas celle qu'attendait le lecteur, on peut partir soulagé sans acheter une caisse et sans encourir les foudres de certains vignerons. Mieux, en ne faisant pas de vente, la conclusion inévitable de la visite, les grands châteaux bordelais protègent leurs distributeurs. Quand il y a vente, les vins sont plus chers que chez un bon caviste et surtout chez un bon négociant, ce pour cette même raison évoquée précédemment.

Aussi n'hésitez pas à demander au château le nom et les coordonnées de leurs distributeurs, ainsi que les millésimes disponibles. Il n'y a aucune honte à visiter un château et à commander son vin chez un négociant ou un caviste avec lequel il travaille.

HÔTELS DANS LE VIGNOBLE ET RESTAURANTS DE BONNE CAVE

DANS LE LIBOURNAIS

Saint-Michel-de-Montaigne

Le Jardin d'Eyquem : 24230 Saint-Michel-de-Montaigne, tél. : 53 24 89 59. Situé à 18 km à l'est de Saint-Émilion, un hôtel-résidence à la sobre architecture régionale (piscine). 4 appartements élégants et modernes avec coin-cuisine pouvant accueillir 4 personnes à 450 F la nuit pour 2 personnes, et 1 appartement pour 5 personnes à 600 F la nuit pour 2 personnes (50 F par personne supplémentaire). Les propriétaires, Danièle et Christian Le Morvan, organisent des week-ends d'initiation à la dégustation du vin avec découverte de Saint-Émilion. Stage comprenant l'hébergement et la restauration : 2500 F par personne.

Fronsac

Le Bord d'eau : Poinsonnet, route de Libourne, 33126 Fronsac, tél. : 57 51 99 91. Fermé les dimanche soir et lundi. Sur les bords de la Dordogne, une cuisine qui met en valeur les bons produits du terroir, accompagnée d'une carte des vins exclusivement bordelaise avec une excellente sélection d'une vingtaine de fronsacs et de canon-fronsacs. Menus et carte : 150-200 F.

Saint-Michel-de-Fronsac

Auberge Saint-Michel : 33126 Saint-Michel-de-Fronsac, tél. : 57 24 98 31. Ouvert tous les jours à midi, le soir sur réservation. S'en remettre aux suggestions du chef, Christian Texier qui mitonne selon le marché du jour à partir d'escargots, de lamproie, de lapins « de chez un ami » ; il propose aussi des terrines maison, des grillades dans la cheminée et une belle palette de fronsacs et canon-fronsacs. Menus : de 60 à 145 F. Carte : compter 150 F.

Saint-Émilion

Hostellerie de Plaisance : place du Clocher, 33330 Saint-Émilion, tél. : 57 24 72 32. Fermé en janvier.

Hôtel-restaurant au confort chic et cossu (mais beaucoup de chambres sans télévision). Une cuisine classique à prix sages. Vaste carte des vins. 2 appartements et 10 chambres de 580 à 1350 F. Menus : de 136 à 266 F.

Le Tertre : rue du Tertre-de-la-Tente, 33330 Saint-Émilion, tél. : 57 74 46 33. Fermé en novembre et décembre. Dans un cadre rustique avec vue sur une étonnante cave creusée dans le rocher. Bonne cuisine « traditionnelle améliorée ». Large choix de vins. Menus : de 90 à 300 F. Carte : compter 360 F.

L'Envers du Décor : rue du Clocher, 33330 Saint-Émilion, tél. : 57 74 48 31. Un petit bar à vin animé par deux sommeliers non sectaires qui invitent à. déguster d'excellentes sélections du Libournais et de tous les vignobles de France. Bon rapport qualité-prix. Plat du jour : 50 F. Carte : compter 100 F.

Le Logis des Remparts : 18, rue Guadet, 33330 Saint-Émilion, tél. : 57 24 70 43. Fermé du 12 décembre au 12 janvier. 17 chambres, certaines rénovées, d'autres un peu vieillissantes avec vue sur les remparts et les vignes, de 320 à 498 F, de 600 à 818 F (pour 3 à 4 personnes). Calme, et belle terrasse pour le petit déjeuner.

Logis de la Cadène : place du Marché-aux-Bois, 33330 Saint-Émilion, tél. : 57 24 71 40, fax : 57 74 42 23. En été, ouvert pour le déjeuner et le dîner sauf les dimanche soir et lundi. Hors saison, ouvert seulement le midi sauf le lundi. 3 chambres d'hôtes toutes simples (de 150 à 250 F). Pour ses accueillantes tables sous la tonnelle de vigne vierge et une agréable cuisine du Sud-Ouest. Carte d'un trentaine de références sur Saint-Émilion. Menus : de 90 à 220 F. Carte : compter 250 F.

Château Cros Figeac : D243, 33330 Saint-Émilion, tél. : 57 24 76 32. Fermé les dimanche soir et lundi. Les spécialités du cru mitonnées par Daniel Duval, passé des vignes à la cuisine : anguilles sautées à la bordelaise, foies de canard chauds aux pommes, grillades au sarment… Judicieuse sélection de saint-émilion et satellites autour de 100 F. Menus de 85 F à 190 F. Carte : compter 200 F.

Château Grand Barrail : route de Libourne, 33330 Saint-Émilion, tél. : 57 55 37 00, fax : 57 55 37 49. Fermé les dimanche soir et lundi (hors saison). Tout restauré, tout beau, le château (un vrai de vrai, type siècle dernier) Lamarzelle-Figeac s'est fait une beauté de princesse. Étape de luxe située à l'écart de la ville, au milieu des vignes. Grande carte de saint-émilion. Prix élevés. Menus : de 155 F (midi et semaine) à 310 F. Carte : compter 300-350 F. 6 chambres et 3 appartements de 1200 à 2900 F. Résidence adjacente : 17 chambres et 2 appartements de 850 à 2900 F.

Libourne

Le Bistrot Chanzy : 16, rue de Chanzy, tél. : 57 51 84 26, fax : 57 51 84 89. Fermé les dimanche et lundi soir. Restaurant (ouvert par un ancien du Chapon Fin à Bordeaux), situé dans la, rue principale qui mène à la gare. Décor sobre, service accueillant et efficace, bonne cuisine bistrot de marché et petite sélection de crus régulièrement renouvelée. Menu du jour : 85 F. Carte : compter 150 F.

DANS LE BOURGEAIS ET LE BLAYAIS

Saint-Ciers-de-Canesse

La Closerie des Vignes : village des Arnauds, 33710 Saint-Ciers-de-Canesse, tél. : 57 64 81 90, fax : 57 64 94 44. Fermé en février. Restaurant fermé les dimanche soir et mardi (hors saison). À 5 km de Blaye, au milieu des vignes, un hôtel récent au confort simple, très central pour naviguer dans le Bourgeais-Blayais. Réception aimable et chaleureuse de Gladys Robert-Broy, fille de viticulteur. Demandez-lui quelques conseils pour vos balades vineuses, elle connaît la région comme sa poche. Restaurant simple et bon (menus à 120, 150 et 170 F) avec un petite carte des vins qui privilégie les bourgs et blayes. Piscine, location de bicyclettes. 9 chambres à 360 F. Demi-pension : 325 F par personne et par jour (pour une chambre de 2 personnes et un séjour minimum de 3 jours). Bon rapport qualité-prix. (Relais du Silence.)

ENTRE DORDOGNE ET GARONNE

Saint-Loubès

Au Vieux Logis : 92, av. de la République, Saint-Loubès, tél. : 56 78 92 99. Une bonne cuisine de terroir réactualisée et une jolie petite carte de bordeaux et bordeaux « sup ». Menus à 120 et 250 F. Carte : compter 250 F.

Créon

Hostellerie château Camiac : D121, route de Branne, 33670 Créon, tél. : 56 23 20 85, fax : 56 23 38 84. 4 appartements et 21 chambres, mélangeant le contemporain et le rustique, aménagés dans un château néo-renaissance entouré d'un joli parc fleuri. Menus : de 130 à 400 F. Carte : compter 250-300 F. Chambres de 390 à 1100 F.

Gensac

Les Remparts : 16, rue du Château, 33890 Gensac, tél. : 57 47 43 46. Fermé les dimanche soir et lundi. À une vingtaine de kilomètres à l'ouest de Sainte-Foy-la-Grande, une très bonne auberge à la cuisine généreuse, soulignée par une carte des vins idoine. Et de jolies chambres récemment aménagées dans un ancien presbytère. Menus : 90 F (le midi en semaine), 145 F (le midi) et 240 F. 7 chambres de 250 à 320 F.

Gironde-sur-Dropt

Les Trois Cèdres : 33190 Gironde-sur-Dropt, tél. : 56 71 10 70. Fermé les samedi midi (hors saison). À 5 km à l'ouest de La Réole, un accueil et une cuisine de style familial. Cave assez courte. Menus : de 95 à 200 F. Carte, compter 200-250 F.

Saint-Macaire

L'Abricotier : rue Bergoeing, 33490 Saint-Macaire, tél. : 56 76 83 63. Fermé les mardi soir. Un « ex » de chez Amat qui nous sert une cuisine de terroir bien savoureuse et inventive, accompagnée d'une honnête carte des vins, le tout à prix très sages. Menus : de 105 à 210 F. Carte : compter 200-220 F.

Cadillac

Hôtel château de la Tour : D10, 33410 Cadillac-Beguey, tél. : 56 76 92 00, fax : 56 62 11 59. Une tour oui, mais de château point. Hôtel entièrement neuf avec le confort standard. Cela n'a pas grand charme, mais c'est idéal pour se balader du côté des domaines producteurs de liquoreux, sur la rive droite de la Garonne. 32 chambres de 340 à 490 F.

Langoiran

Saint-Martin : Le Port, 33550 Langoiran, tél. : 56 67 02 67, fax : 56 67 15 75. Une bonne petite auberge (15 chambres de 240 et 280 F) au nord de la Garonne, une cuisine franche et honnête, et de bons petits vins de l'Entre-Deux-Mers. Menus : de 62 à 218 F. Carte : compter 140 F. Salle de petit déjeuner avec vue sur la Garonne.

Cambes

Auberge André : 1, place Grand-Port, 33880 Cambes, tél. : 56 78 75 23. Avec vue sur la Garonne (terrasse au bord de l'eau en été), un lieu très chaleureux où l'on se régale, à petit prix, d'une cuisine de poisson et coquillages, accompagnée par une sélection de bordeaux à moins de 100 F. Menus à 78 et 98 F.

DANS LE SAUTERNAIS

Langon

Claude Darroze : 95, cours du Général-Leclerc, 33210 Langon, tél. : 56 63 00 48, fax : 56 63 41 15. Fermé deux semaines en janvier et trois semaines en octobre. Une vénérable institution du sud des Graves tenue par un cuisinier chevronné. Décor cossu. Somptueuse carte des vins. Menus : de 210 à 450 F. Carte : compter 450 F. 16 chambres de 320 à 480 F.

Sauternes

Le Saprien : chemin du Bourg, 33210 Sauternes, tél. : 56 76 60 87. Fermé les dimanche soir et lundi. Dans un décor sobre de pierre apparente, une cuisine de marché savoureuse à l'accent du Sud-Ouest qui s'affine d'année en année : terrine de foie gras à la gelée de sauternes, viandes et poissons grillés à la cheminée... Accueil féminin courtois et attentionné. Nombreux graves, et 7 sauternes au verre. Vue sur les vignes du château Guiraud. Menus : de 109 à 299 F. Carte : compter 250-300 F.

Les Vignes : place de l'Église, 33210 Sauternes,

tél. : 56 76 60 06. Fermeture annuelle du 15 janvier au 15 février. Fermé les lundis soir. Une petite auberge rustique qui sert de bon plats de terroir et propose une copieuse carte des vins, dont plusieurs sauternes au verre. Menus : de 60 (le midi) à 135 F. Carte : compter 200 F.

Barsac

Le château de Valmont : 33720 Barsac, tél. : 56 27 28 24, fax : 56 27 17 53. La famille Vasselle a transformé les quelques chambres d'hôtes de leur château XVIIIᵉ en un véritable hôtel, tout en continuant de faire table d'hôtes le soir, aux chandelles, l'été dans le parc, l'hiver près de la cheminée. Les chambres entièrement refaites – avec une certaine ostentation – sont très confortables et portent chacune le nom d'un cru de Barsac. Un accueil très courtois, bref la halte idéale pour rayonner dans le Sauternais en menant la vie de château sans se ruiner. 12 chambres de 395 à 695 F, 1 suite à 795 F. Menus : 195 et 275 F (vin compris).

BORDEAUX ET SES ENVIRONS

Bouliac

Le Saint-James : 3, place Camille-Hostein, 33270 Bouliac (4 km au sud-est de Bordeaux), tél. : 57 97 06 00, fax : 56 20 92 58. Fermé les dimanches. Jean-Marie Amat est un brillant cuisinier avant-gardiste et risque-tout. Trop peut-être pour certains Bordelais, qui acceptent difficilement le caractère marqué de ce trublion de la cuisine française. Les vins de Bordeaux sont mis à l'honneur par un sommelier fantasque. Enfin, le décor du restaurant et de l'hôtel (Le Jardin de Hauterive, « Relais & Châteaux ») est signé Jean Nouvel, un des papes de l'architecture contemporaine. Malheureusement, les finitions sont « limite » et tout vieillit plus rapidement qu'un petit millésime de Bordeaux. Période de crise oblige, les prix ont été habilement réajustés. Menus : de 165 (le midi) à 360 F. Carte : compter 400 F. 18 chambres de 500 à 1300 F. Terrasse avec vue exceptionnelle sur la Garonne.

Le Bistroy : 3, place Camille-Hostein, 33270 Bouliac, tél. : 57 97 06 00. Le bistrot d'Amat où règne une ambiance décontractée de copains. Plats simples, bien sentis : chipirons farcis, anchois en tapenade, cannelés. Petits bordeaux sympa. Carte : compter 150 F.

Bordeaux

Hôtel de Bayonne : 4, rue Martignac, tél. : 56 48 00 88, fax : 56 52 03 79. Dans le centre-ville, près du Grand Théâtre, un bel hôtel cossu entièrement refait dans le style années 30. 2 étages sur 3 climatisés. Bon accueil, tout confort. 36 chambres de 370 à 630 F.

Hôtel Sainte-Catherine : 27, rue du Parlement-Sainte-Catherine, 33000 Bordeaux, tél. : 56 81 95 12, fax : 56 44 50 51. Dans un hôtel particulier du quartier piétonnier, chambres spacieuses au confort standard international. 84 chambres et suites de 410 à 1200 F. Bon petit déjeuner-buffet à 70 F.

Château Chartron : 81, cours Saint-Louis, 33000 Bordeaux, tél. : 56 43 15 00, fax : 56 69 15 21. Complexe hôtelier au grand luxe contemporain sous la bannière Mercure. 144 chambres et 7 appartements de 470 à 850 F.

Le Claret : 46, rue du Pas-Saint-Georges, 33000 Bordeaux, tél. : 56 01 21 21, fax : 56 44 15 73. On ne vient pas particulièrement ici pour la cuisine, quoique très honnête, mais pour profiter d'un belle salle voûtée et de l'une des cartes les plus éclectiques et les plus foisonnantes de la cité des Chartrons. Menus : de 75 à 210 F. Carte : compter 180-200 F.

Le Dégustoir : 8, rue A.-Dumercq, 33000 Bordeaux, tél. : 56 91 25 06. Fermé les dimanche et lundi. Un lieu informel, dans une authentique cave voûtée où l'on apprécie une bonne cuisine de terroir et surtout une palette très large de bordeaux (50 vins au verre) à prix doux, à choisir avec les conseils du patron œnologue. Tous les vins sont aussi à emporter, également en vente à la cave du même propriétaire : Dépôt des Châteaux, 37, rue Esprit-des-Lois, 33000 Bordeaux, tél. : 56 44 03 92. Carte : compter 120 F.

Baud et Millet : 19, rue Huguerie, 33000 Bordeaux, tél. : 56 79 05 77. Ouvert tous les jours de 9 à 2 h du matin, sauf le dimanche. Fromages et vins, ou l'alliance naturelle du terroir. Vous choisissez votre vin parmi les nombreuses références exposées à l'entrée (48 pays représentés), vous passez ensuite à la cave d'affinage pour sélectionner votre fromage, avec les conseils experts et passionnés de Gérard Baud. Menus : de 100 à 180 F.

Le Chai : 14, rue Cornac, 33000 Bordeaux, tél. : 56 52 40 19. Fermé les samedi midi et dimanche (sauf pour les groupes sur réservation). Toute la générosité du terroir (garbure, gigot à la ficelle aux flageolets, magret de canard, foie gras…), servie avec une belle et copieuse carte des vins couvrant toutes les appellations bordelaises. Menus : 155 et 195 F. Carte : compter 150-200 F.

Bistro du Sommelier : 167, rue Georges-Bonnac, 33000 Bordeaux, tél. : 56 96 71 78, fax : 56 24 52 36. Fermé les samedi midi et dimanche, ainsi qu'à déjeuner les jours fériés. À côté d'une aimable cuisine de bistrot, Hervé Valverde met un point d'honneur à présenter une carte des vins à la fois bien choisie, large (plus de 100 crus classés dans 20 appellations) et peu onéreuse. Il est sur tous les bons coups et les meilleures affaires de Bordeaux se trouvent ici. Il n'est qu'à voir le nombre de professionnels du vin qui fréquentent assidûment le lieu. Formule (entrée, plat, dessert) à 116 F.

Le Chapon fin : 5, rue Montesquieu, 33000 Bordeaux, tél. : 56 79 10 10, fax : 56 79 09 10. Fermé les dimanche et le lundi. Extravagant décor pour Francis Garcia, qui aime la cuisine classique et les grands bordeaux. Sa carte des vins est unique, avec des efforts sur les prix en 93. Menus : de 150 (le midi) et 400 F. Carte : compter 450-500 F.

Pavillon des boulevards : Denis et Nelly Franc, 120, rue Croix-de-Seguey, 33000 Bordeaux, tél. : 56 81 51 02. Fermé les samedi midi et dimanche. Des plats étincelants, mariant harmonieusement les saveurs, et une belle autant que raisonnable carte des vins. Menus de 220 à 400 F. Carte : compter 450 F.

La Tupina : 6, rue Porte-de-la-Monnaie, 33000 Bordeaux, tél. : 56 91 56 37, fax : 56 31 92 11. Fermé les dimanche et jours fériés. Dernier service à 23 h. Jean-Pierre Xiradakis régale sa clientèle cosmopolite avec des produits du terroir (pâté d'alose, os à moelle, foie gras de canard mi-cuit maison, côtes de bœuf au gros sel grillées à la cheminée) et de bons bordeaux. Un cahier d'écolier recense plus de 200 vins, mais le service se fait presque exclusivement sur la sélection du moment (10 vins environ). Menu : 100 F (midi) et menus du marché (prix variables). Carte : compter 250 F. En dehors de ses activités culinaires, Jean-Pierre Xiradakis organise toute l'année des randonnées pédestres dans le vignoble (voir rubrique À Pied).

Chez Philippe : 1, place du Parlement, 33000 Bordeaux, tél. : 56 81 83 15. Fermé les dimanche et lundi, et en août. Un bistrot-restaurant spécialiste des poissons et crustacés où le Tout-Bordeaux aime flâner. Bonne carte des vins. Prix un peu élevés. Menu à 180 F. Carte : compter 250-350 F.

Les Plaisirs d'Ausone : 10, rue Ausone, 33000 Bordeaux, tél. : 56 79 30 30. Fermé les samedi midi, dimanche, lundi midi et jours fériés Un tel rapport qualité-prix pour une cuisine gastronomique, généreuse et juste, cela ne se voit que trop rarement. Pour notre plus grand plaisir, la carte des vins joue dans le même registre. Menus : de 125 (midi) à 285 F. Carte : compter 350-400 F.

Hôtel Mercure Le Lac : rue du Petit-Barail, quartier du Lac, tél. : 56 11 71 11, fax : 56 43 07 55. Halte calme, près du lac et du parc des expositions, avant de prendre la route du Médoc. Et une fois par mois des dîners œnologiques à 250 F, 4 à 5 vins compris. 108 chambres de 325 à 360 F.

Blanquefort

Hostellerie des Criquets : 130, av. du 11-Novembre, 33290 Blanquefort, tél. : 56 35 09 24, fax : 56 57 13 83. Restaurant fermé les dimanches soir. Entre ville et campagne, aux portes nord de Bordeaux. Pour sa cuisine régionale revisitée. Salle de restaurant avec piscine intérieure. Menus : de 145 à 365 F. Carte : compter 300 F. 22 chambres de 310 à 620 F.

DANS LE MÉDOC

Arcins

Le Lion d'Or : place de la République, 33460 Arcins, tél. : 56 58 96 79. Fermé les dimanche et lundi, ainsi qu'en juillet. Sur réservation. Le meilleur (et le seul !) bistrot du Médoc, où l'ami Barbier régale ses amis vignerons avec des plats sentant bon la tradition et le rythme des saisons : agneau de Pauillac, côtes de bœuf aux sarments du Médoc… On peut apporter son vin. Carte : compter de 180 à 300 F.

Margaux

Le Relais de Margaux : chemin de l'Île-Vincent, 33460 Margaux, tél. : 57 88 38 30, fax : 57 88 31 73. Restaurant fermé les dimanche soir et lundi. Une magnifique propriété, perdue dans un parc de 50 ha. Les chambres sont spacieuses, les appartements luxueux, l'accueil courtois, mais le tout manque sacrément de chaleur. Changement régulier de chef en cuisine. Tennis et piscine. Menus : de 160 à 350 F. Carte : compter 300 F. 28 chambres et 3 appartements de 870 à 1390 F.

Le Savoie : place de la Trémoille, 33460 Margaux, tél. : 57 88 31 76. Fermé les dimanche et jours fériés, ainsi que pendant les vacances d'hiver. Une bonne auberge aux prix assez sages pour la région, et une belle sélection de crus locaux. servis l'été dans un jardin ombragé. Menus : de 80 à 125 F. Carte : compter 200 F.

Pauillac

Château Cordeillan-Bages : route des Châteaux, 33250 Pauillac, tél. : 56 59 24 24, fax : 56 59 01 89. Restaurant fermé les samedi midi et lundi, et du 15 décembre au 1er février. Hôtel fermé du 8 décembre au 1er février. Une ancienne demeure viticole perdue au milieu des vignes. Grand luxe, bon goût, calme et volupté pour ce Relais & Châteaux où défilent les amateurs de médoc du monde entier. Une table désormais bien installée, mais surtout la plus belle carte des vins du Médoc (avec de nombreux vieux millésimes à partir de 1935). Menus : de 150 à 380 F. Carte : compter 450 F. 24 chambres (de 860 à 990 F), et 1 junior suite (à 1100 F). Petit déjeuner à 65 et 95 F.

Hôtel de France et d'Angleterre : 3, quai Albert-Pichon, 33250 Pauillac, tél. : 56 59 01 20, fax : 56 59 02 31. Fermé du 20 décembre au 7 janvier. Un hôtel-restaurant très dynamique dans l'organisation de séjours à thème (Médoc à Bicyclette, visite en 4 x 4 du vignoble, stage de pilotage sur Formule 1). Organise également au restaurant des quinzaines « promotionnelles » autour de plusieurs millésimes d'un château (avec reconnaissance des arômes). Bonne cuisine régionale (agneau de Pauillac, huîtres, foie gras…) et carte des vins avec environ 400 références en médoc, de millésimes plutôt récents, favorisant les bourgeois et les crus classés au bon rapport qualité-prix. Menus : de 90 à 200 F. 29

chambres au nom des châteaux du Médoc qui s'ouvrent sur la Gironde et l'île de Patiras, toutes rénovées : de 300 à 350 F.

Lesparres

Château Layauga : Gaillan-en-Médoc, 33340 Lesparres, tél. : 56 41 26 83. Fermé du 15 janvier à la fin février. Philippe et Odette Jorand dirigent cette jolie demeure bourgeoise du XIXᵉ, transformée en hôtel-restaurant. 500 références sur la carte des vins dont la moitié consacrée aux bordeaux (quelques vins germaniques qui rappellent que le chef a fait ses classes en Allemagne). Les 7 chambres de style sont bien reposantes (495 F). Le tout est extrêmement classique, un peu ampoulé et pas donné. Menus à 195 et 345 F. Carte : compter 400 F.

COUCHER
CHEZ LE VIGNERON

Saint-Ferme

Sophie et Bertrand Lalande : le Château du Parc, 33580 Saint-Ferme, tél. : 56 61 69 18, fax : 56 61 69 23. Sur réservation. À une vingtaine de kilomètres à l'est de Sauveterre-de-Guyenne, 5 luxueuses chambres d'hôtes, 2 suites et une très bonne table (d'hôtes toujours) dans un château du XVIIIᵉ. Accueil remarquable. Compter de 500 à 600 F la nuit pour un couple, 900 F la suite. Table d'hôtes le soir uniquement : 250 F (vins compris).

Saint-Germain-la-Rivière

Bénédicte Claverie : L'Escarderie, 33240 Saint-Germain-la-Rivière, tél. : (et fax) : 57 84 46 28. Au milieu d'un parc, une grande maison à la belle façade 1850 propose toute l'année trois chambres d'hôtes spacieuses (260 F, petit déjeuner compris, et 80 F par lit supplémentaire), avec salle de bain ou salle d'eau privées, donnant sur le parc ou les vignes du superbe château La Rivière. À 600 m : la Maison du Pays du Fronsadais avec l'office de tourisme, un restaurant au bord de l'eau, des circuits de randonnées pédestres fléchés. Agréé par les Gîtes de France.

Saint-Martin-de-Laye

Josette et Michel Garret : Gaudart, 33910 Saint-Martin-de-Laye, tél. : 57 49 41 37. À 15 km au nord de Libourne, cette ferme au repos – Josette et Michel Garret sont à la retraite – a conservé quelques rangées de vignes produisant un vin ordinaire que l'on sert le soir aux vacanciers. Les vignes procurent aussi les sarments nécessaires aux grillades que prépare Michel, ancien petit viticulteur et surtout éleveur de bovins. Trois chambres de 180 à 230 F (pour 2 personnes petit déjeuner compris), chacune avec entrée indépendante, salle de bain ou salle d'eau et wc privés. Repas : 85 F.

Saint-Avit-Saint-Nazaire

Château du Bru : Josette et Guy Duchant, 33220 Saint-Avit-Saint-Nazaire, tél. : 57 46 12 71, fax : 57 46 10 64. À l'est du département, près de Sainte-Foy-la-Grande. Au bord de la Dordogne, dans un bon domaine viticole (voir Adresses domaines), producteur de bordeaux et bordeaux supérieurs, 2 gîtes ruraux (convenant pour 6 et 7 personnes, avec espaces verts privatifs et étang privé) très confortables et bien équipés, installés dans une ancienne ferme rénovée. Accueil chaleureux, cadre verdoyant et calme, et balades en barque. De 1560 F la semaine (hors saison et hors vacances) à 3300 F la semaine (en juillet et août), et le week-end, de 1000 à 1500 F. Réservation auprès des Gîtes de la Gironde, tél. : 56 81 54 23.

Moulon

Marie-Madeleine et Bruno Le Roy : La Salargue, 33420 Moulon, tél. : 57 24 48 44. 5 chambres confortables dans un domaine viticole et « maïssicole » sur la rive gauche de la Dordogne (près de Branne) où l'on produit des bordeaux et des bordeaux supérieurs. Nos espions nous recommandent chaudement de retenir une place à la table familiale pour dîner et goûter les entrecôtes aux sarments de vignes ou l'alose grillée. Compter 250 F la nuit pour un couple, petit déjeuner compris, et tarifs dégressifs au-delà de 3 jours. Le tout pas très loin de Libourne.

Rions

Jean Guillot de Suduiraut : château de Broustaret, 33410 Rions, tél. : 56 62 96 97. Dans l'appellation premières côtes-de-bordeaux, sur la rive droite de la Garonne, une exploitation céréalière et vinicole qui propose 5 chambres dont 2 grandes avec salles de bain, de 210 à 240 F la nuit pour deux personnes petit déjeuner compris. Tarifs dégressifs au-delà de 3 jours.

Margaux

Vincent Rey : château Giscours, Labarde, 33460 Margaux, tél. : 57 97 09 09, fax : 56 30 07 45. Le célèbre cru de Margaux installé dans une splendide demeure de style renaissance au milieu d'un parc centenaire fait table d'hôtes à partir de 6 personnes et sur réservation uniquement. Six menus (de 250 à 600 F vins compris) sont servis à la Sellerie, les anciennes écuries, avec vue sur les vignes.

Listrac

Maryse et Alain Meyre : château Cap-Léon-Veyrin, Donissan, 33480 Listrac-Médoc, tél. : 56 58 07 28, fax : 56 58 07 50. Certainement la meilleure adresse pour découvrir le Médoc profond. Les Meyre, en plus d'élever quelques volailles, moutons et ânes, font un excellent listrac cru bourgeois, ont leurs entrées dans de nombreux châteaux et connaissent toute la cuisine locale. On peut dîner sur place, participer aux vendanges ou s'offrir une journée à la plage (à 25 km). 7 chambres, simples mais bien équipées, à partir de 240 F la nuit pour 2 personnes (petit déjeuner inclus). Repas à 95 F. Possibilité de louer un gîte.

Pour d'autres bonnes adresses de tables et chambres d'hôtes : s'adresser aussi à l'antenne des Gîtes de France en Gironde (chambres et tables d'hôtes, gîtes ruraux, gîtes de prestige) : 21, cours de l'Intendance, 33000 Bordeaux, tél. : 56 81 54 23.

Également dans les guides suivants :
Guide de charme des Maisons d'hôtes en France (Rivages), Vacances et week-ends à la ferme, de Michel Smith (Balland), *Café Couette, le « bed and break-fast » à la française*, également sur minitel, 3615 Café Couette : les propriétaires s'engagent à accueillir eux-mêmes leurs hôtes et à respecter une « charte de la chambre d'ami ».

LA VIE DE CHÂTEAU

Rien qu'en Bordelais, il y a plus de 13000 châteaux. Pourquoi ne pas s'offrir cette étape de conte de fées à la croisée des vignobles ? D'autant que les prix ne sont pas plus élevés que dans un simple hôtel (de 350 à 800 F la chambre). Voici une adresse tirée du guide *Château Accueil*, envoyé sur demande à Paul Benoist, président de l'Association des châteaux, au (16) 41 95 12 75.

Bazas

Comte et Comtesse Philippe de Chenerilles : château d'Arbieu, 33430 Bazas, tél. : 56 25 11 18. Ouvert toute l'année, sauf 15 jours pendant les vacances d'hiver. Aux portes du Sauternais, à 15 km de Langon, 4 chambres (410 F), une suite (465 F pour 2, et 635 F pour 3 à 4 personnes) et des activités sur place : billard, piscine, location de VTT. Dîner sur réservation (160 F, vins compris). Le comte de Chenerilles, qui a ses entrées chez la plupart de ses voisins propriétaires en Médoc, Graves, Saint-Émilion et bien sûr Sauternais, prend rendez-vous pour vous, et organise des soirées dégustations avec des viticulteurs.

CENTRES D'INFORMATION

Comité interprofessionnel des vins de Bordeaux : 1, cours du xxx-Juillet, 33000 Bordeaux, tél. : 56 00 22 66, fax : 56 00 22 77. Le gardien et le garant des vins de Bordeaux. On trouvera ici toute la documentation nécessaire aux excursions dans chaque région, avec les coordonnées de tous les syndicats d'appellation de la Gironde. Ne pas oublier d'y prendre une carte du vignoble sur laquelle sont indiqués tous les châteaux numérotés, un guide avec les coordonnées et les heures d'ouverture, des fiches pour chaque groupe d'appellation et les animations des différents châteaux. Organise par ailleurs des cours de dégustation et d'initiation au vin (voir Initiation à la dégustation).

Conseil des vins du Médoc : 1, cours du xxx-Juillet, 33000 Bordeaux, tél. : 56 48 18 62, fax : 56 79 11 05.

Il édite une revue et un petit guide (gratuit), intitulé Découverte-Médoc, recensant la plupart des châteaux du Médoc que l'on peut visiter. Version télématique sur 3615 code Médoc. Met à la disposition la liste des offices de tourisme qui organisent souvent des excursions dans le vignoble.

Maison des vins de Saint-Émilion : place Pierre-Meyrat, 33330 Saint-Émilion, tél. : 57 74 42 42. Édite également un guide des domaines de Saint-Émilion (proposé à la vente), organise des dégustations toute l'année et des formules initiation durant l'été, ainsi que des journées portes ouvertes dans les châteaux (les 1ᵉʳ et 2 mai). Vente d'ouvrages sur le vin.

Comité départemental du tourisme de Gironde (CDT), Maison du tourisme de la Gironde : 21, cours de l'Intendance, 33000 Bordeaux, tél. : 56 52 61 40, fax : 56 81 09 99. Édite cinq guides très complets et gratuits (disponibles dans tous les offices de tourisme du département) : *L'Accueil en Gironde, Bouger en Gironde, Fêtes et événements, Chais et vignobles en Bordelais-Terroir de Gironde* (visites des châteaux, fêtes liées aux vins, foires et marchés où acheter, musées du vin…) et *Gironde à fleur de pierre* (répertoire de tous les monuments à visiter avec une description), réactualisés chaque année. Carte touristique de la Gironde et des mini-cartes thématiques (sentiers de randonnées à pieds, en vélo…). Liste de tous les offices de tourisme du département qui organisent souvent des visites dans leurs vignobles respectifs. Cassettes audioguidées (Graves-Sauternais, Médoc, Saint-Émilion).

Comité régional de tourisme d'Aquitaine (CRT) : Cité mondiale des vins et spiritueux, 23, parvis des Chartrons, 33074 Bordeaux, tél. : 56 01 70 00, fax : 56 01 70 07.

Office de tourisme de Bordeaux : 12, cours du xxx-Juillet, 33080 Bordeaux, tél. : 56 00 66 00, fax : 56 00 22 77. Visites commentées organisées dans les grandes appellations et dans le quartier des Chartrons, avec un déjeuner-dégustation.

Et aussi, toutes les Maisons des vins
Documentation, diaporama régional, exposition la Vigne et le Vin et dépôt-vente de vins de l'aire d'appellation. Possibilité d'organiser des visites de groupes.

À Bordeaux : 3, cours du xxx-Juillet, tél. : 56 00 22 88, fax : 56 00 22 77. Possibilité de dégustation.

Maison de la qualité : N89 (sortie La Poste), 33750 Beychac-et-Caillau, tél. : 56 72 90 99. Vitrine des châteaux de l'AOC Bordeaux et Bordeaux Supérieur, brochure pratique, possibilité de visiter la cave (900 références en vente), de visionner un film, de déguster les vins.

Bordeaux et Bordeaux supérieurs : Beychac-et-Caillau, 33750 Saint-Germain-du-Puch, tél. : 56 72 90 99. Possibilité de dégustation.

Saint-Estèphe : place de l'Église, Saint-Estèphe, 33250 Pauillac, tél. : 56 59 30 59.

Pauillac : La Verrerie, 33250 Pauillac, tél. : 56 59 03 08, fax : 56 59 23 38. Sert de relais pour toutes les appellations du Médoc. Toute documentation. Le vendredi après-midi, excursions commentées dans le vignoble en autocar avec dégustation de produits régionaux. Organise 2 journées portes ouvertes dans les châteaux du Médoc les 13 et 14 avril (voir Manifestations). Tous les mardis matin pendant 2 heures : présentation du vignoble médocain avec initiation à la dégustation : 20 F. L'été, dégustations quotidiennes et gratuites animées par un producteur.

Margaux : place La Trémoille, 33460 Margaux, tél. : 57 88 70 82.

Graves et Graves supérieurs : 61, cours du Maréchal-Foch, 33720 Podensac, tél. : 56 27 09 25, fax : 56 27 17 36.

Côtes-de-Blaye : 11, cours Vauban, 33390 Blaye, tél. : 57 42 91 19. Possibilité de dégustation.

Côtes-de-Bourg : 1, place de l'Éperon, 33710 Bourg-sur-Gironde, tél. : 57 68 46 47. Possibilité de dégustation. Montagne-Saint-Émilion : 33570 Montagne, tél. : 57 74 60 13

Lussac-Saint-Émilion : 2, avenue Gambetta, 33570 Lussac, tél. : 57 74 50 35.

Puisseguin-Saint-Émilion : 33570 Puisseguin, tél. : 57 74 50 62.

Fronsac : Plaisance, 33126 Fronsac, tél. : 57 51 80 51.

Côtes-de-Castillon : 6, allée de la République, 33350 Castillon-la-Bataille, tél. : 57 40 00 88.

Cadillac : château des Ducs d'Épernon, 33410 Cadillac, tél. : 56 62 66 95. Possibilité de dégustation.

Loupiac : 22, chemin Le Vergey, 33410 Sainte-Croix-du-Mont, tél. : 56 62 67 18.

Sauternes : place de la Mairie, 33210 Sauternes, tél. : 56 76 69 83. Possibilité de dégustation.

Barsac : place de l'Église, 33720 Barsac, tél. : 56 27 15 44. Possibilité de dégustation.

MANIFESTATIONS DANS LE BORDELAIS

Avril

Médoc : week-end portes ouvertes dans les châteaux du Médoc, les 13 et 14 avril. Grands crus classés, crus bourgeois, caves coopératives et petits crus artisans accueillent près de 25.000 visiteurs. Possibilité de dîner dans certains domaines. Circuit Vtt organisés à l'occasion. Maison du Tourisme et du Vin du Médoc, tél. : 56 59 03 08.

Pauillac : fête de l'agneau, les 13 et 14 avril. Reconstitution d'une bergerie, cérémonie de pâturage et de transhumance. Possibilité de déguster sur place agneau et vins du Médoc.

Sainte-Terre : fête de la lamproie, le 27 et le 28 avril. Tél. : 57 47 16 23.

Saint-Émilion : week-end portes ouvertes dans les domaines, fin avril. Tél. : 57 24 72 03.

Mai

Lormont : fête de l'alose, les 18 et 19 mai. À l'occasion de la ponte dans les cours d'eau au printemps sont organisées des pêches au filet, suivies d'intronisations et de repas animés. Tél. : 56 06 40 30.

Juin

Médoc : fête de la fleur de vigne, le 15 juin. Tél. : 56 59 01 91.

Saint-Émilion : fête de la Jurade et de la Fleur, le 16 juin. Pour célébrer la floraison, les jurats vêtus de leur longue

DES FROMAGES ÉPOUSENT LES VINS DE BORDEAUX

Sept mariages d'amour dans chaque groupe d'appellation, célébrés par Gérard Baud, de chez « Baud et Millet » à Bordeaux :

Mariages en blanc

Entre-deux-mers *: avec un sainte-maure de Touraine frais. « Le petit goût de lait frais du fromage de chèvre juste démoulé s'accorde bien avec la fraîcheur du vin. »*

Graves blanc *: passés en barrique, avec des fromages à croûte lavée, un pont-l'évêque, un livarot, voire un munster. « Opposition entre le fruité et la rondeur du vin et la puissance des fromages. »*

Graves moelleux *: avec des pâtes pressées cuites ou non cuites : un beaufort d'alpage, un comté, un brebis des Pyrénées. « Douceur de texture du fromage contre douceur de saveur du vin. »*

Liquoreux *: avec des fromages de chèvre très affinés, sainte-maure très sec, crottin de Chavignol, fromages corses très affinés. « Le moelleux du vin enrobe ces pâtes concentrées, poivrées, un peu acides. C'est l'attirance des contraires. »*

Mariages en rouge

Médoc *: avec les croûtes fleuries, camembert, brie de Meaux ou de Melun, chaource, coulommiers. « La puissance des fromages est maîtrisée par le tanin du vin, tandis que les saveurs s'harmonisent : noisette, torréfaction, violette, humus. »*

Saint-Émilion *: avec des fromages moins puissants, un vacherin du Mont-d'Or, un saint-nectaire, un laguiole, des bleus très doux comme une fourme d'Ambert ou un bleu de Geix. « Des fromages plus doux pour des vins plus ronds. »*

Côtes-de-Franc *: avec des fromages puissants à base de lait de vache comme un maroilles, un rollot, un dauphin épicé. « Des vins plus rustiques pour des fromages très typés. »*

robe pourpre avec cape blanche défilent dans les ruelles de la cité. Tél. : 57 24 72 03. Fête de la Saint-Jean, le 22 juin. Pour célébrer le solstice d'été, jazz band, buffet, passage de voiliers illuminés, tombola des vins. Tél. : 57 24 72 03.

Août

Lesparre : foire aux vins du Médoc, du 8 au 11 août. Tél. : 56 41 21 96.

Duras : fête des vins, le 11 août. Dégustations dans la cour du prestigieux château de Duras à propos duquel le roi Louis XV disait : « Si je n'avais pas Versailles, je voudrais avoir Duras. » Tél. : 53 83 81 88.

Cussac-Fort-Médoc : concours d'attelage au château Lanessan, du 15 au 22 août. On peut également visiter le musée du cheval de ce fameux domaine viticole. Tél. : 56 58 94 80.

Saint-Laurent-de-Médoc : foire de Bernos, les 24 et 25 août. Évoquant la traditionnelle foire aux animaux du petit village de Bernos, rencontres autour d'une gigantesque « entrecôte partie » préparée sur la plus grande grille du monde (Guiness des records) et vins du Médoc. Tél. : 56 59 41 01.

Septembre

Langon : 10e Foire internationale aux vins, fromages et pains : du 6 au 8 septembre. (40.000 visiteurs chaque année.) Tél. : 56 62 34 00.

Saint-Estèphe : foire de la Chapelle à l'ail et à l'oignon, du 6 au 9 septembre. Le long des berges de l'estuaire de la Gironde. Tél. : 56 59 30 59.

Pauillac : fête du vin et marathon des châteaux du Médoc (7000 participants), le 7 septembre. Classé par les Américains parmi les dix plus beaux marathons du monde. Commanderie du Bontemps de Médoc et des Graves, La Verrerie, 33250 Pauillac, tél. : 56 59 01 91. Inscriptions à la Maison du Vin de Pauillac. Ban des vendanges, le 14 septembre. Tél. : 56 59 01 91.

Saint-Émilion : ban des vendanges, le 15 septembre à 17 h. Tél. : 57 24 72 03.

Noillan : 12e Foire gastronomique artisanale, le 29 septembre. Vins et jambons, fromages, foie gras. Tél. : 56 25 86 49.

Octobre

Civrac-de-Blaye : fête du vin nouveau, le 5 octobre. Exposition de matériel ancien de vinification, dégustation de vin nouveau et de châtaignes grillées. Tél. : 57 68 60 07.

Marcillac : fête des vendanges à l'ancienne, du 6 au 13 octobre. Renseignements auprès de la mairie de Marcillac (en haute Gironde, au nord-est de Blaye), tél. : 57 32 41 03.

Montfort-en-Chalosse : fête des vendanges à l'ancienne, début octobre. Repas des vendangeurs, bal et jeux. Tél. : 58 98 62 27.

Saint-Émilion : course des garçons de café, le 13 octobre. Avec le plateau posé au bout des doigts… Tél. : 57 24 72 03.

Course pédestre des grands vins, le 27 octobre. Quinze kilomètres le long des châteaux viticoles. Tél. : 57 24 72 03.

Novembre

Créon : fête du vin et de l'artisanat, les 10 et 11 novembre. Producteurs de vins, produits du terroir et artisanat d'art. Tél. : 56 68 54 41.

À VÉLO

Le Comité Départemental de Tourisme de Gironde (voir Centres d'information) organise toute l'année deux excursions de cyclotourisme dans les vignes :

Les Chemins des bastides et vins à bicyclette : 2885 F par personne sans prêt de bicyclette (du 1er mars au 30 juin) et 3150 F (du 1er juillet au 31 août) avec supplément single de 600 F. Comprend 7 jours de randonnée au départ de Libourne, à travers les vignobles de Saint-Émilion, de l'Entre-deux-Mers et du Sauternais, et 6 nuits en chambre double en hôtel 2 ou 3 étoiles (Logis de France), le dîner, le port des bagages à chaque étape, et la fourniture du guide d'itinéraires. En option : location de bicyclette (300 F) et le panier pique-nique.

Le Médoc à Bicyclette : 640 F par personne, sans prêt de bicyclette (location : 50 F par jour). Comprend 3 jours et 2 nuits en hôtel 2 étoiles en chambre double (supplément single de 165 F), 2 petits déjeuners, 2 dîners gastronomiques et un guide d'itinéraires.

On trouvera également au CDT des cartes cyclotouristiques (10 F) de Saint-Émilion, Pauillac, Blaye et Saint-Savin, ainsi que de nombreux topoguides pour organiser des randonnées dans toute la Gironde.

Location de vélos :
Médoc cycles : 6, rue du Maréchal-Joffre, 33250 Pauillac, tél. : 56 59 02 29. Ouvert toute l'année, sauf dimanche et lundi. Location 50 F par jour, 90 F le week-end, 150 F les 5 jours.

Maison du tourisme et du vin de Pauillac : La Verrerie, 33250 Pauillac, tél. : 56 59 03 08, fax : 56 59 23 38. Ouvert 7 jours sur 7, de 9 à 12 h 30 et de 14 à 18 h, l'été de 9 à 19 h. Location de VTT avec carte des petits chemins : 70 F pour la journée, 50 F la demi-journée, tarifs dégressifs pour plusieurs jours. En juillet et août, une fois par semaine, balades guidées dans les vignobles du Médoc.

Établissements Louis : 80, rue de la Marne, 33500 Libourne, tél. : 57 51 38 89. Fermé les dimanche et lundi. VTT, VTC, demi-course. 50 F par jour, 300 F la semaine, 400 F la quinzaine.

Écocycle : 36, av. Aristide-Briand, 33700 Mérignac-Arlac, tél. : 56 96 07 50. Fermé les dimanche et lundi. Vélo : 30 F par jour. Vtt : 80 F par jour. Pour sillonner la région des Graves jusqu'à Haut-Brion, Pape-Clément, et Les Carmes Haut-Brion, le seul vignoble enclavé dans la ville de Bordeaux !

Centre découverte de la vallée du Ciron : Le Pont-et-Marot, 33730 Villandraut, tél. : 56 25 38 65. Randonnées accompagnées et location de Vtt à 50 F la demi-journée, 85 F par jour.

À CHEVAL

Écuries du château de Blanzac : 33350 Saint-Magne-de-Castillon, tél. : 57 40 21 08. L'association de propriétaires Castillon Châteaux propose aux cavaliers émérites ou débutants de découvrir, à cheval, le vignoble et les propriétés des Côtes-de-Castillon, une journée entière (480 F, tarifs dégressifs pour les couples), avec dégustation et déjeuner dans un château. Possibilité d'arriver la veille et de dîner et dormir au château de Lescanaut à Castillon (tél. : 57 40 14 91), belle chartreuse au bord de l'eau. 4 chambres d'hôtes : à 350 F (280 F pour une personne), petit déjeuner inclus. Table d'hôtes sur réservation : 140 F, vin, le côtes-de-castillon de la propriété, compris.

Rodéo Ranch : Montignac, 33580 Monségur, tél. : 56 61 68 14. Ce domaine hippique, à la tête de l'un des plus importants élevages de France de chevaux de couleur, organise des randonnées de 2 jours et plus à la découverte de l'Entre-deux-Mers. Repas et bivouac (350 F par jour).

Office de Tourisme de La Réole : 33190 La Réole, tél. : 56 61 13 55. Échappées belles à travers les vignobles vallonnés de l'Entre-Deux-Mers, parsemés de bastides et vieux moulins.

À PIED

Parcourir à petits pas et le nez au vent les vignobles vallonnés de l'Entre-Deux-Mers, prendre les chemins de traverse, découvrir les bastides, les moulins fortifiés, les chartreuses au cœur des vignes qui ont valu à cette région le surnom de « l'île au trésor », c'est ce que propose le délicieux village de La Réole, avec une sélection de cartes balisées à emporter dans son escarcelle. Également des balades à vélo et à cheval. Office de Tourisme, 33190 La Réole, tél. : 56 61 13 55.

Envie de poursuivre l'itinéraire à travers tout le vignoble ? Il suffit d'emboîter le pas à Jean-Pierre Xiradakis, directeur du restaurant « La Tupina ». Passionné de vin mais aussi de marche, il nous livre ses carnets de route : *Guide des grands vignobles pas à pas et Entre Garonne et Dordogne*. Prochaines parutions : *Le Saint-Émilionnais et les Graves*. En vente à la FNAC, au Virgin, et chez Mollat à Bordeaux.

LES SPÉCIALITÉS BORDELAISES

Les fleuves, l'océan proche et une longue tradition d'élevage fournissent les produits qui caractérisent la cuisine bordelaise. En haut du panier, le fameux agneau de Pauillac (ces petits agneaux dont la mère a pour habitude de brouter entre les pieds de vigne sont réputés pour la finesse de leur chair) et le bœuf de Bazas (la traditionnelle entrecôte des maîtres de chais des Chartrons, grillée au charbon de bois ou en sauce « à la bordelaise »).

Citons aussi les cèpes superbes (juste rissolés à l'échalote), les escargots petits-gris (en fricassée comme à Caudéran, mitonnés en dehors de leur coquille, avec tomate, oignons, échalotes, parfois des cèpes), sans oublier les huîtres du bassin d'Arcachon, qui se dégustent traditionnellement avec des crépinettes ou des petites saucisses, et tous les dérivés du gras : foie gras, confits, cou farci, gésier, magret…

Il faut aussi goûter le tourin (soupe à l'oignon propre à l'Aquitaine et réputée pour être la plus ancienne spécialité culinaire de Bordeaux. Enrichie de saindoux et d'œuf, relevée d'ail et de vinaigre, elle appelle le « chabrot », c'est-à-dire un trait de vin rouge dans l'assiette) les artichauts de Macau (petits violacés), l'alose, les pibales, (alevins d'anguille récoltés de novembre à fin mars) et la lamproie (« à la bordelaise » : cuite au vin rouge, après avoir été saignée et énervée, puis servie dans sa sauce liée au sang et relevée de jambon sec et de poireaux).

Évoquons enfin, mais il reste extrêmement confidentiel (à se procurer à Monpon, chez Estudor, tél. : 53 80 61 10), le caviar de Gironde né de l'esturgeon de la Garonne, réputé pour sa qualité tout à fait exceptionnelle.
En dessert, le canelé (pâte feuilletée cuite dans un moule rond à côtes, garni de crème pâtissière et meringue … il existe une confrérie du canelé) et la fanchonnette, sorte de gros berlingot fourré de purée de fruits fraîche selon une recette du XIXe siècle née de l'héroïne d'un célèbre conte bordelais, « Fanchon la veilleuse ».

VU DU CIEL

EN HÉLICOPTÈRE

Le vignoble médocain vu d'un hélicoptère, c'est l'expérience un peu folle et inoubliable qu'offre la société Airlec. Un heure de balade au-dessus des vignes : de 4000 à 8500 F selon le nombre de personnes et la promenade choisie (maximum 6 personnes) avec possibilité d'atterrissage dans des châteaux pour des visites et des dégustations. Airlec Aviation, Zone d'aviation générale, 33700 Mérignac, tél. : 56 34 02 14, fax : 56 55 98 18. Contact : Benoît Dossat.

Mêmes prestations chez Héli-Inter, avec un circuit « vignoble bordelais » (40 mn) : 800 F par personne. Contacter Jean-Pierre Sabas, Zone d'aviation générale, 33700 Mérignac, tél. : 56 47 71 76, fax : 56 47 72 34.

EN MONTGOLFIÈRE

Au gré du vent, survolez les vignobles du Libournais, Saint-Émilion, Pomerol, Fronsac… Lambert Voyages, 84, rue Montesquieu, 33500 Libourne, tél. : 57 25 98 10 fax : 57 74 12 20. Ouvert toute l'année tous les jours sauf dimanche de 9 à 12 h et de 14 à 17 h 30 (19 h le mercredi et le jeudi). Tarifs : 800 F pour 1 personne, 1400 F pour 2, 2500 F pour 4.

BALADES ORGANISÉES

Office de tourisme de Bordeaux : 12, cours du xxx-Juillet, 33000 Bordeaux tél. : 56 00 66 00 fax : 56 81 89 21. L'office organise tous les jours (2 fois par semaine, les mercredi et samedi, du 1er novembre au 31 avril), une visite commentée, agrémentée d'une ou deux dégustations au château, dans différentes appellations du Bordelais. Ces visites en bus sont commentées par des guides bilingues (français-anglais). Une formule qui s'adresse aux personnes ne disposant pas d'une voiture lors d'un séjour à Bordeaux, et pour celles qui souhaitent une introduction aux vins de la région. Tarif : 150 F (130 F pour étudiants et 3e âge). Départ de l'Office à 13 h 30, retour vers 18 h 30.

Boulevard du vin : 44, av. Jeanne-d'Arc, 33000 Bordeaux, tél. : 56 24 14 41, fax : 56 93 19 20. Responsable : Frédéric Auru. Une agence très sérieuse qui depuis 5 ans organise à la carte des circuits (en voiture, en car, à VTT, à cheval, à pied) dans tout le vignoble bordelais. À partir de 2 personnes et d'une demi-journée (mais un week-end, c'est l'idéal), vous êtes hébergés et nourris dans de bons petits hôtels ou chez les propriétaires : visites de plusieurs châteaux (des plus grands aux plus petits), descriptifs historique et technique. Les prix ? Pour 5 personnes prises en charge une journée, comptez environ 500 F par personne tout compris. Un week-end pour 20 personnes : 1300 F par personne. Sur réservation, toute l'année.

VS Voyages : 15, cours Georges-Clemenceau, 33000 Bordeaux, tél. : 56 01 40 50, fax : 56 52 17 69. Responsable : Madeleine Marchand. Tous les types de circuit dans le vignoble à la carte, en bus, à pied, à vélo, pour les groupes de minimum 10 personnes, avec hébergement, guides spécialisés dans le vin, visites de châteaux, rencontres des propriétaires, dégustations, pique-niques au bord de l'eau : la vraie vie de château ! Pour 6 personnes, 2 jours en pension complète : 1350 F, 3 jours : 1750 F. Version luxe avec nuits dans un Relais & Châteaux, 3 jours : 3500 F. Sur réservation, de mars à novembre.

Wine Tours : Service Diffusion, 34, cours du Chapeau-Rouge, 33000 Bordeaux, tél. : 56 52 19 74. Responsable : Jean de Bonneval. Société spécialisée dans l'organisation toute l'année d'excursions dans le vignoble à la carte au départ de Paris ou de Bordeaux. À partir de 4 personnes, de 2 à 5 jours, découverte des grands châteaux du Médoc, des Graves, du Sauternais, et de Saint-Émilion. Hébergement, transport, repas : environ 4500 F par personne. Week-ends « golf et vins », « châteaux et gastronomie » (à partir de 3 900 F par personne). Autres services : voyages de stimulation et invitations de clients pour les entreprises.

À VISITER

Margaux

Atelier de souffleurs de verre « Les Verriers » : château Giscours, Labarde, 33460 Margaux, tél. : 57 88 72 31. Ouvert tous les jours de 9 à 12 h et de 15 à 18 h. Responsable : Mme Tastet. Les visites ont lieu théoriquement sans rendez-vous, mais il vaut mieux téléphoner avant de passer pour être sûr d'assister à un moment intéressant de la fabrication.

Montagne

Écomusée du Libournais : Le Bourg, 33570 Montagne-Saint-Émilion, tél. : 57 74 56 89. Ouvert de la mi-mars à la mi-novembre tous les jours de 14 à 18 h. Entrée : 20 F. Très intéressant musée du vigneron (reconstitution d'ateliers), histoire du vignoble, histoire du terroir. Un passage obligé pour mieux connaître le vignoble.

Gornac

Musée de la vigne : Mairie, 33540 Cornac, tél. : 56 61 96 15. Ouvert de mi-juin à mi-septembre, le samedi de 16 à 19 h et le dimanche de 15 à 19 h. Dans un ancien moulin restauré, exposition de vieux outils liés à la vigne et des bouteilles du haut Benauge.

Cérons

Musée de la vigne : N113, tél. : 56 27 11 50. Dans l'enceinte de l'hôtel-restaurant Grillobois, de 9 à 19 h sauf le lundi (gratuit). Outil et matériel de viticulture et de vinification. Dégustation gratuite de liquoreux Sainte-Croix-du-Mont.

Bordeaux

Le quartier des Chartrons : quartier historique où s'étaient établis les premiers courtiers et négociants en vins. Tout en jetant un coup d'œil aux magasins d'antiquité nombreux dans ce quartier, un passage à la Cité mondiale du vin et des spiritueux. (tél. : 56 01 20 20) s'impose, avec des vitrines consacrées la vigne et au vin et la possibilité de visionner un film sur l'art du vin. Il faut aussi visiter le musée des Chartrons (41, rue Borie, tél. : 56 44 27 77. Ouvert de 9 h 30 à 12 h 30 et de 14 à 17 h, tous les jours sauf le dimanche et lundi) installé dans une maison de négoce traditionnelle du XVIIIe siècle, pour découvrir la vie et les métiers d'autrefois de ce haut lieu du négoce de vin. Un atelier d'embouteillage de l'époque y est reconstitué. Entrée : 20 F.

Musée d'Aquitaine : 20, cours Pasteur, tél. : 56 01 51 00. Ouvert du mardi au dimanche de 10 à 18 h, gratuit le mercredi. Mémoire de l'histoire de la région avec une exposition permanente consacrée au cycle de la vigne et du vin.

Musée des Arts Décoratifs : 39, rue Bouffard, tél. : 56 10 15 62. Ouvert de 14 à 18 h sauf le mardi. Place au flacon et à l'ivresse… esthétique, une grande partie des collections étant consacrée à l'art de servir et de déguster le vin : verres, aiguières, carafes, rafraîchissoirs…

Vinorama : 12, cours du Médoc, tél. : 56 39 39 20. Ouvert de 10 h 30 à 12 h 30 et de 14 h 30 à 18 h 30, le dimanche de 14 à 18 h 30. Réalisées avec la participation d'artistes et d'artisans bordelais, des scènes reconstituées avec des personnages en costumes retracent les moments clés de l'histoire du vin, de l'époque gallo-romaine au XIXe siècle. Possibilité d'acheter du vin sur place.

Arsac

Château d'Arsac : 33460 Arsac, tél. : 56 58 83 90, fax : 56 58 83 08. Ouvert du 10 avril au 30 octobre. Exposition d'art contemporain dans les chais.

Moulis-en-Médoc

Château Maucaillou, musée des Arts et métiers de la vigne et du vin : gare de Moulis-Listrac, tél. : 56 58 01 23. Ouvert toute l'année de 10 à 12 h 30 et de 14 à 18 h 30. L'un des plus beaux musées sur le sujet en Gironde. Audiovisuel sur la naissance d'un millésime. Expositions artistiques dans la salle des Notables.

Cussac-Fort-Médoc

Château Lanessan : 33460 Cussac-Fort-Médoc, tél. : 56 58 94 80, fax : 56 58 93 10. Ouvert du 23 mars à la mi-novembre. Musée du cheval et de l'attelage dans un domaine viticole réputé.

Saint-Julien

Château Beychevelle : 33250 Saint-Julien, tél. : 56 59 23 46, fax : 56 59 03 04. Centre international d'art contemporain et parc à la française pour ce célèbre grand cru classé.

Pauillac

Château Mouton Rothschild, musée du Chai : Le Pouyalet, tél. : 56 59 22 22. Quand la famille Rothschild expose ses œuvres d'art se rapportant à la vigne et au vin issues de pratiquement toutes les civilisations à travers les âges : verres, tableaux, tapisseries… Le musée fait partie d'une visite guidée de 1 h 15 incluant le cuvier, le chai et les caves. Gratuit, uniquement sur rendez-vous. Fermé les jours fériés.

Saint-Yzans-de-Médoc

Château Loudenne, musée de la vigne et du vin : Saint-Yzans-de-Médoc, 33340 Lespare, tél. : 56 73 17 80, fax : 56 09 02 87. Histoire de la vigne et du vin à travers outils et objets du quotidien, la tonnellerie, les instruments de vinification. Visite en semaine de 9 h 30 à 12 h 30 et de 14 h à 17 h 30, le dimanche (de juin à septembre) de 14 h à 17 h 30. En juillet-août, ouvert les samedi et dimanche de 14 h à 17 h 30. École du vin ouverte d'avril à septembre (voir Initiation à la dégustation).

À VOIR

Les villages fleuris primés aux Concours départemental et national du fleurissement : près de Bordeaux, Gradignan et Le Bouscat ; dans le Libournais, Libourne et Saint-Émilion ; dans l'Entre-Deux-Mers, Coirac (primé au niveau national) et Saint-Vivien-de-Montségur.

Les grottes creusées dans les bancs d'huîtres : à Sainte-Croix-du-Mont.

L'Assomption de Zurbaran : dans l'église de Langon. Dans la même ville, les vieilles maisons et les quais ne manquent pas de charme. Profitez-en aussi pour aller visiter le château de Roquetaillade, construit en 1306.

Le château du Bouilh, à Saint-André-de-Cubzac. Propriétaire : comte P. de Feuilhade de Chauvin. À 17 km au nord de Bordeaux, une des grandes œuvres du XVIIIe siècle de l'architecte Victor Louis, construite sur l'ordre du marquis de La Tour du Pin pour y recevoir le roi Louis XVI. Visites extérieures toute l'année. Visites intérieures guidées du 1er juillet au 1er octobre les après-midi des jeudi, samedi, dimanche et jours fériés de 14 h 30 à 18 h 30. Vente des vins du domaine (bordeaux). Tél. : 57 43 01 45.

Le château de La Rivière : dans le Fronsadais. Surplombant la vallée de la Dordogne, il a été reconstruit au XIXe siècle par Viollet-le-Duc. Ses réseaux de cave sont probablement parmi les plus spectaculaires du Bordelais. Tél. : 57 24 98 01. Visites sur rendez-vous. En juillet et août, de 8 à 11 h et de 14 à 17 h, sauf le week-end. Voir dans la même région l'église romane de Saillans et sa croix sculptée, les églises romanes de Saint-Aignan et de Calgon.

Les propriétés des écrivains : le château de Labrède, demeure favorite de Montesquieu, baron de Labrède, le château de Mongenan dont les jardins de plantes odorantes et d'herbes médicinales ont été dessinés par J.-J. Rousseau, à Saint-Maixant, la propriété de François Mauriac (Malagar). Des circuits (« Montesquieu » et « Mauriac ») sont organisés par la Maison des vins de graves, tél. : 56 27 09 25.

Saint-Émilion insolite : visite commentée du Saint-Émilion souterrain, tous les jours, à travers chapelles souterraines et catacombes avec un passage à la grotte de l'Ermitage où se retira saint Émilion. Prix : 33 F. Visite de Saint-Émilion la nuit, à travers ruelles du Moyen Âge, églises, avec un guide évoquant la mémoire de ces vieilles pierres. Prix : 49 F. Tél. : 57 24 72 03.

INITIATION À LA DÉGUSTATION

Office de tourisme de Bordeaux : 12, cours du xxx-Juillet, 33000 Bordeaux, tél. : 56 00 66 00, fax : 56 81 89 21. Tous les jeudi, l'office de tourisme organise une initiation à la dégustation à Bordeaux : départ à 16 h 30 (17 h hors saison), présentation géographique du vignoble bordelais à la Maison des Vins, et « dégustation prestige » de 6 crus classés (1 par appellation) avec fromages et charcuteries, animée par Gérard Baud (de chez « Baud et Millet », voir restaurants et encadré). Parfois la journée se prolonge par un dîner impromptu. Tarif : 100 F par personne (80 F pour les étudiants et 3e âge). Comité interprofessionnel des vins de Bordeaux : 1, cours du xxx-Juillet, 33000 Bordeaux, tél. : 56 00 22 66, fax : 56 00 22 77. Organise des cours de dégustation et d'initiation au vin pour les non-professionnels au sein de son École du vin (tél. : 56 00 22 88 ou 56 00 22 66) : cours du soir répartis sur 5 semaines (1200 F par personne), stages de 3 jours (2000 F par personne), stages à la carte, etc. Programme et documentation gratuite sur demande.

Château Loudenne : Saint-Ysan-du-Médoc, 33340 Lespare, tél. : 56 73 17 80, fax : 56 09 02 87. École du vin ouverte d'avril à septembre dans cette délicieuse chartreuse du XVIIe siècle au bord de l'eau. Stages d'initiation en anglais et en français de 2 jours et demi et 5 jours (de 5200 à 12300 F avec hébergement sur place) animés par Charles Eve, Master of Wine, et le directeur technique du château qui produit un bon cru bourgeois. Apprentissage ponctué de visites de propriétés dans toute la région.

Pauillac : La Verrerie, 33250 Pauillac, tél. : 56 59 03 08, fax : 56 59 23 38. Tous les mardi matin pendant 2 heures : présentation du vignoble médocain avec initiation à la dégustation : 20 F.

À RAPPORTER

Pour vous souvenir ou pour offrir, voici quelques cadeaux originaux à rapporter de votre voyage dans le terroir, à part des bonnes bouteilles bien sûr qui font toujours plaisir :

Des mini-vignes avec leurs mini-raisins : pourquoi ne pas revenir avec un pied de vigne ? En effet, l'art du bonsaï s'applique aussi à la vigne. Les spécimens, repiqués entre autres des onze grands crus de Saint-Émilion, ont entre 4 et 70 ans. Ayant conservé le cycle végétal de la vigne, ils croissent au printemps, fleurissent, peuvent donner de mini-fruits avant de perdre leurs feuilles en hiver, mais n'espérez pas pouvoir offrir un jour à vos invités un dé de votre saint-émilion ! À partir de 180 F le pied. Chez Vitis Vinifera, François Brun, rue de la Cadène, 33330 Saint-Émilion, tél. : 57 24 70 17.

Des effluves de « Tanin » : Le flacon en bois évoque la blondeur des barriques, le bouchon l'épine des rosiers, ceux qui ponctuent les rangs des vignes bordelaises, le « jus » exhale le délicat parfum de la vigne en fleur. Mixte et léger, ce parfum ne vous incommodera pas lors de vos dégustations. Parfum « Tanin » : 1200 F (45 ml en série numérotée). Le flacon est exposé au CAPC, musée d'art contemporain de Bordeaux. Il existe aussi les bougies parfumées à la fleur de vigne coulées dans un verre gravé à l'or fin (30 F). Parfumerie de l'Opéra, 10 bis, allées de Tourny, 33000 Bordeaux. Tél. : 56 81 96 53.

Des sarments du Médoc : ceux-ci craquent sous la dent et fondent dans la bouche. Ce sont de délicieux brins de chocolat nature ou parfumés (citron, orange, menthe…) créés par le confiseur Charles Sprengnether, inspiré par le Médoc où il a élu résidence.

Des bouchons de Bordeaux : inventé par le confiseur Pouquet, ce délicieux bonbon feuilleté en forme de bouchon est parfumé à la Fine Bordeaux. Confiserie Pouquet : 89, bd du Président-Wilson, 33110 Bordeaux, tél. : 56 08 75 65.

De la liqueur de mûre « Le Petit Médocain » : entièrement naturelle, cette liqueur de mûre au vin de Médoc, fabriquée selon une vieille recette familiale, se déguste nature ou en kir, en y ajoutant du vin blanc.

Dossier réalisé par Pascale Cassagnes

ACHETER DES BORDEAUX

Acheter les grands vins soit en primeur, c'est-à-dire au printemps quand la propriété propose au négoce ses vins en cours d'élevage qui, à son tour les propose à ses clients, soit dès leur mise en bouteilles et leur disponibilité sur le marché, pour bénéficier des meilleurs prix.

La très grande majorité des châteaux vendent leurs vins à la propriété, à l'exception des premiers crus. Sachez que leur prix sont généralement un peu plus élevés que ceux pratiqués par le négoce à ses clients, pour des raisons commerciales.

Si vous achetez au négoce, faites confiance à de véritables professionnels. Voici quelques adresses où vous trouverez les vins mentionnés dans ce guide :

Duclot *: 21, rue Macau, 33000 Bordeaux. Tél. : 56 50 25 62, fax : 56 39 55 73.*

Bordeaux Millésimes *: 42, rue Rivière, 33029 Bordeaux cedex. Tél. : 56 39 79 80, fax : 56 39 55 73.*

Les Vins de Grands Vignobles *: 87, quai de Paludate, BP 89, 33038 Bordeaux cedex. Tél. : 57 80 80 08.*

INFO-MAISON DU VIN DE BORDEAUX

Avant de vous lancer dans le vignoble, n'hésitez pas à vous arrêter à la Maison du Vin de Bordeaux. Située en plein cœur de la ville, juste en face de l'Office de Tourisme, vous y trouverez de précieuses informations en français, anglais, allemand et autres langues étrangères, des cartes, guides avec coordonnées des propriétés, fiches de présentation des différentes appellations, etc. Ces documents peuvent être envoyés par courrier sur simple demande. De plus, chaque semaine, un planning de dégustation affiché dans le hall d'accueil précise les horaires auxquels il est possible de venir déguster deux vins commentés par le sommelier de la maison. Enfin, tout au long de l'année, des stages de dégustation sont proposés dans le cadre de l'École du Vin. Les cours dont donnés en français, anglais ou allemand par des œnologues diplômés de l'Institut d'Œnologie de Bordeaux. Ils s'adressent essentiellement au grand public et s'articulent autour de deux niveaux : le niveau 1 correspond à une première approche des vins de Bordeaux, le niveau 2 concerne les personnes déjà initiés et qui souhaitent approfondir leurs connaissances. D'une durée de trois jours ou répartis sur cinq semaines, ces stages peuvent être organisés « à la carte » à partir de 6 participants. Le calendrier 96 est disponible sur demande.

Renseignements et inscriptions : Maison du Vin de Bordeaux, 3, cours du xxx-Juillet, 33075 Bordeaux cedex. Tél. : 56 00 22 88, fax : 56 00 22 77.

MES 20 BORDEAUX SUP'
DE L'ANNÉE

Au sein de la grande famille des bordeaux (53 appella-tions différentes), les bordeaux et bordeaux supérieurs représentent une force de frappe considérable puisque, avec un vignoble de 58.000 ha, ils couvrent plus de la moitié de l'appellation girondine. Implanté principale-ment sur le rive droite de la Garonne, dans l'Entre-Deux-Mers et, de façon plus discrète, dans plusieurs autres sec-teurs, les Bordeaux et Bordeaux Sup' constituent, avec plus de 3 millions d'hectolitres par an, le premier vignoble des vins fins du monde. Ces « grands petits bor-deaux », dont les prix sont rarement supérieurs à 30 F la bouteille, représentent une production de plus de 410 millions de flacons en rouge, en blanc, en rosé, en clai-ret et en crémant. Placée sous le houlette d'un Syndicat viticole régional, dont le siège est à Beychac-et-Caillau, cette gigantesque appellation fait l'objet de rigoureux tests de qualité renouvelés chaque année. Pour les rouges, par exemple, ces contrôles servent à déterminer si un vin a droit à l'appellation « Bordeaux » ou mérite de passer dans la catégorie au-dessus, celle du « Bordeaux Supérieur ». À l'intention des lecteurs du *Guide des Routes des Vins de France,* voici les adresses d'un cer-tain nombre de domaines que nous avons sélectionnés pour vous, tout au long de l'année, après dégustation du millésime 1993 étant entendu que l'appellation regrou-pe 4300 viticulteurs indépendants et 35 coopératives. Ce qui en dit long sur sa diversité.

Château Barreyre : c'est l'un des rares « petits bor-deaux » implantés en Médoc. Celui-ci se trouve près du port de Macau, célèbre par ailleurs pour sa variété d'arti-chauts. Un vin sombre avec une belle structure tannique. Michel Giron, 33460 Macau, tél. : 57 88 07 64.

Château de Bonhoste : ce vignoble situé dans le canton très touristique de Pujols produit un rouge agréable et fruité que l'on peut boire sans attendre une éternité. Bernard Fournier à Bonhoste, 33420 Saint-Jean-de-Blaignac, tél. : 57 84 12 18.

Château Cadillac-Lesgourgues : ce domaine diri-gé par un homme particulièrement dynamique et entre-prenant (il est également propriétaire en Armagnac) pro-duit un vin bien structuré et très présent en bouche. Il est digne d'accompagner les meilleurs plats du terroir. Jean-Jacques Lesgourgues. Château de Cadillac, 33240 Cadillac-en-Fronsadais, tél. : 57 58 23 05.

Château Gayon : dans une belle maison du XVIIe siècle, la famille Crampes élabore un rouge couleur de nuit, au goût de cerise et de framboise, doté (ce qui ne gâte rien) d'une solide présence en bouche. Du travail d'artisan. Jean Crampes, 33490 Caudrot, tél. : 56 62 81 19.

Château Grand Monteil : autrefois, c'était le châ-teau Vacquey, propriété de la famille Eiffel (celui de la tour !). Aujourd'hui, on y fait un rouge de belle prestan-ce qui a des arômes de gibier et de sous-bois, à consom-mer de préférence sur les civets et les salmis. SC du châ-teau Grand Monteil, 33370 Sallebœuf, tél. : 56 21 29 70.

Château Le Grand Verdus : la gentilhommière de ce vaste vignoble, entouré d'une ferme fortifiée, date de la fin du XVIIe siècle. Les propriétaires actuels sont à l'origine de la rénovation et de la réputation de ce vin qui a pris son essor il y a un peu plus d'un quart de siècle. Excellentes cuvées Tradition et Réservée. Philippe et Antoine Le Grix de La Salle, 33670 Sadirac, tél. : 56 30 64 22.

Château Haut-Guillebot : c'est une femme qui diri-ge ce domaine qui appartient à sa famille depuis plu-sieurs générations. Son 93 à la belle couleur tuilée et au bouquet fringant est une superbe réussite. Évelyne Renier, 33420 Lugaignac, tél. : 57 84 51 71.

Château Labatut : c'est avec le château Lagnet et le château Roques-Mauriac, l'un des trois vignobles dirigés par Hélène Levieux, la dynamique fille aînée d'Édouard Leclerc. Elle a pris de l'assurance depuis son installation dans le Bordelais et la qualité de ses vins s'en ressent. Un coup de cœur pour sa cuvée Hélène 1993 de Roques-Mauriac : de la couleur et du bouquet (fruits rouges et épices). Hélène Levieux, château Lagnet, 33350 Doulezon, tél. : 57 40 51 84.

Château Lagrange Les Tours : encore un vin très féminin, élaboré avec intelligence et compétence. La ver-sion la plus récente est très bouquetée, avec de la rondeur et de l'élégance. Mariel Laval, Le Moulin, 17210 Chevanceaux, tél. : 46 04 65 60.

Le fruit d'une passion.

Bordeaux Supérieur
Appellation d'Origine Contrôlée

Syndicat Viticole Régional des Appellations Contrôlées Bordeaux et Bordeaux Supérieur
Maison de la Qualité 33750 Beychac et Caillau Tél. 56 72 90 99 Fax 56 72 81 02

L'ABUS D'ALCOOL EST DANGEREUX POUR LA SANTE. A CONSOMMER AVEC MODERATION.

Château La Joye : il y a plus de dix ans que je chante les louanges de ce rouge né du côté de Saint-André-de-Cubzac sur un domaine datant du XIXe siècle. L'américain Robert Parker et l'ami Bernard Ginestet l'ont aimé après moi. Alors pourquoi pas vous ? Il a changé de propriétaire en 1989 mais la qualité est restée. J.-P. Froger, 33240 Saint-André-de-Cubzac, tél. : 57 43 18 93.

Château Latour-Laguens : encore un vin qu'aurait apprécié Henri IV qui se serait exclamé en le buvant : « Palsembleu ! que voilà un vin propre à courtiser la bergère ! » L'ancêtre de cette belle propriété daterait du début du VIIIe siècle. Bien charpenté avec un nez de sous-bois et de vanille, le 93 se situe à un excellent niveau. Raymond Laguens, 33540 Saint-Martin-du-Puy, tél. : 56 71 53 15.

Château Le Livey : cette très ancienne propriété familiale appartient actuellement au directeur du château Lascombes à Margaux. Aux traditions de ses ancêtres, il a ajouté son savoir-faire personnel qui n'est pas mince. Résultat : un bordeaux sup' haut de gamme. René Vannetelle, 33490 Saint-Pierre-d'Aurillac, tél. : 56 63 30 58.

Château de Lugagnac : la bâtisse, en forme de manoir normand, a été édifiée sur les ruines de l'ancienne seigneurie de Lugagnac qui existait pendant la guerre de Cent Ans. Le vignoble, remis en état il y a moins de 30 ans, donne un vin (avec 50 % de merlot) très apprécié des connaisseurs et des jurys de concours. Mylène et Maurice Bon, 33790 Pellergue, tél. : 56 61 30 60.

Château Malromé : en 1883, ce domaine devint la propriété de la comtesse de Toulouse-Lautrec, la mère du peintre qui venait s'y reposer l'été et qui y mourut en 1901. Le père de *la Goulue* se vantait de boire, chaque année, une barrique et demie de Malromé. Il aurait aimé le 93, surtout dans sa version Comtesse Adèle, un vin à la magnifique élégance. SCEA Château Malromé, 33490 Saint-André-du-Bois, tél. : 56 76 44 92.

Château Moulin de Serré : avec pour voisins Lalande de Pomerol et Fronsac, ce beau vignoble est planté sur les coteaux de l'Isle. Le vin, dominé par le merlot, est très flatteur, avec des saveurs de fruits confits. Famille Martinez, 33910 Saint-Martin-de-Laye, tél. : 57 49 40 84.

Château Sarail-La Guillaumière : pourquoi ne pas vous l'avouer, c'est l'un de mes vins favoris dans la catégorie des bordeaux sup'. Et cela ne tient pas uniquement à la gentillesse du propriétaire qui élabore un vin comme je les aime, avec juste ce qu'il faut de passage sous bois. Son 1993, au nez déjà giboyeux, ne déparera pas de la collection. Michel Deguillaume, 33450 Saint-Loubès, tél. : 56 20 40 14.

Château Trocard : une famille de viticulteurs dans l'âme, au moins depuis le XVIe siècle. Propriétaire également à Lalande-de-Pomerol, à Lussac-Saint-Émilion et à Pomerol, Jean-Louis est aussi le président du syndicat des Bordeaux et Bordeaux supérieurs. La cuvée Monrepos, vieillie en fûts de chêne, est un rouge à la belle faculté de vieillissement. Vignobles Trocard, 33570 Les Artigues-de-Lussac, tél. : 57 24 31 16.

Château de Seguin : le château d'origine date de la fin du VIIIe siècle mais c'est en 1985 que cette propriété de près de 180 ha a été rachetée par des Danois qui font le commerce des vins fins. Leur cuvée prestige 93 élevée pendant un an en fûts de chêne neufs, commence à s'assouplir. Pour amateurs de vins tanniques mais riches de promesses. Michaël et Gest Carl, 33360 Lignan-de-Bordeaux, tél. : 56 21 97 84.

Château de Lisennes : ce domaine, dont les origines remontent au XIIIe siècle, se trouve désormais (par la grâce des voies rapides) à une portée de fusil de Bordeaux. On y fait un rouge très marqué par le merlot. Élevée en barriques neuves, la cuvée prestige, au nez très vanillé, mérite de jouer dans la cour des grands. On élabore aussi un agréable clairet, ce vin inventé à l'usage des Anglais et qui n'est ni rouge, ni rosé. Jean-Pierre Soubie, 33370 Tresses, tél. : 57 34 13 03.

Château Timberlay : encore une propriété liée à l'histoire tourmentée de l'Aquitaine puisque la première bâtisse connue remonte au temps de la domination anglaise. La qualité des vins n'a pas cessé de s'améliorer depuis quelques années, à tel point que 65 % de la récolte est exportée dans 70 pays. Le 93, qui a passé un an en barriques a une jolie teinte grenat, un équilibre à toute épreuve et des arômes de petits fruits rouges, parmi lesquels domine la groseille. Robert Giraud, Domaine de Loiseau, BP 31, 33240 Saint-André-de-Cubzac, tél. : 57 43 01 44.

Roger Pourteau

LES SECONDS DES CLASSÉS

La tradition, déjà ancienne, des seconds vins des grands crus s'est presque généralisée ces dernières années puisque 54 des 61 châteaux classés en 1855 ont, désormais, une deuxième étiquette. La raison de cette expansion est simple : dans leur souci d'améliorer encore la qualité, les stars du Médoc et des Graves (un seul domaine classé dans cette appellation), réservent leurs meilleures cuvées au premier vin, le reste (y compris la vendange des jeunes vignes) étant affecté à l'élaboration des seconds. Voici la liste des principaux seconds vins, commercialisés à des prix nettement inférieurs à ceux des grands crus.

Premiers crus : Carruades du château Lafite, à Pauillac ; les Forts de Latour, du château Latour, à Pauillac ; Pavillon Rouge du château Margaux, à Margaux ; le Bahans, du château Haut-Brion, à Pessac. Parmi les premiers crus, seul le château Mouton Rothschild n'a pas de second vin.

Seconds crus : clos du Marquis, du château Léoville-Las Cases, à Saint-Julien ; Moulin Riche du château Léoville-Poyferré, à Saint-Julien ; Lady Langoa, du château Léoville-Barton à Saint-Julien ; Sarget de Gruaud-Larose, du château Gruaud-Larose à Saint-Julien ; château Ségonnes, du château Lascombes à Margaux ; Réserve de la Comtesse, du château Pichon-Longueville Comtesse de Lalande, à Pauillac ; Tourelles de Longueville, du château Pichon-Longueville Baron à Pauillac ; château de Marbuzet, du château Clos d'Estournel à Saint-Estèphe ; la Croix, du château Ducru-Beaucaillou à Saint-Julien, etc.

Troisiemes crus : les Fiefs de Lagrange, du château Lagrange, à Saint-Julien ; Grand Giscours, du château Giscours à Margaux ; Réserve du Général, du château Palmer à Margaux ; Marquis de Calon, du château Calon-Ségur à Saint-Estèphe ; Dame de Malescot, du château Malescot-Saint-Exupéry à Margaux, etc.

Quatrième crus : Connétable Talbot, du château Talbot à Saint-Julien ; château Duluc, du château Branaire-Ducru, à Saint-Julien ; N°2 de Lafon-Rochet, du château Lafon-Rochet à Saint-Estèphe ; Amiral de Beychevelle, du château Beychevelle à Saint-Julien ; Clairefont, du château Prieuré-Lichine à Margaux.

Cinquième crus : Les Hauts de Pontet, du château Pontet-Canet à Pauillac ; Haut-Bagès Averous, du château Lynch-Bages à Pauillac ; la Tour l'Aspic, du château Haut-Batailley à Pauillac ; la Bastide Dauzac, du château Dauzac à Margaux ; Chapelle de Bages, du château Haut-Bages Libéral à Pauillac ; Diane de Belgrave, du château Belgrave à Saint-Laurent (Haut-Médoc) ; la Closerie de Camensac, du château Camensac à Saint-Laurent (Haut-Médoc), etc.

Roger Pourteau

UNE BIBLE ET UNE INSTITUTION

Le Bordelais est la seule région viticole à posséder un instrument aussi précieux. Édité pour la première fois en 1845, Bordeaux et ses Vins, plus connu des amateurs sous le nom du « Féret », est un ouvrage absolument unique en son genre. En 2000 pages, il passe en revue plus de 6000 propriétaires girondins, 7000 crus, 8000 marques et consacre 1300 descriptifs détaillés et illustrés aux domaines les plus importants. Cette Bible comporte également toute une série d'informations techniques, historiques, professionnelles et documentaires sur le plus grand vignoble du monde. Constamment remis à jour, le « Féret » (rédigé par Marc-Henry Lemay, entouré de toute une équipe de spécialistes) en est aujourd'hui à sa 15ᵉ édition (il revient tous les 6 ans) et il fête ses 150 ans d'existence. Bordeaux et ses Vins, 15ᵉ édition, Éditions Ferret, 9, rue de Grassi, 33000 Bordeaux. Prix : 480 F.

DOMAINE DE COUTEILLAC
& CHÂTEAU ROBIN

PROPRIÉTAIRE-RÉCOLTANT

――――――― LE DOMAINE ―――――――

Couteillac est un bordeaux AOC tandis que Robin est un côtes-de-castillon récemment acquis par Stéphane Asséo. Ses deux vins sont de qualité stupéfiante et montrent sur des terroirs moins connus, le niveau qu'il est possible d'atteindre avec du talent et du savoir-faire.

――――――― LES VINS ―――――――

Il y a en effet bien un style Asséo : du merlot très mûr, un fruit suave et charnu, des tanins croquants et très tendres et une finale équilibrée et harmonieuse. Tous les rouges sont excellents et caracolent en tête de leurs appellations. Très bon bordeaux rouge 1993 (43 F) que l'on croirait issu d'un beau millésime tant le vin est riche et mûr. Goûtez la cuvée Antholien en blanc, sémillon et un peu de sauvignon, vinifié en barrique avec adresse : simple, gras, boisé et beurré. Le château Robin 1993, un côtes-de-castillon, est plus charnu et fini encore que son bordeaux rouge. Le soyeux de ses tanins est digne de grandes appellations voisines. Buvez-le dès maintenant.

――――――― L'ACCUEIL ―――――――

Du lundi au vendredi de 9 à 12 h et de 14 à 18 h, sur R-V. Pour se rendre à Courteillac, au sud de Castillon-la-Bataille, prendre la direction Sauveterre, puis Ruch.

PROPRIÉTAIRE :
STÉPHANE ASSÉO
33350 RUCH
TÉL. : 57 40 55 65 - FAX : 57 40 58 07

CHÂTEAU
FALFAS

PROPRIÉTAIRE-RÉCOLTANT

――――――― LE DOMAINE ―――――――

Les Cochran ont adopté les méthodes de culture biodynamique. Elles consistent à refuser les engrais de synthèse et les produits phytosanitaires classiques. D'où l'usage de préparations dynamisées, pour stimuler les forces racinaires ou de fructification de la vigne. Cette méthode controversée a toutefois le mérite de favoriser une culture traditionnelle soucieuse de la plante.

――――――― LES VINS ―――――――

Très traditionnels, ils possèdent beaucoup de matière en raison de rendements modestes. Toutefois leur puissance n'est pas exempte de rusticité, signe que le travail du chai est discret, ce dont les petits millésimes souffrent. Nous aimons bien le 92 (38 F) qui est une réussite pour l'année, d'une très bonne structure, exempte d'acidité trop forte. Il est largement du même niveau que le 1993 (39 F), boisé et robuste, mais manquant un peu de grâce. Le Chevalier 1991 (65 F) est bon, assez léger, d'un fruité charmeur, qui fait de ce vin un agréable vin de déjeuner. Le Chevalier 1990 (70 F) est d'un tout autre niveau. C'est un vin profondément gorgé de fruit (cassis et framboise), à la chair dense et aux tanins soyeux, très équilibré, qui donne la mesure de ce peut faire ce terroir du Bourgeais en grande année. Prix justifié.

――――――― L'ACCUEIL ―――――――

Par John ou Véronique Cochran, du lundi au vendredi, de 9 à 12 h et de 14 à 18 h. Sur R-V de préférence. Sortir de l'autoroute A10, à Saint-André-de-Cubzac, aller à Bourg, puis direction Blaye, à Bayon, le domaine est en hauteur sur le coteau nord-est, par rapport à la Gironde.

PROPRIÉTAIRES :
VÉRONIQUE ET JOHN COCHRAN
33710 BAYON
TÉL. : 57 64 80 41- FAX : 57 64 93 24

CÔTES-DE-BOURG ET SAINT-ÉMILION

CHÂTEAU ROC DE CAMBES
& LE TERTRE- ROTEBOEUF

PROPRIÉTAIRE-RÉCOLTANT

LE DOMAINE

François Mitjaville est un viticulteur bien connu des amateurs pour ses vins d'un style très personnel, que nous pourrions qualifier, quant au saint-émilion, de diamétralement opposé à notre autre coup de cœur Bélair. Preuve que des goûts différents peuvent cohabiter. François Mitjaville vit au Tertre-Rotebœuf, une charmante demeure vigneronne XVIIIᵉ siècle. C'est un homme réservé, très affable, cultivé, intéressé par la viticulture, la science et l'art. Aussi a-t-il une conception très personnelle et originale de la production des grands vins sur ses deux propriétés : Le Tertre-Rotebœuf, à Saint-Émilion et Roc-de-Cambes, en côtes-de-bourg. Roc-de-Cambes est un vignoble de côtes. Le cru se situe en front de côte, à proximité de la citadelle de Bourg, au-dessus du fleuve. L'ensoleillement est important en raison de l'exposition au sud-ouest, mais il est tempéré par la Gironde, dont la masse d'eau, constitue un thermostat, qui régule les températures en les atténuant aussi bien l'été que l'hiver. Résultat : la photosynthèse est lente, régulière, et permet donc de développer de la complexité dans la constitution des raisins. La structure argilo-calcaire du sol permet de donner au merlot et aux cabernets du tanin. Le Tertre-Rotebœuf, en AOC Saint-Émilion, est classique des côtes du secteur, avec son terroir argilo-calcaire, pentu, exposé au sud, dont l'encépagement est très merlot. François Mitjaville ne craint de renforcer la part du merlot, jusqu'à obtenir au Tertre un vin dans l'avenir composé presque entièrement de ce cépage. Pourquoi ? Parce que le merlot est celui qui colle le mieux à un terroir long à se réchauffer comme d'ailleurs à se refroidir.

LES VINS

Car l'originalité de François Mitjaville est d'obtenir

des très grandes maturités, au-dessus de 13°. Ses vins ne sont jamais chaptalisés, fait très rare dans la région.

Pourtant, l'acidité toujours élevée permet la richesse en sucre. Sur ces matières très mûres, la vinification extrait beaucoup de composés à près de 35°C et pendant près d'un mois. Ce vin très puissant et riche en extraits secs et élevé en barriques neuves, aussi bien pour le Tertre que pour Roc-de-Cambes, pendant 18 mois et mis en bouteille sans filtration. Le paradoxe apparent de ces vins est d'arriver à être classiques en empruntant des voix originales. Réservez les 95 en primeur qui s'annonce formidablement mûrs et complexes au Tertre-Roteboeuf. Le 94 (sorti à 190 F en primeur) est plus réservé et de belle garde. Le Roc-de-Cambes est le plus grand vin du Bourgeais et gagne chaque année en finesse et en classe. Le 95 est magnifique, très puissant et très charnu en raison d'un cabernet-sauvignon exceptionnel, ramassé un fois la sénescence de la peau atteinte. Achetez-le en primeur aux caves Legrand, à Paris ou à La Tour des Vins à Saint-Émilion, ou chez Bordeaux Millésimes. Le 94 était à 77 F.

L'ACCUEIL

Par François Mitjaville, sur rendez-vous uniquement, avec beaucoup de courtoisie et de gentillesse. Dégustation du dernier millésime au chai. Possibilité d'achat chez Mitjaville, mais au même prix ou plus cher que chez ses distributeurs.

Depuis Saint-Émilion, direction Saint-Laurent-des-Combes, passez par le plateau, devant Troplong-Mondot, continuez pendant 500 m et tournez à droite. Le domaine est à 1 km, avant de redescendre la côte, un peu sur la droite.

PROPRIÉTAIRE :
FRANÇOIS MITJAVILLE
33330 SAINT-LAURENT-DES-COMBES
TÉL. : 57 24 70 57- FAX : 57 74 42 11

PREMIÈRES-CÔTES-DE-BLAYE

CHÂTEAU BERTINERIE

PROPRIÉTAIRE-RÉCOLTANT

LE DOMAINE

Les Bantegnies en ont fait l'un des noms désormais bien connus du Blayais. Ceux qui s'intéressent aux questions sur les méthodes culturales pourront y découvrir une méthode de taille peu répandue en Bordelais, comme en France du reste, la taille de la vigne en lyre. L'avantage : favoriser grâce à une grande surface foliaire et, grâce à une aération importante du feuillage, la photosynthèse, donc le mûrissement des raisins mais elle implique également un grand nombre d'opérations manuelles dont les vendanges.

LES VINS

Les Haut-Bertinerie sont issus des plus vieilles vignes du château. Il n'y a plus à la vente que les 93 et 94, qui hélas ne font pas oublier les 90. Des vins de facture moderne, assez boisés, mais très bien vinifiés. Le rosé clairet 94 (47,90 F) est un gros calibre, plus adapté aux viandes qu'aux poissons. Étonnant d'arômes complexes, le Haut-Bertinerie blanc 1994 (48,90 F) est un pur sauvignon, fermenté et élevé sur lies à la façon des graves marqué par un élevage de 8 mois en barriques. Nous avons adoré le rouge Haut-Bertinerie 1993 (48,90 F), très coloré, boisé, bien tannique, austère, même strict, marqué par les arômes de poivron, classique d'un cabernet sauvignon dominant. A boire d'ici 3 à 10 ans.

L'ACCUEIL

Par la famille, du lundi au vendredi de 9 à 12 h et de 14 à 18 h. Le domaine se trouve à 10 km au nord de Saint-André-de-Cubzac, où vous sortirez de l'A10. Suivre la N10 vers Angoulême-Paris, sortie « Cubnezais ». Poursuivre jusqu'au village pendant 2 km et suivre les flèches « Bertinerie » à la sortie du village.

PROPRIÉTAIRES :
DANIEL BANTEGNIES & FILS
83340 FLASSANS-SUR-ISSOLE
33620 CUBNEZAIS
TÉL. : 57 68 70 74 - FAX : 57 68 01 03.

CÔTES-DE-FRANCS

CHÂTEAU DE FRANCS

PROPRIÉTAIRE-VIGNERON

LE DOMAINE

L'appellation Côtes-de-Francs se situe sur trois communes à l'Est de Saint-Émilion, Francs, Saint-Cibard et Tayac. Les Thienpont sont les producteurs les plus connus de cette appellation qui gagne à être découverte par l'amateur, aussi bien pour les rouges que les blancs. Le merlot est le principal cépage, comme dans tout le Libournais. Hubert de Boüard, plus connu pour l'Angélus, à Saint-Émilion, exploite, avec les Hébrard, le château de Francs.

LES VINS

Très classiques. Le château de Francs 1993 (43 F), en rouge, est agréablement souple, bouqueté, correctement équilibré. Bien sûr, il n'y a pas le moelleux de raisins très mûrs, ni l'expression souvent minérale du terroir de Francs, comme dans les grandes années. Si vous passez par L'Angélus, prenez rendez-vous pour visiter la propriété de Saint-Émilion et procurez-vous le très bon 1993. Nous aimons beaucoup de château de Francs blanc 1994 (40 F), un assemblage à majorité de sauvignon. C'est un vin craquant, vinifié et élevé en barrique neuve, comme les grands de Pessac-Léognan, adorablement sophistiqué avec ses notes crémeuses et beurrées, et d'un fruité rappelant le citron. Excellent rapport qualité-prix.

L'ACCUEIL

Sur rendez-vous pris en téléphonant à l'avance, car à Francs ne sont situées que les installations de production. Sinon, il faut se rendre à Lussac ou bien à Saint-Émilion.

PROPRIÉTAIRES :
D. HÉBRARD & H. DE BOÜARD
33570 FRANCS
TÉL. : 57 40 65 91 OU 57 74 45 05
FAX : 57 40 63 04 OU 57 74 45 05

FRONSAC

MOULIN HAUT-LAROQUE

PROPRIÉTAIRE-RÉCOLTANT

LE DOMAINE

Jean-Noël Hervé est l'un des plus fervents promoteurs de Fronsac. Cette région des côtes-du-Libournais possède sans doute l'un des terroirs les plus intéressants des appellations dites mineures. Le merlot trouve sur ces argilo-calcaires son domaine de prédilection et les raisins mûrissent bien. À Moulin Haut-Laroque, Jean-Noël prouve que l'on peut faire autre chose que des vins qui naguère servaient de fortifiants aux bordeaux AOC, pour le négoce libournais. Sa propriété compte 15 ha, bien exposés.

LES VINS

Ils tirent leur force d'un bon nombre de vieilles vignes peu productives, en particulier de cabernet franc qui donnent beaucoup de chair au vin. Les rendements sont très modérés et les raisins bien mûrs. Dans ces conditions, Hervé ne cherche pas d'extraction très puissante. Le 95 s'annonce ici comme un grand millésime, sérieux par sa structure et pulpeux par son fruit. Jean-Noël Hervé s'occupe aussi d'une autre propriété, la Vieille Cure, qui fait de bons vins. Moulin Haut-Laroque 1993 est un ton en dessous du 95, plus souple, moins mûr, mais très bien équilibré et harmonieux.

L'ACCUEIL

Du lundi au vendredi de 9 à 12 h et de 14 à 18 h, par Robin Corvez. Depuis Libourne, direction Saint-André-de-Cubzac. Traverser la rivière l'Isle. Avant Fronsac, direction Saillans sur la droite. Le domaine, en travaux, est juste à droite avant l'école.

PROPRIÉTAIRE :
JEAN-NOËL HERVÉ
33141 SAILLANS
TÉL. : 57 84 31 84 - FAX : 57 84 31 84

CANON FRONSAC

CHÂTEAU CASSAGNE HAUT-CANON

PROPRIÉTAIRE-RÉCOLTANT

LE DOMAINE

Vous rêvez d'un château, d'une vue sur la Dordogne et du clocher de Saint-Michel-de-Fronsac, d'un microclimat si doux sur ces coteaux que la truffe s'y établit et que des arbres méditerranéens y poussent. Alors allez à Cassagne, situé sur un tertre donnant sur toutes les expositions. Jean-Jacques Dubois produit deux cuvées, l'une traditionnelle venant des vignes en coteaux, l'autre, La Truffière, issue du plateau calcaire, où justement sont plantés des arbres truffiers.

LES VINS

Très bien faits, généreux et authentiques. La Truffière donne des vins puissants, charnus, structuré par le cabernet-sauvignon, mais cette cuvée a tendance à sécher en vieillissant. Aussi vaut-il mieux la boire encore jeune. La Truffière 1990, par exemple, est très séduisante au nez avec ses arômes de brûlé et de prune. Elle s'affirme très puissante, mais ses tanins sont déjà secs. Préférez donc La Truffière 1993 (696 F la caisse de 12) aux notes de tabac de Virginie, au fruité mûr et aux tanins fins. Elle est à boire maintenant. La cuvée traditionnelle, Cassagne Haut-Canon 1991 (39 F), est très réussie. Il faut dire qu'il n'a pas gelé au printemps 1991 sur ces coteaux et que l'automne y a été beau. Résultat : beaucoup d'arômes de tabac et caramel, un matière riche et suave, et un charnu à croquer. Elle est à point.

L'ACCUEIL

Du lundi au vendredi, de 9 à 12 h et de 14 à 18 h, sur R-V de préférence, par Jean-Jacques Dubois. Depuis Libourne, direction Saint-André-de-Cubzac. À Saint-Michel-de-Fronsac, tourner à droite, monter le coteau, puis à droite en suivant les panneaux.

PROPRIÉTAIRE : **J-J DUBOIS**
33145 SAINT-MICHEL-DE-FRONSAC
TÉL. : 57 51 18 24 OU 57 51 63 98
FAX : 57 51 62 20

CHÂTEAU
LA CROIX-DU-CASSE

PROPRIÉTAIRE-RÉCOLTANT

LE DOMAINE

Jean-Michel Arcaute est l'un des meilleurs viticulteurs bordelais. Il produit l'un des plus grands pomerols, Clinet, et fait de très bons bordeaux blancs et rouges, élevés comme des princes, sous le nom de Jonqueyres, la propriété qu'il habite et où sont aussi installés les bureaux de son affaire de négoce Audy GAM. Si Clinet est un vin exceptionnel, La Croix-du-Casse est peut être plus modeste, d'un format plus réduit en raison de son terroir. Toutefois, il possède toutes les qualités d'une très bon pomerol à un prix restant sous la barre des 100 F en primeur, ce qui est rare dans le secteur.

LES VINS

Jean-Michel Arcaute recherche le plaisir, l'hédonisme à travers cette devise : plus le raisin de merlot est mûr, meilleur sera le vin. Aussi est-il partisan de vendanges très tardives, d'extractions poussées aussi bien en température qu'en durée, d'élevage en barrique et sans filtration. En résulte un vin très coloré, plein de parfums et de fruité assez confits, à la chair opulente. C'est le type même du vin plaisir. Les 89 et 90 sont superbes, mais rares désormais. Le 93 (136 F) a tout ce qu'un pomerol peut rêver : rondeur, chair crémeuse, bouquet expansif. Cet automne, une fois en bouteille, dévalisez le stock des 94 qui sont superbement réussis, peut-être comme jamais La Croix-du-Casse ne l'a encore été. Moins cher, on ne trouve pas meilleur pomerol.

L'ACCUEIL

Sur R-V, du lundi au vendredi. Pour se rendre à Saint-Germain-du-Puch, prendre depuis Bordeaux la direction Bergerac. Le château Jonqueyres se trouve à la sortie du village sur la gauche.

PROPRIÉTAIRE :
JEAN-MICHEL ARCAUTE
33750 SAINT-GERMAIN-DU-PUCH
TÉL. : 56 68 55 88 - FAX : 56 30 11 45

CHÂTEAU
GAZIN

PROPRIÉTAIRE-RÉCOLTANT

LE DOMAINE

C'est certainement la révélation de Pomerol – avec Clinet – depuis le millésime 1988. Avant, le cru vivait sur une réputation qui s'affaiblissait chaque année. Ce domaine est l'un des plus grands de Pomerol : 24 ha sur un sol argilo-graveleux. Nicolas de Baillencourt a décidé de restaurer la grandeur de ce cru qui se situe aujourd'hui au niveau des plus grands de l'appellation, à un prix encore raisonnable. Ce n'est pas un hasard. Il se trouve près de Petrus et l'Évangile.

LES VINS

Ils sont faits de façon traditionnelle. Les Bailliencourt recherchent davantage l'élégance que la puissance, si bien que si les raisins sont récoltés bien mûrs, les extractions restent raisonnables. Les vins brillent par leur harmonie, la délicatesse de leur chair et la plénitude de leur fruit. Nous aimons beaucoup ce style pomerol, à la fois tendre et profond, d'une séduction totale. le plus grand millésime est le 90 (195 F franco). Mais depuis le château a fait d'excellents vins, comme le 94 (140 F franco) qui s'affirme comme l'un des meilleurs vins du secteur. Le château Gazin 1993 (130 F franco), pourtant d'un millésime modeste, est remarquable : bouquet intensément fruité, texture aristocratique, sève gracieuse et profonde. Vraiment, on ne reconnaît pas le millésime. C'est le signe d'un travail ambitieux de sélection. Très bon rapport qualité-prix.

L'ACCUEIL

Tous les jours, sur rendez-vous uniquement, par les Bailliencourt. Vente sur place. Sur le plateau est de Pomerol. Suivre les panneaux indicateurs.

PROPRIÉTAIRE :
FAMILLE DE BAILLIENCOURT
33500 POMEROL
TÉL. : 57 51 07 05 - FAX : 57 51 69 96

CHÂTEAU CHEVAL BLANC

PROPRIÉTAIRE-RÉCOLTANT

―――― LE DOMAINE ――――

Avec Ausone, Cheval Blanc est un premier cru classé A. Depuis l'après-guerre, il est sans doute le cru le plus régulier de Bordeaux avec Haut-Brion. En 1991, Pierre Lurton a pris la direction du domaine. Il a la particularité d'être situé aux confins de la commune de Saint-Émilion, à la limite de Pomerol, sur des sols très divers : argiles, graves, sables. À la différence des vignobles de l'appellation, sa proportion de merlot est faible tandis que le cabernet franc domine largement dans l'encépagement comme dans l'assemblage final.

―――― LES VINS ――――

La force de Cheval Blanc est de pouvoir disposer de cabernets francs très mûrs susceptibles d'exprimer toute la complexité de ce fabuleux terroir. Les vins ont beaucoup de moelleux, de délicatesse et un fascinant bouquet et ce privilège d'être bon jeunes et de vieillir admirablement. Au point que la finesse des tanins de Cheval Blanc trompe certains dégustateurs qui sous-estiment l'incroyable capacité de ce vin à bien vieillir. Le 90 est l'un des millésimes historiques de Cheval Blanc, à plus de 1200 F. Le 88 est un plus petit format et se goûte très bien aujourd'hui pour sa finesse et sa grâce. Le 94 est superbe et sera disponible cet automne. Son nez de cassis et de fleurs est superbe. En bouche, il entre avec grâce et se déploie avec une grâce souveraine. C'est un très grand vin d'une grâce aromatique inouïe.

―――― L'ACCUEIL ――――

Sur R-V, huit jours à l'avance, visite complète du cru et dégustation. Pas de vente. Depuis Saint-Émilion, direction Libourne. Après le panneau Haut-Ségottes, première route à droite.

DIRECTEUR :
PIERRE LURTON
33330 SAINT-ÉMILION
TÉL. : 57 55 55 55 - FAX : 57 55 55 50

CHÂTEAU AUSONE

PROPRIÉTAIRE-RÉCOLTANT

―――― LE DOMAINE ――――

C'est, avec Cheval Blanc, l'autre premier cru classé A. La légende tient que le nom du domaine vienne de la villa qu'occupait à cet endroit le poète et le proconsul Ausone à l'époque romaine. Ce vignoble de 7 ha est en côte, exposé plein sud, sur des terres argileuses et calcaires. Il est entouré au sommet d'une ceinture de rochers et de galeries creusées dans le calcaire de Saint-Émilion. Il appartient en indivision aux familles Vauthier et Dubois-Challon. La direction du domaine est conduite par Alain Vauthier.

―――― LES VINS ――――

Ils sont exceptionnels, même s'ils n'ont pas eu la régularité de Cheval Blanc. D'une façon générale, ils sont très bons en année chaude. Exceptionnels 82-83, et 89-90, ces vins vieilliront pendant des décennies et acquerront le fascinant bouquet de truffe des vieux Ausone. La petite quantité de bouteilles produite par ce domaine explique le prix très élevé de ce cru, qui se négocie au double des autres premiers crus. Le 94 est un beau millésime d'Ausone. Il n'est vraiment pas dans le charme ou la séduction. C'est un vin sérieux, austère, difficile, mais d'une très grande personnalité et d'une grande richesse de sève.

―――― L'ACCUEIL ――――

Pas de vente, ni visite au château mais la façade vaut le coup d'oeil. Suivre la route qui longe l'église et le cimetière de Saint-Émilion et vous tombez dessus après Magdeleine.

PROPRIÉTAIRES :
INDIVISION CH. AUSONE
33330 SAINT-ÉMILION
TÉL. : 57 24 70 26 OU 57 24 70 94

CHÂTEAU HAUT-SÉGOTTES
PROPRIÉTAIRE-RÉCOLTANT

LE DOMAINE

Le château Haut-Ségottes appartient à ce petit groupe de propriétés non classées qui produisent souvent de très bons vins qui, s'ils n'ont pas la finesse des grands crus, ne manquent pas de tempérament. À ce titre, Haut-Ségottes mérite d'être mieux connu. Danielle André s'occupe de ce cru de 9 ha dont les terres sont situées sur des sables sur argiles. L'âge des vignes et le travail de Danielle André permettent se compenser un terroir moyen.

LES VINS

Les rendements sont en dessous de la moyenne de l'appellation si bien que les vins sont très bien constitués et les vendanges très précoces. Les vendanges sont faites à la main et les raisins soigneusement triés. Les cuvaisons sont assez longues, mais sans forcer sur les températures. En fin, le vin passe 12 mois en barriques. Le 93 (54 F) est grenat violacé, vigoureux et harmonieux, sans la moindre trace de végétation, et d'une bonne longueur. Le 1989 (58,50 F) a un nez de foin coupé, des tanins plus soyeux que le 90, sans en avoir sa structure et son équilibre. N'hésitez pas sur Haut-Ségottes 1990 (57,50 F). C'est un vin coloré. Il dégage un bouquet de raisins secs et de pruneau cuit, caractéristique des merlots très mûrs. Il est ample, structuré, puissant et de grande saveur. À boire dans les 5 ans à notre avis.

L'ACCUEIL

Avec attention et gentillesse, par Danielle André, du lundi au samedi de 9 à 12 h et de 14 à 18 h. Depuis Libourne, direction Saint-Émilion, sur la droite, après l'hôtel Grand Barrail.

PROPRIÉTAIRE :
DANIELLE ANDRÉ
33330 SAINT-ÉMILION
TÉL. : 57 24 60 98 - FAX : 57 74 47 29

CHÂTEAU FAUGÈRES
PROPRIÉTAIRE-RÉCOLTANT

LE DOMAINE

C'est l'un des domaines les plus chics de Saint-Émilion avec ses propriétaires parisiens (Corinne Guisez, publicitaire et Péby Guisez, producteur de cinéma). Ne reculant pas devant la tâche, et avec l'aide du grand œnologue (Michel Rolland) et de bons architectes (Gastines et Dillon), les Guisez ont tout pour faire de bons vins. Faugères est installé sur des terroirs de molasse et d'argile et de calcaire bien exposés.

LES VINS

La principale force du domaine est d'apporter un soin particulier, sous le conseil de Michel Rolland, dans la maturité, la qualité sanitaire, le tri de la vendange. Le second atout est de procéder à des sélections parcellaires grâce à une batterie de cuves où chaque parcelle est vinifiée séparément. Enfin, les assemblages entre les lots sont les plus tardifs possibles afin de pouvoir au maximum sélectionner les vins. Comme on le voit, les idées de Michel Rolland y sont appliquées pour le meilleur presque à la lettre. N'oubliez pas le côtes-de-castillon Cap de Faugères 1993 (35 F). Il offre un très bon rapport qualité-prix. C'est un vin à boire aujourd'hui, agréablement fruité. Le château Faugères 1993 (68 F) est un vin très coloré, grenat vif, assez charnu pour l'année, richement boisé, bien équilibré, et une finale un peu dure et austère en raison de la faible maturité de l'année.

L'ACCUEIL

Du lundi au vendredi, sur rendez-vous pris à l'avance. Visitez les chais de vinification. À 7 km à l'est de Saint-Émilion, de Saint-Étienne-de-Lisse, la propriété est fléchée.

PROPRIÉTAIRES :
CORINNE ET PÉBY GUISEZ
33330 SAINT-ÉMILION-DE-LISSE
TÉL. : 57 40 34 99 - FAX : 57 40 36 14

SAINT-ÉMILION

CHÂTEAU
BELAIR

PROPRIÉTAIRE-RÉCOLTANT

―――――― **LE DOMAINE** ――――――

Nous vous le concédons, notre choix n'est pas particulièrement original. Bélair est tout simplement l'un des 11 premiers crus de Saint-Émilion et l'un des tous meilleurs derrière Cheval Blanc et Ausone. Bélair est sans doute l'un des crus les attachants de tout le Bordelais et que j'aime beaucoup. Pour son style de vin d'un naturel d'expression et d'une grâce évidente. Son régisseur, Pascal Delbeck s'occupe, depuis qu'il est sorti de l'école, des propriétés de Mme Dubois Challon, donc de Bélair. Ses convictions en font l'un des hommes les plus précieux du Bordelais. Il croit avec passion et sans concessions dans un certain nombre de valeurs qu'il est bon de rappeler en ces temps où les vins se jugent souvent à l'aune de leur poids. Le premier facteur de qualité se situe dans le terroir. Si l'homme veut marquer de son style le vin, il modifie le caractère naturel que lui confère son terroir. La recherche de la concentration n'est qu'une course au meilleur et souvent à l'argent, et elle n'a rien à voir avec l'équilibre et la finesse, qui sont les deux notions fondamentales des grands vins. En ces temps de chambardement des pratiques de vinifications auquel on assiste depuis une quinzaine d'années, ces quelques évidences font du bien. Pascal Delbeck met en pratique ces idées à Belair : un vignoble de 13 ha situé sur le rebord calcaire du plateau et sur la Côte de Saint-Émilion, planté de merlot et de cabernet franc.

―――――― **LES VINS** ――――――

Si dans les années petites ou moyennes, on peut leur trouver un côté un peu décharné et dur, ils sont merveilleux dans les grandes années. Bien sûr, ne vous attendez pas à trouver un monstre. Ce n'est pas du tout le caractère du terroir, ni le style de Pascal Delbeck. Il y a plus coloré, plus boisé, plus charnu, plus riche en tanins, plus opulent, plus mûr que Bélair. Mais, il y a rarement plus fin, plus élégant et surtout difficilement plus personnel, ne ressemblant à rien d'autre, que Bélair. Goûtez du 89 ou du 90 sans doute les deux plus grands vins produits par le domaine depuis longtemps. Prenez le 82 de Bélair. Quand la plupart des 82 de Saint-Émilion ont évolué vers un côté très confit, sous-bois et humus, Bélair est encore droit comme un « i » et d'un tanin aussi jeune que si on l'avait vendangé il y a trois mois. Les 89 et 90 sont très chers et difficiles à trouver aujourd'hui. Le 94 est très réussi, d'accès peut-être plus difficile, mais de grande race, et d'un minéral très marqué.

―――――― **L'ACCUEIL** ――――――

Sur R-V pris à l'avance, du lundi au vendredi de 9 à 12 h et de 14 à 18 h, par Pascal Delbeck ou une autre personne. Promenez-vous dans les caves qui forment un ensemble de galeries, où sont installées les barriques, dans le calcaire à astéries sur lequel la cité est construite. L'humidité y est à 100 %. Les parois du rocher suintent même en plein été de sécheresse. Dans Saint-Émilion, suivre la route passant devant l'église et le cimetière, c'est après Magdelaine.

PROPRIÉTAIRE :
HERVÉ GOUDARD
83340 FLASSANS-SUR-ISSOLE
TÉL : 94 69 74 60 - FAX : 94 69 80 29

CHÂTEAU SOUTARD

PROPRIÉTAIRE-RÉCOLTANT

_____ LE DOMAINE _____

L'un des seuls crus à disposer d'un véritable château. Le vignoble compte 22 ha d'un tenant. L'édition du Féret (la bible des vins de Bordeaux) de 1898 le plaçait parmi les premiers crus classés. Aujourd'hui c'est un cru classé tout court. Son terroir est celui du plateau de saint-émilion : du calcaire recouvert d'un peu d'argile. François de Ligneris s'occupe de la propriété.

_____ LES VINS _____

Parmi les plus traditionnels de Saint-Émilion, les Ligneris sont allergiques aux modes. Le vignoble est en culture biologique et les vinifications sont très classiques : vendanges à la main, pas de saignées, cuvaisons longues, remontages quotidiens, élevage avec des bois d'origine très différente, y compris d'Amérique et de Russie. Le plus grand vin produit par le domaine est le 1985. Hélas, il n'est plus à la vente. le 89 (154 F) est léger, un peu copeau de bois, et franchement décevant. Le 90 (154 F) est beaucoup mieux constitué et équilibré, comme le 94, encore en cours d'élevage. Nous avons bu un bon 1993 (112 F), au prix très raisonnable, à notre avis largement supérieur à un 89. C'est la preuve que le millésime ne fait pas tout. L'autre intérêt majeur de Soudard est d'être d'un excellent prix. Toutefois les tarifs à la propriété sont toujours plus chers que chez les négociants, par souci de protection de ses distributeurs.

_____ L'ACCUEIL _____

Par la famille Ligneris avec beaucoup de courtoisie. Très beau château. Du lundi au vendredi de 9 à 12 h et de 14 à 18 h. Il est préférable de téléphoner. Vente sur place.

| PROPRIÉTAIRE : |
| **FAMILLE DE LIGNERIS** |
| 33330 SAINT-ÉMILION |
| TÉL. : 57 24 72 23 - FAX : 57 24 66 94 |

CHÂTEAU SAINT-GEORGES

PROPRIÉTAIRE-RÉCOLTANT

_____ LE DOMAINE _____

C'est la principale propriété de cette petite appellation située au nord-est de Saint-Émilion. Seul un ruisseau, La Barbanne, sépare Saint-Georges et Saint-Émilion. Les terroirs sont de côte, plutôt argileux et calcaire. L'exposition de Saint-Georges-Saint-Émilion est au Midi. Le château Saint-Georges est l'un plus beaux du Bordelais, entouré d'un parc et d'un jardin à la française, construit sous Louis XVI, d'un classicisme et d'une harmonie très XVIIIe. Le domaine occupe 50 ha.

_____ LES VINS _____

Très beaux, vinifiés avec beaucoup de soin par le propriétaire, dans la ligne traditionnelle des grands vins de Bordeaux. Seules l'élégance et l'harmonie sont recherchées. Nous avons bu un 92 convenable pour ce millésime si ingrat. En revanche, le château Saint-Georges 1990 (environ 100 F) nous a emballé. La couleur est somptueuse dans ses nuances pourpre sombre. Le bouquet est généreux et charrie des flots de fruits très mûrs, évoquant la prune, le cassis. Des tanins suaves et très fins emplissent la bouche qui reste très équilibrée et longue. C'est vraiment un grand vin qui ne peut faire que l'unanimité, justement car il possède ces qualités de finesse. N'hésitez pas un seul instant, il est digne des crus classés de Saint-Émilion.

_____ L'ACCUEIL _____

Visite et promenade dans le jardin et le parc. Du lundi au vendredi de 9 à 12 h et de 14 à 17 h 30. Vente sur place. Depuis Saint-Émilion, direction Montagne, le château est sur la droite de la route avant Montagne.

| PROPRIÉTAIRE : |
| **MONSIEUR DESBOIS-PETRUS** |
| 33570 MONTAGNE |
| TÉL. : 57 74 62 11 - FAX : 57 74 58 62 |

SAINTE-CROIX-DU-MONT

CHÂTEAU LA RAME

PROPRIÉTAIRE-RÉCOLTANT

LE DOMAINE

C'est le vin de référence de Sainte-Croix-du-Mont, installé sur les coteaux, face à Sauternes, mais de l'autre côté de la Garonne. Les Armand travaillent La Rame depuis un bon siècle. Yves Armand a aujourd'hui hissé son cru au niveau d'un cru classé de Sauternes ou de Barsac.

LES VINS

Les méthodes de travail étant celles d'un grand cru : effeuillage l'été, vendanges par tries du sémillon et du sauvignon, petits rendements, obtention de la meilleure qualité de botrytis. La fermentation et l'élevage se font de façon luxueuse en bois neuf, pour la cuvée de réserve. La réserve de La Rame 1990 est épuisée au château mais se trouve encore chez les bons cavistes et vépécistes. Cette cuvée en 1993 (77,50 F les 50 cl et 99,50 les 75 cl), dans un tout autre contexte climatique, est bien maîtrisée, grâce à un tri très sévère. Toutefois, davantage concentration de sucre que botrytisation. C'est très bon, opulent, richement boisé, avec son goût d'encaustique et de cire d'abeille. Dans une année aussi modeste que 1993, nous aimons beaucoup le naturel d'expression et la fraîcheur aromatique de La Rame (cuvée traditionnelle, simplement vinifiée en cuve) qui fait un très bon apéritif (58 F les 50 cl et 73 F les 75 cl).

L'ACCUEIL

Dans une salle aménagée dans les anciennes écuries du château par Florence ou Yves Armand, du lundi au vendredi de 9 à 12 h et de 14 à 18 h. Le week-end sur R-V. Du village, en montant vers l'église, un panneau indique le château.

PROPRIÉTAIRES :
FLORENCE ET YVES ARMAND
33410 SAINTE-CROIX-DU-MONT
TÉL. : 56 62 01 50 - FAX : 56 62 01 94

SAUTERNES

CHÂTEAU D'YQUEM

PROPRIÉTAIRE-RÉCOLTANT

LE DOMAINE

Plus qu'un vin, Yquem est un mythe. Peu des gens peuvent en boire. Beaucoup en rêvent. Contrairement à ce que l'on croit, Yquem peut être visité. Le domaine appartient à la famille de Lur-Saluces depuis 1785. Il y a 113 ha de vignes sur des terres de graves et d'argiles drainées d'une seul tenant autour du château.

LES VINS

La qualité des vins s'explique bien sur le terroir, entièrement drainé par l'homme au XIXᵉ siècle. Les sémillon et sauvignon trouvent à Yquem des conditions exceptionnelles, en particulier d'humidité et de température, pour que la pourriture noble se développe. La production est très faible. On a l'habitude de dire à juste titre qu'un verre Yquem représente la production d'un ceps de vigne. Ce qui fait 95.000 bouteilles par an en moyenne. Sachez que la propriété fait un sec, « Y » d'Yquem. Il faut bien sûr laisser vieillir Yquem et surtout ne pas le boire jeune. Si vous le pouvez, goûtez le 1981. Ce n'est peut-être pas l'un des grands millésimes d'Yquem, mais il permet de comprendre le raffinement de ce vin et sa magie.

L'ACCUEIL

Prenez rendez-vous trois semaines à l'avance. Les visites ont lieu du lundi au vendredi à 14 h 30 et 16 h et durent 1 h. Dégustation gracieuse. Pas d'achat possible. À Sauternes, suivre les panneaux indiquant le château.

PROPRIÉTAIRE :
COMTE ALEXANDRE DE LUR-SALUCES
33210 SAUTERNES
TÉL. : 57 98 07 07 - FAX : 57 98 07 08

SAUTERNES

CHÂTEAU
DE MALLE

PROPRIÉTAIRE-RÉCOLTANT

LE DOMAINE

Pour le visiteur, l'intérêt est tout autant historique qu'œnophile. Le château de Malle est un beau château du XVIIe siècle, propriété de la comtesse de Bournazel. Le visiteur peut se promener dans le jardin à l'italienne qui compte un petit théâtre de verdure. Dans le château, on découvre une collection de personnages en bois et peints en costume de cour qui faisaient partie des décors de pièces de théâtre.

LES VINS

Ils ont la sève et le parfum des barsacs, la richesse et la puissance des sauternes. Pour tout dire, il sont très bons et de prix assez raisonnables. Le vin est toujours assez boisé en raison de la fermentation et de l'élevage en fût neuf. 1990 est un des plus grands millésimes du siècle en sauternes. N'hésitez donc pas à vous procurer le 90 de Malle qui vous transportera dans cinq ans.

L'ACCUEIL

Sans rendez-vous, du lundi au samedi, de 9 à 12 h et de 14 à 19 h, ouvert de Pâques au 15 octobre. Visite de l'intérieur du château et, si vous insistez, des chais. Possibilité d'achat et dégustation payante. Par la N113, avant Langon, suivre les panneaux, direction Preignac. De l'A10, sortie Preignac.

*Un souvenir mémorable
dans une cave,
un mauvais accueil, un nouveau
domaine que vous avez découvert ?
Racontez-nous votre expérience,
bonne ou mauvaise, en nous écrivant
aux Routes des Vins de France,
41 rue Notre-Dame-de-Lorette,
75009 Paris.*

*Les prix indiqués dans ce guide
– calculés dans le cadre d'un achat de
12 bouteilles – s'entendent ramenés
à l'unité, toutes taxes comprises
et au départ du domaine
(transport non inclus).
Il est, toutefois, possible
que certains prix soient modifiés
en cours d'année, notamment
au moment de la
mise en bouteille.*

PROPRIÉTAIRE :
COMTESSE DE BOURNAZEL
33210 PREIGNAC
TÉL. : 56 62 36 86 - FAX : 56 76 82 40

SAUTERNES

CRU
BARREJATS

PROPRIÉTAIRE-RÉCOLTANT

———— LE DOMAINE ————

Barréjats appartient à ces curiosités, presque ces ana-chronismes, de l'histoire viticole bordelaise. Imaginez au pays de Montesquieu, de Victor Louis, des Lumières, de la raison et du cartésianisme, 2,85 ha perdus au milieu des vignes entre Caillou et Climens, à Barsac, qui sont un défi à l'effort sécu-laire de rassemblement des terres et d'agrandisse-ment de la propriété des grands crus classés sauternais. Tout commence toujours ainsi. Le aïeux de Mireille Daret, propriétaires de cet amour de cru, avec son mari Philippe Andurand, étaient tonneliers à Barsac. Et, pour leur consommation personnelle, ils possé-daient quelques ares de vignes. Avec l'âge, son grand-père les avait donnés en fermage à des exploitants. Il y a quelques années, le grand-père de Mireille Daret souhaitait vendre ces lopins de vignes. Mireille déci-de en 1989 de travailler ce cru avec Philippe. En réa-lité, pour elle, ce minicru lui offre le moyen de rester fidèle à ce passé vinicole familial et d'assouvir son amour pour les grands vins. Car, pour les Daret-Andurand, Barréjats n'est pas leur gagne-pain. Philippe est chirurgien et Mireille, médecin dans l'industrie pharmaceutique.

———— LES VINS ————

Dès le début, leur ambition et leur plaisir sont claire-ment définis : faire du très grand vin. Ils comptent d'abord sur leur terroir dont la particularité est de conférer aux vins moins de richesse en sucre et de puissance qu'à Sauternes, mais davantage d'acidité. N'oubliez pas que les vignes sont attenantes à celles de Climens et les amateurs savent bien que Climens dépasse Yquem en finesse. Les vignes de sémillon et sauvignon sont labourées et taillées court. Les ven-danges sont faites avec un soin au moins aussi grand qu'à Yquem. 15 vendangeurs ramassent les raisins grain par grain en passant 5, 6 ou 7 fois dans les vignes pour les cueillir rôtis, flétris par la pourriture noble. Les raisins sont goûtés pour écarter les grains dégradés par la pourriture grise. Ensuite, la vendan-ge est pressée sur un pressoir vertical hydraulique à main d'autrefois. Les jus sont débourbés à froid. Puis, quand la température remonte, ils fermentent en barriques neuves et sont élevés pendant 18 à 24 mois, puis collés et filtrés avant leur mise en bouteille. Bref, Barréjats, c'est du cousu main. Des méthodes à la Yquem pour un tout petit cru. Bien sûr, les prix sont à l'avenant : très élevés. Mais les coûts de production pour ce type de liquoreux sont exorbitants. 1991 : 19 hl/ha. 1992 : 15 hl/ha. Barréjats 1992 (215 F) est plus un vin passerillé que de botrytisé. Vous n'y trouverez pas de rôti à la différence du 1991, mais une belle concentration de sucre et de parfums sans la moindre lourdeur. C'est hors normes pour l'année. Barréjats 1991 (240 F) est l'un des plus grands vins du millésime. Sa couleur est d'un doré admirable. Son bouquet est d'une complexité folle avec ses notes d'écorce d'orange, d'abricot sec et de minéral enro-bés par un superbe et léger boisé. En bouche, le vin fait vraiment la queue de paon d'autant plus long-temps que l'acidité prolonge très loin les arômes. C'est divin.

———— L'ACCUEIL ————

La propriété est à Barsac, mais il faut prendre rendez-vous, par téléphone, et se rendre à Pujols-sur-Ciron, au domicile. Très près de Barsac, donc de Langon, à 30 km au sud de Bordeaux.

———————————————

PROPRIÉTAIRE :
MIREILLE DARET
33210 PUJOLS-SUR-CIRON
TÉL. ET FAX : 56 76 69 06

DOMAINE DE CHEVALIER
PROPRIÉTAIRE-RÉCOLTANT

LE DOMAINE

C'est sans doute après Haut-Brion et La Mission Haut-Brion le domaine le plus réputé des Graves. Il ne compte pas de château, mais une maison, et surtout des chais récents, splendides et fonctionnels. Le terroir de Chevalier a la particularité de disposer de sols graveleux et sableux. La vigne pousse dans une grande clairière au milieu de la forêt de pins.

LES VINS

Olivier Bernard met tout en œuvre pour produire les vins les plus harmonieux possibles. Les rouges ont la particularité d'avoir une certaine droiture, un caractère svelte, longiligne et dépouillé de tout artifice. Le plus grand vin produit est sans doute, depuis l'achat du domaine en 83 par les Bernard, le millésime 1990, qui chaque année acquiert un charme et une dimension supplémentaires. Le 93 est très bon, mûr, délicatement boisé, un peu sérieux. Le 94 lui sera supérieur dans l'avenir, beaucoup plus mûr et harmonieux. Si vous recherchez un très grand blanc sec ne souffrant aucun excès, achetez une fois en bouteille du Chevalier 1994, d'une profondeur de fruit totale, d'une plénitude et d'une pureté parfaite. C'est très bon avec le fruit croquant du sauvignon et le gras du sémillon. Bien sûr, ce n'est pas donné…

L'ACCUEIL

Par Olivier Bernard ou Rémi Édange, avec visite complète, sur rendez-vous pris à l'avance du lundi au vendredi de 9 à 12 h et de 14 à 17 h. Vente exclusivement par le négoce. Depuis Bordeaux, direction Léognan. Aller dans le centre de Léognan, puis suivre les panneaux.

PROPRIÉTAIRE :
FAMILLE BERNARD
33850 LÉOGNAN
TÉL. : 56 64 16 16 - FAX : 56 64 18 18

CHÂTEAU PAPE CLÉMENT
PROPRIÉTAIRE-RÉCOLTANT

LE DOMAINE

Avec Haut-Brion et La Mission, c'est le seul vignoble à rester situé dans l'agglomération bordelaise, à côté du campus universitaire, dans la commune de Pessac. Le château est la propriété de Bernard Magrez, l'un des plus grands négociants français qui produit la marque Malesan. Le domaine est dirigé par Bernard Pujol, qui a conduit le domaine de succès en succès depuis 1986.

LES VINS

L'originalité des vins de Pape-Clément est de posséder un singulier bouquet de fumé et de goudron. Le raffinement des vinifications et de l'élevage préserve ce caractère particulier. Les deux vins-étalons du domaine sont les 86 et 90. Si le premier est difficilement trouvable, on trouve chez les bons négociants le grand 90. Sinon, le 93 fera une bouteille plus modeste, mais parfumé et de belle structure en bouche. Il vieillira pendant 7-8 ans avec grâce. Procurez-vous une fois la mise en bouteille faite, le 94 aux puissants arômes de tabac et de pins dont la sève est celle d'un bon millésime. Il vieillira harmonieusement et pourra se boire dans cinq ans.

L'ACCUEIL

Sur rendez-vous, avec visite complète et dégustation. Depuis Bordeaux, direction Pessac. Dans Pessac-centre, c'est sur la droite.

PROPRIÉTAIRE : **MONTAGNE & Cⁱᴱ**
DIRECTEUR : **BERNARD PUJOL**
156, AV. DU DR MARCEL-PENARD,
33600 PESSAC
TÉL. : 56 07 04 11 - FAX : 56 07 36 70

PESSAC-LÉOGNAN

CHÂTEAU HAUT-BRION

PROPRIÉTAIRE-RÉCOLTANT

LE DOMAINE

C'est sans doute le plus vieux vin de Bordeaux. Il est le premier « new french claret » dont parlent à Londres Samuel Pepys et John Locke au XVIIIᵉ. Ce dernier observa très bien le sol pauvre de graves découpés en forme de croupes par l'érosion. Trois siècles plus tard, ce domaine appartient à une famille américaine, les Dillon, dont l'une des descendantes, la Duchesse de Mouchy, née Joan Dillon, en est le PDG et Jean-Bernard Delmas, le directeur. De tous les premiers crus classés, c'est sans doute le plus régulier de l'après-guerre.

LES VINS

Millésime après millésime, depuis une trentaine d'années, sur ce très grand terroir situé dans le sud de l'agglomération bordelaise, Jean-Bernard Delmas a défini et affiné un style de vin qui représente, à mon goût, l'harmonie parfaite. Il ne souffre jamais d'aucun excès. Bref, il est à un point d'équilibre de toutes les qualités qui font le grand vin. En 89, Haut-Brion a fait le plus grand vin de Bordeaux, comme certainement en 93 et 94. Si vous voulez boire un Haut-Brion qui commence à devenir prêt, choisissez un 85 où le caractère fumé et réglissé du bouquet est bien perceptible. Achetez lors de sa sortie du 1994 dont la chair délicate et pleine, et l'intensité du fruité vous enchanteront dans une dizaine années, car à Haut-Brion le 94 est assurément de garde.

L'ACCUEIL

Sur rendez-vous, huit jours à l'avance, par une hôtesse, avec visite très complète. Vente par le négoce. Depuis Bordeaux, direction Pessac (sud-ouest). Le château se trouve sur la droite, 3 km après le niveau de Barrière-de-Pessac (boulevard).

DIRECTEUR :
JEAN-BERNARD DELMAS
BP 24, 33602 PESSAC CEDEX
TÉL. : 56 00 29 30 - FAX : 56 98 75 14

✎ NOTES DE VOYAGE

Dans cette région, à partir du 18 octobre 1996, vous devez faire précéder les numéros de téléphone de vos correspondants de : 05

CHÂTEAU HAUT-BAILLY

PROPRIÉTAIRE-RÉCOLTANT

LE DOMAINE

À La fin du XIXᵉ siècle et au début du XXᵉ siècle, le propriétaire du domaine, Alcide Bellot de Minières, un personnage extravagant, avait poussé la qualité des vins et leur réputation au point de les vendre au même prix que celui des premiers crus classés. Au cours du XXᵉ siècle, plusieurs propriétaires se sont succédé sans passion pour ce cru. Haut-Bailly a perdu des parcelles. La vigne n'a pas connu tous les soins nécessaires. En 1955, Daniel Sanders, d'origine belge, achète le cru. Depuis 1979, Jean Sanders, son fils, dirige Haut-Bailly avec passion et beaucoup d'esprit et de civilité. Pas de doute donc, Haut-Bailly est un très grand terroir composé d'une croupe de graves. le vignoble compte 32 ha plantés à 10.000 pieds à l'hectare, en cabernet-sauvignon, cabernet franc et merlot. Depuis 1988, le vin vole de succès en succès.

LES VINS

Haut-Bailly est un vin très traditionnel dans sa vinification : vendange soignée à partir de rendements modestes sur de vieilles vignes, cuvaison longue, sans forcer sur les températures, écoulage du vin, mise en barriques dont la moitié sont neuves pendant 18 mois, et surtout sélection sévère entre le premier et le second vin (La Parde de Haut-Bailly). Le vin est très racé, généreux et d'une sève très persistante et longue. Le 93 (100 F) est très bon, étonnamment profond de goût et équilibré, et d'une intensité de fruit et d'arôme que bien peu de vins ont eu cette année-là. Il vieillira parfaitement une quinzaine d'années. Le 92 (85 F) est forcément discret et léger, tandis qu'il n'y pas eu de grand vin en 1991. En 1990 (épuisé à la propriété), Haut-Bailly a fait son plus beau vin depuis le divin 1961, tellement suave, fin, d'une chair mûre et délicate, d'une plénitude totale. Le 89 (épuisé également sur place tout comme le 88) est paradoxalement plus sérieux et austère, alors que le millésime est franchement expansif et généreux. Tout simplement car ce vin ne compte pas de merlot, mais seulement des cabernets. Le 1988 est très bon, à peine un ton au-dessous des deux derniers, de grand équilibre et, comme tous les Haut-Bailly, de garde. En 1994, après Haut-Brion et la Mission Haut-Brion, Haut-Bailly est le meilleur vin du millésime dans les Graves. On retrouve le caractère du 88, tanins enlevés, très bel équilibre, grande fraîcheur, et ce cachet inimitable et cette profondeur que l'on appelle la sève. Achetez-en lors de sa mise en bouteille.

L'ACCUEIL

Dans le château sur le domaine par les Sanders père ou fils, ou une autre personne, sur rendez-vous pris à l'avance. Depuis le centre de Léognan, vers Carbonnieux, suivre les flèches.

PROPRIÉTAIRES :
HÉRITIERS SANDERS
33850 LÉOGNAN
TÉL. : 56 64 75 11- FAX : 56 64 53 60

CHÂTEAU SMITH-HAUT-LAFITTE

PROPRIÉTAIRE-RÉCOLTANT

LE DOMAINE

C'est sans doute le domaine qui a bénéficié des plus gros investissements. Acheté par Florence et Daniel Cathiard, elle venant de la pub, lui propriétaire des magasins Gentil-Cathiard et Go Sports, le domaine est un bel ensemble viticole de 72 ha d'un seul tenant autour du château du XVIIIᵉ siècle construit par l'Écossais Georges Smith et d'une tour du XVIᵉ siècle.

LES VINS

Avec leur jeune œnologue Gabriel Vialard, les Cathiard ont eu dès le début l'ambition de faire un vin classique et raffiné, sans les excès auxquels cèdent parfois les nouveaux arrivants dans un vignoble. Les rouges possèdent un qualité de fruit et des tanins très tendres qui permettent de les boire après quelques années, tout en pouvant vieillir très bien. Les 93 (106 F) est excellamment bouqueté et harmonieux, sans la moindre trace d'acidité trop marquée comme souvent dans le millésime. Le 1994 est un cran au-dessus avec un caractère plus mûr et charnu, des nuances joliment boisées, et déjà un beau fondu des tanins qui témoigne d'un savant travail d'élevage. Smith-Haut-Lafitte produit un blanc entièrement à partir de sauvignon. D'un fruit croquant et très intense, c'est un vin très fin et raffiné, brillamment vinifié, à partir d'un fruit parfait et mûr.

L'ACCUEIL

Tous les jours de l'année sur rendez-vous pris à l'avance. Visite complète du château et des chais et dégustation. Possibilité d'achat sur place. Depuis Léognan, direction Martillac et suivre les flèches.

PROPRIÉTAIRES :
FLORENCE ET DANIEL CATHIARD
33650 MARTILLAC
TÉL. : 56 30 72 30 - FAX : 56 30 96 26

CHÂTEAU CARBONNIEUX

PROPRIÉTAIRE-RÉCOLTANT

LE DOMAINE

C'est l'un des plus anciens de la région des Graves, puisqu'il est produit du vin depuis 600 ans, à l'époque par les Bénédictins de Sainte-Croix, à Bordeaux. Aujourd'hui, il est la propriété d'Anthony Perrin. C'est sans doute l'un des domaines offrant les meilleurs rapports qualité-prix de Bordeaux.

LES VINS

Anthony Perrin ne recherche pas à faire des vins du style gros calibre. Au contraire, il aime les vins élégants, classiques, destinés à se marier aux mets à table. Aussi, tous sont-ils très réussis. Carbonnieux rouge 1994 est superbe, cassis et poivron, et très fin. Le 1993 (80 F) est à peine un ton en dessous. En revanche le 90 est délicieux, plein et d'un très bon prix sur le marché si vous arrivez à vous en procurer car il est épuisé à la propriété. Le vin blanc de Carbonnieux en 1993 (84 F) est délicieusement bouqueté, avec ses notes d'agrumes et son fruit très profond. Il est racé, nerveux, gras aussi, d'un boisé totalement fondu, en bouche et offre à table beaucoup de plaisir. N'hésitez pas car ce vin blanc est le meilleur rapport qualité-prix de l'appellation.

L'ACCUEIL

Sur rendez-vous, pris à l'avance, du lundi au vendredi de 8 à 12 h et de 14 à 17 h. Possibilité d'achat. En venant de Bordeaux par Gradignan, une fois à Léognan, continuez vers Martillac et suivez les flèches.

PROPRIÉTAIRE : **ANTHONY PERRIN**
33850 LÉOGNAN
TÉL. : 56 87 08 28
FAX : 56 87 52 18

CHÂTEAU TOUR HAUT-CAUSSAN

PROPRIÉTAIRE-RÉCOLTANT

──────── LE DOMAINE ────────

C'est l'une des meilleures propriétés du médoc dont le nom vient de la présence d'un moulin à vent au milieu des vignes. Les 17 ha de Philippe Courrian se répartissent sur deux terroirs, sur les pentes d'un coteau à proximité du village de Caussan, et sur les graves à Podensac. Ce double terroir permet de jouer sur le registre de la complémentarité lors des assemblages.

──────── LES VINS ────────

Ce sont des vins qui vieillissent remarquablement sur une quinzaine d'années. Ils sont puissants, richement dotés en extraits, bouquetés, très robustes. Bref, nous leur trouvons un naturel, presque un côté rustaud, qui nous plaît bien. Les meilleurs millésimes ont été les 89 et 90, qui hélas sont épuisés à la propriété. Le 86 regorge de tanins qui commencent à peine à s'envelopper. N'oubliez pas de goûter le corbières que produit également Philippe Courrian en Languedoc. Il porte le nom de château Cascadais 1993 (26 F) : délicieusement bouqueté, avec ses épices douces, son corps très soyeux, souligné par un joli boisé très agréable. Enfin, le Tour Haut-Caussan 94 (53 F) devrait perdre son côté anguleux et revêche, gommer son acidité, et faire une bouteille sérieuse et austère.

──────── L'ACCUEIL ────────

Sur rendez-vous de 9 à 12 h et de 14 à 18 h. À Lesparre, direction Balignan. Au centre du village.

────────────────────────
PROPRIÉTAIRE :
PHILIPPE COURRIAN
33340 BALIGNAN-MÉDOC
TÉL. : 56 09 00 77 - FAX : 56 09 06 24
────────────────────────

CHÂTEAU ROLLAN DE BY

PROPRIÉTAIRE-RÉCOLTANT

──────── LE DOMAINE ────────

Il a été acheté en 89 par Jean Guyon, un décorateur parisien qui chérit son cru avec passion. Le vignoble s'étend sur 15 ha situés à Bégadan, sur des sols graveleux classiques du Médoc.

──────── LES VINS ────────

C'est le 1991 qui a fait connaître le domaine tant il paraissait réussi pour l'année ; Jean Guyon, sous le conseil de l'œnologue Michel Couasnon, cherche à produire un vin le plus mûr possible à partir de beaucoup de merlot, fermenté à haute température, cuvé très longtemps, donc riche en couleur et en tanins, et élevé de façon luxueuse en barrique entièrement neuve. Vous l'avez compris : les vinifications sont risquées et un peu anachroniques par rapport aux normes médocaines. Rollan de By est un vin d'auteur, stylé, que l'on peut plus ou moins aimer, bien que très différent de Haut-Marbuzet. Le second vin La Fleur de By 1993 (68 F) est simple, assez boisé. Rollan de By 1993 (90 F) est plus ambitieux, encore très boisé, d'un fruité d'une intensité inférieure à 1992, mais d'une bonne fraîcheur en fin de bouche. Rollan de By 1992 (88 F) est sans doute l'un des meilleurs médocs du millésime, de couleur moyenne, noblement boisé et agréablement parfumé, et d'une chair délicate et équilibrée, même s'il n'y a pas la profondeur d'un bon millésime. Avec ce vin, on apprend ce que sélection veut dire.

──────── L'ACCUEIL ────────

Sur rendez-vous, par Laurent Rebes, le maître de chai, du lundi au vendredi de 9 à 12 h et de 14 à 18 h. Depuis Bégadan, suivre les panneaux.

────────────────────────
PROPRIÉTAIRE : **JEAN GUYON**
33340 BÉGADAN
TÉL. : 56 41 58 59 - FAX : 56 41 37 82
OU 5, AV. DE LA GRANDE-ARMÉE,
75116 PARIS
TÉL. : 40 67 19 17 - FAX : 40 67 19 47
────────────────────────

HAUT-MÉDOC

CHÂTEAU SOCIANDO-MALLET

PROPRIÉTAIRE-RÉCOLTANT

LE DOMAINE

Saint-Seurin-de-Cardourne possède sans doute les plus belles croupes de graves du nord du Médoc après Saint-Estèphe. Le vignoble de Sociando-Mallet se situe justement sur l'une d'entre elles, et regarde l'estuaire de la Gironde qui régule des températures. Jean Gautterau a fait de ce cru un vin, sans égal, dans l'appellation. Sociando-Mallet est du niveau d'un quatrième cru classé et d'ailleurs, il se vend largement aux prix de ces vins.

LES VINS

Ce sont des médocs très classiques, extrêmement structurés, tanniques, sévères, demandant une longue garde. Le 82 (300 F franco), par exemple, est actuellement dans une phase ingrate de fermeture. Bref, ce sont des vins à acheter jeunes si l'on dispose d'une bonne cave et de patience. Tous les millésimes sont réussis depuis 15 ans. Le 90 est exceptionnel et du niveau du 82, mais il n'y a en plus à la vente à la propriété. J'aime beaucoup à ce jour le 91 (100 F franco), qui sera prêt dans trois ans ; la propriété n'a pas gelé au printemps 91 et ici ce millésime est bon. Goûtez le 94 qui sera un millésime de très longue garde, un peu sévère, mais de grand style.

L'ACCUEIL

Par Jean Gautterau, à condition de prendre rendez-vous à l'avance. Depuis Pauillac, vers Lesparre. À Saint-Seurin-de-Cardourne, c'est sur la droite, vers le fleuve.

PROPRIÉTAIRE :
JEAN GAUTTERAU
33180 SAINT-SEURIN-DE-CARDOURNE
TÉL. : 56 59 36 57- FAX : 56 59 70 88

NOTES DE VOYAGE

Dans cette région, à partir du 18 octobre 1996, vous devez faire précéder les numéros de téléphone de vos correspondants de : 05

MOULIS

CHÂTEAU
BISTON BRILLETTE

PROPRIÉTAIRE-RÉCOLTANT

LE DOMAINE

C'est sans doute l'un des domaines (22 ha) les plus méconnus du Médoc et au demeurant d'une qualité remarquable. Les 79, 81, 85 ou 86, que l'on ne trouve plus à la vente aujourd'hui, sont toujours de très bons vins. Pourtant, les Barbarin n'ont jamais voulu et n'ont jamais eu envie de faire beaucoup de communication sur le vin. Toutefois, l'arrivée du fils aux commandes de la propriété, l'âge des vignes, le travail de sélection avec l'apparition depuis quelques années d'un second vin, le château Biston, ont fait progresser ce château. À ce jour, même si le cru n'est pas situé sur les meilleures croupes argilo-graveleuses de Moulis, comme Chasse-Spleen ou Poujeaux, il n'est pas loin dans les millésimes tels que le 90 ou le 93 de les talonner, avec sans doute autant de grâce, mais un peu moins de puissance.

LES VINS

Ils proviennent d'un encépagement très classique, à majorité de cabernet-sauvignon, complété par une bonne proportion de merlot et un peu de petit verdot. Ce dernier cépage rentre dans l'assemblage quand il peut mûrir comme en 89 ou 90. La vinification est très traditionnelle : raisins mûrs, cuvaison longue mais sans forcer sur les températures. L'élevage est de 18 mois en barriques. C'est plutôt l'échange entre l'air et le vin par le bois que recherchent les Barbarin que le boisé. Aussi, la part de barrique neuve n'excède pas 20 %. Puis, le vin est collé et soutiré avant d'être mis en bouteille. Bref, les vinifications sont dis-

crètes et ne sont là que pour révéler la qualité de départ du terroir. Le 93 (52 F) est grenat profond. Il sent la pivoine et le poivron. Après une attaque nette, le vin est plein, tannique et bien équilibré. Il fera une très bonne bouteille dans cinq ans. Le 92 est très faible, comme l'est le millésime. En revanche, le 91 (46 F) est une très belle surprise, avec sa couleur rubis, son bouquet de réglisse et ses tanins savoureux qui finissent sur des notes de résine. Le 89 (60 F) a ce caractère profondément fruité, d'un grand millésime, avec un bouquet aujourd'hui à point. C'est un vin prêt à boire. Le château Biston Brillette 1990 (62 F) est admirable. Sa robe est rubis éclatante. Du verre jaillissent des arômes très fins de cassis et de torréfaction. Le vin entre en bouche avec beaucoup de grâce et de présence et s'ouvre sur des tanins fins, élégants dans un équilibre parfait. Quelle plénitude et quel rapport qualité-prix ! Dévalisez le stock, car c'est le type de vin dont on ne se lasse jamais en raison de leur harmonie à ravir à table. Il est désormais excellent et vieillira très bien pendant une dizaine d'années. Si vous résistez…

L'ACCUEIL

Par la famille Barbarin dans une salle aménagée à cet effet, du lundi au vendredi de 9 à 12 h et de 14 à 19 h. Samedi de 10 à 12 h et de 14 à 17 h. Sur la D2, au nord de Margaux, tourner à gauche direction Moulis et suivre les flèches du domaine.

PROPRIÉTAIRES :
MICHEL BARBARIN & FILS
PETIT POUJEAUX,
33480 MOULIS-EN-MÉDOC
TÉL. : 56 58 22 86 - FAX : 56 58 13 16

LISTRAC

CHÂTEAU
CLARKE

PROPRIÉTAIRE-RÉCOLTANT

LE DOMAINE

C'est ce cru bourgeois du Médoc que le baron Edmond de Rothschild a rénové, depuis 1973. Inutile de dire qu'il aurait pu s'offrir une propriété viticole médocaine plus prestigieuse, Beychevelle par exemple. Mais non, il a préféré l'immense propriété de Clarke, qui doit son nom à celui d'un armateur bordelais, Tobie Clarke, d'origine irlandaise. Tout était à recréer. Il a fallu replanter la vigne (50 ha) et bâtir aussi bien les chais que les installations ; aujourd'hui, la propriété compte 53 ha de bonnes vignes qui atteindront l'âge de 20 ans en 1998.

LES VINS

La qualité de Clarke tient davantage au soigné et au fini des vinifications et de l'élévage qu'à la grandeur du terroir. Les vinifications et l'élevage sont dignes d'un grand cru. Clarke est élevé dans deux bons tiers de barriques neuves. Cela lui donne un caractère toujours finement boisé s'intégrant bien au fruit et à la structure du vin. Le 92 a gagné à être boisé fortement. La vanille du bois annoblit le vin d'une année pauvre en fruit sans le durcir inutilement. Le 93 est beaucoup plus intéressant. Sa couleur est rubis, son nez élégant mêle bien le fruit et les arômes vanillés du bois, les tanins sont tendres et gracieux, la finale est harmonieuse. Très jolie bouteille à boire dans les deux ans. Clarke, c'est aussi du blanc et du rosé fruité pour l'été.

L'ACCUEIL

Sur R-V de préférence, du lundi au vendredi. Dans Moulis, suivre Listrac et les panneaux. Tarifs sur demande.

PROPRIÉTAIRES :
EDMOND ET BENJAMIN DE ROTHSCHILD
33480 LISTRAC
TÉL. : 56 58 38 80 - FAX : 56 28 26 86

MARGAUX

CHÂTEAU MARGAUX

PROPRIÉTAIRE-RÉCOLTANT

── LE DOMAINE ──

Sans doute le vin le plus connu au monde et le symbole du rayonnement de Bordeaux. Margaux fait partie de l'imaginaire collectif : un terroir exceptionnel à proximité de la Gironde, une architecture fidèle aux canons de la beauté classique avec son péristyle ionique, son escalier monumental, un équilibre d'anthologie et une somptuosité de bouquet uniques. Les Mentzelopoulos en sont propriétaires. Deux femmes, Laura et Corinne Mentzelopoulos, président aux destinées de Margaux, tandis que Paul Pontarlier en assure la direction de façon très brillante.

── LES VINS ──

Tout est réuni pour faire le plus grand vin possible. Le 90 est sans doute le meilleur depuis 1982. La bouteille s'élève à plus de 1500 F. Si vous voulez vous faire une petite folie, achetez chez un caviste du 85 un millésime encore trouvable qui, après dix ans de vieillissement, donne un très bonne idée de l'harmonie et de la classe de ce cru. Car de tous les premiers crus Margaux n'est pas celui qui se goûte le mieux assez jeune. Haut-Brion ou Cheval-Blanc ont plus de charme à 5 ans que Margaux. Essayez de vous procurer avant sa mise en bouteille le 94 sur les tarifs primeurs des négociants. C'est un vin très classique, de longue garde, de grand équilibre, assez peu disert, très svelte, mais d'une finesse de texture exceptionnelle. Vous ne le regretterez pas dans 15 ans.

── L'ACCUEIL ──

Visite individuelle ou en groupe de 45 mn par une hôtesse, sur R-V, huit jours à l'avance. Pas d'achat sur place. À Margaux, sur la droite en direction du fleuve.

DIRECTEUR :
PAUL PONTARLIER
33460 MARGAUX
TÉL. : 57 88 70 28 - FAX : 57 88 31 32

MARGAUX

CHÂTEAU PRIEURÉ-LICHINE

PROPRIÉTAIRE-RÉCOLTANT

── LE DOMAINE ──

Ce quatrième cru classé est situé dans la partie sud de l'appellation margaux, sur les croupes de Cantenac. Alexis Lichine, le pape des vins de Bordeaux dans les années 50 et 60, a mis son verbe et sa verve au service de ce cru, dont la réputation a dépassé le classement. Aujourd'hui, c'est son fils Sacha Lichine qui dirige de façon débonnaire sa propriété.

── LES VINS ──

La vinification est supervisée depuis quelques années par Michel Rolland, l'œnologue de Libourne. La proportion relativement importante du merlot donne de la rondeur et de la tendresse à ce vin, dans un secteur, où le bouquet l'emporte souvent sur le corps. Prieuré-Lichine a fait un bon 90, à la hauteur du millésime. Le 91 est surprenant de qualité : c'est un vin parfaitement mûr et équilibré, signe que malgré une petite récolte les sélections ont été faites. Le 93 est peut-être un ton en dessous. Achetez en primeur ou une fois en bouteille du 94. Ce vin bien constitué, aux tanins enrobés et doux, plutôt richement boisé, évoluera bien sur une dizaine d'années.

── L'ACCUEIL ──

Dans une grande salle demi-circulaire, 7 jours sur 7, de 9 à 12 h et de 14 à 18 h, sur rendez-vous de préférence. Le château est, à gauche sur la route, en sortant de Cantenac. Suivre les panneaux.

PROPRIÉTAIRE :
SACHA LICHINE
33460 CANTENAC
TÉL. : 57 88 36 28 - FAX : 57 88 78 93

CHÂTEAU MALESCOT SAINT-EXUPÉRY

PROPRIÉTAIRE-RÉCOLTANT

LE DOMAINE

Roger Zuger s'occupe de cette propriété avec son fils, Jean-Luc. Il est aussi le président de l'appellation Margaux. Les Zuger ont acheté ce troisième cru en 1955. Ce domaine produit du vin depuis le XVIᵉ siècle, fait rare à Margaux ! Les Zuger ont redressé ce cru fort charmant avec son château au cœur du village.

LES VINS

Ils ont la particularité d'être délicieux dans les grandes années et faibles dans les petites. Comme souvent les margaux, Malescot souffre beaucoup des temps trop pluvieux et froids. Lors des belles années, il résume un peu toutes les qualités de margaux sans ces défauts liés à une certaine minceur : un charmant bouquet de fruits des bois, des arômes de violette et des nuances légères de tabac et un corps très soyeux. Il est très bon en 1986, en 90 et en 94. Ce dernier millésime est le premier à avoir bénéficié du conseil de Michel Rolland. La propriété risque à l'avenir d'améliorer la qualité et surtout de la rendre plus régulière. Mais procurez-vous ici le 90, qui est l'un des meilleurs vins produits par ce domaine durant les années 80, et attendez un peu avant de le déguster quoi qu'il soit déjà délicieux aujourd'hui.

L'ACCUEIL

Du lundi au vendredi de 9 à 12 h et de 14 à 17 h, sur rendez-vous de préférence. Au centre du bourg de Margaux juste après un virage.

CHÂTEAU LÉOVILLE-LAS-CASES

PROPRIÉTAIRE-RÉCOLTANT

LE DOMAINE

Ce second cru classé est le dernier cru de Saint-Julien avant Latour. Il ne compte pas de véritable château mais en revanche un magnifique portail, emblème de la propriété, surmonté d'un lion, s'ouvrant sur un grand enclos de 53 ha.

LES VINS

Depuis le début des années 80, les vins de Las-Cases sont du niveau des premiers crus classés et leur régularité est peut-être sans égale dans tout le Médoc. Michel et Jean-Hubert Delon pilotent leur cru avec brio et détermination. Bien sûr, les grands millésimes sont exceptionnels comme 86, 88, 89 ou 90. Mais, n'oubliez pas que les millésimes petits ailleurs sont de qualité surprenante à Las-Cases. Le 1993 est remarquable, digne d'un beau millésime ici : profondément coloré avec sa robe bleue noire, au bouquet prégnant de cèdre et parfaitement équilibré. Quant au 92, c'est sans doute le meilleur vin de l'année en Médoc : étonnamment gras et mûr, sphérique, il a toutes les qualités de constitution et d'équilibre et se boira très bien dans deux ans. La sévérité des sélections pour le grand vin (plus de 50 % de la récolte écartée) font du Clos du Marquis le meilleur second vin existant. Procurez-vous le 90, digne d'un troisième cru, puissant, séveux, aux tanins nobles, à l'arôme de cèdre de Liban si typique de Las-Cases. Gardez-le dix ans et plus.

L'ACCUEIL

Visite personnalisée sur rendez-vous, huit jours à l'avance, par le maître de chai. Pas de vente.

PROPRIÉTAIRE :
JEAN-LUC ZUGER
33460 MARGAUX
TÉL. : 57 88 79 68 - FAX : 57 88 35 80

PROPRIÉTAIRES :
MICHEL ET JEAN-HUBERT DE LON
33250 SAINT-JULIEN-BEYCHEVELLE
TÉL : 56 73 25 26 - FAX : 56 59 18 33

CHÂTEAU LÉOVILLE-BARTON

PROPRIÉTAIRE-RÉCOLTANT

LE DOMAINE

Les Barton sont l'une des deux vieilles familles irlandaises du vin de Bordeaux, installée depuis le début du XVIIIe siècle. En 1826, Hugh Barton, jusque-là négociant, acheta une partie de Léoville, qui devint Léoville-Barton. Depuis 1986, cette illustre propriété est dirigée par Antony Barton qui vit au château Langoa, car il n'y a pas de château à Léoville Barton.

LES VINS

Les vins d'Antony Barton sont à son image : aristocratiques, élégants, classiques, sans la moindre ostentation, vieillissant admirablement, d'un grain très fin. Léoville-Barton représente toutes les qualités éternelles du grand vin de Bordeaux. Le 93 s'annonce très bien avec sa robe très profonde, son bouquet expressif de fruits noirs, ses tanins fermes, sans la moindre trace de végétation et cet équilibre si harmonieux. Il évoluera bien sur dix ans. Bien sûr, la référence de ces dernières années reste le superbe 90, l'un des meilleurs produits par la propriété depuis le 82, aujourd'hui bien trop sur sa retenue pour apprécier la profondeur de sa sève. Le 94 sera plus charnu, plus profondément fruité et aura plus de moelle que le 93. N'hésitez pas à l'acheter dès qu'il sera mis en vente à la fin de l'été ou au début du printemps.

L'ACCUEIL

À Langoa Barton, sur rendez-vous. Explications détaillées et accueil très courtois. Possibilité d'acheter car Antony Barton a aussi une petite affaire de négoce. Du lundi au vendredi de 9 à 12 h et de 14 à 17 h. Entre Beychevelle et Saint-Julien, sur la gauche à Langoa.

PROPRIÉTAIRE :
ANTONY BARTON
33250 SAINT-JULIEN-BEYCHEVELLE
TÉL. : 56 59 06 05 - FAX : 56 59 14 29

VIGNOBLES HENRI MARTIN

PROPRIÉTAIRE-RÉCOLTANT

LE DOMAINE

Jean-Louis Triaud dirige Saint-Pierre, ce quatrième cru classé situé à Beychevelle que son beau-père tonnelier, Henri Martin, avait ressuscité, et le cru bourgeois château Gloria. Avec maestria. Chaque millésime est un succès et, même dans les petites années, le domaine fait de bons vins. Saint-Pierre est l'un des plus petits crus classés de la commune par sa taille. Gloria, en revanche, compte 50 ha dispersés partout dans l'appellation.

LES VINS

Gloria a fait des 91 (70 F) et 92 (64 F) légers, mais sans défauts. Ce sont des vins qui montrent bien sûr les limites atteintes dans ces millésimes. À Saint-Pierre, le 93 (97, 50 F) est remarquablement mûr, soyeux, et lisse. C'est même l'un des saint-julien les plus réussis du millésime, même si l'on est pas au niveau des superbes 89 et 90. Saint-Pierre propose encore du 1982 (223 F). Premier vin d'Henri Martin dans ce château, année exceptionnelle (la plus grande depuis 59 et 61, égale ou même supérieure à 90, et toujours pas dépassée), susceptible d'être bue ou gardée. Ce n'est peut-être pas un 1982 très dense et très ample comme ce millésime en a fait beaucoup, mais c'est l'élégance, l'équilibre et le gras qui le caractérisent. Buvez-le maintenant, tant que son fruit reste épanoui.

L'ACCUEIL

Dans des chais très modernes, de l'autre côté du château Saint-Pierre, du lundi au vendredi, de 9 à 12 h et de 14 à 18 h, sur rendez-vous de préférence. Dans le bourg de Beychevelle, au niveau du deuxième virage en direction de Pauillac, après le château Beychevelle.

PROPRIÉTAIRE :
JEAN-LOUIS TRIAUD
3250 SAINT-JULIEN-BEYCHEVELLE
TÉL. : 56 59 08 18 - FAX : 56 59 16 18

SAINT-JULIEN

CHÂTEAU BRANAIRE DUCRU

PROPRIÉTAIRE-RÉCOLTANT

LE DOMAINE

Ce quatrième cru classé compte une centaine d'hectares dont une moitié plantée en vignes. Situé au sud de l'appellation, à Beychevelle, ses voisins immédiats sont des seconds crus comme Ducru Beaucaillou, Gruaud Larose, et le château Beychevelle, dont d'ailleurs Branaire faisait partie au début du XIXe siècle. Son terroir est classique des grands vignobles du médoc, avec ses graves apportées par la Garonne et la Dordogne. L'encépagement est lui aussi typiquement médocain : cabernet-sauvignon pour les trois quarts, complété par le merlot et un peu de petit-verdot. Or, ce potentiel qualitatif du terroir n'a jamais aussi été bien servi depuis que Patrick Maroteaux, patron des Sucreries de Toury, a acheté ce domaine en 1988. Ses moyens lui ont permis de faire de très gros investissements. Philippe Dhalluin dirige la propriété avec passion. Un nouveau cuvier (à visiter) a été créé. La vendange arrive dans les vingt-huit cuves par le haut, si bien que grâce à la gravité il n'est plus besoin de pomper la vendange. Résultat : les raisins commencent à fermenter sans que la peau n'ait été abîmée par des manipulations mécaniques. Bien sûr, les cépages sont vinifiés séparément. À la fin de l'automne et au début de l'hiver, ils sont assemblés, puis le vin est élevé en barriques environ dix-huit mois, dont une partie de neuves. Comme dans tous les châteaux, un second vin – le château Duluc – permet de faire sur le grand vin des sélections rigoureuses. Et pour ne rien gâcher les prix sont très sages, pour cause de réputation récente du château. Branaire est sans doute aujourd'hui l'un des meilleurs rapports qualité-prix du Médoc. Vous savez ce qu'il vous reste à faire…

LES VINS

Branaire 1988 est le premier vin de la nouvelle équipe. Il est un peu anguleux et carré comme le sont souvent les vins de ce millésime sérieux. Il est aujourd'hui prêt à boire et devrait s'améliorer sur trois ans. Avec le 89, on change complètement de décor. Ce millésime est sans doute le meilleur jamais produit par la propriété. Ce vin est formidablement coloré. Son bouquet regorge de fruits très mûrs qui évoquent le cassis et le prune, complété par des nuances de cèdre typiques de saint-julien et surtout de chocolat. En bouche la matière est très concentrée et dense, et en même temps très enrobée, tant les tanins sont doux, crémeux et charnus. Quel vin ! On en trouve encore un peu sur le marché. N'hésitez pas car il se boit très bien et évoluera sur dix ans au moins. Le 90 est très bon, mais moins expansif, d'un format plus classique et d'un équilibre plus médocain. À défaut de trouver peut-être encore du 89 à la propriété, achetez du 93, naturellement très différent, mais qui fera dans cinq ans un vin très classique, d'un corps moyen, discrètement bouqueté, très fin et délicatement soyeux. Ce sera une bouteille de charme à un excellent prix.

L'ACCUEIL

Téléphonez à l'avance pour prendre rendez-vous pour une visite, du lundi au vendredi, qui se termine par la dégustation d'un vin. Branaire a sans doute la chartreuse la plus charmante de tout le Médoc et une orangerie du XVIIIe adorable. Possibilité d'achat. Sur la route Bordeaux-Pauillac, en rentrant dans Beychevelle, c'est le premier château sur la gauche. Devant le château Beychevelle, mais à gauche de la route.

DIRECTEUR :
PHILIPPE DHALLUIN
33250 SAINT-JULIEN-BEYCHEVELLE
TÉL. : 56 59 25 86- FAX : 56 56 16 26

BORDEAUX

SAINT-JULIEN

CHÂTEAU BEYCHEVELLE

PROPRIÉTAIRE-RÉCOLTANT

LE DOMAINE

C'est peut-être le plus beau château du Médoc. La partie centrale du château date de 1644 et a été construite par Bernard Nogaret de La Valette, duc d'Épernon. Au XIXe siècle, il passe dans les mains du plus grand négociant bordelais, Pierre-François Guestier, qui fit fortune à la fin du XVIIIe dans le commerce du café et de la canne avec l'Amérique et en particulier les Antilles. Puis, ce fut chez les Fould, banquier et ministre sous le Second Empire, que tomba ce troisième cru classé en 1855. Depuis une dizaine d'années, le cru appartient à la compagnie d'assurance GMF et au groupe japonais Suntory, par ailleurs propriétaire de Lagrange à Saint-Julien. Le nom du château signifierait « baisse voile », car les bateaux qui passaient dans l'estuaire de la Gironde, devant le château, baissaient leurs voiles en hommage au propriétaire le duc d'Épernon qui était au XVIIe siècle Grand Amiral de France. Quoi qu'il en soit, Beychevelle offre depuis la terrasse redessinée au XVIIIe siècle le plus beau paysage sur la Gironde.

LES VINS

S'ils ne sont pas d'une grande régularité, ils vieillissent avec grâce. Les 88 et 86 sont très bons, mais assez chers maintenant. Les 89 et 90 sont peut-être un ton en dessous des précédents. Beychevelle 1994 s'améliorera à notre avis dans les cinq ans à venir et pourrait devenir meilleur qu'il ne paraît aujourd'hui. Il est assez longiligne et svelte.

L'ACCUEIL

Du lundi au vendredi, sans rendez-vous l'été. Visites de 40 mn faites par des hôtesses. Pas de dégustation, mais possibilité d'achat. Sur la D2, en entrant dans Beychevelle.

PROPRIÉTAIRE :
GMF
33250 SAINT-JULIEN-BEYCHEVELLE
TÉL. : 56 59 23 00 - FAX : 56 59 29 00

PAUILLAC

CHÂTEAU MOUTON ROTHSCHILD

PROPRIÉTAIRE-RÉCOLTANT

LE DOMAINE

Depuis qu'il a obtenu en 1973 le classement de Mouton en premier cru classé, il partage, avec ses 4 pairs, le privilège d'être au sommet de la hiérarchie des vins de Bordeaux. Aujourd'hui, il est dirigé par la baronne Philippine de Rothschild. Patrick Léon a la responsabilité de la production de Mouton, comme des autres propriétés gérées par la société Baron Philippe de Rothschild, châteaux Clerc Milon et d'Armailhac.

LES VINS

Ici, la production est d'un niveau très élevé et la race de ces vins ne s'exprime qu'après un long vieillissement. Les derniers ont un boisé prononcé et des nuances très caramélisées. Il faudrait que le vieillissement les épure. Le 94, mis cet automne sur le marché, est très supérieur au 93 (360 F) de par la profondeur du fruit et la trame des cabernets-sauvignons récoltés par temps sec. Il est toujours plus judicieux d'acheter les premiers crus classés en primeur. Surveillez la sortie en juin des 95 dont nous ne savons rien encore. Achetez sans hésiter à Château Mouton Rothschild les délicieux et peu onéreux château d'Armailhac 92 (75 F) et Clerc Milon 92 (89 F), tout en rondeur, en délicatesse et charmeur à diable qui sera à point dans trois ans.

L'ACCUEIL

Du lundi au vendredi de 9 h 30 à 11 h et de 14 à 16 h sauf vendredi 15 h. Ouvert de début avril à fin octobre, les samedi, dimanche et fêtes. Sur R-V et payant (20 F) : diaporama, visite du cuvier, du chai et du Musée privé du vin dans l'Art. Une fois à Pauillac, suivre les panneaux.

PROPRIÉTAIRE :
PHILIPPINE DE ROTHSCHILD
33250 PAUILLAC
TÉL. : 56 73 21 29 - FAX : 56 73 21 28

PAUILLAC

CHÂTEAU LAFITE-ROTHSCHILD

PROPRIÉTAIRE-RÉCOLTANT

—— LE DOMAINE ——

De tous les premiers crus il est le plus grand, avec ses 100 ha de vignes. Ce vignoble très ancien occupe les plus belles croupes du Médoc. Le domaine a été acquis par le baron James de Rothschild en 1868. Aujourd'hui son descendant, Éric de Rothschild préside à ses destinées. Sous la houlette de MM. Salin et Chavalier, Lafite est magistralement dirigé.

—— LES VINS ——

Lafite à son meilleur est souvent considéré comme le plus fin et raffiné de tous les bordeaux et il a souvent la première place dans le cœur des amateurs. Pourtant sa couleur n'est jamais très prononcée. La sève de Lafite a quelque chose de magique et son bouquet se différencie des autres premiers crus de Pauillac par des nuances de violette. Le dernier très grand millésime est le 1988, sans doute le plus bordeaux cette année. Le 90 est plus modeste. Le 92 est un vin très mince, peu coloré, mais ô combien distingué et attachant. Le 93 a beaucoup plus de profondeur et l'on retrouve le caractère de Lafite. Nous comptons beaucoup sur l'avenir du 1994, où MM. de Rothschild, Salin et Chevalier ont décidé de ne pas assembler les merlots au cabernet-sauvignon. Avec sa robe grenat, son bouquet de cèdre et de résine, son équilibre mais aussi son austérité actuelle, ce vin difficile d'accès pourrait se révéler comme la grande surprise du millésime 94.

—— L'ACCUEIL ——

Visite de 50 mn avec dégustation à titre gracieux, du mardi au jeudi sauf août et vendanges, sur rendez-vous huit jours à l'avance, au 42 56 33 50, à Paris. Pas de vente. À Pauillac, vers Saint-Estèphe, sur la gauche.

> **PROPRIÉTAIRE :**
> **DOMAINES BARON DE ROTHSCHILD**
> 33, RUE DE LA BAUME, 75008 PARIS
> TÉL. : 42 56 33 50 - FAX : 42 56 28 79

PAUILLAC

CHÂTEAU LATOUR

PROPRIÉTAIRE-RÉCOLTANT

—— LE DOMAINE ——

Créé vers 1680 grâce au marquis de Ségur. Des trois premiers crus de Pauillac, c'est le plus au sud et celui dont les croupes sont les plus proches de la Gironde. Le cœur du vignoble est le Grand Enclos (47 ha), où se situe justement la célèbre tour de Latour. Depuis 1993, François Pinault, patron du groupe Printemps, en est propriétaire.

—— LES VINS ——

On croit souvent que le style gracieux et civilisé imposé par Christian Le Sommer est le signe d'une évolution vers plus de souplesse et moins de concentration. En réalité la force, la puissance, la capacité légendaire de ce vin à vieillir n'ont pas changé. Ce qui a changé, c'est la qualité extraordinaire de la vendange et la précision dans l'extraction des tanins, si bien que le vin a gagné en raffinement sans perdre en structure. Latour n'a sans doute jamais eu de vins aussi complets et finis. Vertigineux 90, sans doute supérieur au 82 et 86, du niveau du 61, aux prix stratosphériques. 91 remarquable, les vignes n'ayant presque pas gelé, bon 92, léger mais harmonieux. 1993 beaucoup plus ambitieux, d'une qualité de fruit et de tanins incomparable dans le millésime à part Margaux, Haut-Brion et Cheval-Blanc. Essayez d'acheter, jusqu'en mai, le 94 en primeur (autour de 260 F). Sa concentration n'est pas contradictoire avec une trame très fine et soyeuse des tanins. Quelle harmonie et élégance !

—— L'ACCUEIL ——

Prendre R-V huit jours à l'avance. Visite d'1 h 30 où tout se termine par la dégustation gratuite des deux derniers millésimes. Pas de vente. Premier vignoble à droite sur la route Bordeaux-Pauillac, après Saint-Julien.

> **PROPRIÉTAIRE :**
> **CHRISTIAN LE SOMMER**
> 33250 PAUILLAC
> TÉL. : 56 73 19 80 - FAX : 56 73 19 81

CHÂTEAU PICHON-LONGUEVILLE COMTESSE DE LALANDE

PROPRIÉTAIRE-RÉCOLTANT

LE DOMAINE

Ce second cru, propriété de Mme May Éliane de Lencquesaing remonte à la fin du XVIIe siècle. Son terroir est contigu de Latour, au sud de Pauillac. S'il y a deux Pichon, que la route sépare, c'est en raison d'un partage intervenu en 1850 par Joseph de Pichon Longueville. Le domaine vole de succès en succès depuis le début des années 80.

LES VINS

L'un des tous meilleurs seconds crus classés. La proportion de merlot assez importante donne une rondeur très particulière, reconnaissable entre tous, à Pauillac. Durant la décennie 80, les vins évoluent avec brio et les derniers millésimes, plus difficiles sur le plan climatique, ont été très bien abordés. Très gracieux 94 et 93 bien équilibrés mais épuisés à la propriété. Le 92 (119 F) est remarquablement réussi. La couleur a de l'éclat. Il déploie au nez un cassis séducteur et un beau toasté. En bouche il s'affirme plein, rond et fort charmeur malgré une légère amertume qui rappelle le millésime. Le 89 (épuisé au domaine mais disponible dans le négoce à 400 F environ) est sans doute l'un des plus grands depuis le 82. Formidablement mûr, riche, débordant d'arômes de prune, de cassis, de toasté et de crayon noir, ses tanins sont incroyablement mûrs, pleins et charnus. Il est difficile de lui résister aujourd'hui. Si vous y arrivez... dites-nous comment !

L'ACCUEIL

Visite sur R-V, par des hôtesses, du lundi au vendredi de 9 à 12 h et de 14 à 17 h. Admirez les chais. Vins à la vente et ligne de table personnalisée à la boutique du château.

PROPRIÉTAIRE :
MAY ÉLIANE DE LENCQUESAING
33250 PAUILLAC
TÉL. : 56 59 19 40 - FAX : 56 59 29 78

CHÂTEAU PICHON-LONGUEVILLE BARON

PROPRIÉTAIRE-RÉCOLTANT

LE DOMAINE

Sous Louis XIV ce domaine était la propriété de Pierre de Rausan dont la fille épousa, en 1694, Jacques de Pichon, baron de Longueville. Pendant plus de 200 ans, le domaine resta dans la famille ; désormais, Axa Millésimes est propriétaire de ces 50 ha situés sur une belle croupe de graves au sud de la commune de Pauillac. La construction de chais très modernes, massifs, compacts, enterrés, par les architectes Jean de Gastines et Patrick Dillon, devant un château élégant du XIXe siècle, en fait l'une des curiosités du Médoc sur le plan architectural.

LES VINS

Ce grand terroir a gagné en distinction depuis qu'il a été pris en main pour le compte d'Axa par Jean-Michel Cazes et Daniel Llose. Très grand 90 (malheureusement épuisé au domaine) d'un raffinement de tanins digne des meilleurs et d'une excellente éducation. Le 92 (120 F) est étonnant d'équilibre et de densité pour l'année et fait un bonne bouteille aujourd'hui. Il évoluera bien sur 8 ans. Le 1993 (140 F) donne une idée du raffinement de saveur auquel ce cru peut prétendre, même en année modeste. Il est encore fortement boisé et a besoin de cinq ans au moins pour exprimer la race de son terroir. N'hésitez pas !

L'ACCUEIL

Très organisé et excellent. Visites sur rendez-vous assurées par un conférencier. Possibilité d'achat. Du lundi au vendredi de 9 à 12 h et de 14 à 17 h. Premier vignoble sur la gauche sur la route Bordeaux-Pauillac, après Saint-Julien.

PROPRIÉTAIRE :
AXA MILLÉSIMES
BP 46, 33250 PAUILLAC
TÉL. : 56 73 17 17 - FAX : 56 59 26 42

CHÂTEAU LYNCH-BAGES

PROPRIÉTAIRE-RÉCOLTANT

LE DOMAINE

Cet excellent cru de 85 ha est le berceau des Cazes, à Pauillac. Acheté par le père de Jean-Michel Cazes en 1934, géré aujourd'hui par Sylvie et Jean-Michel Cazes, ce vignoble produit des vins d'une régularité et d'un qualité dignes des meilleurs. D'ailleurs, le marché ne s'y trompe pas. Ses prix s'alignent sur ceux d'un second cru classé.

LES VINS

Ils sont depuis vingt ans du niveau d'un bon second cru classé. Tous les moyens sont donc réunis par les Cazes pour produire sur ce terroir le meilleur vin possible, même si bien sûr ils n'ont pas le petit supplément de race dû au terroir que peut avoir Pichon Baron. Mais, même dans les petites années comme 92 ou 93, les vins sont forts réussis. Le 92 (115 F) est l'un des meilleurs pauillacs du millésime. N'oubliez pas les Ormes-de-Pez. Ce saint-estèphe des Cazes est toujours remarquable. Le 90 (170 F environ mais épuisé au domaine) est exceptionnel, avec une moelle et une suavité dignes d'un cru classé. Le 93 est très bon grâce à des sélections sévères. Ce vin charnu, très pauillac dans sa structure, évoluera très bien sur dix ans. Bon rapport-qualité-prix.

L'ACCUEIL

Se fait selon les mêmes principes qu'à Pichon Baron, avec possibilité d'achat. Du lundi au vendredi de 9 à 12 h et de 14 à 17 h. Sur la route Bordeaux-Pauillac, à gauche, aux portes de Pauillac.

PROPRIÉTAIRE :
CHÂTEAUX & ASSOCIÉS
BP 46, 33250 PAUILLAC
TÉL. : 56 73 24 20 - FAX : 56 59 26 42

CHÂTEAU PONTET-CANET

PROPRIÉTAIRE-RÉCOLTANT

LE DOMAINE

Ce cinquième cru classé fait des progrès tels qu'aujourd'hui il se situe au niveau d'un troisième cru voire d'un second. Avec patience et méthode, Alfred Tesseron relève ce très beau cru qu'une politique commerciale avait abaissé. Le cru se vendait trois francs six sous, en demi-bouteilles, par les Wagons-Lits. Le vignoble se situe sur les belles croupes du nord de Pauillac et la taille importante du domaine permet de faire des sélections importantes.

LES VINS

Très classiques et rigoureux, avec une sève fine et intense. Les Tesseron ont amélioré le vignoble par des replantations, construit un cuvier moderne et un chai d'élevage souterrain. Nous faisons le pari que les vins de Pontet-Canet seront la révélation des années 90, tant la détermination des propriétaires est grande. Le 90 est excellent et encore très bon marché, environ 140 F au tarif des négociants. C'est un vin très pauillac, avec un grain très intense et beaucoup d'allure. Le 93 est bon pour l'année. Dès qu'il sort en bouteille achetez le 94, qui devrait coûter autour de 120 F. Plusieurs dégustations me font penser que c'est le meilleur vin de l'appellation derrière les premiers crus classés, devant les Pichon. Sa couleur est splendide, il a un grain très racé et une sève très longue et fraîche. Du grand vin de garde.

L'ACCUEIL

Sur R-V de préférence, du lundi au vendredi de 9 à 12 h 30. Visite comprenant une dégustation du dernier millésime. Possibilité d'achat. Depuis Pauillac, direction Lesparre. Immédiatement à la sortie de Pauillac, prendre la D205 sur la gauche.

PROPRIÉTAIRE :
ALFRED TESSERON
33250 PAUILLAC
TÉL. : 56 59 04 04 - FAX : 56 59 26 63

PAUILLAC

CHÂTEAU FONBADET

PROPRIÉTAIRE-RÉCOLTANT

LE DOMAINE

Il rassemble des parcelles très disparates, dispersées dans le vignoble de Pauillac, entre deux grands crus classés, formant une vingtaine d'hectares composés de vignes de plus de 50 ans. Depuis quelques années, le château a été rénové : des chais de vinification et d'élevage, une salle de réception confortable ont été construits.

LES VINS

De vrais pauillacs traditionnels

qui ne cèdent pas aux modes : peu de bois neuf, des extractions raisonnables, des vendanges saines et mesurées entièrement manuelles. Les vins ont toujours de la couleur, une bonne charge de tanins, un bouquet de havane et se boivent bien à partir de leur dixième année. Le 93 (58 F) est d'un très bon niveau et montre une très belle structure et un équilibre rigoureux. Le 90 (100 F) est bien supérieur et démontre la force de ce type de propriété les grandes années, quand les raisins sont très mûrs. Ce vin durera plus de 15 ans. La chance de la propriété est de présenter à la vente des 81, 82, 83 et 84. Le 86 (114 F) est un superbe vin encore frais et fier comme un gaillard. La robe est très jeune, le nez de fruits et de havane très classique. En bouche, sa puissance et son équilibre en font un très beau vin que l'on peut commencer tout juste boire.

L'ACCUEIL

Par Pascale Peyronie, dans une salle de réception très élégante. Visitez le beau parc avec ses très grands arbres. Depuis Bordeaux, à l'entrée de Pauillac sur la gauche, direction Saint Lambert, suivre la flèche.

PROPRIÉTAIRE :
FAMILLE PEYRONIE
33250 PAUILLAC
TÉL. : 56 59 02 11- FAX : 56 59 22 61

PAUILLAC

CHÂTEAU
LA BÉCASSE

PROPRIÉTAIRE-RÉCOLTANT

—— LE DOMAINE ——

Pauillac n'est connu que pour ses crus classés. Trois des cinq premiers crus classés sont à Pauillac. C'est aussi dans cette appellation qu'on trouve des crus dépassant les 100 ha. Avec ses 4 ha dispersés en une vingtaine de parcelles au milieu des crus classés de l'appellation, le château La Bécasse est un puzzle au sein de Pauillac. Ce vignoble a été créé en 1966 par Georges Fonteneau dont le grand-père était naguère régisseur de Ducru Beaucaillou.

—— LES VINS ——

L'encépagement compte de merlot (36 %) et cabernet franc (9 %) à côté des cabernets-sauvignons (55 %). La force de ce cru est d'avoir de nombreuses vieilles vignes qui donnent beaucoup de chair et de plénitude au vin. Tout y est traditionnel depuis la vendange à la bouteille. Nous avons dégusté un bon 1993 (70 F), un 1992 (60 F) correct pour l'année. Mais c'est La Bécasse 1990 (90 F) qui est à se procurer absolument. Robe rubis saturée de couleur, nez passionnant de cuir, de cèdre et de cassis très mûr. Chair splendide, tanins crémeux et fondants. C'est déjà délicieux à boire, mais il vieillira très bien.

—— L'ACCUEIL ——

Par les Fonteneau du lundi au samedi de 8 à 12 h et le 14 à 18 h, sur rendez-vous uniquement. Au lieu-dit Bagès, en entrant de Pauillac sur la D2 en venant de Bordeaux, entre Lynch Bages et le Relais & Châteaux Cordeillan Bagès.

PROPRIÉTAIRES :
GEORGES ET ROLAND FONTENEAU
33250 PAUILLAC
TÉL. : 56 59 07 14 - FAX : 56 59 18 44

SAINT-ESTÈPHE

CHÂTEAU
COS D'ESTOURNEL

PROPRIÉTAIRE-RÉCOLTANT

—— LE DOMAINE ——

Ce deuxième cru classé dirigé par Bruno Prats est l'un des plus étonnants de tout le Bordelais, avec son chai à l'architecture décalée de pagode chinoise, construit par Louis Gaspard d'Estournel au XIXe siècle, qui confère au paysage un charme un peu magique quand on l'aperçoit sur sa croupe graveleuse en arrivant de la route de Pauillac. Le vignoble est superbement situé sur une croupe qui descend vers château Lafite, premier cru classé de Pauillac.

—— LES VINS ——

Au sommet de l'appellation avec ceux de Montrose. Leur particularité est de compter une assez forte proportion de merlot dans l'assemblage, de l'ordre de 40 %. Si cela leur confère une rondeur qui les rend très agréables au bout de quelques années, ce n'est pas au détriment de leur capacité de vieillissement. La rigueur des sélections, l'utilisation des techniques les plus performantes lors des vinifications ont permis de réaliser des bons vins dans trois millésimes difficiles. Le 1991 est l'un des plus réussis de Médoc et procure déjà bien du plaisir. Le 1992 est tout en rondeur et peut se boire dès à présent, tandis que le 1993 est plus ambitieux avec une évolution favorable sur les dix ans. 1990 est le dernier très grand millésime. Malgré son prix il reste très attrayant : puissance, charnu exceptionnel, moelleux somptueux, équilibre remarquable. Bref, du très grand vin.

—— L'ACCUEIL ——

Les visites du chai et du vignoble se font sur rendez-vous. Visitez impérativement le chai de vinification et sa porte venue d'un palais de Zanzibar. Du lundi au vendredi de 10 h à 11 h 30 et de 14 à 17 h.

PROPRIÉTAIRE :
DOMAINES PRATS
CHÂTEAU COS D'ESTOURNEL
33180 SAINT-ESTÈPHE
TÉL. : 56 73 15 50 - FAX : 56 59 72 59

CHÂTEAU PHÉLAN SÉGUR

PROPRIÉTAIRE-RÉCOLTANT

LE DOMAINE

Phélan-Ségur est la plus grande propriété de l'appellation avec ses 110 ha plantés en vignes. Le château et le vignoble sont l'œuvre de Franck Phélan (aujourd'hui, nom du second vin de la propriété), un entrepreneur d'origine irlandaise qui s'était installé au début du XIXe siècle dans la région. Depuis le début des années, Xavier Gardinier est propriétaire de Phélan Ségur. Son fils, Thierry Gardinier, pilote le cru. Les Gardinier ont modernisé la propriété : chais, parc à barriques, travaux de replantation. Depuis 1988, les vins sont remarquables.

LES VINS

Les investissements réalisés et la rigueur des sélections ont commencé à payer à partir de 1988, avec un vin qui s'affirme à point aujourd'hui. Ses notes d'humus sont classiques des saint-estèphe. Il s'affirme plus rond que concentré. Les 89 et 90 de la propriété sont très supérieurs : plus denses, plus mûrs et plus harmonieux. Ils vieilliront pendant une douzaine d'années avec grâce. Le domaine est fidèle à un style très classique, sobre, très différent de celui de Haut-Marbuzet. Les vins sont devenus du niveau d'un cru classé de qualité. Si l'on veut savoir comment le 93 évoluera dans quelques années, il faut goûter aujourd'hui le 88 : bien équilibré et moyennement concentré, il fera un bouteille élégante et harmonieuse de moyenne garde.

L'ACCUEIL

Sur rendez-vous, huit jours à l'avance, du lundi au vendredi. Possibilité d'acheter. Depuis Pauillac, prendre la petite route qui longe vers le nord la Gironde. Le château se trouve à 5-6 km sur une croupe face à la Gironde. Magnifique.

PROPRIÉTAIRE :
THIERRY GARDINIER
33180 SAINT-ESTÈPHE
TÉL. : 56 59 30 09 - FAX : 56 59 30 04

CHÂTEAU HAUT-MARBUZET

PROPRIÉTAIRE-RÉCOLTANT

LE DOMAINE

C'est en 1952 que Hervé Duboscq se rend acquéreur du château de Haut-Marbuzet. Les vignes sont plantées sur le coteau de Marbuzet, et idéalement exposées face à la Gironde. En 1962, Henri Duboscq met avec son père au service de la vigne. Ils vont ainsi faire du Haut-Marbuzet une magnifique réussite quant à la qualité du vin. Henri Duboscq possède également le château Chambert Marbuzet, toujours en Saint-Estèphe. Henri Duboscq est un personnage excentrique dans le médoc : esthète, dandy, grand seigneur, admirateur de Talleyrand.

LES VINS

Henri Duboscq, depuis vingt ans, construit un saint-estèphe de style très personnel, sensuel, hédoniste, assez boisé, qui naguère fit crier gare à certains puristes. Mais là encore les vins vieillissent fort bien et même ont tendance après 15 ans à devenir très classiques. Comme toujours au vieillissement, la main de l'homme s'efface devant le terroir. Voyez les 82 et les 70. Essayez de mettre la main sur les superbes 89 et 90. Préférez le Haut-Marbuzet 1993 aux 92 et 91, d'un bon rapport qualité-prix, qui est peut-être l'un des meilleurs vins du secteur dans ce millésime, et dont le style est assez classiquement médocain par rapport aux millésimes des années 80.

L'ACCUEIL

Si vous rencontrez Henri Duboscq dans ses chais, vous trouverez communicative la passion qui l'anime quand il parle de ses vins et de leur terroir. Tous les jours de 9 à 12 h et 14 à 19 h.

PROPRIÉTAIRE : **HENRI DUBOSCQ**
CHÂTEAU HAUT-MARBUZET
33180 SAINT-ESTÈPHE
TÉL. : 56 59 30 54 - FAX : 56 59 70 87

LES ROUTES DES VINS DU COGNAC

JEAN RADFORD

ÉDITO

Cognac... à l'idée déjà de prononcer ce mot, il nous vient des images fortes, précises. L'histoire du cognac est profondément ancrée dans notre patrimoine collectif. Cette histoire, qui commence au IIIème siècle sous l'empereur romain Probus - il autorise la création du vignoble de Saintonge -, se poursuit au XVIIe siècle avec l'invention du procédé de double distillation qui permettra la fabrication d'une eau-de-vie supportant les voyages par mer et se bonifiant en veillissant dans des fûts de chêne. Le cognac est né, réunissant les trois éléments essentiels à son identification : la culture de la vigne, la distillation et le vieillissement.

Aujourd'hui, si rien n'a changé ou presque, c'est pour le plus grand plaisir des amateurs de cognac qui, en dégustant cet alcool, retrouvent dans leur verre cette mémoire ancestrale, ce passé d'une civilisation exceptionnelle, mais découvrent aussi un modernisme issu de la technologie et des modes de dégustation nouveaux permettant d'optimiser sa qualité et de le faire apprécier partout dans le monde.

Cela dit, l'avenir du cognac est soumis à un conditionnel non négligeable : la volonté qu'auront on non les producteurs de transmettre la culture du cognac aux générations à venir, celles qui perpétueront ce savoir-faire unique sans céder aux exigences mercantiles. Il est question plus que jamais de transmettre cette richesse par et grâce au rêve que procure cet alcool : le rêve, c'est de pouvoir toujours déguster un cognac de 30-40 ans d'âge, c'est se souvenir qu'il était l'alcool favori des plus grands, de Napoléon au Général de Gaulle qui en imposa l'usage à l'Elysée en bannissant celui des whiskies. C'est aussi

que le cognac soit toujours porteur de son histoire, c'est-à-dire celle de notre pays et de sa belle région de production. Enfin, c'est le maintien de sa qualité qui devra passer par une identification plus précise de ses origines, terroirs et crus, et par des rendements à l'hectare raisonnables, seuls garants de l'authenticité du produit.

Si ces conditions sont maintenues, alors nous ne pourrons que nous en réjouir !

En attendant, la production de cognac, si elle est globalement de très bonne qualité, laisse apparaître des baisses de qualité. Un fabricant de cognac ne doit pas sous-estimer le travail du vigneron s'il veut produire des alcools de premier ordre ; ainsi le travail de la vigne, et donc du vin, est primordial. Des rendements élevés à l'hectare font perdre au vin son identité... Par la suite, l'ajout de caramel, destiné à arrondir et homogénéiser l'eau-de-vie, en masque les origines qui, si elles sont médiocres, ne feront jamais un honnête cognac. Or cette pratique se répand de plus en plus car elle finit par être admise comme un argument de vente.

Pour opérer un retour vers les procédés ancestraux, il faut impérativement que le vigneron y mette son cœur, livre un peu de son âme pour la lier à celle de sa vigne, et qu'il produise un cognac porteur de cette vie et de cette passion humaine.

Les grandes maisons se doivent de montrer l'exemple. Produire des whiskies est certes moins coûteux (pas de travail de la vigne) mais, à terme, ceux-ci prendront le pas sur nos productions nationales et modifieront le goût des consommateurs. L'enjeu est de taille et sous forme d'interrogation : le cognac passera-t-il le cap des siècles à venir ? Vigilance... vigilance donc !

Jean Radford

LA FABRICATION DU COGNAC

APPELLATION
OÙ SE FABRIQUE-T-IL ?

L'aire de production est définie par un décret de 1909 et s'étend du département de la Charente-Maritime à une grande partie de la Charente et à quelques communes des Deux-Sèvres et de la Dordogne.

QUELS CÉPAGES ?

Des cépages blancs : ugni blanc, folle blanche, colombard principalement, et en appoint blanc ramé, jurançon, montils, sémillon, sélect.

QUELLE
VINIFICATION ?

Elle est dite naturelle : il est interdit de chaptaliser le vin et de pressurer les raisins en continu par la vis d'Archimède.

DISTILLATION
EST-ELLE
SPÉCIFIQUE ?

Oui, elle est dite de double chauffe, c'est-à-dire qu'elle s'effectue en deux temps. Le procédé charentais comprend le bouilli et la repasse dans un alambic de cuivre pur. L'eau-de-vie ne doit pas titrer plus de 72° en volume. La distillation doit êre achevée avant le 31 mars de l'année qui suit celle de la récolte.

VIEILLISSEMENT
DANS QUOI SE FAIT-IL ?

Uniquement dans des chais isolés d'autres spiritueux, en fûts de chêne d'environ 270 à 450 litres ; le degré d'humidité naturelle des chais influence l'évaporation de l'alcool appellée "la part des anges", qui permet à l'eau-de-vie de vieillir harmonieusement. Le rancio du cognac apparaît après un lent travail de maturation grâce à l'échange physique qui s'opère entre l'alcool et les substances extraites du bois des fûts. Ainsi naît la coloration du cognac, entre le jaune d'or et le brun.

IDENTIFICATION
COMMENT CONTRÔLER
L'ÂGE DU COGNAC ?

Le Bureau National Interprofessionnel du Cognac comptabilise et contrôle les âges : le minimum de vieillissement pour la commercialisation est de trente mois, le titre alcoométrique devant être de 40° vol.

COMMENT IDENTIFIER
L'ÂGE D'UN COGNAC ?

De précieuses indications sont portées sur son étiquette : un VS ou trois étoiles est un cognac dont l'eau-de-vie la plus jeune a moins de 4 ans et demi. Un VSOP, un Réserve comportent des eaux-de-vie dont la plus jeune a entre 4 ans 1/2 et 6 ans 1/2. Un Napoléon, XO ou Hors d'Age dépassent au minimum 6 ans 1/2. D'une manière générale, les mariages des eaux-de-vie sont réalisés avec des alcools plus âgés que le minimum requis.

LA DONATION FRANÇOIS MITTERRAND

10, quai de l'Orangerie, 16200 Jarnac, réservations et renseignements tél. : 45 81 09 30. Dans le pays de son enfance, à Jarnac la rayonnante plus précisément, le président François Mitterrand a offert à la ville une collection d'objets, de sculptures, de gravures et de dessins que des personnalités du monde entier, des représentants de collectivités voire de simples particuliers lui ont adressés durant son double septennat. Tous ces trésors sont merveilleusement présentés dans un ancien chai de cognac restauré avec l'aide de la commune, du département, de la région et de l'État. L'ancien président de la République enterré ici renoue avec le Jarnac de son enfance, dans cette Charente où il s'est toujours senti chez lui. (Ouvert tous les jours, du 1ᵉʳ avril au 30 septembre, de 10 à 13 h et de 14 à 19 h.)

HÔTELS ET RESTAURANTS DE BONNE CAVE

Cognac

L'Hostellerie des Pigeons Blancs : 110, rue Jules-Brisson, tél. : 45 82 16 36. Fondé il y a une dizaine d'années, c'est le restaurant favori des professionnels du cognac qui font découvrir à leurs invités la cuisine régionale privilégiée par la famille Tachet : fricassée d'escargots, matelote d'anguilles, filets de rougets au cognac, carré d'agneau à l'ail, etc. Superbe carte de cognacs avec une trentaine de références. Menus : 130, 165 et 250 F. Carte : 250 F. Ouvert toute l'année. Fermé le dimanche soir. 7 chambres de 290 à 420 F. 3 salles de séminaires.

Domaine du Breuil : 104, rue Robert-Daugas, tél. : 45 35 32 06. Une très belle demeure du XVIIIᵉ siècle dans un parc paysager de 7 ha situé dans un quartier résidentiel de la ville. La cuisine n'est pas encore à la hauteur du cadre en dépit de louables tentatives pour la régionaliser, comme avec ce chou farci aux petits gris. Impressionnante vitrine de cognacs dans le salon-bar. Carte de 250 à 300 F. 22 chambres et 2 suites très confortables. De 270 à 440 F. Ouvert tous les jours.

Le Coq d'Or : 33, place François-Iᵉʳ, tél. : 45 82 02 56. C'est « la » brasserie de Cognac, une institution pas toujours appréciée à sa juste valeur, mais la cuisine y est simple et de qualité. Excellents plateaux de fruits de mer et de bons plats du terroir : moules marinières au pineau, noix de Saint-Jacques à la vapeur de cognac, d'authentiques petits gris servis par 50 et 100, etc., et plus de 30 cognacs à la carte, avec possibilité de les consommer allongés d'eau, de glace, de Schweppes ou de Perrier. Menus : 76, 127 et 249 F. Carte : de 200 à 250 F.

Châteaubernard

L'Échassier : 72, rue de Bellevue, tél. : 45 32 29 04 (restaurant) et 45 35 01 09 (hôtel). Un nouveau chef, Jean Locussol, officie désormais dans cette maison réputée que dirige Pascal Merle. La cuisine a toujours une tonalité charentaise, avec du foie gras à la gelée de pineau, des raviolis de petit gris à la fondue de tomates, des filets de soles et huîtres en civet ainsi qu'un gratin de fruits frais à la fine champagne. La carte des cognacs est particulièrement riche, avec une cinquantaine de références de petites et de grandes maisons (en 2 et 4 cl), avec possibilité d'effectuer une dégustation de 4 verres de 1 cl. Menus : 125, 195 F et 320 F. Carte : de 350 à 400 F. 20 chambres (de 370 à 510 F) et 2 appartements (de 750 à 830 F). Une salle de séminaire, parc et piscine. Ouvert toute l'année pour l'hôtel et pour le restaurant, mais mieux vaut passer un coup de téléphone pendant les vacances scolaires ; hors saison, autrement, il est fermé les samedi midi et dimanche.

L'Étape : route d'Angoulême, tél. : 45 32 16 15. Cuisine charentaise avec, notamment, un magret de canard aux pommes flambées au cognac (80 F). Cet hôtel des Logis de France, dirigé par Catherine et J.-D. Giraud, comporte 22 chambres de 130 à 270 F. Fermé la semaine entre Noël et Nouvel An.

Jarnac

Restaurant du Château : 15, place du Château, tél. : 45 81 07 17. Sur la place centrale de Jarnac, face à Courvoisier, Jean-Jacques Destrieux propose une cuisine authentique à base de produits du terroir : chaudrée d'anguille aux « cagouilles » et effilochée de raie au chèvre chaud. Très riche carte de cognacs en provenance d'une quarantaine de marques et de petits producteurs. Menus : 100, 148 et 214 F Carte : 300 F. Fermé mercredi soir, dimanche soir et lundi.

… Et pour le café… allez aux Trois Chabots !
Quels délices et quels bonheurs gustatifs s'offrent à nos papilles lorsque l'on pousse la porte de cette maison du chocolat ! La maîtresse des lieux est à elle seule une encyclopédie de la région et sa passion du chocolat devient vite contagieuse. Petite visite dans l'antre du maître chocolatier : un homme peu avare à montrer et à expliquer ses secrets de fabrication. Bien sûr, au pays du cognac, les « petits grignons » offrent une pâte de gianduja magnifique pourvue d'un enrobé d'amandes effilées et d'un cœur noyé du précieux breuvage. Même sans être gourmand, difficile de ne pas reconnaître cet équilibre subtil entre l'amertume de l'amande, le fruité du chocolat et l'explosion du cognac ! Aux Trois Chabots, Jean-François Baude, 8, rue du Portillon, 16200 Jarnac. Tél. : 45 81 08 02.

À VISITER IMPÉRATIVEMENT : LA DISTILLERIE LA JURIGNACAISE

*Dans une petite distillerie en plein cœur de la Charente, règnent la paix et la bonne humeur. Elle le doit à son patron, Jacques Prévoteau, issu d'une vieille famille de La Touche-de-Jarnac. Il y préside en seigneur et maître, à la fois élégant et très proche de ses racines. Derrière un petit sourire narquois, on trouve en cet homme un guide, une bible vivante de l'histoire du cognac. Ce connaisseur invétéré, passionné est toujours à l'affût du moindre secret de fabrication sur ses eaux-de-vie qu'il communique d'ailleurs volontiers et chaleureusement. Il est possible de visiter et de comprendre toutes les étapes de l'élaboration du cognac, puisque de nombreux récoltants viennent faire distiller leurs eaux-de-vie ici. Puis ils vendent leur production aux plus grandes maisons. Les 6 fours à chauffe sont impressionnant ;, quand tout bout, il y règne une atmosphère surréaliste : dans une odeur moite et alcoolisée flottent des parfums de noyaux de fruits, de griottes, d'orange amère, de caramel. Ici, le cognac en est au début de sa longue vie, en pleine gestation, comme dans une couveuse. Vraiment la visite est dépaysante !
Prendre la N10 en direction de Blanzac, en venant d'Angoulême, Jurignac est sur la gauche.*

Distillerie la Jurignacaise Jurignac, *tél. : 45 66 37 30. Ouvert tous les jours sauf samedi, dimanche et jours fériés, de 9 à 12 h et de 14 à 17 h.*

JARNAC DÉCOUVERTE

Vous avez rêvé de découvrir les trésors du pays du cognac, mais par quoi commencer ? Les frères Moine, passionnés par leur région, ont mis sur pied une visite incroyable ! En une journée, ils vous proposent de visiter l'atelier d'un fendeur de merrain, d'assister à la fabrication d'une barrique dans une tonnellerie, de déguster le pineau des Charentes et de découvrir les secrets de sa fabrication. Après une halte gourmande, une promenade sur la Charente vous fait patienter jusqu'à la visite d'une chocolaterie artisanale, puis de la maison Courvoisier et de son musée, ou bien de l'abbaye de Bassac et de son église fortifiée. Un forfait très intéressant est proposé pour l'ensemble de la journée : 190 F avec le menu terroir ou 240 F avec le menu gastronomique. Renseignements et réservations à Villeneuve-Chassors, 16200 Jarnac, tél. : 45 80 98 91 ou 45 81 09 30, fax : 45 80 96 01.

Bourg-Charente

La Ribaudière : Mme et M. Thierry Verrat, La Ribaudière, place du Port, 16200 Bourg-Charente, tél. : 45 81 30 54, fax : 45 81 28 05. Restaurant très couru par les notables et les grands propriétaires. Un jeune couple vous accueille dans un décor pastel, aquarellé. Le chef essaie de bien faire son métier dans la très puissante et très rigide ambiance de la gastronomie. Les menus débutent à 125 F avec une gigolette de lapin, pour exploser à 285 F en dégustation de 7 services ! On signale une très impressionnante carte de cognacs où toutes les maisons petites ou grandes se côtoient. Quant à la carte des vins, si elle est magnifique, c'est surtout dans les bordeaux, les bourgognes y étant un peu sous-représentés.

Saint-Fort-sur-Né

Moulin de Cierzac : route de Barbezieux, à 12 km de Cognac, tél. : 45 83 01 32. L'Hostellerie est installée dans un ancien moulin au bord d'un petit cours d'eau, le Né. Au restaurant de l'hôtel, menus de 95, 185, 295 F ; carte 250 à 300 F, le chef prépare entre autres une chaudrée de poissons au pineau. 10 chambres de 280 à 520 F. Salle de séminaires ouverte d'octobre à avril. Ouvert toute l'année.

Segonzac

La Cagouillarde : rue Gaston-Briand, 16130 Segonzac, tél. : 45 83 40 51. Un resto où l'on se retrouve pour casser une bonne croûte, car on vous y propose des produits du terroir : une bonne entrecôte assortie de champignons grillés à l'ail, des pommes de terre sautées. La carte des vins et des alcools est proposée en accord avec les mets de bouche. Le choix d'un cognac ne pose aucune difficulté. On y croise des propriétaires, venus conclure quelques marchés… Menus : 75, 112 et 143 F. Carte de 180 à 200 F. Fermé les samedi midi et dimanche soir.

Angoulême

La Ruelle : 6, rue des Trois-Notre-Dame, tél. : 45 95 15 19. Jean-François Dauphin, en salle, et sa femme Véronique en cuisine ont fait de cet établissement l'une des meilleures tables. Ici, les huîtres de Marennes-Oléron sont servies avec des toasts de foie gras et les cagouilles trouvent leur place dans un soufflé. Menus : 140 et 180 F env.. Carte : 300 F. Fermé les samedi midi et dimanche.

Roullet

La Vieille Étable : sur la N10, au sud-ouest d'Angoulême, au lieu-dit Les Plantes, tél. : 45 66 31 75. L'hostellerie, tenue par Pierre Flamary, a été aménagée dans une ancienne ferme charentaise. En cuisine, les produits du terroir sont traités avec un rien de modernisme. Menus : 85, 105, 155, 195 et 265 F. Carte : 300 F. 29 chambres (290 F). Séminaires, piscine, courts de tennis. Restaurant fermé le dimanche soir, l'hiver seulement, et le 1er mai. Ouvert toute l'année pour l'hôtel.

Saintes

Relais du Bois-Saint-Georges : rue de Royan et cours Genêt, tél. : 46 93 50 99. La proximité de l'autoroute A10 ne risque pas d'être une gêne pour les occupants des 30 chambres (de 550 à 900 F + 74 F le petit déj.) et des 3 appartements : ce superbe établissement est construit dans un parc avec piscine, golf, tennis et même terrain de croquet. Le propriétaire, Jerôme Emery, a eu l'heureuse idée de personnaliser 10 de ses chambres et de leur donner des noms poétiques : « Aux pieds d'Aphrodite », « Le château de ma mère », « Baigneuse », etc. La cuisine est l'affaire d'un jeune chef saintongeais, Philippe Gault, qui privilégie terroir et tradition : céteaux poêlés au beurre de persil, sauté de chevreau à l'aillet, poêlée de cagouilles au jus de persil, noisettes d'agneau du Poitou aux pousses d'oseille. Et en 95, il a obtenu le 1er prix régional de la qualité ! Menus : 190 (apéro + vin inclus), 235 et 480 F. Carte : à partir de 250 F. Ouvert toute l'année, tous les jours de la semaine.

Saint-Césaire

Auberge des Bujoliers : place Vinet, tél. : 46 91 50 14. Dans la grande banlieue de Saintes, à une vingtaine de kilomètres de Cognac, une sympathique auberge de campagne où Anna et Pascal Courtillat proposent, entre autres, des menus charentais de 58 à 180 F avec une salade de cagouilles, des anguilles à la charentaise et une tarte aux pommes. Fermé les mercredi soir et dimanche soir.

Mosnac-sur-Seugne

Le Moulin de Marcouze : route de Saint-Georges, tél. : 46 70 46 16. À 35 km de Cognac et à l'écart des

CROWN BLUE LINE

Quand une société anglaise de location de bateaux fluviaux se lance à l'assaut des canaux et rivières navigables de France, elle ne peut oublier la Charente. C'est une idée très originale pour passer des vacances dans un parfait dépaysement, au rythme de l'eau et des écluses. Avec ses 22 bateaux, la société offre le meilleur choix possible en Charente. Les plaisanciers visitent volontiers les sites touristiques tout au long de leur parcours et effectuent leurs courses au fur et à mesure. La clientèle est essentiellement étrangère ; les Suisses et les Allemands sont particulièrement friands de ce type de tourisme fluvial et, comme le fait remarquer Didier Criqui, le directeur de la base de Jarnac, d'autres pays sont de plus en plus attirés : États-Unis, Sud-Est asiatique, Nouvelle-Zélande, Afrique du Sud, Australie et Israël. La période estivale est bien sûr la plus prisée, mais l'activité locative débute en avril et s'achève à la Toussaint. Attention, mieux vaut ne pas se décider au dernier moment, les réservations se font en décembre pour l'année suivante !

***Crown Blue Line**, place du Port-Gros Jean, 16200 Jarnac, tél. : 45 36 59 98, fax : 45 36 20 69.*

LES SIX CRUS DE COGNAC

Le vignoble de Cognac, un peu plus de 81.000 ha, est divisé en 6 crus depuis 1938 :

*– Le plus prestigieux, **la Grande Champagne** (13.000 ha), regroupé autour de Segonzac et de Cognac, fournit des eaux-de-vie fines, puissantes, délicates et bouquetées qui s'améliorent en vieillissant.*

*– **La Petite Champagne** (15.000 ha), située au sud de la Grande Champagne, englobe Barbezieux et Jonzac et donne des cognacs un peu moins amples. C'est l'assemblage des Grandes et Petites Champagnes qui donne naissance à la fine champagne.*

*– **Les Borderies** (4000 ha), autour de Burie, constitue le plus petit des 6 crus, bouquet, douceur et vieillissement plus rapide sont les caractéristiques des ces eaux-de-vie.*

*– **Les Fins Bois** (33.000 ha), autour d'Angoulême, Rouillac et Saintes. C'est le mastodonte de l'appellation qui encercle les trois premiers crus auxquels il apporte une grande aptitude au vieillissement.*

*– **Les Bons Bois** (12.000 ha). Ils ceinturent les Fins Bois, sur un sol plus pauvre en calcaire, et donnent des cognacs plus légers.*

*– Enfin, **les Bois Ordinaires** (1600 ha), situés sur la façade atlantique (îles de Ré et d'Oléron comprises) donnent des cognacs au goût de terroir.*

grands axes touristiques, Dominique Bouchet a beaucoup de mérite en continuant à faire vivre cet élégant ensemble qui constitue ce que l'on fait de mieux dans la campagne saintongeaise. L'hôtel quatre étoiles, proche de la rivière Seugne, comprend 10 chambres spacieuses et superbement meublées (de 525 à 1100 F) et se trouve situé en pleine nature, avec piscine et balnéothérapie. La cuisine est digne de l'ancien chef de la Tour d'Argent revenu au pays : crème de crustacés aux aromates, gigot de sept heures à la cuillère, fricassée de pintade au pineau. Menus : 160 F, 250 et 420 F + menus affaires (le midi uniquement) à 200 F vin compris. Carte : 400 F. Très longue et très riche carte de cognacs (en 2 et 4 cl), avec plus d'une soixantaine de références. Ouvert sept jours sur sept sauf en février.

Pons

Auberge Pontoise : 23, avenue Gambetta, tél. : 46 94 00 99. Cette petite ville de Saintonge n'est qu'à 25 km de Cognac. Philippe Chat y propose une belle cuisine rustique : fricassée de cèpes aux échalotes, huîtres tièdes en habit de saumon fumé, gâteau de pommes de terre à la truffe et au foie gras. Menus : de 160 à 280 F environ. Belle carte de cognacs, avec un Laurent-Merlin millésimé 1920. L'hôtel comporte 21 chambres (de 240 à 450 F environ). Fermé en janvier.

Sigogne

Hôtel-restaurant Karina : Austin & Nikki Legon, Bois-Faucon, 16200 Sigogne, tél. : 45 36 26 26, fax : 45 81 10 93. Cet hôtel-restaurant possède le charme si particulier d'une maison anglaise. C'est dans une ancienne distillerie abandonnée qu'une ravissante jeune femme et un lord anglais ont élu domicile. Les tuyauteries de l'alambic, laissées apparentes, servent de conduit de chauffage ; les chambres sont cosy (de 290 à 450 F) et l'on peut même retenir de très grandes chambres familiales (450 F pour 4 personnes). La cuisine est délicate et bourgeoise, avec ce petit plus de créativité anglo-saxonne. Seule ombre au tableau : le plateau de fromages ne comporte par le célèbre stilton. On se console devant l'incomparable carte des cognacs qui atteint la perfection, le tout devant un bon feu de cheminée. Dernier détail, si vous ne parlez pas un mot d'anglais, la communication sera assez timide ! Mais la superbe piscine extérieure et le cadre valent à eux seuls le déplacement.

Domaine Frapin
Grande Champagne
Premier Cru du Cognac

B.P. 1 • 16130 SEGONZAC (FRANCE) • Tél.: (33) 45 83 40 03 - Fax : (33) 45 83 33 67

OÙ TAPER LA PETITE BALLE ?

Golf du cognac : Saint-Brice, 16100 Cognac, tél. : 45 82 67 33. En plein milieu du vignoble charentais, à mi-chemin entre Cognac et Jarnac, pourquoi ne pas se détendre avec quelques swings ? Le 18 trous parcourt vignes et bois, on y retrouve toute la bonne société, très organisée à la manière anglaise. Le club est chaleureux, la table plus que correcte, et le lieu invite à déguster un bon cognac après un petit parcours (prix abordables, de 150 à 260 F par personne).

À DÉCOUVRIR

Cours de dégustation organisé les après-midi, en saison, par la très sérieuse Université des eaux-de-vie de Segonzac (en français et en anglais), mais renseignez-vous avant sur les jours exacts. Hors saison, sur réservation, il est possible d'organiser des dégustations pour les groupes. Tarifs : 200 F par personne pour 3 heures ou 300 F par couple.
Université des eaux-de-vie, 37, rue Gaston-Briand, 16130 Segonzac. Directeur : Simon Palmer.

AU FIL DE L'EAU

— **Locaboat Plaisance** : pour louer et visiter la région en bateau. Au départ de Cognac, tél. : 68 91 72 72 fax : 86 62 42 41.

— **Inter-îles** : organisation, depuis Saint-Savinien et Saintes, d'un circuit découverte du Val-de-Charente. Renseignements auprès de l'office du tourisme de Saintes au 46 74 23 82.

— **Charentes-Plaisance** : 1, place du Solençon à Cognac. Croisière-promenade de 1 h 45 pour découvrir la région. Tarifs pour 20 personnes : 50 F par adulte, 36 F par adolescent, 20 F par enfant jusque 13 ans, gratuit en-dessous de 5 ans. Vous renseigner sur les tarifs hors groupes.

COUCHER CHEZ LE VIGNERON

Logis des Bessons : Jean-Philippe Tesseron, 17770 Mignon, tél. : 46 94 91 16, fax : 46 94 98 22. Au nord de Cognac, 5 grandes chambres d'hôtes, meublées dans le pur style ancien charentais (avec douche ou bain) dans une demeure traditionnelle. Ce vigneron a ouvert un écomusée du cognac et commercialise sa production de pineau et de cognac. Grand professionnel, ses conseils sont si précieux qu'ils sont passés à l'antenne lors de l'édition de 13 h du journal de TF1... Réservation indispensable. Tarifs : de 240 à 260 F la chambre, petit déjeuner inclus. Piscine, étang de pêche avec bateau, location de vélos.

Domaine de la Chambre : la Chambre, 16130 Verrières, tél. : 45 83 02 74, fax : 45 83 01 82. Tenu par Henri Geffard, dont la famille fait du cognac depuis 5 générations, qui propose avec Monique son épouse des séjours en chambres d'hôtes tout confort au pied des vignes. Tarif de 150 à 450 F petit déj. inclus pour 1 à 5 personnes. Cuisine aménagée, salon, salle à manger et TV.

CENTRES D'INFORMATION

Bureau National Interprofessionnel du Cognac 23, allée du Champ-de-Mars, 16100 Cognac, tél. : 45 35 60 00, fax : 45 82 86 54. Ouvert du lundi au vendredi de 9 à 12 h et de 14 à 17 h. Organisme professionnel qui tient à la disposition du public des fiches, cartes et documentations gratuites sur le cognac et sa région.

Comité national du pineau des Charentes : 112, av. Victor-Hugo, 16100 Cognac, tél. : 45 32 09 27, fax : 45 35 42 25. Doc gratuite sur la production et les producteurs de pineau.

Comité départemental du tourisme de la Charente : place Bouillaud, 16021 Angoulême, tél. : 45 69 79 09, fax : 45 69 48 60.

Comité départemental du tourisme de la Charente-Maritime : 11 bis, rue des Augustins, BP 1152, 17088 La Rochelle cedex 02, tél. : 46 41 43 33, fax : 46 41 34 15.

Office du tourisme de Cognac : 19, place Jean-Monnet, 16100 Cognac, tél. : 45 82 10 71, fax : 45 82 34 47. Organise des week-ends et des courts séjours à la carte, des visites guidées pour groupes. Tarifs et doc sur demande.

Office du tourisme d'Angoulême : 2, place Saint-Pierre, 16000 Angoulême, tél. : 45 95 16 84.

Office du tourisme de Saintes : villa Musso, 62, cours National, 17000 Saintes, tél. : 46 74 23 82.

rues, cuisines du monde, etc., tél. : 45 95 43 42

– Son et lumière de l'abbaye de Saint-Brice, courant juillet, tél. : 45 35 37 53

– Son et lumière, courant juillet, aux châteaux de Peyras, Roumasières-Loubert, tél. : 45 71 25 25

– Son et lumière au château de La Rochefoucauld du 19 juillet au 10 août 96, tél. : 45 63 07 45

– Coupe d'Europe de montgolfières à Mainfonds du 1er au 4 août 96, tél. : 45 64 18 98

À VISITER

– **La ville ancienne de Cognac**, avec ses étroites ruelles pavées et son château du XIIe siècle qui a vu naître François Ier.

– **Le musée de Cognac**, qui abrite de superbes collections d'archéologie, des œuvres d'art…

– **La verrerie Saint-Gobain**, qui produit 1.500.000 bouteilles par jour, la plus moderne d'Europe et la plus importante du monde. Visite de 1 h 30.

– **La tonnellerie Vicard** : découverte de la fabrication des tonneaux et visite de 1 h au départ de l'Office du tourisme.

– **L'art roman** : visite guidée en car de 3 heures, toujours au départ de l'Office du tourisme. Découverte des églises romanes classées de Gensac-la-Pallue, Bourg-Charente, abbaye de Châtre…

Tous renseignements auprès de l'**Office du tourisme de Cognac**, au 45 82 10 71.

FÊTES ET MANIFESTATIONS

– Festival international de la bande dessinée à Angoulême, fin janvier, tél. : 45 97 86 50

– Festival international du film policier de Cognac, fin mars, tél. : 45 82 10 71

– Festival musiques métisses à Angoulême, durant la semaine de la Pentecôte (à l'origine consacré au jazz français et européen, vous fait découvrir également des musiques du monde entier). Concerts, spectacles dans les

COUPS DE CŒUR DES PRÉCÉDENTES ANNÉES :

1995 : **Frapin** à Segonzac et Raymond Ragnaud à Ambleville

1994 : **Ragnaud-Sabourin** à Ambleville

RENCONTRE D'UN MAÎTRE HORLOGER

Bijouterie Pelletier : *l'Horloger, place de l'Église, 16200 Jarnac, tél. : 45 81 11 10. Dans une région qui vit à l'heure du vin et du cognac, vous pourriez être amené, au fil de vos pérégrinations à Jarnac, à pousser la porte d'un horloger pas comme les autres. Lui ne vit pas au rythme des vendanges et des distillations – bien qu'il en ait le plus grand respect – mais au fil rompu de la ronde des aiguilles. Paradoxe bien apaisant que de se retrouver dans cette boutique où le temps semble figé, comme dépassé par cet inévitable « fugit tempus irreparabile » de Virgile. Pourtant, notre homme brave la maxime en redonnant vie aux horloges les plus anciennes, en réparant des montres gousset. Vous pourrez simplement admirer sa magnifique collection tout en parlant un peu histoire avec lui.*

PAUL BEAU

PROPRIÉTAIRE-VIGNERON

LA PROPRIÉTÉ

Difficile de trouver le chemin pour se rendre dans cette propriété de 120 ha… L'explication en est simple : la famille préfère vivre au rythme de la terre et du travail des hommes. Dans ce vignoble charentais, au cœur de la « Grande Champagne », premier cru de la région, les sols sont riches de qualités qui permettent, du fait de la typicité des raisins propres aux excellents vins, de fournir des eaux-de-vie hors pair, puis des cognacs de grande finesse et sensuels. La perdurance des secrets familiaux permet des méthodes de distillation inchangées depuis des siècles. Ainsi les chais, objets de mille attentions, présentent la particularité assez rare de posséder un plancher en chêne, ce qui est un gage de bon vieillissement des alcools.

LES COGNACS

Pour s'épanouir et trouver leur caractère, ils vieillissent et s'affirment dans des fûts de chêne. Les échanges thermiques, ainsi favorisés, permettent au cognac de respirer. Ce qui donne une vieille réserve de 1er cru (176 F), à 40°, qui se consomme allègrement avec un glaçon, pour écarter son côté un peu brûlant. De même, une vieille grande champagne hors d'âge (234 F) à 43° très ronde, bien glycérinée, pas trop chaude en bouche et qui possède un très beau rancio.

L'ACCUEIL

Très aimable, par une jeune femme passionnée, entre autres fonctions adjointe au maire de Segonzac. Depuis Cognac prendre par la N141 puis la D736 avant Jarnac. Prendre RV. Du lundi au vendredi de 9 à 12 h et de 14 à 19 h.

PROPRIÉTAIRE : **MAISON PAUL BEAU**
17, RUE MILLARDET
16130 SEGONZAC
TÉL. : 45 83 40 18 - FAX : 45 83 35 52

DÉGUSTER LE COGNAC AUTREMENT

Déguster dans de bonnes conditions demande un minimum d'effort : soigner l'ambiance pour qu'elle soit chaleureuse, éviter des éclairages violents, car la lumière doit flatter la couleur chatoyante du cognac. La tendance actuelle suggère qu'un cognac jeune s'accompagne d'un glaçon, à la manière d'autres alcools que l'on sert à l'apéritf. Les puristes crieront au crime de lèse-majesté, mais nous conviendrons – pour réconcilier les écoles – qu'un cognac d'âge méritera toujours un certain rituel. En effet, passé l'âge de 25-30 ans, ce n'est plus le dégustateur qui s'approprie le cognac, mais le cognac qui vient à lui : il convient de le prendre en main, de le sentir pour entrer en contact avec son expression, d'attendre qu'il veuille bien se livrer, c'est-à-dire qu'il soit apte à entrer en communion avec vous. Vous le regarderez, sentirez, parfois vous patienterez plus d'une heure, en fonction de son âge, pour qu'il arrive à température, qu'il dégage enfin ses arômes secondaires de violette, de vanille, de chocolat, de fruits secs. L'alcool se fait moins brûlant, le cognac prend alors vie. C'est le moment de le goûter du bout des lèvres, tout en caressant le verre, car il est question de séduction. Alors une certaine sensualité s'empare de vous, corps et âme !

Dans cette région, à partir du 18 octobre 1996, vous devez faire précéder les numéros de téléphone de vos correspondants de : 05

COGNACS
LÉOPOLD GOURMEL

PROPRIÉTAIRE-VIGNERON

LA MAISON

C'est dans l'île de Ré que Pierre Voisin, enfant, reçoit de son grand-père le goût de l'authentique. Dans les années 50 il achète quelques fûts, simplement parce qu'il veut savoir comment l'eau-de-vie se transforme en cognac. Sa curiosité le mène vite à la passion. Entraînant sa fille, il crée en 1979 sa maison (qui porte le nom du grand-père inspirateur) et s'installe sur les exceptionnels premiers fins bois, sur les coteaux de Tarsac et de Moulidars, ainsi qu'en Petite Champagne, sur le plateau de Saint-Eugène à Archiac. Reprenant les méthodes ancestrales, la vigne est soignée, les vendanges sont manuelles. La benne à vis lente évite toute trituration, le pressurage est d'ailleurs unique. Par la suite, on laisse au vin toutes ses lies : ainsi, très riche en goût, démarre-t-il sa fermentation. Seuls les meilleurs extraits seront distillés, selon le procédé charentais de double chauffe, entre décembre et fin février. La « bonne chauffe » est obtenue en assemblant des bouillis et des secondes, l'eau-de-vie titre à ce stade 68°, ce qui lui laisse son fruité, son onctuosité, et ce qui restitue la puissance aromatique des vins dont elle est issue. L'eau-de-vie est élevée dans des fûts de chêne extrêmement sélectionnés afin d'éviter les mauvais goûts : pas question de les maquiller par des incorporations de boisé ou de caramel. Les capillaires du bois permettent un échange avec l'air du chai, ce qui confère rondeur et souplesse. L'évaporation, appelée « part des anges », abaisse le degré d'alcool, qui variera de 40 à 44°. Après 9 mois de gestation dans des tonneaux neufs, le cognac est transvasé dans des fûts roux plus anciens : il y séjournera 4 à 15 ans avant que ne débute la réduction ; des cognacs pourront alors être ajoutés selon le vieillissement souhaité (de 36 mois à 7 ans).

LES COGNACS

Les alcools sont fins et délicats, le bois très fondu, l'absence de caramel donnant une surprenante et très inhabituelle coloration dorée et non bronzée. Le premier cognac, « l'Âge du Fruit » (282 F les 70 cl), gourmand, friand comme un gamay, or pâle, est facile à boire. Le second, « l'Âge des Fleurs » (423 F les 70 cl), doré, ressemble à un bordeaux, plus sage mais encore impétueux. Le troisième, « l'Âge des Epices » (679,50 F les 70 cl), vieil or, structuré et cloisonné, évoque un grand cru bordelais. Enfin « la Quintessence » (1355,50 F les 70 cl), or pourpre, véritable joyau d'une complexité impressionnante, délivre des goûts de fruits confits et de raisins de Corinthe, enfin un extraordinaire rancio.

L'ACCUEIL

Cordial et décontracté. Tout cela avec passion et professionnalisme. Olivier Blanc donne vie à ses cognacs. Halte inoubliable. Du lundi au vendredi de 9 à 18 h sans interruption sur R-V.

Quintessence de Léopold Gourmel

PRÉSIDENT DIRECTEUR GÉNÉRAL :
OLIVIER BLANC
LA COUTURE, 16130 GENTÉ
TÉL. : 45 83 76 60 - FAX : 45 35 41 92

COGNAC MOINE

PROPRIÉTAIRE-NÉGOCIANT

LA MAISON

L'entreprise Moine repose sur les épaules de deux inséparables frères, lesquels se battent pour que le cognac ne tombe pas dans l'oubli et ne soit pas supplanté par des alcools d'outre-Atlantique. Ils sont amoureux de leur région, fiers de détenir un patrimoine qui les rend passionnés et tenaces !

LES COGNACS

Ils sont authentiques, francs, à l'image des Moine. Le cognac VSOP (140 F), 8 ans d'âge, est équilibré, fin, avec une attaque un peu brûlante, mais compensée par des arômes très fondus. Le cognac vieille réserve XO (243 F), 18 ans d'âge, possède des arômes secondaires de vanille et d'abricot, et conserve malgré tout un côté brûlant en fin de bouche.

L'ACCUEIL

L'accueil est très chaleureux, dans un cadre rustique. Ces deux frères organisent des visites du Cognaçais : où l'on découvre le vignoble, une tonnellerie, un atelier de fendeur de merrains pour une somme modique, du 15 juin au 15 septembre. Par l'A10, de Paris, prendre la sortie 24 à Saint-Jean-d'Angély, la D939 jusqu'à Rouillac et la D15 jusqu'à Villeneuve. Depuis Bordeaux par l'A10, prendre la sortie 26 à Pons, suivre la N137 jusqu'à Cognac puis la D15 jusqu'à Villeneuve. De 9 à 12 h et de 14 à 18 h.

PROPRIÉTAIRE :
JEAN-YVES ET FRANÇOIS MOINE
VILLENEUVE-CHASSORS, 16200 JARNAC
TÉL. : 45 80 98 91 - FAX : 45 80 96 01

DESMAURIN

PROPRIÉTAIRE-NÉGOCIANT

LA MAISON

On ne le dira jamais assez, la maison Desmaurin s'est fait une spécialité : celle d'être considérée comme un antiquaire du cognac. En achetant de vieilles eaux-de-vie par petit négoce, le cognac est vieilli en fûts de chêne du Limousin, dans des chais dont le sol est de terre battue, ce qui stabilise le degré d'humidité. Cette démarche élitiste implique que tout soit soigneusement passé au crible, de la qualité du liège au flaconnage.

LES COGNACS

Le premier consul 8 ans d'âge, cru petite champagne (270 F), possède une très grande allégresse, avec des parfums de cannelle, un peu poivré se terminant sur une magnifique queue de paon. La Belle Époque (4000 F) est la Rolls des cognacs. Elle possède une très belle attaque de fruits secs, un creux de bouche bien soutenu et une apothéose en fin de bouche très bien glycérinée. Les flacons sont aussi beaux que les cognacs sont parfaits, en cristal gravé et signé.

L'ACCUEIL

L'accueil est franc et distingué : on se trouve face à une jeune femme en quête permanente de la perfection. Depuis Cognac prendre par la N141 jusqu'à Veillard, puis la D10 jusqu'à Saint-Même-les-Carrières, enfin suivre les D90 et D95. Sur R-V exclusivement.

PROPRIÉTAIRE :
PATRICK BRILLET-RICHON
16130 SEGONZAC
TÉL. : 45 35 30 07 - FAX : 45 83 31 80

MARTELL

PROPRIÉTAIRE NÉGOCIANT

LA MAISON

Fondée en 1715, c'est sans conteste la plus ancienne des grandes maisons de Cognac (8 générations se sont succédées). Les 270 ha du vignoble Martell ne représentent que 3 % de la production annuelle nécessaire, provenant des meilleurs crus de grande champagne, petite champagne, fins bois et borderies. La distillerie, capable de distiller jusqu'à 2000 hl/jour, compte parmi les plus grandes de la région. Ce qui n'empêche pas d'obtenir une qualité optimale, grâce notamment à une magnifique tonnellerie où tout est encore fait à la main.

LES COGNACS

Ils sont vieillis dans des fûts de petite taille (340 l) en chêne du Tronçais, au grain dense, pour plus de 100 millions de bouteilles à l'arrivée ! Martell a établi sa réputation sur ses crus de Borderies qui donnent à ses cognacs, doux et racés, un inimitable parfum de violettes. Le VSOP (226 F le litre) est déjà un merveilleux cognac en long-drink ou sec. Un peu brûlant en fin de bouche mais on sent déjà poindre le rancio. Le classique Cordon Bleu (420 F la bouteille), issu des borderies pour une grande partie, possède un très beau nez de noisette, puis se dégage un parfum de vanille, fondu et boisé. Les tanins sont doux et élégants sous une magnifique

bouche glycérinée. Le rancio, bien que peu présent, est délicat. Les flacons des XO Suprême (490 F la bouteille), Martell Extra (990 F la bouteille) et de L'Or (4500 F la bouteille) sont classiques mais très raffinés.

L'ACCUEIL

Très efficace car bien rodé et dans toutes les langues possibles… En plein centre-ville de Cognac, difficile de trouver quelqu'un qui ne saurait pas vous indiquer le chemin ! Du lundi au vendredi, de 9 h30 à 17 h sans interruption. Ouvert les samedi et dimanche en juillet-août.

PROPRIÉTAIRE :
MARTELL & CIE
BP 21, 16101 COGNAC CEDEX
TÉL. : 45 36 33 33 - FAX : 45 36 33 39

JACQUES PAINTURAUD

PROPRIÉTAIRE-VIGNERON

--------- LA MAISON ---------

On vous accueille toujours avec le sourire aux lèvres, comme les plaisanteries de bon aloi d'ailleurs, ce qui fait que l'on se sent très rapidement à son aise, comme chez soi. Ce talent vient de la personnalité du maître de chai. Certes il aime à se dire petit propriétaire entre Segonzac et Jarnac, mais dès que l'on pénètre dans le chai, on voit vite qu'il s'agit encore d'une plaisanterie : ici, on trouve encore l'une des rares vieilles réserves de cognac de la région, dont des cognacs de 1947. N'oublions pas que la famille commercialise ses produits depuis 60 ans !

--------- LES COGNACS ---------

On retient d'abord un VSOP très intéressant, car très longiligne, avec un creux en bouche marqué et un côté brûlant en fin de bouche (117 F). Le XO possède un nez marqué par des pointes de vanille, un côté agrume en milieu de bouche, bien glycériné en fin de bouche (230 F). Une fois n'est pas coutume, citons le pineau des Charentes (53 F) magnifique, synthèse de tout ce qu'on peut tirer d'un grand savoir sur les cognacs et de la dégustation de pineau. Un beau nez d'abricot, légèrement chaud, l'alcool n'étant pas tout à fait fondu, un panache de fruits secs et d'abricots en bouche, le tout sur une magnifique glycérole.

--------- L'ACCUEIL ---------

Simple et convivial, toujours une plaisanterie aux lèvres. A ne pas manquer. Du lundi au samedi de 9 à 12 h et de 14 à 19 h et le dimanche sur R-V. Lorsque vous vous trouvez dans Segonzac, direction Barbezieux, tournez à droite direction Archiac, puis prenez la première à gauche. Lorsque vous passez devant la mairie, en direction d'Archiac, c'est la seconde rue à gauche.

PROPRIÉTAIRE : **SARL J. PAINTURAUD**
3, RUE PIERRE-GOURRY-LE-PREUX
16130 SEGONZAC
TÉL. : 45 83 40 24 - FAX : 45 83 37 91

LEYRAT

PROPRIÉTAIRE-VIGNERON

--------- LA MAISON ---------

Après quatre générations, Edgard Leyrat – à la tête du domaine de Chez Maillard depuis 32 ans – a repris le flambeau familial au cœur du vignoble fins bois. Sur les 53 ha de la propriété, c'est avec une infinie patience, un grand amour et un impressionnant savoir-faire que 250 à 400 hl d'alcool pur donneront, chaque année, le magnifique cognac Leyrat. Ici tout est travaillé pour atteindre la qualité optimale : les vignes, les chais, la distillerie et le vieillissement.

--------- LES COGNACS ---------

Issus de vins récoltés, distillés, vieillis en fûts de chêne et mis en bouteilles au domaine, leur qualité tient aussi à la situation privilégiée du terroir de Claix-Blanzac. C'est si vrai qu'il n'est besoin d'aucun adjuvant pour faire que ces cognacs soient unanimement appréciés et reconnus. Le VSOP possède une belle attaque, un peu caramélisée, sur un creux de bouche linéaire et une finale un peu chaude (129,04 F). Le XO (267,73 F) libère une belle profondeur, avec un nez de sous-bois et de champignon, pour s'achever sur une finale très fondue. L'Extra (844,20 F) est incontestablement un très beau cognac avec un côté agrumes et noisettes, un creux de bouche bien soutenu par un magnifique boisé et une finale très aérienne.

--------- L'ACCUEIL ---------

Quel enchantement, mais la structure n'est pas encore présente, à venir ? Prendre la N10 au sud d'Angoulême en direction de Barbezieux, à une vingtaine de kilomètres, c'est sur la gauche en direction de Plassac, sur 2 km, à droite. Du lundi au vendredi de 9 à 12 h et de 14 à 17 h.

PROPRIÉTAIRE : **EDGARD LEYRAT**
DOMAINE DE CHEZ MAILLARD
16440 CLAIX-BLANZAC
TÉL. : 45 66 35 72 - FAX : 45 66 48 34

CHARPENTON
& CIE
PROPRIÉTAIRE-VIGNERON

LA MAISON

On y travaille le cognac depuis 1764, en vente directe à la propriété. Et l'on y rencontre un homme passionné, un personnage à la Raimu. Il maîtrise tous les rouages de son métier et connaît tout le monde du cognac. On pourrait lui attribuer la paternité de cet alcool tant la symbiose entre l'homme et le produit est frappante. Autre surprise : son fils s'est lancé dans l'élaboration de vins rouges pour diversifier le marché, ce avec beaucoup de talent. Son 96 est remarquable avec une belle robe rubis, profonde, un nez de figue et de cacahuète, ainsi qu'un boisé très fondu (le 92, 100 % merlot, 31,50 F la bouteille par lot de 12).

LES COGNACS

On remarque le VSOP (145 F) goûtant 8 ans, qui libère une belle attaque florale et un milieu de bouche un peu brûlant estompé par un magnifique boisé en finale. Son Napoléon (175,50 F) offre un nez de vanille et un fin parfum de violette, un creux de bouche soutenu par une belle glycérine qui promet une fin de bouche très raffinée, ce qui donne un cognac très équilibré.

L'ACCUEIL

Un peu méfiant au début, car on aime savoir à qui l'on a affaire, mais après quelques dégustations l'atmosphère se délie. Par Angoulême prendre la N141, (30 km) traverser Jarnac-centre, après le pont qui traverse la Charente tourner sur la gauche en direction de Gondeville et après 1 km vous trouverez le clos de Mérienne sur votre droite. En venant de Cognac, prendre la N141 et, à 12 km, traverser la voie ferrée avant Jarnac, puis tourner à droite en direction de Gondeville... De 9 à 12 h et de 13 h 30 à 17h30. Tous les jours sauf dimanche.

PROPRIÉTAIRE : **CHARPENTON & CIE**
LE CLOS DE MÉRIENNE
GONDEVILLE, 16200 JARNAC
TÉL. : 45 81 13 27 - FAX : 45 81 74 30

DELAMAIN
& CIE
NÉGOCIANT

LA MAISON

Si le négoce fut fondé en 1824, la famille était déjà exportatrice de cognac sous Henri IV. Par une très longue tradition familiale, la maison Delamain entretient des rapports de confiance ancestraux avec les propriétaires distillateurs de la région et s'approvisionne chez les meilleurs. Ici, il n'est nullement question de gigantisme ou d'opulence. La famille préfère de longtemps l'intimité, propice à la dégustation ; c'est un endroit discret, calme et serein. Sous la direction d'Alain Braastad et de son cousin Patrick Peyrelongue, les cognacs sont élevés en vieux fûts de chêne « roux » et dans des quantités modestes afin de proposer des éditions à tirage limité.

LES COGNACS

Dans ces conditions élitistes, les cognacs ne sont que des hauts de gamme ; ils doivent impérativement restituer l'esprit de quintessence qu'on attend d'eux. En cherchant à faire ressortir l'âme de cet alcool, cela donne des hauts de gamme qui tiennent leurs promesses ; la maison est spécialisée dans la sélection et l'assemblage de vieilles eaux-de-vie, provenant exclusivement de la grande champagne. Quant à la moyenne gamme elle est très bien suivie, de la même façon. Les hommes d'affaires aimant le bordeaux s'y retrouveront inconditionnellement (tarifs sur demande).

L'ACCUEIL

Vous serez agréablement reçu et vous pourrez acheter sur place. Pour trouver la maison Delamain, dans Jarnac, demandez la rue du même nom. Sur R-V exclusivement.

PDG : **ALAIN BRAASTAD-DELAMAIN**
DIRECTEUR COMMERCIAL :
PATRICK PEYRELONGUE
7, RUE JACQUES-ET-ROBERT-DELAMAIN
16200 JARNAC
TÉL. : 45 81 08 24 - FAX : 45 81 70 87

SEGONZAC

FRAPIN

PROPRIÉTAIRE-VIGNERON

LA MAISON

Dès le début du XIᵉ siècle, les Frapin jettent leur dévolu sur des terres de grande champagne et, en 1696, Pierre Frapin, apothicaire de Louis XIV, reçoit de Sa Majesté un blason, celui que l'on retrouve aujourd'hui sur les cognacs maison. Une femme a repris le flambeau du plus grand domaine de grande champagne : Béatrice Cointreau, une très charmante et très dynamique jeune femme (d'après son père, elle

possède un nez très sûr, beaucoup plus sûr que le sien !). La maison garde pourtant taille humaine : sur les 300 ha de cépage ugni blanc autour de Segonzac, on reste particulièrement attaché à l'authenticité de l'artisanat.

LES COGNACS

Les vins sont récoltés au domaine, distillés, vieillis sur place, et le maître de chai Olivier Paultès règne sur ses assemblages. Le XO grande champagne (430 F) possède un squelette bien défini, recouvert d'une belle enveloppe ; un merveilleux cognac aux senteurs de mousse de sous-bois et de champignons, où les côtés vanillés et pralinés du boisé se côtoient pour venir mourir dans un magnifique cœur. Le château de Fontpinot (370 F) offre quant à lui un équilibre parfait entre le rancio et les tanins du bois, bien fondus, et laisse place à une enveloppe florale d'aubépines et de fleurs sauvages, d'où une fin de bouche fine et galbée.

L'ACCUEIL

L'accueil est exceptionnel, avec cette touche de raffinement féminin qui fait la différence, en douceur comme pour la beauté des choses. Le domaine du château de Fontpinot est très bien indiqué, à proximité du centre de Segonzac. Du lundi au vendredi de 8 h 30 à 12 h et de 13 à 17 h 30 sauf le vendredi : 16 h 30.

PROPRIÉTAIRE : **COGNAC FRAPIN**
1, RUE PIERRE-FRAPIN
16130 SEGONZAC
TÉL. : 45 83 40 03 - FAX : 45 83 33 67

BRILLET

PROPRIÉTAIRE DISTILLATEUR

HINE

NÉGOCIANT

―――― LA MAISON ――――

L'histoire de la famille commence en 1850 lorsque celle-ci s'installe sur les rives de la Charente à Graves. Sur 70 ha de grande et petite champagne, tout est fait avec soin et créativité pour fournir un cognac digne des dix générations qui s'y sont attachées. On note par conséquent une parfaite maîtrise de la chauffe et un parti pris de ne pas assembler les crus des cognacs par amour des alcools parfaits.

―――― LES COGNACS ――――

Certains d'entre eux « goûtent 1940 » ! La grande réserve (200 F) possède une impressionnante longueur et se termine par un feu d'artifice. Le hors d'âge (450 F) est bien glycériné, offrant une remarquable attaque bien arrondie, un milieu de bouche porté par des arômes de vanille et d'amande amère et s'achevant sur un gras surprenant. La Belle de Brillet (140 F) est une liqueur qui a bien souvent été imitée mais rarement égalée. Elle distille un bel équilibre entre l'essence de poire et la magnificence du cognac. Parfaite lorsqu'elle est servie givrée ou en cocktail !

―――― L'ACCUEIL ――――

La visite des vignobles, chais et distilleries s'effectue du lundi au vendredi de 8 à 12 h et de 14 à 18 h (les samedi, dimanche et jours fériés sur demande). Que vous veniez de Cognac ou d'Angoulême par la N141, prenez la D22 en direction de Saint-Simon, puis la D155 vers Graves, en traversant la Charente, bien sûr.

―――― LA MAISON ――――

C'est à l'origine pour un séjour linguistique que son fondateur, Thomas Hine, se rend près de Jarnac. Mais arrivé au moment de la Révolution, cet Anglais ne repartira plus de France, littéralement éperdu d'amour qu'il est pour une jeune femme (Delamain) et de passion pour les mystères de la distillation, puisqu'il hérite en dot de la maison d'Isaac Ranson. Perpétué depuis six générations, son code de qualité porte sur la taille de la vigne, la manière de vendanger, la spécificité de la micro-distillation, la futaille en bois de chêne du Limousin, le vieillissement, l'assemblage et la mise en bouteille.

―――― LES COGNACS ――――

C'est par l'assemblage proposé que le style Hine se reconnaît et s'impose : les eaux-de-vie sont sélectionnées en grande et petite champagne uniquement. La gamme est volontairement restreinte et lorsqu'ils atteignent le demi-siècle, les cognacs sont conservés dans les célèbres « dames-jeannes ». Joyaux exceptionnels, des cognacs récoltés en 1953 pour la commémoration du couronnement d'Elisabeth II (26.000 à 28.000 F). D'un gras et d'une plénitude infinis dans une carafe en cristal élaborée par les cristalleries Baccarat, ce cognac d'exception pourra côtoyer des cigares dans son splendide coffret de bois très précieux. Le cognac Triomphe possède quant à lui de merveilleux arômes de griottes mêlés à un boisé vanillé très délicat et offre une apogée de fin de bouche d'une magnifique envolée (864 F).

―――― L'ACCUEIL ――――

Vente sur place. Du lundi au vendredi de 8 h à 12 h et de 13 h 30 à 17h. La maison se situe sur les quais de Jarnac, vous ne pouvez la manquer.

PROPRIÉTAIRE :
JEAN-LOUIS BRILLET
LES AIREAUX, 16120 GRAVES
TÉL. : 45 97 05 06 - FAX : 45 97 34 74

PROPRIÉTAIRE : **THOMAS HINE & CIE**
16, QUAI DE L'ORANGERIE,
16200 JARNAC
TÉL. : 45 35 59 59 - FAX : 45 81 63 98

LOGIS
DE LA MOTHE

PROPRIÉTAIRE-VIGNERON

─────── LA MAISON ───────

Cette habitation fortifiée et flanquée de douves appartient depuis 1126 aux comtes de La Mothe quand, en 1470, la famille Marchand acquiert les lieux puis, au moment du grand essor du cognac sous Henri IV, se lance dans la distillation du cognac grâce à l'inventeur du procédé, son voisin et ami, le chevalier de La Croix Maron et de La Brée. La famille Jullien perpétue la tradition depuis 1855, à partir du 1er cru de la région, grande champagne, cépage saint-émilion, en récoltant, distillant et affinant le cognac à la propriété. Ici le maître des lieux est le temps qui permet aux vins que l'on distille dès leur fermentation, puis aux jeunes eaux-de-vie, d'être logés en fûts dans les splendides dépendances du Logis de La Mothe.

─────── LES COGNACS ───────

Pas de fioritures inutiles pour conditionner les cognacs, car l'essentiel se concentre sur la qualité du produit. Le VSOP (126 F), est très parfumé, avec des arômes de vanille et un léger parfum de noisette. L'Extraordinaire Trois Ecussons (254 F) permet aux amateurs éclairés de retrouver la mystique du cognac authentique, doté d'incomparables arômes de violette et de sous-bois.

─────── L'ACCUEIL ───────

Il faut dire que le coin n'est pas très bien signalé et qu'il faut tourner pour trouver entre Segonzac, Archiac et Barbezieux, la Charente et le Né… Mais l'accueil magnifique fait bien vite oublier les déboires de la route. La maison charentaise est très belle et les chais resplendissants d'authenticité. Bravo ! Du lundi au vendredi de 9 à 12 h et de 14 à 19 h.

PROPRIÉTAIRE :
A. JULLIEN
6300 CRITEUIL
TÉL. : 45 80 54 02 - FAX : 45 80 56 69

LE MAINE
GIRAUD

NÉGOCIANT

─────── LA MAISON ───────

Dans une très belle demeure ayant appartenu à Alfred de Vigny, flanquée d'une imposante tour dans laquelle, d'ailleurs, le poète avait installé son cabinet de travail, on est surpris à respecter un silence propice au recueillement. Partout à l'entour s'étendent les vignes, et l'on trouve encore – outre des silex taillés – des huîtres fossiles qui rappellent que la mer recouvrit ces terres. On rencontre là un homme amoureux de toutes ces vieilles choses qui forment, outre une belle collection, la mémoire des hommes qui se sont succédé en ces lieux. Sur 27 ha d'un seul tenant, la vigne est magnifiquement entretenue, soignée par les fils du domaine.

─────── LES COGNACS ───────

La famille Le Maine Giraud met un point d'honneur à maîtriser toutes les étapes de l'élaboration afin de proposer un cognac imprégné de l'esprit qui flotte parmi ces murs. Un peu comme si Alfred de Vigny devait se promener ici, un verre de cognac à la main… Le VS est assurément un beau cognac, délicat (89 F), avec un milieu de bouche un peu asséchant, sans ce côté chaud cependant, et finit par des notes de cannelle. Le XO (330 F) est splendide car doté d'un côté glycériné très agréable et des arômes de fruits secs confits et fondants.

─────── L'ACCUEIL ───────

L'accueil est vraiment chaleureux, attentif. Si vous le souhaitez, vous pourrez visiter le musée Alfred de Vigny ainsi qu'une belle collection de fossiles. En venant de Barbezieux ou d'Angoulême par la N10, prendre la direction de Champagne-Vigny, le domaine Le Maine Giraud est à la sortie du village. De 9 à 12 h et de 14 à 17 h.

PROPRIÉTAIRE :
LE MAINE GIRAUD
16250 CHAMPAGNE-VIGNY
TÉL. : 45 64 04 49 - FAX : 45 64 06 66

LAVENAT
PROPRIÉTAIRE-VIGNERON

RUMEAU
& FILS
PROPRIÉTAIRE-VIGNERON

LA MAISON

Bernard Lavenat vous reçoit dans une très vieille ferme charentaise épurée, à large cour. À la manière de ceux qui n'ont pas de temps à perdre quand le travail attend, cet homme a la curiosité de savoir à qui il a affaire. Il s'intitule modestement viticulteur et précise qu'il vend exclusivement sa récolte « Cheville ». Outre les cognacs, le domaine propose du pineau blanc et rosé, ainsi que des vins blancs secs et rouges.

LES COGNACS

La Réserve de Nos Ancêtres, (750 F) révèle des arômes de vanille, d'amande amère très bien fondus, avec un extraordinaire rancio. Bernard Lavenat propose des coffrets grand luxe contenant, outre deux verres à dégustation, un pineau blanc et un cognac VSOP bien équilibré (99 F) qui peuvent faire l'objet d'un beau cadeau.

L'ACCUEIL

Correct, bien qu'un peu méfiant au début, mais la dégustation permet de se mettre en confiance. En venant par la N141 d'Angoulême, traverser Hiersac. Depuis Cognac passer Jarnac, prendre la D18 en direction de Bassac puis la première à droite au fléchage « Cheville » : après 1 km, vous trouverez la maison Lavenat sur votre gauche. Du lundi au vendredi de 9 à 12 h et de 14 h 30 à 18 h 30.

LA MAISON

Paul Rumeau est viticulteur « de père en fils ». Au domaine Les Quillets, on découvre une jolie propriété, nichée sur les coteaux de Champagne-Vigny, qui ressemble à un petit mamelon noyé dans les vignes. Les 35 ha de vignes bénéficient d'un ensoleillement exceptionnel et du climat tempéré procuré par l'océan Atlantique. S'ils donnent une production limitée, elle n'en est pas moins de qualité, issue de vins blancs sélectionnés et récoltés sur le domaine, dont la teneur en calcaire du sol assure la destinée de la famille.

LES COGNACS

Paul Rumeau est également un créateur, très imaginatif et au goût sûr : il invente des alcools avec des macérations de fruits très réussies et uniques. Le trois étoiles est très frais et gourmand, avec une fin de bouche un peu brûlante (81,50 F). Le VSOP, qui manque encore un peu de définition, est cependant bien gras (96,50 F). Le Napoléon 1979 est assez marqué par le boisé et un peu asséchant en fin de bouche (137 F). Le XO 1972 possède une belle longueur en bouche et offre un boisé bien fondu de vanille et d'amande amère (200 F). On remarque une liqueur d'orange vive et d'une véritable gourmandise ainsi qu'une liqueur au café au cognac, tout cela pour aborder audacieusement le marché de l'an 2000 (53 F).

L'ACCUEIL

Vous êtes reçu par un homme qui ne se ménage pas, conscient de ses responsabilités et de son hérédité familiale. En venant par la N10 de Barbezieux ou d'Angoulême, prendre la D22 ou la D7 en direction de Champagne-Vigny, la propriété est sur la D7 sur la gauche. De lundi au vendredi de 9 h à 12 h30 et de 14 à 19 h.

PROPRIÉTAIRE :
BERNARD LAVENAT
16120 BASSAC
TÉL. : 45 81 93 30 - FAX : 45 81 95 34

PROPRIÉTAIRES : **RUMEAU ET FILS**
DOMAINE « LES QUILLETS »
CHAMPAGNE-VIGNY, 16250 BLANZAC
TÉL. : 45 64 02 92

MAURICE LASCAUX

PROPRIÉTAIRE-VIGNERON

─────── LA MAISON ───────

Ici il est question de cognac et de pineau mais égale-ment de gîtes ruraux, ceux du Logis du Renfermis. Dans une belle ferme blanche formant une cour inté-rieure carrée, on se retrouve au milieu des étangs, de la vigne et face à une belle piscine. Maurice Lascaux est propriétaire viticulteur, il aime son métier et ne néglige pas de joindre l'utile à l'agréable en diversi-fiant ses activités, ce qui lui permet de faire déguster sur place les produits du terroir.

─────── LES COGNACS ───────

Le cognac, le pineau blanc (45 F) ou rosé (45 F), le vin de pays (10 F et disponible également en vrac) et le pétillant de raisin (17 F) sont l'essentiel sa pro-duction. Le cognac grande réserve (115 F) est très bien équilibré et offre un très intéressant début de rancio.
Penchez vous également sur les autres productions de la ferme, vous ne serez pas déçu...

─────── L'ACCUEIL ───────

Chaleureux, on se sent ici très vite chez soi. Cinq appartements au confort simple sont disponibles pour des séjours dont le cadre fait tout le plaisir. Par la N141, en provenance de Cognac ou d'Angoulême, traverser Jarnac et suivre à droite la direction de Saint-Même-les-Carrières, la propriété est située après la traversée du chemin de fer. Du lundi au ven-dredi de 9 à 12 h et de 14 à 18 h 30.

A.E. DOR

NÉGOCIANT

─────── LA MAISON ───────

Elle a été créée en 1858 par Amédée Édouard Dor et rachetée par un négociant, M. Rivière, qui en com-pagnie de sa femme, a réalisé un cognac absolument original et inédit. On sent la pulsion féminine dans toute la maison, présente et apaisante. Tout semble cousu main, aucune mécanisation. Certaines eaux-de-vie de grande champagne sont dans la maison depuis sa création, ce qui donne des cognacs goûtant 30-40 ans d'âge millésimés entre 1805 et 1893 !

─────── LES COGNACS ───────

Ces vénérables eaux-de-vie sont vieillies en fûts de chêne pendant 70 ans et plus. Les cognacs sont recueillis dans des dames-jeannes qui dorment dans un chai secret dénommé « le paradis ». Le n°1 l'âge d'or 1893 ressemble à un flacon précieux où se mélangent des arômes profonds de vanille, d'aman-de amère et de fruits confits. La finale est délicate et très présente (21.000 F). Le n°2 excellence 1889 pos-sède plus de caractère, plus marqué par son terroir. (23.000 F). Le n°6 de Dor, 35 ans d'âge (650 F) issu de grande champagne, féminine et très ronde, un rien enjoleuse. Le n°7 grande champagne 40 ans d'âge (780 F) est un cognac masculin avec une bonne attaque et des arômes de cuir. Le Cognac Sélection, 5 ans d'âge (140 F) fruité, force, finesse, longueur, élégance et rondeur. Testez ces trois der-niers cognacs qui sont accessibles, et vous aurez une bonne idée de la maison !

─────── L'ACCUEIL ───────

Par un homme passionné, vivant par et pour l'esprit du cognac. En plein coeur de Jarnac, c'est très bien indiqué et facile à trouver. Prendre R-V.

PROPRIÉTAIRE : **MAURICE LASCAUX**
LOGIS DU RENFERMIS
16720 SAINT-MÊME-LES-CARRIÈRES
TÉL. : 45 81 90 48 - FAX : 45 81 98 34

PROPRIÉTAIRE : **A.É. DOR**
4 BIS, RUE JACQUES-MOREAU
16200 JARNAC
TÉL. : 45 81 03 26 - FAX : 45 81 73 62

RÉMY MARTIN

PROPRIÉTAIRE-NÉGOCIANT

LA MAISON

Elle a été fondée en 1724 par un fils de vignerons qui transmirent à Rémy l'amour de la terre et du travail bien fait. Doué pour le commerce et l'innovation, des eaux-de-vie il fit du cognac. Distillés, les vins charentais s'avéraient de surprenantes eaux-de-vie. Le chevalier de La Croix Maron inventant au XVIIᵉ siècle la double distillation, s'ouvrait alors la porte des alcools quintessents. Les Rémy Martin comprirent vite la nécessité de sélectionner les meilleurs eaux-de-vie en fine champagne. Aujourd'hui, plus de 2000 viticulteurs approvisionnent la maison en petite et grande champagne. Ici tout est à la fois temporel et intemporel, dans un savant équilibre entre gigantisme, modernisme, savoir-faire et savoir-vivre aristocratique ancestral.

LES COGNACS

La maison possède la plus grande tonnellerie de France (6000 fûts en bois du Limousin). Le VSOP, très

beau, marquant 10 ans est doté d'arômes floraux (159 F). Le XO révèle une grande subtilité, un nez de vanille et d'amande amère qui se prolonge par une très belle longueur en bouche pas du tout brûlant (579 F). Le Louis XIII (5300 F) est une perfection à lui seul : dans un flacon à fleur de lys, en cristal de Baccarat dentelé, c'est le plus vieux de tous les cognacs de la maison. Les arômes de vanille et de coulis d'abricot ouvrent le bal pour laisser place à une majestueuse queue de paon en finale.

L'ACCUEIL

L'accueil y est très agréable. Professionnel et convivial. Et testez le petit train... Impossible de ne pas trouver : à 3 km de Cognac sur la D732.
Période de vacances, du lundi au dimanche de 9 h 30 à 11 h 45 et de 13 h 30 à 17 h. Les autres mois de l'année de 9 h 30 à 11 h 15 et de 13 h 30 à 17 h 30.

PROPRIÉTAIRE :
RÉMY MARTIN & CIE
DOMAINE DE MERPINS
20, RUE DE LA SOCIÉTÉ-VINICOLE,
BP 37, 16102 COGNAC
TÉL. : 45 35 76 00 - FAX : 45 35 02 85

 **NOTES
DE VOYAGE**

Dans cette région, à partir du 18 octobre 1996, vous devez faire précéder les numéros de téléphone de vos correspondants de : 05

LES ROUTES DES VINS DU LOIRE

DIDIER BUREAU ET OLIVIER POUSSIER

LOIRE :
UN VIGNOBLE À
CARACTÈRE EXCLUSIF

La Loire représente à elle seule une vaste région viticole. Sa superficie la classe parmi les vignobles les plus importants de France. Au-delà de ce puzzle de terroirs, de variantes de climats, de cépages et d'appellations, la Loire a acquis ses lettres de noblesse depuis de nombreux siècles. La vigne, vous l'avez compris, est une histoire ancienne. Elle sillonne régions et départements, du pays nantais – sous influence océanique – aux vignobles du Centre sous influence continentale. Au-delà de la couleur et des styles, cette grande région basée sous le signe de la diversité produit également le meilleur et le pire. La représentativité du vignoble de Loire est acquise sur de nombreuses tables de France, le plus souvent de façon cyclique et adapté aux saisons et avec la notion de vin léger et rafraîchissant. Mais peut-on accepter que la communication de la région ne se base que sur cette notion de « petits » vins frais à boire sur la terrasse ? Certes non. Ce serait faire injure aux multiples terroirs que propose la Loire et banaliser son image à un style restrictif. Un immense travail reste à faire pour changer les mentalités. Il faut prendre en considération qu'il n'y a pas d'unité géologique et climatique à l'intérieur d'une même appellation et qu'il est donc normal qu'une vigne située sur un sol léger soit différente d'un sol lourd, qu'une vigne en coteaux soit différente d'une vigne en vallée, etc. Ce sont des données établies, acceptées et reconnues pour beaucoup d'autres régions viticoles, alors pourquoi continuer d'associer l'image de cette noble région à une terre plate quelconque ?

Certes, une grande majorité de vignerons sont conscients de cette évolution à effectuer mais beaucoup d'autres, malheureusement, continuent d'alimenter cette image. Tel n'a pas été notre choix à travers les 5000 km parcourus au cours de notre déplacement. Nous avons rencontré des dizaines vignerons respectueux du terroir et de la qualité, terme global et trop souvent usurpé mais qui n'est pourtant pas un vain mot. Ils nous ont séduit par leur passion de la vérité du terroir et représentent une

véritable force. Ils ont le pouvoir de former et de fédérer d'autres vignerons. Cela demande efforts et surtout moyens financiers considérables, et il est dommage de voir l'action de certains vignerons freinée par des réalités économiques.

La Loire viticole est impressionnante dans la gamme des vins qu'elle engendre, du rouge tendre et fruité (rien de péjoratif dans ce terme, à ne pas confondre avec dilué !), au rouge coloré et intense, à la bouche concentré ; du vin blanc désaltérant et frais au blanc riche et dense, sans omettre les demi-secs avec leur pureté, leur équilibre et leur aptitude au vieillissement. N'oublions pas non plus ces merveilleux moelleux quand ils sont bien faits et non gonflés à la saccharose. Ils nous donnent alors une véritable leçon d'harmonie sucre, acidité, alcool. Et quel vignoble peut se vanter de posséder sur les effervescents les 3 couleurs, blanc, rosé et rouge ? De produire des rosés secs, demi-secs, et même moelleux ? Goûtez un extra-brut de Saumur ou un cabernet d'Anjou d'une trentaine d'années et vous aurez les preuves des réelles possibilités de ce vignoble. En un mot, la Loire c'est le bon goût dans la diversité des saveurs.

Dans cette sélection, nous vous présentons plus de 45 vignerons. Notre choix a tenu compte d'une éthique et d'une philosophie du vin. Loin de nous l'idée que la Loire se limite à 45 vignerons ! D'autres, bien sûr, adhèrent parfaitement à notre ligne de conduite, mais il faut bien se fixer une limite : nous serons heureux de vous les présenter l'année prochaine…

Didier Bureau et Olivier Poussier

MUSCADET. CHAQUE JOUR COMPTE

POUR FAIRE UNE GRANDE ANNÉE.

Sur lie,
le **Muscadet**
donne
le meilleur de lui.

LES VINS DE NANTES
VINS DU VAL DE LOIRE

La Cave des Vignerons de
S A U M U R

Une idée de visite...

A l'occasion d'un passage à SAUMUR,
visitez les caves du plus important producteur régional.
Lors de cette visite, on suit le chemin du raisin
depuis les pressoirs jusqu'aux caves (7 km)
où vieillissent des millions de bouteilles.
Après la visite, dégustation de l'ensemble
de la production, Saumur Blanc, Rosés,
Saumur Rouge, le fameux Saumur Champigny
et les méthodes traditionnelles - Magasin de ventes -

A DÉGUSTER ABSOLUMENT,
LE SAUMUR ROUGE 1993 médaille CAPUS

La Cave des Vignerons de Saumur a obtenu cette année,
la **médaille CAPUS**, pour son SAUMUR ROUGE millésime 1993.
Décernée à un seul vin choisi parmi
toutes les médailles d'or du concours du CIVAS,
(Comité Interprofessionnel des vins d'Anjou et de Saumur)
cette médaille est un signe de reconnaissance pour
les connaisseurs, et la **médaille d'or** au Concours Général
Agricole de PARIS a confirmé cette distinction

VAL DE LOIRE

MÉDAILLE CAPUS
A N G E R S
1994

Saumur

APPELLATION SAUMUR CONTRÔLÉE

CAVE DES VIGNERONS DE SAUMUR à ST CYR EN BOURG MAINE & LOIRE FRANCE
MIS EN BOUTEILLE A LA PROPRIÉTÉ
MILLÉSIME 1993

75cl
12%vol.

PRODUCE OF FRANCE

49260 SAINT CYR EN BOURG - Visites tous les jours de Mai à Septembre - renseignement au 41 53 06 08 (fax 41 51 69 13)

HÔTELS DANS LE VIGNOBLE ET RESTAURANTS DE BONNE CAVE

Notre balade gastronomique dans le Val-de-Loire suit le sens de notre route des vins : d'ouest (pays Nantais) en est (vignobles du Centre).

DANS LE PAYS NANTAIS

Nantes

La Poissonnerie : 4, rue Léon-Maître, 44000 Nantes. Tél. : 40 47 79 50. Fermé les samedi midi, dimanche et lundi. Service jusque 22 h 30. Jean Baptiste Mennesson vous accueille merveilleusement pour vous présenter ses produits de la mer ; il est intarissable… Carte : 180-220 F vin compris, menu 70 F le midi qui change tous les jours. Huîtres de pleine mer de l'île de Sein, Bar en croûte de sel de Noirmoutier à la fleur de thym.

La Cigale : 4, place Graslin, face à l'Opéra, 44000 Nantes. Tél. : 40 69 76 41. Très belle brasserie Art-Déco, classée monument historique et inaugurée en avril 1895. Bancs d'huîtres toute l'année, coquillages, fruits de mer… Carte : 160 F environ. Menus de 69 à 150 F sans le vin. Ouvert tous les jours de l'année de 7 h 30 à minuit.

Saint-Julien-de-Concelles

L'Auberge Nantaise : Le Bout-des-Ponts, 44450 Saint-Julien-de-Concelles. Tél. : 40 54 10 73. Fermé les samedi midi, dimanche soir et lundi soir. Une cuisine alerte, dans l'air du temps, d'un bon rapport qualité-prix. Menus : de 110 à 255 F. Superbe salle climatisée avec vue sur la Loire.

Orvault

Domaine d'Orvault : Jean-Yves Bernard, chemin des Marais-du-Sens, Orvault (3 km au nord de Nantes). Tél. : 40 76 84 02. Fermé les lundi midi et en février. Dans le parc d'un ancien château, une calme hostellerie de charme. Relais & Châteaux. Table classique et belle carte de vins. Menus : de 165 à 495 F. Carte : compter 500 F avec les vins. 26 chambres rénovées de 430 à

1100 F. Tennis. Salle de relaxation et de détente.

NANTES ET ENVIRONS

Nantes

Hôtel La Pérouse : 3, allée Duquesne, 44000 Nantes. Tél. : 40 89 75 00, fax : 40 89 76 00. Nouvel hôtel, dans le quartier des boutiques et des restaurants, à l'architecture intérieure et extérieure immaculée, sobre, dépouillée, signée par l'architecte Jean-Michel Wilmotte. 46 chambres de 395 à 495. Petit déjeuner-buffet à 45 F. Le Pressoir : 11, allée Turenne, 44000 Nantes. Tél. : 40 35 31 10. Fermé les samedi midi, dimanche, et lundi pour dîner. Un bon restaurant-dégustation de vin, au décor rustique et sympa, avec une carte des vins réduite pour la région mais sélectionnée avec justesse, particulièrement en crus de Loire (mais pas en muscadet). Une manière comme une autre de se démarquer. Bon rapport qualité-prix. Carte : 120-170 F environ sans les vins.

Torigaï : Île-de-Versailles, 44000 Nantes. Tél. : 40 37 06 37. Un chef japonais (sa cuisine n'est aujourd'hui que de très loin inspirée par ses origines) qui a su donner un nouvel horizon aux vins de Nantes. Quelques vieux muscadets. Belle vue sur l'Erdre. À découvrir. Menus : de 135 F sans les vins et 165 F avec à 180 et 385 F. Carte : compter 350 F.

Pont-Saint-Martin

Château du Plessis-Brezot : Annick et Didier Calonne, 44690 Monnières, tél. : 40 54 63 24, fax : 40 54 66 07. Superbe château du xviie en plein milieu des vins. 5 chambres à partir de 450 à 650 F petit déjeuner inclus. Piscine. Visite des caves et dégustation possibles.

Les Sorinères

Abbaye de Villeneuve, restaurant l'Épicurien : route des Sables-d'Olonne, 44840 Les Sorinères, tél. : 40 04 40 25. Bâtisse du xviiie siècle située au milieu d'un parc. Beau restaurant, dans l'ancienne bibliothèque des moines. Carte des vins un peu courte sur les crus locaux. Menus à partir de 100 F, 145 F. Carte : compter 300 F. Grandes chambres aux meubles anciens à partir de 390 F. Ouvert toute l'année.

Clisson

La Bonne Auberge : 1, rue Olivier-de-Clisson, 44190 Clisson, tél. : 40 54 01 90. Fermé les dimanche soir et lundi. Une excellente table du Muscadet au service impeccable. La carte des vins de la Loire est exemplaire. Menus : 98 F (le midi), 180 et 430 F (menu dégustation).

Basse-Goulaine

Villa Mon Rêve : Cécile et Gérard Ryngel, route des Bords-de-Loire, sur D751, 44115 Basse-Goulaine, tél. : 40 03 55 50, fax : 40 06 05 41. Une grande table régionale où l'on se régale de poissons préparés avec précision (il faut goûter son brochet rôti !). Mais surtout la plus belle carte de muscadets de France et de Navarre : plus d'une quarantaine de références parfaitement choisies, avec de vieux millésimes (la passion de Gérard Ryngel) remontant à 1939 et la possibilité d'effectuer, au verre, une dégustation verticale depuis 1982. Menus : de 135 à 285 F. Ouvert tous les jours.

DANS L'ANJOU

Champtoceaux

Les Jardins de la Forge : 1, place des Piliers, 49270 Champtoceaux, tél. : 40 83 56 23. Fermé les dimanche soir, mardi soir et mercredi. À l'est de Nantes, sur la rive gauche de la Loire. La cuisine de Paul Pauvert est classique, avec des produits de première fraîcheur. Belle carte des vins sans reproche. Menus : de 155 à 380 F. Carte : compter 350 F.

Rochefort-sur-Loire

Le Grand Hôtel : 30, rue René-Ganier, tél. : 41 78 80 46. Jardin sympathique où vous pourrez déjeuner.

Behuard

Les Tonnelles : 49170 Behuard, tél. : 41 72 21 50, fax : 41 72 81 10. Situé sur une île de la Loire, entre Rochefort-sur-Loire et Savennières, dans un joli village touristique, ce restaurant propose effectivement une tonnelle prise d'assaut en été (réserver), une excellente carte des vins d'Anjou (une vingtaine d'anjous et layons avec quelques vieux millésimes) où l'on trouvera son bonheur autour de 120 F. Cuisine dans l'air du temps, avec un travail soigné des sauces. Carte : compter 200 F.

Dans cette région, à partir du 18 octobre 1996, vous devez faire précéder les numéros de téléphone de vos correspondants de : 02

Bouchemain

Restaurant la Terrasse : La Pointe, place Ruzebouc, 49080 Bouchemaine, tél. : 41 77 11 96, fax : 41 77 25 71. Restaurant gastronomique avec très jolie vue sur la Loire à ne pas manquer, ainsi que le bourg à visiter sans faute : il est charmant.

Angers

Le Relais : 9, rue de la Gare, 49100 Angers, tél. : 41 88 42 51. Fermé les dimanche soir et lundi sauf pendant le CIVAL. Ce restaurant est né de l'association d'un cuisinier Christophe Noël et Gérard Pelletier, sommelier. Il en découle un superbe duo où chacun joue parfaitement sa partition. Une carte bien élaborée à prix justes. Salade de Saint-Jacques (74 F) ou foie gras de canard à l'Aubance (78 F). La marée propose une marmite de poissons « comme chez mon maître Paul Huyart » à 85 F ou filet de sandre rôti et son beurre blanc maison à 83 F. Quelques viandes dont la fricassée de volailles à l'angevine à 82 F. Jolis desserts maisons. 3 menus à 65, 85 et 135 F, tous de superbe rapport qualité-prix. Pour les vins vous aurez l'embarras du choix parmi les 70 références toutes exceptionnelles. De quoi étancher votre soif vu la sagesse des prix, et si vous hésitez Gérard saura vous guider.

Pavillon Le Quéré : 3, bd du Maréchal-Foch, 49000 Angers, tél. : 41 20 00 20, fax : 41 20 06 20. Fermé les dimanches soir. Réservation souhaitée. La grande table d'Angers (hôtel particulier du XIXᵉ siècle entièrement restauré, cuisine de saison originale de Paul Le Quéré, disciple de Robuchon), d'un bon rapport qualité-prix, surtout dans le premier menu. Très belle carte des vins de la Loire servie par un sommelier au jugement tranché et parfois trop sûr de lui. Menus : de 220 à 360 F. Carte : compter 400 F. 4 appartements et 6 chambres au confort total de 450 à 1200 F. Petit déjeuner à 60 F.

Hôtel d'Anjou : 1, bd du Maréchal-Foch, 49000 Angers, tél. : 41 88 99 55, fax : 41 87 22 21. De vastes chambres récemment rafraîchies, au décor cossu, offrant un très bon confort. Bon premier menu (160 F) au restaurant la Salamandre. 53 chambres de 350 à 580 F. Petit déjeuner à 55 F.

Hôtel du Mail (sans restaurant) : 27 chambres de

✎ NOTES DE VOYAGE

LE VIGNOBLE D'ANJOU-SAUMUR,

PARTEZ À SA RENCONTRE...!

De Saumur ou d'Angers...

tournez à droite, puis à gauche, et encore à droite.... et découvrez, ainsi, les 150 kilomètres de la Route Touristique du Vignoble d'Anjou et de Saumur*.

Incontournable vignoble aux mille facettes, avec ses 27 appellations qui vous séduiront, ses paysages à vous couper le souffle, ses hommes emplis de sagesse et de savoir-faire qui vous guident au coeur de cette région historique où il fait bon vivre.

Carte des vins d'Anjou et de Saumur.

* *La route touristique du vignoble se poursuit jusqu'à Nantes.*

Mais avant de partir, pour préparer votre circuit, rendez-nous visite à :

LA MAISON DU VIN DE L'ANJOU

5 bis place Kennedy à Angers (près du Château)
accueil : du mardi au dimanche de 9h à 13h et de 15h à 18h30.
Tél. : 41 88 81 13

Les Vins d'Anjou et de Saumur

LA TERRE DE TOUTES LES DECOUVERTES

caractère et sympathiques en plein centre de la ville, très calme de 145 à 360 F. 8, rue des Ursules, tél. : 41 88 56 22, fax : 41 86 91 20. Ouvert toute l'année.

Le Cavier : 49240 Avrillé, route de Laval (à 10 km d'Angers). 43 chambres toutes simples de 245 à 310 F. Le restaurant est dans un moulin de caractère. L'été, sur les terrasses, on peut dîner au pied de la piscine, tél. : 41 42 30 45, fax : 41 42 40 32. Menus : 102 et 166 F. Carte : 250 F. Fermé les dimanches pour le restaurant et les vacances de Noël.

Saint-Sylvain-d'Anjou

Auberge d'Éventard : route de Paris, 49480 Saint-Sylvain-d'Anjou, tél. : 41 43 74 25, fax : 41 34 89 20. Fermé les dimanche soir et lundi. Réservation souhaitée. Près du parc d'exposition, on oublie l'environnement moderne de ce faubourg d'Angers grâce à l'accueil et au cadre chaleureux, ainsi qu'à l'irréprochable cuisine de Jean-Pierre Maussion (il faut goûter ses variations sur le pigeon d'Anjou) qui excelle dans les sauces. Belle carte des vins d'Anjou servie par un sommelier attentionné. Menus : de 145 à 345 F. Carte : compter 350 F.

Les Rosiers-sur-Loire

Auberge Jeanne de Laval : 54, rue Nationale, 49350 Les Rosiers-sur-Loire, tél. : 41 51 80 17, fax : 41 38 04 18. Dirigé par la famille, la maman est à la réception, les filles en salle et Michel le chef, en cuisine. Cette belle et bonne maison traditionnelle répète inlassablement son beau registre : écrevisses à la nage, anguille au vin de Champigny, sandre de Loire ou canard de Challans, rôti vigneronne. La cave vante les mérites de la région mais révèle également de véritables trésors avec de beaux noms bordelais et d'impressionnants millésimes. Menus : 180 F (le midi), 250 F (déjeuner affaires), 320 et 420 F. Carte 400 F. Fermé les lundis midi. 12 chambres de 300 à 550 F.

Le Val-de-Loire : 9 chambres sympathiques et de bon confort de 220 à 260 F. Belle table de M. Vidus avec deux menus de 70 et 180 F. Fermé les dimanche et lundi hors saison et février, ainsi que la première semaine de mars. Tél. : 41 51 80 30, fax : 41 51 95 00.

Chênehutte-les-Tuffeau

Le Prieuré : D751, 49350 Chênehutte-les-Tuffeau, tél. : 41 67 90 14, fax : 41 67 92 24. Fermé en janvier et février. Entre Angers et Saumur (8 km), sur la rive gauche de la Loire dont on jouit pleinement depuis la salle de ce Relais & Châteaux. Cuisine classique à l'accent ligérien. Très grand choix de vins de Loire (mais aussi bordeaux et bourgognes très chers) bien présenté. Menus : de 220 à 525 F. Carte : compter 400 F. 35 chambres de 400 à 1350 F. Très bon petit déjeuner à 80 F.

Saumur

Le Relais : 31, quai Mayaud, 49400 Saumur, tél. : 41 67 75 20. Sur les quais de la Loire, une cuisine bistrot axée sur les poissons, et surtout une carte des vins réduite mais avec les meilleurs producteurs du Saumurois (dont de rares vieux millésimes de saumur-champigny du Clos Rougeard) à prix doux. 3 menus de 100 à 180 F.

Hôtel Anne d'Anjou : 33, quai Mayaud, 49400 Saumur, tél. : 41 67 30 30. Dans ce bâtiment classé monument historique, 50 belles chambres bien décorées dont certaines donnent sur le château illuminé la nuit. De 280 à 550 F.

Marson

Les caves de Marson : chez Françoise Joly, 49400 Rou-Marson, tél. : 41 50 50 05, fax : 41 50 94 01. Repas de fouaces (petit pain creux à fourrer, sortis fumants du tuffeau) dans un cadre troglodyte à la manière de Rabelais. Tout compris 115 F avec le vin mais sur réservation. Fermé de Noël au 15 janvier et fermeture le lundi.

Saint-Hilaire-Saint-Florent

Le Clos des Bénédictins : 49400 Saint-Hilaire-Saint-Florent, tél. : 41 67 28 48. Fermé en janvier. Aux portes de Saumur, une hostellerie récente et confortable. 24 chambres bien équipées de 260 à 420 F. Piscine.

Fontevraud

La Licorne : sur réservation car petite capacité, tél. : 41 51 72 49. Restaurant gastronomique. Fermé les dimanche soir et lundi mais ouvert en saison.

Le Prieuré Saint-Lazare : à l'intérieur même de l'Abbaye (qu'il vous faut visiter impérativement, rens. au 41 51 71 41). Menus de 100 à 235 F. Ouvert tous les jours en saison, tél. : 41 51 73 16, fax : 41 51 75 50.

La Croix Blanche : 7, place des Plantagenêts, tél. : 41 51 71 11, fax : 41 38 15 38. Menus : de 102 à 210 F. Ouvert tous les jours.

DU CÔTÉ DE CHINON ET BOURGUEIL

Chinon

Au Plaisir Gourmand : Jean-Claude Rigollet, 2, rue Parmentier, 37500 Chinon, tél. : 47 93 20 48. Plein de charme dans cette demeure en tuffeau dirigée par un duo en pleine harmonie avec Jean-Claude le père et Laurent le fils. Cuisine classique régionale fort bien conçue. Une adresse sûre ! Menus 175-240 F, carte : 300 F. Fermé les dimanche soir et lundi.

Beaumont-en-Véron

Château de Danzay : 37420 Beaumont-en-Véron, tél. : 47 58 46 86, fax : 47 58 84 35. Fermé de la mi-novembre à la mi-mars. À 5 km de Chinon, en direction de Bourgueil, un beau castel médiéval du xve siècle entouré de vignes, entièrement restauré dans un mélange de styles d'époque et contemporain, avec 1 appartement et 7 chambres (de 650 à 1300 F), dont une dans une ancienne chapelle. Dîner aux chandelles, accueil convivial. Toute petite carte des vins mais avec le chinon clos de Danzay vinifié par Pierre-Jacques Druet. Menus : de 270 à 340 F. Petit déjeuner à 75 F.

Marçay

Château de Marçay : 37500 Marçay, tél. : 47 93 03 47, fax : 47 93 45 33. Fermé de la mi-janvier à la mi-mars. À 6 km au sud de Chinon, une majestueuse forteresse du xve siècle désormais Relais & Châteaux, et une non moins majestueuse carte des vins avec 550 références, présentée avec tact par une jeune sommelière. Tous les grands noms de la Loire (et quelques autres) sont là. Prix souvent convenables, au regard de la classe de l'établissement (piscine). Menus : de 145 à 360 F. 32 chambres et 6 appartements de 495 à 1550 F. Petit déjeuner à 85 F.

Bourgueil

Auberge de Touvois : 37140 Bourgueil, tél. : 47 97 88 81. Fermé les lundis. À 4 km sur la route de Château-la-Vallière, une bonne auberge fréquentée par les vignerons du Bourgueillois dont on retrouve les produits en force dans la petite carte des vins. Menus : de 98 à 145 F. Carte : compter 230 F.

Saint-Nicolas-de-Bourgueil

Manoir du Port Guyet : Saint-Nicolas-de-Bourgueil (à 40 km de Tours), tél. : 47 97 82 20. Fermé de novembre à mars. 3 chambres dans une charmante bâtisse où – Ronsard écrivit ses plus beaux poèmes d'amour – restaurée et classée monument historique. Pour couple romantique. Chambres de 550 à 750 F.

Le Petit-Pressigny

La Promenade : Jacky Dallais, 37350 Le Petit-Pressigny, tél. : 47 94 93 52. À une cinquantaine de kilomètres au sud-est de Chinon, à l'est de Châtellerault, cet écart du vignoble se justifie amplement pour découvrir la cuisine savoureuse et ingénue de Jacky Dallais, d'un rapport qualité-prix époustouflant (notamment les menus à 105 et 180 F). Et puis ce fou de vins de Loire, copain de bien des vignerons, sélectionne ce qui se fait de mieux dans la vallée pour sa carte des vins. En toute confiance. Menus : de 105 (en semaine) à 320 F. Carte : compter 350 F.

TOURS ET SES ENVIRONS

Tours

Jean Bardet : Jean et Sophie Bardet, 7, rue Groison, 37000 Tours, tél. : 47 41 41 11. Fermé les dimanche soir et lundi hors saison. La plus grande table de Tours (Relais & Châteaux) et la plus belle carte des vins de la Loire. Tout est dit ! Menus : de 300 F (en semaine) à 850 F. Carte : compter 700 F. 16 chambres et 5 appartements de 700 à 1800 F.

Le Canotier : 6, rue des Fusillés, tél. : 47 05 40 32. 37000 Tours, tél. : 47 61 85 81. Fermé les lundi midi et dimanche. Le bon bistrot de Valérie Bardet (la fille de Jean et Sophie) avec une cuisine de saison et un bon choix de vins régionaux. Menu à 90 F (le midi). Carte : compter 180 F.

Le Charolais : en quelques années, cette maison est devenue une adresse incontournable des Tourangeaux. Jean-Michel Montagu, ancien sommelier de grandes maisons, vous reçoit avec beaucoup de gentillesse et de professionnalisme. Une carte où se côtoient la terrine de queue de bœuf ou le saumon cru, pommes à l'huile, le gigot de sept heures, le croustillant de pigeonneau et un bon choix de desserts. Quant aux habitués, ils choisissent les suggestions affichées sur l'ardoise. Cuisine classique, simple avec de bons produits. Mention particulière sur le choix et le prix des vins : 120 vins à votre disposition et au verre et au pot ! Bref, vous l'avez compris, une maison où l'on se sent particulièrement bien et que nous vous recommandons chaudement. Menu à 68 F au déjeuner. Carte 150 F. 123, rue Colbert, 37000 Tours, tél. : 47 20 80 20. Fermé les dimanche soir et lundi.

La Roche Le Roy : 55, route de Saint-Avertin, 37000 Tours, tél. : 47 27 22 00. Fermé les dimanche. Dans un manoir Renaissance, une table de notables avec une sérieuse carte des vins régionaux et plus largement de France à prix sages. Menus : de 150 F (le midi) à 300 F. Carte : compter 350 F.

Joué-les-Tours

Le Noble Joué : 86, bd de Chinon, tél. : 47 53 57 97. Fermé les dimanche et lundi soir. Sympa jeu de mots sur le vin pour ce nouveau bistrot tenu par un connaisseur des vins de Touraine. Menu à 60 F. Carte : compter 120 F.

Rochecorbon

Domaine des Hautes Roches : 86, quai de la Loire, 37210 Rochecorbon, tél. : 47 52 88 88. Fermé de la fin janvier à la mi-mars. Un Relais & Châteaux unique, avec 15 chambres troglodytiques (creusées dans la roche) et quelques autres dans un castel. Vue imprenable sur la Loire. Grande table avec une belle carte des vins de Loire, pas donnés. Menus : de 180 F (le midi, en semaine) à 300 F. Carte : compter 350 F. 11 chambres de 580 à 1300 F (les troglodytiques).

Montbazon

Le château d'Artigny : rue d'Azay-le-Rideau, Montbazon (20 km au sud de Tours), tél. : 47 26 24 24. Fermé de la fin novembre à la mi-janvier. Château grand chic, grand luxe, dominant la vallée de l'Indre (piscine).

Fastueuse carte des vins de Loire. Menus : de 250 à 440 F. Un cinquantaine de chambres de 600 à 3150 F.

Léré

Le Lion d'Or : 1, rue de la Judelle, 18240 Léré, tél. : 48 72 60 12, fax : 48 72 56 18. Fermé les dimanche soir et lundi sauf en juillet et août. À 20 km au nord de Sancerre, un nouveau chef (le second de l'ancien propriétaire) avec de jolis produits bien mis en valeur par leurs garnitures et les justes cuissons. Carte de sancerres réduite mais bien choisie, mais il y a des trésors en cave qui ne sont pas sur la carte. Menus : de 95 (en semaine) à 295 F. Carte : compter 350 F. 8 chambres agréables (choisir celles qui sont mansardées) de 240 à 350 F. Petit déjeuner à 35 F.

Sancerre

La Tour : l'adresse incontournable de Sancerre, ou dans un décor cossu et confortable Daniel Fournier élabore une cuisine de rigueur, classique, avec quelques touches de modernisme mais où le terroir est toujours présent. La clientèle se régale de petits beignets de morue à la coriandre, du dos de sandre rôti au pied de porc ou du croustillant de cervelle d'agneau à la sancerroise. La cave recèle de véritables trésors avec plus de 120 sancerres présents et commentés avec talent. Menus : 98, 145, 180 et 220 F et un déjeuner d'affaires à 160 F tout compris. Pas de fermeture. 31 nouvelles places. Sancerre, tél. : 48 54 00 81.

La Pomme d'Or : 18300 Sancerre, tél. : 48 54 13 30. La cuisine de Didier Turpin avoue un faible pour les poissons. La carte des vins est réduite mais très bien choisie, avec notamment quelques vieux millésimes du domaine Cotat. Menus : de 85 F (en semaine) à 220 F.

Hôtel Le Panoramique : rempart des Augustins, 18300 Sancerre, tél. : 48 54 22 44, fax : 48 54 39 55. Comme son nom l'indique, pour sa vue imprenable sur le vignoble. Confortable, sans plus. Piscine. 57 chambres de 250 à 750 F.

Château de Beaujeu : Sens-Beaujeu, 18300 Sancerre, tél. : 48 79 07 95. Un château du XVIᵉ siècle modifié Empire. Deux belles chambres, dont une suite parfaite pour un séjour romantique, à 550 et 650 F.

Chavignol

La Côte des Monts-Damnés : Chavignol, 18300 Sancerre, tél. : 48 54 01 72. Fermé les dimanche soir et lundi. Installé au cœur du vignoble, ce restaurant est devenu l'un des meilleurs de la région en un temps record. Le style de Jean-Marc Bourgeois est sûr et sérieux et témoigne du temps qu'il a passé chez ce grand cuisinier qu'est Jean-Pierre Vigato. Une cuisine à prix sage avec des entrées entre 37 et 66 F dont une originale et goûteuse oreille de porc sauté et salade de betterave rouges à l'huile de noix (38 F). La pêche entre 66 et 80 F et les viandes joliment appelées « ferme et pâturage » entre 66 et 107 F. Joli choix de desserts, goûtez le tartouillas du Morvan ou la crème brûlée à la gentiane et ses baies de cassis (tous les desserts sont à 35 F). Menus à 98, 118, 148, 198 et 245 F (le dégustation !). Époustouflante carte des vins avec pas moins de 85 sancerres. Sélection de vins au verre.

Bué

Le Caveau : place de l'Église, 18300 Bué, tél. : 48 54 22 08. Fermé les mercredi soir et jeudi. Christian Capdepon anime avec chaleur ce caveau de style rustique. Un bar rendez-vous des vignerons du cru et une salle au premier étage avec vue sur le vignoble et une agréable cheminée en hiver. 3 menus à 75, 95 et 125 F mais également un chois d'omelettes, de belles viandes, de rognons de veau. Excellent choix de fromages et naturellement de bons vignerons sur la carte.

Crézancy

Manoir de Vauvredon : Le Briou, 18300 Crézancy, tél. : 48 79 00 29. De grandes et belles chambres d'hôtes dans un manoir entièrement restauré, en plein cœur du vignoble. Excellent accueil de Raymond et Simone Cirotte (les parents d'un grand chef parisien). 2 chambres à partir de 300 F (pour deux, petit déjeuner compris) et un gîte (1500 F en haute saison, 900 F en basse saison).

Montigny

Ferme de la Reculée : 18250 Montigny, tél. : 48 69 59 18. À deux pas du domaine de Montigny (voir Domaines), dans une exploitation agricole céréalière, Élisabeth et Jean-Louis Gressin proposent 5 belles chambres d'hôtes (choisir celles du premier étage). Accueil plein d'attention. 250 F pour deux, petit déjeuner compris. Repas (cuisine du terroir maison) à 80 F.

Morogues

La Ferme des Pellets : Les Pellets, 18220 Morogues (sur la route de Morogues à La Borne), tél. : 48 26 90 68. Tous les jours sauf les mardi de juillet à septembre, les week-ends et les jours fériés d'octobre à juin. Ici, les gammes se font autour de l'excellent crottin de Chavignol maison (on le trouve chez les plus grands fromagers). Seul le dessert lui échappe ! Accueil excellent autour de la grande cheminée.

Herry

La Ferme des Barreaux : 18140 Herry, tél. : 48 79 57 80. Ouvert tous les jours. Une ferme-auberge qui propose sa production autour du canard sous toutes ses formes. Produits excellents, très bien cuisinés. Accueil parfait. On peut également acheter toute une gamme de produits ou les commander.

Pouilly-sur-Loire

La Rêverie : 6, rue Joyeuse, 58150 Pouilly-sur-Loire, tél. : 86 39 07 87. 5 adorables et chaleureuses chambres d'hôtes, et une galerie d'art. La meilleure halte hôtelière de Pouilly.

Le Relais Grillade : 58150 Pouilly-sur-Loire, tél. : 86 69 07 00. Étape décontractée dans la verdure avec trois menus généreux à prix doux : 82, 99 et 105 F. Gentille petite carte de vins du Centre qui ne fera pas flamber l'addition. 23 chambres 3 étoiles à 325 F.

Le Petit Fumé : 18, rue Waldeck-Rousseau, 58150 Pouilly-sur-Loire, tél. : 86 39 05 31. Une petite pizzeria très sympa, avec toujours de bons vins du pichet à la bouteille. Carte : compter 110 F.

Nevers

Les Jardins de la Porte-du-Croux : 17, rue de la Porte-du-Croux, 58000 Nevers, tél. : 86 57 12 71. Fermé les dimanche soir et lundi. Une escapade hors appellation justifiée non seulement par une table vouée aux meilleurs des produits locaux, mais encore par une carte des vins exclusivement attachée aux appellations de la vallée de la Loire. Elles sont toutes là, vins de pays compris, avec leurs meilleurs vignerons. Une référence. Menus : de 120 à 190 F. Carte : compter 300 F.

Jean-Michel Couron : 21, rue Saint-Étienne, 58000 Nevers, tél. : 86 61 19 28. Fermé les dimanche soir et lundi, ouvert les jours fériés. L'ancien second de Michel Bras est désormais dans ses meubles et fait un travail diabolique sur les arômes, à la fois puissants et nuancés. Le choix des vins est limité mais très intéressant, et il est possible d'accéder à de grands crus au verre. Le sommelier et maître d'hôtel, passionné, propose à la fin du repas un choix de cafés rares. Menus : de 100 à 230 F.

Bourges

Hôtel de Bourbon, l'Abbaye Saint-Ambroix : bd de la République, 18000 Bourges, tél. : 48 70 70 00, fax : 48 70 21 22. Fermé les samedi midi. Dans une abbaye du XVIᵉ siècle habilement restaurée, un restaurant à la cuisine franche et savoureuse, en net progrès. Un soin tout particulier dans le service des vins du Centre. Belle carte. Grand hôtel (chaîne Concorde) aux chambres modernes et très bien équipées. Menus : de 140 à 260 F. 57 chambres et 2 appartements de 410 à 900 F. Petit déjeuner à 60 F.

Issoudun

Auberge de la Cognette : bd de Stalingrad, Issoudun, tél. : 54 21 21 83, fax : 54 03 13 03. Pour la grande cuisine régionale d'Alain Nonnet et la parfaite sélection de vins. Menus : de 250 à 500 F. Carte : compter 450 F. 11 chambres de 400 à 750 F.

Chartres

Le Grand Monarque : 22, place des Épars, 28000 Chartres, tél. : 37 21 00 72, fax : 37 36 34 18. Georges et Geneviève Jallerat ont fêté le 25e anniversaire de cette belle demeure du centre de Chartres. En arrivant ou en quittant la vallée, il faut ici faire une halte pour découvrir l'impressionnante carte des vins de Loire mise au point par Georges, qui a pour amis les plus grands vignerons ligériens. Menus : de 145 à 280 F. Carte : compter 300 F. 49 chambres et 5 appartements de 475 à 1200 F. Petit déjeuner à 45 F.

Orléans

La Chancellerie : dans un lieu classé monument historique, une riche carte des vins très éclectique de toute la France. La cuisine n'est pas en reste, goûtez la friture de Loire, l'escalope de sandre à l'oseille ou encore le rumsteck aux champignons. Menu spécial minceur à 130 F. Carte : de 200 à 250 F. Jean-Luc et Max Erta, 27, place du Martroi, 45000 Orléans, tél. : 38 53 57 54. Fermé les dimanche et vacances de février.

COUCHER CHEZ LE VIGNERON

DANS LE PAYS NANTAIS

La Regrippière-Vallet

Cécile et Michel Couillaud : La Grande Morinière, 44330 La Regrippière, tél. : 40 33 61 64. Proche de Vallet, dans une belle maison, un couple de vignerons fort sympathiques propose 2 chambres avec salle d'eau et wc privés. Compter 260 F la nuit pour deux personnes petit déjeuner compris.

Barbechat

La Grande Charaudière : Bernadette et Jean Luc Rotureau, 44450 Barbechat, tél. : 40 03 61 69. Chambre d'hôte non pas chez un vigneron mais à la ferme, qui n'est guère éloignée des vignes du Muscadet. Excellent accueil, calme parfait. 215-240 F, très bon petit déjeuner compris.

Port-Saint-Père

Simone et Louis Chauvet : La Petite-Peltanche, 44710 Port-Saint-Père, tél. : 40 31 52 44. Le soir, à la table commune, on sert le muscadet et le cabernet ainsi qu'un petit rosé maison pour arroser les volailles, elles-mêmes cuisinées à grands renforts de vin blanc local. À 500 m d'une rivière, à mi-chemin entre Nantes et Pornic, voilà 4 chambres confortables chez des agriculteurs sympathiques qui élèvent aussi des bovins. Repas selon disponibilités. De 180 à 195 F la nuit pour un couple, avec un petit déjeuner où l'on peut réclamer son supplément de rillettes !

Le Cellier

La Petite Funerie : Michel Malherbe, 44850 Le Cellier, tél. : 40 25 44 71. À 15 km de Nantes et d'Ancenis, 1 chambre pour deux avec salle d'eau et wc privés, lave-linge et sèche-linge à disposition, salon de jardin et barbecue. Prix : 300-350 F pour 1 et 2 personnes.

Châteauthebaud

La Pénissière : Gérard Bousseau, 44690 Châteauthebaud, tél. : 40 06 51 22. Au cœur du muscadet, et au sein d'une propriété viticole. 3 chambres décorées avec goût, meubles anciens… vue imprenable sur les vignes. Coin-salon avec cheminée pour vous. TV. Ouvert toute l'année. De 200 (1 pers.) à 275 F (3 pers.).

EN TOURAINE

Panzoult

Domaine de Beauséjour : 37220 Panzoult, tél. : 47 58 64 64, fax : 47 95 27 13. Ouvert du 1er avril au 31 octobre. Proche de Chinon, implanté sur un coteau de vigne, ce domaine, que nous avons sélectionné dans nos Adresses, dispose de 2 belles chambres et d'une suite avec terrasse, avec tout le confort. De 430 à 630 F par couple, petit déjeuner compris.

Vernou-sur-Bresne

Netty et Roger Bellanger : Ferme des Landes, vallée de Cousse, 37210 Vernou-sur-Bresne, tél. : 47 52 10 93. Ouvert du 15 juin au 15 septembre. Une autre adresse gourmande. Céréaliers, les Bellanger vivent dans une coquette ferme, à deux pas d'un beau village vigneron

(ils fréquentent les bonnes caves) de l'AOC Vouvray, et servent volontiers à leurs pensionnaires de bons petits crus de la région. Cuisine délicieusement bourgeoise, ambiance charmante et décontractée (dîner : environ 90 F par personne). Chambres confortables et meublées à l'ancienne autour de 260 F la nuit pour un couple, petit déjeuner compris.

Limeray

Nicole et Gilbert Guichard : Les Grillons, 37530 Limeray, tél. : 47 30 11 76. Entre Amboise et Blois, sur la rive droite de la Loire. Rillons, magrets de canard fumés, poulet maison sauté au vouvray et fromages de chèvre sont quelques spécialités de cette auberge authentique située sur la rive droite de la Loire, en plein vignoble de Touraine-Amboise et à proximité d'Amboise (7 km), Vouvray et Montlouis. 3 chambres confortables juste au-dessus de la salle. Éleveurs de volailles, les Guichard ne sont pas vignerons, mais ils connaissent quelques voisins producteurs. Leur fille, Laurence, experte en « tourisme vert », peut vous trouver des chambres chez les vignerons. Repas formidable pour 100 F environ par tête avec le vin du pays.

Cour-Cheverny

Le Béguinage (Gîte de France) : Patricia et Brice Deloison, 41700 Cour-Cheverny, tél. : 54 79 29 92. Au cœur des châteaux de la Loire, une vaste demeure merveilleusement restauré par Patricia et Brice qui vous accueillent avec chaleur et gentillesse. 4 grandes chambres tout confort et avec vue sur un grand parc. Chambres de 290 à 340 F, petit déjeuner compris.

Oisly

Monique et François Bonnet : Le Bourg, 41700 Oisly, tél. : 54 79 52 78. 3 chambres, dont 2 avec cuisine, chez des anciens agriculteurs qui cultivaient céréales, asperges et vignes dans un charmant petit bourg vigneron non loin de Contres et de la Sologne. 200 F environ la nuit pour un couple avec le petit déjeuner.

Suzanne et Claude Boucher : La Presle, 41700 Oisly, tél. : 54 79 52 69. Les activités ne manquent pas chez les Boucher où, après un séjour en chambre d'hôtes (ou en gîte rural, ou encore en gîte d'étape, voire en camping à la ferme), vous pouvez demander au patron de vous ouvrir les portes de son charmant petit musée de la viticulture. 2 chambres avec sanitaires communs pour la modique somme de 200 F la nuit pour deux avec le petit déjeuner. On peut aussi pratiquer l'ULM sur place.

DANS LE CENTRE

Berry-Bouy

Laurence et Géraud de La Farge : L'Ermitage, 18500 Berry-Bouy, tél. : 48 26 87 46. Ils cultivent surtout des céréales tout en élevant de beaux charolais et de non moins belles blondes d'Aquitaine à l'est de Vierzon et à 6 ou 7 km de Bourges. Mais ils possèdent aussi quelques vignes à Menetou-Salon et savent conseiller tous les amateurs de sauvignon. 5 chambres confortables de 200 à 230 F la nuit, sur la base de deux personnes, petit déjeuner compris. Le tout dans une belle demeure berrichonne.

CENTRES D'INFORMATION

PAYS NANTAIS

Conseil interprofessionnel des vins de Nantes (CIVN) : Maison des vins de Bellevue, 44690 La Haie-Fouassière, tél. : 40 36 90 10, fax : 40 36 95 87. Édite un excellent *Guide pratique des étapes en Muscadet* (40 F) et nombre de brochures et cartes. Vente sur place de vins, d'objets à l'effigie du muscadet.

Comité départemental du tourisme de Loire-Atlantique (CDT) : 2, allée Bacao, 44000 Nantes, tél. : 51 72 95 30, fax : 40 20 44 54.

ANJOU-SAUMUR

Conseil interprofessionnel des vins d'Anjou et Saumur (CIVAS) : 73, rue Plantagenêt, 49100 Angers, tél. : 41 87 62 57. Édite un excellent *Guide touristique des vignobles d'Anjou et Saumur* (90 F).

Maison des vins d'Anjou et Saumur : 5 bis, place Kennedy, 49100 Angers, tél. : 41 88 81 13, fax : 41 86 71 84. Documentation et dégustation.

Maison du vin de Saumur : 25, rue Beaurepaire, 49400 Saumur, tél. : 41 51 16 40, fax : 41 51 16 14 Ouvert du lundi au samedi (sauf jours fériés) de 9 h à 12 h 30 et de 14 h à 18 h 30. Documentation et dégustation. Réception de groupes sur rendez-vous.

Comité départemental du tourisme de l'Anjou (CDT) : BP 2147, 49021 Angers cedex, tél. : 41 88 51 51, fax : 41 88 36 77. Info sur la route touristique du vignoble. Liste de tous les offices du tourisme du département. Minitel 3615 code Anjou.

Office du tourisme d'Angers : place Kennedy, BP 5157, 49051 Angers cedex 02, tél. : 41 23 51 11, fax : 41 23 51 10.

Office du tourisme de Saumur : place de la Bilangue, 49400 Saumur, tél. : 41 40 20 60, fax : 41 40 20 69.

TOURAINE

Comité interprofessionnel des vins de Touraine (CIVT) : 19, square Prosper-Mérimée, 37000 Tours, tél. : 47 05 40 01.

Comité départemental du tourisme de Touraine (CDT) : 9, rue Buffon, 37000 Tours, tél. : 47 31 42 60, fax : 47 31 42 76. Liste de tous les offices de tourisme du département.

Office du tourisme de Tours : 78-92, rue Bernard-Palissy, 37000 Tours, tél. : 47 70 37 37, fax : 47 61 14 22.

CENTRE

Bureau interprofessionnel des vins du Centre : route de Chavignol, 18300 Sancerre, tél. : 48 78 51 07, fax : 48 78 51 08.

Comité départemental du tourisme du Loir-et-Cher (CDT) : 5, rue Voûte-du-Château, 41000 Blois, tél. : 54 78 55 50, fax : 54 74 81 79. Liste de tous les offices de tourisme du département.

Comité départemental du tourisme du Cher (CDT) : 5, rue Séraucourt, 18000 Bourges, tél. : 48 67 00 18, fax : 48 67 01 44. Liste de tous les offices de tourisme du département.

Comité départemental du tourisme de la Nièvre (CDT) : 3, rue Sort, 58000 Nevers, tél. : 86 36 39 80, fax : 86 36 36 63. Liste de tous les offices du tourisme du département.

AU FIL DE L'EAU

Bateaux Nantais : quai de la Motte-Rouge, 44000 Nantes, tél. : 40 14 51 14, fax : 40 14 51 00. Promenades et croisières-déjeuners ou croisières-dîners sur l'Erdre au départ de Nantes, et croisières promenade-dégustation sur la Sèvre au départ de Vertou. Pour les locations de bateaux et le tourisme fluvial sur l'Erdre et le canal de Nantes à Brest, contacter Loisir-Accueil de Loire-Atlantique (voir coordonnées ci-dessus). Pour le bassin de la Maine, contacter Maine-Réservation, place Kennedy, BP 2224, 49022 Angers, tél. : 41 23 51 30, fax : 41 23 51 35.

Syndicat d'initiative de Saint-Aubin-de-Luigné : tél. : 41 78 48 71. Ouvert du 15 juin au 15 septembre. En mai, juin et septembre, ouvert le dimanche après-midi. Location de barques pour une promenade sur le Layon.

Croisières sur le Cher : La Belandre, Maison éclusière de Chissaux, 37150 Bléré, tél. : 47 23 98 64. Tous les jours de mai à octobre.

Croisière sur le canal latéral à la Loire : Loisir-Accueil-Cher, 5, rue de Seraucourt, 18000 Bourges, tél. : 48 67 01 38.

Allez à la pêche sur la Loire : Jean-Patrick Denieul, à bord de sa Ligériade basée à Montejean-sur-Loire, est un des derniers pêcheurs de la Loire. Il vous convie à une partie de pêche dans la plus grande tradition et vous apprendra une foule de choses. Ne le manquez pas. Rens. : 41 72 81 28.

Voguez sur la Loire à bord des fameuses gabarres et des toues (sans voile) : la Montjeannaise, tél. : 41 39 08 48

et à Saumur, tél. : 41 67 55 29.

VU DU CIEL

Loisir-Accueil Cher : 5, rue de Seraucourt, 18000 Bourges, tél. : 48 67 01 38. Survol du Berry en hélicoptère. 2 circuits d'une heure environ. Sur réservation.

Polisph'air Montgolfières : 37420 Avoine, tél. : 47 58 89 58. Survol de la Touraine (châteaux et vignobles), toute l'année. Sur réservation.

EN TRAIN

Pour une promenade familiale en petit train touristique sur route, circuit dans les vieux quartiers de Chalonnes-sur-Loire et le vignoble du Layon, panorama sur la « corniche angevine ». Durée 1 h 15. Du 1er avril au 31 octobre. 32 F environ par personne, 21 F par enfant. Renseignements et réservations, tél. : 41 78 14 90.

RENCONTRE VIGNE ET VIN

Cep'Tours : circuits des vignobles en Val-de-Loire et apprenez à tailler la vigne, les cépages, les soins requis par la plante et le sol puis vous dégusterez dans une cave de tuffeau… Rens. : Anne-Marie Audy-Bazin, 2, rue du Chenin-Blanc, 37270 Montlouis-sur-Loire, tél. : 47 50 73 62, fax : 47 50 73 20.

INFO-CIVN
MUSCADET,
L'HARMONIE DES
CONTRASTES

Entre la douceur angevine et la fraîche écume de Bretagne, s'étire le vignoble de Nantes. Depuis les rives de Loire, ses terres découvrent un contraste délicat. Derrière le muscadet se cachent les muscadet et toute une palette de saveurs que nous vous invitons à découvrir.

Le Muscadet Sèvre-et-Maine, 85 % de la production, tient son nom des deux rivières qui traversent le vignoble : la Petite Maine et la Sèvre nantaise. Le terroir est ici très varié. Vieilles roches éruptives, les gabbros bruns du Valletais et du Clissonnais délivrent des vins souvent charpentés. Tandis que les régions du Loroux et de Goulaine offrent des muscadets plutôt tendres et parfumés. Les gourmets pourront aussi découvrir de Vertou à La Haye-Fouassière des vins de caractère et vifs. Enfin d'autres palais seront ravis par les muscadet de Château-Thébaud, Aigrefeuille ou Maisdon, aux généreux accents floraux.

Le Muscadet Côtes-de-Grandlieu, 8 % de la production sont principalement élevés aux abords du lac de Grand-Lieu. Ici, les formations sableuses à galets contribuent à la précocité du terroir et offrent des vins aux arômes riches et floraux.

Le Muscadet Coteaux-de-la-Loire est récolté sur les deux rives du fleuve en amont de Nantes. C'est ici la partie la plus inattendue et la plus variée du vignoble. Ses coteaux très pentus donnent naissance à des vins charpentés, d'une bonne teneur en bouche.

Le Muscadet sur Lie : en muscadet, on a toujours mis de côté sa meilleure barrique pour les grands événements. La vinification sur lie perpétue cette tradition. Issus des meilleurs terroirs, certains muscadet se nourrissent au moins tout l'hiver de leurs lies fines – des levures naturelles de fermentation – qui reposent au fond de la barrique. Ces muscadets sur lie se révèlent plus fins, plus aromatiques et développent une fraîcheur et un perlant dignes des meilleures tables.

Comité Interprofessionnel des Vins de Nantes, Maison des Vins, Bellevue, 44690 La Haye-Fouassière, tél. : 40 36 90 10.

À VISITER

DANS LE PAYS NANTAIS

Gorges

Château de l'Oiselinier : M. Aulanier vous recevra avec passion pour vous faire découvrir de superbes jardins et un magnifique domaine, tél. : 40 06 91 59.

Le Pallet

Musée du vignoble de Nantes : rue Saint-Michel, tél. : 40 80 40 59. Arts et traditions populaires du vignoble. Tous les jours sur rendez-vous de Pâques à la Toussaint. Visites commentées (10 F) avec dégustation (20 F). En avril 95, un nouveau et plus vaste musée ouvrira ses portes à proximité de la chapelle Sainte-Anne, rue Pierre-Abélard.

Vallet

Château de la Noë Bel-Air : tél. : 40 33 92 72. Une villa du XIXᵉ de style palladien dont on visite le parc et où l'on peut déguster les vins de la propriété.

Haute-Goulaine

Château de Goulaine : marquis de Goulaine, tél. : 40 54 91 42, fax : 40 54 90 23. Reconstruit à la fin du XVᵉ siècle sur des ruines du Xᵉ, il est resté pendant plus de mille ans aux mains de la même famille. On peut y découvrir une serre aménagée dans les dépendances où une multitude de papillons tropicaux virevoltent. Les caves voûtées sous le château sont superbes, et l'on peut y déguster les vins du domaine. Du 15 juin au 15 septembre, visites tous les jours et toute l'année sur R-V.

Saint-Martin

Chapelle Saint-Martin : dédié à saint Martin de Tours, elle a été édifiée sur un site où coulent deux fontaines intarissables dites miraculeuses ! La clef est chez Mme Babin, à côté de l'église.

La Haye-Fouassière

Maison des vins de Nantes : 44690 La Haye-Fouassière, tél. : 40 36 90 10, fax : 40 36 95 87. Ouvert du lundi au vendredi de 8 h 30 à 12 h 30 et de 13 h 30 à 18 h 30 (18 h hors saison). Propose un assortiment de 200 vins issus des différents terroirs nantais, ainsi qu'une boutique de produits griffés. Expositions variées en été, informations sur le vignoble. Par ailleurs, le CIVN diffuse un guide touristique, *Le Guide pratique des étapes en Muscadet* donnant des informations sur les visites possibles dans le vignoble. Une annotation et des détails pratiques pour chaque caveau agrémentent cette liste.

Clisson-Getigne

Un parfum d'Italie dans cette ancienne ville forte entre Anjou et Poitou, incendiée et aux trois quarts détruite lors des guerres de Vendée. Ce sont les frères Cacault et le sculpteur Lemot, tous trois amoureux de l'Italie, qui vont lui donner cette âme transalpine. Visites guidées pour les groupes toute l'année sur réservation à l'Office du tourisme de la vallée de Clisson : tél. : 40 54 02 95. Du 15 juin au 15 septembre, visite nocturne de la ville illuminée, à partir de 22 h (durée 1 h 30). On peut également visiter le château Olivier de Clisson, une belle ruine romantique classée monument historique (tous les jours sauf mardi de 9 h 30 à 12 h et de 14 à 18 h), ainsi que le domaine de la Garenne-Lemot et la Maison du Jardinier, un des chefs-d'œuvre de l'architecture rustique à l'italienne en France. Exposition permanente « Clisson ou le retour d'Italie » (tous les jours de 10 à 13 h et de 14 à 18 h).

En Anjou-Saumur

CIVAS-INFO L'ANJOU-SAUMUR : UN VIGNOBLE AU SERVICE DU PUBLIC

Région touristique, l'Anjou attire le visiteur pour ses découvertes culturelles mais aussi pour ses visites randonnées « nature ». Deux atouts qui s'accommodent très bien avec la visite du vignoble angevin ; très nombreuses sont les propriétés viticoles qui ont toutes une histoire à raconter qu'elles soient château historique (Brissac, Montreuil Bellay) ou qu'elles soient manoir, château, domaine, etc., que l'on peut visiter de toutes sortes, à pied, à vélo, en voiture et pourquoi pas à cheval en empruntant la route touristique du vignoble, les chemins de grande randonnée, les circuits découvertes...

Récolte 1995 : un millésime de très belle qualité. Les excellentes conditions climatiques de l'année 1995 ont permis de récolter des raisins de belle qualité avec une bonne maturité. Le mois d'octobre, doux, sec et ensoleillé a été idéal pour les vendanges. Le millésime très prometteur offrira une quantité moyenne supérieure au 94. Par ailleurs, le CIVAS organise des séances de découvertes de dégustation des vins d'Anjou et de Saumur. N'hésitez pas à nous contacter ! CIVAS : 73, rue Plantagenêt à Angers, tél. : 41 87 62 57.

Saint-Lambert-du-Lattay

Musée de la vigne et du vin : place des Vignerons, 49750 Saint-Lambert-du-Lattay, tél. : 41 78 42 75. Ouvert du 1er avril au 31 octobre, tous les jours de 10 à 12 h et de 14 h 30 à 18 h 30. 5 salles d'exposition pour mieux comprendre l'univers du vigneron, sa vie, son travail et sa mentalité. Projection audiovisuelle, sentier pédestre d'observation dans le vignoble. Entrée : 15 F.

Angers

Maison du vin de l'Anjou : place Kennedy, tél. : 41 88 81 13. Docs et possibilités de dégustations. Étape très pratique pour une initiation.

La Passion du Vin : M. Bruno Paumart, tél. : 41 37 11 29. Organisation de randonnées vinicoles avec présentation du vignoble, dégustation, etc., animations à la journée ou plus. Il parle l'anglais et s'adapte à tout type de clientèle, ce qui est très agréable.

Saint-Barthélémy-d'Anjou

Distillerie Cointreau : bd des Bretonnières, Saint-Barthélémy-d'Anjou. Visite d'une heure et demie durant laquelle vous découvrirez l'ensemble des opérations d'embouteillage et la distillation de la fameuse liqueur créée en 1849 et qui appartient, désormais, au cercle fermé des 100 premières marques mondiales de spiritueux. Un musée d'objets et de documents anciens et un spectacle audiovisuel racontent l'épopée de cette liqueur. Tarif : 20 F pour les adultes et 12 F pour les enfants. Renseignez-vous au 41 43 25 21 concernant les jours de visite qui varient selon l'époque de l'année. Ils sont charmants, n'hésitez pas !

Saumur

Maison du vin de Saumur : 25, rue Beaurepaire, tél. : 41 51 16 40.

Brissac

Château de Brissac : bâtiments du xve et xviie siècles, toujours habités par le marquis de Brissac. Jolies tapisseries, plafonds peints, mobilier, etc., et on termine par les caves où l'on peut déguster… Tél. : 41 91 22 21.

LES 4 VILLAGES DE CHARME

Aubigné-sur-Layon : petit village qui fleure bon le passé, le règne de Dagobert, le Moyen Âge, les guerres de Vendée… bref, vous ne serez pas déçus par cette balade !

Le Coudray-Macouard : dominant les vallées du Thouet et de la Dive avec de splendides demeures du xve et xviiie siècles, ses ruelles médiévales aux senteurs de tuffeau, son château… un charme fou !

Le Puy-Notre-Dame : au milieu des vignes, superbes porches et demeures à découvrir, la Collégiale qui veille sur la cité depuis plus de 600 ans et sa célèbre relique de la Sainte-Ceinture rapportée des croisades par le grand-père d'Aliénor d'Aquitaine.

Montsoreau : ce village bénéficie d'un site original constitué d'un vaste plan d'eau et d'un coteau en tuffeau sur lequel vous découvrirez les troglodytes. Ne manquez pas le château semi-féodal qui prend ses fondations directement dans la Loire.

Montreuil-Bellay

Ville fortifiée avec château. Bonnes balades.

Bourgueil

Musée de la cave et du vin : tél. : 47 97 72 01. Fermé en décembre et janvier.

EN TOURAINE

Chinon

Musée animé du vin et de la tonnellerie : 12, rue Voltaire, tél. : 47 93 25 63. Du 1er mai au 30 septembre, fermé les jeudis. Ne pas manquer la vieille ville, le château médiéval, la chapelle Sainte-Radegonde et la collégiale Saint-Mexme.

Cravant-les-Coteaux

Église carolingienne du xe siècle.

Tours

Musée des vins de Touraine : cellier Saint-Julien, 16, rue Nationale, tél. : 47 61 07 93. Ouvert tous les jours sauf mardi.

Rochecorbon

Les caves rupestres : les coteaux de Touraine sont truffés de caves creusés dans le roc. De jeunes artistes ont aujourd'hui entrepris de sculpter les parois de tuffeau de l'une d'entre elles pour évoquer les vins de Loire… Trente tableaux sont en cours de réalisation (scènes de vendanges, représentation de Bacchus, et Saint Martin qui, d'après la légende, aurait planté le premier cep des vignes de Vouvray !)… allez-y, vous ne serez pas déçus. Rens. : Claude Vidal, rue Vaufoynard, 37210 Rochecorbon, tél. : 47 52 51 75. Tarifs : 30 F adultes, gratuit pour les moins de 16 ans. Ouvert du 1er mai au 15 septembre de 9 h 30 à 19 h, tous les jours et, à partir du 15/09 : de 14 à 18 h, fermé le mardi.

Bourgueil

L'ancienne abbaye bénédictine des xiiie et xviiie siècles, le musée de la cave et du vin, l'église paroissiale (abside) et la vue du moulin bleu à 2 km au nord.

Saint-Nicolas-de-Bourgueil

Manoir de Port-Guyet (xvᵉ siècle).

Vouvray

Espace de la vigne et du vin : 30, rue Victor-Hérault, tél. : 47 52 76 00. Ouvert tous les jours du 1ᵉʳ février au 30 septembre, de 10 à 19 h. Voir également les caves troglodytes et l'écomusée.

Chécy

Musée de la tonnellerie (dans le Loiret) : 7, place du Cloître, tél. : 38 86 88 36.

MANIFESTATIONS DANS LE VAL-DE-LOIRE

Février

À Chalonnes-sur-Loire, la foire aux vins le dernier week-end de février.

Mai

La Foire aux vins de Saumur, le 2ᵉ week-end de mai, associée depuis 34 ans aux fêtes de la Loire.

Juin

Fête des vins rosés à Tigné, dans l'impressionnant cadre du château de Gérard Depardieu, le 1ᵉʳ week-end de juin. Tél. : 41 59 41 47.

Juillet

Fête du vin et du champignon au Puy-Notre-Dame, le 1ᵉʳ week-end de juillet. Ambiance chaleureuse assurée, point de départ d'une visite dans le Saumurois. Tél. : 41 52 26 34.

Saint-Lambert-du-Lattay, le 2e week-end de juillet : fête de la vinée.

Tours, le 26 juillet, jour de la Sainte-Anne : foire à l'ail et au basilic.

Courant de l'été : festival du château de Pimpéan-Grézillé. Festival lyrique avec concerts quotidiens par de jeunes solistes lauréats de concours internationaux, tél. : 41 45 51 40.

Fête des vins de « Coteaux » (sans oublier le foie gras et les anguilles), le week-end qui suit le 14 juillet à Saint-

Aubin-de-Luigné, dans le parc du château de Bellevue, tél. : 41 78 48 71.

Août

Beaulieu-sur-Layon, le 1ᵉʳ dimanche d'août : foire à l'omelette et aux vins, tél. : 41 78 65 07.

Chinon, les premiers samedi et dimanche d'août : marché Rabelais avec échoppes et saltimbanques dans les rues de la vieille ville et au château.

Septembre

Thouarcé, le 1ᵉʳ week-end de septembre : fête des vins de Bonnezeaux.

Fête de saumur-champigny à Varrains, le 2ᵉ week-end de septembre, au château des Ifs, le 2ᵉ week-end de septembre.

Octobre

À Martigné-Briand, au château, le 1ᵉʳ dimanche d'octobre : vendanges belle époque, tél. : 41 59 61 88.

Novembre

À Brissac-Quincié, fin novembre : concours des rouges de Brissac et salon des Anjou villages, tél. : 41 91 22 13.

INFO-CIVTL

La « douceur tourangelle », le « jardin de la France », la Touraine des rois, les châteaux royaux inspirés de la renaissance italienne et les belles demeures de caractère, les petits vins fruités et gouleyants appartiennent à l'imaginaire collectif. Pourtant, s'il est aisé de visiter la Touraine des châteaux, décrits par le menu détail dans tous les bons guides et très fléchés sur le terrain, la visite du vignoble s'avère difficile à appréhender sur le terrain. Le vignoble Touraine-Val-de-Loire est en effet des plus morcelés : quelque 12.000 ha s'étalent sur les deux départements de l'Indre-et-Loire et du Loir-et-Cher et déclinent 9 AOC : Bourgueil, Saint-Nicolas-de-Bourgueil, Chinon, Vouvray, Montlouis, Touraine, Touraine-Azay-le-Rideau, Touraine-Amboise et Touraine-Mesland. C'est pourquoi la profession viticole et le tourisme travaillent depuis deux ans à la réalisation sur le terrain de la « Route des Vignobles Touraine-Val-de-Loire », avec fléchage, poursuivant l'œuvre déjà réalisée en muscadet et en anjou-saumur. 1996 devrait voir cette concrétisation ! Vous aurez ainsi le loisir de flâner sur un tracé choisi pour la qualité de ses paysages et de découvrir le monde souterrain du tuffeau ; le tuffeau, c'est cette craie tendre qui sait garder sa blancheur originelle. Il est aussi le matériau des réalisations troglodytiques : étonnantes caves abritant les cuvées successives engrangées dans des kilomètres de galeries creusées à même la falaise. Elles possèdent toutes les qualités idéales d'une cave : température constante, atmosphère saturée en humidité, absence de lumière et de vibrations. Le « divin nectar » en Touraine vieillit à l'abri des écarts du monde. Alors venez, et nous saurons vous faire découvrir le millésime 95 jugé remarquable ou exhumer un vieux flacon de Vouvray, Chinon ou Bourgueil qui font d'admirables centenaires !

Comité Interprofessionnel des Vins de Touraine et du Cœur-Val-de-Loire, 19, square Prosper-Mérimée, 37000 Tours, tél. : 47 05 40 01.

COUPS DE CŒUR DES TROIS DERNIÈRES ANNÉES :

1995
Château de la Preuille, à Saint-Hilaire-de-Loulay
Château de Villeneuve, à Souzay-Champigny
Domaine Masson-Blondet, à Pouilly-sur-Loire

1994
Domaine de la Grange, au Landreau
Domaine Bernard Baudry, à Cravant-les-Coteaux
Domaine Vincent Pinard, à Bué

1993
Cave du Haut-Poitou, à Neuville-de-Poitou
Domaine de Montigny, à Henrichemont
Domaine Hubert Sinson à Valençay-au-Musa, près Meusnes

Dossier réalisé par Isabelle Lenot

COUP DE COEUR

DOMAINE HUET

PROPRIÉTAIRE-VIGNERON

LE DOMAINE

35 ha sur Vouvray, répartis sur trois principaux lieux-dits : le Haut-Lieu (9 ha), le Mont (8 ha) et au-dessus de l'église, sur un rocher calcaire, le Clos-du-Bourg (6 ha) ; le reste du vignoble s'étend sur de multiples parcelles. Noël Pinguet a pris position pour la biodynamie en 1987 sur le Clos-du-Bourg et depuis 1990 sur l'ensemble de la propriété, qui bénéficie désormais de la mention Demeter (voir Encadré). Noël est conscient des bienfaits de la bio sur des terres qui ont toujours bénéficié d'une sagesse culturale mais, réfléchi et lucide, il reste à « l'écoute » : car si la « bio » l'a fait progresser, des interrogations restent en suspens.

LES VINS

Les pétillants donnent toujours lieu à réflexion sur le dosage, l'équilibre et la qualité de la bulle. Au domaine Huet, ces vins sont traités avec le même respect que l'ensemble de la cave. Le grand regret de Noël est de ne pas pouvoir mettre en place, au regard des derniers millésimes, une politique de vieillissement sur Les Moustilles 89 et 90, trop riches (degré trop élevé), 91 et 94 (degré pas assez élevé). Noël n'a effectué aucune chaptalisation sur les pétillants depuis 1987 ! Le pétillant 93 (brut 50 F) est un vin aux superbes nuances aromatiques, fines bulles en bouche. Mais disons-le, les secs 94 nous ont enchanté. Dans un contexte difficile, gelée et tris sélectifs, le rendement a été de 8 hl sur l'ensemble du domaine. Le Haut-Lieu 94 (48 F) aux notes de céleri, minéral, varech, gentiane est complexe. Le Mont 94 (50 F), nuances de fruits blancs avec une acidité en bouche de pommes granny-smith est un véritable exemple de fraîcheur. Vu la difficulté de ce millésime, 94 est

gustativement une belle réussite, à évolution plus rapide que les sublimes 93, année de pureté, de persistance et d'équilibre. Le Haut-Lieu 93 (49 F), aux arômes de truffe blanche, est très minéral et réglissé. Le Bourg 93 (52 F) est plus discret en arômes mais possède volume, densité avec une saveur de gingembre confit. Un vin au potentiel de garde important. Le Mont demi-sec 93 (53 F) s'exprime par sa fraîcheur et son équilibre : un nez jeune et, en bouche, une grande puissance de réserve. Parfait vin de garde. Les moelleux sur les millésimes d'anthologie 89 et 90 vous réjouiront : le 90 plus botrytisé, le 89 plus terroir, plus Huet ! le Haut-Lieu 90 moelleux (100 F), confituré, d'une monstrueuse puissance de bouche. Le Clos-du-Bourg première trie 90 (160 F), juste équilibre entre l'amer, l'acide et le sucré. En 89, le Haut-Lieu première trie (180 F) est l'alliance parfaite entre la douceur et la fraîcheur. Reste à découvrir une pléiade de millésimes anciens, reflets de la grandeur et de l'aptitude au vieillissement de ces vins : Le Haut-Lieu sec 71 (100 F), demi-sec 61 et 69 (150 et 170 F), le moelleux Clos-du-Bourg 71 et 59 (300 F), Le Mont 53 (250 F) et, ô merveille des lieux : le Haut Lieu 47 (500 F), mémoire de la maison.

L'ACCUEIL

Attentif et simple dans la petite salle aménagée pour la dégustation. Les jolis tableaux exposés ici sont l'œuvre de l'épouse de Noël ! Prendre la N152 qui rallie Tours à Amboise. À la hauteur de Vouvray, direction Monnaie sur la D46. Au premier croisement, suivre la rue des Écoles en direction de Vernon. Juste avant l'école Sainte-Thérèse, à gauche, la rue de la Croix-Buisée et un panneau vous indiquent le domaine.

RESPONSABLE : **NOËL PINGUET**
11-13, RUE DE LA CROIX-BUISÉE
37210 VOUVRAY
TÉL. : 47 52 78 87 - FAX : 47 52 66 51

DOMAINE
DE LA FONTAINERIE

PROPRIÉTAIRE-VIGNERON

LE DOMAINE

À Vouvray, au cœur de la vallée Coquette, Catherine Dhoye-Deruet gère le domaine familial depuis 1990. Elle perpétue ainsi une tradition : en effet, depuis 1712, cette propriété a été le plus souvent transmise par les femmes !

LES VINS

L'abandon du vieux pressoir vertical en 89 au profit d'une Rolls des pressoirs pneumatiques a marqué l'évolution du domaine tout en conservant la vendange 100 % manuelle indispensable pour l'élaboration des nobles vins. À partir de vignes de 25 ans d'âge en moyenne, Catherine élabore des pétillants, des méthodes champenoises, du sec au moelleux avec une cuvée prestige le coteau Les Brûlés, exposé sud-est, qui donne des vins au caractère plus torréfié. Le vouvray sec 94 (millésime difficile) à 30 F est un vin simple et de consommation rapide qui exprime la classicisme de l'appellation. Le 93 sec à 35 F aux jolis arômes de pommes, très jeune, encore primaire, un vin terroir iodé avec une bouche équilibré et une finale de noble acidité. Le demi-sec 93 coteau Les Brûlés à 39 F est d'un superbe registre aromatique : minéral, bâton de réglisse, iodé, grande pureté d'ensemble. Le 89 demi-sec à 62 F nous semble très intéressant par sa minéralité, son équilibre et sa finesse. Parfait vin de garde.

L'ACCUEIL

Avec gentillesse par Catherine, tous les jours sauf le dimanche et jours fériés de 8 à 12 h et de 14 à 18 h dans la cave troglodytique. De Tours, longer la Loire N152, tourner à gauche au panneau de la vallée Coquette. Montez pendant 1 km environ, le domaine est indiqué sur la gauche.

PROPRIÉTAIRE :
CATHERINE DHOYE-DERUET
64, VALLÉE COQUETTE 37210 VOUVRAY
TÉL. : 47 52 67 92 - FAX : 47 52 79 41

DOMAINE
DU CLOS NAUDIN

PROPRIÉTAIRE-VIGNERON

LE DOMAINE

12 ha voués au chenin. Un phare de l'appellation. Philippe Foreau est adepte des vendanges à parfaite maturité et des récoltes manuelles, qui produisent de grands vins de terroir.

LES VINS

La cave de tuffeau permet des fermentations lentes. Le vouvray sec 94 à 47 F ramassé le 26 octobre est épanoui, sa bouche homogène, avec un support acide rafraîchissant en finale. Le 94 demi-sec à 52 F en est au même stade, dans un registre plus suave : pommes juteuses, ananas, bouche riche et épicée, poivrée. Plus un vin d'attaque et de milieu de bouche que de persistance. Le moelleux 94 à 98 F est retenu, subtil. Robe jaune or, nez de varech, intéressante minéralité pour le moelleux et bel équilibre. Le 93 sec à 46 F, arômes de pamplemousse, citron, bouche volumineuse et belle longueur. Le demi-sec 93 (51 F), nez pur, jeune et primaire, épicé et légèrement iodé. Un vin de grande persistance. Le moelleux 85 à 92 F est mûr, un vin de botrytis qui terroite, aux arômes d'orge, d'infusion et de fruits secs. Très fin et élégant. Enfin le pétillant 83 (53 F) nous a régalé par la finesse de sa bulle, son côté terroir et sa palette d'arômes. Chapeau !

L'ACCUEIL

Sincère et passionné par Philippe ou son épouse Sylvie. Tous les jours sauf dimanche et fêtes de 8 à 12 h et de 14 à 18 h 30. Prendre la N152 Tours-Amboise puis, à Vouvray, la D46 vers Monnaie. Au 1er croisement suivre la rue des Écoles direction Vernon. Juste avant l'école Sainte-Thérèse, à gauche, rue de la Croix-Buisée, faire 300 m, c'est à gauche !

PROPRIÉTAIRE : **PHILIPPE FOREAU**
14, RUE DE LA CROIX-BUISÉE
37210 VOUVRAY
TÉL. : 47 52 71 46 - FAX : 47 52 73 81

DOMAINE HENRI BOURGEOIS

PROPRIÉTAIRE-NÉGOCIANT

LE DOMAINE

Henri Bourgeois possédait 2 ha en 1950 sur Chavignol. Aujourd'hui, le domaine s'étend sur 60 ha répartis sur Ménétréol, Sancerre, Saint-Gemme, Vinon et Chavignol pour l'appellation sancerre et sur Saint-Andelain et Saint-Laurent-de-l'Abbaye pour le pouilly-fumé.

LES VINS

La grande réserve 94 (49 F) est le bon reflet d'un sancerre classique. Le MD de Bourgeois 94 (61 F) est récolté sur la célèbre côte des monts Damnés, très pentue. Cette bouteille demande une certaine maturité avant consommation. Un vin de noble pureté, minéral, épicé et gras. La Bourgeoise blanc 94 (64, 50 F) est une sélection de vignes de plus de 50 ans. Elle reste en bois sur lies fines pendant 7 à 8 mois, ce qui donne un vin superbe de puissance avec une maturité de fruit parfaite. En 1993, Jean-Christophe Bourgeois s'est fait plaisir : Sur des vignes de sauvignon plantés en 36, la cuvée d'antan (108 F) est un vin de grande maturité à la fois aromatique et gustatif, minéral et épicé. En rouge, la cuvée Henri Bourgeois 94 (58 F) est un vin facile, fruité, un vin plaisir. La Bourgeoise rouge 93 (71 F), sélection de pinot noir, présente des arômes de fruits macérés, confiturés, légèrement grillés. Un bel exemple de pinot noir sous ce climat.

L'ACCUEIL

Simple et chaleureux dans le joli petit caveau, tous les jours de 9 à 12 h et de 14 à 19 h sauf les week-end de janvier. À Sancerre, prendre la D923, direction Chavignol, puis prenez votre respiration car la petite route est pentue et grimpez en haut du village.

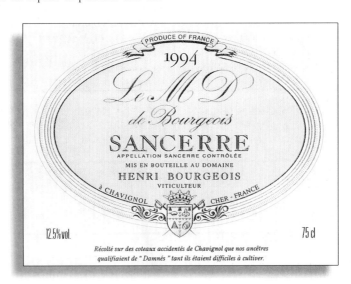

PROPRIÉTAIRE :
FAMILLE BOURGEOIS
CHAVIGNOL, 18300 SANCERRE
TÉL. : 48 54 21 67 - FAX : 48 54 14 24

DOMAINE
VINCENT PINARD

PROPRIÉTAIRE-VIGNERON

GÉRARD
MORIN

PROPRIÉTAIRE-VIGNERON

LE DOMAINE

Implanté sur les meilleurs terroirs de Bué tels que Chemarin et Chêne-Marchand, on trouve 9,5 ha de sauvignon et 2,5 ha de pinot noir. Ici, le nom des lieux-dits a été abandonné car trop souvent galvaudé pour des raisons commerciales. Vincent Pinard les a remplacés par de noms de cuvées telles Nuance et Harmonie.

LES VINS

Vincent fait partie de ces irréductibles vignerons qui pratiquent une vendange à 100 % manuelle. La cuvée Florès 94 (43 F) est certainement celle qui détermine la plus grande progression de la cave dans la maîtrise du cépage par sa finesse, sa pureté, son effet terroir, son rondeur et sa souplesse en bouche. Nuance 94 (56 F), 1/3 fermenté en barrique, est une cuvée d'école pour les « anti-bois-Sancerre » ! Un vin raffiné, subtil, de grande finesse, relayé par la persistance et une juste acidité en bouche. Nuance 94 est la continuité parfaite du 93 avec un gras, une rondeur du millésime 94 et de la minéralité. Harmonie 94 (92 F) est une sélection de vignes de 45-50 ans, vinifiée 100 % bois neuf. Même dans sa prime jeunesse, l'acceptation et la gestion du bois est parfaite. Quant au rouge 94 (45 F), c'est un vin jovial, de plaisir, qui jouera son rôle sur des mets simples. Le rosé 94 (43 F) est proche des qualités d'un blanc par ses arômes et son équilibre en bouche.

L'ACCUEIL

Attentif, généreux et d'une extrême gentillesse par Cosette, l'épouse, ou par Vincent, prêt à vous faire déguster toutes ses cuvées ! À Sancerre prendre la D955, faire 3 km puis à droite la D85, à 500 m à gauche, la cave est indiquée par un grand panneau.

LE DOMAINE

Sur le haut de Bué, derrière l'église, vous êtes chez l'authentique du Sancerrois avec Gérard, le béret toujours vissé sur la tête ou au volant de sa jeep dans le village. Voilà pour le pittoresque. Il n'en reste pas moins que sur ses 8 ha de vigne, il vinifie de bons vins et l'un des tout meilleurs pinots de l'appellation, qui vieillit remarquablement bien.

LES VINS

Gérard vinifie terroir par terroir et nous propose deux cuvées, une de blanc, une de rouge. Un point c'est tout ! « Chez moi c'est comme ça, dit-il, on goûte toute l'année le même vin. » Le 94 blanc (38 F) est un parfait sauvignon, un vin fin, minéral, de bouche droite, franche et de belle vivacité en finale. Le 94 rouge (40 F) possède une des couleurs les plus intenses de l'appellation, rubis clair, avec des nuances fruitées, kirschées, girolles, épices, la bouche est ronde et désaltérante avec des tanins souples. C'est un vin remarquable dans ce millésime difficile. Bravo !

L'ACCUEIL

Authentique et convivial chez cet homme attachant et sensible. Avant le coucher du soleil s'il vous plaît, car l'homme se lève tôt ! Au fond du village de Bué, passez devant la place de l'église et le domaine est indiqué un peu plus loin sur votre droite.

PROPRIÉTAIRE : **VINCENT PINARD**
RUE SAINT-VINCENT-BUÉ
18300 SANCERRE
TÉL. : 48 54 33 89 - FAX : 48 54 13 96

PROPRIÉTAIRE :
GÉRARD MORIN
18300 BUÉ
TÉL. : 48 54 36 75

DOMAINE ALPHONSE MELLOT

PROPRIÉTAIRE-RÉCOLTANT

─── LE DOMAINE ───

43 ha de sauvignon et 7 de pinot noir dont la superbe Moussière, 30 ha d'un seul tenant, vendangés exclusivement à la main. Amoureux de son AOC et passionné du cépage sauvignon, Alphonse Mellot n'hésite pas à faire découvrir les différents terroirs et aspects du vignoble. Bref, c'est le personnage de l'appellation. Le retour à la vigne de son fils Alphonse Junior a dynamisé la propriété. Nous pensons que le 94 est l'un des plus beaux vins jamais produits ici. Sur 5 ha des plantations ont été faites à 10.000 pieds/ha afin d'avoir une concurrence plus grande entre les ceps, donc de limiter les rendements.

─── LES VINS ───

La Moussière 94 (49 F) possède une palette aromatique épanouie où le floral et le minéral sont présents. La bouche est racée, persistante, avec un réel effet terroir. Une moussière d'éducation ! la cuvée Edmond 94 (102 F), sélection de vieilles vignes, à 25 % fermentée en barriques et élevée 7 mois possède une maturité de fruit plus importante, une bouche volumineuse. La complexité d'ensemble donne un vin épicé, charnu, à attendre quelques années. La cuvée Edmond 93 (102 F) est d'un style différent, plus terroir et incisif, plus minéral et vif sur les acidités et moins gras.

─── L'ACCUEIL ───

À droite, au bord de la place centrale, au milieu de Sancerre, le « restaurant d'Alphonse » vous accueille pour une cuisine bien enlevée et de superbes vins, ceux de la maison et des copains. Au début de la place, à côté du restaurant de la Tour, la boutique Mellot est ouverte tous les jours de 10 h à 12 h 30 et de 14 h 30 à 19 h. Sur R-V dans les superbes caves.

PROPRIÉTAIRE : **ALPHONSE MELLOT**
3, RUE PORTE-CÉSAR
18300 SANCERRE
TÉL. : 48 54 07 41 - FAX : 48 54 07 62

SANCERRE

DOMAINE
LUCIEN CROCHET

PROPRIÉTAIRE-NÉGOCIANT

LE DOMAINE

35 ha dont 8 en pinot noir et 27 en sauvignon chez les Crochet, figures emblématiques de l'appellation. Sur Crézancy, Bué, Vinon et Sancerre, ils produisent des vins blancs de récoltes plus ou moins tardives avec une politique de tries ; des vins rouges issus de vrais terroirs à pinot qui, chaque année et quelle que soit la difficulté du millésime, se révèlent être des modèles.

LES VINS

Dans la gamme, le rosé 94 (50 F) issu de pressurage direct qui lui apporte une couleur rose pâle, légèrement grisée, de belle fraîcheur, est un vin désaltérant et simple. Le rouge 94, cuvée prestige (90 F environ), sélection des meilleurs pinots noirs avec un élevage en bois ; la bouche est souple, veloutée, avec une profondeur de fruit que nous avons seulement rencontrée dans ce domaine. Précisons que les rouges subissent une légère préfermentation à la bourguignonne, (touche personnelle qu'apporte le méticuleux fils de Lucien, Gilles). Le prestige rouge 90 (s'il en reste !) souligne l'extrême concentration et fruité d'un pinot noir de Sancerre avec harmonie et respect de l'équilibre des saveurs. Pour les blancs, la cuvée Le Chêne 94 (52 F) est un modèle de finesse, de précision, de pureté et de minéralité. Disons-le franchement, nous l'avons adoré… ! Prestige 94 (90 F) n'est encore qu'un nouveau-né, mais l'on ressent déjà équilibre et persistance. Il promet…

L'ACCUEIL

Sérieux et convivial dans le caveau. À Sancerre, prenez la D955, à 3 km tournez à droite puis, dans Bué, à gauche entre le café et l'église. Encore 50 m et vous y êtes !

CUVÉE PRESTIGE

Sancerre
Appellation Sancerre Contrôlée
1994
Mis en Bouteille à la Propriété
Lucien Crochet - 18300 - Bué - France

13% by Vol   PRODUCE OF FRANCE   750 ml

PROPRIÉTAIRE : **LUCIEN CROCHET**
PLACE DE L'ÉGLISE
18300 BUÉ
TÉL. : 48 54 08 10 - FAX : 48 54 27 66

SANCERRE

DOMAINE
HENRY NATTER

PROPRIÉTAIRE-VIGNERON

LE DOMAINE

Les Natter ont ressuscité le vignoble de Montigny, situé non loin du point culminant du Cher et de Morogues. Repris en 1973, le domaine s'étend actuellement sur 20 ha, 3 en rouge et 17 en blanc.

LES VINS

Vendanges parcellaires, levures indigènes et élevage dans des foudres de chêne pour les blancs, châtaigniers et chêne pour les rouges. Le rosé 94 (39 F) issu de pressurage direct et élevé 8 mois en fût a toutes les qualités et la minéralité d'un blanc, phénomène rare. Le sancerre blanc domaine de Montigny (39 F), 8 mois de foudre, est une grande réussite pour le millésime. Un sauvignon parfaitement maîtrisé, sans exubérance et très fin,

une bouche grasse, de bonne amplitude avec une jolie persistance. La cuvée de prestige François de La Grange de Montigny (48 F) est née d'une sélection de vieilles vignes. Une maturité de fruit parfaite, complexe et pure, et un sauvignon à laisser vieillir afin qu'il dévoile toute sa complexité et sa race (si vous avez goûté le difficile millésime 87 en 90, vous comprendrez !). La même cuvée en 93 (48 F), d'une pureté cristalline, aux arômes de truffe blanche, fenouil, céleri, anis vert avec une finale minérale, est un vin qui demande de l'attention pour être dégusté. En rouge, le 93 (40 F) malo sous bois est fruité, poivré, épicé, kirsché, avec une bouche homogène et rafraîchissante aux tanins fondus.

L'ACCUEIL

Courtois et professionnel dans une petite pièce de la maison et sur R-V. À Sancerre prenez la D955 sur 3 km environ et à gauche par la D93. À Montigny, devant l'église, la cave est juste à droite.

PROPRIÉTAIRES :
HENRY ET CÉCILE NATTER
18250 MONTIGNY
TÉL. : 48 69 58 85 - FAX : 48 69 51 34

DOMAINE GITTON

PROPRIÉTAIRE-VIGNERON

LE DOMAINE

Créé en 1945 par Marcel, le père de Pascal, avec 0,5 ha, ce domaine en compte 30 actuellement répartis sur Sancerre, Ménétréol, Pouilly, Thauvenay et Cosne-sur-Loire. Se rendre chez Pascal, c'est avoir la possibilité de déguster une multitude de terroirs implantés sur des communes différentes et vinifiés séparément.

LES VINS

La politique de vinification parcellaire est intéressante dans la recherche de variantes au sein de la même appellation, afin de développer du sauvignon sur une formation géologique différente et de percevoir la faculté d'expression plus ou moins rapide de certains terroirs. La Vigne du Larrey 93 (63 F), arômes de surmaturité, boisé discret qui apporte une touche amande douce et acacia, bouche ronde. Calinots 93 (65 F) est profond, subtil, aux nuances minérales, avec une bouche d'une grande franchise. Les Herses 93 (63 F) présente déjà des arômes plus évolués. La Vigne du Larrey 92 (65 F) est une vraie réussite avec une grande maturité, une bouche corsée et puissante. Les Herses 92 (65 F) possède une bouche opulente et un léger boisé dominant. Calinot 92 (68 F) maîtrise parfaitement sa surmaturité ; fin, subtil, bouche droite voire stricte. Une grande bouteille à garder quelques années et à carafer absolument.

L'ACCUEIL

Courtois et aimable. Tous les jours sauf dimanche et jours fériés de 9 à 12 h et de 14 à 18 h. En venant de Sancerre, prendre la D920 direction La Charité. Puis, à l'entrée de Ménétréol, prendre sur la droite la route de l'Orme-au-Loup. Le domaine est indiqué dans le chemin de Lavaud.

PROPRIÉTAIRES : **GITTON PÈRE & FILS**
CHEMIN DE LAVAUD
18300 MÉNÉTRÉOL-SOUS-SANCERRE
TÉL. : 48 54 38 84 - FAX : 48 54 09 59

DOMAINE
DE L'ÉCU
PROPRIÉTAIRE-VIGNERON

___ LE DOMAINE ___

3 ha en folle blanche, 14,5 en melon de Bourgogne et 1,5 en cabernet répartis sur Landreau. Guy Bossard est respectueux de la terre et de la vigne, et cette passion l'a mené tout droit vers la biodynamie. Les vendanges sont manuelles, vinification terroir par terroir et en levures indigènes.

___ LES VINS ___

Des muscadets complexes et des terroirs sans exubérance, avec une bouche équilibrée, où gras et amertume se retrouvent en bonne harmonie. Prudent dans cette région sur la fermentation et l'élevage en barriques, nous avons été convaincu que cette méthode pouvait être utilisée tout en respectant parfaitement l'effet terroir. Seuls des palais avertis détecteront ce fin boisé, tant son intégration est parfaite ! Le 94 muscadet de sèvres-et-maine sur lie (21 F) est une parfaite réussite sur ce délicat millésime, arômes nets, précis, bouche puissante et pure. La cuvée finement boisée 94 (22 F) fermentée et élevée pendant 8 mois donne une expression ronde et grasse et parfaitement équilibrée. Malheureusement il n'en reste plus beaucoup au moment où nous écrivons ces lignes, mais n'hésitez pas à déguster le 95 qui lui aussi est prometteur. La cuvée hermine d'or 9   3 (26 F) est un vin très minéral, pur, aux nuances fumet et épice. La bouche est savoureuse et de grande persistance. À ne pas servir trop frais.

___ L'ACCUEIL ___

Par l'épouse de Guy Bossard dans le charmant petit caveau et sur R-V. De Nantes direction Cholet par la N249, prendre à gauche en direction de La Chapelle-Meulin puis Louroux-Bottereau. La cave est à la sor-

---

PROPRIÉTAIRE : **GUY BOSSARD**
LA BRETONNIÈRE
44430 LE LANDREAU
TÉL. : 40 06 40 91- FAX : 40 06 46 79

DOMAINE
JACQUES GUINDON
PROPRIÉTAIRE-VIGNERON

___ LE DOMAINE ___

Pierre Guindon exploite un domaine morcelé de 20 ha, dont 12 en muscadet Coteaux-de-la-Loire et 8 en Coteaux-d'Ancenis sur les communes d'Ancenis, Saint-Herblon, Oudon et Saint-Géréon.

___ LES VINS ___

La vendange est 100 % manuelle (fait très rare dans cette région) et Pierre Guindon produit deux types de muscadets. Une cuvée coteaux-de-la-loire sur lie 94 (30,90 F) avec macération pelliculaire partielle de 18 heures, arômes dominants de poire juteuse, de fruits blancs et de pierre à fusil ; bouche ronde, fraîche, acidité moyenne. La cuvée prestige 94 (31, 30 F), d'une production de 300 hl, est un vin complexe, encore peu expressif au nez, mais avec une belle aptitude au vieillissement. Ce muscadet est le type même de vin recherché par Jacques Guindon. Il nous propose également un remarquable muscadet coteaux-de-la-loire 90 à 31,50 F (qui prouve qu'un muscadet peut être un vin d'évolution lente si l'on respecte certains principes). Quant au gamay cépage adapté à la région, il devient tout simplement superbe sur des années de bon comportement climatique comme les 89 et 90 (épuisé), mais le 94 est en vente à 36 F environ.

___ L'ACCUEIL ___

Aimable et de qualité dans les caves de Pierre Guindon et sur R-V. À Ancenis, prendre la N23 puis, une fois au calvaire, à Saint-Géréon, tournez à droite, le domaine est sur la gauche à quelques mètres.

PROPRIÉTAIRE : **JACQUES GUINDON**
LA COULEUVERDIÈRE, SAINT-GÉRÉON
44150 ANCENIS
TÉL. : 40 83 18 96 - FAX : 40 83 29 51

MUSCADET SÈVRE-ET-MAINE

DOMAINE
DE LA LOUVETRIE
PROPRIÉTAIRE-VIGNERON

LE DOMAINE

Développé déjà avec passion par Pierre Landron le père, et perpétué désormais par Joseph le fils, ce domaine sis au « sommet » du vignoble nantais sur la commune de La Haye-Fouassière compte 26 ha, dont 95 % plantés en melon de Bourgogne. Ce vigneron qui bichonne ses vignes passionnément et méticuleusement est toujours à la recherche de l'effet terroir optimal sur ses vins, et ce quelle que soit le type de vinification (classique ou sous-bois). Sa vendange est 100 % manuelle, avec grappes entières pour ne recueillir que le premier jus, les fermentations sont conduites lentement et le vin reste en contact sur lies de fermentation pendant 6 à 12 mois.

LES VINS

En 1994, le domaine a grêlé à 70 %. Petite récolte donc cette année-là. Issue des 14 ha d'un terroir argilo-sableux sur amphibolites (roches vertes), la cuvée domaine 94 (24 F) est subtile, très marquée par l'iode et le pamplemousse, de belle acidité. La cuvée de prestige Le fief du Breuil 94 (39,50 F) est la définition parfaite d'un grand terroir situé sur un coteau plein sud de la Sèvre nantaise, issu d'un sol pauvre et iodé de nature argilo-calcaire. C'est une cuvée qui tranche véritablement de la grande famille du muscadet avec une forte minéralité, du fumet et de l'iode. La bouche est séveuse, presque salée, un rien austère. Mais quelle classe, quel potentiel de vieillissement ! Un véritable coup de cœur ! Encore à la vente, l'hermine d'or 93 (29 F) et 25.000 bouteilles produites sur un sol argilo-sableux, de graves avec présence de quartz. Un vin minéral, fin, avec une belle amplitude de bouche, une bonne acidité et une grande pureté. Cette cuvée est restée un an sur lies avant la mise en bouteille. Toujours en 93, Le fief du Breuil (40 F) à carafer impérativement est une cuvée où le gras, la richesse et la puissance en bouche nous font penser à un superbe savennières, très marqué par la réglisse et le minéral. C'est un grand vin de matière et de volume. Deux cuvées « bois » parfaitement réussies sont disponibles chez ce vigneron peu favorable à ce genre de vinification : La Haute Tradition 93 (50 F), vinifiée 10 mois sur lies dans des demi-muids, donne un vin à l'aspect puissant et corpulent, gras et de superbe longueur. La même cuvée dans le millésime 94 (50 F) est très finement boisée avec un nez frais, aérien (dominé par le pamplemousse) et une bouche grasse mais fine.

L'ACCUEIL

Avec attention et chaleur dans le joli petit caveau familial à quelques encablures de la maison des vins. Vous y découvrirez les trois coupes de terroirs : amphibolites, sédiments argilo-sableux et orthogneiss ! Et Joseph vous communiquera sa passion des terroirs… Tous les jours, le samedi impérativement sur R-V. On y parle anglais. De la N49 prendre la direction La Haye-Fouassière puis celle de la maison des vins sur la gauche avant le bourg, enfin descendre sur le village des Brandières : la cave est au centre du village.

PROPRIÉTAIRES :

PIERRE ET JOSEPH LANDRON

LES BRANDIÈRES

44690 LA HAYE-FOUASSIÈRE

TÉL. : 40 54 83 27 ET 40 36 97 35,

FAX : 40 54 89 82

DOMAINES PIERRE LUNEAU PAPIN

PROPRIÉTAIRE-VIGNERON

────── LE DOMAINE ──────

À 20 km de Nantes, au sud de la Loire, il couvre 30 ha sur les coteaux de Sèvre-et-Maine.

────── LES VINS ──────

Le domaine Pierre de La Grange vieilles vignes 95 (26 F), sur Le Landreau, avec macération pelliculaire de 10 %, est fruité, aux arômes agrumes et acidulés avec une nuance mentholée. Bouche franche avec une persistance sur l'iodé. Le clos des Allées 95 (28 F), situé à l'entrée du domaine, est un vin plus retenu et en nuances, à ce jour moins flatteur mais beaucoup plus terroir. Il évoluera. Le clos des Pierres-Blanches (32 F), récolté sur La Chapelle-Heulin, est remarquable dans la maturité du fruit et l'effet terroir immédiat caractérisé par sa palette aromatique variée et une bouche de bonne amplitude ponctuée par un joli minéral et une noble acidité. Le « L » d'or 93 (42 F) : nez mûr, très fin et subtil, arômes de pierre à fusil, fougères, prunes, acacia. Sa bouche est harmonieuse, pure et de grande persistance. Le « L » d'or 90 (45 F), couleur jaune vert brillant, arômes de miel, acacia, amande et noyau. Sa bouche est grasse, structurée, avec une finale ponctuée par des acidités rafraîchissantes et une pointe de réglisse. Un vin mûr mais très terroir. Le « L » d'or 76 (80 F) est riche par son potentiel à garder sa fraîcheur dans un millésime excessif. Une bouche de très grande persistance et une finale tannique.

────── L'ACCUEIL ──────

Excellent, au caveau, du lundi au samedi de 9 à 12 h et de 14 h 30 et 16 h 30. De Nantes prendre la N249 direction Vallet puis jusqu'à La Chapelle-Heulin et, de là, jusqu'à Bas-Briac. Y tourner à droite et suivre Le Landreau. Domaine fléché.

PROPRIÉTAIRES :

PIERRE ET MONIQUE LUNEAU PAPIN

44430 LE LANDREAU

TÉL. : 40 06 45 27 - FAX : 40 06 46 62

DOMAINE SAUPIN

PROPRIÉTAIRE-VIGNERON

────── LE DOMAINE ──────

22 h plantés sur la commune de Loroux-Bottereau en muscadet et 1 ha de gros plant. Propriétaire depuis 1991 du domaine de La Pertelière, situé aux portes des Sables-d'Olonne, Francis le père et Serge le fils ont misé sur une production de chardonnay.

────── LES VINS ──────

Le muscadet sèvre-et-maine cuvée prestige 95 (22 F) est un vin vif, aérien, aux nuances exotiques et pamplemousse, une bouche gouleyante, fraîche : un parfait vin désaltérant. Le château Haye Bottereau, muscadet sur lie 95 (29 F) du terroir de La Chapelle-Basse-Mer, est un vin plus typé terroir, à la structure plus généreuse et ample, avec des arômes épicés, gingembre confit. Le domaine de La Pertelière, vin de pays de Vendée issu de cépage chardonnay sur un climat septentrional nous laissait plus que perplexe, mais chapeau à la famille Saupin : elle a parfaitement réussi son challenge en nous présentant un chardonnay qui s'efface totalement devant son climat et sa région. C'est un vin surprenant avec des sensations iodées, varech, salé, une bouche grasse et ample (18 F le 95).

────── L'ACCUEIL ──────

Simple et jovial par Francis ou Serge à la cave parmi les porte-greffes sous serre, car nos deux copains sont également pépiniéristes viticoles. Sur R-V de préférence, tous les jours sauf dimanches et fêtes. De Nantes, prendre la direction de La Varenne en longeant la Loire sur la rive gauche. À Saint-Simon, prendre sur la droite et suivre la panneau « Plants de vigne Saupin ».

PROPRIÉTAIRES :

FRANCIS ET SERGE SAUPIN

BP 15, 44450 LA CHAPELLE-BASSE-MER

TÉL. : 40 06 31 31 - FAX : 40 03 60 67

DOMAINE
LES HAUTES NOËLLES
PROPRIÉTAIRE-VIGNERON

LE DOMAINE

À 15 km au sud-ouest de Nantes, Serge Batard représente la troisième génération de vignerons implantés sur les communes de Port-Saint-Père et Saint-Léger-les-Vignes. Cette exploitation a vu le jour dans les années 30. Elle compte aujourd'hui 17 ha de vignes.

LES VINS

Muscadet côtes-de-grand-lieu sur lie 95 (20 F), récolté sur des vignes de 20 ans, vinifié à basse température en cuve et conservé sur lies tout l'hiver possède un nez de pommes vertes légèrement acidulé, une bouche ronde et franche avec une persistance citronnée. Les Hautes Noëlles 95 (35 F), vignes de 50 ans, vendanges manuelles et fermentation en barrique. À ce stade de l'élevage, la bouche est structurée et on distingue une belle palette aromatique. Néanmoins le milieu de bouche est gras et riche : il ne demande qu'à absorber son bois. Le gamay 95 (17 F) est très intéressant par son harmonie, son fruit et sa maîtrise des acidités. Un parfait vin de soif. Le grolleau rosé 95 (16 F) de pressurage direct présente une jolie teinte saumonée et un nez flatteur, gourmand (bonbon anglais) : c'est un vin franc, bien vinifié, au caractère facile.

L'ACCUEIL

Attentif, à la cave, et sur R-V exclusivement. De Nantes prendre par la N751, sortir à droite à hauteur de Saint-Léger, suivre cette direction et, à Saint-Léger, le domaine est indiqué.

PROPRIÉTAIRE :
SERGE BATARD
44710 SAINT-LÉGER-LES-VIGNES
TÉL. : 40 31 53 49 - FAX : 40 04 87 80

CHÂTEAU
DE LA PREUILLE
PROPRIÉTAIRE-RÉCOLTANT

LE DOMAINE

Entre Clisson et Aigrefeuille-sur-Maine, ce château possède 30 ha dont 17 en muscadet avec une situation géologique particulière due à une veine granitique sur Saint-Hilaire-de-Loulay.

LES VINS

Philippe et Christian Dumortier recherchent toujours une forte maturité du raisin qui, assemblée aux arômes du terroir, procure des vins de forte personnalité. Le moulin de Saint-Hilaire 95 (24 F) est un muscadet de fruit, désaltérant. Un vin de référence dans un style simple et facile, témoin de ce que devrait être un classique dans cette région. Le château de Saint-Hilaire 95 (29,50 F) est issu de jeunes vignes. Il se détermine par une palette aromatique plus expressive, avec plus de gras et de profondeur que le moulin. Le château de La Preuille 94 (39, 66 F) est une superbe cuvée dans un registre particulier, avec dans sa jeunesse une certaine sévérité aromatique que certains jugeront atypique (tant pis pour eux !). Une bouteille qui nécessite un minimum de vieillissement (3 ans) afin qu'elle livre tout son potentiel, et nous l'avions oublié… cela demande un minimum d'attention et de compréhension de la part du consommateur.

L'ACCUEIL

Aimable, par la femme du maître de chai, dans le petit musée du vin, à quelques encablures du château à l'histoire chargée. Tous les jours de 10 à 12 h et de 14 à 18 h sauf les dimanche, lundi et fêtes. Pour ces 3 derniers jours, prendre R-V. De Nantes prendre la N137 direction Niort-La Rochelle. Au carrefour de la D54 suivre vers Clisson, le château de La Preuille est indiqué sur la gauche.

PROPRIÉTAIRES :
PHILIPPE ET CHRISTIAN DUMORTIER
85600 SAINT-HILAIRE-DE-LOULAY
TÉL. : 51 46 32 32- FAX : 51 46 48 98

DOMAINE LAMÉ
DELISLE BOUCARD

PROPRIÉTAIRE-VIGNERON

LE DOMAINE

L'empreinte d'une tradition ancestrale règne sur ce domaine de 35 ha. Une cave à forte personnalité, du grand-père Lucien au petit-fils Philippe, en passant par le père René. Sans compter les conseils donnés par la fille de la maison, ingénieur-œnologue.

LES VINS

La vinification s'effectue dans des cuves de chêne de grande capacité. Le rosé 95 à 28 F est désaltérant, avec en bouche une légère sensation acidulée. Le 93 Lucien Lamé (35 F) est une vigne plantée en 1954. Rond et souple, un vin d'expression facile aux tanins veloutés. Le vieilles vignes 93 (35 F), élevage de 18 mois avec présence particulière de cabernet-sauvignon, est un vin de belle matière, légèrement giboyeux et cuir. Le prestige 93 est un petit bijou d'une grande fraîcheur aromatique avec une bouche complexe et soyeuse. Bravo ! La cuvée Lucien Lamé 89 (50 F) est véritable cadeau aux très belles nuances de fruits mûrs, très « frais » dans ce millésime de chaleur. Le prestige 89 (60 F) est de noble richesse, épicé : fraîcheur, structure et complexité sont au rendez-vous. À carafer absolument. Trésors de cave, les prestige 76 (131 F), 71 (174 F) et 69 (174 F), tous hyper-jeunes, confirment l'immense capacité du cabernet, sous un climat septentrional, à produire des vins de garde.

L'ACCUEIL

Aimable et attentionné dans un petit caveau. Tous les jours de 9 à 12 h et de 14 à 18 h sauf dimanches et jours fériés. À Langeais prendre la N152 puis la D35, sortir à Saint-Patrice et traverser le village.

PROPRIÉTAIRE :

EARL Lamé Delisle Boucard

DOMAINE DES CHESNAIES

21, RUE GALOTIÈRE

37140 INGRANDES-DE-TOURAINE

TÉL. : 47 96 98 54 - FAX : 47 96 92 31

VAL-DE-LOIRE

BOURGUEIL

DOMAINE DE LA CHEVALERIE

PROPRIÉTAIRE-VIGNERON

LE DOMAINE

Avec une partie en fermage, désormais ce vignoble de 30 ha s'étend en presque totalité autour de la cave. Pierre Caslot donne la priorité à la vinification parcellaire. Chaque lieu-dit est déterminé par sa situation géographique : Les Galichets, vignes de 60 ans d'âge, donnent des vins souples, élégants et fruités. Même registre sur Les Peu-Muleau avec des vignes de 25 ans. La Chevalerie, vieilles vignes de 75 ans, donne un vin complexe élevé pendant 2-3 mois sous-bois, et Les Busardières, de 50 ans d'âge, produisent un vin puissant et généreux au grand potentiel de garde.

LES VINS

L'année de gel en 94 a appauvri cette propriété. Pas de vins sur Les Busardières, seuls les terroirs d'argile et de sable ont été préservés. La Chevalerie 93 (40 F), léger passage en bois, est un vin au fruité éclatant où les nuances épicées et végétales sont présentes. Les Busardières 93 (42 F) au nez fermé possède du volume en bouche, une structure plus opulente, des tanins bien définis mais encore en relief. Attendre 8-10 ans. Mais la chance et la sagesse de ce domaine est de savoir conserver des millésimes anciens tels que les glorieux 90, 89, 88 et autres 85. Les Busardières 90 (42 F) est un vin giboyeux avec une bouche charnue. Les Peu-Muleau 89 (40 F), confituré, rond et tendre en bouche, possède une jolie puissance. Le Chevalerie 90 (60 F), nez complexe, bouche grasse, soyeuse et riche, offre une superbe rétro-olfaction de fruits rouges cuits.

L'ACCUEIL

Décontracté et généreux par Pierre ou Danielle, son épouse, à la maison ou la cave creusée dans le tuffeau, où vous descendrez par un petit escalier datant de 1880.

PROPRIÉTAIRE :
PIERRE CASLOT
37140 RESTIGNÉ
TÉL. : 47 97 37 18 - FAX : 47 97 45 87

CHEVERNY ET COUR-CHEVERNY

DOMAINE DE LA DESOUCHERIE

PROPRIÉTAIRE-VIGNERON

LE DOMAINE

Christian Tessier, figure de l'appellation, dirige les 16 ha de l'exploitation familiale. La diversité des cépages de l'AOC Cheverny est ici représentée : 4 ha en sauvignon, 3,5 ha en romorantin, 1 ha en chardonnay, le reste en pinot noir et gamay noir à jus blanc.

LES VINS

Le cheverny blanc 94 (30 F) présente un style très proche marqué sauvignon. Un vin fruité et croquant. Le romorantin (30 F) en cour-cheverny demande à évoluer afin de gagner en nuances, il est à ce jour assez primaire : agrumes-pamplemousse, avec une pointe exotique et une bouche fermée à l'acidité marquée. Peu de recul dans cette propriété pour la dégustation qui a eu le malheur de geler à 80 % en 94 et 90 % en 91. Donc place aux 95 : Le cheverny rouge 95 (26 F) est léger, tendre, fruité. Un vin d'expression simple mais de plaisir. La cuvée du Portail 95 (30 F) est plus fermée, d'une mâche plus intense à boire dans sa relative jeunesse sur 3 ans. À remarquer : un superbe crémant de Loire au nez aérien, flatteur, avec arômes de poires juteuses, une mousse spongieuse, un équilibre parfait et un dosage harmonieux.

L'ACCUEIL

Sympathique et convivial par Christian ou sa femme dans le chaleureux petit caveau. Tous les jours de 8 à 12 h et de 14 à 18 h, mais il est préférable de prévenir pour le week-end. À Cheverny prendre la route de Romorantin, puis la 1ère route à gauche, le domaine est fléché.

PROPRIÉTAIRE :
CHRISTIAN TESSIER
41700 COUR-CHEVERNY
TÉL. : 54 79 90 08 (DOM.) ET 54 79 98 90 (CAVE), FAX : 54 79 22 48

SAVENNIÈRES, ANJOU, QUARTS-DE-CHAUME

CHÂTEAU DE CHAMBOUREAU

PROPRIÉTAIRE-VIGNERON

LE DOMAINE

Pierre Soulez, personnage hors pair, est à sa tête. 24 ha sur 3 propriétés. Enherbement pour limiter les rendements, labourage afin d'aérer les sols et de permettre aux racines de puiser la valeur nutritive dans la roche mère. Depuis 1994, Pierre bénéficie du retour au pays de son neveu, Hugues Daubercies, œnologue, revenu de Porquerolles où il œuvrait à La Courtade.

LES VINS

Le château de Chamboureau (12 ha au total) présente un savennières 93 avec des arômes surmûris, citron, confit, coing ; la bouche est grasse, ample. Le savennières 94 Roches-aux-Moines (75 F) est une cuvée d'expression aromatique qui donne l'impression d'être sur un moelleux avec un nez surmaturé. Vin gras, riche, matière superbe et de très grande race, une persistance inouïe. Une bouteille au plaisir immédiat, mais qui sera monumentale dans 20 ans (nous prenons le pari). Pour le savennières clos du Papillon 93 demi-sec il faudra attendre 4-5 ans, car l'expression est encore primaire. Le roche-aux-moines Le Rigourd 94 demi-

sec (90 F), aux arômes très fruités, voire confiturés, présente une bouche de grande suavité. Grand potentiel mais encore dissocié à ce stade, à attendre. Le Chevalier Buhard 94 moelleux (110 F) est tout en finesse, bouche concentrée : bravo ! Pierre Soulez propose également à la vente des roches-aux-moines depuis 88 et des savennières depuis 89. Une aubaine pour le consommateur. Le millésime 95 est disponible en primeur.

L'ACCUEIL

Pro et simple par Pierre Soulez, sur R-V exclusivement. À Savennières, prendre direction Épiré. Juste avant le village, sur la droite, le domaine est indiqué par un panneau.

PROPRIÉTAIRE : **FAMILLE SOULEZ**
CHÂTEAU DE CHAMBOUREAU
ÉPIRÉ, 49170 SAVENNIÈRES
TÉL. : 41 77 20 04 - FAX : 41 77 27 78

CHÂTEAU D'ÉPIRÉ

PROPRIÉTAIRE-VIGNERON

LE DOMAINE

Superbe propriété, le château d'Épiré a installé ses chais dans la chapelle du domaine, et se trouve dirigé depuis 1990 par un des fils, Luc Brizard, capitaine de frégate de réserve. 12 ha de vignes dont 10 plantés en chenin et 2 en cabernet franc sur un terroir schisteux. Le travail du sol est traditionnel, avec labourage.

LES VINS

Ici la fermentation et l'élevage des vins se font non seulement dans des fûts de bois d'origine différentes mais également de variétés diverses telles que l'acacia, le chêne et le châtaignier. Le savennières sec 94 (57 F) donne un vin expressif, de belle franchise aromatique, bouche équilibrée et savoureuse. Le savennières sec cuvée spéciale 94 (65 F), ni collé ni filtré, présente une palette aromatique de bonne envergure avec une bouche aux multiples saveurs, acidité, amertume et gras. Attendre quelques années. Le sec 93 (58 F), cire d'abeille, miel, acacia ; on peut le déguster dès maintenant. Le 92 sec cuvée spéciale (65 F) est un vin superbe dont les arômes devraient encore s'harmoniser. Saluons la démarche d'Épiré qui perpétue la tradition de Savennières avec la production de vins demi-secs. Le 94 demi-sec (60 F) présente une légère suavité en milieu de bouche, laquelle s'harmonise parfaitement avec l'amertume typique du terroir.

L'ACCUEIL

Simple et courtois, sur R-V exclusivement, par Luc Bizard. À Savennières, prendre la direction Épiré. Dans le bourg, suivre la rue des platanes, le domaine se trouve derrière l'église.

PROPRIÉTAIRE :
SCEA BIZARD-LITZOW
ÉPIRÉ, 49170 SAVENNIÈRES
TÉL. : 41 77 15 01- FAX : 41 77 16 23

CLOS ROUGEARD

PROPRIÉTAIRE-VIGNERON

LE DOMAINE

Ils sont deux, ils sont frères, ils sont littéralement imprégnés de leur terroir, et même si leur modestie doit en souffrir ils sont la référence de cette appellation et bien au-delà. Ici on se moque de la mode, Charly et Nady Foucault font un vin à leur image : sincère, strict, rigoureux, mais avec un cœur énorme. Des passionnés qui chouchoutent leurs 9,7 ha de vignes avec une discipline draconienne, sans concession : labour, aucun produit de synthèse, pas de désherbage chimique.

LES VINS

Le clos Rougeard 93 est une cuvée composée d'un assemblage de vignes jeunes et plus anciennes. Côté vinification, la macération se situe entre 21 à 28 jours en cuves ouvertes avec des pigeages journaliers aux pieds et remontage avec contrôle des températures, et comme pour l'ensemble des cuvées l'élevage se fait en barrique. La cuvée Les Poyeux 93 est un vin de noble concentration, la bouche est charnue, dense, avec des tanins fins, élégants et soyeux. Le Bourg 93 nous livre un vin d'une rare intensité, un véritable modèle de concentration en finesse, une noblesse de fruit et de grande sève. Tarifs sur demande.

L'ACCUEIL

Exclusivement sur R-V, nos deux vignerons au caractère généreux ouvriront les portes de la cave aux vieux habitués et aux passionnés. Attention, la source Foucault peut se tarir rapidement, alors soyez heureux avec ces quelques flacons ! Au sud de Saumur, prendre la D147 direction Distré. À 5 km environ, sur la gauche, tourner en direction de Chacé. Dans le village, c'est au 15 de la rue de l'Église.

PROPRIÉTAIRES : **FOUCAULT & FILS**
15, RUE DE L'ÉGLISE
49400 CHACÉ
TÉL. : 41 52 92 65 - FAX : 41 52 98 34

DOMAINE DES ROCHES NEUVES
PROPRIÉTAIRE-VIGNERON

CHÂTEAU DE VILLENEUVE
PROPRIÉTAIRE-VIGNERON

LE DOMAINE

Fils de Bernard Germain, propriétaire de Yon Figeac et de nombreux châteaux bordelais, Thierry aurait pu choisir une certaine facilité en restant sur ses terres d'origine. Son choix fut tout autre en reprenant ce domaine en 1991. Mais il ne faut pas oublier l'aide apportée par les frères Foucault et Denis Duveau, qui ont mis notre vigneron sur le droit chemin des 15 ha de son exploitation.

LES VINS

Jamais ils n'ont autant été synonymes de concentration en finesse et soyeux. Le clos Prieur 95 (40 F) nous paraît la définition même d'un vin plaisir. Les terres chaudes 95 (60 F), issu de parcelles exposées plein sud lui permettant de gagner une quinzaine de jours de maturité, exprime une belle densité aromatique et une bouche épicée. La marginale 94 (100 F), sur un lieu-dit appelé « les Poyeux », est un vin de grande maturité qui nous semble déterminant dans un nouveau style. 100 % malo sous bois la première année avec un élevage de 20 mois. Dans le millésime, c'est un vin d'une incroyable puissance et volume, gras, avec une prise de bois en relief à ce stade, sans oublier que nous l'avons goûté sous-bois en octobre 95. La marginale 93 (100 F) témoigne des essais de macération à froid avec une malo partielle sous bois et un élevage identique au 94 : kirsch, griottes, bouche élégante et harmonieuse, grand soyeux et velouté des tanins.

LE DOMAINE

Superbe demeure sur les hauteurs de la Loire, le château de Villeneuve s'étend sur 25 ha, 5 en blanc et 20 en rouge. La famille Chevallier est propriétaire de ce domaine depuis 1969 et a restauré l'endroit avec passion. Les vins, avec le millésime 93, ont pris une réelle dimension avec Jean-Pierre, le fils, vigneron éternellement insatisfait et pointilleux dans l'âme.

LES VINS

Malgré la grêle de ce millésime, la cuvée 94 (33 F) est très intéressante ; c'est un vin avec du fruit, une bonne structure et une finale aux tanins légèrement mordants. Les vieilles vignes 93 (40 F) sont issues de vendanges de grande maturité, arômes de réglisse, poivre, bouche ample, charnu mais de belle patine. Le grand clos 93 (65 F) est un vin profond, grande complexité aromatique, bouche dense et charnu. À saisir rapidement et à garder, mais attention : cette production ne concerne que 4500 bouteilles et son terroir à blanc exceptionnel lui apporte à la fois finesse et vivacité aussi bien dans les arômes que dans la structure. Les Cormiers 94 (55 F), du nom du clos situé autour du célèbre clos des Murs, donne un résultat stupéfiant. Parfaite osmose entre le bois et le fruit (vinifié à 80 % dans du bois neuf) tout en gardant un effet terroir important. Point négatif : seulement 3500 bouteilles !

L'ACCUEIL

Attentionné et avenant, sur R-V, par Jean-Pierre. À Souzay-Champigny, au sud-est de Saumur sur la rive gauche des bords de Loire. Le domaine est mentionné par un panneau.

L'ACCUEIL

Chaleureux et dynamique par le bouillant Thierry dans la cave, sur R-V. Au sud de Saumur, prendre la D93. Après quelques kilomètres, arrivé à Varrains, sur la rue principale le domaine est indiqué par un panneau.

PROPRIÉTAIRES :
MARIE & THIERRY GERMAIN
56, BD SAINT-VINCENT 49400 VARRAINS
TÉL. : 41 52 94 02 - FAX : 41 52 49 30

PROPRIÉTAIRE :
SCA CHEVALLIER
49400 SOUZAY-CHAMPIGNY
TÉL. : 41 51 14 04 - FAX : 41 50 58 24

SAUMUR, SAUMUR-CHAMPIGNY, CRÉMANT DE LOIRE

CAVE DES VIGNERONS DE SAUMUR

CAVE COOPÉRATIVE

LE DOMAINE

Installée depuis 1957 sur la commune de Saint-Cyr-en-Bourg, la cave des Vignerons de Saumur représente plus de 1000 ha de vignes. Dirigée de main de maître par Xavier Gomart, son dynamisme contribue à donner une image représentative des différentes appellations de la région.

LES VINS

Le saumur blanc 94 Réserve des Vignerons (22,25 F) est un vin aérien avec des arômes de pommes et une touche de minéralité qui lui apporte de la complexité. Bouche de moyenne amplitude et une acidité – support de fraîcheur – est présente, belle persistance. Le saumur rouge Réserve des Vignerons 95 (25,25 F) possède une bouche souple. C'est un vin désaltérant, un parfum vin de soif. Le saumur-champigny 95 (35,25 F) est tendre, flatteur, arômes de fruits, végétaux, les tanins sont présents. Le saumur brut (36,90 F) est dense, avec une finesse de bulles intéressante. Le nez se caractérise par de beaux arômes variétaux avec des nuances de fruits blancs, poire juteuse, pomme et fleurs blanches également. La mousse est onctueuse et de bonne amplitude, la finale rafraîchissante. Le rouge mousseux demi-sec (36,90 F) est réellement une particularité ; l'effervescence n'empêche par le terroir de s'exprimer. C'est un vin fruité auquel le dosage en demi-sec procure un bel équilibre de bouche entre alcool-tanins et suavité.

L'ACCUEIL

Professionnel et très sympathique, à partir du 1er mai à fin septembre : tous les jours du lundi au samedi de 9 h à 11 h 30 et de 14 h 30 à 17 h 30 (dernière visite). La cave possède de belles galeries creusées dans le tuffeau sur 7 km ! Rens. au 41 53 06 08.

DIRECTEUR :
XAVIER GOMART
49260 SAINT-CYR-EN-BOURG
TÉL. : 41 53 06 06 - FAX : 41 53 06 10

DOMAINE JO PITHON

PROPRIÉTAIRE-VIGNERON

LE DOMAINE

Vignoble lilliputien de 4,5 ha, mais ces forts en vigne et en barrique ont en peu de temps imposé leurs vins parmi les meilleurs. La démarche de Jo et Isabelle est simple : convaincus que seuls les grands vins d'expression peuvent tirer leur épingle du jeu dans l'avenir, ils appliquent une politique de rigueur à la vigne, récoltée et vinifiée terroir par terroir avec le maximum de respect et de discipline pour produire ces petits chefs-d'œuvre.

LES VINS

Pour 1994, cinq vins : un anjou blanc (44 F), parfait reflet du millésime avec des arômes surmûris, iodés, confits et une bouche corpulente et grasse. Un vin de puissance certes mais avec un léger manque de fraîcheur (1500 bouteilles). Le layon-saint-lambert 94 (68 F) vinifié en barriques se révèle d'un bel équilibre, arômes de réglisse et lactés, avec en bouche une douceur contrée par les tanins. Le layon saint-aubin 94 clos des Bois sélection de grains nobles (145 F) est mielleux, jolie harmonie d'ensemble. Le layon saint-lambert-du-lattay clos des Bonnes Blanches 94 sélection de grains nobles est d'un équilibre surprenant. Goûté sur fût : grande puissance d'une race absolue. La cuvée ambroisie 94 à 300 F nous a époustouflé par sa finesse aromatique. Bonne gestion du bois, équilibre parfait. Attention, seulement 300 bouteilles produites…

L'ACCUEIL

Très sympathique et authentique, sur R-V, par Jo et Isabelle autour des barriques. À Saint-Lambert prenez l'église comme repère, une fois devant roulez pendant 1 km environ sur la N160. Route de Cholet, sur la gauche, le domaine est fléché.

> **PROPRIÉTAIRES : I. ET JO PITHON**
> 3, CHEMIN DU MOULIN
> 49750 SAINT-LAMBERT-DU-LATTAY
> TÉL. : 41 78 40 91- FAX : 41 78 46 37

DOMAINE OGEREAU

PROPRIÉTAIRE-VIGNERON

LE DOMAINE

Propriété de la famille Ogereau depuis 1890, ce domaine de 22 ha, 12 en blanc, 10 en rouge, est aujourd'hui dirigé par Vincent, vigneron méticuleux, perfectionniste mais homme réservé.

LES VINS

L'anjou blanc 94 (25 F) est un modèle d'équilibre. Registre minéral, infusion, citron confit, réglisse. L'anjou villages 94 (31 F), 40 % cabernet sauvignon, 60 % cabernet franc, est d'une incroyable intensité de couleur pour ce millésime et d'une grande complexité gustative. L'anjou village 93 (31 F), 30 % cabernet sauvignon, 70 % cabernet franc, avec des macérations de 3 semaines, représente à nos yeux le parfait vin de concentration en finesse, d'une grande maturité aromatique, velouté, un grand soyeux des tanins. La classe ! Le coteau du layon-saint-lambert 94 récolté le 15 octobre possède un caractère aromatique confituré, marmelade, varech et céleri bien représentatif de l'année, une bouche jeune, de moyen équilibre, avec une suavité légèrement décalée. Cette bouteille demande à être attendue. Le coteau du layon-saint-lambert cuvée novembre 93 (100 F environ) est fermenté en barriques est élevé sous bois pendant 18 mois. À ce stade le bois domine la palette aromatique, cependant c'est un vin d'une extrême richesse, suave et gras. À attendre afin qu'il digère sa « douceur » et la marque de son élevage.

L'ACCUEIL

Au caveau, sauf dimanche et jours fériés. Sur R-V. À Angers, prendre la N160 direction Cholet, sortir à Saint-Lambert-du-Lattay. Le domaine est fléché : il se trouve à côté du Musée de la vigne et du vin.

> **PROPRIÉTAIRE : VINCENT OGEREAU**
> 44, RUE DE LA BELLE-ANGEVINE
> 49750 SAINT-LAMBERT-DU-LATTAY
> TÉL. : 41 78 30 53 - FAX : 41 78 43 55

DOMAINE
HENRY PELLE
PROPRIÉTAIRE-VIGNERON

LE DOMAINE

Depuis 3 générations, ce domaine familial incarne Ménetou à lui tout seul, ayant su mettre en valeur les terroirs les plus nobles de l'appellation. Éprouvés par la perte d'Éric Pellé, maire de Morogues et figure emblématique de la région, Anne son épouse, Henry le père et le jeune œnologue Julien Zernnot perpétuent avec force et générosité la qualité des purs sauvignons. 46 ha de vignes sont cultivés sur les appellations Ménetou et Sancerre : 9 ha en blanc sur Montigny et Thauvenay, 1 ha de pinot noir sur Montigny pour l'AOC Sancerre, 24 ha en blanc et 12 ha en rouge pour Ménetou. Ce domaine est à la pointe de la technique avec ses cuves à pigeage dotées d'un système de ballons gonflables qui, saturés d'air, enfoncent le marc dans le jus, mais reste noblement traditionnel dans le travail des fermentations.

LES VINS

En 1982, sur l'aire de l'AOC Sancerre, ce domaine a développé le terroir de La Croix-au-Garde, exposé plein sud sur sol argilo-calcaire. Ce 94 (42 F) reflète parfaitement le terroir de Montigny par sa juste acidité, sa minéralité et sa fraîcheur. Un vin de persistance mais présentant moins de corpulence que le clos des Blanchais. Le sancerre rouge 94 (44 F) de teinte rubis clair présente des arômes kirsch, guignolet et fruités désaltérants avec des tanins plus en relief que le ménetou salon morogues rouge. Ce dernier en 94 (38 F) est soyeux en bouche, tanins fondus qui démontrent dans ce difficile millésime la rigueur du tri à la vigne pendant les vendanges et la justesse des vinifications. Mais la grande qualité de ce vin provient également de son vrai terroir de rouge, le terroir

des Cris, fierté d'Henry Pellé qui était convaincu que cette terre était faite pour les pinots noirs. Le ménetou-salon blanc 94 (35 F) est une cuvée qui provient d'assemblages de lieux-dits sur la commune de Morogues. Sur sol à dominante argilo-calcaire, les différentes expositions de terroirs permettant d'obtenir un vin d'équilibre et homogène. C'est un vin sur le fruit, facile, gouleyant, le parfait vin d'apéritif, il sera à son aise sur des accords simples. Le clos des Blanchais 94 (39 F) né de calcaire kimméridgien (semblable aux meilleurs terroirs de Sancerre), 4 ha exposés sud-est, est un vin de belle maturité et d'amplitude avec une pureté cristalline mais grande présence de gras. Au regard de cette bouteille, il serait intéressant de développer une politique de terroirs distincts. Nos souhaits deviendront sans doute réalité dans un proche avenir... du moins nous l'espérons. Un superbe terroir de 5 ha, le clos de Ratier, dont 1 en production et 4 en jeunes vignes, qui nous a convaincu. Aujourd'hui assemblé vu la jeunesse du vignoble, un petit frère du clos des Blanchais sera le bienvenu. Depuis deux ans est élaborée une cuvée à partir de raisins surmûris et fermentés en fûts. Le millésime 95 cuvée Éric Pellé présente un juste milieu entre l'effet terroir et la surmaturité, ce qui nous semble être le style approprié à ce type de vin.

L'ACCUEIL

Simple et attentif, dans la jolie petite salle de la cave où l'ensemble des vins sont à la dégustation tous les jours de 9 à 12 h et de 14 à 18 h sauf dimanches et jours fériés. En venant de Sancerre par la D958, tourner à droite, prendre la D59 puis à Morogues au stop à gauche : c'est 200 m à droite.

PROPRIÉTAIRE :
DOMAINE HENRY PELLÉ
MOROGUES,
18220 LES AIX-D'ANGILLON
TÉL. : 48 64 42 48 - FAX : 48 64 36 88

DOMAINE DE CHÂTENOY

PROPRIÉTAIRE-VIGNERON

LE DOMAINE

Issus de vignerons depuis 1560, Bernard son fils et Pierre exploitent 40 ha sur les coteaux argilo-calcaires et quelques vignes de kimméridgiens appelés ici « oreille de poule » sur Humbligny, Ménetou, Vignoux et Parassy. Les sauvignons représentent 70 % du tout, les pinots noirs 30 %. Précurseur de l'AOC avec une politique de vins élevés en barriques, Châtenoy ne cesse d'investir. Le chai enterré qui permet un travail par gravité en est l'exemple. Le recherche et l'utilisation du bois ont permis une telle maîtrise que l'on tente depuis 89 de faire les malo en barriques !

LES VINS

Sinistré à 80 % par la grêle en 94, le seul millésime à la vente est le 95. Dégusté en cuves ou sur fût en décembre 95, les vins sont prometteurs. Le ménetou blanc domaine de Châtenoy (37 F) sera embouteillé en février 96. Il présente des arômes agrumes, pamplemousse rose, la bouche est tendre et fraîche, simple d'expression. Le ménetou salon blanc cuvée Pierre Alexandre (60 F), fermenté et élevé un an en fûts de chêne, en est à ce stade où le boisé fait partie intégrante des qualités aromatiques. Bouche grasse, ronde, puissante. Le ménetou salon rouge domaine de Châtenoy (37 F), vin de fraîcheur, se caractérise par du fruit et une bouche savoureuse. Le ménetou rouge élevé en fut de chêne (60 F) est un vin prometteur aux nuances aromatiques apportées par le bois, fumet, grillé et enjolivé par le fruit du pinot noir.

L'ACCUEIL

Tous les jours sauf dimanches et jours fériés, à la cave. À Ménetou tourner à gauche, prendre la D25 : à 400 m sur votre droite le domaine est indiqué.

PROPRIÉTAIRES : CLÉMENT PÈRE & FILS
DOMAINE DE CHÂTENOY
BP 12, 18510 MÉNETOU-SALON
TÉL. : 48 64 80 25 - FAX : 48 64 88 51

DOMAINE DE LA SANSONNIÈRE

PROPRIÉTAIRE-VIGNERON

LE DOMAINE

Nouveau venu à la vigne (première vendange en 1990), Mark Angéli n'en finit pas de nous étonner et de faire parler de lui dans la région. Fidèle à ses idées et à ses principes, il ne mâche pas ses mots ! Ardent défenseur de la biodynamie (label Demeter, cf. notre encadré), il vinifie avec un pressoir vertical du milieu du siècle, transformé afin d'obtenir un pressurage le plus doux possible.

LES VINS

Notre vigneron utilise son cheval pour le labourage ! Ses moûts sont peu sulfatés, et la chaptalisation inexistante. Cette cave est l'exemple de la parfaite compréhension de la biodynamie et de son influence sur la qualité et l'équilibre des vins. Mark est sensible au respect de son terroir. Pour preuve : un grolleau 95 gris (25 F) vinifié en blanc à 20 hl/ha, que nous avons goûté en foudre, d'un réel intérêt. L'anjou blanc 94 cuvée Christine (60 F), fermenté et élevé pendant 8 mois, présente un nez fin, ample, gras avec une finale vive et persistante. La parfaite expression d'un chenin sur un millésime de belle maturité. Également un bonnezeaux 94 cuvée Mathilde (170 F), qui possède une juste harmonie entre suavité et acidité.

L'ACCUEIL

Sur R-V par Mark, vigneron discret mais très intéressant et généreux qui se dévoile au fur et à mesure de la discussion. À Angers prendre direction Cholet ; à Brissac-Quincé prendre Notre-Dame-d'Alençon jusque Thouarcé et ensuite direction Martigné-Briant, la cave se trouve 800 m à droite.

PROPRIÉTAIRE :
MARK ANGÉLI
49380 THOUARCÉ
TÉL. : 41 54 08 08 - FAX : 41 54 08 08

CHÂTEAU DE FESLES

PROPRIÉTAIRE-VIGNERON

LE DOMAINE

Bercé dans sa jeunesse dans le vignoble angevin de Jean Douet, son cousin vigneron à Doué-la-Fontaine, Gaston Lenôtre ne pouvait que revenir dans cette région qu'il aime tant. La propriété regroupe aujourd'hui 70 ha de vignes avec les vignobles de La Guimonière à Rochefort-sur-Loire et de La Roulerie à Saint-Aubin-de-Luigné.

LES VINS

Depuis 1992, les vins sont vinifiés par Gilles Bigot, chef de caves passionné sous les conseils de Didier Coutanceau, le grand œnologue régional. Deux cuvées de rouges : l'anjou 94 (29 F) est un anjou classique où l'aspect fruits, fraîcheur, et élégance sont recherchés. L'anjou village 94 (38 F) est d'une amplitude et d'une structure supérieure au Domaine avec des tanins plus harmonieux. L'anjou blanc sec 94 (21 F) présente des saveurs iodées et de pommes ; la bouche est ferme et nerveuse avec une finale citronnée. Le bonnezeaux 94 (64 F) est un vin équilibré, de belle suavité qui, dès sa jeunesse, démontre une certaine complexité. N'oubliez pas le fabuleux bonnezeaux 93 (64 F). Tout ce que doit avoir un grand bonnezeaux est contenu dans cette bouteille qui est d'un grand raffinement.

L'ACCUEIL

Dans le chai de réception où sont exposées les œuvres de pains et de sucre des Meilleurs Ouvriers de France de chez Lenôtre. Tous les jours sauf le dimanche de 9 à 12 h et de 14 à 18 h. En venant d'Angers prendre la direction Cholet, puis Brissac-Quincé. Après Brissac, direction Notre-Dame-d'Alençon, tourner de suite à droite en direction de Bonnezeaux. Le domaine est indiqué.

PROPRIÉTAIRE :
GASTON LENÔTRE
49380 THOUARCÉ
TÉL. : 41 54 14 32 - FAX : 41 54 06 10

DOMAINE DE HAUTE PERCHE

PROPRIÉTAIRE-VIGNERON

LE DOMAINE

Haute Perche, du nom d'un quartier de la commune de Saint-Melaine, nous ouvre les portes du vignoble de l'Aubance. Sur les 30 ha du vignoble, 10 appellations sont représentées avec une parfaite maîtrise de chacun des cépages et le respect des terroirs. Christian Papin a su communiquer à son équipe de vignerons, la passion pour la terre et la vigne.

LES VINS

Deux anjou blanc sec sont réalisés sur la propriété : une cuvée 100 % chenin 94 à 23 F, typique de l'expression du cépage et de son terroir, et une seconde cuvée 94 à 23 F, 20 % de chardonnay qui donne un vin d'une plus grande facilité gustative. Superbe anjou gamay 95 (25 F), concentré, épicé, complexe. L'anjou rouge 95 (25 F) possède une couleur, concentration, maturité qui annoncent un bébé prometteur. Et si Christian est en grande forme (il l'est toujours !), demandez-lui quelques flacons d'anjou villages 93 à 32 F, magnifiques. Le coteaux-de-l'aubance 94 (42 F) est d'une richesse respectueuse du millésime qui procure un moelleux frais et désaltérant.

L'ACCUEIL

Aimable et convivial dans le petit caveau. Vous aurez une présentation des vins de façon simple et professionnelle qui vous fera comprendre la devise maison : rien ne sert de produire beaucoup, il faut produire juste afin de préserver le maître mot de la maison : l'excellence. Du lundi au samedi de 9 à 12 h et de 14 h à 18 h 30. D'Angers prendre direction Cholet, puis sortir en direction de Brissac-Quincé/Poitiers. Juste après le pont qui enjambe la voie expresse prendre à droite, vous êtes au hameau de Haute-Perche.

PROPRIÉTAIRES : **A. ET C. PAPIN**
9, CHEMIN DE LA GODELIÈRE
49610 SAINT-MELAINE-SUR-AUBANCE
TÉL. : 41 57 75 65 - FAX : 41 45 92 51

ANJOU, COTEAUX-DE-L'AUBANCE

DOMAINE DES ROCHELLES

PROPRIÉTAIRE-RÉCOLTANT

———— LE DOMAINE ————

Emblématique de l'appellation (52 ha), qui depuis de nombreuses années prime par la qualité de ses vins. Hubert Lebreton, le père, fut à l'origine de l'implantation du cabernet sauvignon sur les sols les plus chauds, d'où la naissance d'une cuvée 100 % de ce cépage, la croix-de-mission, qui est un modèle d'expression. Jean-Yves Lebreton et Didier Cutanceau (important œnologue de la région), gendre de la maison, forment un duo de choc à la vinification. Un gros travail est effectué à la vigne et lors de notre passage, nous avons été stupéfaits d'assister à une vendange en vert – jusque-là rien d'extraordinaire – mais sur cépage grolleau. Chapeau !

———— LES VINS ————

L'anjou blanc 94 (32 F) pur chenin est un vin franc, fruité, aux saveurs acidulées et rafraîchissantes. Une seule cuvée rouge a été réalisée en 94, l'anjou villages (31 F) est issu d'un assemblage à 70 % de cabernet franc et 30 % cabernet sauvignon. Il se caractérise par des arômes d'épices douces, de réglisse, avec une bouche élégante et des tanins légèrement en relief. Le coteaux de l'aubance 94 (61 F), chenin vendangé par tris successifs possède des arômes d'iode, varech, céleri, pomme cuite et du minéral. Bouche harmonieuse.

———— L'ACCUEIL ————

Tous les jours sauf le dimanche de 10 à 12 h et de 14 à 18 h dans le sympathique caveau de dégustation. D'Angers prendre la route de Cholet, sortir à Brissac-Quincié puis suivre la direction Brissac ; à Haute-Perche, une intersection sur votre gauche avec un panneau indicateur Saint-Jean-de-Maurets. À l'entrée du village, le domaine est indiqué.

PROPRIÉTAIRE : **EARL J.-Y. & A. LEBRETON**
DOMAINE DES ROCHELLES
49320 SAINT-JEAN-DES-MAUVRETS
TÉL. : 41 91 92 07 - FAX : 41 54 62 63

BOURGUEIL-CHINON

DOMAINE PIERRE-JACQUES DRUET

PROPRIÉTAIRE-VIGNERON

———— LE DOMAINE ————

Diplôme d'œnologie en poche, Pierre-Jacques Druet se met à parcourir la France à la recherche d'un vignoble et tombe en 1980 sur 8,5 ha de très vieilles vignes à Benais. Sur les conseils du sage « Gaby », son vieil ouvrier depuis parti à la retraite, il bichonne les vignes et en façonne des vins authentiques. Le domaine compte à ce jour 20 ha.

———— LES VINS ————

Le rosé 95 (37 F) est un vin friand, sans technicité, désaltérant. Les cent boisselées 95 (39 F) se caractérise par un plaisir immédiat et une bonne harmonie d'ensemble. La cuvée Beauvais 93 (55 F) est un vin très mûr au niveau aromatique, une bouche soyeuse et ronde, des tanins patinés. Le grand mont 93 (65 F) nous étonne par sa richesse de couleur, sa générosité de texture, un vin où complexité, finesse et concentration sont réunies. Vaumereau 93 (120 F) est une cuvée confidentielle et exceptionnelle qui servira de référence. C'est un très grand vin. Le clos de Danzay 93 (42 F) est olfactivement fin avec des nuances fumet, bouche tendre et harmonieuse. Mais la grande préoccupation de P.-J. Druet est l'intensité colorante et l'extraction des bons tanins. Il a demandé à son ami cuisinier Jacky Dallais, du restaurant La Promenade, de lui indiquer la température extrême à laquelle le fût peut être élevé sans déperdition d'arômes ni de goût. Résultat : il utilise cette technique en macération et en cuvaison !

———— L'ACCUEIL ————

Sur R-V exclusivement. À Bourgueil, prendre la D35 direction Langeais, puis à Benais la D469 direction La Croix-Rougé ; le domaine est à gauche.

PROPRIÉTAIRE :
PIERRE-JACQUES DRUET
LE PIED-FOURRIER
7, RUE LA CROIX-ROUGE 37140 BENAIS
TÉL. : 47 97 37 34 - FAX : 47 97 46 40

JASNIÈRES, COTEAUX-DU-LOIR

DOMAINE
DE LA CHARRIÈRE

PROPRIÉTAIRE-VIGNERON

LE DOMAINE

Appellation confidentielle, Jasnières s'étend sur deux villages, Lhomme et Ruillé, et sur 128 ha classés, 80 ha plantés, 35 ha déclarés, cherchez l'erreur ! Dès 1974, sur 4,5 ha, Joël choisit de travailler le terroir et de produire des vins de vérité dans cette région plus propice au marché de gros et au vin de base. Aujourd'hui propriétaire de 7 ha en jasnières et 6 en coteaux-du-loir, ce vigneron sportif a smashé les préjugés et reste conforme à ses principes : respect de l'authenticité, rendements raisonnés, mise en vente de certains millésimes à maturité. C'est avant tout le secret de l'appréciation de l'AOC Jasnières de pouvoir estimer un vin avec du recul, comprendre les acidités, le terroir, la palette aromatique et la finesse qui en déterminent la subtilité.

LES VINS

Comme dans le Vendômois, la particularité de cette région est de développer dans les meilleurs conditions le cépage pineau d'aunis appelé chenin noir par les ampélographes. Le coteau-du-loir pineau d'aunis 94 (29,50 F), dans cette année de petite productivité due au gel (80 %), est un vin fruité, épicé, souligné par le poivre, une bouche souple et de moyen corps. Le coteaux-du-loir cuvée Cenomane 93 (27 F) 100 % gamay est une grande réussite. Éraflé à 100 %, c'est un vin générateur de fruit, légèrement épicé, savoureux et jovial. Sans oublier les qualités du vinificateur qui sont certaines, le grand intérêt du gamay est dû à la situation géographique de l'appellation qui dans une année de bonne maturité permet d'obtenir des vins aux saveurs équilibrées. Le 86 coteaux-du-loir cuvée buanterie (35 F) 100 % gamay le prouve à la dégustation. Il est complexe avec des arômes de fruits macérés, la bouche est franche, velouté et gourmande. Pour le jasnières, une seule cuvée a été produite en 94, le clos Saint-Jacques (47 F), 7000 bouteilles ! C'est un vin de fraîcheur encore primaire aromatiquement, d'une grande droiture avec une légère suavité en bouche. Le même clos en 93 (45 F) est presque austère, d'une grande sévérité, mais d'une très grande persistance. Un chef-d'œuvre dans quelques années, à garder sagement en cave. Un jasnières sélection de raisins nobles a été élaboré en 92 (70 F) à partir de vendanges botrytisées : l'équilibre typique des grands jasnières, où la douceur de bouche est confortée par l'acidité.

L'ACCUEIL

Par l'épouse de Joël à leur domicile, tous les jours sauf le dimanche, de 9 à 12 h et de 14 à 19 h et sur R-V, par Joël dans la superbe cave à 500 m de la maison. Il aime à dire : « On ne s'improvise pas vigneron… il faut en avoir l'âme ! » À mi-chemin entre Le Mans et Tours. En venant de Vendôme, direction Château-du-Loir. En arrivant au village de La Chartre, prendre à gauche en direction de Lhomme, faire 2 km, la cave est indiquée.

PROPRIÉTAIRE : **JOËL GIGOU**
4, RUE DES CAVES
72340 LA CHARTRE-SUR-LE-LOIR
TÉL. : 43 44 48 72 - FAX : 43 44 42 15

DOMAINE CHARLES JOGUET
PROPRIÉTAIRE-VIGNERON

DOMAINE BERNARD BAUDRY
PROPRIÉTAIRE-VIGNERON

LE DOMAINE

Sculpteur de son premier métier, Charles Joguet est devenu un artiste du vin qui fait référence dans toute la région. Un viticulteur passionné, toujours à la recherche du meilleur. De 3,5 ha au début, ce domaine en compte désormais 33 avec une vinification par terroir, une vendange manuelle en caisse de 20 kg afin de préserver les raisins sans risque d'oxydation de jus.

LES VINS

La cuvée jeunes vignes 94 (34 F) correspond à des ceps de 6 à 13 ans d'âge. C'est une cuvée de moyen corps, aux arômes poivrés, fruité et végétal. Le clos de la cure 94 (39 F) se définit par un nez plus profond, aux tanins plus serrés. Varennes du grand clos 93 (50 F) est marqué par des arômes de suie, d'épices douces, de baies rouges, une bouche de bonne ossature, souple, ronde avec des tanins légèrement en relief. Chêne vert 94 (55 F) est la cuvée la plus concentrée du millésime 94, nuances épicées, côté giboyeux et animal. La bouche est structuré. Ce même clos en 93 (58 F) est un vin riche en sensations, aux arômes de suie, terroités et fruits mûrs. Une bouche charnue, concentrée, tout en équilibre avec des tanins de noble finesse.

L'ACCUEIL

Sympathique et tout en simplicité par Yves Delaunay, gérant du domaine, sur R-V de préférence. Et si vous n'êtes pas trop pressé, il vous conduira dans la superbe cave cathédrale à deux pas de la propriété. Ce sera un grand moment. De Tours prendre l'A10, sortir à l'Île-Bouchard, ensuite prendre direction Saumur. À Sazilly, au centre du village, le domaine est pratiquement en face du restaurant.

LE DOMAINE

Depuis que nous dégustons les vins de Bernard, nous n'avons jamais été déçu ; mieux, ses vins se placent à chaque fois dans le trio gagnant du Chinonnais. Sur les 25 ha de vignes, le paradoxe de ce vigneron est de produire des vins de matière sur sols dits tendres et légers. Depuis deux ans, ce domaine a fait l'acquisition d'un vigne sur la commune de Chinon.

LES VINS

En 94, le gel a sévi sur la commune de Cravant-les-Coteaux. Malgré tout, deux cuvées ont vu le jour. La cuvée domaine 94 (35 F) aux arômes de noyau, griotte, kirsch, est fine et délicate : elle présente une bouche souple, de moyen corps, aux tanins harmonieux. Un vin de plaisir. En 95, la cuvée les granges (30 F) est l'archétype d'une expression fruitée et gourmande avec une remarquable tenue des couleurs et un superbe maturité du fruit. La cuvée domaine 95 (40 F) de terroirs variés est plus structurée. Les Grezeaux 95 (50 F) est un vin de puissance d'une grande richesse de sève, le tout d'une parfaite homogénéité avec de nobles tanins. Il est à souligner qu'une malo partielle sous bois a été effectuée sur les Grezeaux. À ce jour, Bernard n'a pas encore décidé de la création d'une cuvée prestige… Ce n'est pas une certitude, mais vu la qualité et l'homogénéité de la cave, nous prenons le pari !

L'ACCUEIL

Charmant et convivial par Bernard ou Henriette son épouse. À Chinon, prendre la route de Cravant-les-Coteaux (D21). À l'entrée du village, panneau sur la gauche mais attention, ne roulez pas trop vite, car vous passerez devant !

PROPRIÉTAIRE :
SCEA CHARLES JOGUET
37220 SAZILLY
TÉL. : 47 58 55 53 - FAX : 47 58 52 22

PROPRIÉTAIRE : **BERNARD BAUDRY**
3, COTEAU DE SONNAY
CRAVANT-LES-COTEAUX, 37500 CHINON
TÉL. : 47 93 15 79 - FAX : 47 98 44 44

CHINON

DOMAINE
PHILIPPE ALLIET
PROPRIÉTAIRE-VIGNERON

LE DOMAINE

Ce formidable couple est un exemple à suivre ! La race et la profondeur de leurs chinons trouvent leur source dans un modèle de viticulture qualitative et dans leur amour pour la vigne.

LES VINS

Deux cuvées dans ce petit domaine : la tradition et la vieilles vignes. La tradition 95 de couleur intense, noire violine, est un vin de forte maturité, gras, au fruité gourmand, avec beaucoup de volume mais tout en finesse (en vente à partir de juillet 96 : 35 F). De l'épouvantable millésime pluvieux de 94, une seule cuvée (29 F) a vu le jour. Le résultat est stupéfiant, certainement le meilleur 94 goûté en Loire… c'est un vin de grande netteté sur le fruit, sans aucune trace de végétal, un vin plaisir. Le 93 aux arômes encore masqués par la jeunesse, a une couleur très soutenue, une bouche soyeuse, veloutée qui commence à s'arrondir. Une grande distinction (34 F). L'autre cuvée, vieilles vignes 93 (39 F), est un modèle : cabernet de parfaite maturité aux arômes de crème de cassis, de réglisse et d'épices douces, bouche opulente, généreuse, tout est harmonie. C'est l'exemple même d'un grand respect du terroir et d'un élevage parfaitement maîtrisé. Une opportunité à saisir rapidement !

L'ACCUEIL

Attentionné et courtois par Philippe ou son épouse. Sur R-V exclusivement, au domicile car le chai se trouve à 5 km. Au bourg de Cravant prendre la direction Vieux-Bourg, et à la sortie sur la gauche, vers l'Ouche-Mondé. Panneau.

PROPRIÉTAIRE : **PHILIPPE ALLIET**
L'OUCHE-MONDÉ,
37500 CRAVANT-LES-COTEAUX
TÉL. ET FAX : 47 93 17 62

✎ NOTES
DE VOYAGE

Dans cette région, à partir du 18 octobre 1996, vous devez faire précéder les numéros de téléphone de vos correspondants de : 02

CHÂTEAU PIERRE BISE

PROPRIÉTAIRE-VIGNERON

_____ LE DOMAINE _____

La notion de terroir prend ici sa réelle dimension. Entre Rochefort-sur-Loire et Denée, près des carrières, en bordure de Loire, face aux Roches-des-Moines, ce vignoble familial compte désormais 42 ha. L'objectif de Claude et Joëlle Papin est de valoriser et optimiser les terroirs et leurs expressions. Le travail à la vigne est prépondérant, avec une rigueur et une discipline en cave. Pas de chaptalisation et pas de levurage. Ces vignerons sont l'exemple de l'authentique et du respect.

_____ LES VINS _____

Le Haut-de-la-Garde 93 (32 F) est la parfaite illustration de la capacité de l'Anjou à produire des vins blancs secs : gras, riche, arômes d'infusion, tilleul, réglisse, agrumes confits. La valse des moelleux : layon-beaullieu, layon-chaume, quart-de-chaume sont tous concentrés, riches avec un parfait équilibre des saveurs. Les moelleux sont révolutionnaires dans toutes les perceptions tactiles : salé, douceur, amer, acidité et minéral. Ne pas oublier les vins rouges précurseurs des élevages en barriques sur les anjou-villages et les gamay au potentiel inouï qui nous réconcilient sur ce type de cépages goûteux, savoureux, épicés, sans aucune technicité et acidité prononcées.

_____ L'ACCUEIL _____

Passionné est un mot faible ! Rarement nous rencontrons des vignerons aussi imprégnés de leur terroir et de leurs racines. Sur R-V. En partant d'Angers prendre la N160 en direction de Cholet. Puis juste avant Saint-Lambert-de-Lattay, prendre à droite en direction de Rochefort-sur-Loire. Le domaine est indiqué.

> PROPRIÉTAIRE :
> **JOËLLE ET CLAUDE PAPIN**
> 49750 BEAULIEU-SUR-LAYON
> TÉL. : 41 78 31 44 - FAX : 41 78 41 24

DOMAINE PHILIPPE TESSIER

PROPRIÉTAIRE-VIGNERON

_____ LE DOMAINE _____

Au côté de son père jusqu'en 1988, Philippe Tessier a depuis repris seul les destinées du domaine. Sur ces jeunes appellations (cheverny est passée VDQS en 73 et cour-cheverny en 94), posséder une vieille parcelle de Romorantin avec des vignes de 77 ans apparaît ici comme un fait rare. Comme l'ensemble de ses collègues, ce vigneron n'a pas été épargné par les gelées en 94. La vinification s'effectue cépage par cépage en levure indigène et des essais en malo sur cépages romorantin ont lieu afin de rechercher plus de gras et de rondeur dans les vins.

_____ LES VINS _____

Le cheverny blanc 94 (23 F) est très marqué sauvignon dans les arômes avec en bouche une acidité marquée mais non agressive qui assure la persistance. Le cour-cheverny 94 (25 F) présente en bouche du gras et un joli volume sans pour autant perdre de sa fraîcheur. Le cour-cheverny 93 (25 F) est caractéristique d'une belle maturité, arômes de cire, miel, bouche charnue, ronde, minéral et de moyenne persistance. Le cheverny rouge 94 (23 F) possède un côté épicé, poivre moulu, expressif en bouche. Un vin frais et facile.

_____ L'ACCUEIL _____

À la cave, dans le petit caveau, tous les jours sauf dimanches et fêtes de 9 à 12 h et de 14 à 18 h. En venant de Blois, direction de Contres. À Cormeray, tourner sur la gauche et prendre la petite route qui se trouve face à l'église. Faire 2 km environ, le domaine est indiqué.

> PROPRIÉTAIRE :
> **DOMAINE PHILIPPE TESSIER**
> RUE COLIN, 41700 CHEVERNY
> TÉL. : 54 44 23 82 - FAX : 54 44 21 71

DOMAINE DE LA PLANTE D'OR

PROPRIÉTAIRE-VIGNERON

LE DOMAINE

Philippe Loquineau a découvert le vin « le verre à la main ». Installé en 1991, il a planté 11 ha en 5 ans : son vignoble en compte désormais 20. Ici ni règles ni méthodes fixes, mais un travail à l'instinct et au feeling en fonction des sensations à la vigne et à la dégustation.

LES VINS

Les blancs sont le point fort du domaine. Dans le difficile millésime 94, une seule cuvée a été produite : le cour-cheverny (30 F) au caractère mielleux, acacia, fruits secs et minéral. Plus gâté en 93, le cour-cheverny (28 F) nous révèle les grandes possibilités (souvent ignorées du consommateur) du cépage romorantin dans les arômes, finesse, pureté, minéralité et dans la structure de bouche, dans l'élégance, la persistance sur les amers et les acidités, grande aptitude au vieillissement. L'appellation cheverny blanc permet également l'assemblage du sauvignon et du chardonnay. L'intelligence de ce vigneron a été d'adapter ces cépages à des types de sols plus appropriés. La cuvée harmonie du terroir 93 (28 F) est un beau compromis entre terroir et technicité, un vin frais et aérien aux arômes d'agrumes.

L'ACCUEIL

Prévenant et accueillant par ce couple très dynamique dans le caveau restauré. Dégustations de vins et de produits locaux (superbes confitures de vin !). Animations, vendanges à l'ancienne, mâchons et rallyes touristiques sont possibles. Sur R-V. En venant de Blois, prendre la D765 jusqu'à Cour-Cheverny puis la D52 et la deuxième route à gauche, ensuite le domaine est indiqué.

PROPRIÉTAIRE :
PHILIPPE LOQUINEAU
LA DÉMALERIE, 41700 CHEVERNY
TÉL. : 54 44 23 09 - FAX : 54 44 22 16

CHÂTEAU DE LA ROCHE AUX MOINES

PROPRIÉTAIRE-VIGNERON

LE DOMAINE

Grand défenseur de la biodynamie, Nicolas Joly prêche depuis de nombreuses années pour expliquer ses principes et convictions. Cette merveilleuse coulée-de-serrant forme à elle seule une appellation de 7 ha magnifiquement exposée plein sud sur un terroir pauvre où la roche affleure la surface. Le domaine s'étend également sur 3 ha en savennières-aux-moines et 3 ha en savennières.

LES VINS

Si biodynamie est parfois jugée complexe et si elle provoque souvent méfiance et sourires, il faut pourtant bien admettre que le millésime 94 est synonyme de prouesse chez ce vigneron. Le savennières Becherelle 94 (65 F) est d'une race jamais égalée, surmaturité aromatique, musqué, rôti, aux arômes de gentiane, bouche grasse, riche avec de très beaux amers en finale. Le clos de la Bergerie 94 (80 F) est beaucoup plus fermé que Becherelle mais il possède une grande maturité, une bouche opulente. La monumentale coulée 94 (150 F) est d'une grande complexité aromatique, fine et élégante, structuré avec un effet terroir supérieur au 93. La coulée 93 (150 F) est totalement différente, incisive, pointue, puissante et de grande persistance. Des vins de très grande garde, 20-30 ans et plus, à carafer obligatoirement et servir à 14°C. Mais, si l'envie vous prend d'ouvrir un flacon dès maintenant, faites-vous plaisir, la perfection sera au rendez-vous !

L'ACCUEIL

Passionné. Vous sortirez de ce lieu avec doutes, interrogations et réflexions multiples… Sur R-V. À Savennières direction Épiré, juste dans un virage, le domaine est indiqué sur la droite.

PROPRIÉTAIRE : **NICOLAS JOLY**
CLOS DE LA COULÉE-DE-SERRANT
CHÂTEAU DE LA ROCHE-AUX-MOINES
49170 SAVENNIÈRES
TÉL. : 41 72 22 32 - FAX : 41 72 28 68

MONTLOUIS

DOMAINE FRANÇOIS CHIDAINE
PROPRIÉTAIRE-VIGNERON

LE DOMAINE

François Chidaine est un homme réservé et fascinant, surtout attaché à son terroir et à ses racines. Avec lui vous saisirez tous les rouages de l'appellation. Passé de 4,5 ha en 89 à 7 ha, il vendange à 90 % à la machine et vinifie terroir par terroir. Intransigeant à la vigne comme en cave.

LES VINS

Les Choisilles 92 est un vin minéral, de grande pureté et persistance dans ce millésime de pluies. François Chidaine affirme qu'une parfaite lecture de la vigne à la vendange détermine le type de vin à effectuer. Le clos du Breuil 93 (38 F), vignes de 30 ans, vendange à 2 tries, est d'un certain classicisme. Les Tuffeaux 93 (40 F) possède la parfaite complexité d'un sec avec une bouche où la suavité est domptée par le terroir. Le clos Habert (42 F) fermenté et élevé 6 mois est le résultat d'un deuxième tri effectué courant octobre. Un vin à l'aspect primaire qui présente pour l'instant un léger déséquilibre entre suavité et alcool, mais une très belle bouteille à attendre. Les lys 90 (125 F), obtenu par récolte de raisins botrytisés et passerillés entre le 15 et 20 octobre, est puissant, presque pesant, tandis que les lys 89 (125 F) présente une palette aromatique complexe et minérale où la suavité est parfaitement gérée. Un vin racé, élégant et présentant une grande persistance sur les acidités. Chapeau !

L'ACCUEIL

Réservé et discret à la cave. À Montlouis prendre la D751 direction Lucceau, puis à la sortie de Montlouis la seconde route à droite, faire 300 m, la cave est sur la droite dans Husseau (panneau).

PROPRIÉTAIRE : **FRANÇOIS CHIDAINE**
5, GRANDE-RUE
HUSSEAU, 37270 MONTLOUIS
TÉL. : 47 45 19 14 - FAX : 47 45 19 08

Un souvenir mémorable dans une cave, un mauvais accueil, un nouveau domaine que vous avez découvert ? Racontez-nous votre expérience, bonne ou mauvaise, en nous écrivant aux Routes des Vins de France, 41 rue Notre-Dame-de-Lorette, 75009 Paris.

Les prix indiqués dans ce guide – calculés dans le cadre d'un achat de 12 bouteilles – s'entendent ramenés à l'unité, toutes taxes comprises et au départ du domaine (transport non inclus). Il est, toutefois, possible que certains prix soient modifiés en cours d'année, notamment au moment de la mise en bouteille.

CHÂTEAU DE PASSAVANT
PROPRIÉTAIRE-VIGNERON

——— Le Domaine ———

Un superbe château du XIIᵉ siècle bâti par Foulques Nerra sur un site fortifié. Nous sommes ici dans la partie sud du Layon, aux confins du département du Maine-et-Loire et des Deux-Sèvres. Noëlle et Jean David, dévoués à Passavent, passent tranquillement la main à la jeune génération en confiant les 40 ha du domaine à Claire et Olivier, leurs fille et gendre, et à François, le dernier fils de la famille.

——— Les Vins ———

L'anjou blanc 94 (25,70 F) 100 % chenin, vinifié traditionnellement, sans levurage, sans enzymage fait preuve d'une volonté de réaliser des vins gras et complexes. But atteint en grande partie sur la notion de concentration. L'anjou rouge 94 (25,70 F), 10 % cabernet sauvignon, 90 % cabernet franc, macération de 21 jours, est un vin de parfait potentiel dans ce millésime. L'anjou-villages 93 (30 F), 100 % cabernet franc, a un fruité intense, grande fraîcheur. Deux cuvées de Layon sont encore à la vente : notre préférence va à la sélection de grains nobles 90 (92,50 F), sans chaptalisation, aux arômes confits, de gentiane, cire à bois, miel d'acacia et une bouche ronde, belle suavité, avec une juste amertume en finale.

——— L'Accueil ———

Avec gentillesse et attention. Si vous le pouvez, attendez le printemps car la dégustation a lieu dans les superbes caves du XVIIIᵉ siècle. Sur R-V. D'Angers direction Doué-la-Fontaine. À Doué prendre la D69 direction Argenton, puis à droite vers Passavent-sur-Layon. Le château est indiqué.

PROPRIÉTAIRE :
SCEA David Lecomte
49560 Passavant-sur-Layon
Tél. : 41 59 53 96 - Fax : 41 59 57 91

DOMAINE PATRICE COLIN
PROPRIÉTAIRE-VIGNERON

——— Le Domaine ———

On y pratique la polyculture depuis toujours. Jean s'occupe des céréales et son fils Patrice des 16 ha de vignes avec 6 cépages : pineau d'aunis, gamay, cabernet franc, pinot noir, chardonnay et chenin, soit une multitude de vins pour l'amateur soucieux de son plaisir pour un petit prix.

——— Les Vins ———

Le silex 94 (20 F), de pur chenin, révèle un vin puissant et complexe avec un bel effet terroir. Le silex 93 (19 F) prouve qu'un vieillissement minimum est indispensable afin que le vin traduise tous ses caractères. Nez frais subtil, bouche de belle amplitude avec du gras, relief acide avec de la persistance. La cuvée vieilles vignes 94 (25 F) est un vin prometteur mais trop jeune actuellement. Le 92 de la même cuvée est un vin de rigueur et de parfait respect du terroir, complexe malgré la difficulté du millésime. Mais si vous voulez comprendre les vins de Patrice, goûtez la sublime vieilles vignes 89 (35 F), d'une pureté aromatique et d'une précision dans la définition du terroir qui récompensent les efforts du vigneron. Le nez est iodé, pierre à fusil, bouche réglissée, cire à bois, miel avec des nuances épicées. En rouge, les marnières 93 (25 F) est épicé, poivré, à vocation désaltérante. Le vendômois rouge 93 (19 F) se définit par des saveurs équilibrées, gourmandes : un vin friand par excellence. Le gris de pineau d'aunis 94 (19 F), poivré, épicé, très typé, est une parfaite réussite d'un rosé septentrional.

——— L'Accueil ———

Sur R-V par Patrice ou Valérie son épouse, avec simplicité et attention. À Vendôme prendre la D5, à Thoré-la-Rochette la cave est indiquée.

PROPRIÉTAIRE : **Patrice Colin**
5, impasse de la Gaudetterie
41100 Thoré-la-Rochette
Tél. : 54 72 80 73 - Fax : 54 72 75 54

DOMAINE
DES ACACIAS
PROPRIÉTAIRE-VIGNERON

LE DOMAINE

Charles Guerbois fait partie de ces vignerons qui n'ont pas appris le vin sur les bancs d'école mais en fréquentant les meilleurs bars à vins de la place de Paris. Il succède à son grand-père sur cette propriété familiale vouée à la polyculture. En 1981, il s'installe donc et la restaure. À ce jour, elle compte 21 ha de vignes réparties sur la commune de Chémery, vendangées à 100 % manuellement.

LES VINS

Chaque année, la cuvée de primeur est une référence. C'est un style de vin très particulier, une bouche de structure fine, serrée et savoureuse. Le gamay 95 (26 F) est vinifié en macération carbonique, sans levurage et sans soufre. C'est un vin dense, charnu, épicé. Le cabernet franc 93 (28 F) est un vin d'expression plus modeste, aux tanins plus mordants. Le sauvignon 95 (28 F) de très belle maturité est gras, rond, d'un bel équilibre alcool/acidité. Le vinovorax 93 (35 F) se caractérise par des arômes très mûrs, une bouche vineuse, généreuse, voire complexe. Un vin de grande originalité.

L'ACCUEIL

Bon, sur R-V de préférence le matin. En venant de Blois, prendre la D956 direction Selles-sur-Cher. À 5 km de la sortie de Contres, dans un grand virage, tourner à gauche : le domaine est indiqué.

PROPRIÉTAIRE :
CHARLES GUERBOIS
41700 CHÉMERY
TÉL. : 54 71 81 53 - FAX : 54 71 75 98

DOMAINE
DE LA CHARMOISE
PROPRIÉTAIRE-VIGNERON

LE DOMAINE

17 ha de sauvignon et 33 ha de gamay noir à jus blanc pour ce domaine de La Charmoise. Fier de ses vins et même chauvin, Henry Marionnet s'est longtemps contenté de produire 2 cuvées, une de sauvignon et une de gamay. Aujourd'hui il décline 6 cuvées différentes dont 2 toutes nouvelles.

LES VINS

Ici la récolte est 100 % manuelle, en petites cagettes afin de respecter une vendange entière, parfaitement saine. Sur le millésime 95 aucune chaptalisation, et vu la prouesse réalisée sur le sauvignon (30 F) d'une parfaite maturité aromatique, bouche ronde, sans amertume végétale, le choix du vinificateur est parfaitement justifié. Le « M » (80 F) est vendangé tardivement afin de rechercher une palette aromatique, diminuer le végétal et amplifier le gras. Le touraine 95 à 29 F est le parfait vin de soif avec une belle dimension en bouche : on croque littéralement le raisin ! le gamay première vendange (34 F) se signale par des nuances d'épices, animales, et une parfaite authenticité du cépage gamay. Mais la particularité du domaine par ce millésime 95 est la sortie des cuvées les cépages oubliés à 35 F issues de gamay bouzé (belle finesse d'arômes avec une bouche rustique) et de la cuvée vinifera à 35 F, issue de jeunes vignes non greffées (35 F), aux arômes d'épices avec de beaux tanins en bouche.

L'ACCUEIL

Excellent et sérieux, au milieu des vignes. De Blois prendre la D765 direction Romorantin, passer Cour-Cheverny puis, plus loin, enfiler la D119 direction Soings. Dans le village, prendre à gauche de l'église et le domaine est à 3 km.

PROPRIÉTAIRE :
HENRY MARIONNET
41230 SOINGS
TÉL. : 54 98 70 73 - FAX : 54 98 75 66

INDEX

INDEX